MIAN XIANG DUOYUANHUADE YUJING

面向多元化的语境：
语文教育的反思

主　编　何文胜
副主编　高　群

苏州大学出版社
Soochow University Press

图书在版编目(CIP)数据

面向多元化的语境:语文教育的反思/何文胜主编
.—苏州:苏州大学出版社,2011.12
ISBN 978-7-81137-871-9

Ⅰ.①面… Ⅱ.①何… Ⅲ.①汉语—语文教学—教学研究—国际学术会议—文集 Ⅳ.①H19-53

中国版本图书馆 CIP 数据核字(2011)第 250356 号

书　　名:面向多元化的语境:语文教育的反思

主　　编:何文胜
策　　划:刘　海
责任编辑:周建国
装帧设计:刘　俊

出版发行:苏州大学出版社(Soochow University Press)
出 版 人:张建初
社　　址:苏州市十梓街 1 号　**邮编**:215006
印　　刷:苏州市大元印务有限公司
网　　址:www.sudapress.com
E-mail　:Liuwang@suda.edu.cn
邮购热线:0512-67480030
销售热线:0512-65225020

开　　本:787 mm×1 092 mm　1/16　**印张**:23　**字数**:615 千
版　　次:2012 年 1 月第 1 版
印　　次:2012 年 1 月第 1 次印刷
书　　号:ISBN 978-7-81137-871-9
定　　价:49.00 元

面向多元化的语境:语文教育的反思

(代序)

世纪之交,中国的大陆、台湾和香港地区以及新加坡等华语国家都就语文教育进行了反思与改革,而且都不约而同地在21世纪之初先后颁行了相关的语文课程文件;出版社则通过出版教科书来落实课程改革的理念。可以说,华语的语文教育已进入了一个新纪元,语文教育的多元化日益受到重视。从那时起至今,新的语文课程规划,教材建设、教学实践与评估已有约10年的经验。进入21世纪的第二个十年,各地在反思语文教育改革并进一步深化改革的同时也陆续展开了系统的课程修订工程。此外,随着中国经济的发展,对外汉语教育也越来越受到世界各地的重视,学好中国语文不仅是以汉语为母语的华人,也是以汉语为第二语言的外国人所关注的课题。

香港教育学院与苏州大学针对上述问题,合力根据从事汉语教育研究学者的来稿,经评审后出版《面向多元化的语境:语文教育的反思》。本书集中关注和讨论新世纪课改以来在"课程理念与建构""教材研究与应用""课堂策略与实践""评估"及"教师教育"等五个领域的问题。这五个领域安排的原则是:主题相对集中,由宏观到微观的论述,由整体到地区的案例。

"课程理念与建构"共收录了8篇论文。探讨语文课程理念的有《语文教育研究的语言哲学路向》《论以形式为中心的语文教育观》《构建创新型语文教学结构》;探讨课程中不同学习范畴构想的则有《对"整体阅读教学"的理性思考》《学校资源配置对教学质素的影响——以香港中学中国语文科的口语单元为例》《论香港中学语文课程之单元组织——中华文化学习范畴的问题》《香港中国语文科"新高中"文化教材学习范围探究》《香港新高中课程中国语文科的品德情意教学》。

"教材研究与应用"共收录了9篇论文,题目涵盖了中小学、国际汉语及普通话的教材研究。涉及教科书评议的有《大陆与香港初中语文教科书学习重点研究——阅读能力训练的角度》《评香港小学普通话科教科书对本科教学成果的影响》;涉及不同教材研究的有《请站在"语文"的角度关注语文教材》《传统法律中文教材举隅》《让歌曲为学生插上翅膀——新加坡中学"用华语歌曲教学华文"可行性调查研究》;涉及教材中字数及词汇研究的有《〈小蝌蚪找妈妈〉的用字统计与分析》《国际汉语初级教材的核心词汇》;涉及具体篇章析论的有《"美人幻象":朱自清写景散文审美视角管窥——兼与余光中先生商榷》《何以能瞒十二年?——解疑〈木兰诗〉》。

"课堂策略与实践"共收录了19篇论文,题目涵盖了小、中、大学的教学研究。关于课堂教学设计的有《新理念　新设计——电影教学配套设计与教学》《浅议对外汉语中的近义词教学》《香港中学中国语文教学中修辞教学的反思》《普通高校中文专业〈写作〉课教学的反思》;关于教学分析的有《比较教学法在阅读教学中的多元运用》《对外汉语教学初级阶段教学语言分析》《"三拼连读法"对解决香港学生学习介音困难的成效研究》《滚动式泛读教学的理论探讨与课堂实践》《语文教学语言的影响:PMI 与 CMI 课堂策略选择的比较研究》;关于教师提问的有《互动教学模式下的教师提问与回馈策略初探——以新加坡传统英校小二华文口语课堂为例》;关于差生教学与有效教学的有《沟通中求发展　差异中求进步——小六差生教学体验》《新加坡中学生语言交际能力提升对策初探》《有效学习:ICT 时代的华文教学初探》《结合个案探讨语文有效教学的反思模式》;关于公民、道德与思维范畴的有《中国古代文学教学与大学生人文素质培养》《新加坡受训教师对于应用"坐针毡"进行公民与道德教育教学的看法》《结合儿童文学和时事新闻素材的批判性思考教学》《学生的思维能力与合作技能培养模式设计与探究》《认知维度"临界区域"初探——思维教学的一个反思与探索》。

"评估"共收录了 6 篇论文,题目涵盖了语文四种能力的评估。关于阅读的有《促进学生多读:主题阅读活动的组织与评估》《华文网上阅读计划的学习效能评估》;关于写作的有《中外作文考试及命题比较研究》;关于聆听的有《能力型的普通话聆听测试初探》;关于口语表达的有《通过提问测试小学生沟通能力之初探》和《香港小学生口语表达能力评析》。

"教师教育"共收录了 3 篇论文,涉及教师的专业发展、教学语言及角色转变的有《当代语文教师教学设计技能之培养》《面对 PMI 与 CMI 的教师思考:语文教师个案研究》《海外汉语教学中的教师角色转型之浅见》。

上述五个领域的论文体现了理论与实践的结合,视野广阔,突显内容的多元性;探讨了语文教育界共同关注的问题,是各地学者最新的研究成果和心得。文中反映的语文教育思想、课程哲学、教材编写与教学原则,具有较强的超前性,为探索未来语文教育、建构汉语文教育的蓝图提供了重要的参考,将有助于深化中国语文教育的改革与发展。

本书是踏入 21 世纪第二个十年对于课程、教材、教法与评估等在多元化语境下中文教育改革的研究与反思。这也是本书编辑委员会把这本书命名为"面向多元化的语境:语文教育的反思"的寓意所在。

这次出版的目的除与各地专家学者分享交流研究的心得外,更希望能引起教育工作者对新世纪语文教育改革问题的关注,并以此作为深入讨论的基础,为当前正在展开的新一轮课程修订、教材编写以及教学实践与评估提供参考。

为确保本书的质量和学术价值,每篇论文匿名送两至三位评审委员评阅,编委会根据评委的综合给分及专业意见选录刊登。评审团队分别来自中国大陆、台湾和香港地区及新加坡共 20 所高等院校、中新两个国家的教育部门及一个专业委员的专家学者,共 51 位评审委员。为免利益冲突,获邀的评审员都不是本书的投稿人。最后选出 45 篇论文录入本书。

限于经费及论文篇幅的问题,我们只能有所取舍,未能尽录;部分入选文章,也须删减字数。情非得已,当请海内外作者海涵与见谅。

本书能顺利出版,编委会需要感谢:提供富有启发的学术论文的各地学者,中国大陆、台湾与香港地区及新加坡的担任繁重评审工作的学者,苏州大学文学院和香港教育学院中文系。本书的出版涉及诸多方面的繁杂工作,由于人力和水平所限,定有不少疏漏之处,敬请批评指正。

何文胜

2011 年 6 月于香港教育学院

目　录

课程理念与建构

教材研究与应用

课堂策略与实践

评　估

教师教育

课程理念与建构

语文教育研究的语言哲学路向

潘庆玉

语言哲学作为20世纪哲学发展史上最辉煌的一页,无论是其解构与颠覆传统形而上学的摧毁性力量,还是其从现象学的立场重构生存论哲学的思想突破,都极其有力地拓展了人类思辨理性的疆界与空间。从语言哲学所敞开的无限视域来反思与辩护语文教育,将极大地扩展语文教育的学术视野,提升其哲学研究的层次与境界,促进语文教育研究的真正"哲学"转向。

语言哲学之于语文教育研究的启示与贡献表现为三个互为关联的层面:语文本体的结构—存在论、语文教育的功能—价值论、语文教育的过程—方法论。从语言哲学的视角来看,语文本体不是一种单纯的交际符号和思维工具,而是一种独特的民族(个体)精神架构和文化历史(生命体验)的存在与表达方式。语文的本体论研究必须打破传统观念中单一的"实体性"本体论范畴,把语文本体放入个体、历史与文化的各种互动关系及作用过程中进行观察和描述。语文本体不仅具有从逻辑的角度进行结构分析与把握的可能性,而且从本质上还呼唤研究者从人的存在的语言性角度展开语文的对话过程,开放语文的历史与文化空间。因此,语文本体不是封闭的、静止的、超验的彼岸世界,而是开放的、发展的、经验的、与人的存在在本质上相关联的无限敞开的澄明世界。同样,从语言哲学的视角来观察,语文教育的功能—价值论的研究应当以语文本体的存在论为基础,超越工具主义的有限视野,站在精神生成与表现、文化存在与创造、历史对话与再生的高度,激扬语文教育的本体价值,确立语文教育的目标体系,释放语文教育的多维功能。再从语言哲学的角度,来看语文教育的过程—方法论。在传统语文教育研究中,语文教育的过程—方法论更多地从语文教学的程序与方法的角度进行分类与建构,更多地关注具体的教学方式、方法、技术和技巧。从语言哲学的角度看,语文教育的过程—方法论的构建必须超越"形而下"的技艺局限,把语文教育过程与方法纳入个体存在与发展的视域,从语言与存在的同根性上揭示语言作为个体存在方式的内在规定性及其发展性,即语言学习过程不仅是个体获得自我意识逐步形成客观世界镜像的精神孤立化过程,而且是个体在自我反思中不断超越精神的孤立化,在"诗"的语言的引领下进入存在的场域获得历史与文化的居住权与话语权的精神敞开与澄明的过程。因此,从语言哲学的视角阐述语文教育的本体结构—存在论、功能—价值论、过程—方法论,必将把语文教育的哲学研究带入一个开放而广阔的视野中。

一、本体论:反思与重构

语文教育的理论研究向来存在重方法轻本体、重效用轻理据、重结果轻过程的倾向,因而,对于语文教育研究最关键的核心词“语文”,历来说法各异,归属不一。本属哲学层面的语文本体论问题,常常被研究者无意识地放逐贬抑到技术规范领域在形而下的层面进行姓甚名谁的争论。研究者的着眼点仅仅是给语文教学找一个“名正言顺”的依据,因而才会出现语文姓“语”还是姓“文”、学“文”还是载“道”,是语言文字、语言文章、语言文学还是语言文化的争论。可以说,语文本体的晦暗不明与变幻不定,一直是引发语文教育理论分歧与纠纷的首要原因。客观地讲,语文本体论之所以成为问题,一方面是因为人们感觉对语文太熟悉、太了解以致不以之为问题而擅发议论,造成对语文一词学术性解释的遮蔽,似乎这已是一个不言而喻的既定事实。另一方面则是,研究者已经深深地意识到语文一词的身世辗转变迁之谜而又苦于找不到解析透视的方法和锁钥,只好姑且论之。毕竟,语言哲学作为理论系统输入我国是20世纪80年代中后期以来的事情,且是作为一种专门哲学引入的。因而,要从哲学的角度把握语文的本体,并不是一件轻而易举的事情,它不仅需要一定外部条件,而且需要研究者具有时代的眼光和敏锐的学术直觉。以语言哲学的观点和立场审视汉语文本体,可以从以下几个方面进行观察和描述。

首先,时间的距离与空间的断隔使得汉语文的古今字形字义都发生了根本性的变化。汉语文作为文化载体,其历史变迁深刻地规约着汉民族的深层思维范式的演进,蕴含着汉民族的情感与审美基调。它不仅积淀了五千年的文化底蕴,而且孕育了汉民族丰满而刚健的文化性格。对这种历史空间跨度如此之巨的语言的把握,仅仅从西方意义上的语言学的角度进行解析概括,只能得其形似,难以达其精髓,这是我国近百年来汉语研究的基本共识。从语言哲学的角度来观察与思考汉语文的本体,是超越单纯语言学研究视野,把语文本体研究引入历史理解、文化批评与哲学检讨论域的有益尝试。在这里,时间的间隔与空间的阻碍不再是观察的局限、研究的障碍和束缚,而是变成了进行哲学思考与历史文化审视的前提与背景。正是凭借对汉语文所浓缩与蕴含的历史文化空间进行的解释、再现、对话和生成,汉语文本体才从工具与技术的操作作坊步入亮堂与澄明的开放视界,汉语文本体才完成了自身的本—末、体—用的转换。

其次,汉语文独特的文化历史意蕴与审美特征,使其成为一种在现代语言学的观念看来颇具争议的语言文字。按照现代语言学的一般标准,中国语文,尤其是文言文,实在是一种极不准确、规范、科学、实用的语言系统。语言学家一般认为,人类语言文字大都经历了从象形文字到拼音文字的发展道路,拼音文字被看做人类语言文字发展的最高阶段,具有高度的抽象化、科学化和实用性。而汉字在从象形文字向拼音文字发展的道路上刚刚起步就停止了,即汉字发展到形旁与声旁分化之后就基本停止前进,这使得汉语文没有真正走上拼音化的道路。因此,汉字的象形特征被顽固地保留下来,在其后漫长的历史岁月里,非但没有消失,而且还进一步固化为汉语的深层意义,形成汉文化的思维密码。汉字的这种象形特征,使得汉语的发展受汉字的约束,故而最终形成了言文不一的文言文系统。关键是:怎样来看待汉字的象形特征?为什么汉字没有进一步拼音化?传统语言学把这些特征看做是汉语的病状和赘疣进行贬斥,书面汉语一百多年来的发展变化多少是在这种心态下进行的。在语言哲学看来,汉语的这种独特性不仅不是一种落后和病态的表现,从更深的意义上来看,它们才是构成汉民族历史文化与民族精神存在的独特方式,是中华文明展示魅力、敞开自我的独特窗口。而且,正是汉字的意象性特征为我国古代的书画艺术、文学创作和哲学发展奠定了基石。在现代语境中,汉字的意象性特征非但没有成为阻碍社会进步与科学发展的障碍,恰恰相反,正是凭借着以象形特征为基础的“意合”构词造句原则,古老的汉字被激活为新词汇的源头活水,为现代汉语不断地顺应时代需要创造丰富的新词汇提供了不竭的资源与动力。由此可见,汉字的本质超越了单纯的表音符号,它是心灵的图画,精神的意象,情感的容器,历史的记忆,文明的化石。每一个汉字都浸润了五千多年的历史风雨,历经了无数心灵的磨砺和吞吐,涵纳了人世间的千变万化。因此,语言哲学,将为我们揭开汉语文的文化幕布、审美面纱和那幽闭着的情感之门。

再次,语言哲学有助于我们从符号学的高度认识语文作为工具的意义,从而辩证地把握语文本体的双重属性,为我们走出汉语文工具性与人文性之争的泥沼提供方法论的支持。语文是一种很特殊的工具,它的本质不在它的物质外壳,而在这种物质外壳所引起的心理反应。它的本质不在于作为人的交际的工具,而在于它本身构成了交际。它的本质不在于传递某种信息,而在于通过言辞构成和呈现了信息背后的意义。与其说我们在说语言,毋宁说我们是在把自己诉诸语言,让语言来暴露、呈现继而隐藏我们。在我们对他人说话的同时,语言也返回身来照亮我们。语言不专属于任何人,但必须经由任何人才能不专属于任何人。语言不因我们肉体生命的短暂而短暂,它因我们精神生命的永恒而永恒。因此,语言构成了我们存在的家园,成为我们"思"想的道路,"诗"翔的天空,它见证着我们精神的力量,塑造着我们人格的形象,展示着无限神秘的思想诱惑。语言哲学对语文的符号性解读,从学理上揭示了汉语文工具与人文的内在统一性,从根本上确立了语文教育的工具价值与人文价值的协同关系。

二、价值论:阐释与辩护

在传统语文教育的语境中,语文教育的文化价值向来被上升到关系民族存亡与国家兴衰的高度,而其实用价值乃至文学价值则被看做雕虫小技。语文教育的工具与人文双重价值由此发生了严重偏斜,形成了文以载道的神圣价值论、学而优则仕的功利价值论和识文断字的生活价值论这三种多样化与统一性共存的价值体系。这三者之间是同心圆的关系。其中,文以载道是价值观的根本和核心,是最里边的圆圈。学而优则仕是围绕文以载道而展现的第二道圆圈,属于功利价值观。识文断字则是最外层圆圈,属于实用价值观。古代语文教育价值观主要侧重在语言文字的社会教化功能与满足日常生活实际需要方面,较为忽视语言的逻辑性格与思想力量。现代语文教育关于价值论的探讨,长期以来是局限在语文学科内部进行的,语文教育的核心任务就是通过各种各样的途径和方法培养学生听说读写思的能力。为配合这些任务的完成,语文教育也进行一定的情感教育、品德教育、人格教育、思想政治教育。与语文教育的物化本体论相对应,现代语文教育重视交际工具价值而忽视存在本体价值,重视生活实用价值而忽视文化陶冶价值,重视世俗功利价值而忽视神圣超然价值。这种价值界定固然是语文学科边界意识觉醒、学科知识体系成熟的表现,是语文学科从传统的经学教育中独立出来的标志,但是,它却把语文课程对于中国人而言所独具的特殊含义和深远影响给遮蔽了。在我国,语文课程除了让学生掌握语言这个工具之外,实际上还承担着哲学启蒙、科学思维训练、民族文化传承、生活方式习得、审美情趣培养等多方面的任务。这些任务在一定的学段其重要性甚至远远超过了语文能力自身的要求,尽管它们的培养必须经由语文能力发展的渠道。虽然我国中小学按照国家课程标准或教学大纲普遍开设了品德与生活、品德与社会、思想政治、历史、艺术等人文学科课程,但实际上,学生通过语文课程潜移默化地学习到的价值观、人生观、历史观、文化观、审美观,有时比从政治课、历史课、艺术课中学到的这类知识更为自然深刻、细致入微、经久不忘。因而,学习语文,对于中国的学生来说,精神的需要远远大于实际的需要,文化的需要远远大于生活的需要,审美的需要远远大于工具的需要。因此,简单地效法西方语文教育是不能解决中国自身语文教育问题的。要把给语文"减负"、给语文"瘦身"、让语文姓"语"的内涵具体明确为:给语文减去那些不必要的繁难琐细的训练的"负",给语文增加那些很重要的、语文本身所承载的思想、文化与审美的"负"。本文正是立足上述语文教育价值论的历史形态与现实境遇,从语言哲学的角度,试图对语文教育的价值观进行哲学的阐释和辩护。

语言哲学从语言与人的内在关系入手,阐明了语言作为人类存在之家的根本性意义。从语言哲学的视角看,汉语文作为逻辑的构造、文化的表达、历史的再现、人的栖居地,蕴含着无限广阔的价值创生空间和无比丰富的价值实现方式。汉语文以形写意、得意忘形的独特逻辑构造方式,使它形成了世界上最为简洁、优美、含蓄的意义表达形式,进而又使得中国人的思维方式在重视直觉和概括的基础上精于想象传情而输于推理分析。因此,汉语文教育应在尊重传统语文教育诗性思维特征的基础上开创理性思维发展的空间和渠道,让学生获得全面的思维训练和心智发展。汉语文作为汉文化的载体和表达方式,不仅蕴含着丰富的民族精神和民族情感,而且它本身已经构成了汉文化的重要组成部分,成为中国文化最具民族传统特色的代表之一。汉语文的学习过程,其实就是汉民族生活方式、价值观念、审美意识的形成与发展的过程,就是民族精神与民族情感的培育、民族文化的继承和发展过程。汉语文文本不仅是语言产品,更是历史产品。语文文本的历史性使得语文教育成为激活历史意识、再现历史真实、生成历史意义的过程,成为通过个体与历史的对话敞开存在的无限性、照亮个体生命意识、历史意识盲区的过程。语言作为人的栖居地,是人之所以为人、存在之所以存在的依据,因此,人是此在,住在存在的近旁。人因为此在,所以经常忘记存在,把自身放逐在人生意义的边缘。语文教育,应该把人从意义的边缘唤醒,并引到回家的路上。当我们把语言当做工具来掌握时,语言就成为我们的对立面,成为我们要征服与驾驭的对象。当我们自以为驾驭了语言时,我们却又成为了语言的奴隶,深深地陷入语言的泥沼。我们除了通过语言,已经再也找不到回家的路。因此,我们必须转变我们与语言的关系,语言不再是外在于我们的他在,而是植根于我们存在深处的一种唤醒与照亮的力量。语言不再是我们征服的对象,不再是我们口中与手下的一个工具,而是我们自身栖息与思考的家园,是我们赖以存在的基础。语文教育,应该把每一个人召唤进存在的家园,感受语言的人性温暖,聆听语言深处神秘力量的召唤。因此,语文教育是敞开与去蔽的过程,是召唤与引领的过程,是个体生命之旅到达整体存在的历史性进程。

三、方法论:批判与建设

古代传统语文教育在教育方法上已积累了丰富的经验,并探索出了一套适合文言文语言和文体特征的教学模式和方法。总的来看,它在语文教育内容的撰写上坚持综合性,融文史哲经于一体,文化历史视野相当开阔;在语文教育过程上强调整体性,诵读、写字、作文、赋诗等交叉进行,齐头并进,互为推动;在语文教育方法上重视从汉语文本体特征出发进行语文训练,属对作文,少讲多练,化习惯为自然。自从以白话文教学为主要内容的现代语文教育产生以来,传统语文教育中的许多优秀的传统逐渐消失,代之以具有严格的学科化意义的现代语文教育教学方法论体系。现代语文教育过程与方法论的基础是心理学有关人的认知过程与阶段的理论。无论是赫尔巴特的教学阶段论、凯勒夫的教学阶段论,还是当今流行于教育界的建构主义,都是依据人的一般心理认知过程而设计的。这种研究固然揭示了人的一般心理认知规律,但是却忽视了教学内容对人的心理认知的特殊要求和影响。更重要的是,有些学科的学习过程是以实践为基础而不是以认知为基础的,实践不是在认知指导下的具体应用,而成为认知的前提和条件,成为认知发生的经验基础。因此,单纯的心理学尤其是认知心理学的研究不足以为教学过程奠定宽厚的理论基础。教育界长期以来盛行的迷信教育理论、忽视教学实践经验的风气是有害的,因为它使得真正的原创性的教育思想被五花八门的理论名词给掩盖遮蔽了。丰富的教育经验不只是有待研究者提升的理论矿藏,它本身就是一种原生态的实践性理论，它比专家们提出的精致的教育科学理论更加包容，更具有原创力，更具有适应性，它是孕育一切理论形态的温床。基于此，语文教育过程与方法论研究，一方面要破除对一般教育过程论研究的盲目依赖性，确立学科本位的研究立场，探索语文学科自身的认知与实践规律，揭示语文学习过程的本质及语文能力发展的规律；一方面要立足于我国数千年积淀起来的语文教育实践经验，探索符合汉语文本体特征的语文教学过程与方法论，廓清语文教育方法论与语文本体论、价值论的关系，实现语文本体论、价值论与方法之间的对话与互动，构建富有生机与活力的语文教育方法论体系。

从语言哲学的视角看，语文教育过程与方法论的研究应从揭示语文学习的本质与语文能力发展的规律入手，以此为基础来构建语文教学的过程—方法论体系。卡西尔指出，人是符号的动物。这一论断揭示了人类学习和创造的本质，也从根本上论证了语文学习对于个体社会化而言所具有的本源性意义。在语言哲学看来，语文学习的过程是学生通过习得语言进入符号世界的过程，即从生物体的蒙昧状态标志性地进入人类社会进而获得生命话语权的过程，故儿童早期的语文教育向来被称为启蒙和发蒙。语言能力的发展一方面是符号工具性的发展，一方面则是精神丰富性的发展，这主要源于符号世界与人的精神的多重联系。语言符号不仅是交际的工具、思维与情感的表达传递方式，而且是文化的表征。在语言符号的下面，蕴含着思维的流程、情感的意向和一定的文化范型。学习语言，不仅是在学习交流、学习思考、学习表达情感，而且还是越过语言的樊篱迈入一种文化传统和民族精神世界的过程，同时也是感染、认识、掌握一种特定的生活方式、思维方式和价值观念的过程。因此，语文学习，是人们通过语言对世界的持续敞开和去蔽作用，不断地构筑、更新自身的生命视界和精神家园的历程。基于此，语文教育的内容就不仅仅是语文学习和训练的材料，而且是由语言的理性之光、情感之火所照亮的思想与文化世界。因此，语文教育的内容不仅要囊括百典，包容众家，而且还要充满理智与情感的力量，为个体展示历史与人生的丰富意蕴；语文学习的过程不仅要让学生获得语文能力的发展，而且还要实现其生命视界的不断开阔、精神世界的不断超越和人格修养的不断完善。语文教学的方法不仅要重视提高学生的学习效率，而且还要关注过程本身的人文价值和情感体验。

参考文献

恩斯特·卡西尔.人论[M].上海:上海译文出版社,2003.
海德格尔.面向思的事情[M].北京:商务印书馆,1996.
列维-布留尔.原始思维[M].北京:商务印书馆,1997.
米歇尔·福柯.词与物——人文科学考古学[M].上海:生活·读书·新知三联书店,2001.
徐友渔等.语言与哲学[M].北京:生活·读书·新知三联书店,1994.
陈嘉映.语言哲学[M].北京:北京大学出版社,2003.
王建平.语言哲学[M].北京:中央党校出版社,2003.
钱伟量.语言与实践[M].北京:社会科学文献出版社,2003.

作者单位：山东师范大学文学院

论以形式为中心的语文教育观

卢永芳

对于“语文”这个学科名称,学界有不同的理解,本文采用叶圣陶先生的说法:“平常说的话叫口头语言,写到纸面上叫书面语言。语就是口头语言,文就是书面语言。把口头语言和书面语言连在一起说,就叫语文。”①从叶先生的这个定义可以看出,所谓“语文”其实就是语言,“语文教育”就是语言教育。因此,为了避免不必要的误会,本文不区分“语文”和“语言”两个词。实际上,我们同意陆俭明先生的观点,应该把语文教育划归应用语言学的范畴,成为应用语言学的子学科。②

一、关于语文的形式和内容

(一)形式和内容的内涵

现代语言学有一个基本看法,即认为语言是“形式和内容相统一的符号”③。语言的形式就是语音(写在书面上的语言形式还包括文字),内容就是语义。语音和文字在组织成语篇的时候有复杂的表现:音位、字形、语法、语体特征等各个层次及其相互之间错综复杂的关系。语义的表现更加复杂,英国著名语义学家杰弗里·N·利奇列出了7种意义:理性意义、内涵意义、社会意义、情感意义、反映意义、搭配意义、主题意义。④ 我们一般在讨论语文教育时所理解的语义没有专业语言学家那么细致,而是比较笼统,就是指人们用语言表达出来的思想情感。本文也采用这个笼统的常识性看法。因此,本文所说的语文的形式指的是语音、文字、句法、语体特征以及它们的组合规律,本文所说的语文的意义就是指语言文字承载的思想情感。专门针对汉语文而言,语文的形式就是指汉语(包括普通话、方言、白话和文言)的语音、词汇、语法、语体系统以及汉字系统,语义就是汉语言承载的信息,包括语言中的百科知识、世态人情等。

(二)形式和内容的外延

语言的形式虽然比较复杂,但也是很有限的。汉语言的语音系统、语法系统很有限;词汇的系统性不够强,但也不是杂乱无章的,其基本单位——语素也是很有限的。汉语言的书写系统——汉字,虽然是记录语素的,数量较多,但也是有限的,三五千常用字足够日常应用。语言的内容,也即语言承载的思想感情,包括百科知识、世态人情等,是无限的。人们常说,语文的外延等于生活的外延,其中有一种意思即指语言的内容是无限的。语言形式的有限性和语言内容的无限性体现了语言系统的高效率。

---

① 李杏保,顾黄初.中国现代语文教育史[M].成都:四川教育出版社,2004:268.

② 陆俭明,沈阳.关于建立“语言学”一级学科的建议[J].语言科学,2010,(1):13.

③ 岑运强.语言学基础理论[M].北京:北京大学出版社,2005:23.

④ 杰弗里·N·利奇.语义学[M].上海:上海外语教育出版社,1987:13.

（三）语言形式中也有内容——形式的审美价值

汉语言的语音、句式、篇章结构以及汉字都具有很高的审美价值。以元音（乐音）为主、界限分明的音节模式，高低抑扬、平仄交替的声调组合，或骈或散、变化多端的句式、篇章形态以及汉字书法艺术等诸多形式特征，经过无数代人的创造，已经变成了丰富的听觉和视觉审美资源。

二、形式和意义的关系

语言的形式和内容结合得非常紧密，索绪尔说，语言可以"比作一张纸，思想是正面，声音是反面，我们不能切开正面而不同时切开反面。同样，在语言里，我们不能使声音离开思想，也不能使思想离开声音"。① 从最一般的意义上来讲，语音和语义的结合是任意的，我们不说语言的形式和内容孰重孰轻，或者谁第一性、谁第二性。但是使语言之所以成为语言而不是别的，比如不是音乐、美术或者数学、物理，还是凭借语言的形式，因为要说表达情感，音乐、美术也可以，要说表达思想，数学、物理也能够。

语言的形式和内容一纸两面、不可分割的关系很容易使人认为，在语言教学的研究和实践中，对语言的形式和内容也只能同时处理。这当然是个误会。人体是一个整体，如果分解为各个部分就不是人体了，但是生理学家在研究人体时，完全可以分别研究运动、呼吸、循环等诸多系统。世界本身是一个有机整体，但这并不是说科学研究就不可以把组成世界的各个部分分开来考察。事实上，很多时候，我们还只能这样做。研究学生的语文学习规律和教师的语文教学规律时，我们也可以、有时还必须把语言的形式和内容分开来考察。

三、形式——语文教学的主要矛盾

（一）语言的内容不是语文教学的中心内容

如前所述，语言的形式是有限的，语言的内容是无限的。这很容易让人作出这样的推论：语文学习和语文教学的主要矛盾是语言的内容，而不是形式。语文教育的实践也表明了这一点：不少语文教师在课堂上滔滔不绝地讲授学生一望而知的文章的内容，不厌其烦地对学生进行百科知识教育、思想教育、情感教育，而学生的语文应用能力却每况愈下，语文教育"少、慢、差、费"问题的解决遥遥无期。

在语文学习和教学上，针对语文的形式和内容两个方面来讲，本文的观点是：语言的内容（百科知识，世态人情）教不了，也不用教；语文教学的主要矛盾是语言形式而不是内容。我们这样立论主要是基于人的理性、百科知识课堂和社会生活的存在。

关于理性，即人的领悟能力和学习能力，我们不赞同柏拉图的理念论和回忆说②，也不赞同王阳明的"心外无物"论③。但是，一个不争的事实是，学生是理性生命主体，先天的遗传因素为学生领悟人的情感、学习百科知识奠定了基础。对于语言学习而言，语言的内容，也就是语言中承载的思想情感，包括百科知识、世态人情，学生可以随着自己生命时空的拓展而逐渐掌握，不需要语文老师在课堂上灌输。请允许我们作一个极端的假设：如果学生的生命时空是无限的，那么一切的知识都是不用教的，学生可以自己习得。当然，事实不是这样的，学生学习语文的时空十分有限。这种有限性主要表现为以下几个层次：一是，一个人的生命时空总是有限的，而且可以说很有限；二是，学生学习语文的时间大多是在未成年期，生命经验不足；三是语文学习在逻辑上和时间上都往往处在学习其他各科知识之前；第四，语文学习参加

① 索绪尔.普通语言学教程[M].北京：商务印书馆，1980：158.

② 赵敦华.西方哲学简史[M].北京：北京大学出版社，2001：54.

③ 张隆华，曾仲珊.中国古代语文教育史[M].成都：四川教育出版社，2000：385.

各种考试的时间有明确的限定。因此,为了提高效率,相对地延长人的生命,百科知识、世态人情等语言的内容方面的知识是需要有人教的。但是,百科知识有专业教师传授,语文教师即使教也很难做到专业化,不必越俎代庖。至于世态人情、道德修养,学生可以在现实生活和阅读活动(阅读是学生拓展社会生活范围的方式)中习得,语文教师不必教,也教不了。试想,一个人如果有一个恶父亲,怎么可能学了《背影》就爱起他的父亲来呢?学生如果能熟练地阅读、欣赏《出师表》了,还用得着教师反复强调自律自强的美德吗?哪一个语文教师能比诸葛亮本人还要讲得更动人呢?《散步》营造的氛围,谁都能感受,学生需要学习的是作者营造这种感人氛围的语言技巧和过程。针对学生一望而知的课文内容来反复讲解,大多是饶舌,做无用功,与语文教育的本质功能相距甚远。

如果语文教师把语言的内容作为考虑问题的中心,那是低估了学生的理性,无视百科知识课堂和社会生活的存在,同时也没有把握住语文课程的中心任务。

(二)语文形式是语文教学的中心内容

如上文所述,语言内容的外延是无限的,语文教师实际上无法教;由于学生领悟能力的存在,再加上有其他各科教师在辛勤工作,社会生活也在不断地提供信息,语言的内容实际上也不用教。有鉴于此,我们在语文教学上坚持这样的观点:想办法尽量高效率地让学生摆脱语言形式上的羁绊,熟练地运用语文去独立完成学习任务。让学生摆脱语文形式的羁绊是本文研究语文教学的核心论点。语文课程标准上设定了知识与技能,过程与方法,情感、态度与价值观三大教学目标,按我们的理解,"知识与技能"应该是关于语言、语言学习和语言应用方面的知识与技能,"过程与方法"应该是语言学习和语言应用的过程与方法,"情感、态度与价值观"应该是学生对语言、语言学习和语言应用的情感、态度和价值观。换成人们通常的说法,我们的观点就是要加强对学生的语言能力训练。这当然不是什么新鲜的课题。实际上,叶圣陶先生的"语文"定义早已"旗帜鲜明而正确地突出了该学科进行语言全面训练的特征","明确规定了从小学到中学都必须充分重视口头语言和书面语言全面训练的重要任务,并以此来确定学科的主要教学目标"。① 我们之所以要重新提出"语言训练是语文教学的中心任务"这个问题并郑重其事地加以论述,主要原因是我们发现中小学不少的语文课堂教学实践没有把语言训练作为主要教学目标。在许多语文课堂上,"过程与方法"变成了戏剧表演之类的过程与方法,写字、读书、作文的过程与方法被置于脑后;对学生进行"情感、态度与价值观"教育就是对课文内容中表现的情感、态度和价值观的反复强调。就是第一条"知识与技能"在很多时候也变成了与语文无关的知识与技能。我们的问题是,不教语文知识和技能怎么说得上是语文课呢?教学总是在语文知识和技能上务虚,还有什么"过程和方法"可言?如果语文课堂培养的学生写字潦草、读书马虎、作文应付,那么"培养学生高尚的道德情操和健康的审美情趣,形成正确的价值观和积极的人生态度"②这一目标又怎么实现得了呢?

学界曾经对语文的学科性质展开过多次讨论,有"工具说"、"人文说"和"工具、人文融合说"③等诸多见解,至今莫衷一是。我们主张回到最朴素的起点:语文就是语言,语文教育就是语言教育,就是母语教育,或者干脆就说,语文就是语文,不是别的什么。④ 在这个基点上,从语言的性质和功能上看,从语文与人的发展关系上来看,语文教育的中心任务就是培养学

① 李杏保,顾黄初.中国现代语文教育史[M].成都:四川教育出版社,2004:268.

② 教育部.全日制义务教育语文课程标准[M].北京:北京师范大学出版社,2001:16.

③ 李树.中学语文教学百年史话[M].济南:山东人民出版社,2007:213.

④ 工具性和人文性都不是语文的特有属性。这一点只要稍微沉思一下就可以明白。比如,说语文有人文性,那么哪一科没有人文性?数学、逻辑、生物、历史、音乐、美术等诸多学科都具有人文性。

生的语文应用能力,就是解除语文形式方面对学生学习的羁绊。

(三)语文形式羁绊伴随学习过程始终

学生在语文学习的整个过程中都存在程度不同的语文形式羁绊。一般而言,幼儿阶段是语音,小学低年级是字形和字义的错位,高年级是汉字数量增加之后的系统混乱,初中是复杂句法和逻辑混乱,高中是语体风格错位,大学是前面几个方面综合性的低水平与大学生学习生活内容的不协调。语文教育专业大学生更是既有操作上的低水平,又有理论上的浅层次:许多学生书写、写作水平无任何示范性可言,对语言、语言学习和语言应用方面的问题满足于常识性理解。

一般来说,我们很容易看到学生在低年级阶段受到的形式羁绊,而对高年级学生的困难往往不易察觉。有不少专家就主张高中阶段加强文学教育甚至干脆就教文学。这些主张一方面错误地认为低年级的课文没有文学性或文学性不够,另一方面没有看到高中学生或者甚至大学生在语言的技能方面遇到的特殊困难,认为高中学生的母语水平已经够高了,径直学习文学就行了。于是大批的高中生甚或大学生,包括不少的硕士生、博士生,母语能力不敷应用,眼高手低,书写能力停留在小学阶段,写作水平停留在初中阶段。实际上,儿歌、童话等适合小学生学习的语言材料具有很高的文学性,而高中生、大学生也需要扎实地进行语言基本功训练。

四、以形式为中心,但不要唯形式

在语言教学上,行为主义的机械训练不符合语言学习尤其是母语学习的规律,一味地注重形式早已被证明是无效的。新中国语文教育史上曾出现针对语文课上成政治课、文学课的偏差提出的“工具说”,“工具说”发挥到极端,与标准化考试结合以后便走进了唯形式的泥淖。于是人文性被提了出来,与“学生主体论”、“多元智力说”等西方时髦理论结合,虚假掌声不断、无效问题不断的娱乐化景象占据了语文课堂的大部分时空,语文教学被异化成了非语文教学。我们主张语文教育回归形式,并非是要回到行为主义的机械训练道路上去,而是要以语言形式作为思考教学问题的中心。在教学工作中不能一味搞形式训练,而应当分阶段集中突破。教材编写更不能唯形式,而是要文质兼美、文道并重。

为了避免误会,我们还要特别说明的是,以形式为中心的语文教学绝对不需要以形式为中心的语文考试。在平时检测时可以分阶段地进行有针对性的考试,但是在期末考试、升学考试时应该以语文应用能力为测试重点。

五、结论:什么是以形式为中心的语文教育观

语文学科的本质属性是:语文就是语言,语文教育就是汉语母语教育。语言的内容教不了,也不用教,语文教学应该以语言形式为考虑问题的中心。在学生学习语文的各个阶段都有不同形式和不同程度的形式上的羁绊,解决语言文字形式方面对学生学习的羁绊是语文教育的中心任务;教师在语文教学的整个过程中都要关注学生语文应用能力的培养。

作者单位:四川民族学院汉语文系

构建创新型语文教学结构

黄德初

“教学结构”是指在一定的教育思想、教学理论、学习理论指导下,在一定环境中展开的教学活动进程的稳定结构形式,是教学系统四要素(教师、学生、媒体、教材)相互联系、相互作用的具体体现。传统教学是以教师为中心的教学结构。其四要素关系是:教师是施教者、是教学的绝对权威,学生是接受者、是外部刺激的接收器,媒体是教具,教材是知识的唯一来源、是考纲。此结构的教学理论是“传递接受”,学习理论是“刺激—反应”,其教学后果就是,窒息创造性思维,抑制创新人才成长。①

当前,信息技术与学科课程整合,这种整合具有5种宝贵特性:网络的交互性有利于激发学生的学习兴趣和充分体现学生的学习主体作用,网络提供外部刺激的多样性有利于知识的获取与保持,网络的超文本特性可实现对教学信息最有效组织与管理,网络特性有利于实现能培养合作精神和高级认知能力的合作式学习,网络的丰富资源有利于实现能培养创新精神和信息素养的研究性学习。这些特性是强调利用信息技术建构理想的学习环境,以实现自主探索、多重交互、情境创设、合作学习、资源共享的全新学习方式。它们可以把学生的主动性、积极性充分调动起来,彻底改革传统的教学结构和教育本质,使学生的创新精神与实践能力培养落到实处,达到培养具有21世纪能力素质的人才(即创新人才)的目的。②

这样的整合为我们构建创新型语文教学结构提供了最大的可能性。

一、构建创新型语文教学结构应遵循的基本原则

建构主义学习理论认为,学习过程是学生的认识思维活动主动建构知识的过程,是学习者通过自身已有的知识、技能、经验与外界(文本,生活等)进行交互活动以获取、建构新知识的过程。学生是主动的建构者,教师是学习活动的组织者。在教学实践中,教师的主要作用是创设学习环境,激发学生的思维并使其积极参与课堂教学,让学生真正成为学习的主体。③因而,构建创新型语文教学结构应坚持以下3个基本原则:

(一)以学生为主体的原则

语文学习是学生解读文本、发现问题、构建意义的思维活动。“文章未经阅读前,只是一个多层次的语言框架,其间的‘空白’,有待于读者去发掘、填补和阐析”④。它要求读者根据已有的知识储备和经验来主宰自己的思维活动,进行个性化的解读,从而建构新的知识和意义。因此,在语文教学过程中,人的价值、情感、思维应得到尊重与发展。因而,创新型语文教学结构应坚持自主性、差异性、开放性及联系性原则。

---

① 何克抗. 信息技术与课程深层次整合的理论与方法[J]. 中国信息界,2006,(4).
② 何克抗. 信息技术与课程深层次整合的理论与方法[J]. 中国信息界,2006,(4).
③ 张建伟、陈琦. 从认知主义到建构主义[J]. 北京师范大学学报(社会科学版),1996,(4).
④ 朱立元. 接受美学[M]. 上海:上海人民出版社,1989:32.

1. 自主性就是要把课堂还给学生。坚持以学生为主体,让学生在阅读中学会阅读,在写作中学会写作,“让小马自己过河”——自我计划、自我发现、自我感悟、自主建构、自己结论,让学生成为真正意义上的学习者,从而回归语文学习的本位。

2. 差异性就是尊重学生的个性化解读和创造。学生对文本解读的程度和意义建构的质量由学生的文化经验决定。学生是以自己的经验、态度、情感和意志带入阅读对象而建构意义的,因此阅读的过程及结果应该体现读者的主观性和个性。古人云:“作者以一致之思,读者各以其情而自得。”这里的“自得”,就是指读者对文本意义的生成和创造。

3. 开放性就是教学的开放和学习思维的解放。教师应该营造一种心灵舒展、尊重个性、海纳百川的教学气象。在教学过程中提倡学生独立思考,养成学生多角度研究问题的习惯,鼓励求疑、创新,允许学生对课文有不同的解读,重视学习过程的丰富性和教学细节的灵活性,提倡学习成果评价的多元化。

4. 联系性表现为教学过程中阅读背景和时代背景的参与。语文教学要让学生的阅读背景、经验和知识储备参与新知识和文本意义的建构;语文教学不应只就教材而论教材,而应把时代的活水引入教学,让生活与教学链接,有了生活,才会给学生的思维以广阔的驰骋空间,为建构新的知识和文本意义提供可能。

(二) 以教师为主导的原则

教师作为教学过程的指导者和组织者,应该在引导学生自主解读文本,相机诱导、适时开导、及时疏导和搭建正确的认知桥梁这三个方面发挥主导作用。具体地说就是:

1. 创设情境激发学习的内驱力。生动活泼应成为语文课堂的重要特征,如果语文课让学生倍受煎熬,就丧失了它应有的价值。语文教学应在情趣上下足功夫,驱动学生的想象,激发学习情感,唤起学习内驱力,启动创造性思维,使课堂就成为一个“情绪场”,一个美的境界,才能使语文课堂有吸引力和有精神意义。

2. 适时引导学生自主感知学习。语文学习,特别是阅读,第一步是取得阅读的突破点:文章呈现了哪些人、事、物、情、理?给人的视觉与思维以较大冲击的关键信息在哪里?深刻而“难以说清”的印象是什么?此时,教师应在学习方法和思维方法上给予引导,应该给学生提供恰当的背景信息,调动学生的阅读积累、知识经验,使自主阅读成为可能。引,重在引发学生的思考兴趣与欲望;导,重在主导学生的阅读方向以及疏导阅读中的阻塞。

3. 组织学生在合作中质疑与解难。语文学习过程也是合作学习的过程,学习过程中的信息沟通、经验交流、知识互补,培养了学生协作的精神,为知识和意义的建构创造和谐的情境。教师应该是合作的协调者,是探究的指导者,当然也是参与者。学生在丰富的知识背景下,展开讨论分析、广泛联系、质疑问难,由点及面展开思维,综合归纳,从而进行知识和意义的建构。

4. 鼓励学生个性解读与创新表达。学生对文本或是学习对象(写作题材)有了较深刻的理解之后,教师还应进一步鼓励学生将学习引向深入,或对思想、情感、语言、风格加以鉴赏评价,或使课堂与社会生活交汇融合,或与他文对比品评,或共同抒写学习感受,将学习活动导演成语言文字、思维意识、思想情感的舞蹈,将学习活动引向学生的心灵深处。同时,学生在这个过程中表现出来的成功感,也将优化其品质结构。

5. 分享学生创新的成果与乐趣。学习迁移是学生抒发情感、展示智慧和彰显创新能力的主要途径,教师应该有意识地引导学生以情带读,以读悟思,以思启智,以智创新,在分享智慧成果的同时,激发学生的创新潜能,促成其创新精神、创新性格、创新习惯的养成。

（三）实践性的原则

创新教育的一个显著特征是重视学生的实践能力，只有在实践中，学生的创新意识、创新精神才能转化为创新能力。

1. 在写作实践中培养创新意识。作文教学是最具创新实践意义的，应该让学生放胆作文。中学生思想活跃，情感丰富，心中充满着对未来的美好向往。应提倡“扬个性、抒心灵”，“我手写我心”，即使思想偏激，也应肯定说真话的精神，不怕偏激，只怕没有思想。

2. 在语文活动中提高创新能力。校园文化的任何一项活动都离不开语文，它为学生创设了一个应用语文、展示语文能力的环境。实践是语文学习的最大内驱力，也是语文知识转化为语文能力的关键环节。广播站、电视台、校刊校报、文学社、墙报黑板报、读书节、艺术节、体育节、演讲赛、辩论赛等活动，能够极大地激发学生学习语文的兴趣，切实有效地提升学生的语文创新能力。

3. 在社会实践中展示语文能力。“外面的世界很精彩”，引导学生关注社会，参与社会实践，诸如参与社会上的各种志愿者、征文、“小市长”、“我为某某献计献策”之类的活动；与其他学科合作开展研究性学习；考察名胜古迹；等等。这些活动既能提高学生思考人生社会的能力，也能提高学生的创新能力，在实践活动中探究社会、思考人生。

二、构建创新型语文教学结构模式

创新型语文教学结构模式，是创新型语文教学结构的各要素最集中的体现，对于构建创新型语文教学结构具有重要的理论意义和实践意义。

（一）创新型语文课堂教学模式的基本特征

1. 教学内容问题化。问题，是学习的灵魂，它既是学习内驱力的起点，也是学习的终极目标。根据语文课程的性质和具体的教学内容特点，由教师和学生将教学内容转化为各种形式的有价值的问题（特别是学生提出来的问题更具价值），是学生进行在课内外学习的内驱力和逻辑起点。

2. 教学过程探究化。学生在教师的指导下，从网络和现实中主动地获取相关信息，围绕着相关的问题进行自我探究或集体探究，教师平等地引导和参与学生的探究，使教学过程由传统的传承型转变为探究型。

3. 教学活动网络化。在教学活动中，改变过去教学内容主要来自于教科书的单一状况，强调培养学生从网络和现实中获取资源创造学习内容的能力，养成学生通过自主努力获取学习资源的习惯。

4. 教学结果创新化。课堂或者网络只是环境，探究只是手段，教学模式构建的目的在于培养学生的创新精神。教师应当积极鼓励学生作富有个性化和创意的表达，除了口头和文本的表达外，鼓励课本剧和角色表演、音乐和影像、网络平台等表达形式的利用。

可以想象，具有这些特征的创新型语文教学结构，必将使学生的主体地位得以真正的确立，使其学习的自主性、能动性、合作性得到充分的发挥，也将更加有利于培养学生的创新意识、创新思维和创新人格。

（二）创新型语文教学结构的基本模式

在上述原则指导下，应该遵循“感知—揣摩—综合—评价”这一学习过程，建构“调动主体，感知对象—发挥主动，分析探究—自主建构，综合把握—发展主体，赏析评价”的创新型语文教学结构基本模式。

1. 调动主体，感知对象。教学之始，学生因缺少学习的内驱力未必能立即进入学习角色，而处于被动接受、消极等待的状态，因而教师应遵循自主性原则和差异性原则，用情境问题启动学生的思维,支持并鼓励学生参与到学习任务和学习过程的制定与设计中来,从“要我学”变为“我要学”,增强其自主学习的意识。对于学习对象的感知,则鼓励学生越过文字障碍和知识障碍,作不求甚解式的大胆猜想,感知学习对象的大概内容,感受文本的思想感情。

2. 发挥主动,分析探究。在生动活泼的情境和民主和谐的人际关系中,学生在教师的指导下,查阅工具书、检索相关文献、探究语句的深层含义,自主解读文本,自觉自愿地开放自己、平等表达、自由品评、互相合作、共同分享,这样一来,学习就不仅仅是学习,而是生活本身,学习本身便成了一种愉悦心灵的对话活动——与作者的对话、与同伴的对话、与师长的对话、与其他阅读者的对话,更重要的是与自己心灵的对话。学生在学习中培养了自信,提高了兴趣,升华了情感,精淬了思想。于是,原来的“我得学”变成了“我能学”。

3. 自主建构,综合把握。学生在教师的指导下,在合作中通过对学习对象的概括、抽象、综合完成对学习对象的全面解读和认识,对文本思路、意旨、写法等意义的自主建构。

4. 发展主体,赏析评价。语文教学的过程不应该止于“懂”,如果语文教学仅止于以“懂”为目的,语文学习只会变成一种纯技术性、纯技巧性的机械训练。语文学习应该是学生心灵飞翔的天空,是灵魂与灵魂对话的舞台,应该让学生把语文学习当做一种精神的娱乐、思想的交流活动。活动中要注重对语文学习内容的体悟与内化以及精神境界的优化,要注意课堂内外的联系,让生活成为语文学习的重要组成部分,形成学生对社会、人生、自我之间内在联系的整体认识,做到“始于课堂、走出课堂、融入生活”。

参考文献

尧斯·霍拉勃(Hans Robert Jauss),金元浦译.接受美学与接受理论[M].长春:吉林人民出版社,1987.

伊瑟尔(Wolfgang Iser).阅读行为[M].长沙:湖南文艺出版社,1991.

J·S·兰祖利. S·M里斯.丰富教学模式[M].上海:华东师范大学出版社,2000.

何克抗.信息技术与课程整合[M].北京:中央民族大学出版社,2001.

霍益萍.研究性学习实验与探索[M].南宁:广西教育出版社,2001.

肖明华.中学语文阅读教学模式研究[M].南京:南京师范大学出版社,2001.

朱慕菊等.走进新课程[M].北京:北京师范大学出版社,2002.

作者单位:华南师范大学附属中学

对“整体阅读教学”的理性思考

王家伦　张　婷

自20世纪80年代开始,随着语文教学改革的蓬勃开展,“整体阅读”被逐渐提及。1985年第10期、第11期《中学语文教学》(北京)连载了刘守立的《“大而化之”阅读教学观刍议》,提出阅读教学要体现整体教学原则,并着力于整体阅读教学。之后,“整体阅读”和“整体阅读模式”等引起了众多语文教育专家、学者和一线教师的关注、讨论与实践。然而,当前整体阅读教学的现状究竟怎样呢?

一、“整体阅读教学”,不是面面俱到

由于应试教学的枷锁,一些语文教师授课时唯恐遗漏点滴,“大珠小珠”尽“落玉盘”,自以为将文本所有的信息“整个儿”地教给学生就是“整体阅读教学”。他们发出这样的感叹:“如果考到怎么办?”当各级考试还是选拔人才的最重要的手段的时候,我们不能简单地把“应试奴才”的帽子扣到这些辛勤耕耘的教师身上,我们不得不考虑他们所提出的问题的现实性。

如教学《荷塘月色》,某教师分数课时按自然段顺序分析文章,各部分分别分析顺序,什么先写荷叶、再写荷花,先写静态、再写动态云云;让学生逐句地分析词语特色,什么“曲曲折折”是叠字等。然后,还要学生依次找出其中所运用的修辞手法,什么“又如碧天里的星星”本体在哪、相似点为何……在此同时,又是穿凿附会地分析《荷塘月色》的写作背景,又是要求学生记忆文章的中心思想,最后再让学生“背诵”相关的段落。这位教师因为担心考试而“面面俱到”地分析文章,将一篇有机和谐的文章机械地肢解成中心、结构、技法、修辞、语法、字、词等,忽视了它们之间的内在联系,“只见树木不见森林”,反而导致教学的繁冗拖沓,失去了文章的重点,这也导致了学生对作者的思想、观点、情感以及文本最主要的特色的理解和领悟如一头雾水。或许该教师认为这样就是“整体阅读教学”。然而,这样能提高学生的语文素养和考试成绩吗?答案是否定的。

其实,“整体阅读教学”的“整体”,绝不仅仅是“全体”。这个整体是多维的,既指对文本所负载的内涵的整体理解,如记叙文的中心意思、议论文的观点以及说明文被说明事物的特征等,更指对某种表达方式的整体理解,如抓住特点写景、倒叙结构、某种修辞手法的运用;等等。其中的任何一点,都可以构成某一个“整体”。阅读教学时面面俱到,反而破坏了对整体的把握,致使学生对文本理解失误。

二、“整体阅读教学”,不是某个环节

翻阅当今一些“优秀教案”,或者观摩一些“优质课”,都能发现有一个起始环节不可或缺,这就是“整体感知(或整体把握)”,然后,按常规进行教学活动,并声称这就是“整体阅读教学”。

如某教师教《变色龙》,导入之后,该教师就请同学“整体阅读”并把握文本,看看文本写得怎样,为什么。这道环节结束后,还是按部就班地逐段分析,从文本结构到语言形式,无一遗漏。于是,同学们就开始绞尽脑汁地思考这一段落该划入哪一个部分,并为此议论纷纷,争得面红耳赤,而同学们对文本的理解还是缺乏整体性。

这些教案或"优质课"都犯了一个低级错误,这就是把整体阅读教学当成了某一个教学环节。

"整体"一词首次出现在国家的教育文件中,是在1992年的《九年义务教育全日制初级中学语文教学大纲(试用)》,与1996年高中《语文教学大纲》的要求"整体感知课文的大概内容"或"整体把握课文内容"①基本一致,当时虽然占据阅读能力训练的首条,但只是作为初级阅读技能来看待,大致相当于学生预习课文那样的粗读。就这一点来看,"整体感知"应该是一个教学环节。但是,我们现在的"整体阅读"已经不是上个世纪的"整体感知",而是"既要认识文章的整体,又要整体认识文章"。② 也就是说,"整体"要贯穿在整个教学过程之中,教学的每一个环节都要从整体出发。

三、"整体阅读教学",不仅仅是"总—分—总"的课堂结构

朱绍禹先生在《中学语文教育概说》一书中明确提到"整体观",现具体表述如下:对于把握记叙文特别是文学作品来说,整体观异常重要,它需要从整体开始,并以整体结束。记叙文的一般读文程序是:整体的阅读(综合的阅读);从整体到部分的阅读(分析的阅读);从部分到整体的阅读(综合的阅读)。③ 于是,就有人认为"整体阅读教学"就是课堂教学"总—分—总"的过程。一些所谓的"整体阅读教学"就进入了我们的视野。

如某教师教学茅盾的《风景谈》,运用了这样的导入:

> 同学们,我们伟大的祖国人杰地灵,山川锦绣,风景名胜数不胜数。我们在"雨中"登过泰山,又乘船游览过"长江三峡"。但是,对于"风景"的理解,往往因人而异,并不一定非是名山大川、怪石幽泉。还有什么是风景呢?
>
> 今天,我们一起学习茅盾的散文《风景谈》,它将为我们展示出另一番天地,另一种风景。

这样的导入本无可厚非,但该教师将之作为"总",在这样的导入后,让学生阅读文本,并从中找出文本所描写的6幅风景画,即"沙漠驼铃"、"高原归耕"、"生产归来"、"石洞雨景"、"桃林小憩"、"北国晨号",接着便带领学生孤立地分析每一幅画,给每一幅画写合适的标题,分析每幅画中的重要词语等。到了最后的"总",再问学生从这六幅画中能够感受到什么,结果是学生什么也说不出来,因为他们所感受到的只是一幅幅孤立的画面。

其实,"总—分—总"并不只是一个简单的形式,无论是开头和结尾的"总"都要紧紧围绕着文本的整体内涵,"分"也并不是孤立地分析文本的每个片段,而是要在把握文本整体内涵的基础上分析其中的重要部分。若教师一开始就引导学生在分析过程中把6幅画连起来在整体上把握,学生就会发现从整体形象中贯注着一种情思意脉,那就是作者通过谈"风景"含蓄热烈地歌颂了革命圣地延安,赞美了抗日民主根据地军民火热的战斗生活和崇高的精神境界;最后升华总结,就是顺理成章的了。因此,我们应该强调的是,整体阅读教学确实需要化整为零,但正如上文所说,要用从"整体"出发解决局部,而且最后的"总"一定得有所升华,就如"否定之否定"。

---

① 全日制普通高级中学语文教学大纲(供试验用)[S].北京:人民教育出版社,1996.

② 贾荣固.整体阅读教学模式初探[J].中学语文教学,1990,(10).

③ 朱绍禹.中学语文教育概说[M].呼和浩特:内蒙古人民出版社,1983:71.

四、"整体阅读教学",不仅仅是从整体上把握文本的人文内涵

一些语文教育家早就注意到整体教育的思想,他们纷纷在论著中加以阐释,并努力坚持和发展整体性教学的思想。著名教育家叶圣陶的教学思想充满了整体性的因素。他在《论中学国文课程的改订》中谈到关于读整本书的建议,认为理解作品应"既不轻易放过部分",又"总要不离作品的主要意思"。① 于是,就有人认为"整体阅读教学"(主要指记叙文、议论文的阅读教学)仅仅就是从整体出发理解文本所负载的人文内涵。"新课改"以来,此类案例举不胜举。于是,大量的语文课就变成了政治课或者说思想品德课,"语文"的本意被抛到了九霄云外。

岂不知语文之所以成为语文,其关键在于"文"。马克思主义哲学认为一般寓于个别,一般只能通过个别来表现。既然如此,我们在语文教学过程中就必须坚持"工具性与人文性结合",即将人文学科的共性寓于语文学科的个性之中。具体操作时,要把培养学生的言语能力放在第一位,要在张扬"工具性"的过程中潜移默化地对学生进行"人文"教育,"随风潜入夜,润物细无声"。就阅读教学而言,就应该是"因文解道,因道悟文"。

五、"整体阅读教学",应该从"课时整体"出发

我们认为,"整体阅读教学"是在课堂教学目标统率下的教学活动,是以文本整体为对象,环环紧扣、步步为营的教学活动,更是对文本内容的各点(尤其是"文")作整体解读的教学活动。具体来说,学校教学以"课时"为单位;那么,"整体阅读教学"首先应该考虑"课时整体",也就是说,每个课时的教学过程都应该是一个完整的结构,起承转合,一气呵成。通过该课时的教学活动,学生对某一个"点"有了整体的认识,这就是成功。

(一) 教学目标的设置是第一步

课堂教学目标是一堂课的灵魂,目标设置应考虑"一课(课时)一得('文''道'各一得)",不必面面俱到,实际上也不可能面面俱到。教学一些内涵较为丰富的作品时,如刘志诚的《怀念红狐》(苏教版选修教材《现代散文选读》),就"文"而言(由于该文的内容一般都能理解,此处不再就"道"赘述),可以分别从"学习本文双重对比的结构特色"、"学习本文特殊的时空交错的方法"、"学习本文的细节描写"、"学习本文通过两条线索表现主题的方法"、"理解作者在文中的情感变化"等角度设置目标;然后,一个课时从整体上解决一个目标(一得),基本不涉及其他,运用几个课时完成教学任务。如果必须在一个课时内完成该文的教学任务,那就得根据文本的个性、教师的特长和学生的需要,抓住其中一点,即设计一个教学目标,将其他暂时搁置,作为以后课堂教学时拓展延伸的内容。

语文课堂教学目标不同于语文课程目标,必须务实,"看得见摸得着",关键在于能对达标与否作出测量评价。如"理解本文的结构"或"品味本文的语言"等抽象者就不适合作为课堂教学目标。

(二) 起承转合,每个教学环节必须紧扣目标

布鲁姆在其教育目标分类系统中,将学生的认知目标分为知识、理解、应用、分析、综合、评价等。这6个部分并不是平行的,而是有层次的,是从简单到复杂层层推进的。因此,为达成课堂教学目标,就应根据学生的认知发展特点,从整体出发,环环紧扣,分层次逐渐进行每一个教学环节。就如教学《怀念红狐》,若将该课时"文"的教学目标定为"学习本文特殊的时空交错的方法",其达标过程就可以分为以下诸环节:

其一为知识,让学生通过预习,找出文本中有关时空的语句。

---

① 叶圣陶. 论中学国文课程的改订[M]. 南京:江苏教育出版社,1993:74.

其二为理解,通过教师讲解、学生讨论等理解故事内容,初步掌握文章中时空推移的状况:时间(遭遇红狐——红狐偷鸡——捉其幼崽——“不久”——红狐跪求——放掉狐崽),地点(沙丘—家—学校—庭院)。

其三为应用,通过学习本文的结构特点,总结出此处时空交错的含义:以时间的交叉推移为经,空间的方位变换为纬,经纬交织谋篇布局。同时,可以就此让学生思考在写作中如何应用。

其四为分析,师生就时空交错法提出自己的疑问,补充、纠正学生的错误等,并集中该方法的核心问题,启发学生深入掌握该方法。

其五为综合,贯穿时空交错法和本文的内容,体会该方法在本文中的作用,如以人狐遭遇开篇,先声夺人,营造出杀气腾腾的氛围,从而使情节直接聚焦到人狐关系的对立上等。此时,可以拓展延伸到另一篇时空交叉的文本,以求巩固。

其六为评价,总结本文时空交错法的内容、结构、意义等,提炼出完整的时空交错法的结构、规律、意义等内容,让学生全面地掌握该方法,并能自如地运用于自己的作文中。

如此,通过6个教学环节,即6个阶段目标,层层推进,最终达成本课时的教学目标。当然,教无定法,教学环节不一定对应于6个,只要照应到布鲁姆的6部分即可。

总之,就整体阅读教学而言,每一节课就是一个小小的整体,这些小小的整体构成学生阅读能力大幅度提高的大整体;在此基础上,再考虑将读写听说能力的培养作为一个整体,将课堂教学与课外活动作为一个整体。于是,通过“整体阅读教学”以提高学生语文素质的目的就可能实现,我们的语文教学也才有可能不再成为被人诟病的靶子。①

作者单位:苏州大学文学院
江苏省通州高级中学

① 王家伦.阅读教学“整体性”原则的多元思考[J].中学语文教学参考,2008:1-2.

学校资源配置对教学质素的影响

——以香港中学中国语文科的口语单元为例

冯树勋　江浩民

2000 年,香港课程发展议会曾就中国语文科的课程改革方案提出咨询,提倡以听说读写平衡发展的单元教学取代过往偏重读写能力的篇章教学方式,以资响应“学会学习”的教改大方向。及后,在 2002 年的《中国语文教育学习领域课程指引(小一至中三)》,以及在 2005 年提出的《高中及高等教育新学制——投资香港未来的行动方案》中,在大体上采纳了咨询稿的提议。由是,自 2002 年开始,在中学的中文科课堂中,添加了口语教学及评估元素在内。尽管在 1991 年高级程度会考中国语文及文化课程中已设有口语沟通评核(即席演讲和小组讨论),但在 2007 年中学会考及 2009 推行的新高中课程内,口语表达能力的评核比重将较前增加。同时,口语考核也变成香港中学毕业生必须面对的评核项目。①

据本研究调查所知,普遍中文科老师欢迎上述课程改革,认为新课程有助于提升学生的语文学习兴趣和能力(详见下文)。在整项变革中,教育当局及教育研究学者均将视点聚焦于课程编排及评估设置方面。② 但学界相信,要达到良好的教学成效,除了要考虑教师的专业素养(专业知能、专门知识、教学知能)外,行政及资源配置的安排,亦有关键性的影响。举例说,由于口语评核属中文科以往比较忽略的范畴,因此在推行校本课程/校本评核的时候,需要投入额外的人力资源,以探索新的教学方法、开发新的教学材料,以及为学生进行额外的“摸底测试”工作。倘若按以往中文科的资源分配数目及方式,将会大大增加前线语文教师的工作压力,令教育改革的良好愿景未能充分实践。本文正是为填补这项研究空白而作。

一、研究方法

由于缺乏相关研究作参考,本研究采用以质化确定问题方向、以量化作印证的方式。先以深入访谈方式,了解一线老师如何在现有行政及资源配套下进行口语教学,从中了解其面对的问题、可选择的解决方案、解决方式的有效性等。然后,再向中学老师发出问卷,调查这些困难的广泛性,并就其解难优次作出排序。

---

① 有关香港口语评核的发展历程,可参考冯树勋.香港粤口语表达能力评核的嬗变(1990—2007)[J].陕西师范大学学报(哲学社会科学版),2008,(37):132-138。

② 这较诸目前集中于政策或课程等宏观范畴的研究。当中政策方向评议的代表论文,例如郑燕祥.政策总结:一刀切、外控微调与校本微调?[R].香港:微调教学语言政策公开研讨会,2009;谢均才.“教育质素”何价?——香港教育改革的矛盾、吊诡和效果[J].香港社会科学学报,2001,(20):1-55;曾荣光.香港中学教学语言政策改革:检讨与批判[J].教育学报,2005,33(1-2):221-243;李志成.学校自我评估与专业自主[M].香港:香港中文大学教育学院香港教育研究所,2004。另外,有关课程与教学法的探究,代表论文有:何文胜.香港课程改革:初中中国语文教科书的创造性思维能力训练研究[R].上海:第一届世界课程大会,2003;黄显华.新修订中学中国语文课程下的学生学习经验[M].香港:香港中文大学教育学院香港教育研究所,2006;梁佩云编.导向学习的评估:教育实务汇编[M].香港:香港大学出版社,2007。

（一）质化研究

研究团队邀请17位中学老师或助教进行了16次深入访谈。这些老师来自6所中学(2所第一组别中学、2所第二组别中学、2所第三组别中学)，在校内担任不同角色，包括副校长、科主任、资深教师、新入职教师、助教等。故此，质化研究的取样有颇大的可靠度（trustworthiness）。

上述访问采取用讲述式研究（narrative research）取向，强调受访对象在访问过程中的主体经验。为了更准确地掌握前线教育工作者的主体声音，考虑讲述式研究的伦理规范，研究团队在访谈前、访谈中、访谈后实施了下述程序：

1. 访谈前的预备工作

研究团队口头邀请本港第一至第三组别中学各两所、共六所的中文科主持人，就"中文科口语教学"的课题进行访谈，而受邀学校全部愿意就该课题作深入访谈。在到校访谈前，研究团队将与受访老师洽商访谈时日、录音、录像、摘录田野笔记、访谈形式等安排，确保老师了解研究目的及规范，并在最理想的环境下接受访问。其后，研究团队向教师索阅该校试卷、教科书名单、补充练习、上课时间表等数据，并到学校网页浏览学校报告（如学校发展津贴运用报告、学校计划书、家长通告、分班情况等），以及到校观察（如观课、校舍设计、学校报告板张贴内容等），确保研究员在最大程度上掌握受访者的背景资料，增进对相关脉络的理解（contextual transparency），确保在访谈过程中不致失去针对性和重心。

2. 访谈办法

在每次访谈开始前，研究员均会重申老师享有隐私保护、终止研究、索阅成果等权利，以增进彼此的信任感。

为照顾个别受访对象的主观感受以及平衡研究项目的需要，研究团队采用了半结构型访问设计：在访问前，研究员先设定访谈提纲，预先设定松散的提问方案，以供受访者响应。在提问的同时，鼓励受访者提出个人问题，并根据访谈的具体情况作灵活调整，鼓励老师以个人语言发表个人看法。

同时，为了平衡征集样本的主观性，确保访谈经验得以推广，访问设计考虑了参与者（participant）与观察者（observer）角度。每次访问均由一个3人小组负责执行，成员包括：研究员10名，负责在到访前详细了解学校脉络，并在过程中与受访教师作交互式提问；观察者2名，观察者甲将负责记录文字信息，观察者乙则专注记录非文字信息（例：表情、动作、眼神交流、语气等），3人将在访谈后交流意见，以平衡主客观视点（详见下文）。

依据访问类型、访谈内容及访谈进度，研究员灵活采用了开放型、抽象型、清晰型、含混型问题等类型，并以倾听、追问、重复、总结等方式，确认研究员的理解。在交流过程中，研究员将尽力避免论说型、评价型响应，以免对受访老师作出引导行为。

3. 访谈后的工作

在访谈完结后，3位工作人员在校外召开会议，并就下述范围作出讨论：(1) 访谈者在访谈过程中的非言语行为（如动作、表情、语气和人际距离等）在访谈中的意义，与言语内容作出比对，以增进研究员对主体声音的解读维度。(2) 以田野笔记及学校数据印证访谈内容，减少研究员对主体声音的扭曲程度。遇有不确定之处，则于下次访谈时再作追问、澄清。(3) 就访谈者的经验和性向，拟定下次访谈策略，如提问策略、提问内容、提问方向等。

在访谈完成后，随即进入访问稿整理及研究回馈工作。观察者乙将安排学生助理或文员转录现场录音为书面语文字稿。在观察者乙完成一校工作后，书面文字稿将转交观察者甲再作校对。其后，观察者甲将文字稿交相关受访老师审阅，根据老师意见作出增删。随后，参考田野笔记及访问后的会议内容,在文字稿中加入“观察随记”,并执行匿名程序,制成三校稿。研究员将为三校稿作出终审工作,并指示观察者在完稿作初级编码(primary coding),以便进行内容分析(content analysis)及论述分析(discourse analysis)。

(二)量化研究

在完成访问及回馈工作后,研究员将根据初步研究结果,设计先导研究问卷(附件二),并发予6所学校、合共62位中文科老师(包括科主任)填写。其后,研究员在先导研究的基础上,修订问卷内容(附件三),并发予全港132所学校(占全港学校14.07%),共1112名中文科老师(包括科主任)填写。

为了确保回收比例以及平衡研究伦理规范,在发出问卷前,研究团队从不同分区抽取学校名单,先行致电学校校长或科主任,解释问卷调查的目的,邀请学校提供协助。在征得校方同意后,研究团队根据学校提供的中文科教员数目,通过科主任向每位中文科老师发出问卷1份、信封1个,确保每份问卷得以独立回收,调查过程不被干扰。由于采用了上述程序,是次调查成功回收了837份问卷,回收率为75.27%。研究样本在400名至2000名为业界常见的随机抽样本数,在95%的信心水平下,抽样误差低于±5%。

在学生助理的帮助下,研究团队将调查结果输入计算机,并以SPSS软件作频率分析(frequency count),以资了解不同行政因素对口语教学造成困扰的普遍程度,并据此提供改善建议。

二、研究资料缕述

经过质化及量化的探索以后,研究团队以下述两个层次、共5个子范畴来归纳取得的研究资料。第一个研究层次是研究问题是否业界(专业中文教师)关注的问题及关注的方向所在;而第二层次则是研究哪些具体范畴最会影响口语教学的成效。就第一层次而言,如果不能确知问题是否受到学界关注,或者完全缺乏共同关注的方向,则本研究难以得到正面开展。因此,第一层序包括下述两项研究问题:口语训练在中文科教学的重要性;现时口语训练的实施有困难,问题源自非教学因素。就第二层次而言,不能确定具体的讨论范畴,则难以针对问题及对可能的解决方案作出研探。由是,归纳出最可能影响口语教学效果的项资源配应因素:时间分配;人力资源分配;空间配置。至于现金资源的投入,由于中文科仅属于学校内的教学部门,能直接掌控的现金流量不多,故相关拨款等资源已隐含在前述3项资源的配置范畴以内。

就第一层次的研究问题而论,在质化研究的访谈中,不少中文科老师都肯定口语教学在中文科的重要性。而在量化研究部分的问卷调查中,则有逾96.2%的中文科老师认同“口语训练是中文科不可或缺的部分”(详见附表一),充分印证了研究团队在访谈中获得的印象。至于口语实施确有困难,在访谈阶段几乎是各阶层的受访中文科教师均共同承认的问题。在发出及回收全港性问卷时,也充分印证了这项问题足以引起本港中文科老师的关注。因为,在收发问卷期间,本港受到人类H_1N_1流感肆虐影响,不少学校面临停课的威胁,但问卷回收率仍维持75.27%,足见问题受中文科老师关注的程度。至于资源配置是否为现时影响口语教学的主要难点所在,从访谈讨论中教师主动谈及相关困难的有32次之多,可以相信很多中文科老师对口语教学中面对的资源错配或不足问题相当困惑和无奈。

第二层序的资源配置范畴,主要包括3个相互关联但焦点不同的方面:时间分配、人力资源分配及空间配置。

(一)时间分配

在问卷调查中,有77%的老师不认同“有充足的教学时间完成口语教学培训”(详见附表一)。究竟何谓完成口语训练呢? 从 D1 老师的访谈可以略见端倪:“(以一班 30 人的中七学生为例)一星期至少有两堂口语,每堂 5 至 6 人,加上口头回馈,因为口头回馈十分重要,所以大约 1 个月 1 次循环,对中七来说,每人 1 年可以有 2 至 3 次机会试讲。”

从上述访谈中,我们得知“完成口语训练”的两项要求:(1) 全班学生均须参与口语课,不仅要在课堂中扮演听众,还要躬身实践,进行“试讲”,以确保全班同学均可以从实践中取得经验;(2) 老师和学生均须提供口头回馈,以确保每一位学生均掌握口语能力标准。

资深中文教师普遍认同上述要求对达成口语教学目标是必要的。然而,在一般文法中学,老师却苦于教时不足,无法贯彻执行。以一所香港学校为例,中三或以下的级别,一周约有 6 至 8 节中文课,每节 35 至 40 分钟,每学期约有 10 至 12 个循环周。以最大值估算,每学期的中文科课时约为 64 小时。根据教育局的中文科口语基本能力评估训练目标(basic competency assessment),中三学生应在 2 分钟时间内完成个人短讲,并以平均 2 分钟时间作小组讨论(4 名学生,每组 8 分钟,平均每人 2 分钟)。以一个中三班别为例,每班学生人数约 40 人,要为全班完成一次个人短讲,即要 80 分钟时间,连同预备时间、老师及学生的回馈时间、换场时间、教授技巧时间等,约需 160 分钟。每个项目排练 3 次,粗略估计需要 16 教时,占每学期中文课课时的 25%(详见附表三)。故此,难免 A2 老师有如此感慨:“我个人认为初中学生没有充足的时间去训练口语……读写听说再加上要默书,时间并不太足够。(观察者笔记:A2 老师摇头莞尔,面露感慨)”

面对着教时不足的问题,老师们采取了下述 4 个解决方案:

1. 课后练习及课外活动

在日常课堂中,若有个别同学或个别班别的学习进度未能赶上预期进度,很多老师均会在课后补课。在 D 校,D1 老师即提倡以补课方式增加教学时间,使口语教学得以有较充足的时间开展。在实际操作中,他会“在日常课堂中训练口语,而课文则留待补课时段补教”。

2. “全民开讲”

另一种老师常采用的方式是“全民开讲”:老师将全班 40 名同学分为 6 至 8 组,在同一时间预备同一条题目,并在同一时间内进行讨论。在这个讨论过程中,老师会先巡视各组的运作情况,在可能的情况下,进入一至两个小组作较详细的观察和聆听。在 C 校任职的 C1 老师就运用这种方式训练学生的小组讨论能力,“在小组讨论中,会在同一时间进行。(我将)全班分成几组,一组组去实际操作。有时间会再找一组作示范……”

3. 利用信息科技辅助教学

有学校老师尝试利用信息科技,在同一时间将全班学生的口语表现录像。“学校会采用多媒体语言室(MMLC),学生在 MMLC 完成一篇朗读,3 分钟准备并录音,学生可在朗读后回听自己的表现,教师亦可存盘及评分,在完成后教师还可以作出回馈及即席示范。这样可一次完成全班学生之朗读评核。(观察者笔记:老师侃侃而谈,表现自信而自豪)”

4. 渗入式教学

为了在有限课时中充分利用时间训练学生的口语技能,很多老师会选择以“渗入”方式训练学生的口语能力,常见有下述两种操作方式:

(1) 每日一讲

所谓“每日一讲”,就是从每节/每双节中文课堂中“挤出”约 5 至 10 分钟时间,让学生轮流在班上发言。在 C1 老师的任职学校中,校方为了针对不同级别学生的学习需要,对“每日一讲”的形式和要求有不同的设定,“在初中中文课内会有‘每日一讲’,每天都会由学生轮流在中文课上做练习。每一级的训练都有不同,中一会进行朗读,藉以训练学生的胆量,与 TSA

(全港性系统评估)相似;中二会进行个人简短演讲,选题及做准备;中三会有朗读及个人简短演讲”。

在B校中,B1老师则进一步要求学生在上课前预备讲稿,以便未能在堂上公开发言的同学亦能得到老师指导,“中一、中二会定期有口语训练,学生回家预备讲稿,在堂上数个同学示范,未能演讲的,老师亦会批改讲稿”。

(2) 配合课文教学

除了“每日一讲”外,很多老师还会在教授课文的同时,顺道训练学生的口语表达能力。从A1、A2和C1老师的访谈中,即可见其大概,“(A1老师说)上课朗读课文已是一个口语(训练)。(A2老师插话)平日的教学活动上,有很多口语训练机会,比如在上课时会渗入朗读训练,以分组/集体方式朗读课文。我个人认为初中学生并没有充足的时间去训练口语,只可在课堂时渗入小组报告,让学生有机会训练口语”。

又,“中三会有朗读及个人短讲,同时亦会结合阅读进行,(利用)各同学分享阅读报告(的环节进行口语训练)”。

(二) 人力资源分配

在调查问卷中,有逾半的老师(51.8%)不认同“我校有足够教师资源进行小组口语教学培训”,反映出学校老师普遍认为现今中学的中文科编制未能充分响应口语教学的特殊需要。这些人员可以分为专业中文教师(常额/非常额教师)和辅助教学人员(教学助理、实习老师)两类。

1. 专业中文教师

为了支持教育改革,自2000年开始,教育署(教育局前身)设立了“学校发展津贴”(capacity enhancement grant, CEG),旨在通过增聘人手或购买服务等方式,减轻教师的工作量,提高教学成效。在计划初期,每所有19班或以上的中学可在每学年申领一笔不多于30万港元的津贴。在2001/02学年后,教育当局更将有关津贴增加至每年44.5万港元。E学校的E1老师坦言,由于E校运用了“学校发展津贴”及其他学校资源增聘中文科老师,成功减轻了同事的工作负担,口语教学因而得以有效开展,“学校资源很多……中文科老师的课担不重,一个中文科老师教3个班,一个循环周共24节……以语文科为例(按:香港的中文科教师惯以‘语文’一词等同‘中文’,而其他语文科目则会直接以‘英文’、‘日文’称之,下文不赘),今年有13名教师,明年将增至14名,故教师足够。推行口语教学不是单方面的,而要全套配合(观察者笔记:E1老师表现自信,语气肯定)”。

在访问过程中,E1老师反复强调,由于E校并非“文法学校”(E校前身乃职业先修学校),“所以有很多额外的资源”可供校方灵活运用。另一方面,由于“学校的学生以Band 3为主,甚至有Bottom 10的学生(按:全港成绩最差的10%学生)”,意味着学校资源不会向英文科及理科严重倾斜,故此有较充足资源支持中文及口语教学。这种资源运用方案,与同属第三组别的F校有一定的相似性,“学校把CEG的几十万(港元)都放在语文,我猜测一般的投资都不会太低,我也承认我们学校在学生口语方面的投资是很大的”。

在资源分配上,我们发现第一及第二组别学校与第三组别学校有明显不同的考虑。任教于A校(第一组别学校)、担任科主任职的A1老师承认,校方由于需要重点发展英文科及“以普通话教授中文”(普教中)项目,因而摊分了原属中文科的教学资源。研究人员在访谈后翻查了该校在2008/09及2009/10年学年的学校发展津贴预算,发现该校确实并没有将资源投放在中文科(包括中文口语教学)。难怪他对教育局和学校高层的做法感到不满,“教统局(教育局之前身)没有指引如何分配该资源,并不是特定分配于主科上,而是全校老师共享的,并不一定会用于中文老师,资源的分配要看校长如何分配……(观察者笔记:A1 老师眼神闪烁,似要回避)”

又,“(本人)本身不喜爱普教中的理念,但校长好大喜功要推行……语文科不能承受这样的剧变,要从长计划。校长要愿意用心去聆听专业老师的需要,但事实上并不是。这是因为权力的关系……(观察者笔记:A1 老师有点意兴阑珊)”。

无独有偶,在 D 校任科主任的 D1 老师亦面临校方资源向其他科目倾斜的问题。然而,这个现象的成因并非由学校高层刻意垄断权力所造成,而由于问责原则,“申请大量资源会令(该)老师工作量很大”,故教师以消极的方式争取资源,“很少(向校方)申请大额资助”。虽然成因不同,但结果相同。这种资源运用方式,无论对中层主管(科主任)作中长期人手规划、培训,抑或对一线老师执行口语教学任务,均造成了一定程度的困难,“校长运用高中的 Funding,请了一个老师,教两班普通话(以开展普教中项目)……现在我计算到 2013 年,学校教(中文科)的老师是不够的。我在最高峰的时期是会欠缺一个 GM(Graduate Master 学位教师)。届时,学校会辞退(原任)老师,而我就要再额外聘请人手”。

又,“学校提供的资源其实不能应付(口语教学需要),简直离谱。初中、中四或中五一班有 40 个学生,分为 7 组,每组 1 位学生发言已经非常吵。我曾就此向学校反映,但无奈得不到响应……我也曾经提出能否分班(20 人)进行,对老师来说也容易应付些(观察员笔记:A5 老师一脸无奈、有点生气)”。

2. 辅助教学人员

由于“口试前有很多准备功夫,亦有很多的跟进事项”,有学校尝试利用较为廉价的人力资源,协助教师从事口语训练所衍生的行政及技术支持工作,如录像、打字、点名、派题、分组、组织联校口语活动等,藉此为教师创造空间,改善口语教学及评核质量。

然而,由于评核工作属专业范畴,故此有老师表示,辅助教学人员的作用有限,“(我觉得)TA(教学助理)的帮助不太。(由于)校内考试的形式与公开试类似,如有准备室等,(而)TA 只会负责准备室的事。考试的行政工作较少会找 TA 帮忙,如出卷、出题目,都会由老师负责,因为题目要适合学生的程度”。

在访谈中,另一位老师亦承认辅助教学人员未能独立地执行口语教学和评估工作,但只要工作岗位适合,条件配置得宜,仍可对口语教学作出贡献,补充学校老师的不足,“我校有找实习生帮助(进行口语教学工作)的情况。(虽然)实习老师与真正的老师在评讲时有一定的差距,只知道怎样说(得好),不能告诉及解释学生为何要这样说及说出原因,(但至少)实习生可以让每个学生有练习的机会。实习老师始终都是新手,他们主要不是要给予(学生)分数,而是要教导及改善学生的说话能力”。

又,“我们学校会接待 X 校的实习生,因为 X 校的学生较 Y 校的学生成熟,Y 校的学生未能实时处理教学的问题。但是,Y 校的学生较为年轻,可以与学生较为接近,让学生觉得是大哥哥及大姐姐(较愿意跟他们作口语沟通),而校内的老师是不能以这样的形式与学生相处的”。

(三) 空间配置

除了人手和教时配置问题以外,在访问期间,有老师对因教学配套不足而降低了口语教学效能感到十分无奈。从问卷调查可知,接近一半的老师(48%)不同意“我校有足够教学场地进行小组口语教学”。在访问过程中,研究团队发现教学场地不足主要体现在下述两方面:首先是教室紧张问题。除少数的千禧校舍外,一般香港中学的校舍不设小组辅导室、多媒体语言室或传意中心。而在上课期间,教室及特别室的供应又十分紧张。故此,即使学校有充足资源聘请教职员或外购口语训练服务,仍难缩减师生比例去进行分组的口语训练活动。有老师甚至认为“文法学校因为学校资源会被其他科目瓜分，故教室较为紧张”。其次是口语课的噪音问题。口语课堂需要通过不同形式的口语活动来刺激学生主动说话，从而训练个人表达能力。在教室不足的情况下，全班参与的口语课堂，难免对其他老师造成滋扰。在访问期间，曾有老师表示，“除了入隔音房，否则问题很难解决”。然而，由于“（校内的）隔音房不足，带学生前往又费时”，故老师不愿意到有隔音设施的房间授课。在现行校舍设计中，上述问题仍未得到充分解决。

三、分析及讨论

对于第一层次的问题，显然确立了口语训练在中文科的重要性及口语教学目前正面临着资源配置的问题。本节将集中讨论资源配置对学习效果的影响，包括时间分配、人力资源分配及空间配置等 3 个范畴。从前述数据看来，教学时间不足是口语训练的主要难点所在，竟有 77% 的老师不认同“有充足的教学时间完成口语教学培训”。在深入访谈的 6 所学校中，面对这项问题时，亦试验了多种的解决方案，包括课后练习及课外活动、“全民开讲”、利用信息科技辅助教学和渗入式教学等。

不过，没有一种方案足以完全解决问题。即以“课后练习及课外活动”为例，有些老师并不太认同这种补课方式，除了因为“老师的工作已非常忙碌，还要花额外的时间与学生练习，实在难以应付”之外，更重要的是，“学生不愿回校训练……没有改善方法。到预科时，学生会较主动。到新高中没有筛选过程，（由于学生不愿回校训练，强行推动以补课方式补充教时不足，将导致）学生表现良莠不齐”。

故此，在 A 校任教的 A1 老师较为倾向于“运用课堂以外的时间，鼓励中一、二学生参与朗诵比赛，中三至中五学生参加辩论比赛”，期望学生可以“从中吸取经验，在考试中运用”。然而，由于这个方案属自愿参与性质，A1 老师也承认有不公之处，“参与的学生比没有参与的同学是有差距，会有优势”。而在 E 校任教的 E2 老师虽然认同课外活动有一定的意义，但亦坦言：“（课外活动的主要目的是）要交货，有奖杯就可以向校长交代。我觉得这些奖意义不大，但又不能不参与。”

至于“全民开讲”方案，在很多老师的眼中，这种运作方式并不可取。因为这种运作方式只能确保大部分学生在同一时间张开口说话，又由于“课堂时只可以叫学生分组，只能轮流入组，不能全班兼顾”的关系，授课老师很难对每位学生的审题、组织、应对等能力作深入观察，更遑论作出适当辅导、以助学生克服缺点而迈向成功了。而藉“信息科技辅助教学”方案，则除却学校需要额外场地及相关设施外，由于在上课过程中，老师需要专注教学和评估，故此，学校需要提供额外的支持人员，方能使口语课堂运作更为顺畅，“（B2 老师认为）传意活动中心可以录下学生的口语训练视频，让老师回家看 CD，这样部分班级可以由一位老师完成，教学助理可以协助录像，提供其他支持（观察者笔记：B2 老师一脸感慨）”。

更有学者认为，现今的摄影技术未臻完善，倘教师以录像片段来评估学生表现，或有失真之嫌。① 这种情况可能对个人项目（如朗读、朗诵、短讲）影响不大，然而，在以互动、现场感见称的评估项目（如小组讨论、辩论）上，则有显著分别，不可谓完美无瑕。

最后，“渗入式教学”方案，无论以方式一或方式二执行，均未能全面训练学生的口语沟通能力。其中，方式一以学生轮流发言在先，老师根据该学生的强项和弱项，作出讲评。而这种随机发现问题、再作出纠正的方式，与方式二的配合课文作口语训练一样，无助于学生以全

---

① 冯树勋. 口语评核类型和受试者能力对新进评核者评断准绳度的影响[R]. 香港：第九届 ALA 国际会议，2008.

面、有系统的方式学习不同的口语沟通技能。例如,朗读课程可以纠正错音和懒音,训练学生的声情表达能力,却无助于内容、组织、态势语训练。

总括而言,上述4种改良方式均未能完全地、互补地解决教时不足所造成的教学质量下降问题。更值得关注的是,解决教学时间不足问题的方案往往牵涉到额外教学或辅助人员配置的需要。可能正因为此,在前述问卷调查中有逾半的老师(51.8%)不认同"我校有足够教师资源进行小组口语教学培训"。

不过,各校教师在面对"人力资源分配"问题上的态度并不像面对"时间分配"的问题那样统一。例如,身为科主任的E1老师对中文科的教师人手编制感到满意,但在访谈过程中,E校任教老师却认为"中一至中七级每一级都要考口试是不可行的"、"难以在校内模拟试中做到两个老师在同一个考场之内评分"。B校老师亦在访谈中反映有关情况,"在考试前,我们都要动用其他级别的老师去协助,因为在讨论时要人手控制,所以人手空间都很吃力。一间学校需要应付会考,又要应付中七高考,现在又要应付中三考试,学校资源人数有限,我觉得这样老师会很吃力"。

针对这种情况,E校老师倾向于抽调资源,集中照顾需要应试的中三、中五及中七级,"中三完成TSA(按:全港性系统评估)后就不会考口试,而中四会在第一、二次考试期间不考口试,中三至中七级会轮流考口试,一切以公开试为先,互相配合,因为资源分配不足,要作适当的资源调配(观察者笔记:语气肯定)"。

研究团队认为,上述办法可以在短期内应付考试压力,但牺牲了其他级别学生的学习机会,令其无法循序渐进地学习和训练口语沟通能力,长远来说对口语教学效能有一定的影响。

至于对辅助教学人员的需要,不同资历的教师亦颇有不同观点,但要达到口语教学的成效,需要拓宽现有的学校资源,则是教师间颇有共识的。即如E校的E1老师对运用资源以支持有效的口语教学有下述心得:"口语训练是需要运用小区资源,假若其他学校不使用这些资源,只会徒增老师的工作量,故老师要适时放手。由于口语教学需资源配合,(在我校的)校内外资源充足,(是因为)校内资源分配平均,校外争取其他资源。(我个人)深信人是活的、制度是死的,活用资源才是办法。(观察员笔记:E1老师表现自信及自豪)"

此外,在空间配置方面,亦有接近一半的老师(48%)不同意"我校有足够教学场地,进行小组口语教学培训水平"。其中的问题包括教室不足、隔音设备不足造成的不同教室的互相干扰,这也是中学其他课程时常会面临的困难。然而,相对于亟需小组训练及准确审音的口语教学而言,这些困难还不是最严重的。

通过这项研究,研究团队发现,在这次教育改革中,虽然政府通过不同的拨款渠道(如学校发展津贴)增加学校资源,期望可以克服种种资源上的不足,然而,由于缺乏清晰的指引,加上各校领导层的专注视点不同,新增的资源无法应用于面临"资源瓶颈"的改革范畴(如教师、教室、教时不足问题)中,导致口语教育质量未达到目标水平。故此,研究团队建议,日后在规划课改或教改过程中,政策制订者宜多考虑其他相关者(如教师、学校、学生)的实际需要,并采用集中资源投放的方案,使之能更有针对性地达成目标。诚如《蓝海策略》(*Blue Ocean Strategy*)的作者指出,兰彻斯特法则(Lanchester's Law)①显示,根据集中效果法则(效率

---

① 兰彻斯特(Frederick William Lanchester, 1868—1948),英国技术工程师,亦曾担任英国政府顾问。研究第一次世界大战中的德、英之战,发现在兵力数量与折损数量之间有某种关系存在,遂发展出兰彻斯特法则(Lanchester's Law):兰彻斯特第一法则,单打独斗法则(各个击破法则)双方损伤的兵力约略相等;兰彻斯特第二法则,集中效果法则,优势兵力的一方可以平方倍数损伤对方的兵力。兰彻斯特法则本来是作战术讨论,而现时也普遍应用于商业管理上。

战斗法则),优势兵力的一方可以平方倍数损伤对方的兵力。教育资源的配置,似乎也必须顺应教学的优先级,作出适切的调配,以便发挥最大的教学效益。

附表一:问卷分析

	未能确定	非常不同意	不同意	同意	非常同意	总计
1. 我认为口语训练是中文科不可或缺的部分	0.4	0.2	3.8	59.6	36.0	100.0
2. 我有充足的教学时间完成口语教学	2.0	19.9	55.0	22.0	1.1	100.0
3. 我校有足够教师资源,进行小组口语教学	6.9	11.3	40.5	38.9	2.4	100.0
4. 我校有足够教学场地,进行小组口语教学培训	3.7	9.1	38.9	45.5	2.8	100.0

* 上述数据以有效百分比计算

附件二:访谈详情

学校代号	教师代号	访谈编号及日期	学校概述
A	A1 * A2 A3 A4 A5	● PRC08/09RE004,2008 年 7 月 3 日 ● PRC08/09RE009,2008 年 10 月 28 日 ● PRC08/09RE016,2009 年 1 月 21 日	● 组别排名:第一组别学校 ● 主要授课语言:英语 ● 中文科教师人数:12 人,其中 10 人须兼教其他科目 ● 班级结构:中一至五各 5 班;中六至中七各 3 班 ● 2008/09 年度学校发展津贴的使用概况:没有与中文教学相关拨款
B	B1 B2 *	● PRC08/09RE003,2008 年 6 月 27 日 ● PRC08/09RE012,2008 年 12 月 16 日 ● PRC08/09RE014,2009 年 1 月 16 日	● 组别排名:第一组别学校 ● 主要授课语言:粤语 ● 中文科教师人数:17 人,其中 12 人须兼教其他科目 ● 班级结构:中一至中五各 6 班;中六至中七各 3 班 ● 2008/09 年度学校发展津贴的使用概况:聘请支持教师及活动助理,支持中文科教学

续表

学校代号	教师代号	访谈编号及日期	学校概述
C	C1	● PRC08/09RE005,2008 年 8 月 12 日	● 组别排名：第二组别学校 ● 主要授课语言：粤语 ● 中文科教师人数：14 人,其中 11 人须兼教其他科目 ● 班级结构：中一至中五各 5 班；中六至中七各 2 班 ● 2008/09 年度学校发展津贴的使用概况：聘请年轻作家作写作课程发展,以及为学生提供相关培训
D	D1 *	● PRC08/09RE006,2008 年 8 月 26 日 ● PRC08/09RE013,2008 年 12 月 23 日 ● PRC08/09RE015,2009 年 1 月 19 日	● 组别排名：第二组别学校 ● 主要授课语言：粤语 ● 中文科教师人数:15 人,其中 8 人须兼教其他科目 ● 受访老师：D1 ● 班级结构：中一 5 班；中二及中三各 6 班；中四及中五各 4 班；中六及中七各 2 班 ● 2008/09 年度学校发展津贴的使用概况：聘请校外导师教授学生写作、阅读及辩论技巧
E	E1 * E2	● PRC08/09RE001,2008 年 6 月 17 日 ● PRC08/09RE007,2008 年 9 月 4 日 ● PRC08/09RE011,2008 年 12 月 4 日	● 组别排名：第三组别学校 ● 主要授课语言：粤语 ● 中文科教师人数：12 人 ● 班级结构：中一至中五各 5 班；中六及中七,各 1 班 ● 2008/09 年度学校发展津贴的使用概况：聘请一名中文助教
F	F1 * F2 F3 F4 F5 F6	● PRC08/09RE002,2008 年 6 月 24 日 ● PRC08/09RE008,2008 年 9 月 5 日 ● PRC08/09RE010,2008 年 12 月 3 日	● 组别排名：第三组别学校 ● 中文科教师人数：10 人,其中 2 人须兼教其他科目 ● 班级结构：中一 4 个班；中二及中三各 5 班；中四 4 个班；中五 3 个班；中六及中七各 1 个班 ● 2008/09 年度学校发展津贴的使用概况：聘请校外导师,教授学生聆听及说话能力

* 科主任或以上职级

附表三:香港中学中文科的口语教学/评核项目

年级	项目/需时	每学期最少训练时间 *
中学一至三年级	即席演讲 ● 5 分钟预备时间 ● 2 分钟发言时间	4 教时 [40 人 * 2 分钟 * 3 次]
	小组讨论 ● 5 分钟预备时间 ● 8 分钟讨论时间	3.2 教时 [8 组 * 8 分钟 * 3 次]
中学四至五年级	朗读 ● 2 分钟预备时间 ● 1 分钟朗读时间	2 教时 [40 人 * 1 分钟 * 3 次]
	口语沟通 ● 10 分钟预备时间 ● 18 分钟讨论时间	6.3 教时 [7 组 * 18 分钟 * 3 次]
中学六至七年级	个人短讲 ● 10 分钟预备时间 ● 3 分钟短讲时间	4.5 教时 [30 人 * 3 分钟 * 3 次]
	小组讨论 ● 5 分钟预备时间 ● 15 分钟讨论时间	4.5 教时 [6 组 * 15 分钟 * 3 次]

* 以每项目 3 次,全班参与计(中一至五每班 40 人、中六至七每班 30 人),不包括预备及讲评时间。一般来说,预备及讲评时间约为学生练习时间的 1 倍

参考文献

A 校. 2008/09 学年学校发展津贴预算[R]. 香港: A 校,2008.

B 校. 2008/09 学年学校发展津贴预算[R]. 香港: B 校,2008.

C 校. 2008/09 学年学校发展津贴预算[R]. 香港: C 校,2008.

D 校. 2008/09 学年学校发展津贴预算[R]. 香港: D 校,2008.

E 校. 2008/09 学年学校发展津贴预算[R]. 香港: E 校,2008.

F 校. 2008/09 学年学校发展津贴预算[R]. 香港: F 校,2008.

艾比. 巴比(Babbie Earl)著. 林佳莹译. 研究方法基础与理论技巧[M]. 台湾:双叶书廊,2004.

中华人民共和国香港特别行政区教育统筹委员会. 终身学习. 全人发展:香港教育制度改革建议[M]. 香港:中华人民共和国香港特别行政区政府,2000.

中华人民共和国香港特别行政区课程发展议会. 学会学习:学习领域中国语文教育——咨询文件[M]. 香港:中华人民共和国香港特别行政区政府,2000.

何文胜. 香港课程改革:初中中国语文教科书的创造性思维能力训练研究[R]. 上海:第一届世界课程大会,2003.

李志成. 学校自我评估与专业自主[M]. 香港:香港中文大学教育学院香港教育研究所,2004.

金伟灿(W. Chan Kim),莫伯尼(Renee Mauborgne)著. 黄秀媛译. 蓝海策略——开创无人竞争的全新市场[M]. 台北:天下远见出版股份有限公司,2005.

洪凤娘. 高中、职餐饮管理科教师专业发展需求之研究[D]. 屏东:"国立"屏东科技大学技术及职业教育研究所,2004.

香港考试及评核局. 全港性系统评估[EB/OL]. http://www.systemassessment.edu.hk/.

中华人民共和国香港特别行政区课程发展议会.中国语文教育学会学习领域课程指引(小一至中三)[R].香港:中华人民共和国香港特别行政区政府,2002.
高国威,叶建源,张国华,黄炳文,梁洁茵."学校发展津贴"的运用研究报告[R].运用"为教师创造空间而提供的额外拨款"改进学校效能计划,2004.
中华人民共和国香港特别行政区教育局.香港中学[EB/OL].http://www.edb.gov.hk/index.aspx > nodelD = 510&langno = 2.
中华人民共和国香港特别行政区教育统筹局.高中及高等教育新学制——投资香港未来的行动方案[R].香港:中华人民共和国香港特别行政区政府,2005.
中华人民共和国香港特别行政区教育署.为教师创造空间而提供的额外拨款(通函第380/2000号)[R].香港:中华人民共和国香港特别行政区政府,2000.
中华人民共和国香港特别行政区教育署.提高向中学发放"学校发展津贴"(通函第381/2001号)[R].香港:中华人民共和国香港特别行政区政府,2001.
梁佩云编.导向学习的评估:教育实务汇编[M].香港:香港大学出版社,2007.
陈向明.质的研究方法与社会科学研究[M].北京:教育科学出版社,2006.
曾荣光.香港中学教学语言政策改革:检讨与批判[J].教育学报,2005,33(1-2):221-243.
冯树勋.香港粤口语表达能力评核的嬗变(1990—2007)[J].陕西师范大学学报(哲学社会科学版),2008,(37):132-138.
冯树勋.口语评核类型和受试者能力对新进评核者评断准绳度的影响[R].香港:第九届ALA国际会议,2008.
黄显华.新修订中学中国语文课程下的学生学习经验[M].香港:香港中文大学教育学院香港教育研究所,2006.
郑燕祥.政策总结:一刀切、外控微调与校本微调?[R].香港:微调教学语言政策公开研讨会,2009.
谢均才."教育质素"何价?——香港教育改革的矛盾、吊诡和效果[J].香港社会科学学报,2001,(20):1-55.

作者单位:香港教育学院中文系

论香港中学语文新课程之单元组织

——中华文化学习范畴的问题①

马显慈

一、新课程组织及其必修与选修内容

按目前香港地区中学所实行的新高中中国语文课程,其学习范畴与初中的完全一致,也包含了阅读、写作、聆听、说话、文学、中华文化、品德情意、思维和语文自学9个范畴。② 然而,按《中国语文教育学习领域·中国语文课程及评估指引(中四至中六)》(以下简称《指引》)所示,新高中的课程结构与组织又再划分为必修与选修两个部分,必修部分以中四阶段为主,中五阶段开始加入选修部分,而到中六阶段逐渐递增。③ 以下是必修与选修两个部分的要求与特点:

必修部分建议约占本科课时三分之二至四分之三(若以目前一般的中国语文课时计算,1周约6节,即是约用4节课处理本部分的教学范畴),学习一如上述提及的9个范畴,包括了中华文化。④ 为此,语文教师必须如教授初中的中国语文科那样,要自行设计有关教学单元,以涵盖上述9个范畴为最终学习目标。这对于已有教授初中新中国语文课程经验的教师来说,在理念上、操作上都是容易接轨的。由此可见,教授新高中本科的必修部分只是语文学习程度上的深化。除了在选材方面要注意合乎高中的要求外,在教学部署、组织等几方面都没有什么新的变动。

至于选修部分,则有所不同。据《指引》所示,选修部分建议约占本科课时的四分之一至三分之一(如前所估算,以1周约6节来算,大约会用1至2节课来处理本部分的教学范畴)。《指引》同时建议选修3至4个单元,每个单元约占28小时(以4个单元计算,即是1年课程中约需要112小时)。⑤《指引》又提出10个选修单元名目,有关教学内容及特点详见于本文所附表格。

按上两表所析,新高中的选修部分教学范畴主要是围绕着中国语文的本科知识与能力发展。当然,假若是一所以普通话作为中国语文科的教学语言的学校,上述10个选修单元设置

---

① 本论文之有关研究乃由香港公开大学 Sino-British Fellowship Trust 拨款支持,特此鸣谢。此外,香港公开大学兼职导师孙广海博士与香港岭南中学方国俊老师亦曾为本研究提供有关研究材料及接受口头访问,在此一并鸣谢。

② 见中华人民共和国香港特别行政区政府课程发展议会与香港考试及评核局联合编订《中国语文教育学习领域·中国语文课程及评估指引(中四至中六)》,香港:政府物流服务署印,2007:7。

③ 见中华人民共和国香港特别行政区政府课程发展议会与香港考试及评核局联合编订《中国语文教育学习领域·中国语文课程及评估指引(中四至中六)》,香港:政府物流服务署印,2007:28-29。必修单元、选修单元(自拟单元)在高中课程之结构与组织可参考本文之附图。

④ 按《中国语文教育学习领域·中国语文课程及评估指引(中四及中六)》所示,新高中的本科学习时数必须部分约225-404小时,选修部分则为85-135小时。详见该文件页32之2.4.3。

⑤ 按《中国语文教育学习领域·中国语文课程及评估指引(中四及中六)》所示,新高中的本科学习时数必须部分约225-404小时,选修部分则为85-135小时。详见该文件页32之2.4.3。

基本上已完全照应普通话本科的教学需要。事实上,以一所不用普通话教授中国语文科的学校来说,则比较难采用第9、10这两个对普通话方面有一定要求的选修单元,也即是说这类学校只有8个选项,官方支持以普通话教授中国语文科由此可见一斑。此外,根据《指引》所示,学校假若认为有必要为自己学生设计学习单元(即是开设校本课程),则可以在上表中选取其中3个(例如选"小说与文化"、"多媒体应用写作"、"科普作品选读"),再另加一个自拟单元。可见自拟单元的设计留了一个重要空间给学校自主教学,这在一定程度上亦配合了"校本课程"的发展。

自拟单元其实也属于一种选修单元。目前,还未见官方提出具体的示例(坊间有出版社则编撰这类教材,下文将详细讨论),至于选修的10个单元则在《指引》的"附录三"中有比较清晰而具体的交代。① 事实上,《指引》在"自拟单元"一节中已明确指出要依据选修单元的设计原则:要贯彻课程9个学习范畴的学习;要体现与必修部分的延伸和互补关系;要扩大阅读面、拓宽视野,让学生对古今中外的作品,包括文学、文化、科普、翻译作品等有广泛的认识;等等。②《指引》又指出,自拟单元的学习内容应该是课程所建议的选修单元所未能涵盖的,并举"经典作品精读"、"口语才艺"、"流行文化"三项名目为例。③本文参照《指引》的大纲,将上述三项示例的学习目标、学习重点、学习成果、学习评估等拟成表格作综合介绍,详见本文所附录之"表三"。④ 综观而论,上述三项皆与语文功能的综合练训有关,学生在研习期间会因为上述学习单元的主题而接触到文化、文学以及社会学科方面的知识,但学习焦点并不在于语文。至于怎样才能学得有意义,怎样能紧扣本科的学习目标发展,则要看语文教师在教材编制及具体教学部署的安排方面是否恰当。⑤由此可见,自拟单元的责任是落在教师身上,正因如此,有关课题的教学设计与部署也就必然与教师的认识、兴趣乃至个人学养相关。

二、中华文化范畴 ——《中国传统的情爱》学习单元阐析

"中华文化"的学习是新课程9个学习范畴之一。按《指引》所示,本科在中华文化范畴的"学习成果"就清楚地指出:"认识中华文化,能对中华文化有所反思,认同优秀的中华文化,以及欣赏和广纳多元文化"⑥。在本范畴的"学习成果"方面,《指引》具体地列出了4点:1)增进对中华文化的认识,提高学习语文的兴趣和语文能力;2)对中华文化进行反思,并了解其对世界的意义;3)认同优秀的中华文化,培养对国家、民族的感情;4)在生活中体现优秀的中华文化。⑦

至于"学习内容",《指引》则指出可以通过3方面了解:1)物质方面,此指人类创造的种种文明,例如饮食、器物、服饰、建筑、科学技术、名胜古迹等;2)制度方面,此指人类社会中的各种制度、规范,例如民俗、礼仪、宗法、姓氏、名号、交通、经济、政治、军事等;3)精神方面,此指物质和制度文化形成时产生的精神活动和结果,例如哲学、宗教、伦理道德、教育、文学、艺术等。⑧

---

① 自拟单元的设计与要求,详见中华人民共和国香港特别行政区政府课程发展议会与香港考试及评核局联合编订. 中国语文教育学习领域·中国语文课程及评估指引(中四及中六). 香港:政府物流服务署,2007:32。

②③ 中华人民共和国香港特别行政区政府课程发展议会与香港考试及评核局联合编订. 中国语文教育学习领域·中国语文课程及评估指引(中四及中六). 香港:政府物流服务署,2007:30.

④⑤ 有关表格分析,马显慈《谈新高中"中国语文"的学习单元与教学准备》一文曾有详细分析,《现代教育通讯》,2009,(89):42-46。

⑥ 中华人民共和国香港特别行政区政府课程发展议会与香港考试及评核局联合编订. 中国语文教育学习领域·中国语文课程及评估指引(中四至中六). 香港:政府物流服务署,2007:10.

⑦⑧ 中华人民共和国香港特别行政区政府课程发展议会与香港考试及评核局联合编订. 中国语文教育学习领域·中国语文课程及评估指引(中四至中六). 香港:政府物流服务署,2007:16.

在教学原则方面,又列举了6项:(1)鼓励自学,重视启发引导;(2)与语文学习结合;(3)与品德情意的培养结合;(4)与思维能力的培养结合;(5)联系其他学习领域或学科学习;(6)在生活中学习并体现优秀的中华文化。①

事实上,如此宽广而多方向的内容,要具体执行施教并非易事。其实,《指引》也曾透露出学习"中华文化"的问题:中华文化源远流长,涵盖面广,文化学习项目众多,实难在课堂内逐一处理,故教师须启发引导学生自学,善用文字、音像等不同的媒体,帮助学生学习中华文化。②

诚然,在教学方面必先做好有关部署,《指引》建议:鼓励学生自学时,要着重激发学习兴趣,并因应学习需要安排灵活多样的学习活动,例如讨论、辩论、角色扮演、专题研习、艺术欣赏、文化问答比赛、文化专题讲座、参观、文化考察等,以调动学生学习的积极性。同时,教师要适当地启发引导学生思考问题,这样既可学习文化,也可培养思维能力。③

综合而论,语文教师要把"中华文化"范畴教好,委实不是一件简单的工作。《指引》提及的种种教学建议及其所强调"要激发学生的积极性"④,也正好反映出本科在教与学上的问题。

本文曾以随机抽样方式,对坊间出版的一些相关教材作过研究。⑤ 以下以一家畅销出版社的"文化专题探讨(二)"学习材料为切入点,通过分析讨论揭示其所引发的问题。该项教材属于新高中课程中的"选修单元四",名称为《中国传统的情爱》,全册共60页。此外,另有一本供教师使用的《教册》,共32页。前者为学习教材,后者为教学参考,故分两部分阐释。

按单元目录所示,《中国传统的情爱》学习时段大概是40节(每节大约是40至45分钟),学习材料一共分3个环节,分别是中国传统情爱的特质概说、从生活习俗看中国传统的情爱、从文学作品看中国传统的情爱。每个环节下另有学习活动、文本探索/作品探索、进展课业3部分。编辑并附上单元学习重点,包含了文化、思维、品德情意、阅读、写作、说话、文学7个范畴⑥,其所照应的学习层面是广泛而周到的。该教材在文化范畴里明白交代了4项重点:(1)认识中国传统的情爱;(2)认识中华文化的多样性和丰富性;(3)理解、分析文化现象背后的文化意义和人文精神;(4)从不同的角度反思文化现象。⑦

教材所提供的文本阅读量相当丰富,除白话文10余篇外,另有文言文20余篇(两类多是节录部分)。(详见本文后之"附录""表四")

综观"表四"所示,其所选之阅读篇章委实繁多,虽然各篇基本上都与本教学单元之"中

① 中华人民共和国香港特别行政区政府发展议会与香港考试及评核局联合编订. 中国语文教育学习领域·中国语文课程及评估指引(中四至中六). 香港:政府物流服务署印,2007:17-18.

② 中华人民共和国香港特别行政区政府发展议会与香港考试及评核局联合编订. 中国语文教育学习领域·中国语文课程及评估指引(中四至中六). 香港:政府物流服务署印,2007:17.

③ 中华人民共和国香港特别行政区政府发展议会与香港考试及评核局联合编订. 中国语文教育学习领域·中国语文课程及评估指引(中四至中六). 香港:政府物流服务署印,2007:18.

④ 按:《中国语文教育学习领域·中国语文课程及评估指引(中四及中六)》曾明白地提出需要"照顾学生的多样性",当中又细分"态度积极"、"激发学生的学习动机"两项详细解说。见该文件页53-56。

⑤ 按笔者目前所见,坊间刊制新高中中国语文科的文化专题探讨教材的出版商有启思出版社、教育图书出版社、现代教育出版社、朗文出版社等。

⑥ 详见黄璟瑜编. 新高中中国语文·文化专题探讨[二]·中国传统的情爱. 香港:启思出版社,2009:页i之《教学一览表》。

⑦ 详见黄璟瑜编. 新高中中国语文·文化专题探讨[二]·中国传统的情爱. 香港:启思出版社,2009:页i之《教学一览表》。

国传统的情爱”主题相关,但要在教学活动中直接联系到教学目的,并不是轻易的事。就阅读数据与教学时间来看,第一环节要用8个教节去学习9篇古籍文献和5篇现代哲理散文,平均约1个课时学习2篇。其中文言教材多出自先秦两汉,如《孟子》、《礼记》、《白虎通义》等资料。此类文献不论句式、词汇还是思想内容都比较艰深,并非一般高中学生可以自行阅读,教材虽然辅以白话语译,学生也未必能自行理解个中义理。事实上,部分节录文献的内容比较简洁,区区几行语译文字能否让学生清楚了解,有待进一步探究。教师务必在文字训解的同时,对作者以及文章之历史、文化背景加以交代。由此可见,这种教学设计与部署需要教师在教授之前,首先因应学生的能力及学习背景作出一定程度上的修订或调节,这样教与学的功效才会得到理想的发挥。

至于第三环节也有若干问题需要认真处理,其中较复杂的是所选阅读数据绝大部分为古典文学作品,古典韵文与古代小说戏曲一起计算,一共有13篇,教材建议使用17课时完成,平均1课时约为1.3篇。然而,基于各选读数据皆为文言作品,就以所选的5篇先秦两汉古典文言为例,对高中学生而言,要他们读通其内容必然有一定的难度,若要学生以自学方式去掌握必然是困难重重。由此可见,语文教师必须在文字训解上对学生予以适当的辅导。关于小说戏曲方面,选文虽然对原著内容作了不少删节,但正因为是节录阅读,因此其中有不少人物及情节等有关背景需要作补充说明,学生难以从节录部分去理解有关内容的来龙去脉,这就要求语文教师在教授之前必须做一番预备功夫。

与前两者相比较,第二环节的情况更显复杂。本环节是“从生活习俗看中国传统的情爱”,阅读文本只有《昏义》(节录)1篇,但所用课时为14节。本部分要求通过阅读古代文献《昏义》引发对中国传统的婚嫁活动及其思想观念的认知,并由此带出一连串的相关学习活动,包括对一些于今日仍保存的传统嫁娶文化事宜的认知及评论,其中有对喜帖、喜宴菜单的分析活动,还有针对近代一些新文化知识分子的婚姻观念的评析活动。至于进展课业方面,教材还附上“剖析新思潮知识分子的旧式婚姻”评估量表,在一定程度上照应了本科的教学要求,但学生事先必须对有关阅读资料有所理解及掌握,不然的话,这种评估就会成为一种课堂游戏。除此以外,本环节还需要学生搜集资料、做专题访问及撰写报告,活动及课业都很丰富,因此教学时数安排了14个课时。

综观而论,上述3个环节的学习,其所针对的主题为“中国传统的情爱”,但所用的教材及教时似乎过于繁杂。就以阅读教材来说,除“附录”中的29篇古今节录篇章外,教材内还有其他相关的导引或延伸阅读数据,如见于书本报刊的新闻报道,《中国大百科全书》之“爱情”条,唐君毅、罗乃萱等哲学家对“爱情”的解释,宋代词人欧阳修的《生查子·去年元夜时》、辛弃疾的《青玉案·元夕》,当代作家冯骥才的《谁来操办节日》,还有新诗,如舒婷的《神女峰》、洛枫的《负离子情人》等,倘若再加上教师使用的《教册》计算,选读材料不下30篇。撇开阅读材料内容的问题不论,“中国传统的情爱”的整体教学部署与设计也饶有趣味,起码可以引发学生对“情爱”问题的认知与反思。不过,“情爱”(包括了男女的爱情)于青少年成长期间是一个比较敏感的课题,无可否认,语文教师在引导学生认识及思考上述范畴的同时,很难回避道德、人伦、社会以及个人价值观的问题。这样就很容易将中国语文的学习焦点转到德育的层面,也即是说,语文学习会因此而走进个人情感、行为乃至道德的讨论范畴,这与语文科以语文的功能——聆听、阅读、写作、说话为学习主体的宗旨相背道而驰,变成以文化范畴为主体了,而将专题内容变成德育的教学了。①

诚然,《中国传统的情爱》教材在谈及"情爱"、"爱情"的问题时,已为学生设计了一份关于中学生爱情观的评量表,该表被命名为"中学生对情人节的看法"。此表有调查学生"通常怎样庆祝情人节"的内容,当中4项选择答案都是确定了受访者本人是一位正在谈恋爱的学生。② 这样的问卷内容设置是否意味着学校已接受并赞同中学生谈恋爱呢?很明显,当教学涉及学生谈恋爱的内容时,就必然会牵涉到家庭、学校、社会、个人成长等问题,当中可讨论的、具争议性的内容,实在非常广泛,而且很难得到客观的结论。有鉴于此,我们必须反思一下,这些由文化范畴而引发的问题又是否属于语文教学本科的教学任务呢?语文教师又是否具备这类专业能力去为学生解决有关问题?语文教学、语文学习的最终目标应在哪里?编撰课程的专家委实需要审慎考虑上述课题的适当与可行性。③

三、结束语

综观而论,中华文化范畴的学习非常广泛,不少学习环节更可以发展成深入的专门研究。然而,官方文件里却没有清晰地界定何谓文化。但是,文化的范畴就概括了与人类有关的东西,几乎所有与生活相关的事与物都是文化的范畴。④ 面对如此庞大的内容,纵然自拟单元都涉及文化的学习,我们的教学时空也只占必修单元"9个范畴"之一,在选修单元之中只是十居其二的选择。事实上,学生所要学习的"中华文化"都是选择性的,那么教师应如何为学生选呢?要学习文化的艺术范畴,哲学、宗教、伦理道德等又应如何处理?要认识中华文化的建筑特点,那么科学技术、名胜古迹等又应如何开展?其他文化范畴,如音乐、绘画、书法、雕刻、武术、医学、舞蹈、戏曲、文物、制度、交通等,又应如何照应、如何筛选取舍?当然,更重要的是,学生的文化范畴成绩如何评估?评估的标准应如何设置才是适当合理?中国语文科在全香港的公开试中,又应如何处理这种精彩纷呈的文化学习范畴?考试的出题如若涉及文化范畴的数据又应如何处理?举例说,当聆听卷中提及某类文化范畴时,若某批考生已经在校内有所涉猎,甚至曾做过深入探究的话,这又是否对其他考生都公平?归根到底,问题根源在于文化的学习范畴太广太阔,难以规划出一个共同的学习重心,也难以用客观的手段或标准

---

① 按《中国语文教育学习领域·中国语文课程及评估指引(中四及中六)》2.2.3."中国语文教育学习领域中的高中中国语文科学习"一节中曾这样申明:"高中中国语文科全面提升学生读写听说能力及思维能力,同时配合学习材料内容,进行文学、文化及品德情意方面的教育,让学生掌握语文自学能力,同时持续培养、发展他们的共通能力、价值观和态度"。(见页9)在"课程理念"一节中又提到"本科课程要均衡兼顾语文的工具性和人文性,要全面提高学生的语文素养;学习内容包括阅读、写作、聆听、说话、文学、中华文化、品德情意、思维和语文自学九个范畴,让学生通过学习祖国语文,提升语文应用、审美、探究、创新的能力,养成良好的国民素质,认同国民身份,承传民族文化"。(见页1)

② 按《中国传统的情爱》的"中学生对情人节的看法"问卷调查所示,有如此提问:你通常怎样庆祝情人节?所供的选择题有四项:A送礼物给情人;B等候收情人的礼物;C跟情人共进晚餐;D跟情人在月下漫步。(详见《新高中中国语文·文化专题探讨[二]·中国传统的情爱》,页19)

③ 文化教学设计要涉及的学习范畴甚多,当中宜注意学习对象的背景,有关教学设计及其部署可参考:马显慈.从"七夕"的文化专题研究谈中国语文科的"文化"教学.《语文教学》(双月刊),2006,(35):32-38。

④ 按钱穆先生《人类文化之展望》一文对文化下的定义是:"文化便是人生,只不过是大群集体多方面的人生"。他又再将人类文化分为三方面:一是属于物质经济方面的,是人对物的问题;二是属于政治社会方面的,是人对人的问题;三是属于精神心灵方面的,是心对心的问题。详见钱穆.中国文化论丛.台北:三民书局,2004:3。此外,上海师范大学古籍整理研究所编《中国文化史》(杭州:浙江古籍出版社,1993.)所分门类一共有46种,合计标立与文化相关的条目有4000多条。近代学者胡世庆编著《中国文化通史》(台北:三民书局,2009.)就以人文地理、经济、政治、社会生活、学术、宗教、科技、文艺、语言文字和图书文献、少数民族、中外交流11个编目分述。中华文化之广博、丰盛、宏大,于此可见一斑。

来评估学生的文化学习范畴的成绩。

香港地区新高中中国语文科的推出，是目前初中中国语文新课程的延续，它在原有的9个学习范畴基础之上加以发展和深化。与此同时，它又融合了过去在中学推行的普通话科与中国语文及文化科，而以选修单元重新部署及拓展。在设计理念方面，为了照应个别学校学生的需要，而提出了自拟单元，让学校的中国语文科可以保留自我发展空间，在选修单元范畴中兼且具备一些校本的特色。自2001年开始，香港中学的中国语文教学就朝着单元教学发展，学习范畴一直向着四面八方伸展开去，到高中阶段更作进一步的深化发展。香港中学的中国语文科已不再是一门单靠讲授课文学习知识的学科。勿庸置疑，新课程所学的内容多样多变、多彩多姿。它帮助学生打破了传统的框架，让学生的学习可以走出课堂，也让学生通过个人的生活经验而将学科知识丰富起来。

然而，对于教师来说，语文科的工作量则是非常巨大的，因为新课程的种种要求必须在教学之前做足准备方可如实进行。语文教师除了要具备充足而全方位的专业学问修养外，更需要具体参与课程发展，而不能完全依靠坊间教材与课业设计，因为组织及设计语文科各项有关教学事宜，包括语文科的教学组织、教学策略、各教学单元的设计与学习评估，还有各类型的课业批改、成绩评估，都应以自己任教的学生实际需要为依据。对于语文教师来说，上述种种都是沉重的压力，除了要具备本科素养外，在文学、历史、文化、信息科技等各方面也要有相当的知识和能力才可以胜任。因此，任教高中的语文教师所承受的压力一定比从前增多，所需要的知识储备与进修也必然是持续下去。为此，社会也要相应增加语文教师的资源培训，这样语文科的教与学才可以稳健地发展下去。

附录：

表一 新课程的单元组合情况

<table>
<tr><th colspan="4">本科单元组合</th></tr>
<tr><td rowspan="2">学习范畴</td><td>必修单元</td><td>选修单元</td><td>自拟单元</td></tr>
<tr><td>阅读
写作
聆听
说话
文学
中华文化
品德情意
思维
语文自学</td><td>名著及改编影视作品
戏剧工作坊
小说与文化
文化专题探讨
新闻与报导
多媒体与应用写作
翻译作品选读
科普作品选读
普通话传意和应用
普通话与表演艺术</td><td>*由教师自己编撰，或选用坊间教科书之〈选修单元〉
例如：
经典作品精读
口语才艺
流行文化</td></tr>
<tr><td>学习要求</td><td>全选</td><td>三至四个单元</td><td>一个单元</td></tr>
<tr><td>学习时间*</td><td>合计约225－404小时</td><td colspan="2">每单元约占28小时，合计约112小时</td></tr>
</table>

* 以中四至中六计算

表二 新课程的学习范畴与之前开设科目的对照

新高中中国语文：选修单元	中国语文	普通话	中国语言及文化
1 名著及改编影视作品	*		
2 戏剧工作坊			
3 小说与文化	*		*
4 文化专题探讨			*
5 新闻与报导			
6 多媒体与应用写作			*
7 翻译作品选读			
8 科普作品选读			
9 普通话传意和应用		*	
10 普通话与表演艺术		*	

* 为选修单元范畴与该科原有教学内容有较直接的相关性

表三 自拟单元的学习内容及其教学设计

	经典作品精读（课时：28 小时）①	口语才艺（课时：28 小时）	流行文化（课时：28 小时）
学习目标	阅读经典作品，提高阅读经典作品的兴趣，加强感受、分析、鉴赏、评价经典作品的能力，提高生活品味和文化素养。	欣赏不同类型的口语才艺，学习语言表达技巧，认识不同表演艺术的表现形式，分析、评价其语言艺术特点，提高使用语言艺术的修养和能力。	透过流行文化专题，研习相关的文化数据，探讨流行文化现象背后的文化意义和人文精神，增强对流行文化的认识与反思，并提高批判性思考能力。
建议学习重点	感受经典作品的思想感情和艺术氛围；分析、比较、欣赏、评价经典作品的表达手法及其所呈现之效果；鉴赏经典名作的内容美和形式美；培养阅读经典名作的兴趣。	认识口语才艺的种类和表现形式；分析、评价不同口语才艺的表达特点；鉴赏各类型口语才艺的表达技巧与艺术手法；学习运用口语才艺进行表演（如朗诵、讲故事、演讲、相声、说书等）；增进对中国语言文化的兴趣。	认识流行文化的多样性和丰富性；理解、分析流行文化现象背后的文化意义和人文精神；从不同角度反思流行文化现象；提高批判性思考能力。
学习成果	能领会经典名作的思想内涵和艺术表达之美；能分析、比较、欣赏、评价经典作品的表达手法及其所呈现之效果；享受阅读经典名作的乐趣，具有生活品味、文化素养。	能认识口语才艺的种类和表现形式；能分析、评价不同口语才艺的语言艺术特点；能用具有艺术性的语言进行表演（如朗诵、讲故事、演讲、相声、说书等）；喜爱运用艺术语言表达个人思想感情。	能理解、分析流行文化现象，并有个人见解；能从不同角度反思流行文化现象；认识流行文化，能对流行文化有所反思。

① 有关时数乃依照《中国语文教育学习领域 · 中国语文课程及评估指引（中四及中六）》之“课程结构及组织结构”所示，详见该文件页28。

续表

	经典作品精读（课时：28 小时）	口语才艺（课时：28 小时）	流行文化（课时：28 小时）
学习评估建议	校内评估以进展性评估进行,给予适当的回馈,以促进学习效能;单元终束时宜采用总结性评估。评估须多元化,如写读后札记、口头汇报、数据分析、分组讨论、撰写短文等。	校内评估以进展性评估进行,给予适当的回馈,以促进学习效能;单元终束时宜采用总结性评估。评估须多元化,如演讲、朗诵、集诵、分组讨论、互评等。	校内评估以进展性评估进行,给予适当的回馈,以促进学习效能;单元终束时宜采用总结性评估。评估须多元化,如写观赏札记、口头汇报、参观、访问、资料搜集、分组讨论、撰写短文等。
教材/学习主题例子	阅读罗贯中《三国演义》/曹禺《北京人》	专题演讲/朗诵文艺作品	香港传统节日之饮食文化/香港流行读物之文化意识

表四 《中国传统的情爱》学习单元阐析

本表基本上参照由香港启思出版社编撰之《新高中中国语文 · 文化专题探讨(二) · 中国传统的情爱》之“教学一览表”,为便于表述,表中文字稍作改动及删减。

学习环节	学习材料	进展课业	使用目的	课时
1	文言资料(节录): 《仪礼 · 丧服》 《礼记 · 曲礼》 《孟子 · 离娄上》 《孟子 · 滕文公下》 《大戴礼记 · 本命篇》 班昭《女诫 · 专心》 董仲舒《白虎通义 · 嫁娶》 董仲舒《白虎通义 · 三纲六纪》 程颐《近思录》 现代论文(节录): 林语堂《恋爱和求婚》 吴森《情与中国文化》 张灿辉《中国情爱思想》 张德胜《儒家伦理与秩序情结》 易中天《无爱之婚》	撰写札记,检讨中国传统的情爱文化。	通过节录资料讨论情爱的涵义;主流观念提倡的男女相处方式;讨论传统主流观念对两性的道德要求差异;讨论传统主流观念对情爱的态度。	8
2	本文探索:《昏义》(节录)	撰写报告,选一文化名人为例,评论旧式传统婚姻能否为新人带来幸福。	讨论重点:节日习俗的文化涵义;婚礼习俗的寓意,及其背后的文化涵义	14
3	古典诗词: 《诗经 · 关雎》 《诗经 · 氓》 《乐府 · 上邪》 《古诗十九首 · 涉江采芙蓉》 《古诗十九首 · 行行重行行》 张籍《节妇吟》 苏轼《江城子 · 十年生死两茫茫》 元好问《摸鱼儿 · 问世间》	撰写报告,分析古代小说戏曲体现的情爱思想。	通过节录资料讨论文学作品反映的情爱思想、女性处境,反思情爱思想的转变。	17

续表

学习环节	学习材料	进展课业	使用目的	课时
3	古典小说戏曲(节录): 《莺莺传》 《霍小玉传》 《杜十娘怒沉百宝箱》 《牡丹亭·惊梦》 《桃花扇·守楼》	撰写报告,分析古代小说戏曲体现的情爱思想。	通过节录资料讨论文学作品反映的情爱思想、女性处境,反思情爱思想的转变。	17

附图

课程结构及组织结构①:

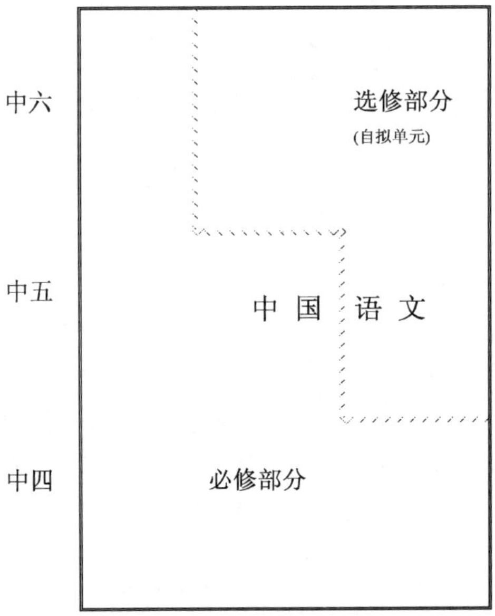

参考文献

上海师范大学古籍整理研究所.中国文化史[M].杭州:浙江古籍出版社,1993.

何兹全.中国文化六讲[M].香港:生活·新知·读书三联书店(香港)有限公司,2009.

李道湘,于铭松.中华文化概要[M].上海:生活·新知·读书三联书店,2007.

胡世庆.中国文化通史[M].台北:三民书局,2009.

高明.中华文化问题之探索[M].台北:正中书局,1987.

"国立"中山大学人文社会科学研究中心.文化与语言论丛[M].台北:"国立"中山大学出版社,2010.

常耀华,李洪波.中国文化史十七讲[M].北京:旅游教育出版社,2008.

教育局"文化部".中华文化之特质[M].台北:幼狮书店,1970.

黄璟瑜.新高中中国语文·文化专题探讨(二)·中国传统的情爱[M].香港:启思出版社,2009.

① 中华人民共和国香港特别行政区政府课程发展议会与香港考试及评核局联合编订.中国语文教育学习领域·中国语文课程及评估指引(中四至中六).香港:政府物流服务署印,2007年:28.原图无"自拟单元"。

中华人民共和国香港特别行政区政府课程发展议会与香港考试及评核局. 中国语文教育学习领域·中国语文课程及评估指引(中四至中六)[M]. 香港:政府物流服务署印,2007.

中华人民共和国香港特别行政区政府课程发展议会与香港考试及评核局联合编订. 新高中课程及评估架构建议·中国语文科(第二次咨询稿)[M]. 香港:教育统筹局,2005.5.

课程发展议会与香港考试及评核局联合编订. 新高中课程核心及选修科目架构建议(咨询初稿). 香港:教育统筹局,2004.

钱穆. 中国文化论丛[M]. 台北:三民书局,2004.

马显慈. 谈新高中"中国语文"的学习单元与教学准备.《现代教育通讯》,2009:42 - 46.

马显慈. 从"七夕"的文化专题研究谈中国语文科的"文化"教学.《语文教学》(双月刊),2006,(35):32 - 38.

马显慈. 从质量与教学方式的转变看香港2002年推行的"中学中国语文课程"."信息时代中国语文教育的现代化、科学化和多元化"国际学术研讨会论文集[C]. 香港:文思出版社,2005:194 - 209.

作者单位:香港公开大学教育及语文学院

香港中国语文科“新高中”文化教材学习范围探究

邓城锋

一、引言

踏入21世纪,香港地区的中学改制,从“三二二”制(初中三年、高中二年、预科二年)改为“三三”制(初中三年、高中三年)。三年制“新高中”课程从2009年开始推行,本年度(2010/2011)已推展到高中二年级(香港称为“中四”)。在“新高中”的中国语文科课程里,文化学习占有十分重要的地位,必修单元本来就有文化学习,建议的选修单元也有“小说与文化”和“文化专题探讨”等与文化密切相关的课题。

虽然文化教学在香港地区已经推行多年,但是无论是教材还是教法都远远未臻完善。其中一个原因是:不知道应该教什么。这不是因为文化的内容太单薄,而是内容太多。官方颁布的《中国语文课程及评估指引》(下称《指引》)把中华文化学习内容分为3大类,物质方面有饮食、器物、服饰、建筑、科学技术、名胜古迹等,制度方面有民俗、礼仪、宗法、姓氏、名号、交通、经济、政治、军事等,精神方面有哲学、宗教、伦理道德、教育、文学、艺术等。《指引》列举的文化项目繁多,与人类有关的事物几乎都被包罗在内,浩如烟海,教师在教学时往往难以取舍。至于如何选取文化教材,《指引》有这样的提示:

> 文化素材俯拾即是,例如生活习惯、语言文字、思维方式、价值观念,以至日常生活见闻和体验等,都可以是文化学习的材料。①

以“俯拾即是”作为选材指引,实在过于宽泛,未能为教科书编者提供清晰的文化教材编选准则,教科书编者只能各行其是编选文化教材。可是编者识见和偏好有别,会不会自觉或不自觉地有所偏颇,侧重了某些文化范畴而又忽略了另一些范畴呢?

大部分教师都没有时间、精力自行编写教材,因此教科书编者如何选取文化教材对学生的文化学习影响甚大。本研究分析香港地区“新高中”中国语文文化教材,主要探讨其学习内容的覆盖范围,进而评论其得失并提出建议。

二、研究方法

本研究以现行“新高中”中国语文教科书中的文化教材为研究对象。坊间高中中国语文教科书有多种,为增强代表性,研究员计划选取市场占有率最高的3套教科书的中四、中五教材。最后根据零售书店的意见,选取了3套销售情况较佳的教科书,它们分别是:朗文香港教育的《新高中综合中国语文》(下称“朗文”)、启思出版社的《启思新高中中国语文》(下称“启思”)、香港教育图书公司的《新高中中国语文新编》(下称“教图”)。教科书中很多内容都可以用做文化教材,本研究只限于分析编者标注为文化学习的教材。文化教材的形式通常是论

---

① 中华人民共和国香港特别行政区政府课程发展议会与香港考试及评核局联合编订.中国语文课程及评估指引(中四至中六)[M].香港:政府物流服务署,2007:16.

述文化的文章、文化常识介绍、文化专题探讨,一般都附有讨论题。研究员会参考教材的内容、编者的教学指引、讨论题的探讨方向,从而判断教材属于哪一个文化范畴。

要探讨文化教材内容的覆盖范围,先要将之分类,以便计量。文化如何分类没有统一的准则,比较不同的文化分类方法(包括《指引》的物质、制度、精神三分法)后,本研究采纳英国教育家 Denis Lawton 的分类方法。Lawton 参考人类学家的分类,把文化分为 9 个文化范畴(cultural sub-systems):①

1. 社政范畴(socio-political system):核心概念有亲属、地位、角色、职责等。

2. 经济范畴(economic system):包括生产、交易、消费等。

3. 沟通范畴(communication system):最重要的是语言,也包括符号、图表等沟通工具。

4. 理性范畴(rationality system):每个社会都会依据一些准则来判别事情是否合理,或判别某一个解释是否可以接受,这些准则就属于理性范畴。

5. 科技范畴(technology system):主要是科学和技术。

6. 道德范畴(morality system):对和错、应该和不应该的判别准则。

7. 信仰范畴(belief system):通常指有组织和一定仪轨的宗教,也包括对某些政治领袖的绝对崇拜。

8. 审美范畴(aesthetic system):艺术鉴赏和创作的准则。

9. 成长范畴(maturation system):培育儿童的方式,及关于成长的习俗和常规。

Lawton 把文化分为这 9 个范畴,并指出这个分类适用于分析不同的社会:"根据社会学,有充分的理由相信每一个社会都必定具有这 9 个文化范畴,欠缺其中任何一个,这个社会都不能存在。"②

研究员首先把教科书里的文化教材部分标示出来,再根据编者的教学指引和教材内容分为一个一个的文化学习项目。然后研究员会判别每一个项目属于哪一个文化范畴,加以统计。为了得到客观可靠的统计结果,教科书交由两名研究员分别统计,两名研究员独立判断3套教科书各项文化教材属于哪一个文化范畴。两人分别完成分类统计后,再逐一比对分类结果,有出入者则各自阐明理据,详加讨论,谋求共识。

统计数字反映了哪些文化范畴得到较多关注,哪些文化范畴未能得到充分讨论。但统计结果只能得到各文化范畴学习的"量",并不能反映文化学习的"质"。统计数字"1"可能只代表一道讨论题,也可能代表一整篇文化研习篇章。因此,统计数字的高低,并不反映各教科书里文化教材部分的优劣。

三、研究结果及分析

分类过程中,研究员发现一些文化范畴的界限并不十分分明,某些文化项目固然可以归入"理性",但归入"信仰"也并无不可,统计时只能就该项目的学习倾向而归类。有些项目内容丰富,涉及多于一个的文化范畴,统计时就算是两项(或多于两项)。一些项目(例如"汉字形体的演变")本质上是否属于文化学习仍可讨论,在此不再旁生枝节,只要是教科书编者指定为文化教材的,一概按其性质纳入统计。下面列出 3 套教科书的文化项目及分类统计结果。

---

① Lawton, D. Beyond the National Curriculum: teacher professionalism & empowerment[M]. London: Hodder and Stoughton, 1996:28.

② Lawton, D. Education, Culture & the National Curriculum[M]. London: Hodder and Stoughton, 1989:20.

1. 教图《新高中中国语文新编》

文化项目 \ 文化范畴	社政	经济	交流	认知	科技	道德	信仰	审美	成长
1. 第一册 P. 68 – 69:中国传统小食					✓	✓		✓	
2. 第一册 P. 70 – 71:中国传统民间玩具					✓	✓	✓	✓	
3. 第一册 P. 143 – 144:古代泰山的地位	✓						✓	✓	
4. 第一册 P. 145 – 146:中国传统节日				✓		✓	✓		
5. 第一册 P. 221 – 222:汉字形体的演变			✓						
6. 第一册 P. 223 – 224:中国书法的特点						✓		✓	
7. 第一册 P. 287 – 288:中唐新乐府运动	✓					✓		✓	
8. 第一册 P. 289 – 290:中国传统孝的观念	✓					✓			
9. 第一册 P. 291:道家思想概说	✓			✓		✓	✓	✓	
10. 第二册 P. 62 – 63:德治、仁政和霸政	✓	✓		✓	✓	✓			
11. 第二册 P. 64 – 65:孟子和战国策	✓		✓						
12. 第二册 P. 137 – 139:中国传统音乐	✓				✓	✓		✓	
13. 第二册 P. 140 – 141:中国陶瓷艺术					✓			✓	
14. 第二册 P. 281 – 282:中国科学的发展	✓			✓	✓	✓			
15. 第三册 P. 69 – 70:武侠小说的文化意蕴	✓					✓		✓	
16. 第三册 P. 136 – 137:中国传统忠的观念	✓					✓			
17. 第三册 P. 138 – 139:中国酒宴格局礼制	✓				✓	✓			
18. 第三册 P. 198 – 200:中国古代体育	✓				✓	✓			
19. 第三册 P. 201 – 202:中国古代医术				✓	✓				
20. 第四册 P. 141 – 142:中国传统义利信念				✓		✓			
21. 第四册 P. 143 – 144:传统的人伦道德	✓					✓			
22. 第四册 P. 214 – 215:传统社会的特色	✓	✓				✓			
合　　计	14	2	2	6	9	17	4	9	0

2. 启思《新高中中国语文》

文化项目 \ 文化范畴	社政	经济	交流	认知	科技	道德	信仰	审美	成长
1. 四上 P. 2. 18 – 2. 23:中国文人寄情山水情怀						✓			
2. 四上 P. 2. 40 – 2. 46:反思古迹的存在价值		✓				✓			
3. 四上 P. 3. 5 – 3. 17:传统礼教对中国人影响	✓		✓		✓	✓		✓	✓
4. 四上 P. 4. 29 – 4. 31:中国传统的情爱思想						✓			
5. 四下 P. 5. 5 – 5. 16:认识汉字的特点			✓					✓	
6. 四下 P. 6. 33 – 6. 36:反思中国的谦虚文化						✓			
7. 四下 P. 21 – 26:认识中国忠君思想	✓					✓			
8. 四下 P. 30 – 37:中国文化中人与自然的关系						✓			
9. 四下 P. 3 – 7:中国传统科学的成就及评析	✓	✓		✓	✓	✓			
10. 四下 P. 8 – 10:传统思考方式与科学发展				✓	✓				

续表

文化项目 \ 文化范畴	社政	经济	交流	认知	科技	道德	信仰	审美	成长
11. 四下 P.11－14:传统中人与自然的关系				✓	✓	✓	✓		
12. 四下 P.15－18:中国书法								✓	
13. 四下 P.19－24:中国建筑	✓			✓	✓	✓		✓	
14. 四下 P.25－32:中国绘画						✓		✓	
15. 五上 P.9.5－9.16:中国人重面子的特点						✓			
16. 五上 P.9.5－9.28:科举制度与知识分子	✓								
17. 五下 P.11.5－11.12:认识儒家的仁政思想									
18. 五下 P.12.18－12.19:中国人容忍的性格						✓			
19. 五下 P.28－33:中国文化仁民爱物的思想				✓		✓			✓
20. 五下 P.3－6:宗法制度和家族观念	✓								
21. 五下 P.7－9:孝悌	✓					✓			
22. 五下 P.10－12:君臣关系	✓					✓			
23. 五下 P.13－16:朋友关系						✓			
24. 五下 P.17－20:儒家德目(仁义礼智信)						✓			
25. 五下 P.21－24:道家思想(崇尚自然)	✓					✓	✓	✓	
合　　计	9	2	2	5	5	19	2	6	2

3. 朗文《新高中综合中国语文》

文化项目 \ 文化范畴	社政	经济	交流	认知	科技	道德	信仰	审美	成长
1. 第一册 P.1.16:中国传统风俗(缠足)								✓	
2. 第一册 P.2.24:中国✓玉✓的文化						✓			
3. 第一册 P.3.5－3.14:文人寄情山水的传统						✓			
4. 第一册 P.3－6:中国佛教			✓			✓	✓	✓	
5. 第一册 P.7－10:中国道教	✓			✓	✓	✓	✓	✓	
6. 第二册 P.5.5－5.19:汉字的特点			✓						
7. 第二册 P.5.20－5.31:中国艺术精神						✓		✓	
8. 第二册 P.6.26－6.31:认识谦让的美德						✓			
9. 第三册 P.7.5－7.24:认识中国的科举制度	✓					✓			
10. 第三册 P.10.5－10.10:音乐与文化修养	✓				✓	✓		✓	
11. 第三册 P.11.5－11.17:中国酒文化	✓					✓		✓	
12. 第三册 P.3－5:香港殖民地建筑	✓	✓			✓			✓	
13. 第三册 P.6－9:香港中国传统建筑	✓			✓	✓	✓			
14. 第三册 P.10－13:宗教建筑	✓			✓			✓	✓	
15. 第三册 P.12.5－12.17:三国文化								✓	
16. 第三册 P.13.5－13.14:书法名篇《兰亭集序》								✓	
17. 第三册 P.13.15－13.19:中华历史文化						✓			
合　　计	7	1	2	3	4	11	3	10	0

下面把 3 套教科书的统计结果合并列出,以便比较。“范畴总数”是合计 3 套教科书该文化范畴的项目总数,后面的百分率是以“范畴总数”除以所有文化项目总数(共 159 项)。

文化范畴\项目统计	教图	启思	朗文	范畴总数(百分比)
社政(Socio-political)	14(22.2%)	9(17.3%)	7(17.1%)	30(19.2%)
经济(Economic)	2(3.2%)	2(3.8%)	1(2.4%)	5(3.2%)
沟通(Communication)	2(3.2%)	2(3.8%)	2(4.9%)	6(3.8%)
理性(Rationality)	6(9.5%)	5(9.6%)	3(7.3%)	14(9.0%)
科技(Technology)	9(14.3%)	5(9.6%)	4(9.8%)	18(11.5%)
道德(Morality)	17(27.0%)	19(36.5%)	11(26.8%)	47(30.1%)
信仰(Belief)	4(6.3%)	2(3.8%)	3(7.3%)	9(5.8%)
审美(Aesthetic)	9(14.3%)	6(11.5%)	10(24.4%)	25(16.0%)
成长(Maturation)	0(0%)	2(3.8%)	0(0%)	2(1.3%)

由统计数字可知,3 套教科书的文化教材编选取向大体相类:道德、社政两个范畴最多,审美、科技、理性次之,信仰、沟通、经济、成长最少。由于 3 套教科书编选取向相近,“范畴总数”一栏的百分率大体可以反映 3 套教科书各文化范畴的教材编选情况,为便于讨论,以下即以范畴总数所占项目总数的百分率为分析的基础。

道德(30.1%)、社政(19.2%)是文化教材项目最多的两个范畴,数量几乎达总数的一半(49.3%),分量极重。原因不难推知,这是因为儒家思想是中国传统主流思想,其影响遍及中国人生活的每一个角落。学习中华文化,许多课题都会涉及儒家思想。儒家思想的核心是道德,儒家的理想是治国平天下。论及儒家,往往兼及道德、社政两个范畴。审视 3 套教科书的文化项目,凡论及孝、忠、仁政、君臣关系、义利取舍,乃至音乐、建筑、武侠等,只要涉及儒家思想,多兼属道德、社政范畴。

第三位是审美范畴,占 16%(“朗文”达 24.4%,几乎与道德范畴并驾齐驱)。传统儒家并不强调审美,审美范畴高居第三位似乎有点意外。细察审美文化教材的项目,内容有诗歌、音乐、绘画、书法等。原来中国传统尚文,而文人必习诗文,兼及书画音乐,于是审美成为中国传统文化的一个重要范畴。此外,教材编者还选取了一些古代不登大雅之堂而现代人认为值得珍视的文艺项目,如建筑、陶瓷、玩具等,使这个范畴的内涵更加丰富,这也是审美范畴分量加重的重要原因。

第四位是科技范畴。中国古代轻视科技,教材中科技范畴所占分量却不轻,达到 11.5%。分析教材的科技文化项目,大体可以分为两类,一类是传统技艺,如小食制作、玩具制作、音乐演奏、建筑技术、体育技巧、医疗技术等;还有一类属于反思类型,包括“德性传统与科技发展”、“传统思维方式与科学发展”、“道教炼丹与化学发明”等。在古人心目中,科技只属小道,在古代文化学习中占的分量可说是微不足道;在现代的文化教材中科技占有如此的分量,反映的是现代人的观点。现代人明白科技的重要性,以现代眼光重新审视过去,于是小食制作、体育技巧这些“小道”也变得有意义了;中国近代吃了科技落后的大亏,于是反思传统忽视科技的因由就成为重要的课题。

第五位是理性范畴,占了 9.0%。理性范畴的核心内容是“合理”的准则,即怎样判断、解释、思维才算是合理。教材项目有传统礼教思想、传统中人和自然的关系、传统的思考方式、道家思想等，主要探讨中国传统的人生观、宇宙观、思维模式等。这个范畴探讨的是中国人传统思想的立足点，重要性不言而喻，占的分量不宜过轻。

信仰、沟通、经济、成长四个范畴占的分量都很轻，加起来只占总体的14.1%。教材编者对于这四个范畴的探讨比较疏略，也是可以理解的。中国的民间信仰义理简单，甚或引导人迷信，也许编者认为不值得花太多时间讨论。沟通范畴主要的内容是语文运用，语文学习在中文科里自有听、说、读、写等专项训练，无需在文化学习范畴里重复。经济和成长在传统文化里都不占重要地位，教材里的相应内容偏少也可以视为理所当然。

虽然如此，九分之四的文化范畴，却只占总体文化学习项目的13.9%，实应再加检视。以下集中讨论现行文化教材中分量较轻的几个范畴，并提出一些具体的建议。

四、建议

1. 信仰

虽然说在华人社会里信仰远不及西方社会重要，但在现行教材中只占5.8%，似乎仍有提高的空间。事实上，中国人生活的许多方面都离不开信仰。民间普遍拜土地、灶君、关帝，清明节家家户户扫墓祭祖，都是信仰。此外，信风水、信运程的也大有人在，香港一些大厦没有四楼（“4”谐音“死”），许多人视“8”（发达）、“9”（长长久久）为幸运号码，这一切都属于信仰，都真实地在我们的生活中存在，难道能够一概不加探究、轻轻地以一句“迷信”打发掉吗？

关于信仰，有许多课题是值得高中学生学习的。例如宗教，是许多人安身立命的依据，不可不加以探讨。中国传统宗教固然源远流长，西方宗教传入中国也已经有颇长一段日子，都对香港社会有相当大的影响。东西方宗教大不相同，东方宗教是一种“普化的宗教”（diffused religion），其特征是教义、仪式及组织都与其他世俗的社会生活制度混而为一；西方宗教具有独立的组织、教义、仪式，属于“制度化宗教”（institutional religion）。① 在香港，宗教与学生关系十分密切，许多学校由佛教、道教或基督教等宗教团体开办，以比较的方式认识东西方宗教的特质，是很值得考虑增加的课题。

又如风水，虽然深受民间崇尚，但“五四”运动以后常被批评为迷信之术，全不足道。现代学者认为风水学固然有迷信之处，却也有不少合理的成分。近代西方成立了环境科学（environmental science），学者比较之下认为：

> 西方环境科学所研究的许多要素，在中国古代的风水学理论当中，都已经涉及了，例如哲学上的人和自然的和谐；对环境的选择和保护；对负面要素的避免和消弭等等。②

由此可见，风水这个古老的课题，今天仍有重新认识和进一步探讨的价值。以理性、科学的角度探讨宗教、风水、相命等信仰文化，是贴近学生生活而学生又感兴趣的课题。

2. 沟通

沟通范畴在现行文化教材里只占3.8%。上文提到，沟通范畴主要学习的是语文运用，而语文运用在中国语文科里有听、说、读、写等专项训练，的确不必在文化范畴里学习。沟通包括生活中应用的符号（如交通标志）及使用电脑的符号（如运用电脑的指令和网民使用的符号）等，掌握这些符号固然重要，但是人们可以在生活中的其他领域认识，不必在文化范畴里学习。因此，虽然沟通范畴在现行教材所占的分量颇轻，却也不必刻意加强。

即便如此，文化教育中沟通范畴也不容忽视。教材可以因应香港的特殊语言环境，集中讨论一些需要深入探究而在日常生活中无法掌握的课题。香港不少学校以英语教学，以英语

---

① 吕理政.传统信仰与现代社会[M].台北：稻乡出版社，1992：1.

② 雷铎.风水智慧书[M].香港：生活·新知·读书三联书店，2008：26.

为教学语言的利弊当然应该了解;近年来一些学校试行以普通话教学,那么以普通话为教学语言的影响看来也值得探讨。此外,语言和文化、方言的文化价值等,都是切合香港地区的特殊社会环境而且和学生有密切关系的课题,都值得以专题形式探究。

3. 经济

经济范畴只占3.2%,可说是理所当然。中国古代属于小农经济,两千年来技术、制度、理论各方面的演进都不大;加之儒家德化传统轻视经济生产,关于经济的探讨和论述不多,因此可供今人学习和继承的经济文化并不丰富。一些传统经济知识对今天的语文学习仍然有意义,不妨适量介绍。例如很多词语跟度量衡单位有关,如丈夫、千钧一发、咫尺天涯、才高八斗、为山九仞、跬步千里等。学习一点古代的度量衡知识无疑有助于掌握这些词语的意义。

还有一些传统经济文化思维影响至今,值得反思。例如儒家传统重士而轻工商,今日商人虽然已经翻身,但是工艺技术仍然为人所轻视,一般人都重白领而轻蓝领。农业经济重视拥有土地,今天中国人仍以置业为先;农民崇尚俭朴,积极储蓄以应付灾荒,今天虽然时移世易,中国人仍是高储蓄低消费。这些传统经济观念造成了什么实际影响、应否改变,都可以作为经济范畴的反思课题。

4. 成长

成长范畴在现行文化教材里只占1.3%,是最被忽略的一个范畴。成长在人类生活中占十分重要的地位,中国传统对于儿童的培育成长,可以说是十分重视,但也有颇多缺失,很值得认识和深入反思。

孙隆基引述一个法国教育家对中国人的观察结果道:"中国人将儿童当做成人,却将成人当做儿童。"①"将儿童当做成人",正好道出了中国传统在培育儿童方面的一大缺失:把青少年当做成年人来教,完全漠视青少年自有的独特的心理和成长特点。中国传统培育教养青少年方法的缺失其实不止上述一端,以致其性格发展有好些不健全之处,包括遇事消极退缩、欠缺创造性的潜能和独特的个性、以社会团体的意见和目标为自己的行为标准等。② 时至今日,我们仍然可以在许多中国人身上发现这些性格特点,也就是说,我们仍然没有完全改善青少年的培育教养问题。中学生正值成长的关键时期,对于这个与他们关系至为密切的文化学习范畴,应该编撰相应的教材,加强认识关于成长的传统观点,反思传统的不足之处,让学生得以省察内心、改造自我。

旧的成长问题尚未解决,随着时代转变,新的成长问题又已产生:怯于交际的"宅男"、宠出来的"富二代"……高中课程有必要增强成长范畴的文化教育,让学生学习如何成长及深思这个切身的课题。

五、结论

虽说每个社会都有这9个文化范畴,但是对这9个范畴却不必等量齐观。一个社会可能会特别重视某几个范畴,而另一个社会所重视的却可能是不同的另外几个范畴。例如西方社会里基督教思想影响极大,经过两千年的发展,教义也已经发展成一个庞大的思想体系,有理由相信在欧美国家的文化学习里,信仰范畴应该占有一个比在中国重要得多的地位。至于中国,古代不管看什么都戴着道德眼镜,读一首情诗也要读出"后妃之德"才行。今天的中国人当然不会这么"泛道德化",但是道德仍然是中华文化最重要的部分,在文化学习里占最重的分量实属当之无愧,不必因为道德范畴占的分量重而要刻意地把有关道德的教材减省。只需

---

① 孙隆基. 中国文化的深层结构(新千年版第二版)[M]. 香港:花千树出版社,2007:241.

② 韦政通. 中国文化与现代生活[M]. 北京:中国人民大学出版社,2005:70.71.

重新检视有关教材,不要重复学习有关道能的篇目即可。

Lawton 指出,要是学生能够在其他场所通过其他途径学到某一个范畴的文化,就不必在学校课程里重复学习。因此,教材编者不必为求"公平"而平均分配各文化范畴的分量,应该针对社会的性质和具体学习情况来安排。以这个准则审察香港的文化教材,道德、社政、审美占了较大的比例可说是恰当的;沟通范畴虽然在生活中十分重要,但是既有听、说、读、写等专项训练,又能在学校以外的生活中学习,其比例在教材中偏低也不能说是不当(当然学习内容可以调整)。

传统社会忽略某些文化范畴,并不表示这些范畴不重要,这可能只是表示传统文化中其暂时缺失,探究这些文化范畴的缺失,才能促进中华文化的发展。这些范畴的文化学习重点,不在认识,而在反思。例如中国传统轻视科技,并不表示今天学习中华文化就可以对科技范畴等闲视之,而应该重点反思中国传统社会轻视科技的各种因素。现行文化教材对于信仰、沟通、经济、成长四个范畴的学习偏低,都应该酌量加强。其中成长范畴在华人社会里十分重要,现行教材对于这个范畴的文化学习却几近于零,是一个亟待修补的缺陷。

参考文献

布裕民等.启思新高中中国语文(中四上,中四下,中五上,中五下)[M].香港:启思出版社,2009.

中华人民共和国香港特别行政区政府课程发展议会与香港考试及评核局联合编订.中国语文课程及评估指引(中四至中六)[M].香港:政府物流服务署,2007.

邝锐强等.新高中中国语文新编(第一册,第二册)[M].香港:香港教育图书公司,2009.

邝锐强等.新高中中国语文新编(第三册,第四册)[M].香港:香港教育图书公司,2010.

雷铎.风水智慧书[M].香港:生活·新知·读书三联书店,2008.

吕理政.传统信仰与现代社会[M].台北:稻乡出版社,1992.

孙隆基.中国文化的深层结构(新千年版第二版)[M].香港:花千树出版社,2007.

王嘉杰等.新高中综合中国语文(第一册,第二册)[M].香港:朗文香港教育,2009.

王嘉杰等.新高中综合中国语文(第三册,第四册)[M].香港:朗文香港教育,2010.

韦政通.中国文化与现代生活[M].北京:中国人民大学出版社,2005.

Lawton, D. Beyond the National Curriculum: teacher professionalism & empowerment[M]. London: Hodder and Stoughton, 1996.

Lawton, D. Education, Culture & the National Curriculum[M]. London: Hodder and Stoughton, 1989.

作者单位:香港教育学院

香港新高中课程中国语文科的品德情意教学

刘庆华

一、引言

香港新高中课程于2009年9月正式实施。2007年,课程发展议会与香港考试及评核局联合编订的《中国语文教育学习领域——中国语文课程及评估指引(中四至中六)》(以下称《学习领域》)2.4.1"必修部分",建议高中中国语文科的课时应占整科的三分之二至四分之三课时,而必修部分应包括9个学习范畴,即阅读、写作、聆听、说话、文学、中华文化、品德情意、思维和语文自学①,"品德情意"是其中一个。"品德情意"的范畴包括个人、亲属、师友和团体、国家、世界②。在"教学原则"里提出,"品德情意"教学可以与语文能力、文学、文化学习及其他范畴结合③,可以说范畴之大,是其他范畴不能相比的。范畴太大引起了教学设计、教学方法等方面的问题,以下就这些问题进行探讨。

二、"品德情意"教学在规划上的问题

2006年,教育统筹局课程发展处中国语文教育组出版了《中学中国语文学习单元设计示例——高中阶段试用》(以下称《设计示例》)。书里以中四、中五为对象,设计了一些单元作示例④。书的开头列出了一个"高中学习单元架构示例"表⑤:

表一: 高中学习单元架构示例

组织重心	中四	中五
理解和分析	梳理贯通	对照比较
表达与应用(一)	纪实	游说
质疑与评价	思考辨析	评论反思
表达与应用(二)	达意得体	应对机敏
文学与人生	人生百味	——
表达与应用(三)	议论说明	创意写作
品味和鉴赏	语言品味	风格鉴赏
自学与探究	文学专题研习	——

① 详细资料请参阅中华人民共和国香港特别行政区政府课程发展议会与香港考试及评核局联合编订.中国语文教育学习领域——中国语文课程及评估指引(中四至中六)[M].2007:28。

② 详细资料请参阅中华人民共和国香港特别行政区政府课程发展议会与香港考试及评核局联合编订.中国语文教育学习领域——中国语文课程及评估指引(中四至中六)[M].2007:18.19。

③ 详细资料请参阅中华人民共和国香港特别行政区政府课程发展议会与香港考试及评核局联合编订.中国语文教育学习领域——中国语文课程及评估指引(中四至中六)[M].2007:20。

④ 高中的必修部分主要在中四、中五,因此用这两级作为示例是恰当的,而本论文也以这两级作为研究对象。

⑤ 中华人民共和国香港特别行政区政府教育统筹局课程发展处中国语文教育组.中学中国语文学习单元设计示例——高中阶段试用[M].2006:1.

书里还有一个“高中学习单元设计示例的主要学习重点”表①,依上表各项分述了学习重点,我将列出“品德情意”的单元用“*”表示如下:

表二 高中学习单元设计示例的主要学习重点

理解和分析	梳理贯通	* 对照比较
表达与应用(一)	纪实	游说
质疑与评价	思考辨析	评论反思
表达与应用(二)	达意得体	应对机敏
文学与人生	* 人生百味	——
表达与应用(三)	议论说明	创意写作
品味和鉴赏	* 语言品味	* 风格鉴赏
自学与探究	文学专题研习	——

14个单元里只有4个明示要教“品德情意”,两个在中四,两个在中五,只占总数的28.57%。然而在《学习领域》里却十分重视“品德情意”教学,它提出“品德情意”的教学目标是:

1. 培养道德认知、意识和判断力,从而促进自省,培养道德情操;
2. 陶冶性情,培养积极的人生态度;
3. 加强对家庭、国家及世界的责任感。②

而“品德情意”的学习重点包括了“个人”、“亲属·师友”及“团体·国家·世界”,主要是让学生体会传统人伦关系由亲及疏、推己及人的观念。③ 该书更将各“学习要点”细列出来:

(一) 个人

1. 自我尊重:爱惜生命、知耻、自爱、自重、不自欺;
2. 自我节制:不沉溺物欲、情绪有节;
3. 实事求是:承认事实、重视证据、勇于探索;
4. 认真负责:重视责任、不敷衍苟且、知错补过;
5. 勤奋坚毅:努力不懈、贯彻始终;
6. 专心致志;
7. 积极进取:取法乎上、尽其在我;
8. 虚心开放:了解自己的不足,欣赏别人的长处;
9. 旷达坦荡:了解客观限制、知所调处挫折失败;
10. 美化心灵:欣赏自然、艺术,享受闲适、宁静、淡泊。

(二) 亲属·师友

1. 尊重别人:尊重对方权利、感受;

---

① 中华人民共和国香港特别行政区政府教育统筹局课程发展处中国语文教育组.中学中国语文学习单元设计示例——高中阶段试用[M].2006:7.9.

② 中华人民共和国香港特别行政区政府课程发展议会与香港考试及评核局联合编订.中国语文教育学习领域——中国语文课程及评估指引(中四至中六)[M].2007:18.19.

③ 中华人民共和国香港特别行政区政府课程发展议会与香港考试及评核局联合编订.中国语文教育学习领域——中国语文课程及评估指引(中四至中六)[M].2007:19.

2. 宽大包容：接纳多元观点、容忍不同意见、体谅宽恕；
3. 知恩感戴：知所回馈；
4. 关怀顾念：尊敬长辈、友爱同侪、爱护幼小；
5. 谦厚辞让；
6. 重视信诺。

（三）团体·国家·世界

1. 心系祖国；
2. 守法循礼：遵守法律、有公德心、尊重社会规范；
3. 勇于承担：履行义务、尽忠职守、有使命感、具道德勇气；
4. 公正廉洁；
5. 和平共享：团结合作、和平共处；
6. 仁民爱物：尊重生命、珍惜资源、爱护环境。①

在上面的“学习重点”表里只有4个单元指明要教“品德情意”，现在列出这样多的学习重点，要怎样安排呢？不妨仔细看看《设计示例》是如何安排的。为了眉目清晰，我用一个表来做对比。凡《设计示例》里各“组织重心”提到过任何一项品德情意教学的，都放在表里②：

表三　高中学习单元设计示例的组织重心

	学习重点	中四	中五	次数
个人	自我尊重：爱惜生命、知耻、自爱、自重、不自欺	1. 理解和分析：综合运用篇	1. 理解和分析：如棋世事悟人生	2
	自我节制：不沉溺物欲、情绪有节			0
	实事求是：承认事实、重视证据、勇于探索	1. 理解和分析：综合运用篇		1
	认真负责：重视责任、不敷衍苟且、知所补过			0
	勤奋坚毅：努力不懈、贯彻始终	1. 理解和分析：叙述抒情篇 2. 表达与应用（一）纪实文学（二）		2
	专心致志		1. 理解和分析：如棋世事悟人生	1
	积极进取：取法乎上、尽其在我	1. 理解和分析：叙述抒情篇 2. 表达与应用（一）纪实文学（二）	1. 品味和鉴赏：作品风格（一）	3
	虚心开放：了解自己不足，欣赏别人长处			0

① 中华人民共和国香港特别行政区政府课程发展议会与香港考试及评核局联合编订. 中国语文教育学习领域——中国语文课程及评估指引（中四至中六）[M]. 2007:20.

② 在《设计示例》里只列出品德情意的“学习重点”，没有说明细项，例如只列出“自我尊重”，没有说明属“个人”类，同时没有说明教“自我尊重”里的哪一项。

续表

	学习重点	中四	中五	次数
个人	旷达坦荡：了解客观限制、知所调处挫折失败	1. 理解和分析：描写抒情篇 2. 表达与应用(一)纪实文学(二) 3. 文学与人生：人生智慧篇——人生苦短 4. 文学与人生：人生智慧篇——出处进退	1. 理解和分析：模山范水写胸襟 2. 理解和分析：以史为鉴察古今 3. 品味和鉴赏：作品风格(一) 4. 品味和鉴赏：作家风格(一) 5. 品味和鉴赏：作家风格(二)	9
	美化心灵：欣赏自然、艺术，享受闲适、宁静、淡泊	1. 理解和分析：描写抒情篇 2. 文学与人生：人生智慧篇——出处进退 3. 品味和鉴赏：品味语言	1. 理解和分析：模山范水写胸襟 2. 理解和分析：以史为鉴察古今 3. 品味和鉴赏：风格之美 4. 品味和鉴赏：作家风格(一) 5. 品味和鉴赏：作家风格(二)	8
亲属·师友	尊重别人：尊重对方权利、感受			0
	宽大包容：接纳多元观点、容忍不同意见、体谅宽恕			0
	知恩感戴：知所回馈			0
	关怀顾念：尊敬长辈、友爱同学、爱护幼小	1. 理解和分析：叙述抒情篇 2. 表达与应用(一)纪实文学(二) 3. 文学与人生：诗情爱意		2
	谦厚辞让			0
	重视信诺			0
团体·国家·世界	心系祖国	1. 理解和分析：描写抒情篇① 2. 品味和鉴赏：品味语言	1. 品味和鉴赏：作品风格(一) 2. 品味和鉴赏：作家风格(一)②	4
	守法循礼：遵守法律、有公德心、尊重社会规范			0

① 原文作“关怀家国”，与“心系祖国”略有不同。

② 作品风格(一)和作家风格(一)原文是“关怀家国”，与“心系祖国”略有不同。这虽然是小节，然而却可以看出设计者没有留意用词统一的问题。

续表

	学习重点	中四	中五	次数
团体·国家·世界	勇于承担:履行义务、尽忠职守、有使命感、具道德勇气	1. 文学与人生:人生智慧篇——出处进退		1
	公正廉洁			0
	和平共享:团结合作、和平共处		1. 理解和分析:以史为鉴察古今	1
	仁民爱物:尊重生命、珍惜资源、爱护环境	1. 表达与应用(一)纪实文学(二)	1. 理解和分析:名花异卉感斯人 2. 理解和分析:以史为鉴察古今	3
其他①	个人品德修养、待人接物态度	1. 理解和分析:议论说明篇		1

我将上表做了一个统计,请看看这个图表:

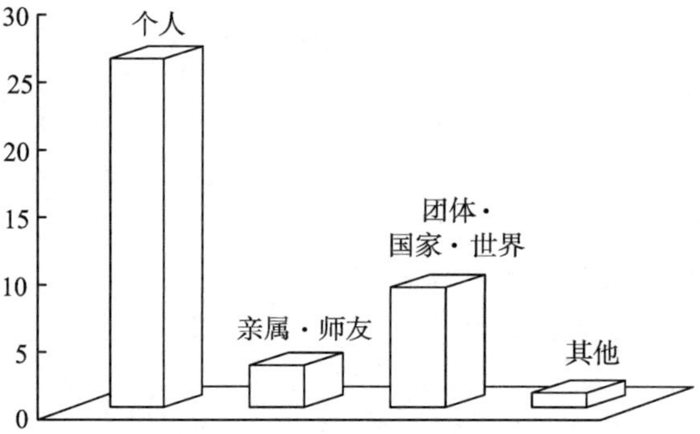

图一:教学重点中各项品德情意教学的比例统计

"个人"共 26 次;"亲属·师友"3 次;"团体·国家·世界"9 次。这说明设计倾向着重于个人的修养训练;"亲属·师友"的训练最不足。"团体·国家·世界"中又最看重"心系祖国",有 4 次。中四、中五两年的学习重点共有 22 个,而从上面的统计看来,只能完成 13 项(不计"其他"项),即占整个课程 59%,这是不理想的。究其原因是有些项目重复多次,而没有兼顾到未完成的项目;也就说明了在课程规划时没有周全的考虑。教学重点重"个人"而轻"亲属·师友",这种安排不知是有意还是无意,如果是无意则更见出安排的失当。其实我们要问的是:有没有必要列出这样多的学习重点呢?倒不如集中几个重点作深入的探讨更好。然而我们要问的是:就算是几个重点,要怎样教才有效呢?我们在下面讨论。

三、"品德情意"教学的方法

《学习领域》列出 7 项"品德情意"的"教学原则":

1. 与语文能力的培养结合;
2. 与文学学习结合;
3. 与文化学习结合;
4. 联系其他学习领域或学科学习;

① "其他"项不见于"学习重点"。

5. 学习材料的组织和学习活动灵活多变；

6. 重视思辨过程和道德实践；

7. 以身作则。①

同时建议“利用语文学习材料中与品德情意相关的素材引导学生讨论、反省”②；“在日常教学中，用随机或渗透的方式，灵活施教……”③；“品德情意教育重视思辨的过程……透过讨论和思考的刺激，学生可以自我反省，从而建立正面的价值观，并提高道德实践的意愿和能力”④。“教学原则”又提到要与“文化学习结合”，但在中四级有一个“文化专题研习”单元，《设计示例》在处理这个单元时，就没有与品德情意结合。这里提到的“教学原则”，较倾向于理性，这恐怕不是最好的方法。品德情意属感性的范围，用理性来处理感性的问题，往往效果不理想。教品德情意最要紧的是“感悟”，要让学生从作品中体会到作者的感染力，要让学生的感情去接触作者的感情，这样才是最有效的方法。香港课程发展议会编订的《中国语文课程指引（小一至小六）》在提到“文学”教学时，强调读文学要有感受。它说：

> 感受是接触文学作品时，对作品产生一种发自内心的情绪反应。阅读文学作品须先从直观入手，感受作品的内容美和形式美。内容美来自作品的思想、情意；形式美来自作品的音节韵律、色彩意象、结构铺排等。引导学生感受作品，让学生多朗读作品，在感受过程中，可以享受美感经验和积淀语感。⑤

这里强调“感受”是读文学必具的条件，要让学生感受到作品的内容美（思想、情意）和形式美（音节韵律、色彩意象、结构铺排等）；而“感受”作品的美的最有效方法是“朗读”。这是很有见地的说法。同书又提到：

> 小学文学教育，必须以感性认识为先，理性分析为后。如教授古典诗文，要让学生多作诵读，首先感受韵律节奏，充分享受阅读优秀作品的愉悦和乐趣，或选取适当分量作背诵，以收声入心通的语文学习效益。⑥

诵读是感受作品音节、韵律以至文气的主要途径。优美的文学作品，大多声情并茂，教师宜引导学生，诵读吟咏，使能声入心通，藉作品的音乐性、节奏感、匀称美，体会其中的意境情韵，并增强语感。⑦

这里虽然是就小学的文学教学而言，但却精确地讲到了读文学的方法。朗读文学作品，可以“声入心通”，使学生感受到作家的品德情意。可惜，我们很多时候是将文学作品当做教授语文的材料来处理，只教能力却不教品德情意，将最重要的元素摒弃了。

---

① 中华人民共和国香港特别行政区政府课程发展议会与香港考试及评核局联合编订. 中国语文教育学习领域——中国语文课程及评估指引（中四至中六）[M]. 2007:20.

② 中华人民共和国香港特别行政区政府课程发展议会与香港考试及评核局联合编订. 中国语文教育学习领域——中国语文课程及评估指引（中四至中六）[M]. 2007:20.

③ 中华人民共和国香港特别行政区政府课程发展议会与香港考试及评核局联合编订. 中国语文教育学习领域——中国语文课程及评估指引（中四至中六）[M]. 2007:20.

④ 中华人民共和国香港特别行政区政府课程发展议会与香港考试及评核局联合编订. 中国语文教育学习领域——中国语文课程及评估指引（中四至中六）[M]. 2007:20.

⑤ 中华人民共和国香港特别行政区政府课程发展议会编订. 中国语文教育学习领域——中国语文课程及评估指引（小一至小六）[M]. 香港：政府物流服务署，2004:16.17.

⑥ 中华人民共和国香港特别行政区政府课程发展议会编订. 中国语文教育学习领域——中国语文课程及评估指引（小一至小六）[M]. 香港：政府物流服务署，2004:17.

⑦ 中华人民共和国香港特别行政区政府课程发展议会编订. 中国语文教育学习领域——中国语文课程指引（小一至小六）[M]. 香港：政府物流服务署，2004:18.

古人很重视朗读,朱熹在谈到教儿童读书时,就要他们高声朗读:

凡读书……须要读得字字响亮,不可误一字,不可少一字,不可多一字,不可倒一字,不可牵强暗记,只是要多诵遍数,自然上口,久远不忘。古人云:“读书千遍,其义自见。”谓读得熟,则不解说,自晓其义也。①

原来大声多读几遍有助于深入理解文章,可以理解作者的用心,可以与古人沟通,可以感受到作品的气韵②。曾国藩在《曾文正公家训·谕纪泽》中教曾纪泽学作诗时,就谈到先要高声朗读,从中体会古人的声调和作品的韵味。他说:

尔欲作五古七古,须熟读五古七古各数十篇,先之以高声朗诵,以昌其气,继之以密咏恬吟,以玩其味。二者并进,使古人之声调,拂拂然若与我之喉舌相习,则下笔为诗时,必有句调凑赴腕下,诗成自读之,亦自觉琅琅可诵……③

“玩其味”已经超出理性分析的层面。“味”固然通过技巧来表达,然而却出自作家的“情意”;朗读就能体悟作家的“情意”。叶圣陶在《〈精读指导举隅〉前言》里有一节论“吟诵”的内容很值得我们参考。他说:

原来国文和英文一样,是语文学科,不该只用心与眼来学习;须在心与眼之外,加用口与耳才好。吟诵就是心、眼、口、耳并用的一种学习方法。从前人读书,多数不注重内容与理法的讨究,单在吟诵上用工夫,这自然不是好办法。现在国文教学,在内容与理法的讨究上比从前注重多了;可是学生吟诵的工夫太少,多数只是看看而已。这又是偏向了一面,丢开了一面。唯有不忽略讨究,也不忽略吟诵,那才全而不偏。吟诵的时候,对于讨究所得的不仅理智地了解,而且亲切地体会,不知不觉之间,内容与理法化而为读者自己的东西了,这是最可贵的一种境界。学习语文学科,必须达到这种境界,才会终身受用不尽。④

一般的见解,往往以为文言可以吟诵,白话就没有吟诵的必要,这是不对的。……白话是与文言一样需要吟诵的。白话与文言都是语文,要亲切地体会白话与文言的种种方面,都必须花一番工夫去吟诵。⑤

叶圣陶认为要更能体会作品的深意,就必须通过吟诵(朗读)⑥。朗读是一种潜移默化式的教学,是教授品德情意最有效的方法;读者在朗读作品时,在不知不觉间就被作者的品德情意感染了,而读者(学生)从中得到了养分,提升了生命的素质,这就是叶圣陶所谓的“最高境界”。⑦

朗读是教授“品德情意”的最有效方法,但教育局和老师是怎样看待“朗读”的呢?

四、教育局和教师对待朗读的态度

在《设计示例》里有一个“高中学习单元设计示例的主要学习重点”表,对“朗读”只字未提;但在《设计示例》里,却有些具备“品德情意”的单元的学习重点偶尔会提到朗读。这明显是“学习重点表”与单元的学习重点不配合。我们暂且搁置这点,现在试把所有提过“朗读”的文字罗列出来,看看教育局是如何看待它的⑧:

① 郭齐,尹波点校.朱熹集[M].成都:四川教育出版社,1996:5676.5677.

② 曾国藩.曾文正公全集·曾文正公家训(四)[M].台北:世界书局,1991:1:“如四书诗书易经左传诸经,昭明文选,李杜韩苏之诗,韩欧曾王之文,非高声朗诵,则不能得其雄伟之概;非密咏恬吟则不能探其深远之韵。”

③ 曾国藩.曾文正公全集·曾文正公家训(四)[M].1991:3.

④ 中央教育科学研究所编.叶圣陶语文教育论集(上)[M].北京:教育科学出版社,1980:13.

⑤ 中央教育科学研究所编.叶圣陶语文教育论集(上)[M].北京:教育科学出版社,1980:13.14.

⑥ “吟诵”是“朗读”的一种,音乐性较强。其实“朗读”也可以读得很有音乐感。

⑦ 叶圣陶所谓的“最高境界”也就是我所说的“朗读”的最高层次——道。

⑧ 《单元设计示例》里提到“朗读”、“讲读”、“阅读”、“诵读”。“讲读”是老师讲课时读;“阅读”是学生不作声地默读;“诵读”可算是“朗读”。本文要讨论的是“朗读”,因此“讲读”和“阅读”都不算在内。

教师引导学生反复诵读全文,感受每一句的语气,梳理本文(按:指王安石《读孟尝君传》)的层次。①

以诵读的方式梳理文章的层次。

本文(王安石《读孟尝君传》)形式上的特点是简(88个字,包孕四层意思)而健(每句一层,层层推进,转折有力),最宜以诵读方式感受语气和文气。②

让学生朗读这首诗(舒婷《致橡树》),感受诗的节奏和韵律。③

朗读元好问《迈陂塘》(问世间情是何物),感受词中的情意、美感。④

朗读时要求学生注意作品(元好问《迈陂塘》)的基调、节奏及感情。⑤

学生朗读贾岛《题李凝幽居》。⑥

朗读(余秋雨《道士塔》)第一节第一段,感受本文的气氛情调。⑦

分组朗读本文(余光中《沙田山居》),初步体会作品的思想感情,品味诗化的语言。⑧

要求学生朗读全文,然后选取最能表达作者感情的部分重读,体会作者的思想感情。⑨

学生朗读本词(苏轼《江城子·老夫聊发少年狂》),一起感受作者在词中所表现的气概。⑩

诵读是感受作品风格的重要手段,以下会经常使用。⑪

学生朗读本词(晏殊《浣溪沙·一曲新词酒一杯》),感受作者在词中所表现的情感。⑫

朗读本篇(马致远《水仙子·春风骄马五陵儿》),感受作品的风格,理解篇中的思想感情。⑬

朗读本篇(李白《梦游天姥吟留别》),感受作品奔腾的气势。⑭

---

① 中华人民共和国香港特别行政区政府教育统筹局课程发展处中国语文教育组.中学中国语文学习单元设计示例——高中阶段试用[M].2006:15,“教学步骤”。

② 中华人民共和国香港特别行政区政府教育统筹局课程发展处中国语文教育组.中学中国语文学习单元设计示例——高中阶段试用[M].2006:15,“构思和备注”。

③ 中华人民共和国香港特别行政区政府教育统筹局课程发展处中国语文教育组.中学中国语文学习单元设计示例——高中阶段试用[M].2006:49,“构思和备注”。

④ 中华人民共和国香港特别行政区政府教育统筹局课程发展处中国语文教育组.中学中国语文学习单元设计示例——高中阶段试用[M].2006:50,“教学步骤”。

⑤ 中华人民共和国香港特别行政区政府教育统筹局课程发展处中国语文教育组.中学中国语文学习单元设计示例——高中阶段试用[M].2006:50,“构思和备注”。

⑥ 中华人民共和国香港特别行政区政府教育统筹局课程发展处中国语文教育组.中学中国语文学习单元设计示例——高中阶段试用[M].2006:57,“教学步骤”;没有说明朗读的作用。

⑦ 中华人民共和国香港特别行政区政府教育统筹局课程发展处中国语文教育组.中学中国语文学习单元设计示例——高中阶段试用[M].2006:60,“教学步骤”。

⑧ 中华人民共和国香港特别行政区政府教育统筹局课程发展处中国语文教育组.中学中国语文学习单元设计示例——高中阶段试用[M].2006:61,“教学步骤”。

⑨ 中华人民共和国香港特别行政区政府教育统筹局课程发展处中国语文教育组.中学中国语文学习单元设计示例——高中阶段试用[M].2006:78,“教学步骤”。

⑩ 中华人民共和国香港特别行政区政府教育统筹局课程发展处中国语文教育组.中学中国语文学习单元设计示例——高中阶段试用[M].2006:106,“教学步骤”。

⑪ 中华人民共和国香港特别行政区政府教育统筹局课程发展处中国语文教育组.中学中国语文学习单元设计示例——高中阶段试用[M].2006:106,“构思和备注”。

⑫ 中华人民共和国香港特别行政区政府教育统筹局课程发展处中国语文教育组.中学中国语文学习单元设计示例——高中阶段试用[M].2006:107,“教学步骤”。

⑬ 中华人民共和国香港特别行政区政府教育统筹局课程发展处中国语文教育组.中学中国语文学习单元设计示例——高中阶段试用[M].2006:108,“教学步骤”。

⑭ 中华人民共和国香港特别行政区政府教育统筹局课程发展处中国语文教育组.中学中国语文学习单元设计示例——高中阶段试用[M].2006:109,“教学步骤”。

朗读本篇(杜甫《阁夜》),初步感受作品的思想感情。

反复诵读本篇(杜甫《阁夜》),进一步体味作品深厚的情思。①

感情深厚的作品,需要反复诵读才能加深体味其内容和形式美。②

学生朗读本词(李清照《渔家傲》),感受作者在词中所表现的情感。

让学生朗读本词(李清照《声声慢》),感受作者在词中所表现的情味。③

《设计示例》中有 20 处提到"朗读"或"诵读",而大都出自中四和中五级的"品味和鉴赏"单元,其他的单元较少提及。从上面的引文看来,只有中五的单元最能掌握朗读的精神。其中提到:"感情深厚的作品,需要反复诵读才能加深体味其内容和形式美"、"感受词中作者所表现的情味",可以说最精到。"朗读"或"诵读"的作用就是要体会作品的思想感情和作者的品德情意;这是一篇文章的灵魂,不能错过。

《设计示例》和《学习领域》都没有重视朗读在教学上的应用,更没有注意到朗读与品德情意教学的关系。从上面的引文来看,我们找不到任何系统,更找不到施教"朗读"的方法,可以说是片面的陈述,对教师没有大帮助。这两本书对教师有一定的影响,教师往往会参考它们来设计教学。如果书里没有清楚地说明朗读的重要,又没有作系统的陈述,教师参考时会忽略朗读的重要性。我在 2009 年 10 月对 36 位来自不同中学的中国语文科老师进行了一项有关朗读的调查,结果如下:

题一　您主要任教中文的级别

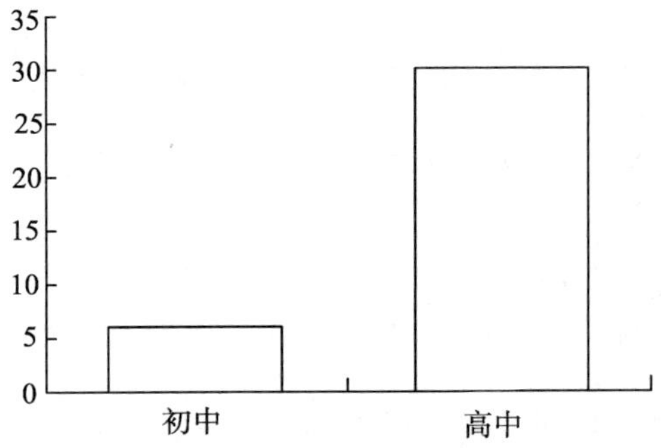

题二　您任教中文科的年资

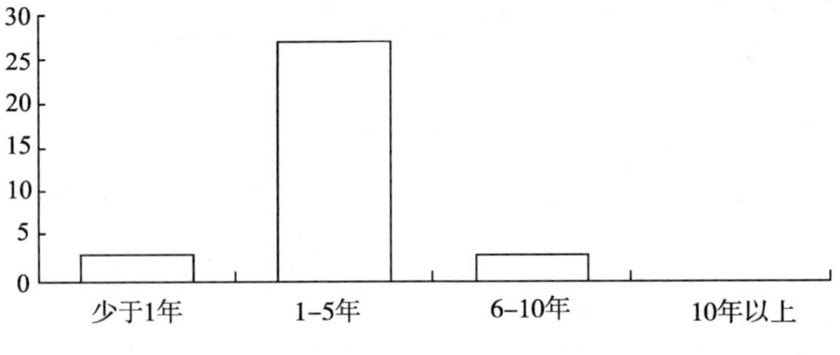

① 中华人民共和国香港特别行政区政府教育统筹局课程发展处中国语文教育组. 中学中国语文学习单元设计示例——高中阶段试用[M]. 2006:109,"教学步骤"。

② 中华人民共和国香港特别行政区政府教育统筹局课程发展处中国语文教育组. 中学中国语文学习单元设计示例——高中阶段试用[M]. 2006:109,"构思和备注"。

③ 中华人民共和国香港特别行政区政府教育统筹局课程发展处中国语文教育组. 中学中国语文学习单元设计示例——高中阶段试用[M]. 2006:111,"教学步骤"。

题三 授课语言

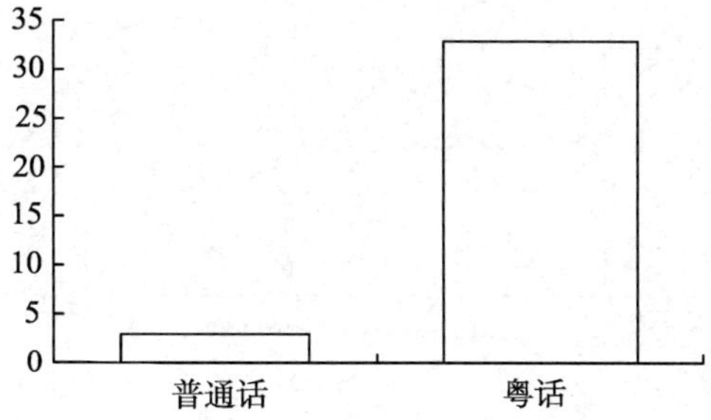

题四 您认为朗读在中文教学中的作用

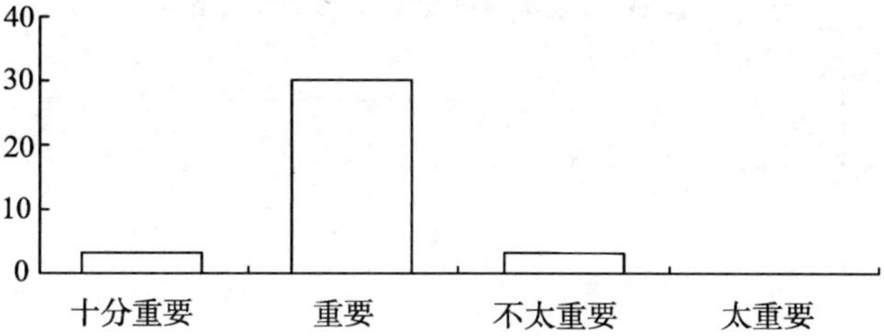

题五 您教学时,会否示范朗读?

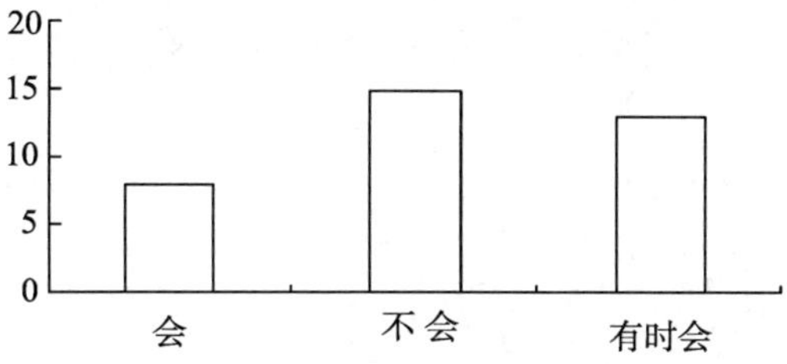

题六 您示范朗读的原因

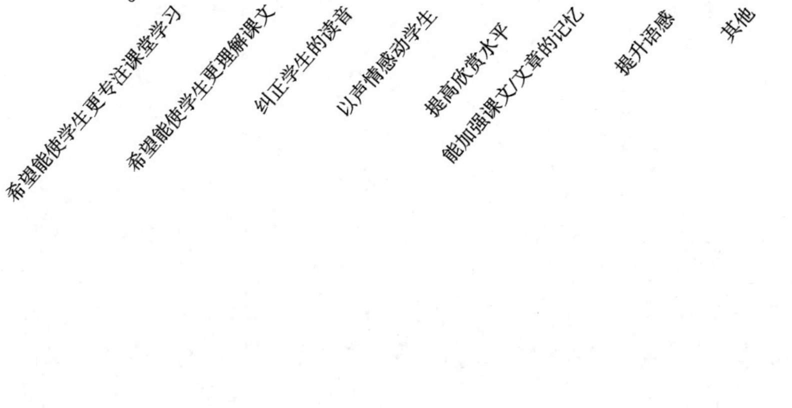

题七　您不会示范朗读的原因

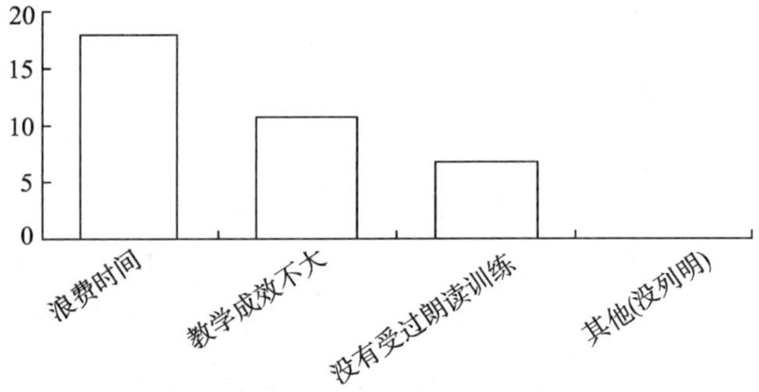

题八　如果在课堂上有必要朗读时,大都是由:

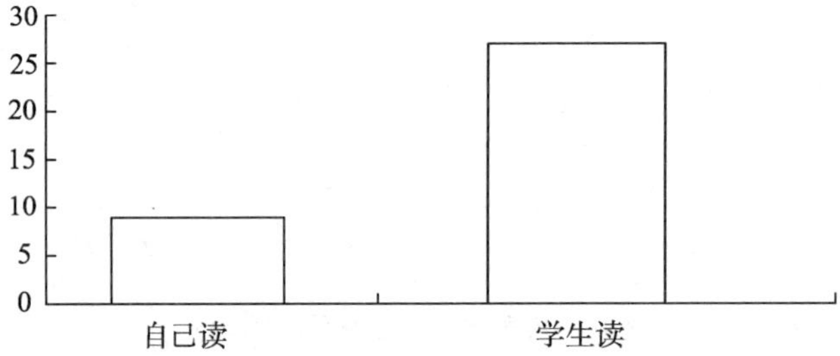

题九　您每单元朗读的次数

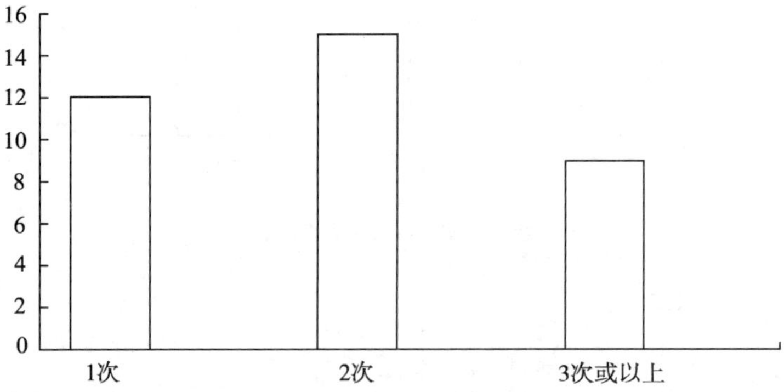

题十　您认为有没有必要加强朗读教学?

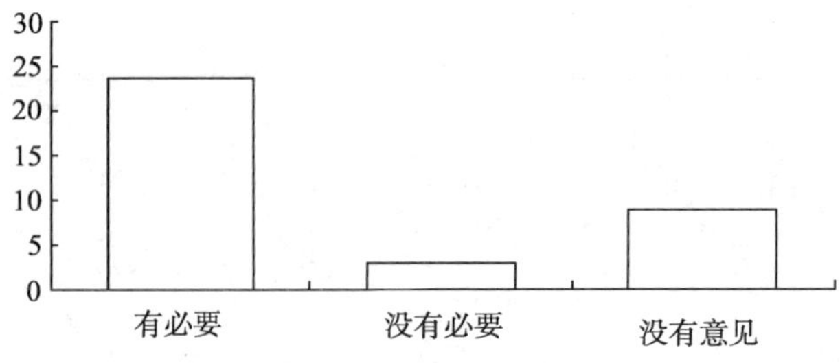

36 位老师中大部分教学年资较浅,而且都是教高中为主,他们对新高中课程应该有一定程度的理解。也就是说,教育局发的文件,他们应该涉猎过;对“品德情意”教学也应该理解。但从上面调查的结果我们可以看到,大部分老师根本不理解“朗读”在教学上的作用。问卷第六题只许老师选一个答案,结果值得关注,老师将“朗读”视为普通的教学手段。例如“使学生更专注课堂学习”和“纠正学生的读音”,这些都不是“朗读”教学的最重要目的。“加强课文/文章的记忆”、“提高欣赏水平”、“以声情感动学生”没有老师选,反而有3位老师选“提升语感”。其实“朗读”教学可以分“技”、“艺”、“道”三个层次①,老师在问卷中选的项目都属“朗读”最低的层次——“技”。也就是说老师没有注意到“朗读”的艺术及哲学层面。“品德情意”属形而上的层面,因此必须用“朗读”中“道”的层面来掌握“品德情意”教学的精神。老师必须由技能层面进入“艺术”层面,再进到“道”的境界,这才是朗读的最终目的。“正音”、“停顿”等属“技”的层面;“用声情感动学生”属“艺术”层面。如果老师通过声情并茂的朗读感动学生,使学生被潜移默化,将情感升华,吸收了文章的养分成为自己生命的一部分,就到了“道”的层次。因为教师不知道“朗读”的作用,因此在有必要朗读时,多会让学生读,而学生读时,多只顾纠正读音,较少注意到感情的表达,更不会注意到声调、感情的运用与题旨的关系;这样的朗读,在教学上的成效是不明显的。在调查中,很多老师都觉得“朗读”是浪费时间,因此每一个单元朗读的次数便偏少。虽然他们觉得“朗读”重要;同时强调要加强这方面的教学。这看来似乎前后矛盾,但却说明老师对“朗读”教学的认知不足才会出现心理的矛盾。其实,“朗读”是教“品德情意”最直接有效的方法。

五、“品德情意”的教学设计

品德情意属个人修养、道德、情感的范畴,远远超越了理性的分析。从品德情意的教学层次来说,可以分“知识”、“内化”、“行为”三个层面。“知识”是外物,一旦接触、学习,人会将外在的知识吸收,吸收后内化成生命的一部分。内化就要靠“情”,“情”是将“知识”转化为个人生命中的一部分的催化剂。在《设计示例》里没有针对“知识”、“内化”和“行为”做教学设计,或者说根本没有意识到它们之间的关系。“知识”和“内化”是教学的范围,“行为”是外显的,属评估的范畴,我们很难具体设计一些评估来测试学生的品德情意,只能从他们日常的言行中加以观察。但怎样观察呢?这是一门专门的学问,在这里很难用简短的话陈述清楚,因此不在此详加讨论,留待评估专家来做这项研究工作,我在下面只就“知识”和“内化”提出一些教学设计,供大家参考。

(一)“知识”教学的设计

“知识”教学是第一层,换言之,先让学生初步了解学习对象。就一篇课文而言,可以分开内容、形式和风格②。韦勒克(René Wellek, 1903—1992)和华伦(Austin Warren,1899—1986)所著《文学论》(*Theory of Literature*)云:

> 类型,我们认为是文学作品的一种组合,在理论上基于外在形式(特别的韵律和结构)以及内在形式(态度、语调、目的——更明白的说:题材和读者)。③

至于风格的构成因素,则包括主观因素(作家的创作个性)和客观因素(作品所表现的内容和意图)。王元化(1920—2008)在《风格的主观因素和客观因素》中介绍德国理论家威克纳格的风格理论道:

> 风格的构成是被两种因素所决定的:一方面是被表现者的心理特征,即我们所说的作家的创作个性所决定的,这也就是构成风格的主观因素。另一方面则被作品所表现的内容和意图所决定。(内容指的是主题思想以及围绕在主题思想周围的全部思想材料,

---

① 朗读的教学层次,详见刘庆华.论朗读在香港小学中国语文教学上的应用.华文学刊,2010.(8):56-69。

② 艺术作品是一个完整统一的系统,因此内容、形式和风格应该是三位一体的。不过很多时候为了说明或研究,会暂时把它们独立分开来处理。

③ 韦勒克(René Wellek),华伦(Austin Warren)著、王梦鸥,许国衡译.文学论(Theory of Literature)[M].台北:志文出版社,1979:387。

意图则指的是赢得读者来赞同并支持这个思想。)这也就是构成风格的客观因素。①

我们明白了内容、形式和风格的特定内容后,就可以依它们的特点在知识上做探究的工作,从知识层面向学生讲解。

我们先说内容(内在形式)。内容要处理的是题材和读者的问题。怎样理解一篇文章的内容呢?我们先要从题材入手。老师可以就着以下的问题设计不同的教学活动,以引起学生的学习兴趣。我们可以就着某一点作讨论或辩论,例如:作者如何选材?各段的材料如何处理?作者选这些材料与突显主题有什么关系?……又或者就着某一段作角色扮演……总之,能帮助学生理解内容的活动都可以试。至于读者,主要是考虑到选材与读者的关系。如果选材令读者觉得太陌生,会产生隔膜,读者不易受感染;如果题材太普通,则又不能引起读者的共鸣②;因此如何选择适当的材料是值得探讨的问题。老师可以和学生讨论选材与读者的关系,藉此加深对文章内容的理解。

外在形式主要是韵律和结构。如何教文章的结构,老师大都能处理好,这里不详论;我们只谈谈韵律的问题。要学生好好掌握作品的韵律,就必须通过"朗读",默读是无效的。要掌握作品的韵律,就先要理解作家的写作动机(写作意图)和作品的主题,这就必须靠老师来朗读、讲解。老师在了解文章的内涵后,在课堂上就声情并茂地朗读课文,一边朗读一边说明作品韵律的美,还可以问问学生作者为什么要这样写③……这样自然能加深学生对课文的理解,可惜很多老师都没有示范"朗读"的习惯。

除了韵律外,还有"写作技巧"。教写作技巧老师都很有经验,但有一点必须注意,不要将写作技巧独立来处理,我们不单要教懂学生用这些技巧,同时要扣紧文章的主题作深入讨论。例如介绍了某种修辞法后,可以问问学生:"这样写对表达主题有甚么帮助?""如果不用这种修辞技巧,可否用其他仍能清晰表达主题的修辞法?""这个过渡段对表达中心思想有甚么作用?"这样的教法,便是有机的组合。如果不顾主题,独立教某种修辞法,要是遇到甲篇和乙篇都是排比句,岂不是要得出两句的作用相同的结论吗?记着:写作技巧是为主题服务!

我们再看看风格。作家的创作个性、作品的主题和作家的创作动机是构成风格的元素。下面分层讨论。

1. 作家的创作个性

"作家的创作个性"就是作家的"作风(Manier)"④。作品中往往流露出作家的个性,例如惯用的字词和写作技巧等。老师教这部分时要作延伸阅读,多举作家的其他作品来加以讨论,这样才能够看出作家的个性,因此在组单元时就要考虑到延伸阅读的安排。

---

① 王元化. 文心雕龙创作论[M]. 上海:上海古籍出版社,1984:171. 笔者按:风格一词,固然可兼指作家的风格和文学作品的风格,然而黑格尔(Georg Wilhelm Friedrich Hegel,1770—1831)在《艺术美,或理想》中提出,指作家的特点是作风(Manier),指艺术所特具的表现形式是风格(Stil),这样的分法,概念较清晰。详见黑格尔著、朱光潜(1897—1986)译. 美学(*Aesthetics*)[M]. 北京:商务印书馆,1979:369,注 1:"作风(Manier)是个别作家们特有的;风格(Stil)是某一种艺术所特具的表现方式,例如绘画和雕刻因所用媒介不同,在风格上也就不同。"

② 瑞士心理学家布洛(Edward Bullough,1880—1934)在英国心理学杂志发表了一篇名为《作为艺术的一个要素与美学原理的"心理距离"》(*Psychical Distance as a factor in Art and an Aesthetic Principle*)的文章,提出"不即不离"说。他认为读者要和作品保持一定的心理距离,要做到"不即不离"才能欣赏到作品的美。

③ 我在《论朗读在香港小学中国语文教学上的应用》一文里系统地介绍了用"朗读"作为一套完整的教学法,用"朗读"带动所有的教学活动(当然包括讨论韵律之妙),而不是像以前把"形式深究"、"内容深究"、"情意教学"等割裂来教,详情可以参考拙作。

④ 详见黑格尔著、朱光潜译. 美学(Aesthetics)[M]. 北京:商务印书馆,1979:369,注 1。

2. 作品的主题和作家的创作动机

教师可以对"作品的主题和作家的创作动机"作很理性的分析和说明,然而这只停留在"知识"的层面,未必能打动读者,最有效又方便的做法是多次"朗读"篇章,使学生情动,受到作品的感染,这才算是教学成功。

处理好"内容"、"形式"和"风格"后,学生仍停留在对篇章的"认知"层面上,未能内化变成生命的一部分。下面谈谈内化的问题。

(二)"内化"教学的设计

内化的重要手段是"朗读"。"朗读"固然可以掌握到作品的音律节奏,但最重要的是要通过"朗读"去掌握作者的思想感情,让作者的情深深地打动读者,使外在的知识转化为生命的一部分,"声入心通"就是用"声音"打通读者的心,使读者的情能与作者的情打通,所谓"缀文者情动而辞发,观文者披文以入情,沿波讨源,虽幽必显。世远莫见其面,觇文辄见其心"①。我在上面引用了古人、近人对朗读的意见,意在说明"朗读"有内化的功能,教师不应掉以轻心,放过这种有效的教学法。

六、结论

我们没有独立开"品德情意"课,现在要教"品德情意",就只有用渗透式,在讲课文时顺道一提,很少有老师会集中力量来教这部分。然而,这部分却是文章中最重要的,可以说是文章的灵魂。"品德情意"与篇章的中心思想分不开,所有的修辞技巧和写作方法都是为突显中心思想而存在。每篇作品的中心思想都是独一无二的,通过理解中心思想,进一步与学生探讨作品所表现的"品德情意",让学生从中吸取养料,丰富生命,这才是完整的教学。可以说,没有中心思想和"品德情意"的教学是没有生命、没有灵魂的教学。

"品德情意"不能用理性分析,因为分析出来的只是"知识",它不会感动人,也不会潜移默化,只会像多余的水溶性维他命,在不久的将来便被排出体外,与我们无关了。要将"知识"内化成为生命的一部分,"情"是不可缺少的催化剂。通过多次的朗读,使"声入心通",从吟咏中体会到作家的深情至诚,吸取作品的养料为己所用,这才是"品德情意"教学的最终目的。为了达到这一目的,我们可以归结出这样一个教学原则:"理性分析作启导,感情转化为己用"。

"朗读"是教授"品德情意"最有效而直接的方法。教育局应该把"朗读"教学系统化,多在这方面培训老师,让老师有法可依,有法可学,这样才能大大提升教学的素质。

还有一点要注意,现在的教育机构教授中文教学法时,不太强调"朗读"教学,这是有问题的;应该将"朗读"作为专题来讨论、讲授,而不是让它投闲置散,不生不死地存在。我相信一位能声情并茂朗读的老师,他的教学一定活泼生动,深深感染着学生。

参考文献

郭齐,尹波点校.朱熹集[M].成都:四川教育出版社,1996.

黑格尔著、朱光潜译.美学(Aesthetics)[M].北京:商务印书馆,1979.

中华人民共和国香港特别行政区政府教育统筹局课程发展处中国语文教育组.中学中国语文学习单元设计示例——高中阶段试用[M].2006.

中华人民共和国香港特别行政区政府课程发展议会与香港考试及评核局联合编订.中国语文教育学习领域——中国语文课程及评估指引(中四至中六)[M].香港:政府物流服务署,2007.

① 刘勰著、范文澜注.文心雕龙注.香港:商务印书馆[M].1960:715.

刘勰著、范文澜注. 文心雕龙注[M]. 香港:商务印书馆. 1960.
王元化. 文心雕龙创作论[M]. 上海:上海古籍出版社,1984.
韦勒克(René Wellek),华伦(Austin Warren)著、王梦鸥,许国衡译. 文学论(*Theory of Literature*)[M]. 台北:志文出版社,1979.
中华人民共和国香港特别行政区政府香港课程发展议会编订. 中国语文课程指引(小一至小六)[M]. 香港:政府物流服务署. 2004.
曾国藩. 曾文正公全集[M]. 台北:世界书局,1991.
中央教育科学研究所. 叶圣陶语文教育论集[M]. 北京:教育科学出版社,1980.
赵小燕. 品德课教学调控方略例谈. 中小学教学研究,2008,(1).
董文康. 浅谈情境教学法在思想品德课中的运用. 法制与社会,2008.
金英. 烛照天下,明见万里——谈教师的人格魅力对学生的影响. 科学教育,2008,(5).
高志汉. 如何让思想品德课教学更有效. 科学教育,2008,(5).
刘庆华. 论朗读在香港小学中国语文教学上的应用. 华文学刊,2010,(8).
童玲. 新课程标准下思想品德课教学的几个着眼点. 中国科教创新导刊,2010,(15).

作者单位:香港教育学院中文系

教材研究与应用

大陆与香港初中语文教科书学习重点研究

——阅读能力训练的角度

何文胜

一、绪论

21世纪开始,中国海峡两岸以及香港地区都进行了语文课程、教材与教学的改革。教材中教科书编选体例的学习重点,包括能力的训练、语文知识的学习和情意的培养。情意的培养涉及价值取向的研究,研究者在这方面作了一些研究①。本文探讨教科书中阅读能力训练的学习重点问题,希望通过反思,能够对落实课程改革的理念和深化课程改革有所裨益。

本文的研究目的,主要是整理及分析现行大陆及香港初中语文教科书学习重点的阅读能力元素内容及序列规划情况;再探讨它的能力训练元素是否全面,序列是否清晰,有没有落实课程文件的要求;最后提出改善的方法,供教育工作者参考。

本文的研究对象是,在中国的内地与香港地区约10套教科书中②选取使用率较高的两套教科书,它们分别为2001年顾振彪主编、人民教育出版社的《义务教育课程标准实验教科书·语文》(简称人教本)及2005年布裕民等编、启思出版社的《启思中国语文》(简称启思本)。初中语文教科书的编选体系多以读写能力训练结合以带动听说。因此,本文从学习重点中抽取阅读能力的训练来研究。

本文的研究方法是,利用系统论、学科论、能力结构论、认知论、课程论以及有关文献来建构语文能力训练的元素和序列架构,然后按这个架构来整理、统计、分析及评议两套初中语文教科书中学习重点的阅读能力训练问题,并以此作为讨论的依据。有关能力训练的元素主要是根据各单元的学习重点而来。由于人教本未明确列出各单元的学习重点,因此,这些能力元素和序列只能根据教科书的每个单元说明及参考"研讨与练习"的内容整理出来。

二、理论架构的建构

要把语文教学建立在科学的体系上,可以把课程规划与教材设计作为切入点。科学的教材设计则建立于教科书编选体系的基础上,科学的教科书编选体系就是要处理好教材中单元

---

① 何文胜.两岸三地初中语文教科书的价值取向研究[J].论文10余篇散见于香港、大陆、台湾的有关学术期刊,将结集出版。

② 何文胜.两岸三地初中语文教科书编选体系的承传与创新研究[M].香港:文思出版社,2007:118.173-174.328-329.

与单元、单位与单位间的结构。它的具体方法就是要做好单元间的纵向衔接以及单元内各单位间的横向联系。前者做到上一单元所学为下一单元所用,以便顺序地学习其他单元。后者通过精读、导读及自读三种课型,达到学生在精读学能力,导读是在教师指导下用能力,自读是让学生自学自评。学生在这样的学习过程中自然产生内在的学习动机①。简言之,能否落实这个科学的体系结构,关键在于各元素之间的安排是否有序。在语文教学过程中,语文能力按学科逻辑顺序的线性发展,最能做到单元间纵向衔接和单位间横向联系。这是以能力组织单元、以能力训练为导向等课程规划的主要理论依据。同时,这也是研究教科书学习重点中能力训练的元素是否全面、序列是否合理的主要理论依据。

能力结构是指完成某项活动的某些能力所组成的元素及各元素的最佳组合。结构是系统内各要素的关系和组织形式。各种能力只有在合理有序的情况下,才能有效完成某种活动。系统内的元素相同,而结构不同,其功能也有差异②。所以,元素与结构决定了系统功能的最基本条件。因此,从整体出发研究系统内部能力结构、层次和序列的最佳组合,是落实科学的语文教材建设的主要途径。换言之,必须先由能力结构的模式去了解语文的能力结构,然后理清语文能力的要素和序列,这样语文教学的训练点、教学的内容才能建构起来。对语文能力结构加以分析,目的是搞清语文能力的构成要素,以确定教学重点。规划能力训练的元素和序列,目的是科学、有效地训练学生的语文能力。

关于能力结构的模式③,可从"一般因素—特殊因素—单项能力因素"的结构来建构语文能力的元素和序列。因此,语文能力有以下的结构④:(一) 特殊因素论:1. 单项因素说。2. 双因素说。3. 四因素说。(二) 维度结构论:1. "语言—智力"二维说结构。2. "内容—操作—产品"三维结构说。3. 多维结构说。(三) 层次结构论⑤。因此,可以建构阅读能力内容结构的元素和序列表⑥。在学科的纵向线性逻辑顺序方面,根据语文能力结构论观点,解构再比较20世纪90年代内地5套教科书⑦的能力元素⑧,可以归纳4种能力的元素和序列内容,阅读教学单元的元素、序列⑨和具体的内容⑩。

---

① 何文胜. 两岸三地初中语文教科书编选体系的承传与创新研究[M]. 香港:文思出版社,2007:8-46.

② 何文胜,王雨田. 控制论. 信息论. 系统科学与哲学(第二版)[M]. 北京:中国人民大学出版社,1988:427。

③ 莫雷. 中小学生语文阅读能力研究[M]. 广州:广东高等教育出版社, 1993:1-12.

④ 祝新华. 语文能力发展心理学[M]. 杭州:杭州大学出版社, 1993:33-35.

⑤ 何文胜. 从能力训练角度论中国语文课程教材教法[M]. 香港:文思出版社, 2006:51-72.

⑥ 何文胜. 从能力训练角度论中国语文课程教材教法[M]. 香港:文思出版社, 2006:123.

⑦ 5套教科书为:徐中玉等编. 九年义务教育课本·语文(6-9年级试用本),上海:上海教育出版社,1995. 姚麟园等编. 九年义务教育课本·语文(6-9年级试用本),上海:上海教育出版社,1992. 北京师范大学附属实验中学教材编写组编. 九年义务教育三年制初级中学教科书·语文(1-6册),北京:北京出版社、开明出版社,1994. "五. 四"学制教材总编委会编. 九年义务教育四年制初级中学教科书·语文(1-6册),北京:北京师范大学出版社,1994.

⑧ 何文胜. 中国初中语文教科书编选体系的比较研究[M]. 香港:文化教育出版社, 2005:79-115.

⑨ 何文胜. 能力训练型编选体系. 中国语文. 实验教科书(第一至六册)[M]. 香港:文化教育出版社, 2003. 编者的话,1-4. 中华人民共和国教育部制订. 全日制义务教育·语文课程标准(实验稿)[M]. 北京:北京师范大学出版社,第24次印刷, 2005:4.

⑩ 认读能力:阅读基本方法,包括借助课文注释和字典阅读、默读、圈划、批注、摘录、笔记、朗读。字词句段理解,包括正确理解词语含义,把握关键词,正确理解句子含义,把握关键句,归纳段落大意,把握重点段落。篇章理解,包括整体感知文章内容,理清文章思路,概括文章主旨。理解能力:记叙包括记叙的要素,记叙的人称,记叙的中心,记叙的顺序,起结、过渡、照应、详略,写人、叙事、写景、记游。说明包括说明事物的特点,采用恰当的说明方法,安排合理的说明顺序,说明文的多种用途。议论包括论点的确立,论据的选择,论证的方法,论证的结构。赏析能力:散文阅读赏析,诗歌阅读赏析,小说阅读赏析,童话、寓言、民间故事阅读赏析,戏剧、影视、曲艺阅读赏析,专题研习指导及训练。

以下是阅读能力训练元素与序列的架构表①：

知识	语文知识	
能力	认读	
	理解	
	赏析	
情意	兴趣	
	习惯	
	态度	

这是作为整理两套初中语文教科书阅读能力训练的架构。

因此，能力训练的序列可按基础能力先学、文体相对集中，一个倒螺旋上升的课程结构及认知心理发展等原则进行处理②。

此外，课程文件中阅读方面的阶段目标要求③制约着两套教科书阅读能力元素的内容和序列，而本文也会利用上述理论依据来讨论课程文件中有关阅读能力元素的内容是否全面、序列是否清晰。

三、研究内容

研究内容主要包括两套教科书中阅读能力元素的内容和能力元素的序列两部分。

(一) 能力训练元素的整理与分析

1. 人教本

认读能力：圈划1(1,0,0)④，摘录0(0,0,0)，批注0(0,0,0)，做笔记0(0,0,0)，查工具书3(0,3,0)，朗读2(2,0,0)，默读4(2,2,0)，积累4(1,0,3)，字词理解5(1,0,4)，句子理解1(0,1,0)，段落理解2(1,1,0)，篇章理解14(9,2,3)。3年共36(17,9,10)个单元⑤，平均每年有12个认读单元，重点放在七年级。

认读能力除摘录、批注、做笔记外，解构得比较全面，因而单元数也较多，认读的元素和单元数分别为：圈划(1)、查工具书(3)、朗读(2)、默读(4)、积累(4)、字词理解(5)、句子理解(1)、段落理解(2)、篇章理解(14)等。

单就中学阶段来看，如果认读在小学已学过并且达标的话，这样的安排就值得商榷了。因为学过的能力不必再学，只需拿来用就可以了，否则就是不必要的重复。如果是用来衔接小学，以便展开初中文体理解能力的训练，单元数应少一些。

理解能力：记叙3(0,3,0)，描写4(0,1,3)，抒情2(0,2,0)，说明2(0,2,0)，议论3(1,0,2)，综合文体2(0,2,0)。三年共16(1,10,5)个单元，平均每年有5个理解单元，主要放在八

① 何文胜. 从能力训练角度论中国语文课程教材教法[M]. 香港：文思出版社，2006：122.

② 何文胜，樊丽珊. 香港初中国语文科校本课程规划的理论与实践[J]. 华文学刊，新加坡，2008. 卷六第二期：63-65.

③ 1. 中华人民共和国教育部. 全日制义务教育. 语文课程标准（实验稿）[M]. 北京：北京师范大学出版社，第24次印刷（简称课标），2005：5-13.

2. 中华人民共和国香港特别行政区政府课程发展议会. 中学中国语文. 建议学习重点（试用）[M]. 香港：政府物流服务署（简称建议学习重点），2007：5-7.

④ 圈划1(1,0,0)：即圈划的能力七年级有1个单元，八年级有0个单元，九年级有0个单元的数目。下同。

⑤ 36个单元(17,9,10)：即七年级有17个单元，八年级有9个单元，九年级有10单元。下同。

年级。

理解能力的元素虽全面,但未能再作进一步的解构,由于能力的解构不全面,因而单元的数量不足。文体元素及单元数为:记叙(3)、描写(4)、抒情(2)、说明(2)、议论(3)、综合文体(2)。

这些理解能力可以再解构,变为可操作的具体项目。根据理论依据以及过去大纲的理解能力训练内容和当时的初中语文教科书,这套教科书较为淡化了文体理解的能力训练内容,并非像过去七年级侧重记叙、八年级侧重说明、九年级侧重议论,而是压缩在八年级。上世纪八九十年代人民教育出版社的教科书在文体理解方面有不少优势,但这套教科书未能把它传承过来。

赏析能力:字词赏析1(1,0,0),语句赏析2(1,1,0),篇章赏析8(4,2,2),语言赏析8(2,4,2),艺术手法5(2,2,1),文学赏析5(0,0,5)〔诗、小说、戏剧〕,评价2(0,1,1)。3个年级共31(10,10,11)个单元,平均分配在3个年级,每年约有10个赏析单元。

这套教科书强调基础赏析能力训练,包括字词句段篇的赏析,而对语言的赏析尤其强调。赏析能力的解构比较全面、清晰,操作性比较强,主要通过文章、小说、影视剧本等文学作品进行训练。文学赏析能力包括:领悟、领会、体会、揣摩、品味、欣赏,语句、语言、思想感情内涵、艺术效果。这套教科书赏析能力训练的内容与形式都比过去人教社初中教科书的量要多和全面。

总的来说,这套教科书基本做到每个年级都有认读、理解、赏析的能力结构,属于3个螺旋上升的课程结构。在能力训练的单元量方面,认读能力的元素最多,赏析能力其次,理解能力最少,呈"V"型。相对而言,这个规划强调基础认读能力与赏析能力的训练。原则上,初中这个安排把重点放在认读上是值得商榷的;而赏析能力的训练点尚算全面。

在非智力因素方面,这套教科书教学重点的内容以及编选体系中的3种课型与体例中的预习部分都没有培养学生阅读兴趣、习惯与态度的机制。

2. 启思本

认读能力:圈划0(0,0,0),摘录0(0,0,0),批注0(0,0,0),做笔记0(0,0,0),查工具书0(0,0,0),朗读0(0,0,0),默读0(0,0,0),积累0(0,0,0),字词理解1(1,0,0),句子理解1(0,1,0),段落理解2(1,1,0),篇章理解4(1,1,2)。三年共8(3,3,2)个单元,平均每年约有3个认读单元。

认读能力解构比较不足,因而单元数也较少,认读的元素和单元数为:字词理解(1)、句子理解(1)、段落理解(2)、篇章理解(4),尚欠圈划、摘录、批注、做笔记、查工具书等能力。

单就中学阶段来看,如果认读在小学已学过并且达标的话,单元数越少越好,因为学过的能力不必再学,拿来用就可以了,否则就是不必要的重复。如果是用来衔接小学,以便展开初中文体理解能力的训练,这个单元数尚可。

理解能力:记叙5(2,1,2),描写7(3,2,2),抒情4(1,1,2),说明5(3,1,1),议论3(0,1,2),综合文体2(0,1,1)。三年共26(9,7,10)个单元,平均每年约有9个理解单元,大致平分在3个年级。

理解能力的元素全面,文体元素及单元数为:记叙(5)、描写(7)、抒情(4)、说明(5)、议论(3)、综合文体(2)。各文体又再解构为可操作的能力,所以,单元数量也较多。上世纪八九十年代人民教育出版社的教科书在文体理解方面有不少优势,这套教科书把它较好的比喻传承过来。

赏析能力:字词赏析0(0,0,0),语句赏析0(0,0,0),篇章赏析1(0,1,0),语言赏析0(0,

0,0),艺术手法1(0,1,0),文学赏析4(1,1,2),评价1(0,0,1)。3个年级共7(1,3,3)个单元,平均每年约有2个理解单元。

这套教科书强调传统的文学赏析能力训练,对基础赏析能力的解构不足,文学分类比较齐全,包括散文、韵文、小说、戏剧。文学赏析能力解构为:欣赏、领会,思想感情,表达手法。这套教科书的赏析能力训练内容与形式都比过去的量要多和全面。

总的来说,这套教科书基本做到每个年级都有认读、理解、赏析的能力结构,属3个螺旋上升的课程结构。在能力训练的单元量方面,理解能力的元素最多,认读能力其次,赏析能力最少,呈"Λ"型。相对而言,这个规划特别强调理解能力训练。如果小学已有认读与理解等能力的训练,初中的安排就应由认读向理解与赏析渐次增加。

单元内的学习,先认识,再掌握,符合精读与导读的要求。至于复习,就不必单独设一单元或学习重点,因为可通过单元内精读、导读与自读3个课型和预习,来达到认识与掌握后的复习、巩固,而自学的机制自然形成。

在非智力因素方面,这套教科书的教学重点、3种课型与预习部分都没有培养学生阅读兴趣、习惯与态度的机制。

(二)能力训练序列的整理与分析

能力训练元素的序列是根据每年级上下册的单元发展顺序总结而成。主要研究的是单元与单元之间纵的衔接是否符合有关的理论依据。

1. 人教本

人教本能力训练元素的序列表如下:

单元	七年级	八年级	九年级
上册 1	1. 整体把握诗歌的主要内容和感情 2. 提高朗读能力	1. 把握叙事性作品中的人物和事件 2. 品味作品中各具特色的语言 3. 提高阅读的质量和速度	1. 感受诗歌中的自然美景(后) 2. 理解诗人的思想情感 3. 品味含蓄、精练、优美的诗歌语言
2	1. 领悟课文深长的意味 2. 学习课文的表达技巧	1. 了解叙述、描写等表达方式 2. 揣摩记叙文语言的特点	1. 体会口语和书面语的差异 2. 品味不同场合、不同背景下口语运用的技巧
3	1. 品味诗文优美的语言 2. 整体感知课文内容大意,欣赏和积累精彩语言	1. 要理清说明的顺序 2. 了解常用的说明方法 3. 体会说明文准确、周密的语言	1. 理解小说的主题(后) 2. 分析人物形象 3. 体会艺术特色,品味小说的语言
4	1. 练习概括课文的内容要点 2. 用较快速度默读课文,记住主要内容	1. 要注意说明的顺序和方法 2. 要学会默读,有一定的速度(先) 3. 能按照要求筛选信息	1. 学习准确、严密、生动的论述语言 2. 通过自己的思考,对作者的论述做出判断(先)
5	1. 整体感悟课文内容 2. 学习朗读和圈点勾画(先)①	1. 借助注释和工具书读懂课文大意(先) 2. 领会课文丰富的内涵和精美的语言	1. 通过人物的言行、所处的环境,把握人物的个性特点(先) 2. 体会课文的语言特色

① 练习快速默读课文(先):括号为研究者的按语。(先)代表这项能力宜在该年级先学。下同。

单元	七年级	八年级	九年级
6	1. 启动学生的想象力,深入理解课文 2. 体会文章字里行间的思想感情	1. 借助注释和工具书,整体感知内容大意(先) 2. 对作品的语言特色有所体会	1. 熟读背诵课文 2. 培养良好的文言语感
下册 1	1. 整体把握课文内容 2. 结合自己的经历和体验,深入体味文中的情感 3. 学习文章的表达技巧(后)①	1. 感悟课文的思想内涵 2. 了解叙事性作品的文体特征(先) 3. 注意品味含意丰富的语句	1. 体会诗人表达的思想感情 2. 理解诗中的艺术形象 3. 欣赏凝练的诗歌语言
2	1. 整体感知课文的思想内容 2. 揣摩精彩段落和关键词句 3. 学习语言运用的技巧	1. 注意课文中的联想与想象 2. 加强朗读,学习抒情语言 3. 了解直接抒情与间接抒情的表达方式	1. 欣赏人物形象,把握人物的性格特点 2. 了解刻画人物性格的多种艺术手法
3	1. 理清作者的思路,深入理解课文的思想内容	1. 理解课文内容 2. 熟悉科学文艺作品的特点	1. 有些精美的篇章和段落要熟读成诵 2. 认真品味散文的情思和意蕴 3. 培养对语言文字的感悟、理解能力
4	1. 联系自己的生活体验,理解课文的思想内容 2. 品味并积累优美的语句	体会多种表达方式综合运用产生的艺术效果	1. 注意课文如何在戏剧冲突中展现人物性格 2. 注意课文如何以个性化的语言塑造人物形象 3. 体会影视剧本的画面感
5	1. 练习快速默读课文(先) 2. 抓住课文主要信息,概括内容要点(先)	1. 结合自己的体验评价作品的思想内容(跨后)② 2. 了解古人写景、叙事、议论的艺术 3. 体会语言运用的妙处,增强语感	1. 加强诵读 2. 把握文章的思想观点(先) 3. 了解文章的论述方式和语言风格(先)
6	1. 理解课文内容 2. 结合生活体验,发表见解,要观点明确,言之有理	1. 借助提示、注释和工具书读懂课文(先) 2. 体会游记散文借景抒情的特点(先) 3. 品味古诗文名句的思想感情	1. 体会作品的艺术魅力 2. 对常用的文言词语的意义和用法进行梳理和区分

这套教科书学习重点的阅读能力训练单元,从各年级的单元数来看,基本能做到七年级偏重认读36(17,9,10),八年级强调理解16(1,10,5),九年级突出赏析31(10,10,11),总体的规划方向是正确的。

在基础能力先学方面:认读能力宜放在学期初,最好集中在七年级上学期学习,学完后在

① 学习文章的表达技巧(后):(后)代表这项能力宜在该年级后学。下同。

② 结合自己的体验评价作品的思想内容(跨后):(跨后)代表这项能力宜放较后的不同年级。

随后的单元用,不宜分散在不同的年级和学期的后段。因此,(8－1.4)①,(8－1.5),(8－1.6),(8－2.6)等单元要求借助注释和工具书,默读,理解内容大意等,应放在八年级上学期的第一、二单元,最好放在七年级学。(7－1.5),(7－2.5)的内容宜放在七年级上学期的第一、二单元。

在文体相对集中方面:文体理解能力训练集中在八、九年级,但文体未有集中。先记叙,再说明,后议论的序列安排不明显。(8－2.5)评价宜放在九年级议论文或赏析之后。(9－1.5)把握人物的个性特点是记叙文体的要求,较浅,放八年级上学期。八年级的小说赏析(8－1.3),放在九年级下学期散文赏析(8－2.3)之后会更好。

在认知心理发展方面:3个年级阅读能力的训练都包括认读、理解、赏析:七年级17、1、10②;八年级9、10、10;九年级10、5、11。这个序列基本符合学科的能力结构论,即七、八、九年级分别以认读、理解、赏析能力训练为重点。不过,在认知心理层面上仍有待调整。

一个倒螺旋上升课程结构方面:人教本编选体系不全是三个,也不是一个倒螺旋上升的课程结构,微调后的教科书编选体系比较能呈现一个倒螺旋上升的课程结构。这样的安排使3个年级的衔接较容易,序列比较清晰,也避免学习重点的不必要重复。

2. 启思本

启思本能力训练元素的序列摘录自每单位中教学目标的能力学习重点,如下表:

	中一(七年级)	中二(八年级)	中三(九年级)
一	1. 归纳段意 2. 根据关键词、中心句掌握文章的中心思想 3. 认识文章题目与中心思想的关系	1. 认识作品中富想象力及联想的地方 2. 欣赏作品所展现的创意(后)	认识文章选材和剪裁的技巧
二	1. 认识记叙的要素 2. 认识记叙的方法:顺叙法.倒叙法	1. 认识记叙的线索 2. 认识记叙的人称 3. 复习顺叙法、倒叙法(删)③	1. 认识说明语言扼要、准确的特色 2. 复习说明的方法、顺序和层次(删)
三	1. 学习从事件分析人物的性格特点 2. 从上文下理推测词义,理解文意(先)	1. 认识人物描写的方法:肖像描写、语言描写、行动描写 2. 认识间接描写人物的方法 3. 复习从事件分析人物的特质(删)	1. 认识双线记叙法 2. 认识插叙法和散叙法 3. 复习记叙的线索(删) 4. 复习倒叙法(删) 5. 复习记叙的人称(删)
四	1. 认识直接抒情的方法 2. 认识叙事抒情的方法	1. 认识直接描写和间接描写 2. 认识定点描写法和步移法	1. 认识借景抒情的方法 2. 复习叙事抒情的方法(删)
五	1. 体会诗歌表达的思想感情 2. 认识不同诗歌体裁的特色	1. 领会散文的思想感情 2. 掌握散文的线索 3. 欣赏散文的语言 4. 欣赏散文的表达手法	1. 体会词曲中蕴含的感情 2. 认识借景抒情手法中的情景关系 3. 认识词、曲(散曲)的体制
六	1. 掌握观察对象的特征 2. 认识通过不同感官来观察的方法	1. 掌握及欣赏文章的立意(后) 2. 认识文章如何围绕主题来选取材料(先)	分析文章的布局安排:开头、过渡、照应和结尾

① (8－1.4):指八年级上学期第四单元。下同。

② 七年级17、1、10:即七年级的认读有17个单元、理解有1个单元、赏析有10个单元。下同。

③ 复习顺叙法、倒叙法(删):括号为研究者的按语。(删)代表这项能力有重复,宜删去。下同。

续表

	中一（七年级）	中二（八年级）	中三（九年级）
七	1. 认识静态描写和动态描写 2. 认识随时推移法	1. 认识咏物抒情的方法 2. 借助上下文理解句子的深层含意（跨先）①	1. 认识小说与戏剧塑造人物的方法（后） 2. 掌握小说与戏剧故事情节的安排（后） 3. 认识人物的心理描写（先） 4. 认识环境描写（先）
八	1. 掌握说明对象的特征 2. 认识说明的方法（一）	1. 认识说明的层次：总分、分总、总分总 2. 复习说明的方法（删） 3. 复习说明的顺序（删）	1. 认识论证的方法：举例论证、比喻论证、对比论证、引用论证（先） 2. 认识驳论（先） 3. 复习论点和论据（删）
九	1. 认识常用的说明方法（二） 2. 认识常用的说明顺序 3. 复习定义说明等（删）	1. 掌握文章的论点和论据 2. 借助标示语掌握语段的结构和内容（跨先）	1. 认识论证的方法：模拟论证、因果论证 2. 认识文章分析事理的角度，评价文章的论点和论据 3. 复习游说的技巧（删） 4. 复习论证的方法：引用论证、举例论证（删）
十	1. 认识借事说理的方法 2. 复习记叙的要素（删）	从主题、内容和表达手法比较题材相近的作品	从题材、内容及写作手法比较主题相近的作品

这套教科书学习重点的阅读能力训练单元，认读 8（3，3，2）②，理解 26（9，7，10），赏析 7（1，3，3）。每个年级基本能做到认读—理解—赏析的序列。七年级 13（3，9，1）③，八年级 13（3，7，3），九年级 15（2，10，3）。

基础能力先学方面：认读能力宜放在学期初，最好集中在七年级上学期学习，不宜分散在不同的年级和学期的后段。因此，（7.3.2）④，（8.6.2）等认读能力，应放在七八年级的第一、二单元，最好全放在七年级学。（8.1.2），（8.6.1），（9.7.1），（9.7.2）等赏析能力，宜放八、九年级的下学期。（8.7.2），（8.9.2）为基础认读能力，宜放在七年级上学期。

文体相对集中方面：记叙、描写、抒情、说明、议论、综合文体的单元数目，七年级为（2，3，1，3，0，0），八年级为（1，2，1，1，1，1），九年级为（2，2，2，1，2，1），除七年级的议论和综合文体外，其余的文体齐全。由记叙 5（2，1，2），描写 7（3，2，2），抒情 4（1，1，2），说明 5（3，1，1），议论 3（0，1，2），综合文体 2（0，1，1）显示，这个序列未能突显七年级记叙、八年级说明、九年级议论与综合文体规划。如果七年级先描写后抒情，八年级的文学赏析放后，九年级描写（9.8.1），（9.8.2）放前，接抒情，文学放议论之后，这样的文体理解序列较合理。

认知心理发展方面：未做到认读能力先学，文体未有相对集中，显示这套教科书的规划未完全符合认知心理发展的要求。

一个倒螺旋上升课程结构方面：启思本教科书编选体系，七年级 13（3，9，1）⑤，八年级 13（3，7，3），九年级 15（2，10，3）明显是三个，而不是一个倒螺旋上升的课程结构。这样的安

① 借助上下文理解句子的深层含义（跨先）：（跨先）代表这项能力宜跨年级先学。下同。

② 认读 8（3，3，2）：指认 3 个年级的认读能力共 8 个单元（七年级 3 个，八年级 3 个，九年级 2 个）。下同。

③ 七年级 13（3，9，1）：指七年级阅读能力有 13 个单元（3 个认读，9 个理解，1 个赏析）。下同。

④ （7.3.2）：指七年级第三单元第二学习重点。下同。

⑤ 七年级 13（3，9，1）：指七年级 13 个单元（3 个认读，9 个理解，1 个赏析）。下同。

排,3 个年级的衔接比较困难,学习重点容易出现不必要的重复。

（三）能力内容与序列评论

认读能力:在能力元素全面方面,认读能力在两套教科书 3 个年级都有安排。人教本的认读能力解构比启思本全面,单元数量也较多。两者都未把它们集中放在每个年级的学期初先学。相信不少认读能力应在小学已掌握,在初中不必继续学,在预习阶段考核就可以了。同时,就算是要衔接小学所学,只要在七年级上学期初始阶段学过就可以了,不必在八年级和九年级再重复去学。在序列方面,两套教科书都有微调的空间,除把基础的认读能力调到学期前学习外,有些如能作跨学期的调整就更理想了。

理解能力:在能力元素全面方面,理解能力在两套教科书 3 个年级都有安排。启思本的理解能力解构比人教本全面,单元数量也较多。前者承传上世纪八九十年代人教社文体理解方面的优势,后者淡化了文体理解的能力训练元素。人教本的文体理解学习重点的数量都比认读和赏析少。启思本文体理解都比认读与赏析多。在序列方面,启思本比人教本在文体理解能力上解构得全面,序列也较为合理。

赏析能力:在能力元素全面方面,人教本与启思本的赏析能力训练内容与形式都比过去初中教科书的量要多和全面,这个规划是合理的。而在能力解构方面,人教本都比启思本全面,单元数量也较多。人教本强调由基础赏析能力到文学体裁的赏析,而启思本多强调文学体裁的赏析。在序列方面,启思本的体裁比较集中,序列较清晰;人教本从字词到体裁的赏析等解构虽全面,但序列较随意。两套科书都有评价能力的单元,但应放在九年级的下学期较为合理。

总的来说,两套教科书的能力训练元素包括认读、理解、赏析和评价,内容基本是全面的。3 种能力训练的单元数目及所占比例分别为人教本(36,16,31)[2∶1∶2]、启思本(8,26,7)[1∶3∶1]。这表明人教本强调认读与赏析,启思本强调文体理解能力训练。两者都未能突显七年级强调认读能力、八年级偏重理解、九年级加强赏析的规划,而且都不是一个倒螺旋上升的课程结构。上世纪八九十年代人教社以及其余各地的实验教科书①在文体理解能力训练的内容和序列上,有它传统的优势,可供参考。

至于非智力因素方面,两地的课程文件都强调态度、兴趣和习惯的培养,这是过去所没有的,不过两套教科书都没有把它处理好。这些非智力因素,不必设单元来培养,而应在编选体系与体例中构建培养学生学习的兴趣、习惯与态度等机制。其实,这些非智力的教学目标宜在小学培养好。没有的话,初中就要加强。

四、问题讨论

（一）课程文件的能力元素

课标在第四学段的阅读学习目标②对阅读能力训练元素的要求基本是全面的,这也清楚地说明课标没有淡化能力训练的要求。建议学习重点有关阅读能力训练的元素和结构,除阅读教学策略,文体理解外,在认读和赏析能力的解构方面都有不足,也没有一个量化的要求③。

两地的课程文件在过去都忽略了非智力因素的培养,现在开始重视,这是合理的。可是

① 何文胜. 中国初中语文教科书编选体系的比较研究[M]. 香港:文思出版社, 2008.

② 中华人民共和国教育部. 全日制义务教育. 语文课程标准(实验稿)[S]. 北京:北京师范大学出版社,第 24 次印刷, 2005:11 - 12.

③ 何文胜. 世纪之交香港中国语文教育改革评议[M]. 香港:文思出版社, 2006:229 - 252.

现行两套教科书的学习重点或有关机制都未体现非智力因素的培养。因此,无论中学还是小学的非智力因素都需要有持续的培养。

(二) 工具性(文)与人文性(道)的统一

过去初中语文教科书,大陆较强调能力训练,而忽略了品德情意的培养。香港在 20 世纪 70 年代以前重道轻文,七八十年代重文轻道,90 年代后则文道合一①。21 世纪两套教科书有没有落实工具性与人文性统一的原则? 人教本以生活内容、主题等人文性组织单元;在体系上,它强调人文性,而忽略了工具性,变为在学习人文性的过程中学一些语文能力(工具性)②。启思本通过以能力训练为主的工具性来组织单元,配合单元名称,基本落实文道合一的学科论要求③。根据学科论,以人文性来组织单元绝不是教材编选的优化组合。

(三) 以文为经、道为纬的编选体系

如何处理文与道的关系? 工具性与人文性的统一(或文道合一)如何操作呢? 根据学科论、能力结构论,以工具性(文)来组织单元,并以文作为体系规划的依据,我们就容易科学地找到语文教学的序列。但我们不能忽视教材的人文性,人文性相对工具性而言,难以找到合理的序列,不过可按个人、家庭、社会、国家、民族、世界等价值取向的序列来配合④。换言之,如果教科书的编选先以语文能力(文)组织单元,并以能力的认知心理发展为序列,再适当地照顾人文性(道)的内容,这就是"以文为经、道为纬"的规划原则。要做到这点,必先解构,再重构能力的元素,然后规划能力的发展序列。否则,全面、有序的能力元素和结构就难以做到。

(四) 语文能力训练的问题

要把语文教学放在科学的体系上,语文教育工作者需要做好语文学科的定性、定向、定量与定序的工作。1992 年的《语文教学大纲》关于能力的训练,就读写听说等方面,从内容到方法、整体到局部共列有 48 项量化的要求,比较全面而具体,有一定的操作性⑤。这是继语文学科定性、定向后的定量与定序工作。现行大陆的初中语文教科书有没有好好地把它传承过来而加以创新⑥? 现行香港的初中语文教科书,改过去单篇范文教学为单元教学,大致以能力构建单元,强调能力的训练,但定量与定序工作做得不足,因而过于强调文体理解能力,而认读和赏析的能力训练单元不足。

(五) 阅读能力训练单元的比重问题

阅读能力中的认读、理解与赏析三者单元量的比重问题,人教本为 2∶1∶2,呈"V"型;启思本为 1∶3∶1,呈"Λ"型。如果考虑到初中阅读能力训练,则既要衔接小学的认读,也要从理解中过渡到赏析。因此,由少到多的呈现方法比较合理。如果是这样,那么比例呈"/"型的 1∶2∶3 是否较为合理? 无论如何,初中认读的量应占最少,重点可在理解或赏析。

---

① 何文胜. 从能力训练角度论中国语文课程教材教法[M]. 香港:文化教育出版社, 1999:326.

② 何文胜. 大陆两套教科书编选体系的评议,辑自钟启泉编. 全球教育展望. 27 期. 上海:华东师范大学, 2005:51 - 56.

③ 何文胜. 香港特区七套新编中国语文教科书评介,辑自洪宗礼等编. 母语教材研究. 中国百年语文教材评介. 第 3 卷. 南京:江苏教育出版社, 2007:422 - 436.

④ 何文胜. 人民教育出版社初中语文教科书的价值取向研究,辑自陕西师范大学编《陕西师范大学学报(哲学社会科学版)》34 期 37 卷. 西安:陕西师范大学, 2008:156 - 162. 及香港中文大学编香港一套初中语文教科书的价值取向研究,辑自《基础教育学报》2 期 16 卷. 香港:香港中文大学香港教育研究所, 2008:81 - 98.

⑤ 张厚感,张彬福. 48 项能力训练解说与例释:九年制义务教育初中语文教学大纲(序言). 北京:北京大学出版社:1993.

⑥ 何文胜. 两岸三地初中语文教科书编选体系的承传与创新研究[M]. 香港:文思出版社, 2007:315 - 346.

（六）倒螺旋上升的课程结构问题

两套教科书的课程结构每年大致以认读—理解—赏析的学科线性逻辑顺序发展，3 年共三个倒螺旋结构。这样的规划使得年级与年级之间的衔接就很重要，否则容易出现不必要的重复。那么，是否用一个倒螺旋上升的课程结构（如七年级先衔接小学而以认读能力训练为主、八年级以文体理解为重心、九年级为文学赏析训练）的规划较合理呢？三个年级先衔接，再发展，最后加强和提升，这样的规划符合理论依据，学生的语文能力可以得到循序渐进的提升。

（七）落实课程文件的建议方法

两地的课程文件对教材的编写都有要求，问题在于：如何落实"教材应符合学生的身心发展特点，适应学生的认知水平，……有助于激发学生的学习兴趣和创新精神①"，"1. 应以读写听说为主导，带动其他学习范畴。2. 是相连互通，而不是孤立割裂。3. 不宜孤立进行。4. 循序渐进，环环相扣。5. 各年级的教学按部就班，前后衔接。6. 按学习目标把学习内容组织为完整连贯的系统②"等要求？在编写教科书时是否要有一个科学的体系规划？当然，其先决条件是以能力来组织单元。

（八）落实课标的教材编写建议及课程资源的开发与利用问题

任何一套教科书的编写都只是面向一般水平的大多数学生，问题在于：如何落实"九年义务教育阶段的语文课程，必须面向全体学生，使学生获得基本的语文素养"③的课标要求？两地的语文课程改革都强调以学生为本，发挥学生的多元智能，照顾学生的个别差异，因此，课标提出"在合理安排基本课程内容的基础上，给地方、学校和教师留有开发、选择的空间"④，建议学校应认真分析本地和本校的特点，充分利用已有的资源。很明显，两地课改要求老师要有新的教材观；教师不再教教科书，而是用教科书。因此，他们必须有校本语文课程规划与教材建设的能力，才可能有"努力开发，积极利用"⑤课程资源的能力。

五、建议

要改善两套教科书的问题，必须先在课程文件上完善能力训练元素的内容，建构全面的语文能力内容和清晰的能力序列。这是继语文定性与定向后的定量与定序工作。如果根据教科书的编选先以能力组织单元并以能力发展为序列，选材照顾它的思想内容，做到以"文为经，道为纬"的原则，那么两地的课程文件就可以在上面所说 48 项能力训练的量化基础上，做好各学段能力训练的定量工作。再按"认读—理解—赏析"的能力来组织单元及发展的序列。具体的操作方法为：认读能力在初小学习，篇章理解能力在高小学习，赏析能力在初中学习。如果小学都有认读与理解等能力的安排，那么初中把重点放在赏析是合理的。若考虑到学生由小学升到中学的学习和适应问题，七年级先衔接小学以巩固认读与理解能力为主，八年级加强文体理解，九年级的赏析就可以顺利展开。这样，认读、理解、赏析的比例以 1 ∶ 2 ∶ 3 较

---

① 中华人民共和国教育部. 全日制义务教育. 语文课程标准（实验稿）[M]. 北京：北京师范大学出版社，第 24 次印刷（简称课标），2005：14.

② 中华人民共和国香港特别行政区政府香港课程发展议会. 中国语文教育学习领域 · 中国语文课程指引 ·（小一至小六）（咨询稿）. 香港：政府物流服务署，2004：12.23.24.35.40.43.

③ 中华人民共和国教育部. 全日制义务教育. 语文课程标准（实验稿）[S]. 北京：北京师范大学出版社，第 24 次印刷（简称课标），2005：1.

④ 中华人民共和国教育部. 全日制义务教育. 语文课程标准（实验稿）[S]. 北京：北京师范大学出版社，第 24 次印刷（简称课标），2005：14.

⑤ 中华人民共和国教育部. 全日制义务教育. 语文课程标准（实验稿）[S]. 北京：北京师范大学出版社，第 24 次印刷（简称课标），2005：15.

为合理,它既能衔接小学,也有过渡,侧重点在赏析。这是一个清晰明确的倒螺旋上升课程结构。

这样,按基础能力先学的原则,两套教科书就算把认读能力训练分散在 3 个年级的上学期,也是不合适的,它应集中放在七年级的上学期,越早学习越好。上世纪八九十年代,香港在认读能力训练可说是空白的,大陆一纲多本的实验教科书,在认读能力的解构上做得较全面,可供参考。文体理解方面,过去香港还是单篇范文教学,大陆人教社编的教科书以“记叙—说明—议论”组织单元,对文体理解能力内容的解构和序列安排有不少可供参考的地方。同时,根据文体要相对集中的要求,不宜在中学三个年级的学习过程中割裂、分散,否则不利于学生认知结构的建构。九年级通过散文、诗歌、小说及戏剧的序列来训练学生的赏析能力,这是两地过去教科书的不足,可说是一个进步。

老师如果要具备学生的水平进行校本语文课程规划,做到“用教科书”的能力,以“满足不同学生学习和发展的需要”,必须在职前或职后有专业的培训。因此,高校需要开设有关课程以配合课程改革的发展。这样课改的理念才能较好地落实过来,老师才能善于用教科书。

六、结论

要把语文教育放在科学的体系上,就必须处理好语文的定性、定向、定量与定序的工作。语文教育工作者把语文学科定性为基础学科的基础,这是由语文学科的性质决定的。新世纪课程文件提出的“工具性与人文性的统一”是处理语文教育的指导思想,也解决了设科以来对语文学科性质的争论。如果两地课程文件能明确指出语文教学以能力为取向,进而量化九年义务教育语文能力的内容数量,并根据认知及能力的发展来建构线性的语文能力序列,那么,教科书的编选者就可以建构能力训练型编选体系的教科书。

按照理论依据,两套教科书在阅读能力的训练内容和序列方面都需要补充,在序列上都需要微调,以便做到基础能力先学,文体相对集中。至于教学成效则有待通过实践来验证。

作者单位:香港教育学院

请站在"语文"的角度关注语文教材

尹继兰

由于语文独特的属性及所承担的重要使命,社会上对语文的关注总是异常热烈,语文教材受到关注也就理所当然了。近来,关于语文教材篇目变动的几种观点引起极大关注,这些观点主要围绕篇目增删、语句改造、杜撰故事三个方面展开论争,赞成者与反对者可谓是针锋相对。但是,这些激烈的论争是否站在"语文"的角度关注语文教材呢?

一、近来关于语文教材篇目变动的几种观点

近来,关于语文教材篇目调整的话题在各种报刊上随处可见,主要是围绕以下三个方面:

(一)对篇目增删的观点

语文教材篇目增删中最受关注的是以鲁迅为代表的大量经典作品被踢出语文教材,目前最主要的争议是以人教版教材为代表的篇目增删问题,因涉及鲁迅作品较多,被称为"鲁迅大撤退",人教版语文教材的"变脸"引发了社会各界的热议。

支持减少鲁迅作品的人认为鲁迅作品晦涩难懂,教师难教,学生难学,成为"鸡肋"。中学校园流行的"一怕文言文,二怕写作文,三怕周树人"就是鲁迅作品在中学教学中遭遇尴尬境地的写照。有些人还认为鲁迅的部分作品确实存在强烈的革命性和战斗性,文学性略显不足。因此,减少鲁迅作品是可以理解的。

反对随便增删的人却不这么看,如华东师范大学语文教研中心副主任周宏就认为,好的语文教材能适应时代,引领时代,穿越时代。鲁迅的文章就是如此,更换经典可以,但不可大量删除,因为语文教材必须是经典占大多数,时文占少数,不能一味地迎合学生的兴趣而大量删除经典篇目。① 他还认为,相比语文课文的增删,其实考试制度、命题方式的改革更为重要。反对者还认为,语文教材不仅仅是个例子,删除和增加哪些篇目必须慎重考虑,不能对已经比较成熟的教材伤筋动骨,因为每一篇都是某个时代或某一方面最为优秀的作品,动了它们,在很大程度上就很难见到那个时代某一方面的影子了;而取而代之的文章,在重要性和文学性上,也往往比之前的逊色许多。

(二)对语句改造的几种观点

据笔者所知,现行中小学语文教材中改动最大的要数人教版五年级上册语文教材中许地山的《落花生》,不到600字的文章被修改了30余处,从具体用词到语气表达、从标点符号到句式结构均有改动,可谓是"面目全非"。此外,还有很多名家名篇也存在类似现象。

苏教版小学语文教材教学参考书的副主编朱立奇说,文章选入教材时,确实会根据需要进行修改,作家不是为了教材而写文章,也不知道自己的文章将来会被选进教材,因此文章也会带上一些时代的烙印和个人的色彩,比如使用了不够规范的白话文,或是语法、用词不规范等。另外,文章入选教材还需考虑学生的接受能力,有时候限于篇幅、生词,或是文章太深奥

---

① 晚报编辑.北大教授谈教材增减名家文章:鲁迅部分作品太深.郑州晚报,2010.9.11.

了,也会进行改动。① 一些语文老师也认为,对名家名篇作出修改,可以使文章更加规范,可以便于教师和学生理解教学。

《收获》杂志副编审叶开先生对现行语文教材中擅自修改名家名篇的问题提出了自己的观点。他认为在选编这些名家名篇的时候,编者不应该只从"语用学"的角度考虑语言的实用性,更不应该只从应试的角度考虑语言的"试题化"效果,而是应该综合考虑我们民族的文化传承、汉语的多元化个性表达等社会学因素。

(三) 关于"杜撰"故事的几种观点

"鲁迅大撤退"的风波还未完全退去,小学语文教材又陷入一场新的"杜撰"、"造假"风波。一个名为"第一线教育研究团队"的民间研究团体发布了一份研究报告(载于由长江文艺出版社出版的《救救孩子:小学语文教材批判》一书),矛头直指小学语文教材。他们以目前使用最广的人教版、苏教版和北师大版小学语文教材中涉及母亲和母爱的文章为研究对象,认为当前教材存在"经典的缺失、儿童视角的缺失、快乐的缺失和事实的缺失"这四大缺失。教材支持"杜撰"观点的例证就是《陈毅探母》和《爱迪生救妈妈》等故事的杜撰。

苏教版小学语文教材编纂者朱立奇在阐述这些故事产生的可能性时说,教材是一个复杂的系统,教材中有经典的文章,选文也是从儿童视角来选择的,但不能保证全部是经典,也不可能全部从儿童、快乐的角度选文章,指责教材太重视道德教育、爱国教育,甚至用上"道德绑架"等评价是有失偏颇的。

二、什么是语文

以上对语文教材篇目调整的讨论可谓是异常热烈,各种观点也是有理有据,都体现出了对语文教育的关心和热情,但大部分观点未站在"语文"的角度关注语文教材。既然参与者关注的是语文教材篇目的问题,就必须站在"语文"的立场上进行讨论。

(一) 语文的基本性质

著名教育家叶圣陶曾对"语文"的概念作过说明,他说:"口头为'语',书面为'文',文本于语,不可偏指,故合言之。亦见此学科'听'、'说'、'读'、'写'宜并重,诵习课本,练习作文,固为读写之事,而苟忽于听说,不注意训练,则读写之成效亦将减损。"②他从语言运用的角度对语文的概念作出了界定,是比较权威的,因此也是语文界比较认可的概念。

关于语文的基本性质,《全日制义务教育语文课程标准》在第一部分"课标性质与地位"中指出:"语文是最重要的交际工具,是人类文化的重要组成部分。工具性与人文性的统一,是语文课程的基本特点。"忽视语文学科的工具性,就不能反映出语文作为基础学科的本体特点;忽视语文学科的人文性,就等于抽掉了工具性的内容与灵魂。片面强调工具性或人文性,都将对语文教学产生严重的后果。

(二) 语文教学的基本任务

语文教学的基本任务由语文学科的性质决定,明确了语文学科的性质,对语文教学的任务就应该很好确定了。

著名教育家刘国正先生曾在《语文教学谈》一文中将语文教学的任务概括为 3 个方面:"第一,语文教育的作用,学生从中获得语言文字的能力。第二,思想教育的作用,学生从中得到思想品质道德情操的陶冶,提高审美能力。第三,知识教学的作用,学生从中获得语言、文

① 新闻网编辑. 小学语文教材被曝造假 编纂者称修改是必然. 中国教育新闻网,http://www.hnedu.cn/web/0/public/201010/21154153898.shtml.

② 叶圣陶. 叶圣陶集第 25 卷[M]. 南京:江苏教育出版社,1994:33.

学知识和某些文化知识。"①接着他又强调指出:这三者之中,使学生获得运用语言文字的能力是基本任务。这更使我们明确了语文教学的基本任务。

(三)语文教材的功能

本文所讨论的语文教材专指语文教科书,语文教材的功能是指语文教材在语文教学过程中起到的作用和效能。它主要包括以下几个方面:

语文教材具有语感培养的功能。叶圣陶先生说:"不了解一个字一个词的意义和情味,单靠翻检字典是不够的,必须在日常生活中随时留意得到真实的经验,对于语言文字才会有正确丰富的了解力。"②学生学习语文教材,能在感悟到知识的逻辑性、语言的艺术性、情感的丰富性、文化的多元性的同时,形成良好的语感能力。语文教材选取古今中外文质兼美的作品作为教材的主体,它们对学生学习语言具有导向性、示范性。

语文教材包含了丰富的听说读写知识、语言知识、文体知识、文学知识以及社会和自然领域的百科知识,学习语文教材可以获取各科知识,开阔视野。语文教材具有发展学生语文能力的功能,包括培养学生搜集处理信息的能力,亦即对教材中的信息进行识别、筛选、接受、贮存、加工、应用的能力,使学生初步具备可持续发展的信息素养。

语文教材不仅能使学生扩展知识、提高能力、开发智力,而且能使学生在学习的过程中获得丰富的精神营养,培养健全的个性、完美的人格,形成正确的世界观、人生观、价值观。

三、就"语文"而评语文教材选文

一直以来,我们的语文教材采用《昭明文选》确立的文选模式,因此文选的质量就决定了语文教材的质量。新中国成立60余年来,语文教材选文的内容一直带有很强的时代特色,在很长的一段时间内,语文教材成了政治宣传册,成了为意识形态服务的工具。在新的时代,我们不断在反思我们究竟需要什么样的语文教材。

(一)语文教材选文的标准

教材的选文要体现语文学科本身特有的性质,体现出工具性和人文性的统一,既要有利于培养学生的语言表达能力和运用能力,又要有利于学生形成高尚的道德情操、健康的审美情趣、正确的价值观和积极的人生态度。因此,语文教材中的选文要有"语言味、人文味"。

语文教材要选取文质兼美、适合教学的典范文章,这在语文界也达成广泛共识,正如顾黄初先生说的:语文课文要选取思想内容好、语文文字好、适合教学的文章。课文的深浅难易,必须符合学生的年龄特征和接受能力,应该是经过一定的努力后教师能教好、学生学得了的。课文篇幅一般不宜长,根据教学的需要,长篇作品可以采用节选的办法,较长的文章在不损伤原作精华的情况下可以作适当删节。入选文章的题材和体裁力求丰富多样,以激发学生的学习兴趣。文字上根据教学需要可以作必要的加工。

语文教材的选文要富有开放意识。叶圣陶先生就认为开放意识和人文精神应该成为语文教材编写的出发点,这一点从他的《国文百八课》中可以看出。他在这本书的序言中写道:"一个青年将来必将和各种各样的文字接触,如果只顾到目前情形的适合,对于他们的将来也许是不利的。犹之口味,他们目前虽只配吃甜,将来难免要碰到酸的、苦的、辣的东西。预先把甜、酸、苦、辣都叫他们尝尝,也是合乎教育的事。"③语文教材的开放意识不仅包括民族地域的开放,更应包括古今中外、风格流派、思想内容的开放。

---

① 刘国正.语文教学谈[M].合肥:安徽教育出版社,1983.

② 叶圣陶.叶圣陶语文教育论集[M].北京:教育科学出版社,1980.

③ 叶圣陶.叶圣陶语文教育论集[M].北京:教育科学出版社,1980.

语文教材要有时代特色,体现现代意识,反映时代变化的风貌,因此语文教材的变革必须在稳定性的基础上与时俱进。这并不意味着古今对立,将古文排除在外,多添加一些时文。很多优秀的文言文有穿越时代的生命力,不能因为过时和难以理解就加以排斥。对加入语文教材的时文也要慎重考虑,不排除一些时文具有文学艺术性,但时文更强调的是时效性,毕竟教材不是新闻联播和报纸杂志,它不能迅速反映社会现实。

(二) 聚焦争论 回归语文

对于外界关于语文教材篇目调整的争论,我们都应当正确对待,认真倾听不同的声音,保持头脑的清醒,站在语文的角度上关注语文教材的改革。

关于语文教材篇目增删的正确观点。本着语文教材选文的原则,语文教材篇目增删应该在开放性的基础上,在保持语文教材相对稳定的前提下做到推陈出新,体现时代特点,与时俱进。扬州大学教授徐林祥曾说,不管是鲁迅也好,梁实秋也好,只要"文质兼美、适合教学",符合时代发展的要求,就有充分的理由被选入教材。反之,便不应该在选择之列。篇目增删不应该是问题的关键,语文教材回归语文本质才是重要的。

关于语句改造的正确观点。顾黄初先生在谈到"文质兼美、适合教学"这一原则时说,根据教学需要,篇幅较长的作品在不损伤原作精华的前提下可以作适当删节,文字也可以作适当的改动。语文教材在选文时作适当的删改是有必要的,但是切莫使原汁原味的作品丢了内在完美性。刘正伟认为语文教材的删改有3种情况:一是出于文章本身完美性考虑,对作品"吹毛求疵";一是出于单元组合或整套教材编写的需要,对文章作删节;一是出于学生接受能力,对入选文章作增删、调整。不管是哪种情况,编纂者都要谨慎对待。

关于"人造"篇目的正确观点。陶行知曾说:"千教万教教人求真,千学万学学做真人"。然而教材以假充真,虚构名人故事,犯了教育之大忌——不讲诚信。这样会使教材的权威性受到质疑,对孩子的思想审美教育也产生不良后果。我们弘扬真善美精神,真是善和美的基础,所以必须保证教材的真实性。既然教材起的是示范作用,同样能起到教育作用的文章,为什么我们就不能选择真实的呢?

然而,这个真实应是艺术的真实,也可理解为文学的真实。选用文本,应该首先考虑对学生读写听说能力的系统培养;培养学生的读写听说能力,应该由一系列具体的小目标体现。有时候,难以找到适应某一具体目标的文本,就可以"人造"篇目,即为某个具体的目标量身定制文本①。实际上,这也是一定意义上的创作,因为文学创作并不是名家的专利。当然,这种定制不要涉及名人。这一做法又何尝不是语文回归语文的有效措施?

结语

语文教材应该真正站在"语文"的角度选择文本,对语文教材篇目调整的关注也应该站在"语文"的角度上。语文教材的改革是一个前行的过程,尽管每次改革都会出现这样那样的问题,然而正是有了对问题的争论才使得问题能深入探讨下去。不管争论的结果如何,应该首先确立语文的立场不能变,立足语文的基本性质和语文教学的基本任务,在此基础上再展开讨论,来求得语文教材的更加完善,发挥语文教材应有的功能。

作者单位:苏州大学文学院

① 王家伦. 教材选文一定要名篇吗. 中学语文,2009,(2).

传统法律中文教材举隅

吴尚智

一、引言

香港城市大学设有“法律中文”科目，供中文文学硕士课程及语文学文学硕士课程的同学选修。其中语文学文学硕士课程的同学大多专修“语言与法律”，中文文学硕士课程的同学大多专修“专业中文”；同学在大学阶段一般都以中文或法律为主修科。“法律中文”科目每星期上课 3 小时，为期 13 周。第一单元“传统法律中文概说”仅占 3 教时；教材大致涵盖 3 类。第一类是成文法律，例如唐律、大清律例等。唐代前期为中国盛世，与外邦多有交往，我选取了有关外国人在中国犯罪应如何处理、“律”与“例”的关系等条文为例，特别注重唐律与现代法律精神的异同，从争议中引发学习与讨论的兴趣。第二类是与司法、讼狱相关的记载，包括正史与笔记、杂录等。例如以《史记·张释之列传》介绍法治的可贵，即使对天子亦能有所制约；以清代《历朝折狱纂要·星士埋奸》条举例说明奸徒机关算尽，最终难逃法网的实事，过程曲折，篇幅虽短但大有现代侦探故事的味道。第三类是古代判词，由于本科另设单元简介传统判词及各类中文判词，虽然其中若干成分可视为“传统法律中文”的范畴，但限于教时，只能留待其后的“中文判词”单元一并讲授。有关古代判词的举例说明与论析，旁及古今司法制度的主要差异；并以清代与民国初年的判词为例，谈到香港实行中文审讯与撰写中文判词所遇到的困难以及是否可从中国近代判词有所借鉴等具体内容，有待他日另撰专文加以论析。本论文由于篇幅所限，只能论列传统法律中文教材的第一及第二类。考虑到本科着重讲授语文在法律上的应用，而中文在古代不同时期亦往往各具特点，因此，选材时分别选取汉、唐、清三朝的作品为例，藉此反映上古、中古时期的汉唐盛世若干风貌，以及封建帝制终结于近代的满清皇朝的一鳞半爪。

二、从成文法律说起——以唐律为例

“贞观之治”是中国史上有名的盛世，在制定成文法律方面也大有建树。自唐太宗贞观元年正月至贞观十一年正月，大臣房玄龄、长孙无忌等受命全面修订原有律文，历时 10 年，修成《贞观律》12 篇，共 500 条①。到唐高宗永徽元年初，长孙无忌等奉命撰定律令格式，其后于永徽三年至四年“广招解律人”逐条疏解，撰成《律疏》；至唐玄宗开元年间刊定②。历经年月，至元朝最终定名为《唐律疏议》③。北宋天圣七年，大臣孙奭奉命校订唐律正文，并对一些字词的音义作简要诠释，称为《律(附音义)》④，近人钱大群《唐律译注》即以宋版此书为准。钱先

① 薛梅卿. 中国法制史教程[M]. 北京：中国政法大学出版社，1988：158. 有关内容主要取材于《新唐书·刑法志》。

② 薛梅卿. 中国法制史教程[M]. 北京：中国政法大学出版社，1988：158. 159 – 161. 有关内容主要取材于《旧唐书·刑法志》。

③ 薛梅卿. 中国法制史教程[M]. 北京：中国政法大学出版社，1988：158. 161.

④ 参看钱大群. 唐律译注·前言[M]. 南京：江苏古籍出版社，1988：2。

生对唐律的评价极高:“唐律是我国古代著名的一部封建法典。它在古代法制史上的地位,没有任何一部法律文献可以与之相匹。唐律上承战国秦汉,下启宋元明清。同时给东亚诸国封建刑律以直接的、决定性的影响,而成为中华法系的代表法典。”①

鉴于部分同学对古代汉语所知较为有限,《唐律译注》一书原文附有精要的注释及语译,以便于初学。我从全书502条中选取若干条作为教材,特别注重唐律与现代法律精神的异同,希望引发同学学习与讨论的兴趣。

诸共犯罪者,以造意为首,随从者减一等。若家人共犯,止坐尊长;于法不坐者,归罪于其次尊长。尊长,谓男夫。侵损于人者,以凡人首从论。即共监临主守为犯,虽造意,仍以监主为首,凡人以常从论。

本条揭示了对于共同犯罪的行为在惩处时如何区分主从的原则。唐律确立了以“造意”即共谋时首先提出犯罪主张者承担主要罪责的规定。古代聚族而居、数代同堂的情况比较普遍,如果一家人共同犯罪,只处罚家长,因为子孙晚辈往往只能听从家长的指挥,不敢有所异议。孙奭的注释说明“尊长”指男性家长,如果按法律规定例如家长年过九十或残废,则由次尊长(第二位男家长)顶罪。所谓“侵损于人”是指杀人、伤人、盗等重罪。可连带介绍成语“约法三章”的由来及含义。据《史记·高祖本纪》所载,刘邦入关后废除秦的苛法,“与父老约,法三章耳;杀人者死,伤人及盗抵罪”,因而深得秦人拥戴。② 这正好反映这三项罪行的严重性,共犯者一定要严加追究,即使是一家人共犯也不能单由家长承担全部罪责。如果负有监督或主管责任的官员共同犯罪,自应承担主要的罪责,而一般人则以通常的从犯论处。

诸化外人,同类自相犯者,各依本俗法;异类相犯者,以法律论。

唐朝盛时国威远播,中外交往频繁,外国使节、商人、僧侣、留学生来华的并不罕见。唐律对于如何处理外国人在大唐犯罪订立了两个明确的原则:(1) 化外人(即外国人)同类相犯,例如两个天竺人相互斗殴,按照本国(天竺)的法律和习惯处理。这种做法与现代按照犯罪地点的法律来处理的方式确有不同,但是也显示了唐朝泱泱大国的风度。(2) 异类相犯,例如日本人与高丽人斗殴,无论按照高丽法律或日本法律处理都可能有欠公允,因此就根据大唐的法律论处,体现了公平和不损害皇朝主权的精神。

诸本条别有制,与《例》不同者,依本条。即当条虽有罪名,所为重者自从重。其本应重而犯时不知者,依凡论;本应轻者,听从本。

香港实行普通法,案例的作用很大。法官和控辩双方引用的案例,往往来自其他采用普通法的国家和地区。唐代的法律条文远比现代简约,为了判案的参考,唐代曾把一些断案的成例编为《法例》。不过,《律》的地位显然凌驾于《例》之上。唐律明确规定如果有适用的刑律条文,而与《例》有出入,一律依律条处理。至于在量刑时,如果适用的律条有该项罪名,而犯罪情节及罪行性质严重的就重办。本应从重而犯罪时不知的,例如失散的子孙伤害不相识的父亲、祖父,则依一般性质论处;性质依律本来属轻的,就按照属轻的情况论处。以上的规定,既维护了《律》凌驾于《例》的崇高地位,又兼顾到某些情况下合乎情理的酌情从轻或从重判案。

诸断罪而无正条,其应出罪者,则举重以明轻;其应入罪者,则举轻以明重。

古代法律条文较现代远为简约,不少犯罪行为都找不到明确对应的条文,如何“执简以驭繁”而又不失法律的公平,真的费煞思量。唐律对于断罪而无明确对应条文可依循的情况,作

① 薛梅卿.《中国法制史教程》[M],北京:中国政法大学出版社,1988:1.

② 司马迁.史记·汉高祖本纪[M].北京:中华书局(标点本),1959:362。

出了巧妙而又公平合理的指引。凡是"出罪"(不予定罪判刑或从轻处理),就要举出比本案情节性质更重的都作出罪处理的成例,即所谓"举重以明轻";相反地,对于"入罪"(加以定罪判刑或从重处罚),便要举出比本案情节性质更轻的都作入罪处理的成例,所谓"举轻以明重"。根据上述原则,主审官员可以心安理得,确定自己已经作出公平的判处;而天下万民,亦可知官员不会单凭一己好恶而作出随意性的判决,必须有合理的类比作为依据。

三、《史记·张释之列传》的启示

司马迁《史记》是纪传体正史之祖,文学上也是"文家之王都"①,影响之深远自不待言。班固《汉书·司马迁传赞》称许其"不虚美,不隐恶,故谓之实录"②。对于汉代从开国之主的高祖刘邦到"今上"武帝刘彻,司马迁对汉代君主的不是之处都敢于作大胆、无情的揭露。《史记·张释之列传》高度赞扬了张释之"守法不阿意",同时也肯定了文帝善于纳谏的美德;相形之下,太子(即后来的景帝)的器量便远不及乃父了③。本篇从内容与写作技巧都大有可资借鉴之处,适合作为传统法律中文的教材。为了揭示张释之坚持法治精神、不畏强权的美德,教学时以传中所记诸事的其中三宗为重点。第一宗是张释之任职"公车令"之时,职责包括管理殿门及司马门(皇宫的外门);当时的禁令是,凡出入殿门、司马门都要下车步行,否则罚金四两。有一次,太子与梁王(太子胞弟,同为窦皇后所生)同车入朝,没有在司马门下车,张释之上前禁止他们内进,并且参奏二人不敬之罪。文帝在薄太后前为"教儿子不谨"致歉,由薄太后派使者赦免太子、梁王,二人才得以入宫。最难得的是,文帝不仅没有责怪张释之令他颜面无存,还把他升为中大夫。④

文帝其后更重用张释之为"廷尉"(九卿之一,掌管刑狱,类似现代的最高法院院长),在张释之任内发生了两宗分别与皇上安全及先帝尊严相关的案件。首宗案件先引录原文如下:

> 顷之,上行出中渭桥,有一人从桥下走出,乘舆马惊。于是使骑捕,属之廷尉。释之治问。曰:"县人来,闻跸,匿桥下。久之,以为行已过,即出,见乘舆车骑,即走耳。"廷尉奏当,一人犯跸,当罚金。文帝怒曰:"此人亲惊吾马,吾马赖柔和,令他马,固不败伤我乎?而廷尉乃当之罚金!"释之曰:"法者天子所与天下公共也。今法如此而更重之,是法不信于民也。且方其时,上使立诛之则已。今既下廷尉,廷尉,天下之平也,一倾而天下用法皆为轻重,民安所措其手足?唯陛下察之。"良久,上曰:"廷尉当是也。"

这宗案件关乎惊扰皇帝车驾可能危及皇上的人身安全。文帝所乘马车行经中渭桥,忽然有人从桥下走出来,令马儿受到惊吓。涉案者由张释之审讯,得悉该人由偏远地方来到京城,听见警跸(皇帝随从在车驾所过途中预先发出警告,禁止路人通行)便躲在桥下,过了许久以为车驾已离开,便从桥下出来,这才发觉御驾还未通过,他马上逃走。释之按照当时律令"跸先至而犯者,罚金四两"判处⑤。文帝不满,认为判刑太轻;理由是,倘若不是御马脾性驯良,随时会引致翻车让自己受伤。释之表明"法者天子所与天下公共也",而且"廷尉,天下之平也,一倾而天下用法皆为轻重,民安所措其手足?"最终文帝赞同释之的判决,表现出了善纳忠

---

① "司马迁文家之王都也"语出曾国藩《送周荇农南归序》,转引自钟应梅. 文论·论史记之文. 民国45年香港印本:25。

② 见班固. 汉书·司马迁传赞. 北京:中华书局(标点本),1962:2738。

③ 司马迁. 史记·汉高祖本纪. 北京:中华书局(标点本),1959:2756.《史记·张释之列传》:"后文帝崩,景帝立,释之恐,称病。欲免去,惧大诛至;欲见谢,则未知何如。"

④ 司马迁. 史记·汉高祖本纪. 北京:中华书局(标点本),1959:2753.

⑤ 司马迁. 史记·汉高祖本纪. 北京:中华书局(标点本),1959:2755. 注释引裴骃《集解》如淳注"乙令"所载。

言的器度①。

另一宗偷盗高祖庙“坐前玉环”的案件更为触犯皇室的尊严与忌讳。原文如下：

其后有人盗高庙坐前玉环，捕得，文帝怒，下廷尉治。释之案律盗宗庙服御物者为奏，奏当弃市。上大怒曰：“人之无道，乃盗先帝庙器，吾属廷尉者，欲致之族，而君以法奏之，非吾所以共承宗庙意也。”释之免冠顿首谢曰：“法如是足也。且罪等，然以逆顺为差。今盗宗庙器而族之，有如万分之一，假令愚民取长陵一抔土，陛下何以加其法乎？”久之，文帝与太后言之，乃许廷尉当。

对于偷取高祖庙神位前供设的玉环的疑犯，释之在审讯后建议按照盗取宗庙内供用物件的罪名判处死刑上奏。文帝十分不满，认为应该重判族诛才符合自己恭敬承奉宗庙的本意。古人崇尚孝道，开国之君宗庙岂容冒犯，从这一点看，文帝之言似乎无可厚非。释之解释道：判决应该按照罪行程度加以分别。他还婉转地问道：如果有人盗取长陵（高祖陵墓）的一把土（隐指盗墓）该如何判决？文帝与太后详加考虑后终于接受了释之的建议，同意判处犯者死刑而非族诛②。释之择善固执，坚持法治精神，这需要很大勇气。触犯人君逆鳞的后果何止是丢官，而是随时会丧命甚至祸及全家。释之有幸得遇宽仁的文帝，得以成就名臣的美名，被传为佳话。假如碰到忌刻成性的君主，他随时会沦为悲剧的主角。如此君臣相得益彰的事例，史上并不多见。唐代英主太宗与大理寺少卿戴胄对于是否处死伪造资历者的争议，可算类似事例，太宗最后从善如流，接受了戴胄只判处犯人流刑的意见③。

四、机关算尽又如何

除了正史之外，专著、笔记、杂录等书也收罗了不少有关讼狱、司法等的记载和评论。小说和戏曲中的“包公案”、“施公案”以及种种有关大案的审讯或平反故事，都是民间津津乐道、广为传布的事例。我选取了清代周尔吉所编《历朝折狱纂要》中的“星士埋奸”作为教材。原文约400字，所用的文言亦不是太艰深，我保留了清代印本的面貌，不刻意加上现代标点，用意在让同学体会一下古籍的版面、断句等，并间接测试同学阅读理解古汉语的水平。原文扫描档案如下④：

星士埋奸 摘隱吏閒談
國朝浙江山陰縣陶某幼依其戚習幕淮安戚死流
寓不能歸充某邑刑胥買幼婢執炊相依如父女數
年少有所蓄遂於本邑娶妻無何婢已及笄妻欲鬻
之陶不忍略備奩具嫁一民壯爲室然貧甚恒周恤
之越年餘邑中來一星士推測多奇驗陶令推算星
士決其立冬日必死陶爲之憂疑不釋妻勸慰之迨
秋杪陶雖無疾而怏悒日甚妻曰或恐有死妄災盍
乞假閉門邀一二知交相聚排遣何如陶從之招友
暢飲留連晨夕至立冬日竟無恙更餘客皆半酣入
內少憩忽聞室中轟如雷衆趨視見陶面血披髮找
戶出行甚駛衆挽之遽投河沒數日尸亦無蹤莫不
謂星士如神陶貧宿孽矣妻無所依醮某甲去獨所
嫁婢悲痛如喪父每於夢中見陶浴血相向責其不
爲申雪夫婦異之時陶屋尚扃閉而宰斯土者爲少
年科目有治才民壯遂以夫婦所見密陳官令導往
發扃周視見壁角有血痕房後土地亦微有跡掘之
陶尸儼然拘婦刑訊乃知所醮某甲素善泅自幼有
私預賂星士惑以生死至日先伏某甲室中陶入殺
之掩埋而甲詐爲陶中惡狀奪門投河先期設宴欲
令客在證其事使人不疑也得實並置諸法
假星士而示死期假知交而爲坐証假姦夫
而滅踪跡埋奸伏毒巧且密矣不料遇此賢
令尹卒伸其冤可見天網恢恢疏而不漏也

歷朝折獄纂要 辨僞卷三

① 司马迁. 史记 · 汉高祖本纪. 北京：中华书局（标点本），1959：2754—2755.

② 司马迁. 史记 · 汉高祖本纪. 北京：中华书局（标点本），1959：2755.

③ 事见《贞观政要》卷5《公平》，转引自张晋藩主编. 中国法律史［M］. 北京：法律出版社，1995：185。

④ 事见周尔吉. 历朝折狱纂要 · 星士埋奸. 卷3. 清光绪16年印本：37－38。

所谓“星士”,是指替人占算命运的术士,中国古代医、卜、星、相并称。“埋奸”,既指星士受奸夫指使合谋暗藏的奸计,也隐示藏尸房间地下的杀人布局。本篇记载了一宗妻子与奸夫联手谋杀亲夫的案件。他们利用老百姓迷信的心理,收买星士设下罗网,构建了表面看来极为严密的布局,机关算尽,自以为可以逍遥法外。篇中记载清代浙江山阴县一个姓陶的士人,流寓淮安当了一名师爷,买了一个年幼婢女照料生活,相依如父女。几年后陶某娶妻,妻子要将长大的婢女卖掉。陶于心不忍,出资将婢女嫁给当地一个穷人,并经常周济他们。一年多之后,地方来了一个以占算灵验见称的星士。陶某找星士推算,星士断言陶必死于立冬之日。陶某郁郁不乐,妻子建议在立冬日约一些知己回家饮酒解闷,陶某听从其言。当晚宾主都有醉意。忽然间陶歇息的房间传出巨响,宾客只见陶披散头发,满面鲜血,从房中冲出,投河自尽。数日后仍找不到尸体,人人都说星士应验如神,认为陶某大抵因前生罪孽而死去。后来陶妻改嫁某甲,而陶某嫁出的婢女伤痛有如丧父。陶婢不时在梦中见到陶某如血人般责怪她不为其申雪冤情。陶婢夫妇觉得奇怪,向地方官密报。地方官科举出身,年轻而有治民之才,下令陶婢夫妇带他到陶某昔日居住的荒废旧宅勘察。地方官入内后发现墙角有血迹,房后土地也有痕迹,下令发掘之后找出了陶某的尸体。审讯后得悉,陶妻与后夫某甲自幼有私情,而某甲善于游泳,当日某甲暗藏室内,杀死陶某后埋尸,再假扮陶某发狂投河。星士是他们一早布下的棋子;宾客也是他们故意利用作为证人,夜色昏暗,人有醉意,自然看不清那时候的陶某是伪冒者所扮。真相大白后,犯案者都依法受到严惩。分析案情,陶妻和某甲可谓机关算尽太聪明,不过天网恢恢,疏而不漏。他们的第一个错误是忽略或低估了陶婢的作用,第二个错误是以为荒废旧宅无人理会,对于毁尸灭迹做得不够彻底。篇末的议论模拟正史论赞,精简有力:

> 假星士而示死期,假知交而为坐证,假奸夫而灭踪迹,埋奸伏毒巧且密矣。不料遇此贤令尹,卒伸其冤,可见天网恢恢,疏而不漏也。

本篇情节曲折,文词简要,颇能引人入胜。清代另有一案与此案相似,也是新婚妻子与早有私情的富家子合谋,于新婚之夜谋杀丈夫,杀人后富家子以重金聘善泳者假扮丈夫投河,宾客皆可为证,尸体无从寻得,成为悬案。幸继任官员英明,终能侦破。原文有1000余字,远比“星士埋奸”长,细节与对话较多,但无收买星士为奸的内容。①

五、小结

考虑到修习“法律中文”科目的学生学术背景各异,有些长于法律而弱于语文,有些中文水平较高但对法律所知甚少,还有一些在学士阶段并非修习法律或中文;至于年龄与工作经验的差异也很大。整体而言,学生的中文程度相当参差,对中国古代文化的认识大多较为不足,往往觉得“传统法律中文概说”这个单元难度很高。因此,在教材选择方面,必须避开晦涩难懂的篇章,选材要多元化,避免单调重复,引发学生把古代的若干法律条文、事例与现代比照,作出批判、分析,从而起到“古为今用”的作用。本文虽然未能兼论传统中文判词,但选材已贯穿汉、唐、清三个极具代表性的朝代,内容兼顾到正史(《史记·张释之列传》)及野闻(《星士埋奸》);既有法律条文(《唐律》),也有以人为本、弘扬法治精神的史籍(《史记·张释之列传》)及具有警恶惩奸意味的奇案实录与评论(《星士埋奸》)。学生对于上述教材的安排,大致都感觉满意。

作者单位:香港城市大学中文、翻译及语言学系

① 事见《续客窗闲话》,转引自汪世荣.中国古代判例研究[M].北京:中国政法大学出版社,1997:223-224。

让歌曲为学生插上翅膀

——新加坡中学“用华语歌曲教学华文”可行性调查研究

黄碧芬

一、调查原因和背景

新加坡教育部每年对小一(小学一年级)华族入学新生的调查统计数据显示,以英语作为家庭最常用语言的学生所占比例,1980年时只有9.3%,1990年急剧上升到26.3%,1999年已达42.4%,而2009年上升到约60%。

过去的30年,在新加坡特殊的双语教学环境中,随着社会与家庭环境的转变,英语逐渐成为大多数华人家庭的家庭用语,而华语成了第二语言甚至“外语”。因此,如何选择生动活泼的教学方式,成功地吸引学生学习华文的注意力,进而提升他们的华文水平,是华文教学和华文教师所面临的挑战。

“听华语歌曲学华文”是其中的一种方法,有些老师已经做了一些有益的尝试,如新加坡圣婴女子中学(圣约瑟)的潘菊云老师、辅廉小学的任思璇老师等。笔者也对相关领域进行了一些研究,发现在新加坡的华文教学环境中,不仅有华文媒体的大力倡导,如专为中学生而设的报纸《逗号》中的“逗歌”、“Cling”华文学习网站中的“歌友会”等都提供了广阔的华文教学平台;而且华文教研中心还开设了相关的课程,如梁文福先生主讲的“歌曲与华文教学”;还开展了一些相关的比赛,如今年由“北区华文卓越中心”主办的歌词改编大赛;等等。

在传统的华文教学中,宋词和元曲一直以来就是利用歌词、唱词来进行中国语言文化教学的最佳范例。然而,现在的学生能接受这种学习华文的方式吗?笔者通过在过去一年中所进行的一些可行性的调查研究和分析,以及在今年第二学期的教学实践中所进行的尝试,认为“用华语歌曲教学华文”是一个非常值得开垦的华文教学园地,希望能以此拓宽华文教学思路,使华文教学走向多元化。

二、调查目的与方法

(一)调查目的

通过对中一(中学一年级)到中三(中学三年级)不同源流(新加坡普通中学学生分为快捷、普通学术和普通工艺3个源流)的华人学生进行问卷调查(详见附录一),以及在笔者所执教的华文班的教学实践,了解新加坡中学生通过华语歌曲来学习华文的方法的可行性分析。

(二)调查方法

本次调查的起因是笔者在年初执教中一快捷班的华文课时,其中有一篇题为《放心的地方》(见附录二)的课文,这是新加坡本地作家苗芒的一首诗作(见《新加坡当代华文文学大系诗歌集》),收进中学课本时,配有歌曲。因此笔者在课堂教学时,先播放歌曲给学生听,让他们整体感知全诗的内容,引发学生的学习兴趣。而在课程结束前,我们又一次播放歌曲,让学生回味诗歌内容,以起到“余音绕梁三日”的复习巩固作用。课后,学生们纷纷表示,他们很喜欢笔者对这节课的设计，觉得这一课学得既轻松又愉快，而且跟随着悦耳的旋律，很快就把诗歌背诵下来了。所以他们希望老师有更多的机会，利用华语歌曲教学华文的方式来教学。笔者就根据不同源流的华文班的教学内容需要，结合适当的华文歌曲（如台湾地区歌手周杰伦的《蜗牛》），进行了一些教学实践，尤其是针对普通工艺班没有写作任务、教学时间比较充裕的情况，在对他们的华文教学中进行了多次的尝试，收到了较好的教学效果，很多学生常常追问什么时候上"用华语歌曲教学华文"课，因此笔者在学年结束前对所教班级进行了问卷调查，收集学生对"听华语歌曲学华文"这种教学实践的反馈意见，对问卷进行统计和分析，以便在以后的教学中进行修正和完善，更好地服务于教学。

（三）调查对象

本次研究的调查对象来自于笔者执教的新加坡永青中学4个华文班级的学生，涵盖了中一到中三不同源流。发出问卷80份，收回有效问卷71份。其中包括中一快捷班14人、中二快捷班25人、中二普通学术班19人、中三普通工艺班13人；男生49人，女生22人。新加坡籍66人、马来西亚籍3人、中国籍2人。

表一　收回有效调查问卷的学生情况

年级与源流	人　数	男　生	女　生
中一快捷	14	11	3
中二快捷	25	15	10
中二普通学术	19	12	7
中三普通工艺	13	11	2
总人数	71	49	22

（四）问卷设计

问卷内容分为3个方面：

首先，日常用语的使用情况包括两方面："你在家里使用最多的语言"和"你和朋友、同学交谈使用最多的语言"。

其次，考察学生对华语歌曲的了解和喜爱程度，包括"你喜欢听华语歌曲吗"、"你经常听华语歌曲吗"、"你最喜欢的华语歌曲的类型"、"在听华语歌曲的时候，你会留意歌词的内容吗"和"你喜欢某一首华语歌曲的最主要原因"等5个问题。

最后，掌握学生对使用歌曲进行华文教学的态度，包括"你对用歌曲来教华文课的喜欢程度"、"你觉得用歌曲来教华文课，对你的华文学习是否有帮助"、"你觉得老师用歌曲来教华文，多久一次最合适"和"你觉得用歌曲来教华文课的好处"等。

问卷的形式以单项选择为主。考虑到学生的实际情况，问题1和问题2可以根据实际情况来选择多项；最后一个问题（问题11）是开放题，让学生写出自己的真实想法。

三、调查结果与分析

（一）学生日常用语的使用情况

问题1：你在家里使用最多的语言是哪种语言？

表二　问题 1 的统计结果

类　别	总人数(频率)	百分比	工艺班(频率)	百分比
只用华语	40	56.34	8	61.54
只用英语	10	14.08	1	7.69
只用方言	2	2.82	0	0.00
只用马来语	1	1.41	0	0.00
华、英兼用	10	14.08	2	15.38
华、方言兼用	2	2.82	1	7.69
华、英、方言兼用	3	4.23	1	7.69
华、马来、方言兼用	1	1.41	0	0.00
英语、其他语言	2	2.82	0	0.00
总　计	71	100	13	100

虽然今年的小学一年级新生中有 60% 来自以英语为主要交际语言的家庭,但表一的统计数据显示,在笔者执教的班级当中,单纯以华语作为家庭用语的学生占了调查人数的 56.34%,超过半数。单纯使用英语作为家庭常用语的学生只占 14.08%;华英双语兼用的也是占了 14.08%。这也许是因为笔者执教的中学位于新加坡的北部,属于邻里学校,学生大多来自普通家庭,因此华语还是常用语。中三普通工艺班(下简称工艺班)里 61.54% 的同学来自单纯讲华语家庭,而只有 1 个同学的家庭用语是英语,其中的原因很简单——这位学生是新(加坡)泰(国)混血儿,他与母亲(泰国人)生活在一起。

此外,分析表一,我们还发现在全部接受调查的学生中,单纯使用方言(2 人)或会使用方言的家庭(6 人)所占比例很小,加起来也只有 8 人,占总数的 11.27%。工艺班的情况也类似。这从一个侧面表明新加坡推行了 30 年的"讲华语运动"(这一运动始于 1979 年,当时全国范围内方言作为家庭常用语的比例为 64.4%,2001 年已降至 1.8%)已见成效,绝大部分家庭使用的是华语,而非方言。

问题 2:你和朋友、同学交谈使用最多的语言是哪种?

表三　问题 2 的统计结果

类　别	总人数(频率)	百分比	工艺班(频率)	百分比
只用华语	21	29.58	6	46.15
只用英语	19	26.76	1	7.69
其他语言	1	1.41	0	0.00
华、英兼用	22	30.99	5	38.46
英、方言兼用	1	1.41	0	0.00
华、英、方言兼用	6	8.45	1	7.69
华、英、其他语言兼用	1	1.41	0	0.00
总　计	71	100.00	13	100

在表三所有受调查的学生中，和朋友、同学交谈使用最多的语言是兼用华英双语，占30.99%，稍高于纯用华语的29.58%和纯用英语的26.76%，显示了新加坡学校教育中的双语教育特色。同时从家庭用语纯用华语的56.34%下降到校园里交流纯用华语的29.58%，说明学生在校园里讲华语的频率下降，改用英语交谈的趋势上升，体现出英语作为校园学习语言的地位。工艺班的同学情况则有所不同，46.15%的同学依然用华语与朋友、同学交谈，有38.46%的同学兼用华英双语，兼用方言交谈的只有1人，占7.69%。

表二的统计结果清晰地体现了新加坡建国以后的语言政策：为了保持种族和谐，以英语作为主要的社会交际语言，即第一语言，也是工作语言和学习语言；在学校教育中，实行双语教育政策。

（二）对华语歌曲的了解和喜爱程度

问题3：你喜欢听华语歌曲吗？

表四 问题3的统计结果

类 别	总人数(频率)	百分比	工艺班(频率)	百分比
很喜欢	18	25.35	4	30.77
喜欢	24	33.80	4	30.77
一般	18	25.35	4	30.77
不太喜欢	6	8.45	0	0.00
不喜欢	5	7.04	1	7.69
总 计	71	100	13	100

从表四可以看到，在所有参加调查的学生中，25.35%的学生很喜欢听华语歌曲，33.80%的学生喜欢听华语歌曲，共占59.15%；认为一般的，占调查学生总数的25.35%。普通工艺班的学生中，只有1人不喜欢华语歌，占7.69%；61.54%的学生都喜欢和很喜欢听华语歌。

事实上，笔者通过和这些学生的接触，知道他们确实是非常喜欢听华语歌曲，而且常常把一些好听的歌曲介绍给笔者，对“好听”等知名的音乐网站了如指掌。

问题4：你经常听华语歌曲吗？

表五 问题4的统计结果

类别	总人数(频率)	百分比	工艺班(频率)	百分比
每天都听	15	30.99	5	38.46
经常听	26	19.72	3	23.08
一般	11	8.45	2	15.38
很少听	13	29.58	3	23.08
从来不听	6	11.27	0	0.00
总 计	71	100	13	100

表五显示，50.71%的受调查学生爱听华语歌曲，这其中包括每天都听华语歌曲的30.99%和经常听的19.72%；从来不听的只占11.27%。可见，听华语歌曲是大多数学生的日常爱好。工艺班中很少听华语歌曲的学生只有3位，占23.08%；而在超过61.54%的学生中，

每天都听的占38.46%和经常听的占23.08%,他们特别欢迎华文课上用华语歌曲来教学的方式。

问题5:你最喜欢哪一种类型的华语歌曲?

表六 问题5的统计结果

类 别	总人数(频率)	百分比	工艺班(频率)	百分比
爱情歌曲	22	30.99	4	30.77
励志歌曲	14	19.72	2	15.38
爱国歌曲	6	8.45	1	7.69
偶像歌曲	21	29.58	4	30.77
民歌(方言歌)	8	11.27	2	15.38
总 计	71	100	13	100

从表六的统计数据可见,受调查的所有学生最喜欢的歌曲类型顺序依次为:爱情歌曲占30.99%、偶像歌曲占29.58%、励志歌曲占19.72%、民歌(包括方言歌)占11.27%、爱国歌曲占8.45%。工艺班的学生最喜欢的歌曲类型是爱情歌曲和偶像歌曲,都各占30.77%;其次是励志歌曲和民歌(包括方言歌)都占15.38%;最后才是爱国歌曲,只占7.69%。大体上和所有参与调查学生的情况相似,体现了现代青少年对华语歌曲喜好的类型。

因此,在教学中可以选择一些思想比较正面、健康的爱情歌曲或是立意较好的偶像歌曲,既照顾了他们追星的心理,又能使他们从中体会人生的积极意义。例如周杰伦,他曾创作了一首歌叫《蜗牛》(见附录三),歌中的小蜗牛,虽然长得极弱小,还背负着重重的壳,但它却有着寻找广阔蓝天和温柔轻风的梦想,还具有为了实现梦想而一步一步地往上爬的毅力和精神。在教学中,老师指导学生学习歌词中的词语,了解歌曲的内容,掌握歌曲的大意;抓住几句关键句"小小的天有大大的梦想"、"我会找到我的天"、"总有一天我有属于我的天",启发学生敢于拥有自己的梦想,并且鼓励他们向歌中的小蜗牛学习,为实现自己的梦想不断地努力奋斗。在反复的咏唱当中,学生轻松地记忆歌词,体会其中的情感,接受中华传统价值观中的"从小树立远大理想"、"坚忍不拔"、"决不放弃"和"追求胜利"等方面的教育。

问题6:在听华语歌曲的时候,你会留意歌词的内容吗?

表七 问题6的统计结果

类 别	总人数(频率)	百分比	工艺班(频率)	百分比
很留意	18	38.03	5	38.46
留意	23	33.80	5	38.46
一般	19	7.04	3	23.08
不太留意	6	14.08	0	0.00
不留意	5	7.04	0	0.00
总 计	71	100	13	100

表七的统计数据显示,受调查的所有学生在听华语歌曲的时候,71.83%的学生都会留意歌词的内容,其中很留意的占38.02%,留意的占33.80%;不太留意的占14.08%,不留意的

只占7.04%;只有1个学生认为一般,占7.04%。工艺班的学生中,高达76.92%的学生都会留意歌词的内容,其中很留意的和留意的都占38.46%;没有学生不去留意歌词。3个学生认为一般,占23.08%。

在教学过程中,通过讲解歌词中的字、词、短语、句等,让学生了解使用华文的规律和变化,通过歌词感受到华文表述的优势,了解歌曲的思想内容,体会作者的"心声",领悟"言为心声"的意义。这正是我们利用华文歌曲的歌词进行华文教学的有效方法。

问题7:你喜欢某一首华语歌曲的最主要原因?

表八 问题7的统计结果

类　别	总人数(频率)	百分比	工艺班(频率)	百分比
音乐好	27	38.03	4	30.77
歌词好	24	33.80	5	38.46
歌手出名	5	7.04	1	7.69
歌手唱得好	10	14.08	3	23.08
很流行	5	7.04	0	0.00
总　计	71	100	13	100

表八的数据显示,受调查的学生认为自己喜欢华语歌曲的主要原因依次为:音乐好的占38.03%、歌词好的占33.80%、歌手唱得好的占14.08%、歌手出名和很流行都占7.04%。工艺班的学生认为喜欢华语歌曲的主要原因依次为:歌词好占38.46%、音乐好占30.77%、歌手唱得好占23.08%、歌手出名占7.69%,没有人选择很流行。

笔者在教学中也发现,这个班的学生比较喜欢老歌,不太在意歌手是谁或歌曲是否流行,只要是旋律动听、歌词朗朗上口的,他们都喜欢,甚至常常给老师推荐一些词曲俱佳的作品,希望通过华文课与全班同学分享。

(三)对使用华语歌曲进行华文教学的态度

问题8:你对用华语歌曲来教华文课的喜欢程度是以下哪一种?

表九 问题8的统计结果

类　别	总人数(频率)	百分比	工艺班(频率)	百分比
很喜欢	17	23.94	3	23.08
喜欢	28	39.44	5	38.46
一般	22	30.99	4	30.77
不太喜欢	2	2.82	1	7.69
不喜欢	2	2.82	0	0.00
总　计	71	100	13	100

根据表九的统计数据,受调查的所有学生中只有4个学生不欢迎用华语歌曲来教华文课,不太喜欢和不喜欢的各2人,共占总人数的5.64%;乐意接受这种教法的有63.38%,其中很喜欢的占23.94%,喜欢的占39.44%;认为一般的占30.99%。工艺班学生则只有1个学生不太喜欢用华语歌曲来教华文课,占7.69%;乐意接受这种教法的有61.54%,其中很喜欢

的占 23.08%，喜欢的占 38.46%；认为一般的占 30.77%——这与大多数受调查者的意见相近，说明学生大多能接受用华语歌曲来教华文课的方法。

问题 9：你觉得用华语歌曲来教华文课对你的华文学习是否有帮助？

表十　问题 9 的统计结果

类　别	总人数（频率）	百分比	工艺班（频率）	百分比
很有帮助	11	15.49	1	7.69
有帮助	34	47.89	7	53.85
一般	17	23.94	3	23.08
不太有帮助	4	5.63	1	7.69
没有帮助	5	7.04	1	7.69
总　计	71	100	13	100

表十的统计数据显示，63.38% 的受调查学生认为，用华语歌曲来教华文课对华文学习有正面的意义，其中觉得有帮助的占 47.89%、很有帮助的占 15.49%；有 9 个学生不认同用华语歌曲来教华文课，其中认为不太有帮助 4 人，认为没有帮助的 5 人，分别占总人数的 5.63% 和 7.04%；认为一般的占 23.94%。工艺班学生中，61.54% 的学生认同用华语歌曲来教华文课，觉得有帮助的占 53.85%、很有帮助的占 7.69%；认为不太有帮助和没有帮助的各有 1 人，各占总人数的 7.69%；认为一般的占 23.08%。这与大多数受调查者的意见也是相似的。

因此，笔者把华语歌曲带入华文课堂的教学实践，年终考试的阅读理解成绩比年中平均提高了 1.4 分，年终考试听力成绩比年中考试平均提高了 5 分，确实收到了一定的教学效果。

问题 10：你觉得老师用华语歌曲来教华文，多久一次最合适？

表十一　问题 10 的统计结果

类　别	总人数（频率）	百分比	工艺班（频率）	百分比
每节课	18	25.35	2	15.38
每星期	27	38.03	7	53.85
两个星期	9	12.68	2	15.38
每个月	4	5.63	0	0.00
无所谓	13	18.31	2	15.38
总　计	71	100	13	100

从表十一显示的问题 10 的统计结果来看，受调查的学生认为用华语歌曲来教华文课最合适的频率依次为：每星期 1 次的占 38.03%、每节课都用的占 25.35%、无所谓的占18.31%、两个星期 1 次的 12.68%、每个月 1 次的只占 5.63%。工艺班的学生认为用华语歌曲来教华文课每星期 1 次最合适的占 53.85%，每节课、两个星期和无所谓都各占 15.38%；没有人选择每个月 1 次。在过去的一个学期里，这个班大致上就是每周抽出 1 节课的时间来进行华语歌曲教学的，学生都觉得这样比较适合。

问题 11：你觉得用华语歌曲来教华文课的好处有哪些？

表十二 问题11的统计结果

调查对象的看法	总人数(频率)	百分比
1. 能增加学习华文的兴趣	20	28.17
2. 学到更多的新词语、新知识	18	25.35
3. 上课轻松、不会闷	8	11.27
4. 对华语学习进步有帮助	4	5.63
5. 了解歌词意思、歌曲内容和文化	3	4.23
6. 提高记忆力	2	2.82
7. 没好处(影响学习)	6	8.45
8. 不知道(没有答案)	10	14.08
总　　计	71	100

这是一道开放题,设置的初衷是想了解学生对教师利用华语歌曲来教学华文的真实感受。其中28.17%的学生认为"能增加学习华文的兴趣",认为能学到更多的新词语、新知识的有25.35%的学生,11.27%的同学认为能使课堂气氛变得"轻松、不会闷",另有5.63%的学生觉得"对华语学习进步有帮助",4.23%的学生认为可以"了解歌词意思、歌曲内容和文化",还有2.82%的学生觉得能"提高记忆力";但是其中也有6位同学认为用华语歌曲教学华文没有好处,甚至还会影响正常学习,持此观点的占8.45%还有10位没有写下意见。可见大部分学生认为教师(占总人数的77.47%)用华语歌曲来教学华文是有一定好处的。

四、总结

总的来说,这次的研究主要通过中一到中三不同源流的华人学生的问卷调查,初步检验了新加坡中学生通过华语歌曲来学习华文这一方法的可行性,以及笔者这一教学实践的具体效果。

首先,从调查获得的数据可知:60%以上参与问卷调查的学生喜欢通过华语歌曲学习华文的教学方式,也认为这种方法对培养他们学习华文的兴趣有帮助。同时,他们也觉得通过华语歌曲歌词的学习能学到更多的词语知识,对华语学习进步有帮助,在轻松的课堂学习气氛中享受华文学习的乐趣。但是,对于快捷班和普通学术班的同学来说,因为课时很紧,课文阅读、作文教学所占的比例很重,所以一个学期下来,通过华语歌曲来学习华文也只进行了一到两次,没有更充裕的时间进行实践。

其次,笔者大概用了半年时间对普通工艺班的同学进行了一系列的华语歌曲教学,所以在数据统计时特别列出这班的数据进行参照。在教学实践中,通过讲解歌词中的字、词、短语、句等,让学生了解使用华文的规律和变化;通过讨论歌词的主题和内涵,让学生接受文化熏陶和情感教育,体会到华人对待人生的态度以及处理情感的方式。例如笔者曾选择了台湾地区歌手Tank的《如果我变成回忆》(见附录四),因为歌手Tank本人患有心脏病,而歌曲的内容也表达了主角(心脏病患者)担心自己随时离爱人而去,因此描述了自己变成回忆的3种假想,反映了主角的悔恨、遗憾和心痛。在教学中,笔者除了让学生掌握"脉搏"、"蹒跚"、"错愕"、"霸占"等词语的读音、意义和用法外,还引导学生真切体会到健康的重要、生命的可贵,要关爱自己。在新加坡国庆日的那一周,笔者特意选择了本地歌手孙燕姿的《一起走到》(见附录五)。这是一首老歌,播放的时候,班上不少同学马上就跟着旋律哼唱;一些以前没有听过的同学也能从宣传短片的画面感受到歌曲渲染的爱国情怀,因此在接下来的字词教学中,学得特别认真。歌曲的内涵已经无需老师多言,自然心领神会了。半年实践下来,学生们期末考试与年中考试相比,华文阅读的成绩平均提高了 1.4 分、听力成绩平均提高了 5 分(见附录六),笔者从中看到了华语歌曲教学切实的效用。

五、教学反思和策略

实践中笔者也在反思,力求找出不足,以便在以后的教学实践中不断完善。个人认为,最重要的是做到因人而异、因材施教,对不同源流的学生应采取不同的教学策略。

首先,快捷班的教学策略。虽然调查中快捷班的学生也要求每周能安排一节华语歌曲教华文课,但考虑到快捷班的课程任务比较重,学生们的自学能力和学习自觉性也比较强,所以老师可以考虑适当设计一些讨论题目,让他们根据要求在课外通过“逗歌”和“Cling”网站搜寻相关的资料,完成对相关歌词的解读和歌曲赏析。如果正好有适当的歌曲是契合课文的内容的,可以在课堂教学设计中有机地结合相关内容,以增加教学的趣味性。

例如梁文福先生的《童谣 1987》的歌词(见附录七)就是借孩子的口向父母、老师和世界倾吐心声:希望也能拥有自己的一片天空。那么教师可以结合歌词内容设计一道应用写作文的练习题,让学生通过给父母写一封信的形式,把自己的心声也说出来。

此外,还可以让学生通过改写歌词的练习,训练并提高学生的写作和审美的水平。年中的时候,就有一位来自中国的学生改写了一首歌曲的歌词,还参加了相关的比赛。

其次,工艺班的教学策略。对于工艺班的学生,则根据他们华文教学目标重在听说能力培养和训练方面的特点,可以充分利用通过华语歌曲学习华文这种喜闻乐见的教学方法。在以后的教学中还可以推荐给其他年级的普通工艺班学生。

由于这次的调查仅限于笔者执教的班级,所以样本的收集还是有局限性的,如果能推广到全年级或全校的华文班,那么,也许得到的结论将更有参考价值和说服力。

参考文献

谢泽文. 新加坡第一语文的课程设计[A]. 教学与测试[M]. 新加坡:新加坡教师总会出版,2003.
谢泽文. 新加坡推广华语的一些经验[A]. 教学与测试[M]. 新加坡:新加坡教师总会出版,2003.
任思璇. 改变儿童歌曲,协助字词复习——一堂小二华文课的实务报告[R]. 华文学刊,2007,(2).
陈通玲. 唱机也当华文老师[N]. 星期五周报,2007.05.17.
杨雪慧. CLing 创造华文学习平台 帮助年轻人更了解中国[N]. 联合早报,2009.07.19.

附录一

《华语歌曲与华文教学》调查问卷

姓名:________________ 班级:________________ 国籍:________________ 性别:男/女

请在□里打“√”:

1. 您在家里使用最多的语言是(如同时使用,可多选):

□ 华语 □ 英语 □ 马来语 □ 方言(广东、福建话等)□ 其他语言(日、法语等)

2. 您和朋友、同学交谈使用最多的语言是(如同时使用,可多选):

华语 □ 英语 □ 马来语 □ 方言(广东、福建话等)□ 其他语言(日、法语等)

3. 您喜欢听华语歌曲吗?

很喜欢 □ 喜欢 □ 一般 □ 不太喜欢 □ 不喜欢

4. 您经常听华语歌曲吗？

每天都听 □ 经常听 □ 一般 □ 很少听 □ 从来不听

5. 您最喜欢的华语歌曲类型是：

爱情歌曲 □ 励志歌曲 □ 爱国歌曲 □ 偶像的歌 □ 民歌(方言歌曲)

6. 在听华语歌曲的时候,您会留意歌词的内容吗？

很留意 □ 留意 □ 一般 □ 不太留意 □ 不留意

7. 您喜欢某一首华语歌曲的最主要原因是：

音乐好 □ 歌词好 □ 歌手出名 □ 歌手唱得好 □ 很流行

8. 您对用华语歌曲来教华文课：

很喜欢 □ 喜欢 □ 一般 □ 不太喜欢 □ 不喜欢

9. 您觉得用华语歌曲来教华文课对你的华文学习：

□ 有很大帮助 □ 有帮助 □ 一般 □ 有一点帮助 □ 没有帮助

10. 您觉得老师用华语歌曲来教华文,多久一次最合适？

每节课 □每星期 □ 两个星期 □ 每个月 □ 无所谓

11. 您觉得用华语歌曲来教华文课的好处是：

____

谢谢您的宝贵意见！

附录二

放心的地方

词:苗芒

在地图上
你看起来只是一小点
怎么会是一小点呢
我的摇篮
我的学校
我的办公室
我的家
为什么容纳得下
在地图上
你的确只是一小点
怎么能是一小点呢
我的理想
我的幸福
我的爱情
我的千言万语
如何装得进去
凡是鱼
都应该有
吐泡泡的水
凡是鸟
更必须有
栖息的树
凡是人
哪能没有祖国
哪能让一颗心
到处漂泊
在地图上
你虽然只是一小点
但这一小点啊
是我的水
是我的树
是我放心的地方
是我的全部

附录三

蜗　牛

词曲　周杰伦

该不该搁下重重的壳
寻找到底哪里有蓝天
随着轻轻的风轻轻地飘
历经的伤都不感觉疼
我要一步一步往上爬
等待阳光静静看着它的脸
小小的天有大大的梦想
重重的壳裹着着轻轻的仰望

我要一步一步往上爬
在最高点乘着叶片往前飞
小小的天流过的泪和汗
总有一天我有属于我的天

我要一步一步往上爬
在最高点乘着叶片往前飞
任风吹干流过的泪和汗
我要一步一步往上爬
等待阳光静静看着它的脸
小小的天有大大的梦想
我有属于我的天
任风吹干流过的泪和汗
总有一天我有属于我的天

附录四

如果我变成回忆

词:陈信延　施人诚　演唱:Tank(吕建中)

累了 照惯例努力清醒着
也照惯例想你了
好怕一放心睡了 心跳在梦中
不听话的就停止了
听着 呼吸像浪潮摆动着
越美丽越让我忐忑
我还能珍惜什么
如果我连自己的脉搏 都难掌握

如果我变成回忆 退出了这场生命
留下你错愕哭泣
我冰冷身体 拥抱不了你
想到我让深爱的你人海孤独旅行
我会恨自己 如此狠心
如果我变成回忆 终于没那么幸运
没机会白着头发
蹒跚牵着你 看晚霞落尽
漫长时光总有一天你会伤心痊愈
若有人可以让他陪你 我不怪你
快乐 什么时候会结束呢
哪一刻是最后一刻
想把你紧紧抱着
可知你是我生命中的 最舍不得

如果我变成回忆 退出了这场生命
留下你错愕哭泣
我冰冷身体 拥抱不了你
想到我让深爱的你人海孤独旅行
我会恨自己 如此狠心
如果我变成回忆 终于没那么幸运
没机会白着头发
蹒跚牵着你 看晚霞落尽
漫长时光总有一天你会伤心痊愈
若有人可以 让他陪你 我不怪你
如果我变成回忆 最怕我太不争气
顽固的赖在空气 霸占你心里每一寸空隙
原来依然爱我的你痛苦承受失去
这样不公平 请你尽力 把我忘记

附录五

一起走到

作词:梁文福　作曲:李迪文　演唱:孙燕姿

是否还记得从前美丽的天色
那时天很蓝我们的未来都在不远地方晴朗着
一切都变了生命不只是快乐
浓浓黑雾笼罩我们暴风雨就要来了但谁说不能肩并着肩站稳
我们用心和用爱创造让新的世界诞生
在我心中我知道这是永恒的长跑
好不容易来到这里
明天还要追更多荣耀
把自己角色扮演好全力以赴每一秒
和我的家人和我的朋友
向着目标手牵手一起走到
这又是起点我们有一样心愿
当我们团结狂风巨浪也不能阻挡我们走向前
谁害怕改变只要紧握着信念
心中有梦没有遥远跨出去就在瞬间
但谁说不能肩并着肩站稳
我们用心和用爱创造让新的世界诞生

附录六

中三普通工艺源流年中和年终考试各项成绩平均分的比较

	阅读		听力		口语	总分	
	年中	年终	年中	年终	年中 / 年终	年中	年终
平均分	13.9	15.3	16.3	21.3	33.1	63.3	69.5
最高分	19	20	28	28	42	85	88
最低分	5	10	4	12	25	34	50
中位数	15	15.5	17	12.5	32.5	64.5	69.5
优分率	62.5	68.75	6.25	37.5	25	18.75	18.75
及格率	81.8	100	62.5	93.75	100	93.75	100
标准差	4.18	3.11	5.88	4.43	5.11	13.53	11.13

附录七

童谣1987

词曲:梁文福

亲爱的爸爸 给我一个窗口
给我留一片还没有污染的天空
在层层的 重重的 铁窗后
让我望一望 草地上 绿色的自由?
亲爱的妈妈 给我哭闹的时间
让我迟一些 才学会标准的笑脸
也许你可以 先给我一点空间
让我喜欢自己 再接受文明的训练
亲爱的老师 不要那么紧张
不是所有的歌曲都要规矩的唱
一切的ABC可以慢慢地学
不要教我争先 让我从容一点

亲爱的世界 给我一个黑板
让我快乐地 画一幅 自己的向往
其实你不该 教会我太多黑白
让我长大后 不会对着灰色无奈

作者单位:新加坡永青中学华文部

《小蝌蚪找妈妈》的用字统计与分析

郭曙纶[1] 李祥辉

我们知道,收入中小学语文教材的课文往往经过一些加工修改。这些加工修改大多是根据教材编写的需要而进行的。但是我们没有想到,同一篇课文在不同版本中也会有许多的不同。本文想通过10个不同版本的《小蝌蚪找妈妈》之间的差异,看看编辑们对这篇课文进行了哪些文字方面的加工修改。

《小蝌蚪找妈妈》是许多版本的小学语文教材中都有的一篇课文。这篇课文不长,总共不过三四百字。然而我们发现,就这么短短的一篇课文,在不同版本的教材中,其差异达30多处,几乎每个句子都有不同的地方。

我们希望通过解剖麻雀的方式来了解教材编者在做一些什么样的编辑加工,并试图初步评价一下这些加工的得与失。

我们收集到了11个版本的《小蝌蚪找妈妈》,其中有两个完全相同,因此除去后,本文比较10个版本的《小蝌蚪找妈妈》的用字情况。这11个版本及相关信息请详见参考文献。参考文献括号中是一个由3个字母和4个数字组成的"课文编号",其中前三个字母是版本的代码,前两位数字表示是第几册,后两位数字表示是第几课,如"0403"表示是第4册第3课。由课文编号我们就可以看出,《小蝌蚪找妈妈》这篇课文,有的被编排在第2册,有的则被编排在第4册,其间相差一个学年,从识字角度看,显然不会都是合适的。从出版时间来看,SJS0227、YWS0217和CCS0202应该都是受到RMJ0234的影响才安排在第2册的。由此可以看到,在教材编写上,人民教育出版社出版的教材影响是很大的。

一、《小蝌蚪找妈妈》用字的统计

为了便于统计,我们把10个版本的《小蝌蚪找妈妈》一文全部分别录入电脑,下面是其用字的统计数据。

表一 《小蝌蚪找妈妈》用字统计表(含标点)

课文编号	总字次数	总字种数	总句数	最大句长	最小句长	平均句长
198205RJW0403	391	128	18	46	8	21.7
199411SHS0414	412	134	19	53	8	21.7
199504RJL0401	396	133	15	46	10	26.4
199511HDS0422	413	134	19	53	8	21.7
200110RML0405	394	133	17	46	10	23.2

① 本文的研究得到国家语言资源监测与研究中心教育教材语言分中心科研项目"基于语料库的基础教育语文教材历时比较研究"(项目编号E10102)和上海交通大学国际教育学院科研创新计划项目"基于语料库技术的汉语教材编写系统"(课题批准号08YTS02)的经费资助,特此致谢。

续表

课文编号	总字次数	总字种数	总句数	最大句长	最小句长	平均句长
200111BSW0416	418	135	18	53	8	23.2
200112RMJ0234	398	133	17	46	10	23.4
200501SJS0227	360	125	16	53	8	22.5
200511YWS0217	395	134	15	46	10	26.3
200712CCS0202	394	133	16	46	10	24.6
平 均	397.1	132.2	17	48.8	9	23.5

说明:"课文编号"列中前6位数字表示教材出版的年月,"总字次数"列不含标题字数,统计中的"平均句长"列未把标题计算在内。下表同。

分析:比较"总字次数"和"总字种数"两列数据后可以知道,这10个版本中只有RML0405和CCS0202两个版本有可能完全相同,其他都不相同,但在我们仔细比较RML0405和CCS0202这两个版本后,发现这两个版本之间也存在着1处不同(有1处句号换成了逗号),因此,这10个版本中没有完全相同的两个版本。(有一个完全相同的版本,即人民教育出版社九年义务教育五年制小学教科书的第四册第一课,与六年制的完全相同,它们的出版时间也相同,我们在研究中将其省去了。)

从总字次数可以看出,SJS0227最少,少了2个句子,其少去的内容是:"他们后腿一蹬,向前一跳,蹦到了荷叶上。不知什么时候,小青蛙的尾巴已经不见了。"而BSW0416总字次数最多,其多出的主要内容是:"捉起虫来顶呱呱"和"正在捉小飞虫"。这篇课文10个版本中句子的总平均长度较短,只有23.5个字,小于普通文本30个字的平均句长。这或许正体现出这是一篇小学语文课文的特点。

《小蝌蚪找妈妈》中共有7个不同的标点,它们是:!、,、。、:、?、"、",在10个版本中共有649个标点,占了整个课文文本的16%多,除去这些标点后得到下表。

表二 《小蝌蚪找妈妈》用字统计表

课文编号	总字次数	总字种数	总句数	最大句长	最小句长	平均句长
198205RJW0403	329	121	18	41	6	18.3
199411SHS0414	346	127	19	47	6	18.2
199504RJL0401	330	126	15	41	8	22.0
199511HDS0422	347	127	19	47	6	18.3
200110RML0405	328	126	17	41	8	19.3
200111BSW0416	351	128	18	47	6	19.5
200112RMJ0234	332	126	17	41	8	19.5
200501SJS0227	302	118	16	47	6	18.9
200511YWS0217	329	127	15	41	8	21.9
200712CCS0202	328	126	16	41	8	20.5
平 均	332.2	125.2	17	43.4	7	19.6

分析:在除去标点后,RML0405和CCS0202这两个版本是完全相同的,但其他版本都不完全相同。从时间上来说,RJW0403应该是最早的,而且RJW0403、RJL0401、RML0405和RMJ0234这4个版本都是人民教育出版社出版的,但是也都小有不同。

从表二“《小蝌蚪找妈妈》用字统计表”可知,使用最少的版本是SJS0227,只有118个字种;使用最多的版本是BSW0416,有128个字种。相应的总字次数也是SJS0227最少,BSW0416最多。另外,我们统计了这10个版本的课文所有用字字种,共有139个。仔细观察后可以发现,这10个版本中总字次数与总字种数不是完全呈正相关系:并非总字次数越多,总字种数也越多。

那么这所有139个字种在不同版本中出现的情况如何呢?表三“《小蝌蚪找妈妈》各版本相同用字统计表”是这方面的统计数据。

表三　《小蝌蚪找妈妈》各版本相同用字统计表

出现的版本数	1	3	4	5	6	7	9	10	合计
字数	3	3	5	5	3	2	9	108	139
百分比	2.16	2.16	3.60	3.60	2.16	1.44	6.47	77.70	100.00

由此表数据可以说明,即使是内容几乎完全相同的课文,由于版本的不同,所使用的字种还是有不小的差别:10个版本都使用的字种只有108个,占总字种数的77.70%。

拿这139个字与3500个现代汉语常用字①比较后发现:

这139个字中,有133个字“一、几、了、又、大、上、小、么、已、子、飞、天、不、水、见、长、什、乌、巴、正、去、叶、只、叫、四、们、白、他、甩、头、出、皮、边、对、动、地、过、在、有、灰、成、虫、吃、向、后、多、色、衣、问、池、忙、兴、许、那、好、妈、找、花、两、来、连、时、里、呀、吧、我、低、你、身、肚、龟、条、迎、快、尾、阿、青、顶、披、到、知、的、服、鱼、变、经、是、哪、看、追、食、前、活、说、孩、姨、捕、起、捉、荷、啊、笑、候、脑、高、旁、害、宽、教、雪、眼、袋、着、绿、蛙、黑、短、就、游、鼓、摆、塘、睛、跳、跟、腿、群、碧、裳、嘴、蹦、蹲、露”属于常用字,有4个字“蚪、蝌、鲤、蹬”属于次常用字,还有2个字“哇、呱”属于不常用字。

二、《小蝌蚪找妈妈》用字差异标注

为了对上述10个版本的课文进行统计分析,我们先把它们分别输入电脑,并且按句子对齐,即以句子为单位(为了便于与不同版本的句子对齐、比较,个别句子是以逗号为标记)分成不同的行,然后再把不同版本的用字差异标注出来。

句子对齐工作做完后,我们发现有9个版本的课文句子数相同,是19个,另有1个版本SJS0227的句子数只有16个。但是如果严格按照断句标点来算的话,句子数不是这样,具体见前面表1和表2中“总句数”列。

为了便于比较、统计这10个版本课文用字的差异,我们逐句对它们的用字差异进行了细致的标注。下面表四“差异标注表(示例)”是我们的标注示例。

表四　差异标注表(示例)

ID	句子内容	句编号	版本编号	差异标注
1	池塘里有一群小蝌蚪,大脑袋,黑身子,甩着长长的尾巴,快活地游来游去。	1	RJW0403	少“大的”:大大的脑袋 | 大脑袋;少“灰色的”:黑灰色的身子 | 黑身子
2	小蝌蚪游呀游,过了几天,长出了两条后腿。	2	RJW0403	多“了”:长出了 | 长出;换字:啊 | 哇 | 呀

① 国家语言文字工作委员会汉字处.现代汉语常用字表[S].北京:语文出版社,1988.

续表

ID	句子内容	句编号	版本编号	差异标注
3	他们看见鲤鱼妈妈在教小鲤鱼捉食。	3	RJW0403	换词:捉食|捕食|找食吃;逗号换成了句号
4	小蝌蚪迎上去问:“鲤鱼阿姨,我们的妈妈在哪里?”	4	RJW0403	换说法:小蝌蚪去问|,就迎上去,问
5	鲤鱼妈妈说:“你们的妈妈四条腿,宽嘴巴。	5	RJW0403	
6	到那边去找吧!”	6	RJW0403	少“你们”
7	小蝌蚪游呀游,过了几天,长出了两条前腿。	7	RJW0403	少“又”:长出了|又长出了;多“了”:长出了|长出
8	他们看见一只乌龟摆动着四条腿在水里游。	8	RJW0403	逗号换成了句号
9	小蝌蚪连忙追上去叫:“妈妈,妈妈!”	9	RJW0403	多“小蝌蚪”:小蝌蚪连忙|连忙
10	乌龟笑着说:“我不是你们的妈妈,	10	RJW0403	句号换成了逗号
11	你们的妈妈头顶上有两只大眼睛,披着绿衣裳。	11	RJW0403	换词:衣服|衣裳;少“捉起虫来顶呱呱”
12	你们到那边去找吧!”	12	RJW0403	
13	小蝌蚪游呀游,过了几天,尾巴变短了。	13	RJW0403	
14	他们游到荷花旁边,看见荷叶上蹲着一只大青蛙,披着碧绿的衣裳,露着雪白的肚皮,鼓着一对大眼睛。	14	RJW0403	少“,正在捉小飞虫”
15	小蝌蚪游过去叫:“妈妈,妈妈!”	15	RJW0403	少逗号;少“着”:叫着|叫
16	青蛙妈妈低头一看,笑着说:“好孩子,你们已经是青蛙了,快跳上来吧!”	16	RJW0403	换说法:已经长成|已经是;少“,跟我一起捉害虫”:快跳上来,跟我一起捉害虫吧!|快跳上来吧!(后面有“跟我一起去捉害虫吧!”)
17	他们后腿一蹬,向前一跳,蹦到了荷叶上。	17	RJW0403	
18	不知什么时候,小青蛙的尾巴已经不见了。	18	RJW0403	
19	他们跟着妈妈天天去捉害虫。	19	RJW0403	少逗号

从这个标注表可以看出,10个版本的用字差异还是比较多的。我们所讨论的最早版本即出现在RJW0403中的课文《小蝌蚪找妈妈》,在上面的表四“差异标注表(示例)”的“句子内容”列中都可以完整地看到。

三、《小蝌蚪找妈妈》用字差异类型

把这些差异都标注出来后,经过整理之后的课文如下(说明:花括号“{}”里表示其中的内容在不同版本的教材中有差异,竖线“|”前后表示差异的具体内容,如果后面是空格,则表示差异就是有与无的差别,“数量”列中的数字表示差异的数量,“差异分析”列中的分析显然只是作者个人的一孔之见):

表五　课文用字差异及其分析表

课文内容	数量	差异分析
1. 池塘里有｛一群｜许多｝小蝌蚪,｛大｜大大的｝脑袋,｛黑｜黑灰色的｝身子,甩着长长的尾巴,快活地游来游去。	3	｛一群｜许多｝:前者更准确,但其中“群”字较难写。而后两处则主要是口语和书面语、节奏快和慢的差异。
2. 小蝌蚪游｛啊｜哇｜呀｝游,过了几天,长出｛了｜｝两条后腿。	2	｛啊｜哇｜呀｝:其实是“啊”的语音变体问题,其中“呀”只出现在最早的版本当中,显然是因为这是一个错误,所以之后的版本都改正了这个小错误。｛了｜｝:似乎只是为避免“了”的重复出现。
3. 他们看见鲤鱼妈妈在教小鲤鱼｛捉食｜捕食｜找食吃｝｛。小蝌蚪去问｜,就迎上去,问｝:	2	｛捉食｜捕食｜找食吃｝:这3个说法都不好,因为“食”是个书面词汇。后一处则是汉语中的流水句问题,汉语的句子经常没有明确的界线。
4. “｛鲤鱼阿姨,｜｝我们的妈妈在哪里?”	1	有没有称呼,体现出说话者的礼貌问题。
5. 鲤鱼妈妈说:“你们的妈妈四条腿,宽嘴巴｛。｜,｝	1	流水句问题
6. ｛你们｜｝到那边去找吧｛!｜。｝”	2	有没有主语,在这里似乎表意差别不明显。而叹号与句号的差别则显然与说话者的语气相关。
7. 小蝌蚪游｛啊｜哇｜呀｝游,过了几天,｛长出｜长出了｜又长出｜又长出了｝两条前腿。	2	这里不但关系到“了”的有无,而且还多出一个“又”字来,“又”自然起到了与前文照应的作用。
8. 他们看见一只乌龟摆动着四条腿在水里游｛。｜,｝	1	流水句问题
9. ｛小蝌蚪｜｝连忙追上去｛,｜｝叫｛着｜｝:“妈妈,妈妈!”	3	｛小蝌蚪｜｝:流水句产生的主语省略与否问题。｛,｜｝:逗号的有无,只是改变了话语的节奏。｛着｜｝:也是由前面的节奏改变带来的相应的节奏变化。
10. 乌龟笑着说:“我不是你们的妈妈｛。｜,｝	1	流水句问题
11. 你们的妈妈头顶上有两只大眼睛,披着绿｛衣裳｜衣服｝｛,捉起虫来顶呱呱｜｝。	2	｛衣裳｜衣服｝:口语和书面语的差别,或者说口语程度的差别,但用字难度与口语化程度不一致,“衣裳”更口语化,但用字更难。｛,捉起虫来顶呱呱｜｝:有无的差别是直接影响到了用字的难度。
12. 你们到那边去找吧｛!｜。｝”	1	
13. 小蝌蚪游｛啊｜哇｜呀｝游,｛又｜｝过了几天,尾巴变短了。	2	“又”字的再次使用,还是为了起到与前文照应的作用。
14. 他们游到荷花旁边,看见荷叶上蹲着一只大青蛙,披着碧绿的衣裳,露着雪白的肚皮,鼓着一对大眼睛｛,正在捉小飞虫｜｝。	1	｛,正在捉小飞虫｜｝:有无的差别是直接影响到了用字的字种数量(“飞”字只在此出现)。
15. ｛他们｜小蝌蚪｝游过去｛,｜｝叫｛着｜｝:“妈妈,妈妈!”	3	｛他们｜小蝌蚪｝:这涉及代词照应的问题。
16. 青蛙妈妈低头一看,笑着说:“好孩子,你们已经｛是｜长成｝青蛙了,快跳上来｛,跟我一起捉害虫｜｝吧!”	2	｛是｜长成｝:显然用“长成”比“是”更准确。｛,跟我一起捉害虫｜｝吧!:这是因为SJS0227少了3个句子,把最后一句的内容合并到这里来了。

续表

课文内容	数量	差异分析
17. 他们后腿一蹬,向前一跳,蹦到了荷叶上。	0	
18. 不知什么时候,小青蛙的尾巴{已经|}不见了。	1	{已经|}:只有 YWS0217 没有使用“已经”,“已经”在此确实是冗余的,但是这种冗余已经成为习惯。
19. 他们跟着妈妈{,|}天天去捉害虫。	1	
19. 青蛙妈妈高兴地说:“你们跟{着|}我一起去捉害虫吧!”	1	{着|}:在这里似乎表意差别不明显。

把所有差异都标注出来后,我们发现,完全相同的句子只有1个,即第17句,其余18个句子共有31处差异。这还不包括 SJS0227 和 BSW0416 中最后差异较大的2处。如此算来,差不多平均每个句子有1.7处差异。

(值得注意的是:BSW0416、HDS0422 和 SHS0414 中的第17句和18句换了顺序,后面第19句也相应改为——青蛙妈妈高兴地说:“你们跟{着\| }我一起去捉害虫吧!”。)

这31处差异大致可以归为如下5类:

1. 虚词的有无。如第2句的{了\| },第7句的{长出\|长出了\|又长出了},第13句的{又\| },第9和15句的{着\| },第18句的{已经\| }。

2. 换词,即换一个说法。如第1句的{一群\|许多}、{大\|大大的}和{黑\|黑灰色的},第2、7和13句的{啊\|哇\|呀},第3句的{捉食\|捕食\|找食吃},第11句的{衣裳\|衣服},第15句的{他们\|小蝌蚪},第16句的{是\|长成}。其中{啊\|哇\|呀}其实是“啊”的语音变体问题。其中“呀”只出现在最早的版本当中,这显然是因为这是一个错误,所以之后的版本都改正了这个小错误。

3. 标点的有无与换用。如第9、15和19句的{,\| },第5、8和10句的{。\|,}。逗号与句号的换用,主要是因为受到了汉语中所谓流水句的影响。不过一般说,逗号与句号的换用,会影响到句子的长度,进而会影响到课文的难度计算。

4. 称呼语的有无。如第4句的{鲤鱼阿姨,\| },第5句的{你们\| }。

5. 内容的增减。如第11句的{捉起虫来顶呱呱。\| },第14句的{,正在捉小飞虫\| }。SJS0227 版本中没有第17和18句的内容,而第19句的内容也合并到第16句中去了。

四、《小蝌蚪找妈妈》的用字问题讨论

接下来我们对这些差异作进一步的讨论。

通过对10个版本《小蝌蚪找妈妈》课文用字的比较、统计,我们可以发现如下几个问题:

首先,它们都被安排在第二学期,这显然与蝌蚪出现的季节有关,是为了方便学生边学边观察。但从用字来看,同一篇课文,虽然不同版本的编者对课文用字有个别改动,但是其主要用字差不多是相同的,个别用字的改动并不能从根本上改变课文的难度。而且仔细观察分析可以发现,编者的改动也并不都是为了降低或增加课文用字的难度。如第11句{衣裳\|衣服}的替换显然是为了降低课文用字的难度,但是第3句{捉食\|捕食\|找食吃}的替换则不能降低课文用字的难度,“捕”相比“捉”来说应该是更难一些。而且第11句{衣裳\|衣服}的替换虽然降低课文用字的难度,但是使用这种替换的4个版本(BSW0416、HDS0422、SHS0414 和 SJS0227)接下来都增加了“捉起虫来顶呱呱”这一内容,而这一内容显然增加了课文用字的难度,尤其是其中的“呱”字,不属于3500个现代汉语常用字范围。因此同一版本的课文改动,有的降低了课文用字的难度,而有的则增加了课文用字的难度。可见,调整课文用字的难度

并非教材编者或编辑修改的标准,或者说教材编者或编辑没有始终坚持这一标准。

其次,从具体用字来看,前面已经提到,有 4 个字“蚪、蝌、鲤、蹬”属于次常用字,还有 2 个字“哇、呱”属于不常用字。这里带来了一个值得探讨的问题:究竟是课文用字有问题,还是常用字表有问题?当然也许有人会说,它们都有问题,或者都没有问题。因为这两者不具有可比性,常用字表是社会用字表,而课文用字是教育用字表。问题是目前只有社会用字表,而没有教育用字表,现在通行的做法是以社会用字表代替教育用字表。虽然这并不合适,然而这是个事实。所以,如果我们假定常用字表是一个标准的话,那么在低年级课文用字中出现非常用字显然是不合适的。如果抛开常用字表这个参照,只看具体的汉字,那么也会发现,课文用字中有些还是比较难的,如“游、鼓、摆、塘、睛、跳、跟、腿、群、碧、裳、嘴、蹦、蹲、露、鲤、蹬”等。比如“群”字,共有 13 画,要求学生写是比较困难的,这或许是有一个版本(SJS0227)把“一群”改成“许多”的一个原因吧。

由此我们还想到的另一个问题是:教材编者或编辑在改什么?是根据什么标准或要求来改的?对此,我们很想另外撰文进行讨论,希望在此能得到各位方家的指教。

参考文献

五年制小学教科书语文(第四册)[Z]. 北京:人民教育出版社,1982.

上海一期课改 S 版教材. 语文(第四册)[Z]. 上海:上海教育出版社,1994 年 11 月第 2 版.

九年义务教育六年制小学教科书语文(第四册)[Z]. 北京:人民教育出版社,1995 年 4 月第 2 版.

九年义务教育五年制小学教科书(跟六年制的 RJL0401 完全相同)语文(第四册)[Z]. 北京:人民教育出版社,1995 年 4 月第 2 版.

上海一期课改 H 版教材语文(第四册)[Z]. 上海:华东师范大学出版社,1995 年 11 月第 3 版.

九年义务教育六年制小学教科书语文(第四册)[Z]. 北京:人民教育出版社,2001 年 11 月第 3 版.

五年制小学教科书语文(第四册)[Z]. 北京:北京师范大学出版社,2001.

义务教育课程标准教科书语文(第二册)[Z]. 北京:人民教育出版社,2001.

上海二期课改教材语文(第二册)[Z]. 上海:上海教育出版社,2005 年 1 月第 3 版.

S 版义务教育课程标准教科书语文(第二册)[Z]. 北京:语文出版社,2005 年 11 月第 2 版.

义务教育课程标准实验教科书语文(第二册)[Z]. 长春:长春出版社,2007 年 12 月第 4 版.

国家语言文字工作委员会汉字处. 现代汉语常用字表[S]. 北京:语文出版社,1988 年.

作者单位:上海交通大学国际教育学院

安徽省阜南县第二小学

“美人幻象”:朱自清写景散文审美视角管窥

——兼与余光中先生商榷

李 苑

人们在欣赏朱自清写景抒情的散文时,除了被他的清隽与情韵所震撼之外,更惊叹他有着一双奇特的“眼睛”——他笔下那些清幽、细密、浑圆的意境,既细致华美又清新淡雅,犹如一幅幅格调高雅又“浓妆淡抹总相宜”的“工笔美文”。然而,却少有人注意并深入地研究这样一个事实:这些优美的意境往往与女性意象紧密相连。比如,作者描写荷叶、荷花、月光、杨柳枝条、海棠花枝、潭水、瀑布等景物时,喜欢用女人的脸、美人的臂膊、少女的皮肤、处女的心、少妇的裙幅等去比拟或象征,女性意象俨然成为朱自清散文艺术美不可或缺的精灵。但奇怪的是,人们普遍并未因此产生如余光中先生所言:引起“俗艳场面”的“庸俗的联想”,甚至颇有“意淫”嫌疑的反感①;也并不认可有人所言“是一个情感饥渴者的天机泄露,是一个心性欠健朗者的矛盾反映”的评价②。相反,总有一种纯净的美感沁人心脾,使人产生一种灵魂被洗涤、情操被升华后的感动。这是何故?笔者认为,其原因在于:朱自清有着比一般散文作家更为独特、敏锐的审美感受——“美人幻象”(对“美人”爱恋、崇拜的“情结”)。它源自朱自清海阔天空般开放的胸怀与古今中外扎实的知识底蕴。正是这独特的个人主观审美经验(包括生活体验)的参与,构成了朱自清审美感知的心理驱力,从而形成他个性化的审美视角,使他具备了非凡的艺术观察力和想象能力。因此,对朱自清散文独特审美视角——“美人幻象”进行探究,是探寻其散文魅力源头的一条很有意义的途径。

一、潜意识中的“美人”爱欲

“幻象”(又译“偶像”),原是哲学用语,英国唯物主义哲学家弗兰西斯·培根所创。它指盘踞于人心而牢不可破的一些错误观念或看法(即虚假的,不真实的)。但当“幻象”一词使用到文学创作中时,便可因理解为“虚构”、“想象”的意象而合理成立。在朱自清景物描写散文中,均不同程度地投射出其个性化的审美感受——“美人幻象”(对“美人”爱恋、崇拜的“情结”),即喜欢用女性柔美的意象作为比喻、象征去营造其笔下的意境。倘若将她们剔除,则朱自清散文的艺术美也将黯然失色。

审美感受,也可称作艺术感觉、审美情感。它是审美意识最基本、最主要的形式,是作家的一种由审美对象所引起的复杂的心理活动过程,具有主观性、沉醉致幻的艺术想象、审美理想与人格理想的互融等特征。它包括审美主体个性的情感运动和个性的艺术思维过程,是主观和客观在审美意义上的统一。在审美感受中,将体会到作家对客观事物审美的观察力、想象力、理解力和艺术表现的能力,因此,作家审美感受的敏感度、深刻度和新颖度直接决定着作品审美价值的高下优劣。

---

① 余光中.论朱自清的散文[J].太原:名作欣赏 1992,(2):32.40.

② 刘川鄂.读余光中对朱自清散文的批评[J].世界华文文学论坛,2001,(3):51-55.

写于1925年2月的散文《女人》,可被看做朱自清审美感受的一篇宣言,也是打开其“美人幻象”奥秘的一把钥匙。作者开篇便假托“白水”之口,实质表达了自己特有的审美心理和审美标准:“老实说,我是个喜欢女人的人”。作者甚至风趣地比喻道:“女人就是磁石,我就是一块软铁;……在路上走,远远的有女人来了,我的眼睛便像蜜蜂们嗅着花香一般,直攫过去。”那么,朱自清所欣赏的是怎样的女人呢?

首先,朱自清明确地为他所“喜欢的女人”定性质:是“艺术的女人”。接着提出了三条衡量“艺术的女人”的标准:“有三种意思:是女人中最为艺术的,是女人的艺术的一面,是我们以艺术的眼去看女人。”朱自清强调,所谓“艺术”,专指视觉艺术;所谓“艺术的女人”,指那些使人视觉舒服,“看了感到‘自己圆满’的女人”。其次,朱自清就对“女人”审美的态度进行了严格的区分:“我们之看女人,是欢喜而决不是恋爱。”虽然“恋爱”与“欢喜”都是生命的趣味,生命的姿态,“但恋爱是对人的,欢喜却兼人与物而言”。朱自清指出“欢喜”的内涵比“恋爱”更广泛,更崇高,因为它含有“仁爱”,有一种“民胞物与”之怀,当这种“仁爱”再进一步,便升华为一种“神爱”、“大爱”了。那是一种“天地与我并生,万物与我为一”之爱,“见伟大庄严之像,无论属人属物,足以吸引人者,必为此爱;而优美艳丽的光景则始在‘欢喜’的阈中”。有了这个道德标准,朱自清宣称“艺术的女人”的美里面“流溢着诗与画与无声的音乐”,其音容笑貌和充满生命的气息与大自然一样都属于艺术美范畴,都有着美的欣赏价值:

> 而美若是一种价值,人格若是建筑于价值的基石上,我们又何能排斥那“体态的美”呢?所以我以为只须将女人的艺术的一面作为艺术而鉴赏它,与鉴赏其他优美的自然一样,艺术与自然是“非人格”的,当然便说不上“蔑视”与否。在这样的立场上,将人比物,欢喜赞叹,自与因袭的玩弄的态度相差十万八千里,当可告无罪于天下。……是的,艺术的女人!我们要用惊异的眼去看她,那是一种奇迹!

由此可见,朱自清将“艺术的女人”之美归入自然美性质范畴,自然美的本质即“呈于吾心”而见于自然物、自然风景的审美意象。朱自清认为对艺术的女人“欢喜”的态度是一种纯艺术的对美的欣赏,与欣赏美丽的大自然,欣赏绘画、雕刻、跳舞等艺术一样,因而它纯洁、高尚、美丽。同时,朱自清认为对自然美的欣赏与对艺术美的欣赏一样,都依赖于人的意识的发现与创造。从美的本体层面上看,自然美和艺术美没有高下之分;就“美”的欣赏角度而言,则有“艺术的女人”之美—自然美—艺术美。所以,当朱自清以审视“艺术的女人”之美的高尚情趣和经验(“美人幻象”)去感知、观照、想象、描写笔下的自然风物时,他的主观意识便取得了与自然美相适应的心理体验与情绪,并在审美的渴慕与愉悦中找到了自我的艺术感觉。这种只属于他个人的艺术感觉使得朱自清的审美视角不仅敏锐、奇特,而且新鲜,充满着独特的艺术魅力。因此,尽管他的散文中显示着对女性的爱恋“情结”,却并不显得低级、庸俗,更不会让人产生什么“意淫”嫌疑的反感,相反,读者获得的是纯正的美的陶冶和感动。

二、沉醉致幻的女性意象:美的精灵

优秀的文学作品往往通过情与景、意与境水乳交融的形象化艺术描写,塑造出鲜明生动的艺术形象,产生强烈的感染力,从而把读者引入充分想象空间的艺术化境(意境)。女性化优美意象与情景交融构成诗情画意的意境,恰是朱自清写景抒情散文鲜明的特征。

“意象”,是中国传统美学中的核心概念。中国传统美学将“意象”看成是美的本体、艺术的本体;将“情”“景”统一看成是审美意象的基本结构,并提出“万物皆如其本然”、“显现本心”、“显现真实”等思想。这充分指出了“意象”作为美的本体存在的意义和意象生成的特点。《周易·系辞上》说:“圣人有以见天下之赜,而拟诸其形容,象其物宜,是故谓之象。”“近取诸身,远取诸物”。《周易》认为“象”应该具有以小见大、以迩见远、乘一总万的特征,即具有象征性的特点。而象征性恰是文学艺术创作的最重要的特色之一。若说《周易》重“象”，《庄子》则舍“象”求“意”。《庄子·外物》中有句名言:“筌者所以在鱼,得鱼而忘筌;蹄者所以在兔,得兔而忘蹄;言者所以在意,得意而忘言。”认为“言”的目的,不应执着于工具性的“言”,而忘却了“得意”的目的。此哲理被运用到文学艺术创作中,即反对追求语言的华美而忽视内容美的形式主义,而应该追求文学艺术的含蓄、韵味无穷、近在咫尺、妙想天外的美学境界。即所谓的“不著一字,尽得风流”。后来如钟嵘《诗品序》中“文已尽而意有余”,欧阳修《六一诗话》中“含不尽之意,见于言外”,严羽《沧浪诗话》的“言有尽而意无穷”等,均受到《庄子》思想的影响。在南北朝刘勰《文心雕龙·神思》中,“意象”的理论有了重要发展。刘勰不仅第一次提出了“意象”这个专用词,而且将“意象”在创作中的作用提到了非常重要的位置。他在论述了创作的各种准备后说:“然后使玄解之宰,寻声律而定墨,独照之匠,窥意象而运斤;此盖驭文之首术,谋篇之大端。”这里提出的“意象”,是指作家在生活中有了深切感受和感动的艺术想象的产物。它既是外物(“象”)感召的结果,却又绝不是外物本身,而是一个与作者的感情色彩、形象思维密合无间的特定的“物”①。正如同朱自清在《荷塘月色》中把“荷花”比喻为刚出浴的美人,《绿》中称梅雨潭奇异的水为“女儿绿”等,这些“美人”已绝不是单纯的女人本身,而是寄托着作者美学思想和情思所借助的一种具体外物——“美人意象”。

“意象”的审美理论不仅体现了中国传统的艺术审美观,且与西方美学也有着深刻的契合。在西方哲学传统中,“意象”被认为与知觉、思维等认识活动有密切的关系。古希腊德谟克利特认为,我们对事物的感知缘于感官与事物的原子“流射”的相互作用,事物在被感知时便流射出具有与事物相似形状的“意象”(eidolon),这些意象进入感官和心灵,便使人产生了感觉和思想。所以,德谟克利特把所有感官得到的关于物体的印象,都叫做意象②。“意象”一词,是20世纪初到20年代兴起的西方“意象”主义(imagism)的核心范畴。其代表人物庞德认为:“一个意象是在瞬息间呈现出的一个理性和感情的复合体。”③这种“复合体”也可译为“情结”。庞德对“意象”的定义包括意象结构的内外两个层面:内层“意”,是诗人主体理性与感情的复合或“情结”,也即认为诗主要是思想感情的表现;外层“象”,是一种形象的“呈现”。庞德认为思想感情的“复合体”——“意”要在瞬间呈现为“象”(形象)才算构成了完整的意象,即“象”是“形象在视觉想象上的投射”。庞德对“象”的要求是,提倡精确描写物象,使表达思想感情的外在形象精确地符合于生活实际。他认为优秀的艺术应是“精确的艺术”④。庞德与后期象征主义理论家叶芝一致认为,创作中要形成意象,避免脱离了具体的抽象;要注意运用象征手法,但要象征得自然,不露人工斧凿的痕迹。叶芝还提出了隐喻与象征的区分:“当隐喻还不是象征时,就不具备足以动人的深刻性。而当它们成为象征时,它们就是最完美的了”⑤。这段话精辟地指出隐喻与象征之间的关系:象征具有隐喻性,隐喻是象征的基础;象征高于隐喻,是隐喻的提升,比隐喻更深刻、完美和动人。

上述理论在“五四”时期被大量翻译介绍到中国,对中国现代文学的创作和发展产生了深刻的影响。时为北大哲学系学生的朱自清自然深受西方文化的熏陶和影响,加之其本身有着深厚的中国传统文化修养,故而他的散文具有了鲜明的艺术个性:写景状物必求细致,准确,

---

① 敏译.形象意象情感[M],石家庄:河北教育出版社,1988:62.
② 汪子嵩等.希腊哲学史(一)[M].北京:人民文学出版社,1997:1048,1058.
③ 庞德.回顾,二十世纪文学评论[M].上册,上海:上海译文出版社,1987:108.
④ 转引自韦勒克:现代文学批评史(五)[M].北京:中国人民大学出版社,1991:228、227.
⑤ 叶芝.诗歌的象征主义.现代西方文论选[M].上海:上海译文出版社,1983:54.

就像用“显微镜”透视着它,不写出其人人胸中皆有笔下皆无的新颖决不罢休。而“美人幻象”则构成了朱自清审美感受的心理驱力,从而形成其个性化的审美视角,使他具备了一般作家难以达到的艺术观察力和想象能力,写出了意境优美的美文。由此可见,中外美学思想对朱自清散文创作的滋润与影响。

“花”、“水”、“瀑布”、“月”等景物常是朱自清散文中描写、抒情和托物言志的对象。例如,他在《“月朦胧,鸟朦胧,帘卷海棠红”》里描绘了一种温馨、甜蜜、宁静而略带神秘的意境:月光“淡淡”,月儿“纯净”“柔软平和”。按理,月儿怎可能“柔软”?但月儿像“睡美人的脸”,于是这“柔软”便不仅合理,且视觉、触觉并用产生通感,将月光的柔和朦胧美传神而新颖地表现出来。在这样美的月夜,作者不禁要展开联想:春眠的人儿呢?那枝“欹斜而腾娜,如少女的一只臂膊”的海棠花已暗示出“春眠人”的性别与身份,她正“红艳欲流”地盛开着,“格外觉得妖娆”,“妩媚而嫣润”。朦胧柔和的气氛与作者那有所期待有所依恋的情思已浑然一体,真可谓意与境浑,心与物共,画意与诗情更如水乳交融了。

散文《看花》将朱自清情致的形成与其审美心理之间有着怎样的因果关系这一独特审美心理过程展示得非常清晰:儿时的作者并不喜爱花,更不懂得赏花;偶尔接触花时,还要恶作剧地“摧残”花——“随意挼着弄着,随意丢弃了”。作者坦率地承认,当“顽童”长成了青年,能够在一个夏天清爽的早晨,从那平凡的白而晕黄肥肥的栀子花朵上读懂了它们“正和那些卖花的姑娘有相似的韵味”后,作者开始“领略了花的趣味了”。况且栀子花的香又是作者“乐意的”——“浓而不烈,清而不淡”。于是,“我这样便爱起花来了”。作者含蓄又不无幽默地假设了个疑问:“你爱的不是花吧?这个我自己其实也已不大弄得清楚,只好存而不论了”,委婉地暗示了自己的审美情趣——“美人幻象”。有此情趣,便一切景语皆情语了:“我爱繁花老干的杏,临风婀娜的小红桃,贴梗累累的如珠的紫荆;但最恋恋的是西府海棠。海棠的花繁得好,也淡得好;艳极了,却没有一丝荡意。”至此,朱自清欣赏的究竟是像纯洁、美丽而又充满青春气息的少女一样婀娜多姿的花呢?还是如柔美鲜艳、清香四溢的花一样的卖花的姑娘?“少女”与“花”十分巧妙而贴切地重叠在一起,分不清是人喻花还是花喻人,抑或花亦人、人亦花吧?正如同庄周梦蝶,意乱情迷,物我两忘。散文里一股朦胧的美感透彻肺腑,让读者品味到一种热爱生活、珍惜人生的每一“刹那”“情意的猝发”的绵绵情意。

《绿》文中,朱自清抓住了少女美的特征:纯洁而多情。他通过比喻、象征、通感等修辞手段把一潭汪汪的碧水比拟、象征为一位长裙飘逸的美少女,极写了梅雨潭水的幽美与灵气:外形——“松松的皱缬着,象少妇拖着的裙幅”;微波荡漾——“象跳动的初恋的处女的心”;色泽——像“涂了明油”“最嫩的皮肤”;潭水的魔力——“不杂些儿尘滓,宛然一块温润的碧玉,只清清的一色——但你却看不透她!”正是这“美人幻象”独特视角的参与,才突出了梅雨潭水的清澈澄鲜之美与媚。而“女儿绿”这个深情、别致的名字,又包含着朱自清多少美好浪漫的愿望和那如潭水般“不杂些儿尘滓”的明净的心。

《白水漈》的“文眼”则是一个“影”字,写出了瀑布的虚幻美——薄如飞烟、缈如影子的薄流奇迹。《绿》中的梅雨瀑的特点是丰润、妩媚、浪漫而有气势,白水漈(当地方言“瀑布”)的特点却是柔弱、迷离幻美。首先是其“薄”与“细”:瀑布不是“飞流”而只是“飞烟”,且似“影子”般若有若无。其次是其“悬”与“袅”:因岩石中段突然空虚而“凌虚飞下”,便幻成“影子”。但在微风无形的“挽”与“松”的嬉弄之下,这影子便像“雾縠(有绉纹的纱)”似的朦胧、飘逸,且呈现出似美人“纤腰”般的“软弧”。它是那样的温顺,又仿佛像被两双无形的纤纤玉手在嬉戏、争夺的一条朦朦胧胧的飘逸的长纱巾。朱自清用他那独特的审美眼光,将一个不起眼的瀑布写得如此诱人、奇特而新颖,可见“美人幻象”恰是朱自清散文意境美“幻网”里所织着的“诱惑”。

《桨声灯影里的秦淮河》更是一篇堪称将鲜明生动的形象、真挚的情感和精美的构思融为一体的“满贮着那一种诗意”,有着优美绚丽意境的散文佳作。秦淮河夜空那一弯新月如同一个天真纯洁、浪漫又带有几分娇羞的顽皮少女:“她晚妆才罢,盈盈地上了柳梢头。”月光映衬下,那柔柔细细的柳枝条“就像一支支美人的臂膊,交互的缠着、挽着;又像是月儿披着的发。而月儿偶然也从它们的交叉处偷偷窥看我们,大有小姑娘怕羞的样子”。朱自清只用了一个动词“窥”字和一个形容词“盈”字,便写尽了“月儿”的纯真与活泼之态,且与秦淮河里的歌舫那暧昧的“灯光”形成鲜明对照。然而,当“灯光”与“月儿”均统一于秦淮河那“蓝得可爱,仿佛一汪水似的”夜空之中时,作者情不自禁地惊叹道:“灯与月竟能并存着,交融着,使月成了缠绵的月,灯射着渺渺的灵辉;这正是天之所以厚秦淮河,也正是天之所以厚我们了。”

由此可见,朱自清散文中的海棠花、栀子花、月儿、“女儿绿”的潭水、薄缈如飞烟的瀑布、似刚出浴美人的“荷花”等,均成为了朱自清心灵深处永远珍藏的圣洁的“美人幻象”。她们不啻是感官上的美,也是道德上的暗示——对真、善、美的追求和渴望。因为,这纯正的激情,能赋爱情以庄严的人生,赋现实以超脱的遐想,使人在冷冰的现实失望之余,仍能振其精神,解其苦闷,给心灵以寄托,从而宣泄出作者崇高美好的信仰。它似《诗经》中的“秋水伊人”,吸引着朱自清执着地去溯洄从之、溯游从之,上下求索。

三、审美理想与人格理想的互融

朱自清的审美理想内涵中融合着中西两种审美观,同时又与其人格理想互融。其表现为:一是以西方文化为背景的启蒙主义、人本主义、自由生命意识以及“表现自我”的艺术精神;二是以儒、释、道三家古典哲学为基础的东方传统的艺术表现体系。前者使朱自清建立起以作家个性为本位的、破坏“文以载道”传统的新散文观念及“意在表现自己”的美学原则。后者左右着朱自清的东方文化回归意识以及“温柔敦厚”的中国古典审美标准和人格特征。

“我意在表现自己”①是朱自清提出并在创作中始终恪守的一条散文美学原则。它深受英国随笔“自我表现”精神传统的影响,同时又加入中国古典美学文论中“隐秀”“清逸”等品格元素,从而建立了具有鲜明个性化的朱自清式美文的艺术风格:其思想情感既潇洒飘逸,又深溪蓄翠,隐蔽沉着,充满情致;其风格既抱朴守真、空灵淡远,又以形传神、因神得韵,表现出人格美的至高品味。从艺术哲学的意义上看,“我意在表现自己”意味着他的散文有其独特的观照生活的方式——内心的观照。即融入了朱自清个人独特的全方位体验以及个人精神主体的全部因素,去重新构造外部客观世界,再现个人情感所孕育的人、事、景、物。正如黑格尔在《美学》中所言:“诗的出发点就是诗人的内心和灵魂”。《背影》《桨声灯影里的秦淮河》《荷塘月色》《绿》《白水漈》《给亡妇》《儿女》《冬天》等散文,便是朱自清用“内心和灵魂”去观照所写出的精品。

坦白而诚挚,温厚而谦恭,是朱自清人格的美德,也是朱自清文章风格的重要基础和原点。有了这个基础和原点,朱自清才能够做到一生与浮华、空虚的生活绝缘,能够形成他认真负责的生活态度以及“专崇实际”的踏实作风。这也造就了他对社会、民族、家庭的执着而强烈的责任感,充分体现了中国正派知识分子的骨气和气节。这就是他之所以创作出“至情文”的根源。

“中和”主义是儒家伦理道德思想的集中表现,是中国古典哲学美学思想的核心,也是朱自清所持有的人生哲学观点和创作经验。朱自清在《诗言志辨》一文中,对“温柔敦厚”的本

---

① 朱自清.背影·序,朱自清散文[M].杭州:浙江文艺出版社,2000,(8):31.

质作了精辟解释："'温柔敦厚'是'和'，是'亲'，也是'节'，是'敬'，也是'适'，是'中'"。有了中国古典哲学美学"中和"主义思想的熏陶，朱自清以质朴、平淡而高雅的美学风范，以饱含诗意的文字表达着纯真而诚挚的感情，建立起一个有着日常生活的诗意、"温柔敦厚"的人格特征和传统士子之抱负的现代儒雅之士的形象。这便是其散文能以纯净的美感使人感动、陶醉的原因所在。

综上所述，深厚扎实的中国古典文学素养、诗学理论的底蕴与西方哲学美学思想的滋养，形成了朱自清融合着中西两种审美观的审美理想；"温柔教厚"的人格特征和代代承传的传统士子之抱负，成就了朱自清高尚的人格和学者风范；而"美人幻象"独特的个人主观审美感受的参与，构成了朱自清审美感知的心理驱力，从而形成了他个性化的审美视角，使他具备了一般作家难以达到的艺术观察力和想象能力。因此，其散文虽好用女性意象，却绝无余光中先生所谓"俗艳"、"庸俗"甚至"意淫"之嫌，反有一种纯净的美和感动。朱自清以平实、真诚、纯正的抒情与圆熟纯净的语体文开创了中国现代散文清新温厚的一派，使他当之无愧地跻身于中国散文大家的行列。

作者单位：四川教育学院中文系

何以能瞒十二年？

——解疑《木兰诗》

武国丽

“事奇诗奇”的《木兰诗》以其绝唱千古的风韵，再度入选人教版初中语文新教材。木兰女扮男装、替父从军的传奇故事历来为人们所熟悉，而《木兰诗》明朗生动、质朴刚健的艺术风格也为大多数学生所喜爱。因此，对照课下注释，学生基本能独立完成对《木兰诗》的诵读和理解；教学的重难点也多预设为互文手法的理解、内容详略的处理、木兰形象的分析以及诗歌思想主旨的体味。然而，实际课堂教学中总有很多难以预设的因素，学生们五花八门的问题也常给我们带来尴尬或惊喜。前日，笔者随堂听课时就遭遇了这样的场景——教师正依着精心准备的教案循循诱导、侃侃而谈，某生忽举手质疑：为什么木兰从军十二载竟无人知其是女郎？师茫茫然无以应。少顷，该师仍按原计划继续讲解，台下诸生却已无心听讲，交头接耳、讨论纷纷。

这堂课的失败当然反映了执教者缺乏课程生成意识和教育机智、缺少对学生主体的尊重、备课不充分和教学组织能力不足等问题，但同时也让我们发现了长期以来《木兰诗》解读中的一个盲点：木兰何以能成功隐瞒其女子身份长达十二年之久？这可能吗？抑或整个故事不过是艺术虚构？带着这个问题，笔者查阅了文献资料，并与学生们进行了交流与探讨。

一、《木兰诗》的内容是真实的吗？

历史学家范文澜在《中国通史简编》中早已肯定《木兰诗》的内容是真实的。对木兰的身世自古多有考证，有姓魏、姓朱、姓花之说，其出生地也有山西右玉、河南商丘、安徽亳县等说法。其中，1982年曹熙先生发表的《木兰辞新考》论证较为充分，可信度较高。曹先生认为：木兰本名穆兰（穆为鲜卑人的姓，“花”乃后人所加），约生于公元412年的河南地（属今伊盟）。木兰的父族为圣武皇帝时南迁为编民、居河南地的鲜卑人。公元429年，17岁的木兰替父从军，应征入伍。她与同伴一路出河西、到黄河、至黑山，汇编入北征柔然的大部队。然后随军转战，直至大军北度燕然山，将柔然赶到漠北。公元439年，拓跋焘完成统一黄河流域的大业，从此北魏皇帝称“天子”。公元442年，天子“行幸阴山之北”，接见了木兰，欲封她为五品尚书郎，负责掌管文书奏章。木兰因恐身份暴露，辞而不受，并请归故里。得偿所愿后，脱下战袍、回归故乡的木兰思绪万千，作出《木兰诗》。后魏孝文帝迁都洛阳，禁止使用鲜卑语，大量鲜卑人内迁山东、河南一带，《木兰诗》也因此逐渐被译成汉语并广泛流传。

该观点有《魏书》、《北史》、《太平寰宇记》等相关记载为证，能更合理地解释诗歌本身的一些“矛盾”之处，也可与实际情况相互印证。比如，河南地早在秦汉时期即已开垦，被称为“新秦”、“新秦中”（意为宝贵之地），农业经济有了相当的发展。所以，木兰家才会略有家资，能够“东市买骏马，西市买鞍鞯，南市买辔头，北市买长鞭”；木兰也才有可能接受一定程度的教育，可以胜任“尚书郎”一职。“秋七月，车驾东辕，至黑山，校数军，实班赐王公将士各有差。”①黑山即今日包头昆都仑河谷之北的阴山，确切地讲是当年北伐中道的咽喉怀朔镇，是

① 魏书·世祖纪[M].北京：中华书局.1974.

史书记载中木兰从军时北魏大军的集结、点校之地。而从今伊盟的“河西”到黄河是一天的路程,从黄河到怀朔镇正好也是一天路程,正应了《木兰诗》里“旦辞爷娘去,暮宿黄河边”、“旦辞黄河边,暮至黑山头”的记述。木兰出征时,北魏尚是一“番邦小国”,其主还称“可汗”;经过了十年征战,北魏统一了黄河流域,其国君始称“天子”。木兰从军十二年,十年随军北击柔然,两年驻守阴山防卫。因此,“可汗大点兵”与“归来见天子”的称呼之变和“将士十年归”与“同行十二载”的时间出入都是真实而合理的,前后并不矛盾。

综上,笔者认为《木兰诗》内容的真实性也是可以肯定的。

二、木兰如何瞒得十二年?

既然《木兰诗》的内容是真实的,那么木兰是怎样成功隐瞒其女子身份长达十二年的呢?我们可以先列出木兰可能暴露其女子身份的“破绽”,再一一分析有无可能遮掩这些“破绽”。

首先,最容易被人怀疑的是外显的形貌特征。持怀疑论的同学指出女子在体形、肤色、耳洞、小脚等方面应会明显有别于男子。那么,木兰在这些方面是否具有较为突出的特点呢?先看整体形貌。我们都知道北方少数民族女子在体形上不同于南方女子的纤细娇小,大都较为高壮;而且,因气候原因,她们的皮肤也相对较为黯黑和粗糙。另外,因男女发育早晚的不同,17 岁的女孩子和男孩子在身高、胖瘦上的差异也并不是很明显。因此,只要对较为明显的第二性征进行掩饰,再加上身为读书人所特有的书卷气,木兰扮个“文秀书生”的形象是没什么问题的。再来看“耳洞”:很多少数民族无论男女都有佩戴耳环的习惯,鲜卑族亦如此,所以这一点也不能成其为“破绽”。最后,来谈谈小脚:据考证我国妇女裹足大约开始于五代或宋初,兴盛于明清。而且最初也只有贵族妇女才裹脚,普通妇女是不裹的。可见,木兰是没有裹小脚的。综上,仅就外在的形貌特征而言,我们很难识出木兰的女子身份。

又有同学指出:男女的区别不仅表现在外形上,还表现在气质言行上。那么,木兰的气质言行是否会有一些“女儿气”呢?关于这点,我们同样要结合背景和文本的记述做具体分析。木兰是鲜卑人,而且出身于一个“随时准备为军”的编户家庭,这种民族文化和家庭背景意味着她可能具有不同于一般女子的雄健气质和尚武精神。再来研读一下文中的记述:当家园面临着外族的侵袭,当君主发出了征军的号令,面对着老父体衰弟年幼的家庭状况,木兰毅然做出了替父从军的决定——这个决定让我们看出了木兰关爱家人的柔肠和保家护国的侠骨,由此,一个有担当、有决断的勇毅女子形象凸显在我们面前。同时,木兰的家人对这一决定的认同也说明木兰不是一个普通的弱女子,作为最了解木兰的人,他们的赞同行为本身就是对木兰才智最有力的证明。“旦辞爷娘去,暮宿黄河边”、“旦辞黄河边,暮至黑山头”、“万里赴戎机,关山度若飞”,这些描写固然是展示了战事的紧迫和行军之匆促,但也从侧面表明木兰是一个吃苦耐劳、骑术精湛的人。“愿借明驼千里足,送儿还故乡”,面对天子的赞赏和权位的诱惑,木兰选择了回归田园——有人说,这说明了木兰对和平与平淡生活的向往和喜爱,表现了她不贪慕富贵的朴实性情;其实,这又何尝不是木兰冷静、理智的表现呢?因为,替父从军毕竟是欺君行为,近朝堂就是近危险,一旦女子身份被识破后果堪忧。“出门见伙伴,伙伴皆惊忙”,还乡后压力顿除,木兰终于展现出了她爱娇爱俏的小女儿性情——跟伙伴挑明了自己的女子身份,有点小小的恶作剧色彩,也表明了木兰与伙伴可以性命相托的信任关系;展现了木兰活泼开朗、善识人、善交际、与朋友真诚相待的性格特征。“雄兔脚扑朔,雌兔眼迷离,双兔傍地走,安能辨我是雄雌”,比喻说理,带着些微的得意,也表明说话人善于观察和思考。——但看木兰如此表现,何人能以小女子视之?

尽管如此,仍有同学提出异议:“同行十二年”啊,长期的同行同宿同战斗,木兰再小心也得露馅,难道她就不洗澡、不受伤吗?学生的怀疑精神值得赞赏,我们也因此有必要思考一个问题:木兰从军从何军?综合上面所分析的木兰的特点:为人勇毅、谨慎,善观察、能识人,冷静理智、有决断,性情开朗、善交际,文秀聪慧、识字能文,骑术精湛、自备马匹从军;结合已有历史:怀朔镇出生的北齐皇帝高欢当年因自带马匹从军,而被选为队主、担任函使一职——我们似可这样推断:木兰骑马驰至怀朔报到后,长官综合考量之下命她任了函使之职。所谓函使,乃北魏通信军官名称;为军镇属官,位居军主与队主之间,主掌奉函诣京师。这一推断与诗中"万里赴戎机,关山度若飞"的描写亦相吻合。作为通讯兵(官),木兰的主要职责是及时准确地上报军情、下达军令,并不直接参与一线战斗;所以,负伤机率是很小。而且,部队中的函使不必与其他男卒吃住在一起,这也为木兰成功隐瞒其女子身份提供了有利条件。

至此,我们分别从外形特点、气质性情、职业特点三个方面分析了木兰能成功隐瞒其女子身份的原因,从而明确了这一传奇故事的合理性。

三、新的质疑与思考

同学们的质疑得到了解答。但这个答案真的有价值吗?一方面,由文献可知关于木兰的身世其说法众多,如何保证我们选择的是正确的?如果论据本身经不起推敲,那结论是否也值得怀疑呢?另一方面,"木兰何以瞒得身份十二年"和"这个故事是否是真实的"真的需要考证吗?就像梁祝的传说一样,虽然历史考证认为该故事纯属虚构,梁祝传说的主角生卒年时间相差近200年,但人们仍然愿意相信这个故事是真的。因为,它的美已征服了我们,就文学或艺术的价值而言,真实与否已不再重要。同样,木兰是谁、是否真有这个人,我们也不需予以太多考证;因为历史与文学不同,历史的真实与艺术的真实也不同。——在同学们为自己的探索与收获欢欣雀跃的时候,我们又提出了新的质疑供同学们思考,对这些疑问的思考将带领大家走入另一个全新的学习领域:文献学、社会学与文艺美学。

四、反思与收获

本次对《木兰诗》的质疑与释疑过程让笔者与学生们更加深刻地领会了学思结合的原则,学会了"从文本信息中发现问题—结合经验明确与分解问题—查找资料、研读文本辨析与解决问题"的阅读学习过程和"知世论文"、"审问、博学、明辨、慎思"的阅读学习方法。同时,这种研究性阅读的体验也让我们感受到了研究性学习的魅力,体味到了做学问的乐趣,进而发展了同学们的探究欲与学习兴趣——这一点从大家对新质疑的浓厚研究兴趣即可获证。

"读书,始读,未知有疑;其次,则渐渐有疑;中则节节是疑。过了这一番,疑渐渐释,以至融会贯通,都无所疑,方始是学。"①在此,笔者以朱熹的这番话结束本文。希望每一位读书人都学会质疑、释疑,也希望每一位老师都珍惜和重视学生的疑问,因为学问就是"在学中问出来,在问中学出来"的。

参考文献

范文澜. 中国通史简编·第二卷[M]. 北京:人民出版社,1964.

张贵. 阴山集[M]. 呼和浩特:内蒙古人民出版社,2001.

老肃. 从《木兰辞》中的几个关键词解开木兰身世之谜[DB/OL]. http://sushenyizu2007. blog. 163. com.

老肃.《木兰辞》与木兰的千古纷纭[DB/OL]. http://sushenyizu2007. blog. 163. com.

作者单位:贵州省铜仁学院中文系

① (宋)黎靖德. 朱子语类[M]. 北京:中华书局. 1986. 卷11.

评香港小学普通话科教科书对本科教学成果的影响

黄仁娜

(一)香港有多少套小学普通话教材?

1.1 根据香港教统局公布的适用书目表①:小学中文课本及学习材料,普通话科的教科书有以下13套:

出版社	书名	版次	编著者	重量(公斤)	2010年定价(港币)
香港万海语言出版社	万海小学普通话	1998	张丹	0.16	52
大雅图书有限公司	大雅普通话	1998	大雅图书有限公司编辑委员会	0.2	60
启思出版社	启思普通话	1999	刘文采、苏洁玉	0.265	70
新亚洲出版社有限公司	学会普通话	2003	傅爱兰、张明远	0.18	60
文达出版	易学普通话	2003	伍少梅、杨煜	0.18	65
课室教材出版有限公司	课室小学普通话	2005	张国松、谢金婵、卢瑞妫	0.25	60
目标教材出版社	目标系列:学好普通话	2006	黄虹坚、毕宛婴	0.23	78
朗文香港教育	说好普通话	2010	毕宛婴、黄虹坚、张励妍、余京辉	没有资料	出版社未能提供价格
商务印书馆(香港)有限公司	学好普通话	2002	唐秀玲、莫淑仪、朱素英	0.3	70
教育出版社有限公司	来说普通话(第二版)	2002	刘筱玲	0.21	73
教育出版社有限公司	来说普通话(第三版)	2008	刘筱玲	0.23	73
现代教育研究社有限公司	现代小学普通话	2002	现代教育研究社编辑委员会	0.14	70

① 网址:http://cd1.edb.hkedcity.net/cd/TC/Content_2869/textbook/textbookpricselect.asp,浏览日期:2010/11/30。

续表

出版社	书名	版次	编著者	重量（公斤）	2010年定价（港币）
现代教育研究社有限公司	二十一世纪现代小学普通话	2008	北京师范大学汉字与中文信息处理研究所、现代教育研究社编辑委员会、吴照、孙观琳、李怡	0.20	71

1.2　香港的课本有没有送检的制度？教育局对学校选用教材有没有指引？

香港的课本当然需要送检，教育局会邀请相关科目的资深老师担任评审，那是义务工作，无薪酬。评审制度的内容属机密，不容对外泄露。

教育局对学校选用教材有明确指引，详情可以参考“选择教科书正面睇”①。表中的数据，包括了教科书的定价及重量，那是因为建议学校可以从这两方面来考虑，选择合适的教科书。

1.3　学校采用教科书的具体情况怎样？

学校采用哪一套教科书，没有全港的正式统计，但是从在职老师回来参加复修课程、职前学员到学校进行教学实践等接触来看，较多学校采用的教材顺序为：

《来说普通话》（教育出版社有限公司）

《目标系列：学好普通话》［目标教材出版社］

《说好普通话》（朗文香港教育）

《二十一世纪现代小学普通话》（现代教育研究社有限公司）

《课室小学普通话》（课室教材出版有限公司）

《学好普通话》［商务印书馆（香港）有限公司］

换句话说，从1998年教材面世以来，从没有改版的，大概销路极低，所以出版社不会再投放资源把产品提升。其他的教科书则最少有一次改版，改版最多的是《说好普通话》（朗文香港教育），这套书可以视作《目标系列：学好普通话》（目标教材出版社）的第四套教材，“目标教材出版社”其实就是“朗文香港教育”。2010年，这家公司改用他们原来的品牌。

（二）香港小学普通话教科书的课文架构与教学成果的关系

2.1　普通话是语言学习

普通话自从20世纪80年代开始在香港小学试行，到1997年香港回归后，在1998年全面推行，成为核心课程。无论是教材的编写人员、一线的教学人员、其他的相关人员，有很多人还不能很清晰地把普通话学科定位为语言学习；很多时候会把这一科目跟中国语文科混为一体，用语文教学的教学策略来处理。中国语文学科在教授语文能力方面以读、写、听、说为主，但是在普通话学科方面则应该以“聆听”、“说话”为主，“读”的范畴主要是处理“朗读”而非“阅读”，“写”是处理“译写”而非“写作”。

2.2　普通话教材的架构与教学成效的关系

语言学习应该是先有“输入”，然后有“输出”。在口语学习中，聆听是主要的输入途径，输出当然就是说话了。

普通话学科是学习语言，学习范畴应该以“聆听”、“说话”为主，但是在众多教科书中只

① 网址：http://www.edb.gov.hk/index.aspx? nodeID=5509&langno=2，浏览日期：2010/11/30。

有商务印书馆(香港)有限公司的《学好普通话》这套书把"聆听"放在课文的开头,然后接着发展"说话"能力;把"朗读"与"语言知识"的学习放在最后。还有一点,这套教材每单元一般包括两篇课文,其中一篇课文只有"聆听"和"说话",另一篇课文则包含了 4 个范畴的学习。累计下来,这套教材中"聆听"和"说话"就会占较多的分量,这非常符合课程纲要对于各范畴教学比例的要求。不过,这套书虽然有学校采用,但是数量不多,在实际操作上,不少学校还会把"说话"部分定性为"朗读"。

"朗读"放在课文的开头基本上是其他教材的处理方法。紧接其后的有的是语言知识,如《目标系列:学好普通话》(目标教材出版社)、《二十一世纪现代小学普通话》(现代教育研究社有限公司);有的是聆听,如《课室小学普通话》(课室教材出版有限公司)、《现代小学普通话》(现代教育研究社有限公司)。把"说话"安排在输入环节——"朗读"、"聆听"后都是比较合适的。

有没有教材把"聆听"放在"说话"之后呢? 有。《来说普通话》(教育出版社有限公司)有过 3 次改版,这套教材都是把"聆听"放在最后;《目标系列:学好普通话》(目标教材出版社)及《说好普通话》(朗文香港教育)也是一直把"聆听"安排在"说话"之后。"聆听"该是"语言输入"的重要环节,但是安排在课文的最后,发挥"语言输入"的功能就有点难度了,反而变相成为学习的总结。如果工作繁重的老师没有察觉这一点,也没有调整为先输入后输出,还是按着这些教材的顺序来施教,先教说话,后教聆听,那么教学效果往往是事倍功半。

(三)香港小学普通话教科书的汉语拼音排版与教学成果的关系

3.1 香港以往从来不教汉语拼音或注音符号

香港跟内地或台湾地区不同,两岸会在幼儿教育阶段给孩子教汉语拼音或注音符号,儿童读物都标注上拼音或注音。内地会在小一开课头两三个月集中教授汉语拼音,但是香港一直都没有实行。1997 年颁布的课程纲要更建议在小四才开始教声母和韵母,而初小只处理声调。

3.2 最畅销的教材把汉语拼音标注在汉字的下方

多数学校采用的教材——《来说普通话》(教育出版社)和《学好普通话》(目标教材出版社)一直都把汉语拼音标注在汉字的下方。这明显是不合乎国家规定的做法。这样排版的教科书,经过送审的程序,教育局一直没有否定或下令更正,并且允许使用,这反映了香港在这方面人才的缺乏程度。值得安慰的是,2010 年用"朗文香港教育"品牌出版的《说好普通话》终于拨乱反正,把汉语拼音印刷在汉字上方了。

绝大部分正在采用这些教材的老师一直都没有发现这一错误,于是学生经过 6 年的潜移默化,就以为汉语拼音该写在汉字的下方。这是多么让人难过的学习结果!

3.3 汉语拼音的印刷效果不能彰显其功能性

现在的教科书都采用彩色印刷,各种教材都用黑色来印汉字,用蓝色印汉语拼音,语音重点则用红色。为了迁就汉语拼音与汉字的宽度,汉语拼音的字体相对会缩小,于是形成了一个怪现象:读者对汉语拼音是视而不见,拼音失却了它该有的功能。

以下 3 个例子,其中汉字都是 12 号大小,如果我们使用计算机 word 软件的亚洲方式配置功能,自动为汉字加上汉语拼音,这一功能会自动把汉语拼音字款设定为汉字的字款,字号则为汉字的 50%。一般人都不会再花工夫去改变,或者不知道可以改变。还有一点就是计算机里面的字款,只有几种能支持汉语拼音的符号,大部分会出现乱码的情况,这些技术问题搞不好,常常会成为老师的绊脚石,影响教学效果。

汉语拼音大小	N Sim Sun	Times New Roman	Arial Unicode Ms
6	hàn yǔ pīn yīn 汉 语 拼 音	hàn yǔ pīn yīn 汉 语 拼 音	hàn yǔ pīn yīn 汉 语 拼 音
12	hàn yǔ pīn yīn 汉 语 拼 音	hàn yǔ pīn yīn 汉 语 拼 音	hàn yǔ pīn yīn 汉 语 拼 音
16	hàn yǔ pīn yīn 汉 语 拼 音	hàn yǔ pīn yīn 汉 语 拼 音	hàn yǔ pīn yīn 汉 语 拼 音

看过上面3组示范,大家会很容易分辨出哪种字款、什么大小会带来较好的教学效果。在教学时,老师不刻意去讲究汉语拼音的大小和颜色是正常的,但是如果对原来稍作变化,就能事半功倍。

如果教材上的材料能让学生很容易地阅读汉语拼音,将有助于培养学生的自学能力,使他们从小习惯看汉语拼音、拼读,这对于正音有很大的好处。

(四)香港小学普通话教科书的内容与教学成果的关系

4.1 教科书的改版

小学普通话学科教材从1998年开始使用,经过实践,在三四年后开始改版,所有教材倾向于把课文的量减少,并且增加自学材料或延伸学习等内容。如果再有改版的教材出版,建议一律在第一学习阶段提前教声母、韵母等语音知识。

4.2 每套教科书提供多少课文

改版后的教材,一册(一学期)提供8篇课文,一套12册,合共96篇课文。共计要为6到12岁的小学生提供差不多近百篇课文,编辑的功夫真的不简单。要把这10多套教科书完全看完,那就得阅览过千篇课文了。

4.3 是次研究的取样

要评鉴数以百计的教材,这项研究工作要有庞大的人力物力来支持。现在我所做的,只能是从教学及视导过程接触过的课文中选取几个特别值得讨论的,跟大家分享。

由于普通话学科成为本港小学核心课程是这10来年的事,所有行业人员可能还在摸索怎样编写语言教材,因此现在使用的材料中写得好的并不多,写得不好的却俯拾即是。至于怎样去摆脱中国语文传统的教学方法,对于资深的语文学科老师来讲,比没有经验的新手更困难。

(五)香港小学普通话教科书个案研究

5.1 使用具体的课文作个案研究

选取以下几篇课文,分析内容,指出导致教学成效欠佳的原因:

(1)第二课 上饭馆,《来说普通话》,五年级,下学期,教育出版社,2008

(2)第七课 姐姐送礼物,《目标系列:学好普通话》五年级,上学期,目标教材出版社,2006

(3)第五课 哑老师,《二十一世纪现代小学普通话》四年级,上学期,现代教育研究社有限公司,2008

5.2 个案一:第二课 上饭馆,《来说普通话》,五年级,下学期,教育出版社,2008

本课文的缺点如下:

1. 课文原来的教学范畴安排顺序为朗读—说话—语言知识—聆听。把聆听放在最后有违语言学习先作输入然后输出的基本原理。

2. 课文朗读部分,父母亲点菜的表现不合常理。

3. 课文对话没有为同学提供合适的点菜示范。

4. 课文里提到的菜式、食品除了有广普差异外,还有不符合饮食文化之处。

5. 为了配合语音重点,课文里硬塞进了多个儿化词。(课文见附录一)

6. 课文说话部分有 3 个教学活动:“接龙游戏”、“介绍你最喜欢吃的菜”、“角色扮演,扮演上饭馆”。“接龙游戏”严格来说不能算是说话,那只不过是词语操练。至于“介绍你最喜欢吃的菜”、“角色扮演,扮演上饭馆”,教学建议都没有足够的支持来帮助老师进行完整的说话训练环节。

7. 课文提供的聆听数据是关于回锅肉的做法,但是内容错误,没有清晰传递出“回锅”的意义。(聆听内容见附录二)

5.3 个案二:第七课 姐姐送礼物,《目标系列:学好普通话》,五年级,上学期,目标教材出版社,2006

本课文的缺点如下:

1. 课文原来的教学范畴安排顺序为朗读—语言知识—说话—聆听。把聆听放在最后有违语言学习先作输入然后输出的基本原理。

2. 课文朗读部分,为了配合语音重点,套上了一些广东方言腔的普通话,未能为学习者提供恰当的、正确的示范材料。如果授课老师在处理这部分时不是轻轻带过,学生越多操练,越有可能得到负面的学习成果。

3. 课文里面提到的内容牵涉到中国南北的饮食文化,编写者未见到。

4. 课题为“姐姐送礼物”,但是课文内容与之不相称。(课文见附录三)

5. 说话部分,为了配合“送礼物”这一主题,于是给同学输入大量的语料如礼物、价钱等,但是那些材料跟一个小五学生的能力与需求是不匹配的!既然课题是“送礼物”,我们可以考虑在说话部分教同学在接受礼物的时候说一些表示感谢的话,以增强学生的交际能力。中国人在收礼物时不会当着客人面把礼物拆开;但是我们现在又接受了西方的文化,会在送礼人面前拆开礼物,然后向对方致谢。这些情境对话除了较容易处理外,还对学生更有实际作用。

6. 聆听部分,内容平铺直叙,任务亦十分简单,考验的只是学生最基本的能力和听记要点,这样的教材较难提升学生的高层次聆听技能。

5.4 个案三:第五课 哑老师,《二十一世纪现代小学普通话》四年级,上学期,现代教育研究社有限公司,2008

本课朗读部分是通过两位同学的对话引出如果对读音有疑问,可以翻字典,找出正确的读音。这个课文写得不错,提示同学可以把拼音学以致用。语音学习是辨读韵母 ian 和 iang,内容简单明确,操练方法也合乎学习者的能力。但是课文还是有缺点:

1. 聆听部分是让学生听一段关于甲骨文的内容,然后完成练习。这部分的设计独立来看是不错的,但是扣在“哑老师”这一课题上,就有点不搭调了。

2. 说话部分只是造句练习,这样的教学设计很难培养出学生良好的普通话说话能力。(说话教学内容见附录四)

建议把聆听内容改成学生利用部首检字法、笔画检字法、汉语拼音检字法去翻查字典,找出字音、所属部首、字义等。至于说话,我们可以为学生准备字典内某些指定汉字的内容,让其根据资料向同学模仿聆听内容,有序地向全班介绍生字的读音、字形、词义等。

(六)结语

希望以上的一些提示可以提醒相关的一线老师、教材编辑及其他相关人员,对教材要有适当的批判,为我们的学生创设更好的学习条件。

这一课题还有很多深入讨论的空间,希望本文能抛砖引玉,更希望将来有更深更广的研究。

附录一 第二课 上饭馆 朗读课文

服务员:请这边儿坐,您几位要吃点儿什么?

爸 爸:请给我看看菜单儿。你可以推荐一些菜式吗?

服务员:这儿的沙锅馄饨鸡汤是招牌美食,味道很不错,要尝一下儿吗?

爸 爸:好!再来一盘麻婆豆腐,怎么样?

妈 妈:能吃辣吗?

玉 婷:不行,小弟怕辣。

妈 妈:还是要北京烤鸭和清炒虾仁儿吧。

爸 爸:好,点什么青菜?小白菜,小棠菜,还是菜花儿?

妈 妈:上汤小棠菜吧!

爸 爸:好,就这样儿!

服务员:要馒头吗?

爸 爸:来四个吧!

玉 婷:爸爸,待会儿可以要甜点吗?我爱吃豆沙锅饼。

爸 爸:行,没问题。

附录二 第二课 上饭馆 聆听资料

女主持人:接下来刘师傅打算为我们示范什么菜式?啊!原来是四川菜中著名的回锅肉。我们先看看有什么材料,有猪肉、豆腐干、葱、姜、辣椒,调味料有酱油、醋、盐、糖、芡粉。刘师傅,可以开始了吗?

刘 师 傅:好吧!我们先把猪肉洗干净,切成小块儿,豆腐干也切成小块儿,葱、姜、辣椒切成细丝儿。

女主持人:调味料要怎样处理?

刘 师 傅:把酱油、醋、盐、糖、芡粉倒在一个碗里,再加点儿水调好。

女主持人:差不多可以下锅了。

刘 师 傅:对,首先在锅里倒上花生油,等油烧热以后,把葱、姜、辣椒放进去,再放进豆腐干块儿,然后放进猪肉块儿。最后把碗里的调味料倒进去。翻炒至猪肉熟了就行了。

女主持人:真的好香啊!家庭观众也可以试试做。

附录三 第七课 姐姐送礼物 朗读课文

朋友:小冬,这部电子游戏机是谁送给你的?

小冬:上星期姐姐发了"公鸡"给我买的。

朋友:什么?发"公鸡"?你姐姐是卖鸡的?

小冬:噢!对不起,是发"工资"。这个"资"字很难念。

* * *

小冬:我想要一碟"油漆饭"!

服务员:什么?你吃油漆?是"油鸡饭"吧!

小冬:哎呀! 我说错了!

笔者按:这个课文配上插图,是发生在快餐店的两个对话片段:第一段是小冬跟他的朋友的对话;第二段是小冬跟服务员的对话。小冬的普通话水平很差,关键的字音都说错了,闹了笑话。

附录四　第五课　哑老师　说话教学内容

说话坊　赞许别人

1. 课文中的世杰怎样赞许敏华的妹妹? 一起来读一读。

看来你的妹妹还挺聪明的,这么快就知道查字典的重要性。

2. 仿照上面的句子说一些赞许别人的话。

参考词语:文件　智能　猜中　谜语　专心　数学题

参考文献

唐秀玲等. 普通话教学法——新世纪的思考和实践[M]. 香港:香港教育图书公司,2006.

何国祥等. 香港普通话科:理论和实践[M]. 香港:生活 · 新知 · 读书三联书店(香港)有限公司,2005.

施仲谋等. 普通话教学理论与实践[M]. 香港:广角镜出版社有限公司,2005.

黄仁娜. 语言学习理论与香港小学普通话说话教学实践. 发表于"新时期中国语文教育改革的理论与实践"国际学术研讨会,南京师范大学,2005.

黄仁娜. 评香港小学普通话教材中的聆听教材. 发表于"第七届世界华语文教学研讨会"国际学术研讨会,台北,2003.

作者单位:香港教育学院中文学系

国际汉语初级教材的核心词汇

韩 萱

Baker 等人的研究证明,人们实际上只需要相对有限的词汇量就可以达到有效交际的目的。他们的研究还证明,在母语使用者中,无论年龄、性别,也无论话题,核心词汇都有很高的使用率。核心词汇的高效与实用对语言教学有重要作用,而利用核心词汇做语言课程编写和教学的参考工具,特别是在最初的学习阶段,无疑可以帮助初学者尽快运用目的语进行交际,并由此感受到学习成就,从而增加学习信心,保持学习热情。另外,从课程设计、教材编写的连续性、连贯性、系统性等诸方面考虑,一个针对汉语初级学习者设计的、被广泛接受并使用的基础核心词汇表,有存在的必要性。近年与之相关的研究有史有为根据日本人学习汉语的情况研究制定的一套最低量核心词汇表,还有英国 IGCSE(International General Certificate of Secondary Education)公开考试中文试卷的最低量核心词汇表(minimum core vocabulary),以及 Xiao 等编撰的 A frequency dictionary of Mandarin Chinese: core vocabulary for learners。此外,市场上随处可见的很多教材也都声称自己的词汇选择的是最常用词。显然,核心词汇是存在的,也是初级教学的基本内容,本文以此为假说,推论:初级国际汉语教材的编写设计者对核心词汇有基本共识,不同地区出版的、针对零起点学习者的初级教材,选用的词汇大部分相同,这样就形成了一套作为学习起点的核心词汇。本研究拟从两个方面对以上推论进行检验:1)纵向检验不同地区的教材在基本一致的教学时间内设计的词汇学习内容;2)横向检验不同地区的教材在同一学习主题内设计的词汇学习内容。本文仅报告纵向检验的调查结果。

一、统计的教材

目前市场上国际汉语方面的教材众多,本文在挑选时以影响力、区域范围、权威性为考虑因素,选择了 6 套来自不同国家、地区的教材做调查对象,对这 6 个教材初级部分使用的词汇进行统计。6 个教材均为商业性质的国际汉语教材,均可以在市场上买到。

以下根据教材的出版年份顺序,对六套教材逐一介绍。6 套教材书名的出现形式以原书为准,即从上到下、从左到右,如果英文在上,中文在下,以下的介绍也采取同样形式,先英文后中文。

(一)《Integrated Chinese 中文听说读写》(以下简称《听说读写》)

该教材由美国 Cheng & Tsui Company, Inc. 出版,这是北美最有影响力的中文教材之一。它声称"以实用、日常生活为主,通过大量的、形式多样的练习帮助学习者打下牢固的中文基础"①。2005 年版的《听说读写》除了课本外,还加入了许多其他练习材料,包括综合练习簿(workbooks)、汉字练习簿(character workbooks)、录音光盘(audio CDs)、教师参考(teacher's resources)、多媒体光盘(multimedia CD-ROMs)、综合练习簿 DVD(workbook DVD)等。此外,教材编写者还在网上开设教学补充练习、教学支持等服务,帮助教师更有效地使用该套教材。

① "Teachers and students appreciate the fact that IC(Integrated Chinese), with its focus on practical, everyday topics and its numerous and varied exercises, helps learners build a solid foundation in the Chinese language."

《听说读写》是全英文教材,除了学习内容为中文外,教材中的注释、说明、语法点的解释全部以英文完成。

(二)《汉语会话 301 句 Conversational Chinese 301》(以下简称《汉语会话》)

该教材由北京语言大学出版社出版,这是以口语会话为教学目的的初级中文教材。该书的封面写有"BLCU's best-selling Chinese textbooks for learners overseas(北京语言大学在海外最畅销的中文教材)",不知是广告语言还是确有其事。据本研究的调查,该教材在中国大陆有很大的使用市场,是中国大陆短期课程使用率最高的教材之一,自 1999 年出版以来,一直被广泛使用于短期密集课程,但在海外几乎没有什么课程在使用。相对其他大部头的全套系列教材来说,该教材不仅书的重量轻,而且内容实用、对话简短,对于语言初学者来说看上去不那么吓人,而且内容简短容易接受。《汉语会话》的前言声明该教材的教学对象是"初学汉语的外国人",以成年人为主。该教材的前言还说明,教材在编写上"注重培养初学者运用汉语进行交际的能力,采用交际功能和语法结构相结合的方法"。相对许多大部头的系列教材,《汉语会话》除了课本外,只配有录音带。该教材全书以中文为主,英文为辅。

(三)《实用视听华语 Practical Audio-visual Chinese》(以下简称《视听华语》)

该教材由台湾正中书局出版,这是目前在台湾地区广泛使用的对外汉语中文教材,在北美也有一定的影响力。该教材由"中华民国教育部"委托"国立"台湾师范大学国语教学中心编撰,教材以初学中文的大学生为对象。该套教材包括课本、教师手册、学生作业簿 3 个部分,分别成册,每课均附有 10 分钟的录像带,配合教学。全书中英文并蓄,课文以中文为主,注释、语法点讲解则只采用英文。由于是台湾地区出版的中文教材,除了全书的中文都为繁体字外,《视听华语》是本研究分析的 6 本教材中唯一在汉语拼音之外还采用了国语注音符号的教材。

(四)《China Panorama 中国全景》(以下简称《中国全景》)

该教材由语文出版社出版,它是中华人民共和国教育部对外汉语教学发展中心组编的教材,也是一本明确针对海外中文教学市场的教材。教材称"是中国第一部专门面向境外汉语学习者的大型电视系列教材,适用于母语非汉语的广大汉语学习者"。该教材的内容不以在校学生为对象,课文情景基本上都发生在工作环境中,对在职学生有一定的吸引力。因该教材的设计对象为商界人士,其中情景多以工作为题,因此对教学的安排也没有以学校学习为单位,只是单纯地分初、中、高 3 个层次,由 5 本教材组成。其中《中国全景 · 汉语语音导入》和《中国全景 · 初级汉语》为初级部分,《中国全景 · 中级汉语》为中级部分,《中国全景 · 商贸汉语》和《中国全景 · 旅游汉语》为高级部分。《中国全景》系列教材除了课本以外,还配有录音带、录像带及多媒体光盘,该教材的课文、注释、讲解等均以中文为主,英文为辅。

《中国全景 · 初级汉语》在"教材说明"中表示其初级部分"适宜于母语为非汉语的学习者,他们的汉语水平为零起点"。《中国全景 · 初级汉语》中共 10 课,每课分 3 段,每段学习时间约为 50 分钟。根据这个要求,完成《中国全景 · 初级汉语》学习的时间应在 30 个小时以内。

(五)《新实用汉语课本 New Practical Chinese Reader》(以下简称《汉语课本》)

该教材由北京语言大学出版社出版,它是中国国家汉语国际推广领导小组办公室(简称汉办)规划教材,在中国大陆和海外享有很高的知名度,在中国大陆对外汉语教学教材设计编写方面具有相当的影响力。《汉语课本》的前身是 1981 年开始陆续出版的《实用汉语课本》。《汉语课本》的编写者一方面"希望能继承原《实用汉语课本》深受使用者欢迎、并经过时间考验的一些主要特点",另一方面希望新版的教材能在很多方面有所创新和突破。《汉语课本》

称其设计对象为"以英语为母语或媒介语的学习者",其编写目的是"通过语言结构、语言功能与相关文化知识的学习和听说读写技能训练,逐步培养学习者运用汉语进行交际的能力"。《汉语课本》除了课本外,还配有综合练习册、教师手册、录音带及光盘。全部教材练习以中文为主,语法点的解释只有英文。

(六)《Kung Fu 功夫》(以下简称《功夫》)

该教材由香港中文大学出版社出版,它是面向中文初学者的全英文注释教材,其编写依据为汉办 2002 年公布的《高等学校外国留学生汉语专业教学大纲》。但是在《功夫》书前"简介(Introduction)"中并没有特别说明其教材的使用对象是中文专业的学生。在香港出版的《功夫》,只看其书名就给我们带来有趣的发现。首先,书名极具特色,如果不看封面的副标题,很容易让人以为这是一本有关中国武术方面的书。第二,该书封面的副标题只有英文:"An Elementary Chinese Text",没有中文。第三,这里的 Chinese 没说明是 Mandarin Chinese 还是 Cantonese Chinese,因此,只凭书名我们不知道这是教普通话的书还是广东话的书,因为在香港很多时候中文或者 Chinese 指的是广东话而非普通话。第四,这是一套教授普通话的汉语教材,可是英文书名"Kung Fu"的拼写用的却是广东话。本研究试图在教材的词汇表中寻找解释,但"功夫"这个词没有在教材中的课文里出现,至少在《功夫(一)》里没有出现。在《功夫》书前"简介(Introduction)"中,编写者承认选用这个书名冒一定的风险,并对选用这个书名做了这样的解释:"功夫"也可以写成"工夫",其核心意义是历经"不懈努力"和"磨炼"完善某种技能。中文学习就应该是这样的过程,并在这个过程得到满足①。浏览语言教材市场上的各类教科书,极少见到类似《功夫》这种书名与语言学习没有直接关系的课本。《功夫》这样做的确冒很大风险,这样做的效果如何,也有待证实。

二、统计的教学时间

翟艳指出:"教学时间联系着一定的教学量,初级阶段必须完成多少教学任务,这是有客观而科学的量化指标的。只有依靠足够的课堂教学时间,才能逐步完成教学目标所规定的教学任务"。胡明杨也强调教材的使用时间"最好以课时计算"。有多少教学时间、如何安排这些时间直接影响到教学质量和效果。所以,在课程设计时,设定合理的教学时间非常重要。

教学时间方面的信息最重要的是课时,建议多少课时完成一课是教材使用者最需要知道的。本文发现,在 6 套教材中,能够做到这点的只有 1 套,大多数教材都会提到几年的课程,1 个学期完成多少课,甚至 1 个星期完成几课。但是,世界各地的学校在学期的长短、周时的多少甚至课时的长短上都会有些出入,所以,对教材设计的教学时间最科学的说明应该是多少课时。6 套教材中对教学时间的说明,最清楚的是《中国全景》,使用者可以很快对课程做出时间预算,对课程的时间安排做出全面计划。《汉语课本》没有明确说明每学期有多少周,但其为初级学生设计的第一和第二册课本分别是 14 课和 12 课,而且要求每周 1 课,所以,该书设计的教学周数有可能是 14 周,遗憾的是《汉语课本》没有说明最关键的每周 1 课的课时是多少,这无疑对使用者造成不便,使用者很难从时间上对整体课程做出适当的安排。《功夫》也有同样的问题,只说明 1 个学期为 14 周,教材的设计是每周完成 1 课,而对更重要的每课要多少时间完成没有作任何说明。

---

① "It is written variously 功夫 or 工夫, and its core sense is the ‘effort’ or ‘discipline’ that is put into perfecting an art form or acquiring a skill. … It embodies what the study of Chinese should be, and the satisfaction derived from doing it well."

表一　六套教材对教学时间的说明

教　材	教学时间
听说读写	两个等级,两年完成。一年完成一个等级。
汉语会话	无
视听华语	3 册教材,每年 1 册。
中国全景	每课分 3 段,每段相当于 1 课时(50 分/课时)。
汉语课本	基本上每周学 1 课,每学期用 1 册书。第一册有 14 课,第二册有 12 课。
功夫	基本上每周学 1 课,每周有 5 - 7 节课,每学期 14 周。

6 套教材中 5 套没能提供具体的教学时数,这使本文在定义初级课程时遇到困难,无法得到相同教学时数的学习内容,也就无法得知它们在相同教学时数内出现了什么词汇、多少词汇。因为本文的核心词汇是针对零起点学习者,所以在仔细分析了所有教材后,决定统计 6 套教材中第一学期的学习内容,统计以周数计算,如果教材不以学校的学期为单位,则统计相当于第一学期的内容。以周数计算的问题是,因为不清楚每周的周时是多少,所以总教学量的多寡可能会因教材不同而不同,这其中的差距可能会很大。但是,在缺少必要资料的情况下,以周数计算是相对来说最可行的方法。

《听说读写》中,本文只统计其等级一第一部分出现的词汇,也就是学习者在两年的课程中第一学期最先学习的是从第一到第十一课的词汇。《汉语会话》的课文虽然简短,但要只用一个学期约 14 至 20 周时间完成所有 40 课可能性似乎不大,本研究选择该书第一到第二十课中出现的词汇进行统计。根据《视听华语》第三册的"编辑大意"中的说明,全套教材 3 册的教学安排是第一册为大一课本,第二册为大二课本,第三册为大三、大四课本。因此,本文把第一册中的 25 课分成两部分,统计约一个学期从第一到第十三课中使用的词汇。本文统计《中国全景》中的全部词汇,统计《汉语课本》第一册中使用的词汇。由于《功夫》是一个学年的教材,本文在 22 课课文中统计第一到第十一课中使用的词汇。

表二　统计的课数

教材	课时
听说读写	Level 1, Part 1, 1 至 11 课
汉语会话	1 至 20 课
视听华语	(1)1 至 13 课
中国全景	初级汉语 1 至 10 课
汉语课本	(1)1 至 14 课
功　夫	(一)1 至 11 课

三、统计的方法

(一) 根据词项,统计义项

"词是音和义的结合体。词的声音是词的外在形式,词义则是词的内在内容,它是客观事物的反映"。比如"杯子","bēizi"是这个词的汉语拼音的书写形式,代表它的发音;"盛饮料或其他液体的器具"是它的意义,也就是它的词义。再比如"床"这个词,"chuáng"是它的汉语拼音形式,“供人躺在上面睡觉的家具”是它的词义。但是,“床”还有其他的意义:“像床的器具”,比如冰床;做量词,比如一床被子;等等。也就是说,“床”有不止一个词义,是个多义词。字典或词典中同一个词条内按意义列举的项目,叫做“义项”。大多数的字典或词典都会按义项列出词义,通常,词的基本义列在第一,引申义列在其后。词除了有音和义之外,还有“性”。一个词的“性”就是它的语法功能。比如“杯子”是名词,“床”除了是名词之外,还是量词,名词、量词都代表词性。汉语中还有形容词、副词、连词等,这些都是词性。词性代表某词可以有的语法功能。如果把“杯子”和“床”按义项和词性分别列举,就会看到不同的结果(表三)。表三向我们展示词性和义项之间的关系是,义项是对词性中同一词性不同词义更具体的描述。词性概括词汇的不同语法功能,义项说明词的同一语法功能的不同词义。

表三　“杯子”和“床”的词项、义项举例

词	词性	义项
杯子	名词	盛饮料或其他液体的器具
床	名词	(1) 供人躺在上面睡觉的家具
		(2) 像床的器具
		(3) 某些像床的地面
	量词	(4) 用于被褥等

本文对6套教材的词汇统计顺序是先根据词性,再根据义项。比如“叫”,在6套教材的初级阶段中均出现的是其动词的功能,但又分别有不同的意义。本文根据“叫”在教材词汇中做动词时的不同意义进行统计。

表四　教材词汇统计说明:以“叫”字为例

教　材	动词1	动词2
听说读写	to be called	to call
汉语会话	to be known as	to call
视听华语	to be called	to call
中国全景	to be called	
汉语课本	to be called	
功夫	to be called	
本文统计结果	6	3

再以动词“送”为例。首先,“送”都以动词形式出现在统计的教材中,但不同的教材分别出现了不同的意义,本文统计作为动词“送”在6套教材中出现的不同词义,而不同词义出现的次数即本文对该词的统计结果。表五还举了其他的例子,说明本文的统计方法。

表五 词项和义项的统计方法

词例	词项	义项	统计结果
送	动词	– to escort, to see someone off	2
		– to deliver	1
		– to give a gift	2
还	副词	– again	3
		– still, yet	2
上	动词	– to attend, to go to	3
		– to go up	1
		– to get on, to board	2
下	动词	– to snow, to rain	3
		– to get off	2
		– to finish	1
		– to go down	1
开	动词	– to hold (a meeting, party, etc)	2
		– to drive, to operate	2

(二)合并同义词

初级阶段的核心词汇应避免同义词。核心词汇的目的是方便语言学习者尽快掌握、使用语言,以便有效深入地学习。对于零起点的初级学习者来说,掌握的应该是词汇中基本的基本、不仅使用度高而且能产性高的词。初级阶段的以核心词汇为主的学习目的就是让初学者能够充分运用有限的词汇,尽可能表达多种意思,发挥核心词汇的最大效益。

本文在调查中发现,初级阶段的核心词汇中有些是同义词,比如"星期天"和"星期日"、"英文"和"英语"、"晚餐"和"晚饭"等,本文对这些同义词进行了一定的干预。

1. 干预原则1:Cater's theory 替换功能强

Carter 提出的10种检验核心词汇方法的第一种,就是核心词汇较非核心词汇更具有替换功能①。他以英文中与"eat(吃)"同义的一组词为例,指出 eat 可以替换这一组中的任何其他词,但其他词不能做到这点,因此,eat 相对其他也表示"吃"意义的词来说更基本也更核心。可见,具有较强替换功能的词更具核心意思,是合并同义词时首先应考虑的因素。

本文的调查中最突出的同义词例子即"中文"、"汉语"和"华语"。我们不用看教材的内容,仅从6套教材的课本题目就得到了这三个意义一样的词汇。深入分析课本中的课文,发现在设定的调查范围内,没有一套教材的课文中用到"华语"这个词,即便《视听华语》中也没有用到该词。作为教材标题中的关键词,竟然没有在课本的最初阶段出现,多少让人感到有些意外。

调查的6套教材中,5套教材出现了"中文",1套出现了"汉语"。在出现了"中文"的5

① "Syntactic Substitution ... The test demonstrates that some words can substitute for others while some words are more dispensable. ··· The substitutability of words may be a measure of their coreness."

套教材中,有4套还出现了“汉语”。在出现“中文”的5套教材中,只有《听说读写》对“汉语”一词采用的是介绍方式,没有在课本的句子中使用。《听说读写》在介绍“中文”一词时,用一句话提到了“汉语”,也非常简单地说明了“文”和“语”的差别,并且指出“中文”和“汉语”属同义词①。《听说读写》对“汉语”一词到此为止,没有在课文中使用过“汉语”一词。《汉语课本》中用了“中文”也用了“汉语”,该课本对这两个词作出的解释中表示“中文”比“汉语”意义更广,而且目前这两个词可以互相替代使用②。

表六　六套教材对“中文”和“汉语”的英文注释及例句

教　材	中文	汉语	华语
听说读写	the Chinese language	Chinese language	
	–中文书 –考中文 –说中文		
汉语会话	Chinese	Chinese	
		–中文系	–学习汉语 –汉语课
视听华语	Chinese language		
	–中文报 –中文书		
中国全景		the Chinese language	
		–汉语课	
汉语课本	Chinese	Chinese (language)	
	–中文名字	–学习汉语	
功　夫	Chinese (usually, but not always, refers to the written language)	the Han Language, Chinese	
	–我们都学中文	–汉语小词典	

再看所有教材对“中文”和“汉语”的英文注释。如果从英文注释上看,很多教材都没能告诉学习者何为“中文”、何为“汉语”,这无疑也给学习者造成不解:既然都是 Chinese language,为什么又有“中文”、“汉语”之分?课文中对这两个词的使用,对初学者来说更是分不清楚。

“中文”和“汉语”哪个更基本、更核心?依照 Carter 的检验方法,从表六中“中文”和“汉

① “The Chinese language is referred to both as 中文(zhōngwén) and as 汉语(hànyǔ). The latter term refers to the predominant ethnic group in China, the Han. There is also a difference in nuance between 语(yǔ, the speech) and 文(wén, writing), but 汉语(hànyǔ) and 中文(zhōngwén) are generally considered synonymous”.

② “Both ‘中文’ and ‘汉语’ refer to the Chinese language. ‘中文’ has a broader meaning, referring to the Chinese language in both its written and spoken forms. Originally, ‘汉语’ referred only to the spoken language of the Han people. Today, it is often used to refer to both the written and spoken forms of the Han language. These words are now used interchangeably by most people”.

语”的例子,可以发现“中文”能替换所有含“汉语”的句子,而“汉语”则不能替换所有含“中文”句子。因此,“中文”相对“汉语”具有更强的替换功能,所以,本文的统计中把“汉语”并入“中文”。

2. 干预原则2:使用范围广

著名的英文2000核心词汇(GSL)的建立者West的选词标准也是本文合并同义词时的参考因素。West(Carter, 1988,163)除了提出选词时首先要考虑(1)词频(frequency)和(2)词义及用法(information)外,还提出要考虑词汇的(3)通用性(universality)(即一个词在不同的国家、地区都会使用)、(4)可用性(utility)(即可以用于不同话题的词汇)、(5)实用性(usefulness)。West提出选词时要考虑“通用性”,指出入选核心词汇的词应该跨越区域限制,应该在使用上可以得到普遍接受。汉语词汇在不同地区使用上的差异,的确给核心词汇的选词造成问题,特别对零起点学习者来说,这种差异会带来不便。

由于地区差异造成的选词差异中比较突出的例子是“相片”和“像片”这两个词。从调查的结果看,很明显台湾地区通行的是“像片”、“照像”、“照像机”,6套教材中也只有《视听华语》选用的这几个词与众不同。翻看1980年版的《现代汉语词典》,只有“相片儿”和“相片”,没有“像片”,1998年版的《现代汉语词典》也一样。但在1980年版的《现代汉语词典》中,“照相”词条里注明“也作照像”,到了1998年版就没有这个说明了。可见,在中国大陆,“像片”、“像片儿”、“照像”均被看成错误,词典中根本没有。从统计的结果看,选用“相片”的同义词“照片”的教材更多。专门针对外国汉语学习者编写的《汉语8000词词典》(北京语言大学汉语水平考试中心,2000),只有“照片”词条,没有“相片”。该词典把“相片”列在“照片”一词后,说明它们是同义词。在6套来自不同地区的教材中,除了《中国全景》根本没有用到这个词外,“照片”一词出现在4套教材中,“像片儿”出现在1套教材中。本文的统计方法是把“像片儿”改计成更通用的“照片”。

3. 干预原则3:能产性高

针对初级学习者的核心词汇要首先介绍能产性高的词。前面提到的“中文”一词中的两个语素“中”和“文”都属于常用语素,也都可以和其他词搭配出很多常用词,特别是“中”这个词,“中国”、“中国人”、“中文”都有逻辑上的关系,有利于初学者对这些词的理解和掌握。“汉语”一词相对比较狭隘,可以搭配的词语相对较少。“早上”和“早晨”都分别出现在统计的教材中,本文将它们都统计为“早上”,这是因为“上”相对“晨”在初级学习中具有更多的搭配组合。“星期天”和“星期日”也是同样的例子,本文统计“星期天”是因为“天”在初级阶段有更多的组合机会,可以产生出其他词汇。其他的例子还有“星期”和“礼拜”等。

其他同义词的调整包括把带儿化的词和不带儿化的词合并为一个词,比如:歌/歌儿、画/画儿、东边/东边儿、后边/后边儿。

本文对教材中出现的词汇做的另一个干预是删除了教材中的人名,比如张三、李四、小王、老刘等,但保留了国名、地名,如中国、德国、意大利、四川、上海等。因为这些词中有些可能出现频率较多,如果删除这些词中的一个,就应该删除所有。因此,本文保留并统计这些词。

通过上述干预后,6套教材的词汇量都有了一些变化,有的增加,有的减少,也有的维持原来的数量。

四、统计的结果

表七 本研究统计词汇量

教 材	本研究统计	教材中词汇量	实际词汇量
听说读写	Level 1, Part 1, 1－11 课	744	738
汉语会话	1－20 课	379	382
视听华语	(1)1－13 课	489	489
中国全景	初级汉语 1－10 课	333	350
汉语课本	(1)1－14 课	420	409
功夫	(一)1－11 课	280	290

表八告诉我们在调查的这6套教材中,共出现了1256个词义,其中6套教材中都出现的共85个,占6.77%;出现5次的和出现4次的,与出现6次的几乎相等,分别占5.97%和6.37%;出现1次的达一半多一点,占53.98%。这说明国际初级汉语教材在基础词汇的选择上存在相对大的差异,这与本文提出的假说与推论相差甚远。

表八 词汇出现次数统计结果

出现次数	6	5	4	3	2	1	总词汇量
词汇数量	85	75	80	110	228	678	1256

6套教材中共同出现的85个词义中,除了介词、连词、叹词、象声词外,其他词性的词都出现了,其中名词和动词占去了大半,共46个;其次为代词,共16个。数词只有1个,量词有4个。85个词中,虚词有11个,而且只有副词和助词。

表九 词汇中共同出现的85个词义:以词性排列

词性	数量	词 汇
名词	20	电影 东西(dōngxi) 今天 老师 明天 名字 朋友 人 上午 时间 书 天 晚上 下午 现在 星期 星期天 学生 衣服 昨天
动词	24	吃 穿 等 给 叫(to be called) 看 来 买 请 请问 去 是 说 问 喜欢 写 谢谢 姓 有 在 再见 找(to look for) 知道 做
助动词	2	能 想
形容词	7	大 对 多 好 便宜 小 新
数词	1	半
量词	4	分(minute) 个 件 刻
代词	16	多少 哪 哪儿 那 那儿 你 您 谁 什么 他 她 为什么 我 怎么样 这 这里/这儿
副词	6	不 很 没 也 一起 真
介词	0	
连词	0	

续表

词性	数量	词　汇
助词	5	吧　的　了　吗　呢
叹词	0	
象声词	0	

统计的结果有些令人意外,在6套教材的初级教学阶段的1256个词汇中,仅有6.77%是共同的词汇学习内容,53.98%的词汇都是不同的。这个结果初步否定了本文提出的推论,至少在纵向方面,各个教材就词汇而言,相同的学习内容不多,这也反映教材编写设计时的随意性较大。因此,本文特别期待下一步,即横向统计的结果。

参考文献

北京语言大学汉语水平考试中心. 汉语8000词词典[M]. 北京:北京语言大学出版社,2000.

陈夜宁,王淑美,卢翠英. 实用视听华语[M]. 台北:中正书局,1999.

国家对外汉语教学领导小组办公室. 高等学校外国留学生汉语专业教学大纲. 北京:北京语言大学出版社,2002.

胡明扬. 对外汉语教学基础教材的编写问题. 语言教学与研究,1999.(1):4-16.

康玉华和来思平. 汉语会话301句[M]. 北京:北京语言文化大学出版社,1999.

刘珣(主编). 新实用汉语课本[M]. 北京:北京语言文化大学出版社,2002年.

吕必松(主编). 中国全景[M]. 北京:语文出版社,2001.

史有为. 对外汉语教学最低量基础词汇试探. 语言教学与研究,2008.(1):73-81.

现代汉语词典. 北京:商务印书馆,1980.

现代汉语词典. 北京:商务印书馆,1998.

万艺玲. 汉语词汇教程[M]. 北京:北京语言文化大学出版社,2006.

翟艳. 汉语速成教学的时间观,语言教学与研究.(2):52-57.

Baker, B. R., K. Hill, and R. Devylder, 2002: Core Vocabulary Is the Same Across Environments, Online version at: http://www.minspeak.com/students/documents/2000CSUN.pdf. 2002.

Carter, R. and M. McCarthy (eds.): Vocabulary and Language Teaching, London, Longman, 1998.

Carter, R.: Vocabulary: applied linguistic perspectives, London: Routledge, 1992.

IGCSE Chinese: Edexcel Limited, 2009.

Jamieson, J. C. and T. Lin. Kung Fu An Elementary Chinese Text, Hong Kong: Hong Kong University Press, 2002.

Xiao, R., P. Rayson, and T. McEnery. A frequency dictionary of Mandarin Chinese: core vocabulary for learners, New York: Routledge, 2009.

Yao, T. and Y. Liu. etal. Integraded Chinese, Boston: Cheng & Tsui Company, 1997.

作者单位:香港教育学院中文学系

课堂策略与实践

比较教学法在阅读教学中的多元运用

张明明

现行中学语文教材的编排以主题划分单元,这给课堂教学提出了新的更高的要求。但这种编制方式也让我们总能发现教材同一单元或不同单元的课文之间,甚至是教材中与教材外的文章之间存在着共性与个性的相互关系。如果老师能恰当运用比较的方法,同中求异、异中求同,必然能使学生明确概念,深刻理解,开阔思路,从而达到事半功倍的教学效果。

一、在课本同一文本内部的应用

本文所指的课内文章是指在课堂上教师需要着重分析讲解、学生需要认真理解掌握的教材文本。一篇完整的文章,其自身就是一个完整的体系,如果师生把文本本身吃透,对于本文后面将要介绍的文本间的比较分析会起到积极的作用。

(一)同一文本前后语段的比较分析

通过对同一篇文本内容前后的变化分析,可以更加清晰地把握作者的思想感情变化,明确文章主旨。

例如,在《孔乙己》中鲁迅先生有好几次写到孔乙己的"脸色",在教学时,如果教师能抓住文章前后语段中关于孔乙己"脸色"变化这一特殊的细节来分析孔乙己这个典型形象,学生会更加深刻地认识到孔乙己的性格特征,从而正确把握这一文本的主题思想。

第一次写孔乙己的"脸色"是在他出场的时候:孔乙己"青白脸色,皱纹间时常夹些伤痕",再配上他"又脏又破"的长衫,不仅形象地揭示了孔乙己好吃懒做的生活习性与社会地位,而且为下文进一步刻画孔乙己的性格特征与揭露封建科举制度对人的残害作了铺垫。第二次写"脸色"是在孔乙己偷书被揭发的时候:"孔乙己便涨红了脸,额上的青筋条条绽出,争辩道,'窃书不能算偷……'"。这"涨红了脸"的变化,一方面揭示了孔乙己深受封建科举制度的毒害,另一方面也流露了孔乙己内心的羞愧。第三次写孔乙己的"脸色"是在被挖苦到"你怎么连半个秀才也捞不到呢"的时候:"孔乙己立刻显出颓唐不安的模样,脸上笼上了一层灰色。"这"灰色"脸色的描写,表现了孔乙己被人家取笑"捞不到"半个秀才时隐隐作痛、失落、颓唐的悲凉心理。小说最后一次写孔乙己的脸色,是在他被丁举人打折了腿,用手"走"到酒店的时候:"他脸上黑而且瘦,已经不成样子。"通过这"黑而且瘦"的脸色,加上用手爬着"走",可以想象他是在受尽了丁举人的严刑拷打之后死里逃生。当掌柜取笑他时,孔乙己只是低声应答,露出"恳求"的眼色,显现出他横遭摧残后那种畏缩、害怕、绝望的心境。孔乙己的"脸色"由"青白"而"红",由"灰"而"黑瘦",一方面体现了其性格的逻辑发展,另一方面也体现了当时的社会对没落的读书人的逐步践踏和蹂躏。

再如《我的叔叔于勒》，通过父亲“只要一看见……总要说那句永不变更的话”，行动和语言两方面简练、生动的描绘，竭力渲染了菲利普夫妇盼望于勒归来的急切心情。“永不变更”意味着父亲那句话已说过无数次了，极写盼望之情的强烈。当父亲看到于勒时“突然不安了起来，脸色苍白”，在父亲向船长再次确认于勒时“脸色煞白，两眼呆直，哑着嗓子”，随后“神色慌张地回来”，“结结巴巴”地确定那个人就是于勒，“狼狈地”担心于勒会给自己惹出大乱子。通过父亲前后对于勒的态度变化，活生生地揭示出资本主义社会那赤裸裸的金钱关系。

教师若抓住这些细节变化来进行阅读教学，可以起到纲举目张的教学效果。

（二）同一文本同一语段内的比较分析

在茅盾的《白杨礼赞》中，“……难道你就只觉得它只是树？难道你就不想到它的朴质，严肃，坚强不屈，至少也象征了北方的农民？难道你竟一点也不联想到，在敌后的广大土地上，到处有坚强不屈，就像这白杨树一样傲然挺立的守卫他们家乡的哨兵？难道你又不更远一点想到这样枝枝叶叶靠紧团结，力求上进的白杨树，宛然象征了今天在华北平原纵横决荡，用血写出新中国历史的那种精神和意志？”教学时，教师可以让学生分析这四个反问句是否可以调换顺序，然后让学生把它们改为陈述句并对比分析效果有何不同。

这样一来，虽然仅仅是一段文字，但是学生不仅能分析出这四个反问句由外向内、层层深入的关系，还能巩固反问句与陈述句在气势、感情上的差别。

二、在课本不同文本间的应用

在中学语文教学中，比较阅读教学有广阔的应用天地，首要步骤就是选择合适或者最佳的比较对象来进行比较教学。① 选择文章，并非无章可循，更不是随手拿来几篇文章硬放在一起作对比，而是把含有共性的部分，而且这部分正好又是教师需要着重讲解或者学生难以理解的文章放在一起比较分析，这样不仅增强了学生的学习效果，而且也能使之触类旁通。

（一）同一作者不同题材文本的比较分析

语文教材中选用作品数量最多的作者便是鲁迅，而鲁迅的文章在中学教学中既是难点又是重点。同样是鲁迅先生的作品，内容、主旨却大不相同。

如鲁迅的早期作品《孔乙己》《药》《故乡》《祝福》等，多是写群众被压迫、被剥削、愚昧无知、迂腐不堪的描写，表达作者“哀其不幸，怒其不争”的感情。而鲁迅在其后期作品，如《中国人失掉自信力了吗》一文中，痛斥反动派毫无自信力，精辟地论述了“我们有并不失掉自信力的中国人在”，把广大革命人民称为中国的“筋骨和脊梁”，并对他们满怀信心，寄托着无限希望。

同样是在鲁迅的早期作品中，它们也不尽相同，而是各有偏重。如在《孔乙己》中，鲁迅通过对深受封建科举制度毒害的孔乙己的描写，狠狠地抨击了封建科举制度对读书人的摧残与毒害；在《祝福》中，通过对祥林嫂悲惨遭遇的描写，批判封建礼教对妇女的残害；而《药》是通过对华、夏两家悲剧的描写，控诉了封建统治阶级镇压革命和愚弄人民的反动本质，揭示了辛亥革命的不彻底性与群众的愚昧。除了在主旨上有所侧重外，在结构方式上、表达方式上也有所不同，《药》在结构上运用了明暗相生的双线索，而《祝福》则以祥林嫂的悲剧为线索；《药》在表达方式上运用了侧面描写与气氛烘托，而《祝福》运用的则是典型环境中塑造典型人物。

通过这种比较分析，既可以准确深入地把握了解作者的语言特征、文章风格、塑造人物的描写方法等，又可以提高学生分析问题、解决问题的能力与写作能力。

（二）不同作者同一题材文本的比较分析

讲授朱自清的《春》（苏教版第七册）时，可以与梁衡的《夏》作比较分析，因为它们属于同

① 马骋. 比较教学法浅议及其在语文教学中的实践运用. 齐齐哈尔师范高等专科学校学报，2009，(1)：140－142.

一个教学单元，文体均为散文，语言优美，修辞手法运用自如，突出了季节的特点，饱含着作者对生活、对自然的深切热爱；结构上也均采用总—分—总的形式。梁衡的《夏》表达了作者对夏的情有独钟，歌颂了夏天蓬勃的生命活力和人们火热的生活。而朱自清的《春》一文，紧扣"春"这个主题展开描写，从盼望春天，到描写春天，再到赞颂春天，作者有条不紊地将春风图、春早图、春花图、春雨图与迎春图呈现给读者，把春天描绘得有声有色。除此之外，《春》主要运用的是拟人的手法，梁衡的《夏》则多运用比喻的手法。

通过这种比较，可使学生对同属于一种文体的课文都能有更深刻的了解，学生不仅能抓住共性，还能提炼出个性。这对培养学生的发现探索能力有着重要作用。

与现代文一样，文言文也有可比之处，通过这种比较还可以了解作者所处时代的社会风尚与历史文化。欧阳修的《醉翁亭记》与范仲淹的《岳阳楼记》都是脍炙人口的名篇，又均为作者被贬谪居之际所作，但前者以"乐"贯穿全篇，后者以"谪"为线索，前者写景抒情自然结合，后者熔记事、写景、议论为一炉。

同样，现代文与文言文之间也并非因年代的问题就无法相比，相反，通过对两者的比较不仅能使读者了解历史的变迁，也能发现古今人写作的异曲同工之妙。

例如，在教授刘白羽的《长江三峡》（苏教版必修三）时，可以拿出初中教材中的郦道元的《三峡》（苏教版七年级）与它作对比，它们同样描写三峡，但是侧重点各不相同。郦文主要写山，写水，写景，写情，以凝练生动的笔墨，写出了三峡的雄奇险拔、清幽秀丽的景色。作者抓住景物的特点进行描写。由此可以看出，作者落笔看似随意自然，不拘成法，却匠心独具，精心布局，实在是让人称妙叫绝的。刘白羽的《长江三峡》也是写景抒情的游记名篇，但它是一篇日记体游记。作者不像郦道元《三峡》一文着重描写三峡中的巫峡，而是把瞿塘峡、巫峡、西陵峡全部描写了，在对三个峡的描写中又各有所侧重。除此之外，郦文描写的是三峡的四季景色，而刘文描写的是一天内对三峡景色的所见所闻。这样的比较分析，不仅使学生回忆起了初中所学的文章，巩固了知识，还能使学生饶有兴致地了解这千百年来三峡的变迁，从而更加深入地分析文章内容。

三、在课内外不同文本间的应用

学习课外文章，能对课内文章的学习作有益补充与必要延伸。课外文章虽然数量繁多，范围广泛，但仍旧可以撷取一些佳作为课内文章教学服务。

例如，在讲解徐志摩的《再别康桥》（苏教版《语文读本》必修一）时，可以把课外的徐志摩的《沙扬娜拉》拿来辅助教学，因为它们表达的都是离别时依依惜别的心情。《再别康桥》着重写景，写的是剑桥大学的美景，表现的是清新的自然的美，《沙扬娜拉》着重写人，写一位含情脉脉的女子；《再别康桥》行文流畅自然，首尾呼应，读来令人久久回味，而《沙扬娜拉》短小精悍，惜别之意一目了然。通过对比，学生在欣赏作者笔下的剑桥大学美景的同时，更能体会到作者在字行里间流露的依依不舍之情。

总之，语文教学中的比较教学法，内容广泛，方法众多，但一切仍要从教材的本身出发，精心设计比较文本之间的议题，以助于学生深入理解教材内容，从而引导学生积极思维，充分发挥学生的学习积极性与主动性，提高学生分析问题、概括内容的能力，激发学生的创造性。除此之外，还有助于把历史唯物主义和辩证唯物主义运用于实际，有利于学生世界观及主观能动学习习惯的形成。①

作者单位：苏州大学文学院

① 莫然. 语文教学中比较法的实践运用. 克山师专学报，2004，(2)：131－132.

结合个案探讨语文有效教学的反思模式

陈丽萍

俗话说:“一日不学非人师,一日不省非人表。”语文教师应具有“对语文学科本质规律的把握和语文学习方法的指导”技能,具有“良好的语感、敏锐的感情触角和真诚的教学反思”。有效教学需要理性、自觉的决策,这就要求教师具备积极的反思素养和策略。以教学反思促进有效教学,进而促进其专业化发展的问题不容忽视。

一、教学反思与有效教学

教学反思就是回顾教学—分析得失—查出原因—寻求对策—以利后行的过程。

(一)概念

1. 教学反思

教学反思即教师对教师“教”、对学生“学”所进行的反思,是指教师以教学目的、教学内容、教学方法、教学过程、学生学习方法、学生学习能力、学习效果为反思对象,分析教学是否适合学生的实际水平,是否能有效地促进学生的发展,在哪些方面有待改进,再寻求解决问题的对策,改善和优化教学策略,使之达到最佳效果。

2. 有效教学

有效教学的“有效”,主要是指教师在一种先进教学理念指导下经过一段时间的教学之后,能够使学生获得具体的进步或发展。有效教学的“教学”,是指教师引起、维持和促进学生学习的所有行为和策略。

(二)教学反思与有效教学

有效教学是一种反思性实践,有赖于教师在反思中建立观念—行为—效果之间的联系。

熊川武教授认为反思性教学是指,教学主体借助行动不断研究与解决自身和教学目的以及教学工具等方面的问题,将“学会教学”与“学会学习”统一起来,努力提升教学实践的合理性而使自己成为学者型教师的过程。美国教育家鲍里奇博士在《有效教学方法》一书中提出,有效教学包括有效设计、有效实施和有效反思等。美国学者布鲁巴赫指出:“反思性实践是使教师在其职权范围内,改进自己的教学实践,成为更好、更有效率、更富创见的行家的工具。”可见教学反思是实施有效教学的推进剂,它是为逼近“有效”的目标而对教学进行的调适。

有效教学需要教师具备反思意识,即要求教师不断地反思自己日常的教学行为,不断地追问自己:什么样的教学是有效的?我的教学哪些是有效的?哪些是无效的或低效的?有没有比我更有效的教学?

二、研究背景

语文课堂低效教学的现状呼唤有效教学的探索,而当前虽然有许多语文老师能认识到教学反思的意义,但反思效果不尽如人意,对有效教学的反思偏少。而就有效性教学的最新发展来说,无论是在理论层面,还是在实践层面,都从教学反思获得了极大的促进。

如何有效地运用教学反思的一系列理论来指导教师的有效教学实践？只有从研究教学反思的模式入手才能解决这些问题。我国目前较少建构自己的反思教学模式，大多数模式来自国外。应充分考虑我们教学实践的具体情况，提高可操作性。具体的教学反思主要有以下方面：

1. 从理论角度建构的模式居多，基于实践或实验建构的模式少。

2. 大多数模式只关注教师的反思行为，忽视了学生在教学反思中的主体性。

3. 通用型模式研究多，分科型模式建构少。有效教学的反思模式只有在学科基础上建构才更具有可操作性。

4. 针对有效教学的反思模式有待研究。

本课题积极创建语文有效教学的反思模式，以充分发挥反思对有效教学的促进作用。

三、研究目的、意义及范围

有效教学的根本出发点是为了每个学生，因而须树立全人观、发展观、效益观，立足于教与学的真实状态和复杂关系，明确教师个体应该如何关注内容的合宜性、关注教学生态、关注学生的困难与反馈，以及如何作出有效调整。同时，以教师行为和反思脉络为线索，研究教师实际在教什么，学生实际学了什么，如何达到“教的根本目的即帮助学生学习”。亦即探察学生的学习经验，审视教师教了什么，进而检测教学策略是否得当。

为解决以上问题，本研究进一步开发语文有效教学的反思模式，将其上升到适用于语文教学具有推广意义的教学反思体系，以深化对教与学规律的认识，并实现语文课堂的“三高”教学：从时空上看应是高效率，即花最少的时间取得最大效果；从成果看应是高效益，即教学结果能使学生有较多的得益；从关系看应是高效应，即通过教学使师生之间在心理、人格、思维、情感等方面能产生高效应。

四、研究方法

个案研究就是对单一的研究对象进行深入而具体的研究的方法，它是实践型教育教学研究的一种重要形式。通过对个案的研究，不断总结和评价一些积极的反思措施的实施经验与效果，从而得出对以后教育工作的有益启示。本研究着眼于宏观，针对某一教师的课堂教学反思作系统、具体细致的微观剖析，探明哪些是有效的反思，哪些是低效的甚至是无效的反思，以促使教师改进课堂教学行为。

五、个案基本情况、典型性及其反思内容

本研究选取具有代表性的反思能力较强、专业发展快、乐于实施有效教学的年轻教师李奕慧进行个案研究。经由课堂追踪观察，以教学反思日记为课题实施的突破口，记录该教师的反思轨迹，对其反思进行诠释性分析，提炼生成高效教学反思的策略，研究其通过教学反思推进有效教学，从而促进其专业快速发展的过程。

（一）个案基本情况

李奕慧老师，现为中学二级教师。从教四年多。教学风格灵活，性格直爽。她的教学理念是：注重语文教学中人文精神和语文能力的培养，重视语文的熏陶感染作用，并尊重学生的独特体验，深度关注教学情境。

在教学实践中她有许多困惑。比如：“课堂上会不会看上去热热闹闹，实际装到学生大脑的内容少？”“如何衔接教学内容？”“如何培养学生的语文应用能力？”“为什么我认真上课，学生却昏昏欲睡呢？”“究竟该如何进行有效教学呢？”

于是笔者就教学反思与有效教学跟她进行了多次交流。

交谈的结构目录如下：

交谈1：教师反思的形式——如教学反思日记、教学周记、课例分析等。

交谈2：反思内容——记成功与败笔,记教学机智,记学生见解,记再教设计。

交谈3：反思的依据——有效教学理论。

交谈4：反思有效教学的重要策略——尝试易位思考。

交谈5：有效教学的反思策略——“有效的时间管理”“语文与信息化的融合”。

交谈6：如何运用学生学习反思表和教学反思表。

李老师能养成自觉反思的习惯,至今共撰写了58篇语文教学反思。

六、语文有效教学反思模式的理论架构

（一）语文有效教学的反思模式

为了充分发挥教学反思对有效教学的促进作用,本课题组积极创建语文有效教学的反思模式并加以实施。语文有效教学的反思模式是指教师为实现语文有效教学,以促进学生的学习和发展为目的、以追求语文教学效率为指向的教学反思模式。亦即在教师教学反思倾向的支持下,以解决语文教学问题为基本点,对自己(或他人的)已经发生(或正在发生的)教育教学行为和决策,以及这些教学活动背后的理论、假设进行积极、持续、周密、深入、自我调节性的思考,积极寻求多种方法来解决问题,进行自我反思、学生反思、同伴互助、专家引领(包括理论文献)四者之间循环往复、螺旋上升的运作过程。

（二）语文有效教学反思模式的理论架构

语文有效教学的反思模式主要依据“以学论教”的理念进行架构。反思是建构主义学习观的一个核心特征。关注学生学习过程的反思,可促进学生自主学习能力的提高。反思性学习理论则认为：教和学是需要不断反省和调整的持续过程。教师“通过观察学生的行为和自己的行为经常进行自我评价,经常为自己设定目标,而是否达到这些目标则是根据学生表现出来的理解程度来度量的”。以加涅为代表的学习促进型教学观就认为,有效教学的教师要在一定的教学投入内更好地满足学生的学习需求,更理想地促进学生的学习。

卡尔·罗杰斯人本主义理论的学生观也启示我们：“教育的主体应该是受教育者”。只有注重研究学生的学习过程和方法,才能真正提高学生主动参与教学的广度、深度和效度。现代教学论理论主张：教学过程是师生的双边互动与双向合作,教学方法包括教法与学法,教学过程的最优化包括授课方法的最优化与学习反馈的最优化。杜威说：“开发反思性教学意味着对某种情境或人作出积极反应的习得的意向。”

以上“以学论教”的理念运用在语文有效教学的反思模式中则表现为：要以学生发展的需要来反思老师如何教,以学生学习的状态和效果来评价老师教得如何。也就是把学生的学习活动和状态作为教学反思的焦点,以学的方式讨论教的方式,以学的质量讨论教的质量,从而反思教学行为的有效性。

七、以个案为例谈语文有效教学反思模式的策略及操作方法

为了充分发挥教学反思对有效教学的促进作用,本课题组积极创建中职语文有效教学的反思模式并加以实施。中职语文有效教学的反思模式是指教师为实现中职语文有效教学,以促进学生的学习和发展为目的,以追求中职语文教学效率为指向的教学反思模式。亦即在教师教学反思倾向的支持下,以解决中职语文教学问题为基本点,对自己(或他人的)已发生的(或正发生的)教育教学行为和决策,以及中职语文教学活动背后的理论、假设进行积极、持续、周密、深入、自我调节性的思考,积极寻求多种方法来解决问题,进行自我反思、学生反思、同伴互助、专家引领四者之间循环往复、螺旋上升的运作过程。

下面以个案为例谈谈它的实施策略：

(一) 以学的方式反思教的方式,以学的质量反思教的质量。

1. 它采用反向路线。

反思路线及反思重点具体如下:

学习效果:

学习目标是什么? 是否达到?

学习表现:

学生是否由被动学习变为主动学习?

学生是否由个体学习到合作学习?

是否由接受性学习变为探究性学习?

如何促进学习:

① 如何使教学适应需求,结合学生特点,提高学生的语文应用能力?

② 是否采用以行动为导向或以任务为导向的自主学习方式,或创设教学情境,使不同层次的学生获得不同程度的发展?

从学的效果追求考察入手,思考学生应有的学习行为。再从学生的学习行为思考应有的教的行为,以此反思原有教学设计和教育观念的有效性。

有效教学的唯一标准是学生是否进步,是否发展。《中职语文教学大纲》就指出:"教学反思要更多地关注学生在语文学习过程中增长了什么知识,具备了什么样的能力,获得了哪些进步。"

李奕慧老师总是关注学生是否进步。如《布衣总统孙中山》的教学反思片段:

在进行反思过程中,我发觉自己走进"灌"得越多越有效的误区:譬如我在讲传记的时候,讲了大量阅读传记的方法,结果却适得其反,学生不知道使用哪个方法为好。

又如在总结《面朝大海 春暖花开》全文的时候,有学生说:"我跟大家想法不一样,我认为海子的世界是孤独、封闭的。面朝大海、春暖花开? 只是他的幻想罢了!"

课后,我反思:尽管教参上说明本诗展示了诗人对生活的祝福和对世界的热爱,但他写时的真实感受是什么呢? 于是,我让学生写《海子,我想对您说……》。从反馈来看,学生各抒己见,有的甚至谈到生命的价值,可以看出学生是思考了,是探究了。

教师应从学生是否达到了教学目标,学生课堂上的表现如何、是否有兴趣、有哪些意外的情况,如果再上这节课会如何处理等方面及时反思、调整,提高教学效率。

2. 它采用观察思维。

关注学生以后,反思往往在"我认为"前面添加"我注意到"或"我发现",这是从学生的学习状态展开教学反思的话语结构。如李老师对《电脑神童盖茨》的教学反思片段:

我注意到学生一看书就有疲态。我会展示大量图片来补充课外的内容。但又产生新问题,课文的内容怎么学? 我有些迷茫。以后应考虑所创设的情境是否能促进学生对课文的学习。

从语文学习的角度,应从以下四方面观察:

听:是否聚精会神?

说:是否敢说、乐说? 声音是否清晰? 条理表达是否清楚? 是否主动提问?

读:是否爱朗读? 是否有积累和善用工具书的习惯? 有怎样的情绪反应?

写:是否按要求写作? 是否有练笔习惯? 是否会选材并运用方法表达主旨?

3. 它突出反思重点。

即语文有效教学的反思模式注重围绕着如何促进学生的语文应用能力反思:

1）学生学习的态度、需求、起始能力、问题。

2）学生学习过程、学习状态、采用的“学习方式”（包括听说读写）。

3）学习效果（主要是否获得语文应用能力）及原因。

4）对培养语文应用能力使不同层次学生获得发展的教学行为的评价与建议。

如李老师对《辩论》的教学反思片段（正方的辩题是：中职生跳槽利大于弊；反方的辩题是：中职生跳槽弊大于利）：

学习目标：学会引用恰当的例子。

学生表现：本节课的总体效果良好。在辩论中举例引用很恰当。例如，正方举出杰出校友中国平安保险公司林彩虹师姐不断更换工作以积累经验的例子；反方直击要害：中职生跳槽不利于职业规划。接着举出本校某毕业生的实例。

如何促进学习：前几节课的辩论技巧铺垫得较好。本节课有两点不足。首先，讨论前没有强调纪律。其次是没有进行语言规范表达的指导。

（二）中职语文有效教学的反思模式要关注教师反思和学生反思的相互作用、教师间反思的交流。

中职语文有效教学反思模式的横向表现为：自我反思—学生反思—同伴互助—专家引领。

1. 以学生的反思促进教师的反思。

教学的有效性不能只是从单纯的教学角度来考虑，还要考虑学生的心理状态和学习状态，使教学效果得到最大可能的展现。事实上我们教师对“学生如何来学”进行反思的很少。应设身处地地站在学生立场上反思，通过学生的课堂表现、课后的问卷、谈心和课后作业观察了解教学的实际效果。

具体做法有：

① 每个学生都有“学习反思本”。

内容包括预习时提出的问题、给老师提出的学法和教法的建议、对老师上课后提出的评价与反馈意见、对自己在学习活动中的表现及原因的反思。如开学初，李老师让学生结合学习的经验、经历谈谈学习语文的感受与方法，向新的语文老师介绍自己以前的语文老师的上课技巧、方法，表达对新老师的愿望。还要让学生对自己在学习活动中的表现、原因及改进方法反思，以此促进教学反思。

② 在练习后附上“学习反思”。

在《十五从军征》练习后附上学习反思。如：学习后仍存在什么问题？您打算如何解决？整节课让您感觉沉闷吗？有哪个环节特别吸引您？如果老师重新教这篇课文，您希望老师怎样调整？这些问题往往是学生的课堂学习障碍，而对教师的评价有助于教师有效调整教学，因此值得反思。让学生学会反思是教师有效反思的保障，有助于教师更好、更快、更准地把握学生的学习需求，使反思更好地发挥作用。

③ 找不同类别的同学进行访谈，在访谈中直接寻找问题进行反思。

④ 让学生填写“语文学习反思卡”。

学生在“学习反思”中思什么？

A. 及时反思学习效果。　　B. 及时反思学习行为。

C. 反思学习语文的情感。　　D. 反思教师的教学行为。

李老师发现：从学生对教学实践活动的反思中，研究和思考教师有效指导策略，可以大大提高指导策略的准确性和实效性。

以下是李老师对《有序解说,方法得当》的教学反思片段:

通过学生的反思,我了解到学生非常希望老师能多放视频。本节课我不是照本宣科,而是跑了"羊城八景",组织学生围绕"越秀公园"、"陈家祠"等视频进行有序解说,使语文课与本土文化结合,学生得到快乐的体验。

又如李老师对《廉颇蔺相如列传》的教学反思片段:

本课开展了一个"我来当老师"的活动,并进行分层次教学。根据我的观察以及对学生课后感言(写感言是常规做法,每完成一篇课文,都要求学生反思这篇课文的收获与不足)的分析,各层次的同学都能有所收获。能让各个层次的学生都能体会到学习语文的乐趣。在活动中学生不仅是在学习语文,更是在体验生活,形成能力。

2. 通过围绕有效教学的集体备课及老师间的对话促进教师的反思。

① 集体备课。

李老师说:高效的课堂始终离不开同事的支持,备课组的团结,资源的共享!

单纯的内省反思活动往往比较模糊、难以深入。因此,教师还应该加强集体备课及同事间的交流对话。

A. 以观课、议课促进对"有效教学"的反思。

"观"强调用眼睛收集课堂信息,用心灵感受课堂,体悟课堂。

"议"是围绕观课所收集的课堂信息提出问题,发表意见。"议"是对话和反思。

"不识庐山真面目,只缘身在此山中"。请他人提出有促进性、针对性的建议,并不断改进,定能促使教师不断反思,从而获得更新、更全面的认识。如实习老师的观课感受:整体上这节课不是很理想,学生没有太多的参与。学生只是坐着,就算回答声音也不响亮。

李老师看了《观课感受》,对此课进行了调整、反思:

在讲文章的第四、五自然段的时候,我发动学生动用感官来欣赏这两段文字。"如果你是一位画家,你选择哪种绘画技法来表现这段文字呢?为什么这样选择呢?"

此课通过将散文学习与绘画联系起来,发挥学生的想象能力,结合电脑美术专业学生的绘画素养,发挥他们的专长,发掘出平常没表现出来的潜能。

通过同伴互助听课,通过沙龙式研课找出问题症结和解决办法。

B. 以"同课异构"促进对"有效教学"的反思。

如通过对先上课的老师的课堂教学情况回放和分析,让后上课的老师有意识地同自己备的课比较,进行纠错和"补救",同时又为下一轮备课及教学提供宝贵的经验借鉴;或集体备课时,每位老师手头都有教案,此时的任务是:研究教案,作出补充或修改,经相互认同后,作为"共用教案",然后再分头备课,根据学生情况写出学案。

如《春江花月夜》教学反思片段:

与同科组的陈丽萍老师备课,她提出了余文森教授"先学后教,当堂训练"的教学模式,使我有了新的认识。我们制定了共同教案,又写出了学案。要结合学生的实际创造性地发展它,成为新的教学方法。它能有效解决学生厌学的问题。

和同事进行对话,不仅可以使思维更加清晰,而且来自交流对象的反馈会激起自己更深入的思考,激发更多的创意和思路,使教师隐藏在心中的教育思想得以激活。

② 校际交流。

校际间教师交流有效教学的经验和困惑,更容易产生见解多元、相互启发的效果,提高反思的深度和广度,促进有效教学的提升。如本课题组开设了课题博客,包括了课题日志相关资料、课题成果、课题简介、教师反思、学生反思、集体备课、学习心得、案例分析、专家指导等,为校际交流搭建平台。又如笔者在市有效教学活动中与广州土地房产管理学校的杨老师结对子。另外,还要注重专家引领,以加强反思的理论性。

(三) 语文有效教学的反思模式注重问题牵引下教学全过程的反思,注重反思后的实践、调整、改善。

语文有效教学反思模式的纵向表现为:问题—探究—结果—(新的)问题—(新的)探究—(新的)结果……

美国教育家布鲁巴赫等人认为反思性教学实践可分为:一是对实践反思,二是实践中反思,三是为实践反思。须注意:反思和评价要以实际问题的解决程度为依据;反思后最好拟定下一步行动计划,并提出须进一步解决的问题。

1. 注重课前反思、课中反思、课后反思。

教师应该在课前、课中、课后这样的教学全过程中经常保持反思意识,以达到课堂效益的进一步提高。

课前反思:自己以往是如何准备的?其中哪些需要改进?

课中反思:教师要对学生中出现的新情况、新问题作出判断,及时调整。

课后反思:教学目标是否达成?教学效果如何?以后如何改进?等等。

以李老师的《再别康桥》教学反思为例:

课前反思要点:我发现学生不爱当众回答问题,往往扫读课文应付。我让学生搜集所熟悉的含意象的流行歌歌词,学习意象填词的方法,并让学生联系军训自由发挥。

课中反思要点:看到学生一脸茫然,我意识到学生仍然不明白何谓意象。是不是自己引导有误,我该如何调整呢?

课后反思要点:教师要对学生及时引导,对学生的分析以及作品给予适当的评价。

这样的反思能促进教学方式的最优化及教学效果的最大化。

2. 注重围绕某一个反思点进行反思之后的再实践、再反思。

反思不是局限于、终止于"课后记"、"教学随笔",而是要用自己在反思中所产生的新观点来指导教学,让自己的新观点在新的教学实践中得到验证。然后对"检验"的情况作反思,即前后对照、分析、归纳。

李老师要参加广州市语文应用能力说课比赛。她不断地反思:如何有效培养学生的语文应用能力?

围绕语文综合实践活动课,她进行了多次反思:

【"语文综合实践活动课"第一次反思要点】

"劝说"的话题过于陈旧,学生兴趣不大,没有亮点。倒不如换个题目。

【"语文综合实践活动课"第二次反思要点】

我决定接受建议,以动态化教学提升中职语文课的吸引力,把这次听说训练课设计成语文综合实践活动课。《中等职业学校语文教学大纲》中指出:"围绕活动主题开展语文实践活动,运用有关的语文知识和技能,提高语文应用能力。"那么如何上好这节语文综合实践活动课呢?

【"语文综合实践活动课"第三次反思要点】

综合实践活动课对于我来说比较难驾驭,涉及环节较多。1. 有效开发语文教学资源。我打算设计"访谈杰出校友"的活动项目。2. 有效开展活动。采用"PBL"即"基于问题学习"的模式。3. 加强有效指导。

【"语文综合实践活动课"第四次反思要点】

在历时一个月的《访谈杰出校友》语文综合实践活动中，我有三点创新之处：

(1) 有效提高了学生的语文应用能力。

(2) 采用PBL教学法与任务驱动法结合，能较好地调动学生的主动性、积极性。

(3) 用表现性评价方案进行评价分析，注重过程性。

【“语文综合实践活动课”第五次反思要点】

《虚拟技术畅想曲》结合电脑美术专业学生的特点，布置学生仿照上海世博官网，筛选整合信息，用多媒体技术制作宣传短片，为亚运客人介绍广州。通过创设与职业情境相近的语文综合实践活动，使语文能力培养与专业发展有机渗透，实现语文能力与综合职业能力的“双赢”。(在参加完“2010年第二届中职杯语文实用阅读能力培养说课大赛”后的反思)

【“语文综合实践活动课”第六次反思要点】

在我的这一堂成果展示课上，我采用了“认识访谈—设计提纲—实践访谈—评价反思”，注重语文综合能力的培养。但由于我仅重视指导过程，却忽视学生训练过程，没有让每个学生都承担具体的交际任务，所以造成了这样的结果：喜欢表现的学生乐于侃侃而谈，而一些性格内向的学生总是处于“倾听者”的角色，缺少口语锻炼的机会，造成教学中学生训练机会不均衡的现象。

这样，新一轮的反思自然会提升前一轮反思所得出的成果，教师在“行动—反思—再行动—再反思”的循环中不断得到发展。

3. 注重在其中一个班教学后及时反思，在另一个班教学时给予及时调整。

李老师说：在下一轮备课时，会参考已有经验——它使我更好地实现努力的目标。

在一个班上完后，在另一个班就及时作调整反思，即观察、反思新的教学方法或补救措施的实际效果。可以说，调整反思是尝试改进的延续。在这个过程中，教师首先要研究原有的问题是否已经较好地解决。如果已解决，教师主动寻求强化的方式。如果发现新的问题，应再次尝试另外的教学方法或其他改进措施。

如李老师对《荷花淀》的教学反思片段：

在两个平行班不同教案实施的过程中，我意识到，有效教学的关键不在于老师教了什么，而是学生学得怎样！在第一个班教学效果不理想的前提下，在第二个班我尝试让每个组负责其中一部分的对话，进行分角色朗读比赛。然后让其他学生评价后结合表演进行人物性格鉴赏，并向表演者提问。

又如《园日涉以成趣》教学反思片段：

在第一案中我让学生找出重点句，然后由我逐段讲解。一些学生听着听着就趴下睡觉了。我请教同科组的老师后大受启发：第一节课的失败是因为我没有想到只有很少的学生去过苏州园林或颐和园，因而感悟不深。于是我去了越宝墨园，拍了些视频和图片回来做教学素材。第二案的效果很好，学生有话可说。

4. 写反思总结。

所发现的新问题将成为新一轮反思性教学实践的内容，如此反复，直至问题得以解决。如总结起来就是一篇内容充实的文章。如李老师就在她一系列反思的基础上写出了论文《结合实例谈语文综合实践活动》。

(四) 中职语文有效教学的反思模式注重“有效的时间管理”。

教师必须对教学时间进行有计划的安排和有效的支配。在教学实际中往往忽视时间管理，存在一些突出的问题。提高时间利用率的关键是要去掉“无关时间”和“无效时间”。例如，低层次的机械重复、过于显形化的思想教育等。学生存在注意力易分散、不爱读书等问题,教师往往把握不好时间。李老师在多篇教学反思中提到了这一问题。

如《卫风·氓》教学反思:

价值观引导(谈早恋)环节用时过多,把《氓》上成了爱情观的教育课,似乎有点偏离鉴赏的主题。

还有前后时间不能科学、合理地安排。如《品质》的教学反思:

由于课前盲目地读书,课上,对我设计的问题,学生无法有充足的时间来进行思考和探究。

可见,课堂教学时间的管理是中职语文有效教学反思模式的重要部分,是提高课堂教学效益的重要环节。通过不断反思,李老师认为:只有关注有效教学策略的整合,恰当使用教学策略来提高课堂教学时间利用率,才是“有效的时间管理”的关键。

(五)语文有效教学的反思模式注重语文与信息化的融合

李老师还注重从多媒体的运用方面反思。多媒体是辅助教学工具,对它的适度运用,既可以增大课堂容量,又可以给学生全方位的体验,能增强教学的有效性;但是如果运用不当,则会适得其反。在教学中,李老师对此进行了反思:

我把多媒体代替板书来用,结果是多讲了学生并没有多懂。后来发现,问题在于多媒体呈现知识过快,学生根本没有思考、分析的时间,造成了“学而不思则罔”。

通过反思,她又发现:

让学生制作模具,并带到课堂上进行课件资源共享,能真正地让学生去感知,从而达到动手与动脑的统一,激发学生的学习兴趣,变“教你学”为“我要学”。

李老师又对语文综合实践活动中多媒体的运用进行了反思:

语文综合实践活动学习的手段是“活”的,可以通过走进现实世界考察、采访等,也可借助现代信息技术,走进网络世界讨论、交流等。

以上所述语文有效教学反思模式的五大策略,其关系是密不可分的:注重“以学论教”“互动反思”“问题牵引”等策略是实施有效反思的关键环节,而“有效的时间管理”和“语文与信息化的融合”是实施有效教学的突破口。前三点是李老师在教学时注重的做法。后两点则是李老师在反思时考虑较多的问题。

从以上的教学反思中我们可以看到,李老师注重反思的发展性,沿着“问题—探究—结果—(新的)问题—(新的)探究—(新的)结果……”反思,从而不断调整教学、促进有效教学。

八、个案的启示及课题研究实践效果

李奕慧老师在实践中努力实施中职语文有效教学的反思模式。在我校“有效教学论坛”上,李老师作了“让课堂教学行走在反思的路上”的发言:“要实施有效教学,最重要的是学会反思。苏格拉底说:‘没有反思的生活,是不值得过的生活’,那么作为一名教师,可以这样说,‘没有反思的教学,是没有价值的教学’。而反思的真正目的,是为了促进教学活动本身。”在获得广州市语文应用能力说课比赛一等奖的感言中,她又指出,“通过教学反思能促进有效教学”。所以,在实践中她总是站在学生的角度反思自己的教学,她认为:只有这样,教学反思才能产生实效和长效,课堂效益才能提高。

在中国职教学会教学工作委员会和语文出版社联合举办的“2010年第二届中职杯语文实用阅读能力培养说课大赛”中,李奕慧老师又获得特等奖。她所撰写的《〈人物访谈〉综合实践活动设计》一文荣获“2010年全国中青年骨干教师优秀成果”二等奖。2011年,又获得了广州市有效教学特色课型课例竞赛一等奖。

作为广州市“十一五教育科学规划课题”——“教学反思对有效教学促进作用的个案研

究”的个案,李奕慧老师的成功与她坚持反思是密切相关的。她以其反思性教学实践说明:教学反思是教师成长的助推器,是教师开展有效教学的重要途径。

本个案的启示有以下几点:

(一)通过中职语文有效教学的反思模式,能强化教师教学必须追求有效的意识,把握“反思”内涵,增强教学反思的预见性。

(二)通过中职语文有效教学的反思模式,能促使教师反复尝试如何使教学更有效,把握反思策略,增强教学反思的实效性。

(三)通过中职语文有效教学的反思模式,能强化教师注重总结进行有效教学的经验,把握“反思”重点,增强教学反思的针对性。

综上所述,语文有效教学反思模式的创建及运用有助于教师提高驾驭课堂的能力,使后续教学行为越来越有效,学生的“主动学习”会逐渐取代“被动接受”。同时,对其他学科的有效性教学也具有一定的借鉴意义。

参考文献

熊川武.反思性教学[D].上海:华东师范大学出版社,2006.
董爱芹.语文反思性教学探索[D].济南:山东师范大学出版社,2004.
王荣生.听王荣生教授评课[M].上海:华东师范大学出版社,2007.
申继亮.教学反思与行动研究[D].北京:北京师范大学出版社,2008.
冯旭初.全脑激发的高效课堂[D].广州:中山大学出版社,2008.

【附录】

语文教学反思表

反思者: 反思时间: 反思课题:

要点	反思内容	反思描述和分析
理念	对学生的发展有什么意义?实践了怎样的理念?	
学习状态	学生是否能积极表达和交流?有多少人、多少机会?那些暂时落后的学生是否参与?	
	这堂课上发生了哪些令我印象至深的事件?	
	学得快乐吗?我是如何处理学生的困难的?	
教学状态	目标是否具体?是否让学生知道学习程度以及内容?	
	我为学生有效学习提供了哪些学习指导和鼓励?能否及时反馈调整?怎样满足不同学生的学习需求?	
	是否把握学生学习的心理活动规律,科学运筹时间?学生用于语文训练、活动展示的时间有多少?	
教学效果	这堂课的教学设计与实际教学行为有哪些差距?如何处理?哪些设计取得了预想的教学效果?	
	所用的教学工具、媒体对学习的辅助作用明显吗?学习的成果是怎样呈现的?效果如何?	
	学生的语文应用能力有无进步或发展?为什么?	

续表

要点	反思内容	反思描述和分析
调整方法	学生仍存在哪些学习问题?学生对教学有什么建议?	
	这堂课在哪些方面是成功、有效的?最不成功的部分是什么?为什么?本节课对后续教学有什么启示?	
	有什么困惑?假如重教这些内容,将如何调整、完善、改进?后续教学有哪些打算?	

说明:本反思表遵循"以学论教""互动反思"的策略。设计者:陈丽萍。

语文学习反思表

反思者: 反思时间: 反思课题:

要点	反思内容	反思描述和分析
需求	在语文学习上您有什么希望?	
教学状态	您能理解老师的教学目标吗?为什么?	
	老师对您的指导是否到位?老师安排了哪些听、说、读、写等训练?	
	所设置的问题有没有调动起您的兴趣?他是否能创设积极、融洽的课堂氛围?	
学习状态	您的情绪是否高涨?思维状态如何?是否在倾听?您是否被关注了?	
	您准备了什么学习资源?能否利用多种信息源?与他人协作的情况如何?为什么?	
	在回答问题时您的语言清晰、连贯吗?表达时出现什么困难?	
学习效果	在应用写作或口语交际方面您获得什么体验,学到了什么学习技巧,有什么感受?	
	对这节课的内容您理解了吗?对自己的学习作品感到满意吗?有哪些问题没领会?	
	您有哪些进步与收获?语文应用能力(如口头表达能力、写作能力)掌握得如何?	
调整方法	您最喜欢的是什么语文活动?最不喜欢的是什么活动?为什么?	
	您希望老师如何改善教学方法?您有什么新点子、新方法?有何建议?	
	您的问题为何存在?如果让您重新完成教师布置的任务,您会在哪些方面有所改进?	

说明:本反思表遵循"以学论教""互动反思"的策略。设计者:陈丽萍。

作者单位:广州市天河职业高级中学

滚动式泛读教学的理论探讨与课堂实践

胡向青　胡月宝　林季华

当今全球化、知识型经济所需要的是拥有21世纪新技能的人力资源。这些新技能包括：资讯科技技能、批判性思维技能、创意思维技能和掌握核心知识的技能①。根据这一形势，目前教学注重技能培养及掌握。

一、背景

新加坡教育部在2004年设立“华文课程与教学法检讨委员会”，全面检讨新加坡华文教学情况，对华文教学提出了实际可行的改革建议，以提高学生对华文的兴趣，改进华文教学法。委员会经研究和讨论后提出了一些具体建议，其中一项就是——对大部分学生的教学应注重阅读能力的训练②。

（一）阅读背景调查

1. 语言背景

新加坡的非平衡双语教育使英语将成为新加坡华族最主要的“母语”，而华语则将变成通过课堂学习而来的外来语③。校内调查显示，学生中有华文背景的占49%，双语背景的占37%，英文背景的占7%，方言背景的占7%；这些学生的父母有49%在家只讲华语，而学生则只有32%在家只讲华语，讲双语的占51%，只讲英语的占17%。从父母到学生只讲华语的人数在减少，使用华语比重也有下降趋势。中学九科中只有一科用华语教学，学生无论在家还是在学校，使用接触华语和阅读华文篇章的机会很少。华语使用率不高、阅读量不足，是当今一般邻里中学普遍存在的现象。

2. 阅读问卷调查

统计显示，绝大部分学生还停留在逐字词阅读阶段，占91%，少数学生有读句行的能力，他们没有读段和篇的能力。80%的学生平常没有阅读习惯，华文阅读量严重不足。

（二）阅读能力背景

1. 现行阅读教学状况

一般课堂阅读教学，目前的情况是老师讲解篇章内容及涵义，把自己主观对篇章的理解教授给学生，之后，提问考查学生的掌握情况及纠正学生的理解，是比较行为主义的一种教授方式，对阅读速度快慢不作要求。阅读测试注重内容掌握和理解情况，不重视阅读速度考量和学生自我理解能力提升，这样不利于培养学生阅读力。

---

① Susan D. Patrick. “21st Century Learning Skills”[R] Director of Educational Technology, U.S. Department of Education, 2009.

② 曾士生. 第一届世界汉语大会，教育部政务部长曾士生先生在北京饭店演讲的演讲稿. http://edu.people.com.cn/GB/1053/3557100.html. 2005.7.

③ 吴英成. 汉语国际传播：新加坡视角[M]. 北京：商务印书馆，2010：51.53.

2. 阅读能力测试

阅读能力测试发现,学生的阅读速度平均为每分钟约 153 个字,离标准值相差 107 个字,未达标比率是 41%,而阅读理解力、表层和深层理解平均得分均未达及格线,未达标比率分别为 60% 和 51%,深层理解表现最弱,未达标比率高达 71%,值数最低,急需加强。

3. 21 世纪的阅读教学

20 世纪后期以来,世界进入信息爆炸时代,随着资讯科技的迅速发展,读者拥有在短时间内大量吸收信息的能力显得迫切而必要。因此,华文教学必须做出相应调整。研究发现,第二语阅读能力有三大难点:阅读能力偏弱、阅读量不足、阅读速度慢。当前华文第二语教学未能满足新时代的阅读能力需求①。现实决定我们在第二语教学课堂上,也要让学生积累阅读量和培养阅读能力,以达到学生课外自主阅读的延伸。

课堂训练着眼于指点阅读的门径,学生则致力于自求理解,自致其知;老师提出的是能够引导学生进一步阅读课文且富于启发性的问题;或启发学生自己从课文中发现、提出问题②。教师布置学习任务,通过小组活动完成。小组有共同学习目标,集体的成功完全建立在个人努力上,组员必须发挥协作精神,这有助于训练学生协同合作的能力③。现代阅读教学重视集体阅读指导和互动方式,在积累知识的同时,也通过讨论方式相互交流经验,以促进学生自主阅读能力的提高。

在能力教育方面,注重阅读认知能力层次的培养。通过略读、扫读,知道篇章主题、主要观点和寻得特定信息,快速寻得并理解信息、预想信息④。课堂上老师要注重教授学生阅读方法、扩大学生的泛读量。

学生的"会学"和教师的"会教"必然汇合于一个综合的、立体的、科学的训练过程。"学生为主体,教师为主导,训练为主线"的有机统一,不是静态的排列,而是教学过程中的师生"互动过程"⑤。学校有系统、有计划地训练和教导学生掌握一些阅读方法,会让学生受用终生。现在的情况是,缺少教授阅读技能的课程,需要设立这方面的教学、教材和课程。

二、文献综述

(一) 阅读教学及策略

阅读是一种重要的活动。阅读教学在学校中占有重要地位。通过阅读活动,学生从思想上、情感上受到阅读作品的感染,形成良好的品质,发展他们的个性⑥。通过阅读教学,培养和提高阅读兴趣,养成良好阅读习惯。

针对华语为第二语与外语的学习者设计教学法。从学习者的家庭语言背景与学习语言策略出发,采取灵活且务实的华语教学法⑦。阅读教学策略能够帮助吸引学生对文本产生兴趣,并指导他们理解文本。根据学生的需要,从各种各样的阅读策略中,挑选出最适合他们的

---

① 胡月宝,林季华,胡向青.华语第二语泛读与速读能力培养之课堂教学实践的理论与教学设计[R].第七届第二语汉语教学国际研讨会.英国:汉语协会.2009.6.

② 钱梦龙.钱梦龙与导读的艺术[M].北京:北京师范大学出版社,2006:80.232.

③ 陈之权.互动性教学在华文科的运用[J].新加坡:华文学刊,2003:95.105.

④ 祝新华.阅读认知能力层次——测试题型系统的进一步发展[J].新加坡:华文学刊,2005:2.18.

⑤ 钱梦龙.钱梦龙与导读的艺术[M].北京:北京师范大学出版社,2006:80.232.

⑥ 张必隐.阅读心理学[M].北京:北京师范大学出版社,1992.

⑦ 吴英成.华语作为第二语言阅读探索.自主阅读[M].新加坡:德惠中学主办出版,2006:7.

策略①。在策略、信息、知识迁移中,只有使学习者充分理解他所学习的内容,才能促进迁移②。对不同背景及能力的学生采用不同教学策略,综合使用会更有效果。

(二) 阅读方式

1. 计时阅读

课堂和课余养成计时阅读习惯。读前先记下“起读时间”,读完记下“止读时间”,即可计算出本次阅读速度。略读是要求读者有选择地进行阅读,可跳过某些细节,以求抓住文章大概,从而加快阅读速度③。长期练习可使读者迅速、准确地抓住重点。本研究采用计时阅读。

2. 信息处理

信息处理运作可以分为两类:由下至上处理与由上至下处理。前者趋于资料引导,后者则趋于概念引导④。研究显示采用由上至下方式、以概念引导,更能训练学生迅速抓住文章重点,运用“五何法”快速搜寻与文章主旨有密切联系的关键词及语块。

(三) 阅读理解

根据布鲁姆⑤六维度理论,设问分为字面层和推论层,滚动式阅读教学和前后测心形图均用这两个层次来设问及考查。

阅读时思维是通过运用潜存知识来理解。其中一个能力是,推断出不熟悉词语的意思,另一种是理解隐含信息⑥。从语境中猜测、反刍、理解词语需要动用元认知,启动潜存知识去理解。在此过程中,教师的任务是引导学生思考,而不是直接告诉学生答案。教授非母语学生时要少解释多举例,分享思维过程,让学生能够监控思考。在滚动式阅读初期,用思维导图来帮助阅读力较弱的学生找到关键词或语块,推测语篇隐含的信息和主题。

潜存知识是从生活经验里直接、间接点点滴滴积累起来,而后形成一个心智系统,称为“图式”⑦。它是理解话语和阅读理解的总枢纽。运用图式理解,不仅能加快阅读理解速度,也有利于形成长期性的记忆。

现代阅读教学将逐渐从以“教师为主体”的传授型转为以“学生为主体”的互动型教学。在要求学生具有一定阅读速度的同时,相应加强其理解能力,才是有效的阅读。

三、研究理论概述

(一) 理论基础

1. 泛读能力

英国的约翰·孟比⑧认为学习一种语言,尤其是第二语,要达到形成阅读能力的程度,除了必须掌握发音和书写,掌握一定量的词汇和对语法模式具有正确反应能力之外,还必须掌握一系列的阅读技巧或方式,才能使阅读能力达到满足实际需要的程度。

泛读是我们日常生活中最常用的阅读方式。掠读是泛读的一种方式,它要求读者在有限

---

① Marjorie Hall Haley, Theresa Y. Austin. Content - Based Second Language Teaching and Learning - An Interactive Approach[M]. 基于内容的第二语言教与学——互动的思路. 北京:世界图书出版公司,2006:171.

② 梁荣源. 语文学习策略:语文课程中重要的一环. 有效学习,快乐探究. 张爱东主编. 新加坡:汤姆森学习出版集团,2005.11:76.

③ 任海平. 阅读策略[D]. 北京:中国社会科学院世界经济与政治研究所,2004.9.

④⑧ 吴英成,梁荣源. 潜存知识在阅读理解中的作用. 阅读指导:研究与应用[C]. 郑雅丽编. 新加坡:来佛士书社,1998:27.36.

⑤ Bloom's Taxomony. Thomas L. Good & Jere Brophy . Contempoerdaurcya Tiopnsayl Cho, 1999.

⑥ Munby. J. Communication Syllabuss Design[J]. Cambridge: Cambridge Uiversity Press, 1978.

⑦ 梁荣源. 阅读与写作教学:理论与实践讲义[R]. 新加坡:南洋理工大学,2009.

时间内将课文粗略扫读一遍，“把握大意，领会要旨”。而寻读则是寻找特定信息①。根据程度不同在规定时间上可对之作适当增减。

“五何法”即何人、何事、何时、何地、何故来获取所需的信息②。训练时可要求学生采用“何人、何事、何物、何时、何地”去迅速提取字面信息，用“何故、如何做”推论出隐含信息，“和……有关”来归纳概括，用“发现、感受、学会什么”来进行深层思考。

2. 程序性知识教学

程序性知识是有关如何做的知识，也就是技能③。它是指个人没有意识地提取线索、借助某种作业形式来间接推测其存在的知识。程序性知识是一套办事的操作步骤，是动态的，被激活后就是信息的转换和迁移，它易于应用，但是受到特定情境的制约。在本质上，它是由概念和规则构成。程序性知识的获得主要靠实践活动、实际操作训练，也就是学习者的亲身实践④。

阅读策略属于策略性知识。策略性知识是一种智力技能，是指在概念和规则掌握的基础上，将概念和规则（包括理解知识的方法、复习和巩固的方法以及做题的方法等）运用于与原先的学习和练习相似或不同的情境之中。阅读策略属于“怎么做”，故应归入程序性知识范围，是“运用概念和规则对内调控的程序性知识，加涅称之为认知策略”，理应采取程序性知识的教学法，让学习者掌握相关的概念和规则⑤。

3. 滚动式阅读教学基本理论

阅读知识和能力的积累是一个量变到质变之过程。一般阅读时，读者理解篇章也有其特定的思维过程，其构成与元认知有关。

所谓元认知（Metacognition），指的是一个人对于他自己的思维或学习活动的知识和控制。弗莱维尔（Flavell, 1978）说，元认知“即对于认知的知识和认知的监控”。元认知的活动包括两个部分：（1）对于认知的知识；（2）对于认知的调节和监控⑥。知识是相对稳定的，而调节和监控则是思维活动，具有滚动效应，是滚动式阅读中的主要驱动力；知识的滚动是静态累积（量的积累），而思维认知的建构则是动态积累（理解的积累，质的变化）。

根据元认知和物理学理论，滚动效应可定义为，阅读力是随着读者阅读质量的积累而不断螺旋式滚动前进，即读者在阅读中既有量的静态滚动积累（知识量），也有质的动态滚动积累（理解力），在此过程中读者运用元认知（监控自我潜存知识）来建构自己的思维、阅读技能和阅读方法或策略。从 0 状态开始，通过不断阅读滚动，提高阅读的速度层、深度层和广度层来达到某个阅读能级状态。阅读的滚动效应是阅读量和质的滚动，是由量变到质变的过程。详见图 1 所示：

① N. B. Smith. American Reading Instruction. Newark. Delaware: International Reading Association, 1965.

② N. B. Smith. American Reading Instruction. Newark. Delaware: International Reading Association, 1965.

③ 邢秀茶主编. 学和教的心理[M]. 北京：高等教育出版社，2004：116.

④ 胡月宝，林季华，胡向青. 程序性知识教学于第二语课堂中的实践——以滚动阅读策略教学为例. 台湾华语文教学年会暨研讨会论文集[C]. 台北：华语文教学学会，2009.

⑤ 胡月宝，林季华，胡向青. 程序性知识教学于第二语课堂中的实践——以滚动阅读策略教学为例. 台湾华语文教学年会暨研讨会论文集[C]. 台北：华语文教学学会，2009.

⑥ 胡向青，胡月宝，林季华. 华语第二语泛读能力培养之课堂教学实践——滚动式阅读教学及其滚动效应[R]. 第七届第二语汉语教学国际研讨会. 英国：汉语协会，2009.6.

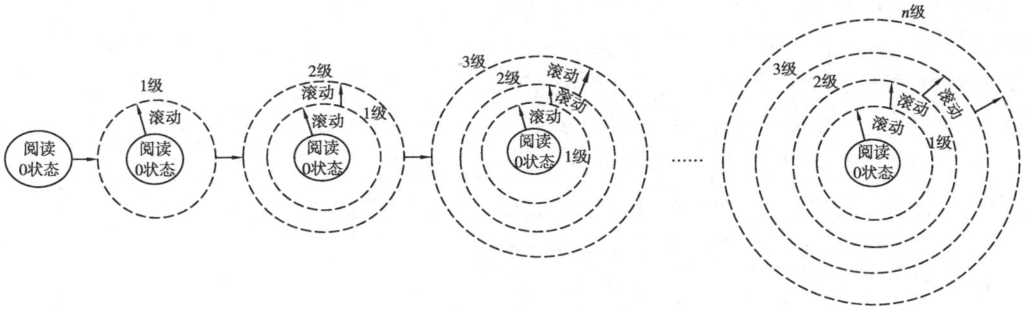

图1 滚动式阅读的具象模型

滚动式泛读教学是一种泛读能力教学,它使读者通过阅读速度、量、报章图式阅读知识与技能的滚动来培养和提高泛读能力,它包括阅读速度、阅读量和图式阅读知识与技能滚动。研究针对学生阅读速度慢、理解能力弱的问题,采取一些阅读教学策略,以学生为主体,循序渐进地引导学生由指导性阅读转为自主阅读。

(二) 教学框架

1. 扶放收鹰架

皮尔逊和加拉赫①外显形程序性知识教学模式即责任循序转移模式。该模式在讨论阅读教学师生任务分配时,主张教师工作量递减、学生任务递增原则。在研究中,我们采用"扶"、"放"、"收"鹰架进行教学,先用扶的教学,教师引导学生操作;再放,让学生自己操练;再收,教师进行评测,跟进学生运用的情况。经过几轮教学,学生便能运用自如,教师由原先的主导角色逐渐转成从旁帮助,鼓励学生运用潜存知识进行建构,直至放手让学生自我联系、自我建构,这样才能真正实现以学生为中心的少教多学,从而达到钱梦龙老师所说的"从教到不教"的目的。

2. PETALs 框架

投入型学习框架(PETALs)是以学生为本,根据学生差异教师应采用不同教学法,建构合理学习内容,运用适当的形成性评价,制造良好学习氛围,让学生体验学习,时常反思,这样就能让学生投入学习。使用关键词及语块泛读教学,以学生为中心,设计多重任务,让学生有学习的体验,在学校营造阅读氛围,注重新学习内容的逐步增加,关注学习评价等。

四、滚动泛读模式和课堂实践

(一) 研究假设

本文研究假设为:(1) 滚动式泛读实验研究教学能提高中学生的阅读速度;(2) 滚动式泛读实验研究教学也能提高中学生的阅读理解力。

(二) 教学模式和特点

滚动式泛读教学的特点是程序性快速泛读教学。在阅读过程中,教师不给答案,而用提问方式来启动学生的元认知,这是一种让学生调动和监控自己的潜存知识进行推测的深层思维。比如:你认为呢?你怎么知道?从哪里看出的?它的特征是阅读量的滚动和阅读质(阅读理解)的滚动,即阅读质量(阅读力)的滚动,在提高阅读速度同时加强阅读理解力,使学生的阅读力得到全面提高。

滚动式泛读模式主要分为两个循环:语篇个体滚动与集体滚动。通过这两个循环的滚

① Pearson and Gallagher, 1983. Reading Teacher[J/OL]. V. 58. No. 6. 2005. 3:572. http://www.reading.org/Library/Retrieve.cfm? D = 10.1598/RT.58.6.6&F = RT - 58 - 6 - Clark.pdf.

动来深化学生对语篇表层语义与深层语义的理解。其模式主要分为两类，即语篇个体滚动泛读教学和集体滚动泛读教学。学生必须有一定的阅读速度和分析理解能力，才能展开进行。其重点是在快速泛读基础上，要求学生归纳总结文章的中心思想和主要论点，并通过自己的语言表达出来。学生集体同时阅读多篇文章，通过滚动分享和提问互助方式来达到在短时间内一次互补和了解掌握多篇文章表层和深层内容，找出隐含信息和主题，互相增强。之后，运用心形图来考查理解掌握情况，并通过这种滚动方式加深记忆。

（三）滚动式泛读教学及课堂实践工具

1. 六何滚动关键词

记叙文关键词滚动教学：关键词查找速度提升和方法熟练的滚动式泛读教学。它侧重的是速度。

找关键词的方法：人、行为动作、时间、地点、关键修饰词，不重复找。六何即何人、何事、何物、何时、何地、如何。关键词出现的位置：常常出现在语篇中的题目、第一段、最后一段，语段层里各段第一句、最后一句。关键词出现的频率：出现次数比其他的词要多，次数出现越多的词，就越可能是越重要的关键词。关键词的意义：（1）与“经过”有关的关键词：主要名词（人、物、地、时、事）；（2）与隐含信息及“主题”有关的关键词：和主要名词有关的动词/形容词。

关键词要从与“经过”有关的关键词滚动查找到与“主题”有关的关键词，相应的辅助工具是思维导图。其关键词涂划情况的个别检查，如能够完整复述，就是成功；如不能完整复述，就表示关键词还不够精确。运用此滚动式关键词及语块的扶、放、收作泛读教学工具，目的是提高泛读速度层。

2. 六维度滚动心形图

滚动心形图教学：思维从表层滚动到深层的滚动式泛读教学。它侧重的是深度。

心形图的6个问题与关键词的关系：关键词等于心形图的答案。与“经过”有关的关键词：主要名词（人、物、地、时、事），即心形图前3题，分别是：（1）文章里所谈论的事，和什么有关？（2）事件里有哪些主要人/物/地？（3）事件里的人做什么/物或地发生什么事/有什么变化？与隐含信息和“主题”有关的关键词：和主要名词有关的动词/形容词，即心形图后3题，（4）从文章里，我发现……（5）我认为最有感受的是……理由……（6）在这次阅读中，我学会了……带着心形图的6个问题来滚动阅读，让学生学会了从表层思维滚动到深层思维。还让学生学会了从读到写，即运用心形图来进行写作构思，拟写大纲及运用心中的心形图进行写作。

心形图是根据阅读认知能力的6个层次来设问，表层理解和深层理解各有3题，来考量和检查学生表层和深层理解的程度。运用此工具教学，可以提高阅读深度，加强阅读理解。

3. 个体滚动模式

个体单篇滚动到多篇滚动：阅读量呈滚动递增状态的滚动式泛读。它侧重的是广度。

读者个体单篇关键词和语块的滚动属于单篇心形图滚动阅读。单篇熟练之后，读者个体练习多篇关键词和语块的滚动，从而进展到多篇心形图滚动泛读。其步骤为：单篇快速查找关键词→两篇快速查找关键词和心形图→四篇主题滚动式阅读操练→六篇主题滚动式阅读操练→语篇个体滚动从读到写。

阅读量滚动递增的滚动式阅读即指从单篇到多篇的滚动式泛读教学。通过这一教学，阅读知识和思维的雪球越滚越大，不断滚动积累阅读知识和理解力，加快速度，从而加强自身泛读力。泛读技能内化后，阅读变得容易，并开始愿意多阅读书报，从广度上扩大了阅读量。

4. 集体滚动模式

集体滚动是一种群体式互助型滚动式泛读教学，目的是在加强学生泛读力的同时提高学生归纳总结和语言表达能力。从选材考虑，可主要分为主题型和交叉型集体滚动。主题型集体滚动，是指有指定的统一主题选篇作为教材所进行的一种滚动式阅读教学。交叉型集体滚动指选材没有固定主题，可直接使用报章内各类型文章作为阅读教学教材的一种滚动式阅读教学。根据人数可分为两人和群体式集体滚动。其基本模式为：读篇→关键词互助→表述和提问→心形图互助检查→从读到写。学生在互助式滚动之后，就像滚雪球一样，滚动积累了阅读知识，并巩固和加强了其内化的能力。

（四）实验教学研究方法

我们对中一快捷班进行实验研究，采用实验组和控制组二分法，两组间对比式①。

1. 研究抽样

采用双组对照研究，实验班：前测→新阅读教学干预→后测；控制班：前测→传统讲授式教学→后测。

2. 课堂实践过程

教学目标是提高中一学生的阅读力。教材使用课文及报刊内摘选的篇章。研究方法是，实验班采用滚动式泛读教学；控制班采用传统讲授式教学。实验班和控制班教学步骤和侧重点不同，详见表1所示：

表1：实验班和控制班教学重点比较

班级 项目	实验班	控制班
教学模式	泛读教学	非泛读教学
顺序	从上而下模式	从下而上模式
步骤	程序性知识→陈述性知识	陈述性知识
主导者	学生为中心	教师为中心
侧重点	阅读速度 * 阅读理解 * 阅读量	阅读理解

3. 研究评估

阅读能力测试不再是语言知识和非语言知识的测试，而是阅读速度和阅读理解力的考量。研究所采用的参数是：阅读时间段、阅读速度、阅读理解力（表层理解和深层理解）、阅读理解率和泛读率。对实验班和控制班同时进行前测和后测数据采样，包括表层理解和深层理解测试、阅读背景和方法问卷调查。评估方式采用三角测量法进行分析，即前后测数据统计和双差图示分析、阅读习惯方法和语言背景调查问卷、反思周记来跟进调整教学。

五、研究数据分析和结论

3个月内对实验班学生进行9次滚动式泛读实验教学，前后测试和反思调查等教学形成性评量，分别从调查问卷、反思周记和实验数据进行三角测量及比较分析。

（一）调查问卷数据分析

前后测问卷数据显示，使用华语交谈人数，实验班增加3%，而控制班则减少了12%，相

① Donald Ary, Lucy Cheser Jacobs, Ashgar Razavieh, Chris Sorensen. Between Group Design. Introduction to Research in Education. Thomson & Wadsworth [M]. 2006:127.

差 15%;实验班阅读华文报人数从以前的 32% 到实验后的 43%,增加了 11%;在文章中间垂直地迅速滑动能更快读的人数增加了 33%;阅读自始至终不停顿的人数增加了 5%,而控制班则减少了 10%,说明实验班学生阅读习惯和方式在改变,对自己的理解更有信心。

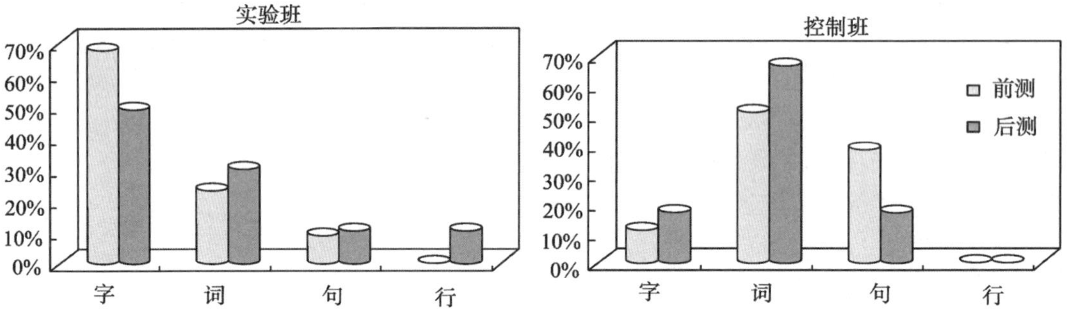

图 2　学生阅读习惯前后测调查情况

图 2 显示,实验班逐字阅读的学生由原来的占 68% 减至 55%,减少了 13%;逐词阅读的学生由原来的 23% 增至 33%,增加了 10%;逐句阅读的学生由原来的 9% 增至 11%,增加了 2%;逐行阅读的学生由原来的 0% 增至 11%,从中可以看出学生的阅读习惯有所改变。而控制班学生,逐字阅读的学生由原来占 11% 反增至 17%,增加了 6%;逐词阅读的学生由原来的 51% 增至 66%,增加了 15%;逐句阅读的学生由原来的 38% 反而减至 17%,减少了 21%,控制班学生的逐字词阅读增加,而逐句阅读比例反而减少,逐行阅读没有起色。

可见,滚动式泛读教学可以使逐句行阅读比例增加,而传统式的教学方法反而使逐句阅读比例减少、逐字词阅读比例增加。

（二）学生反思周记表现分析

实验班中有 84% 的学生在六何滚动关键词教学之后,比以前读得更快、更易于理解。六维度引导设问滚动心形图教学之后,有 95% 的学生认为:通过填写心形图、找具体和主要信息,对篇章的理解情况很好。语篇个体滚动之后,全部的学生均认为,这种方法使阅读和理解二者变得既快又好。最后,经集体滚动之后,90% 的学生觉得容易、快、有帮助、能更明白、感觉好。这说明大部分的学生能够掌握滚动速读的技巧,认为滚动式泛读法能提高他们的阅读速度,节省时间,能够加强阅读理解力,并对自己的阅读表现比以前更加有信心。

（三）阅读测试数据分析

1. 阅读速度

数据统计显示,实验班前测的阅读速度平均值为 150 字/分钟,控制班为 156 字/分钟,前测控制班阅读速度比实验班高;实验班后测阅读速度平均值是 295 字/分钟,控制班是 225 字/分钟,后测实验班阅读速度比控制班高,平均速度上每分钟增加了 76 个字。

实验班和控制班前测的平均阅读速度的垂直差为 -6,即前测中实验班平均阅读速度略低于控制班,而后测垂直差为 70,差距增大,教学实验后实验班平均阅读速度反而超过了控制班。实验班前后测的平均阅读速度的水平差为 145,而控制班为 69,其双差值为 76,即经过滚动式阅读实验教学后,实验班平均阅读速度增加的幅度大于控制班 76,从先前的平均阅读速度

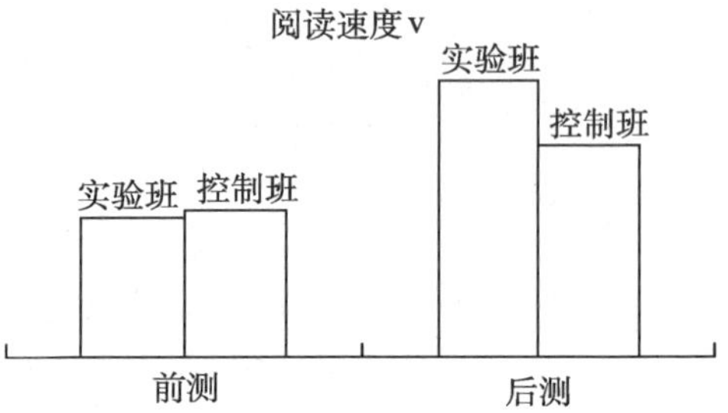

图 3　两班前后测阅读速度平均值比较

低于控制班,到后来高于控制班。双差值为76,呈正值,p<0.01,说明实验教学能显著提高学生阅读速度。

从图3中也可以看出,前测控制班阅读速度平均值略高于实验班,后测实验班阅读速度平均值明显高于控制班,说明滚动式阅读在提升中学生的阅读速度方面有明显的效果,进一步验证滚动基模中的六何滚动关键词教学可从速度层上加快学生阅读速度。

2. 阅读理解

在阅读理解方面,对表层和深层理解的数据统计分析和整理结果,如下图所示:

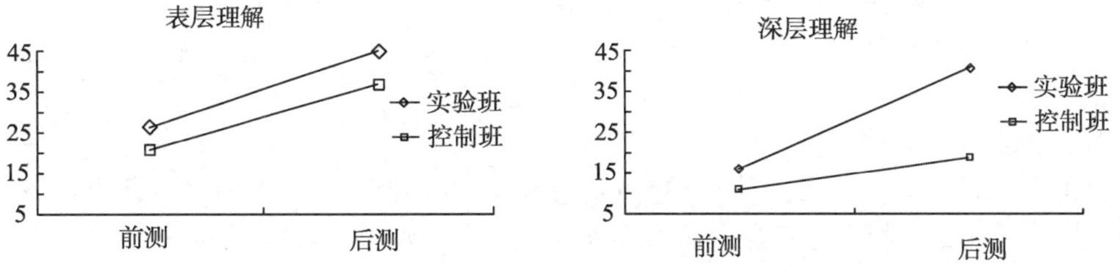

图4 实验班和控制班前后测表层和深层理解平均值双差图示

图4左边部分显示,两条线平行,实验教学和传统教学对学生表层理解的作用几乎一样,说明两种教学在提升中学生表层理解方面的效果,实验教学略高,但没有明显差别。图3右边部分可以看出,两条线趋于相交,曲线始端靠拢,尾端拉开幅度很大,表明实验教学相对于传统教学对学生深层理解的作用较大,说明两种教学在提升中学生深层理解方面的效果是不一样的,实验教学的作用较大,效果显著。也说明滚动基模之中的六维度滚动心形图,除了提高学生字面层理解力,也通过培养学生推论层理解力,更能加强学生的深层理解。

3. 阅读级别

对阅读能力进行分级,实验班学生在滚动式泛读教学之后,分别跳了2-11级,跳跃幅度大;控制班也有不错的表现,分别跳了1-3级,也有稳步增长。控制班泛读力稳步略有提高,实验班的进步幅度较大,远高于控制班,说明滚动图式基模中的语篇个体滚动能使学生泛读力内化,阅读能力的提高更为明显。

4. 泛读能力

综合考虑阅读速度、阅读理解和阅读量三个因素,体现泛读能力的指标为泛读率,其平均值数据统计如下表所示:

表2 实验班和控制班前后测泛读率平均值及双差值数据统计

泛读率	前测泛读率	后测泛读率	水平差	
实验班	25.29	343.98	318.69	
控制班	37.12	84.04	46.92	
垂直差	-11.83	259.94	271.77	双差值

$p<0.01$

从表2可以清楚看出,前测实验班泛读率平均值为25.29,控制班为37.12,垂直差为-11.83,控制班比实验班高11.83;后测实验班泛读率平均值是343.98,控制班是84.04,垂直差为259.94,比控制班增加了约2倍,两班后测泛读率有显著差距。

实验班前后测的平均泛读率水平差为318.69,而控制班为46.92,实验班进步明显,其双差值为271.77,实验班比控制班增幅大5.8倍,实验班的增幅是控制班的6.8倍,即经过滚动式泛读实验教学后,实验班的泛读率增加的幅度远大于控制班 271.77,上升幅度很大。从双差值为 271.77、呈正值,说明实验教学能够很有效地提高学生泛读能力。从图 5 中也可以很清楚地看出,两条平均值曲线相交,曲线起点相合,尾端口张得很大,说明滚动图式基模之中的集体滚动之后,能巩固和加强内化的泛读力,在提升中学生泛读力方面有明显的效果,泛读率达到非常显著水准($p<0.01$),从而也更进一步用图示验证了滚动式泛读实验教学对泛读力的提高有显著效果。

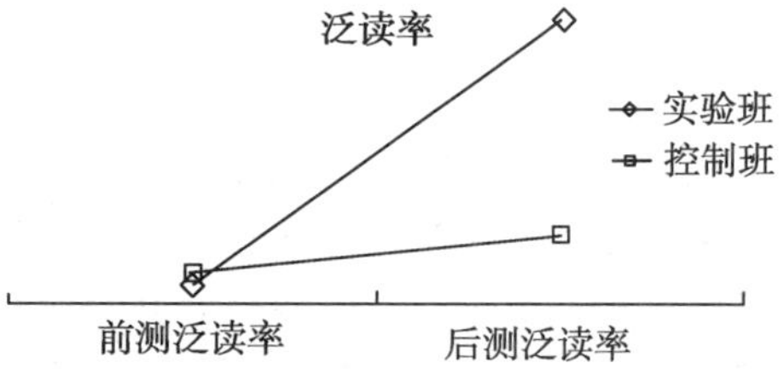

图 5　实验班和控制班前后测阅读率平均值双差图示

六、结语

21 世纪的阅读教学将逐步转型为阅读能力和技能的教学,阅读力的测试是速度、理解和广度的整体考量。必须有计划有步骤地训练学生提高阅读速度、加强理解力、扩大阅读量,以提高阅读力和素质,跟上时代的步伐。

通过对滚动式泛读教学的理论探讨,发现其理论、评价和三角测量工具能使抽象的泛读过程通过滚动具象化。学生有滚动这一阅读的辅助工具,通过反复程序性操练使其泛读能力内化,可见泛读通过滚动具可教性和外显性。滚动基模包括六何关键词和六维度心形图教学,能够分别提高学生的阅读速度和理解力。滚动图式基模包括语篇个体滚动与集体滚动,通过这两个循环的滚动来深化学生对语篇表层与深层语义的理解,促进其所学泛读能力内化。经过课堂实践,数据分析显示滚动式泛读教学对学生泛读力的提高有显著效果,是培养学生泛读与速读能力的有效教学模式。

阅读具有滚动效应,随着读者在实践中不断反复滚动建构新认知,其泛读力度和效果以螺旋式前进、滚动式跳跃升入更高状态和级别,从而达到 21 世纪的阅读能力要求。

[**致谢**] 特此感谢研究团队其他主要成员,德惠中学曹雯老师、陈壮飞老师和沈清吉老师,华文教研中心陈之权院长提供合作机会和汪光鸿校长的鼎力支持,以及赖英老师、黎燕芳老师、黄文娟老师、李晓蓉老师、陈玉凤老师和严文辉老师的协助。

作者单位:新加坡德惠中学

有效学习：ICT时代的华文教学初探

尹 剑

一、绪论

在现代学校教育中，利用电脑技术（ICT）进行教学已经不是一个需要与否的问题，而是一个如何运用的问题。原因很简单，单就新加坡来说，20世纪90年代后出生的孩子，几乎就是捏着键盘和鼠标成长的。电脑对于他们，就如同电视机对于教师们一样，已经成为真实生活的一部分。正如Kristen J. Nelson（Kristen J Nelson, 2008, p1）所说：The important thing for teachers to know and remember is that students in classroom nationwide are growing up in the digital age. They are naturally motivated through the use of technology. The more teachers integrate technology into their lessons, the more connected students' realities between school life and "real" life become. 而近年来电脑技术的飞速发展，更加强化了这个观点。我们几乎无法想象再过20年，当这批学生成人的时候，电脑对人类社会的影响将会是什么样子。

电脑技术对于学生来说，是一种自然而然的东西，但对于绝大多数教师来说，则是在他们成年之后才出现的一种新生事物。因此，在有些教师眼里，电脑是一种矛盾的集合体。他们不否认电脑的巨大作用，但同时在他们心中存在着这样的顾虑：（1）如何应对电脑带来的负面影响？例如，沉迷于电脑游戏，网上不良资源，信息泛滥等，以及，这种负面影响在多大的程度上抵消了它的正面效应？（2）在教学上——特别是语言教学中，和传统的教学手段（如阅读、背诵、抄写等）相比，采用电脑技术后的教学效果（考试成绩、时间的投入与产出比、学生的兴趣度、理解的层次、品德和行为教育等）是否就一定能相等或超出呢？

对于第一种顾虑，教师们（也包括家长们和官员们等）只要明白一个道理：对于电脑技术带来的负面作用，正确的手段不是封堵，而是如何正确引导。现在大多数学校都有意识地对学生进行网上安全的教育（Cyber Wellness）。教师们在教学时，也很少像放羊一样，直接将学生带入网络的空间然后放手不管。学校一直以来就有引导和管束学生的责任，电脑技术带来的负面困扰，充其量只是一个新的课题。因此，这个问题不在本文的讨论范围之内。

但对于新加坡的华文教师来说，第二个顾虑则显得更为实际。在新加坡这个以英语为行政语言的多语社会中，由于英语的强势作用，作为母语的华语实际上已经成为了第二语言（也有人称之为第1.5语言）。学生的家庭用语和交流用语多半是英语。在一般的小学里，华语只是在华语课（中年级每周仅有8节课，每节课30分钟）和公民与道德课中使用（每周2至3节课，每节课30分钟）。也就是说，华语作为正式的课堂用语，每周最多出现5.5小时。其他科目如数学、科学、艺术和体育等，都是使用英语来作为课堂媒介语。在这样有限的教学时间里，课堂教学的实际效果是华文老师们不得不考虑的一个问题：花费同样的时间，欣赏一个电脑短片和默写几个成语相比，哪个的教学产出更好？或者，通过玩一个网上游戏来学习造句，与用纸笔来达到同样的目的，哪一种更节省时间？

繁重的教学工作和行政工作是老师们面对的第二个时间上的问题。新加坡小学教师工作时间很长,除了教学任务之外,还需负责课外活动、行政工作和其他杂项工作。相对来说,备课和教学研究的时间显得明显不足。但不幸的是,多数情况下,在教学中采用电脑技术,势必会投入大量的时间。如果这种投入与产出不成比例,教师多半会选择放弃,回到传统的教学手段。例如,曾经有一段时间,一些教师参加了用 FLASH 设计教学游戏的工作坊。刚开始的时候,很多老师都有兴趣。但随即大家发现,花费一个多小时设计的 FLASH 游戏,学生往往几分钟就玩完了。更糟糕的是,多玩几次之后,学生的兴趣便荡然无存。类似的经历常常使教师们产生一种挫折感,而这种挫折感甚至还会影响到其他电脑技术的学习和应用。

学生的学习成绩是教师最担忧的。毋庸置疑,应付考试最有效的工具是大量的操练式训练,但这样做的负面影响是学生会完全丧失学习的兴趣。电脑技术则正好相反,它能激发学生的学习兴趣(至少在学习的初始阶段),但由于消耗大量时间,加上本身和考试的直接关系不大,有些教师会认为电脑技术会影响到学生的成绩表现。在新加坡这个华族传统浓厚的社会里,学习成绩一直是学校、教师和家长至为关心的问题。在这样的背景下,教师经过衡量后,常常会打消采用电脑技术教学的念头。

和专业的教育研究人员相比,教师考虑问题常常更加注重教学实际,因为这是他们每天都不得不面对的问题。电脑技术在教室里的运用和推广,除了要考虑学生和教学的需求外,还必须考虑到教师们的要求,否则很多设想会成为空中楼阁,最终不了了之。这一点非常重要,正如 Avril Lovelss(Avril Lovelss, 2003, p52)所说:"我们可以说学生的一些积极的变化,包括学习动机、共同学习的愿望和对于解决问题这一任务所抱的态度,都可能跟教师运用教育技术时的态度、角色的变化和互动风格密切相关。"

本文将着重探讨教师在课堂教学中运用电脑技术的有效性(Effective)和简易性(Easy)这两个要素:我们称之为"E2",以及一个具体运用实例,并将对教学方法等问题作一些探讨。

二、在教学中运用 ICT 技术的原则和实例

成人学习理论认为,成年人学习的最大动机是能够有效地将学习成果运用在他们的工作之中。例如,Speck (Speck,1996)认为:"Adults will commit to learning when the goals and objectives are considered realistic and important to them. Application in the 'real world' is important and relevant to the adult learner's personal and professional needs. Adult learners need to see that the professional development learning and their day – to – day activities are related and relevant."如果所学的内容在日常的工作中不能有效地体现,成年人多半会从学习中退却。同样,要是认为电脑技术是一种"无效"或"低效"的工具,教师们是不大可能会积极地运用在教学之中的。

在教学中,"有效性"是个很广泛的概念。比如,有人认为,有效学习应该包括以下两个方面的内容(洪建, 2009):

1. 从结果来看应是"效率和效益"的双赢。

2. 从学习过程来看,效率是要求"科学学习",在学习过程中的科学与主动,规范与自主。

不同的学习目标、学习内容或学习对象都会对学习的"有效性"提出不同的要求。在新加坡小学的华文教学中,当我们界定一种 ICT 技术或方法"有效"时,它应该:

- 有助于达到学习目标。
- 能提高(或稳固)学术成绩。
- 时间的投入和产出成正比。
- 能激发学生的学习兴趣。
- 能促进学生的理解能力。
- 能培养学生的品德或人际交往能力。

在有限的时间下,"简易性"同样是一个重要的要求。当我们提到一种新的 ICT 教学技术时,所谓"简易"的标准应该是:

- 教师不必花费大量时间和精力才能学会。
- 学生能迅速掌握。
- 操作简便,快速。
- 不必占用太多的硬件。
- 软件界面简洁,不繁琐。
- 资源、工具等易获取。

总的来说,ICT 技术在教学中的运用,必须比传统教学手段更加有效,更加便利。只有这样,才能得到教师们的青睐。例如,网上的多项选择题和习题纸上的多项选择题相比,在有效性上就不见得有什么优势。事实上,对于一个电脑技术不算太熟的教师来说,设置网上的习题常常会花费更多的时间。当面对这样的情况时,老师们往往会选择退回传统的教学手段。

从 2009 年开始,新加坡芽笼美以美小学华文部开始尝试在华文教学中如何"有效地"运用电脑技术。在分析了学生的学习状况、学习样本和历年来的学术成绩之后,我们决定在高级华文班开始尝试利用电脑技术提高学生的写作能力。这样做的原因是:

1. 我校高级华文的学习成绩长期以来和全国平均水平存在着较大的差距。
2. 学生写作能力不强,内容不够丰富,表达不够生动。
3. 学生对写作缺乏兴趣,学习热情不够。
4. 教学手段比较单一,多半是背诵、抄写和全文习作。

学生缺乏写作兴趣是一个普遍的现象,ICT 技术在某种程度上可以增加写作兴趣,其主要方式是扩大读者群。正如 Kristen J Nelson(Kristen J Nelson,2008,p95)所说:"One of the joys of writing is knowing that other will read and enjoy the writer's work. The internet offers an opportunity to provide this satisfaction to students."根据这些情况,我们确定了实验教学的基本目标:提高学生的写作水准。其基本目标是:

1. 学生的作文内容更加丰富,表达更加生动。
2. 学生对写作产生兴趣,至少不再排斥写作。

接下来我们按照"有效性"和"简易性"的标准,来选择适用的电脑教学工具(或平台)。我们先后比较了网站(web)、博客(blogs)、网上论坛(forum)、网上作业(webquest)、在线聊天工具(online chat)、维基百科(WIKI)、微软空间(Windows Live)、谷歌应用(Google Applications)和本校的校内网(Gmlites)。

我们发现,有些工具不符合"有效性"的标准。例如在线聊天工具和网上论坛,从表面上看来,如果学生交流或跟帖用华文的话,它们的确可以帮助提高学生的"写"的能力。但这种"写"的训练是浅层次和零碎的,并不符合我们对华文学生的高级训练目标。也就是,这并不能使学生写作的内容变得更丰富,表达更生动,属于"无效"或"低效"的工具。而另一些工具,如维基百科、传统网站和校内网,由于其容量大,内容丰富,在很大程度上可以满足我们的训练目标。但此类工具或平台界面复杂,操作起来很耗时。对于日常工作本身就很繁忙的教师来说,这些工具并不符合前面所说的"简易"原则。最后,我们采用的是谷歌应用程序(Google Applications)。它其实不是一种单一的在线工具,而是一些工具的集成,其中的每一种工具都有它专门的功能。如果把某一种工具单独抽出来使用,那它是不可能满足我们教学上的要求的。但要是集成起来,则可以形成套功能强大、完备的教学平台,几乎可以完全满足写作教学各个方面的要求。谷歌应用程序有很多种,我们根据自己的教学需要,选择了以下

几种:

1. 谷歌网站(Google Site)——功能:资源、任务和发表。

2. 谷歌文档(Google Docs)——功能:功能强大的协作平台。同时具有发布和反馈等用途。

3. 谷歌搜索(Google Search)——功能:资源搜索。

4. 谷歌翻译(Google Translate)——英/汉互译工具,可提供词、句、段、篇的基本翻译。

5. 谷歌博客(Blogger)——功能:独立工作平台,也可提供反馈。

6. 谷歌聊天(Google Chat)——功能:即时在线交流工具。

7. 谷歌阅读器(Google Readers)——功能:教师阅读和监督博客的阅读器。

8. 谷歌邮件(Gmail)——功能:储存量大、使用方便的电子邮件。

9. 谷歌群组(Google Groups)——功能:网上论坛 BBS。

谷歌工具的最大特点是简易,对使用者的需要考虑得非常周到。例如,谷歌网站具备了传统网站几乎所有的基本功能(资源、任务、互动、下载和发布等),但创立和编辑非常简单。一个具有基本电脑知识的教师,在观看了不到 3 分钟的教学录像后,就可以完全掌握它的制作要领了,根本不需要花时间去学习专门的电脑语言。

以上所有的应用程序可通过相同的谷歌账户登陆。教师和学生只需要注册一个谷歌账户,就可以任意在各种程序之间转换。如果想要更方便的话,不妨在谷歌主页建立属于自己的 iGoogle,把所有的应用程序集成在一个页面上,需要的时候只要点击开即可。

另外值得一提的是,以上所有的应用程序都是免费的,没有任何明显的限制,也可以过滤掉全部的广告。

三、教学流程与反馈

芽笼美以美小学华文部在 2009 年第一学期开始采用谷歌应用程序,主要用于五年级 3 个高级华文班的写作教学(同时也兼顾其他日常教学的需要)。由于这不是一个单一的教学工具,而是一系列工具的集成应用,教师和学生之间可以在不同时间,不同地点通过它来进行学习和交流,因此,我们把它称为"高级华文网上学习社区"。利用这个网上学习社区可以进行多种教学尝试。在进行写作教学的时候,最基本的教学流程如下:

- 教师课前利用谷歌网站建立教学资源(如习作范文,词库等),提供网上工具(如网上字典,谷歌翻译等)。
- 教师通过 WebQuest 等形式,在谷歌网站发布教学任务。
- 学生在谷歌网站接受任务,并查找资源。
- 如果是需独立完成的任务,学生利用个人博客作为工作平台完成;如果是小组协作任务,则通过谷歌文档作为工作平台共同完成。学生可以通过谷歌聊天和 Gmail 进行即时交流、讨论。
- 在学生进行学习任务的同时,教师通过谷歌文档、阅读器和谷歌聊天等进行即时监督和评价。
- 任务完成后,教师和学生可以利用博客留言和谷歌文档进行评价反馈。
- 学生的作品可以发布在自己的博客和谷歌网站上。

以上提到的只是最基本的教学流程。教师可以通过变换教学任务的方法,实施更加复杂的教学活动。例如,我们曾经尝试结合多媒体数码科技和戏剧教学,利用 4 次课时,进行"真人漫画写作活动"计划,同样取得了令人满意的教学效果。

在实施这项计划两年后,为了检验"高级华文网上学习社区"的有效性,我们比照了一些学生从五年级到六年级的习作样本。这些学生从五年级开始就注册了自己的Google账户,建立博客,并利用该网上学习社区进行学习。通过样本的比较分析我们发现,多数学生的写作能力有了明显的提升,具体表现在:

1. 作文的篇幅加长,内容更加丰富。

2. 能有意识地运用在“学习社区”中所学到的新技能,如各种描写方法。

3. 能有意识地运用学到的大量好词好句。

在数据分析上,我们比照了学生们从五年级到六年级的4次作文考试成绩。图表如下:

P5/6 LV/GR 作文成绩(2009—2010)				
	2009SA1	2009SA2	2010SA1	2010SA2
华文及格率	96%	100%	100%	100%
华文优秀率	29%	71%	72%	75%
HCL 及格率	89%	96%	92%	92%
HCL 优秀率	37%	79%	64%	66%

通过这个图表我们可以看出,虽然从五年级到六年级作文评改的要求有了提高,但学生的成绩从第一次考试到第四次考试,还是取得了比较明显的进步。

由此看来,在写作教学的实效性上,可以证明“高级华文网上学习社区”是有效的。

在2010年,我们抽取1个班(6 Love)的学生,针对“高级华文网上学习社区”的效果进行问卷调查,结果发现学生的反馈都非常正面,全部学生都认为它非常有效或有效,对写作水准的提高有明显的帮助。特别值得我们注意的是,当被要求写出“三个让你觉得最满意的地方”时,被学生提及最多的词语是:兴趣;合作、提高成绩或华文水准和方便。具体见下图:

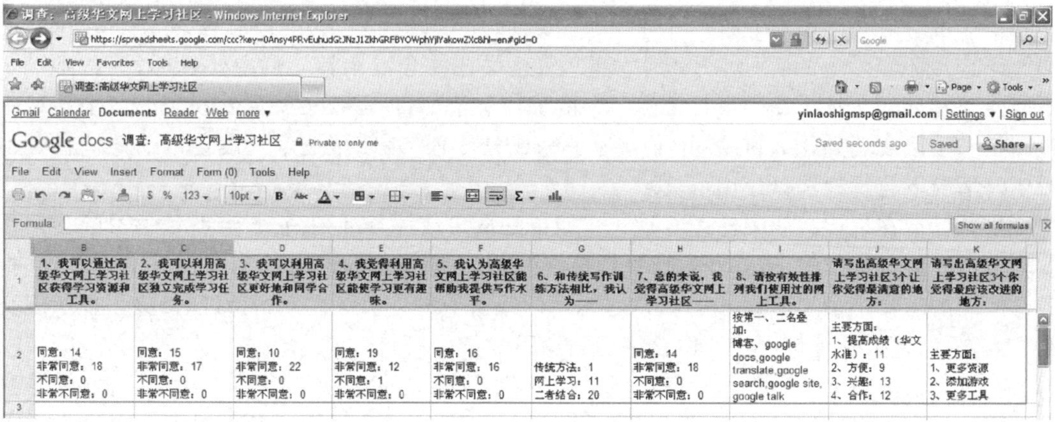

可见,从“提高成绩或华文水准”和“方便”来看,学生和教师一样,很关心这个网上学习平台的“有效”和“简易”。

四、教学策略和方法

值得注意的是,在以上问卷调查中,当被要求在“传统方法”、“网上学习”、“二者结合”这3种教学方法中选择1种时,超过60%的学生选择“二者结合”。可见,他们并不愿意仅仅为了“兴趣”而失去“有效性”,传统教学方法在学生心目中依然有着比较重要的地位。

在教学中,我们从来不会排斥传统教学方法。因为正如 Grant Wiggins & Jay McTighe 所说:“鉴于教学方法的复杂多样性,在理解性教学中不存在最好或是最受欢迎的教学法。同时,没有哪种教学方法会一直有效。特定的教学方法或技术应当适应不同的学习类型,同时也应当适应不同的教学目标及学习内容的需要。”在电脑教学的时代,我们应该考虑的是如何将有效的传统教学方法融入到电脑教学之中。

例如,背诵是一种被证明有效的传统习作教学方法。学生通过背诵,可以牢记优美的词句,范文的结构等。但这种方法比较枯燥,多数的学生都把它当做一种负担。在高级华文的写作教学中,我们经常要求学生背诵,具体做法是把背诵和网上学习结合起来:教师可以在第一天让学生背诵一个片段,第二天,立刻设计网上学习任务,要求学生在不看书的情况下,灵活地运用已背诵的片段。久之,学生明白了背诵的“实际”用途之后便会主动去背诵。除此之外,教师还可以以其他办法来辅助,比如奖励、限时背诵竞赛等。这样,背诵就不再是一种负担,而是一种有趣而有用的活动了。

适当的教学策略和方法,是网上学习平台成败的主要因素。“也就是说,要教学法在前,技术实践在后,要注重学习活动的质量,这样做具有十分重要的意义”。我们在教学策略方面,主要采用了逆向设计的思维。逆向设计在 1998 年被提出之后,许多人只是把它作为一种教学活动设计的方法。我们则更多地把它作为一种指导教学的策略和思路。当在构思新的活动时,我们会思考以下几个问题:

1. 主要学习目标是什么?这个活动是否有助于这个目标的学习?(“有效”)

2. 检验学生达到学习目标的标准是什么?我们如何证明教学在成功地进行?学生学习的有效性除了达致目标之外,还有哪些体现?

3. 为了达到这个目标,我们可以设计什么样的教学活动?这些活动对学生和教师来说是否实际?(“简易”)

在学习目标上,我们参考了逆向设计所提出的“单元基本知识”的概念,然后经过转换,应用到写作教学之中。教师的教学课时很有限,因此在设计教学目标时,必须“有效”而“简洁”,不应该不顾学生的实际水平而贪多求全,这样往往会混淆教学的主要目标。“教师……不但需要知道教育技术在学生日常生活中的地位和潜能,还需要了解大纲规定的各个学科中运用技术手段要达到什么目的,并了解为了完成某项任务,使用技术手段会帮助他们在其他需要的情况下合理地选择使用工具。”

检验标准在现代教学中已经不是一个简单的衡量或评分准则,它本身就是学习的一个重要环节。在制定标准时,应该经过反复衡量,使之能和教学目标相吻合。我们在写作教学时,最常使用的工具是量规(Rubrics)。这是常用但很有效的工具。在使用量规时,除了把量规交给学生之外,还要让他们真正明白该量规的意思和作用。

在设计活动时,除了要考虑到教学目标和检验标准之外,还要有现实的考量。例如,这些活动需要用到的电脑知识,对于学生(和一些教师)来说,是否过于复杂而难以掌握?学生是否需要在电脑操作(而不是语文学习)上花费太多的时间?学校的电脑设备是否足够?万一电脑系统出现故障时,有没有后备的教学方案?……总之,我们认为,一个繁琐而复杂的教学设计肯定会影响它的有效性。

在具体的教学方法上,正如前文提到的,学生对“高级华文网上学习社区”最满意的地方里,“合作”是很多学生提到的词语。我们在教学方法上,采用得最多的方法是小组合作学习法。小组合作学习的有效性早已得到了证明。和传统的小组讨论等小组学习不同的是,网上的学习平台提供了另一种小组合作的方式,即利用谷歌文档(Google Docs)进行在线合作学习和评估。谷歌文档是谷歌开发的一种强大的在线协作文档，它包括 Google Docs、Google Presentations 和 Google Spreadsheet（包括 Google Forms），其功用分别和微软 Office 的 Words、Powerpoint 和 Excel 类似。不同的是，如果是作为普通文档，它们的功能没有微软 Office 那么丰富，但它们提供了传统 Office 所没有的功能：多个用户可以同时在线使用同一个文档，比如同时工作、即时修改等。Google Spreadsheet 还提供了在线反馈、调查等功能。

教师还可以利用谷歌文档丰富的在线功能，设计出多种有效的合作学习活动。例如，学生们可以在网上即时协同完成一篇作文：在经过讨论（可以利用谷歌聊天等工具）后，由一个学生写事情的开头，两个学生写事情的经过，一个学生写事情的结尾，一篇完整的作文可在最短的时间内完成，不需要额外的整合。或者，学生可以在同一个文档里同时写同一个题目的作文，然后立刻用不同颜色的字体进行修改或提建议等，最后是利用谷歌文档或谷歌网站进行展示，这是不容忽视的一个步骤。正如 Kristen 所说："Many students are more motivated and enthusiastic about working with information when they know their work will be shared with a large audience."

除了谷歌文档之外，合作学习中还可以采用的工具有谷歌聊天、博客和谷歌群组等。教师如果通过适当的合作教学方法对这些工具进行组合使用，教学效果会更加明显。

五、结论

根据教育部制定的课程标准，小学华文教学必须"能借助资讯科技进行学习，与人沟通"。从 2009 年开始，芽笼美以美小学华文部开始利用 Google 应用程序制作"高级华文网上学习社区"，并主要将它用于高级华文班的写作教学。由于有了这个平台，对于使用的教师来说，设计电脑教学不再是一件繁琐复杂的事情。通过两年的使用，我们得出了以下结论：

1. 如果选择了适当的工具和教学方法，利用 ICT 来辅助教学，能够比传统方法更加"有效"和"简易"。

2. 通过教学设计，传统的教学方法能够和 ICT 技术结合，并取得更好的教学效果。

3. 教学方法和策略的选择，比工具的选择更为重要。

在未来的几年里，我们将在逆向设计和合作学习原则的指引下，除了写作教学之外，尝试利用 Google 应用程序进行更多样化的教学，如利用口语和阅读教学等。同时，我们还将在"有效"和"简易"的前提下，选择更多种的 ICT 工具和资源，相信这一些措施会对提升教学效率有更大的促进作用。

参考文献

Grant Wiggins & Jay McTighe 著，么加利译. 理解力培养与课程设计. 北京：中国轻工业出版社，2003.

Avril Loveless 著，宋旸译. 教育技术与课堂教学. 北京：北京师范大学出版社，2006.

Kristen J. Nelson. TEACHING IN THE DIGITAL AGE. California：Gorwin Press，2008.

相关论述：Vygotsky L. S. ed. "Mind in Society：The Development of Higher Psychological Processes". 1978.

洪建. 关于有效学习：http://w1h2j3. blog. edu. cn/2009/231929/html. 2009.

Speck. Adult Learning Theory：http://www. ncrel. org/sdrs/areas/issues/methods/technlgy/te10lk12. htm. 1996.

作者单位：新加坡芽笼美以美小学

沟通中求发展　差异中求进步

——小六差生教学体验

洪瑞春　董亚茹

一、研究背景

新加坡教育部为来自不同语言背景的学生量身定制，于 2007 年推出以单元为单位的小学新课程。新课程强调“加强课程的灵活性与提高学生运用语言的能力”。新课程的会考模式注重语文的实用功能，鼓励活学活用，以激发学生学习华文的兴趣，增强学生离校后继续使用华文的积极性与能力。

二、研究动机

有鉴于新课程与考试模式的改变，新加坡淡滨尼小学五年级的华文教师要求新加坡华文教研中心的研究团队到学校协助研究，找寻能带动华文成语差的学生学习的策略，以提高他们的学习兴趣与学习效益。

三、研究对象

本研究自 2009 年开始，对象是一班小学五年级全年级华文成绩最低的学生。全班共 18 名学生，13 男 5 女，平均年龄 11 岁，小四的华文成绩介于 30 至 40 分。学生主要来自纯讲英语的家庭，其中 4 人是非华族。这些学生的共同点是华文并非他们的生活语言，口语能力差、心理词库小、读写能力乏善可陈。除此，这些学生对待华文学习容易产生厌倦情绪，无法持久集中阅读与正确表达自己的看法。小五学年结束后，华文考试及格的 4 位学生被编入小六较好的班。

今年的小六班除了留下 14 名学生，还外加一名华文考试不及格的插班生，共 15 名学生(11 男、4 女)。学生华文考试平均成绩 43.1 分，最高 49 分，最低 34 分。学生的学习态度有改变，但是基本语文能力还是很不足。

四、研究目的

研究初期，我们的目标是：吸引学生听课、让学生对活动产生兴趣，改变学习态度以及加强集中听课的能力。我们相信，只要能改变学生的学习态度与习惯，让学生主动、积极、习惯地参与活动，兴趣自然产生，语文应用能力自然能培养起来。

今年，我们研究的目标分成三个阶段：

1. 通过“最近发展区”与文本互动策略，提高阅读耐性；
2. 通过沟通法与差异教学，提升阅读理解能力；
3. 通过协商式辅导写作，增强写话能力。

我们试图以以上三个阶段的研究验证“我们的研究设计是否能提升学生的口语、阅读与写作能力”。

五、理论根据

维果斯基认为“教学与发展间存在着复杂的关系。只有当教学走在发展前面时,这种教学才是最好的教学”。同时,他还指出“教学决不能只尾随在发展之后或仅仅与发展同步。作为传递社会文化经验的教学应在学生心理发展中起主导作用,只有走在发展前面的教学才是良好的教学”。换言之,学生的现实发展水平与潜在发展水平之间的动力状态是由教学决定的。“教学一方面应适应学生的现有水平,但更重要的是要发挥教学对发展的主导作用。”借鉴维氏之见,我们认为针对华文二语成绩低的学生而言,教学设计更应紧贴“学生原有的基础——语文与生活常识,经验”,然后逐步在此基础上创造最近发展区,以增加学生的学习信心,改变学习态度和提升学习成效。

为了开拓研究对象的最近发展区,我们借鉴了海姆斯(D. H. Hymes)和韩礼德(M. A. K. Halliday)的交际法理论。交际法的语言观认为,语言是表意系统,其基本功能是社会交际。交际法强调以学生为中心,并认为“学习者在言语中出现一些错误是正常的,也是不可避免的。学习者所追求的不可能是完美无缺的交际,而只能是有缺陷的但有效的交际,因此,对学习者的语言错误不应苛责”。“交际法的主要教学理念为:培养学生的交际能力,分析学生对外语的需求,教学过程交际化,对学生的语言错误采取宽容的态度等”。因此,我们的口语教学在设计上基本遵循“交际法的主要教学理念”。于是,我们认为要改变华文成绩差的学生的学习态度,增加他们的信心,必须先从口语练习开始,一来让学生有参与活动的空间,二来在活动中延长学生的专注能力;还有,只要活动开来学生的学习态度也会改变,最终如果能协助学生养成“说”的习惯,只要能说,敢说,程度不可能不会提升。

六、教学实验设计:策略、研究工具、方法与研究过程

过去一年多来,我们试图通过结合 ICT、交际法(沟通法)、最近发展区、同类型学习与差异教学等理念改变学生的学习态度,提升学生的语文(口语、理解与写话)应用能力。今年,我们的研究重点主要集中在阅读理解、口语活动与写话能力的培养。研究设计、策略与过程叙述如下:

(一)研究策略

我们根据学生的学习背景,在今年的研究中采用的基本教学策略包括:

1. 根据“最近发展区”发展理论拟定教学目标;

2. 根据课文,重新编排教学内容,设计生生、师生互动活动;

3. 结合差异教学理念让个别学生循序渐进,以螺旋式培养阅读耐性与能力;

4. 采用沟通法策略设计说话和写作的教学活动,潜移默化地帮助学生克服心理障碍,形成正迁移。

为此,我们将整个研究过程分成 3 个阶段:

第一阶段:通过最近发展区、文本互动策略,提高学生阅读耐性;

第二阶段:通过沟通法与差异教学,提升阅读理解能力;

第三阶段:通过协商式辅导写作,增强写话能力。

(二)研究工具:研究工具包括口语和写话能力的前测和后测、教师和学生的反馈、微软简报、活动单、评量记录表等。

(三)研究方法:我们进行定性和定量研究。主要是通过对学生口语和写作能力的测试来测量学生在语文应用能力是否有提升。定性包含观课、教师和学生的反馈等;定量包括前测、后测以及活动单和测验成绩等。

(四)研究过程:分 3 个阶段,具体操作过程说明如下:

第一阶段：通过最近发展区、文本互动策略，提高学生阅读耐性

“阅读是一个积极主动的过程，而不是一个消极被动的过程。”为了让学生能进行主动阅读、持续阅读，我们按学生的语文能力筛选适合的课文。然后，凭借文本的话语情境设计教学活动，以开展生生、师生活动，增添课文阅读和理解的趣味性，并提高学生的阅读耐性。在教学过程中，我们以交际功能为主导，通过信息交换游戏和戏剧表演策略，让学生在理解课文的基础上进行说话活动，加强口语表达能力。个别策略的应用过程详述如下：

策略一：信息交换游戏

信息交换游戏来源于沟通法。沟通法是以语言功能项目为纲，培养在特定社会语境中运用语言进行交际能力的一种教学法体系。为了更好地使学生能够运用有限的语言规则创造性地理解和生成无限的句子，为阅读和写作服务，我们凭借文本中的话语情境来设计不同的角色让学生扮演，要求学生按老师提供的句型通过小组活动进行信息交换，进而达到通过聆听伙伴的言语培养自身对课文的理解、口语和写作能力。现以课文《小青蛙和它的朋友》为例说明操作过程：

步骤1：听录音，说出各种动物的特征。

步骤2：阅读课文，回答老师根据课文设置的问题。

步骤3：说出不同动物的典型特征。（巩固）

步骤4：根据上下文的内容口头解释词义，并进行口头造句活动，要求根据句段内容或个人生活经验造句。

步骤5：信息交换游戏，设计方式：

——给学生分配角色，各代表文中的某种小动物，然后按照“我是……，我长得……。”和“我喜欢……，我会……。”各写一段自我介绍文字。

步骤6：游戏进行方式：

——学生以拟好的内容，向旁边的同学说出自己的特点，然后要同学猜测他的身份。

——最早猜中对方身份的是赢家。

——游戏继续玩，直到最后一只动物的身份被猜中为止。

——最后，老师引导学生做学习检讨，并要求学生仿写自己扮演的小动物的一段话。

活动过程中，学生通过活动消除了口语障碍，掌握了基本句型与内容要点，从而建立了自信心。

策略二：戏剧表演

在学习原理上，“和人的需要关系较密切的材料比较容易被记牢”。如果文本脱离了现实的语境，就会产生文本的思想精髓不易被理解的现象。因此，我们通过运用文本互动的教学策略，针对学生的实际阅读能力对课文进行修改，减轻学生进行阅读时的心理压力。然后，我们再根据最近发展区理论设计问题，让学生口头回答，接着进入课文的阅读理解，最后让学生身临其境，利用老师提供的句型，按照戏剧表演的形式进行角色扮演，以达到让学生借用课文内容与语块提升口语表达能力的目标。以《黄龙的化身》为例说明本阶段的进行步骤：

步骤1：学生逐段聆听录音，说出各个人物的性格特点。

步骤2：回答老师根据课文设置的提问。

步骤3：根据上下文的内容口头解释词义，并进行口头造句活动。

步骤4：老师根据课文的情景，设计戏剧活动，激发学生的思维，并引导学生依照情境、根据角色特点回答问题。

例如：

——黄龙看到东海龙王很久没下雨,他怎么想? 他想怎么做?

——玉皇大帝听到东海龙王的告状后,他有什么感受?

——太上老君知道黄龙从天牢中逃出来后,他怎么想? 怎么做?

步骤5:设计信息交换游戏,分配角色,让学生代表文中的某个人物,然后按照“我是……,我喜欢……,我要……,因为……。”写一段自我介绍文字。

步骤6:游戏进行方式:

——学生根据信息卡片上的问题向不同的角色提问,进行信息交流活动。

——小组根据故事情节的发展调整故事发展过程,然后进行表演,呈现对话活动。

步骤7:最后老师引导学生进行学习检讨、总结,要求写一则心情日记;并通过日记,写出自己扮演角色时的感受。日记写作要求包括:

——第一段:介绍时间、地点、人物、发生了什么事情

——第二段:游戏的经过

——第三段:角色扮演后的感受

活动设计进一步加强了学生的自信心、基本句型、课文内容掌握能力与促进语文的转移、应用。我们尽量制造机会让学生参与活动,指导学生相互交流、学习和模仿。我们“遵循最近发展区”原则不让模仿止于模仿,而是在模仿过程中协助学生将信息内化、改造,然后进行转换,即当儿童在新认知结构基础上建立新的理解时,转换就发生了。最后,我们提供与课文主题相关的图片,让学生运用学习到的语言、知识和概念。通过调动先备知识与能力反复练习,我们期望借此巩固与提升学生的学习效益。在学生进行口语练习的过程中,我们遵循交际法中“对学习者的语言错误不应苛责”(姜,2008,p115)的原则,尽量对学生的语言错误采取宽容的态度,引导纠错,过程强调交际化以达到培养学生交际能力的目的。

第二阶段:通过沟通法与差异教学,提升阅读理解能力

第一学段统测成绩显示学生的理解问答能力还是差强人意。研究团队决定在口语表达的基础上加强阅读理解能力的训练。由于遗传素质和社会、家庭文化背景等因素的影响,学生语文能力的个别差异是客观存在的,即使是差生也不例外。为了让每个学生能在不同的起点上都能有所发展,在设计上我们加强差异教学理念的应用,尽可能从个别学生身上的闪光点出发,让学生在自信、舒服、受赏识的起点上学习,求进步。

策略一:差异教学

根据马斯洛的需要层次论,我们在教学过程中针对学生的心理需要,激发他们高层次的学习动机,需要的层次越高,个体活动的自觉性和积极性也就越高。因此,为了促进学生的发展,教学必须符合学生的发展水平,我们以此采用差异教学策略设计活动让个别学生在“最近发展区”走向各自的发展。采用的课文包括课《差不多先生》、《体育学校开放日》和《感谢左手》等。

首先,研究团队根据课文要点设计了教学流程图表,把教学过程划分成6个步骤:

步骤1:阅读理解(读—写—说—写)

——根据学生的理解能力将学生分成HA、MA、LA 3个等级。

——根据课文内容,依HA、MA、LA 3个等级设计的理解问答题。

——学生阅读课文后,各自完成指定的理解问答题。

——完成后,通过口语交流活动和相同等级的学生分享答案,然后整理出最佳答案。

——各小组派1名代表给班上同学呈现答案。

步骤2:词语理解(说)

——学生在理解词语和课文内容要点后进行朗读活动。

——老师逐段分析课文，提出问题，引导学生回答；必要时，进一步扫除词语障碍。

——学生根据课文上下文的内容解释词义并口头造句。

步骤 3：内容深化理解（写）

——学生各自完成指定的理解问答题（HA、MA、LA）。

——通过活动加强理解深化题的能力。

步骤 4：看图说话

——提供 1 张与课文内容要点相关的图片。

——学生通过与同伴合作，借用先前所学的句型与内容，根据图片的情境进行对话活动。

步骤 5：看图写话

——根据步骤 4 的活动习得，进行写作活动。或

——提供相似课文情境的图片（4 至 6 幅图）让学生进行写作活动。

步骤 6：总结——师生互动

——老师根据对话和写作中出现的问题引导学生发现问题，探讨如何纠错与进行总结。

——要求学生针对以上活动习得的句式、词语和内容再写作。

——教师批改后，引导学生比较前后两篇习作的差异，让学生在自我发现中学习，求得进步。

现以《差不多先生》简要说明过程：

步骤 1：根据差异教学策略把 15 位学生分成 HA（高）、MA（中）、LA（低）3 个等级。

步骤 2：根据课文内容，依 HA、MA、LA3 个等级设计的理解问答题。问题设计举例：

HA：Q1. 读完这个故事后，你认为差不多先生是个怎样的人？为什么？

Q2. 你喜欢差不多先生吗？为什么？

MA：Q1. 根据课文内容，把答案填写在表格下表：

时态发展 时段	他做了什么？	结果怎样？
差不多先生在钱铺里做伙计时		
差不多先生乘船到上海去时		
差不多先生患病躺在床上时		

Q2. 佣人找兽医给差不多先生看病，你认为这个做法对吗？为什么？

LA：Q1. 在第一个故事中，为什么掌柜的气得对差不多先生直瞪眼，还要罚他呢？

Q2. 在第二个故事中，表示“做事情非常慢”的词语是________。

Q3. 在第三个故事中，为什么佣人找兽医给差不多先生看病？

步骤 3：学生完成指定的理解问答题后，通过口语交流活动和相同等级的学生分享答案，然后整理出最佳答案，并派代表呈现答案。

步骤 4：学生进行朗读活动；老师逐段分析课文，提出问题，引导学生回答。必要时，进一步引导学生如何在生活中应用习得的词语、句型等。

步骤 5：看图说话，要求学生通过协作解读一幅根据课文情境设计的图，然后进行对话练习。

步骤6：看图写话，要求学生完成根据课文情境设计的4幅图或6幅图的写作活动。

步骤7：教师引导发现问题与总结

——老师引导学生发现不同作品中存在的问题，也通过比较发掘优点

——引导学生做习得总结

——加强指导如何根据情境描写人物的心理与动作

——引导学生如何加强应用习得的句式和词语，如："小明下决心……，不再……，要做个……（改过自新，马马虎虎，懂事，人见人爱）的孩子。"

策略二：信息交换游戏

为了让学生在与比自己水平稍高的成员的交际中将潜在的发展区转化为现实的发展，我们利用《体育学校开放日》在差异教学的基础上，进行了主题延伸活动——《2010年第一届新加坡奥林匹克运动会游戏》；让学生通过小组合作、竞争，激发学习热情，挖掘各自的潜能，增大信息量。同时，让学生的语言交际能力通过游戏过程得到有效的生成与提高，并创造更大的发展可能。游戏步骤如下：

——学生分成4组，每组约4人，各组成员包含HA、MA、LA 3个层次。

——每组发1张游戏图，1个筛子，组员各拥有一些纸币。

——组员先后按筛子的点数进行活动，回答点数上的问题；答对者，其他组员必须奖赏他指定数目的纸币。

——最早到达目的地的就是小组赢家。

——小组赢家进入小组代表对决赛，胜利者为全场赢家。

——老师引导学生做学习检讨、总结，并要求学生以导游的形式，按照"这是淡滨尼小学，这里有……，我们在这里可以……"的句型写一段话。

第三阶段：通过协商式辅导写作，增强写话能力

布鲁纳的发现学习论（Discovery learning theory）强调"学生的主动探索，从事物和现象的变化中去发现原理，才是构成学习的主要条件"。以往教师在批改作文时，总是在学生的原稿上进行批注，然后叫学生进行澄清。写作能力强的学生，老师的批注往往精简。但是，那些写作能力差的学生的作文，主题不明、内容空乏、语句不通、表达不明等现象极其普遍，造成老师批注非常辛苦，有时甚至产生"越俎代庖"的现象，不是学生在在写作，而是老师在"改写"。学生看到"满江红"，不但挫折感加剧，而且懒得再做澄清，更不明白老师在"写什么"。为了把作文教学过程转变为学生主动学习的过程，把所教的知识转换成与学生的思想规律有关联的知识，变被动为主动，我们在第三阶段采用了协商式辅导的形式关注学生作文中的语法和技术性的问题，而不是学生本人。我们希望通过这个策略让学生自我意识自己的写作过程，形成与提高自身的写话能力。

策略应用：协商式辅导教学

我们强调"教师通过协商辅导的形式对学生的写作过程与成果进行及时指导"。操作步骤如下：

——在课文要点的习得基础上深化习得的广度与趣味，让学生转用习得的知识与技能。

——我们根据全国会考写作要求方式，给学生提供6张意义连贯的小图，要求学生先各自解读6张小图，然后进行小组分享，共同分析图片的内容和意义。

——小组作成果汇报。

——老师引导学生发现各小组的共同点与差异性；然后提供句型、例句等引导学生思考、纠错、加强。引导方式包括：

(1)各段内容是否详尽?主题是否明确?(2)段与段之间的连接是否正确?(3)句与句的连贯。(4)词语应用。(5)人物动作、表情、个性、心情解读等。

——学生借鉴以上习得,各自进行习作。

——老师批改后引导学生发掘优点、纠错与讲评。

现以学生按课文《想别人没想到的》习作后,教师引导纠错、评价为例说明操作步骤:

步骤1:大家看看,这篇习作有哪些优点?

步骤2:大家再看看,这篇习作有哪些问题?

步骤3:谁能告诉我,这一段主要的、该写的内容是什么?

步骤4:这一段的要点和下一段的内容的关系应该是怎样的?这位同学的写法有没有不足的地方?……应该怎么改善?加强?

步骤5:需不需要写写人物的表情、动作、心情、个性?如果需要写,应该怎样写?

步骤6:好,内容我们讨论过了,现在来看看表达。大家看看这个句子用得好不好?应该怎么改善?……你们学过的词语或成语有没有可以用得上的?

步骤7:请你们读一读这个句子,感觉如何?有问题吗?如何修改?……

根据我们的观察,以上操作方式加强了学生的语言组织能力。虽然学生词语表达能力还是不足,但是基本的写作概念与框架形成了,学生也更懂得如何纠错。值得注意的是,我们发现,对于差生,不能进行全篇反馈,必须分段反馈、修改;必须实事求是,适当应用赏识文化激励学生,以"写得较好的部分"建立学生的自信心,让学生愿意正视自己的作文,主动发掘问题,并思索如何纠错、加强。

七、研究成果

我们以看图说话、会话和看图写话的前后测数据、小五和小六年底考试成绩、学生和教师反馈审视研究成果。分别叙述如下:

表一 前后测成绩数据

成绩 / 项目	看图说话				会话				看图写话			
	语言(5)	描述能力(5)	论述能力(5)	总分(15)	语言(5)	叙述能力(5)	论述能力(5)	总分(15)	语言(5)	描述能力(5)	论述能力(5)	总分(15)
后测平均值	3.73	3.73	3.13	12.80	3.47	3.27	3.07	9.80	2.93	3.07	2.27	8.27
前测平均值	3.33	3.47	1.60	10.60	3.00	2.73	1.80	7.53	1.93	2.60	1.07	5.60
差距	0.40	0.26	1.53	2.20	0.47	0.54	1.27	2.27	1.00	0.47	1.20	2.67
百分比				14.67	百分比			15.13	百分比			17.80
T-检测p值				0.00035	T-检测p值			0.00178	T-检测p值			0.00006

表一数据显示:

前后测成绩对比,学生的看图说话、会话和看图写话能力分别提升了14.67%、15.13%和17.80%。T-检测的p值都远小于0.05,这意味着学生的进步在统计学上有显著的区别意义。根据上述数据的比较与假说测试,我们的研究策略有一定的效益。

相对而言,学生提升较大的是论述能力,这正说明从掌握内容入手进行讨论,对于建立信心、提升学生的表现比传统的由字词入手、掌握句型更容易取得效果。

对比3个项目,差生的看图说话能力最强,看图写话能力最弱,因此就最近发展区理论,指导差生学习必须从看图说话开始,然后才从会话逐步导入看图写话。

表二 小五和小六年底考试成绩数据

学生序号	2009 总分(100 分制)	2010 总分(100 分制)	差距
1	51	58.5	7.5
2	48	58	10
3	47	57.5	10.5
4	47	47	0
5	47	44	-3
6	46	45	-1
7	45	44	-1
8	43	65.5	22.5
9	42	42.5	0.5
10	42	51.5	9.5
11	42	55.5	13.5
12	41	55	14
13	37	44	7
14	34	45.5	11.5
15	35	42	7
平均分	43.1	50.4	7.2
T-检测 p 值	0.00070		

表二数据显示:

学生的平均分从 43.1 增加到 50.4,及格人数从 1 人增加至 8 人。最低分从 34 分提升到 42 分;在 15 位学生中有 12 位取得进步;进步最显著者达 22.5 分,3 位退步的学生中退步最多只 3 分。T-检测的 p 值都远小于 0.05,这意味着学生的进步在统计学上有显著的区别意义。

学生反馈:

我们在后测进行后,针对以下三方面和学生进行一对一的访谈,要点摘录如下:

1) 对课文的印象:受测学生对小一至小四读过的课文印象模糊,无法说出任何一篇课文的篇名,但是对去年和今年的课文大都有印象,不仅觉得有趣,而且都能说出自己最喜爱或最感兴趣的课文。如 15 名学生中,有 6 人喜欢《躺在波浪上看书》,有 5 人喜欢《差不多先生》,喜欢《想别人没想到的》的有 3 人,喜欢《小青蛙和他的朋友们》的有 1 人。总之,学生对课文的内容、要点与整体印象比以往强很多。

1) 对教学活动的看法:受访学生都表示喜欢我们配合课文给他们设计的活动,都认为这和过去的上课方式有很大的不同,他们更愿意主动参加学习活动。其中,9 人最喜欢"小组讨论加强写作","小组讨论加强理解"有 4 人,"角色扮演"有 2 人。受访学生也表示,他们喜欢通过讨论、分享和彼此合作一起完成任务的学习方式。

2) 学生信心与态度:14 名学生认为自己对说华语的信心增强了;对作文更有信心的有 10 名;面对来临的全国小六会考只有 1 位表示没有信心;学生都表示比以前喜欢华文。除此,说现在比较喜欢华文、对华文比较有兴趣的有 6 人,认为华文课很好玩的有 4 人,认为老师很会帮助与鼓励学生的有 2 人,有 1 人说汉字很特别、很喜欢。

教师反馈:

1) 学生的学习态度:通过这次的研究,学生的阅读兴趣逐步提升了,自信心也增强了。

以往，学生常选择放弃尝试的再生性思维题“为什么”，现在都愿意尝试。例如患有阅读障碍的雨辰和坚勇，在年底毕业考的理解问答部分有了明显的进步。由于自信心的建立，当我给学生默写一些对他们来说是“不可能的任务”的作文佳句时，他们都能默写出来。在毕业考中，班上学生都能正确使用佳句。虽然，学生的写作能力与教师的要求还相差甚远，但是能看出学生都尽力尝试。除此，在教学活动中学生都非常积极地参与，都能按指示完成任务，大家都能持续地相互合作、学习。

2）个人反思：个人觉得这次的研究非常有实效。文本互动和最近发展区策略统领整个研究过程，再加上差异教学法、沟通法和协商式辅导写作策略的逐渐渗透，学生的自信心逐步建立，学习能力也得到了明显的提升。可惜，这类针对差生设计的教学策略操作的时间短了些，个人觉得不应该迟至小五甚至小六才进行；针对差生应该更早，如小二、最迟小三开始效果会更佳。

八、小结

研究能取得小成果，能改变差生的学习态度，能引起差生学习兴趣，主要是因为我们根据“最近发展区”理论，依学生的能力，结合交际法与差异教学理念，设计活动，让学生释放个性，走出原有的怠惰、自我封闭，在活动中彼此愿意“交际”的结果。我们的整体体会是，要改变差生，必须先改变教学方式，并从过去不起作用的教学方式中借鉴。如果能进行持续研究，我们会进一步观察差生在写作中的共性、寻找提问模式、设立框架等，从低年级做起，探讨行之有效的写话策略，并让学生在写作中寻觅到乐趣。

参考文献

新加坡教育部课程发展与规划司.《小学华文课程标准2007》[P]. http://www.moe.gov.sg/education/syllabuses/languages - and - literature/files/chinese - primary - 2007.pdf

Margaret E. Gredler. “Learning and Instruction—Theory into Practice” (Fifth Edition). 张奇等译,《学习与教学——从理论到实践》(第五版)[M]. 北京：中国轻工业出版社，2007。

姜丽萍.《对外汉语教学论》[M]. 北京：北京语言大学出版社，2008。

陈能端，王珏琪. 小六华文会考今年起减少“死记”题.《联合早报》[N]，2010.6.21. 新加坡版(6)。

Jacqueline，Grennon Brook，Martin G. Brooks 著，范玮译. 建构主义课堂教学案例[M]. 北京：中国轻工业出版社，2005.

郭晓霞. 维果茨基最近发展区理论的应用与拓展——支架式教学研究.[D]教育硕士论文. 长春：吉林大学，2007.

董奇主编. 第二语言阅读教学探索——问题与策略[M]. Neil J. Anderson . Exploring Second Language Reading - Issues And Strategies，北京：北京师范大学出版社，2009.

张灵芝.《对外汉语教学心理学引论》[M]. 厦门：厦门大学出版社，2006.

作者单位：南洋理工大学新加坡华文教研中心

新加坡淡滨尼小学

语文教学语言的影响：PMI 与 CMI 课堂策略选择的比较研究

余婉儿

一、引言

2002 年发表的《中国语文教育学习领域课程指引》提出将“用普通话教中文”（以下简称为“普教中”）作为香港语文教育的远程目标。这给向来主要以广州话为教学媒介语的香港语文科教学环境带来了极大冲击，无论是政府、校方、学者、师资培训机构皆用不同方式响应，寻找有效的应变方法。语常会为鼓励学校推行用普通话教中文，拨款 2 亿元，分 4 个学年（2008/09 ~ 2011/12），每年资助 30 所小学和 10 所中学推行用普通话作为中国语文科的教学语言。①

不同的学校正按本身的条件以校本方式面对语文科的教学语言实施转变。在教学媒介语转变过程中，教师承受的撞击可说是最直接和最大的，他们急需应付具体教学的良方妙药。“普教中”是否成功，教师是重要的因素，多年以来，参与“普教中”先导教学计划的老师，已累积了不少经验和教学专业知识，这些经验性知识极为重要，是来自教学实践的智慧。

本研究通过比较分析一位经验丰富的教师用普通话（Putonghua as a Medium of Instruction，以下称 PMI）及广州话（Cantonese as a Medium of Instruction，以下称 CMI）任教同一级两班学生语文科的情况，探讨教师在 PMI 和 CMI 不同教学媒介语的影响下语文课堂策略选择的异同，以提炼“普教中”的有效课堂策略，并藉此探索师资在职培训的着力点及策略。

二、文献探讨

多个有关香港“普教中”现状的调查研究，展示了教学媒介语的转变对香港语文科教与学有多方面的影响。“普教中”的优点是提升学生听说普通话的水平和书面语的表达能力，困境是教与学都出现了不同的限制。②

唐秀玲等 2001 指出，“普教中”的学生反应较被动，因语音障碍而简化语言结构和话语内容；老师则把教学低层次化，会用较多时间指导学生读音、正音，朗读课文的时间较多，其他学习重点明显变得简略。教师迁就个人所能运用的普通话，教学语言技巧受限制。教师太着重学生的普通话音准表现，忽略了对说话内容的接纳，缺少鼓励性的言语回馈。教师教态也较拘谨，适应性和体调性体态语较多。③ 何国祥 2002 年的研究得出了相类的结果，在 PMI 教室中，教学活动会被简化或省略。课堂语言简化，教师变得拘谨。④ 这两项研究表明了教师在

---

① 特稿. 十年内全面起动用普通话教中文[J]. 香港普通话报，2008，2(81)：2.

② 参考刘筱玲. 普通话教授中国语文课堂的实验与研究[M]. 香港：小学中国语文研究学会，2005. 何伟杰. 林建平. 用普通话教中文——回顾与前瞻[J]. 小学中文教师，2001，(8)：14 – 19.

③ 唐秀玲，司徒秀薇，莫淑仪，邝锐强，张寿洪. 在传统改变以前的思考——用普通话教中文[J]. 语文教学（双月刊）. 香港：培生教育出版中国有限公司，2001，(11)：40 – 44.

④ 何国祥（主编）. 用普通话教中文的问与答[C]. 香港：香港教育学院中文系，2002.

“普教中”早期遭遇的困境。

余婉儿2006年通过分析一个教学表现优秀的小学中文科教师的“普教中”课堂实务,探讨“普教中”教师的内容教法知识。该教师针对学生用非母语学习的关键特征,运用不同的教学策略提升课堂学习的效果。教师主要从三方面优化教学:善用以说话为主的学习活动和同类评估,为学生提供较多实践普通话的空间;运用多元显现策略帮助学生表达和解说;帮助学生克服说普通话的心理障碍,对学生多称赞和鼓励,延缓修订学生音误。① 此个案研究展示了教师如何协助学生适应教学媒介语转变的经验。

郭思豪2007结合话语分析和相关教学策略的探讨,考察语文教师的语言表现和学生学习响应,发现优秀的PMI教师同时具备照顾者(caretaker)和教者(teacher)的语言特征,并能成功吸引学生积极扮演学习者(learner)和运用者(user)的角色。②

本文延续上述研究,通过对一位有经验的语文教师同时用普通话和广州话分别教授两班同级学生情况的观察,分析比较教师用不同教学媒介语时课堂策略的异同,以微观的课堂分析探讨“普教中”的教学策略和操作特点。

三、理论架构及研究方法

(一)理论架构

L. Shulman1987年重视教学实务的智慧,主张开发和保存优良教学个案,以分析、解释和提炼教学实务的原则和理论。Shulman1986,1987界定了教学专业知识体系,其中“内容教学知识”内涵是教师独有的专业知识,是教学内容与教学方法的有机糅合。③ Shulman强调教师的理解、推理、转化和反思意义,他认为教师必须知道如何把自己所掌握的知识转换为学生能理解的表征形式才能使教学成功。

(二)研究方法

1. 研究对象

表一

	王老师
教学经验	3年普通话科及中文科教学经验,2年“普教中”经验。
学术资历	教育学士,普通话水平测试成绩为“一乙”,曾修读“普通话教中文”文凭课程。
教学表现	被师资培训人员评为优秀。
学校及班级背景	学业成绩中上的小学。学生从一年级开始学汉语拼音,普通话科主要是听写学习,用自制的普通话校本教材,一年级教拼音及拼音写作,二年级复习拼音及拼音写作。
学生特质	二年级两次中文测验的总成绩都是PMI班较高。

---

① 余婉儿.小学中文科教师“内容教学知识”的内涵:教学媒介语转变后的个案研究[A].“第八届世界华语文教学研讨会”论文集[C].第5册.台北:世界华语文教育学会,2006:301-309.

② 郭思豪.PMI课堂的语言效能分析[J].基础教育学报,香港:2007,(16)2:21-40.及郭思豪.关于教学语言效能的两点思考——以PMI课堂教学为例[A].“第八届世界华语文教学研讨会”论文集[C].第3册.台北:世界华语文教育学会,2006:125-142.

③ 教师专业该有的知识体系学科知识(content knowledge)、一般教学专业知识(general pedagogical knowledge)、课程知识(curriculum knowledge)、内容教学知识(pedagogical content knowledge)、学习者特质知识(knowledge of learners and their characteristics)、教学环境知识(knowledge of educational contexts)和对教育成果、目标、价值、哲学基础等的了解(knowledge of educational ends, purposes, values, philosophical and historical grounds),有研究指出“内容教学知识”实际包含了各知识体系。而分析和辨别教师教学知识体系有助于发展高效能教学。

2. 研究设计

主要采取质化导向(qualitative approaches)的个案比较研究方法,通过教室观察及访谈,探究教师用不同教学媒介语教授同一课题时课堂策略的调适。分析有经验教师的教学实践和反思,比较"普教中"和"广教中"课堂的差异,以归纳"普教中"的有效课堂策略,提炼和建构高效教学实务的原则和理论,并探讨教师教学实务的限制,思考师资培训课程的重点。

除通过课堂观察搜集资料外,还安排半结构式教师访谈、学生访谈以有助于教学过程和教学成效的分析。研究员通过课堂观察及访谈的影音、文字记录,依据 Shulman 有关教学专业知识理论架构分析和判断研究对象的教学表现、教学计划、反思、推理及综合的内容。

1) 观察:教室现场、课堂录像观察及分析。

表二

年级	教室现场观察	课堂录像观察	每教节时间
小二	普通话和广州话教中文各 2 教节	普通话和广州话教中文各 4 教节	35 分钟

2) 教师访谈:半结构访谈形式。

表三

访谈性质	目的	次数/时间
教学前	了解教师的教学理念,对课程、教材和学生的理解,教学设计和活动安排,学习及教学经验、个人自信等。	3 次,每次由 90 分钟至 120 分钟。
教学后	了解教师对教学过程的反思。	

3) 记录:课堂观察及访谈,皆有影音及文字记录作分析。

4) 判断:根据 Shulman 理论架构分析研究对象的教学表现、教学计划、反思、推理及综合的内容。

5) 学生访谈及问卷①,检视学生的学习成效。

(三) 研究目标

1. 比较分析教师在 PMI 和 CMI 不同教学媒介语的影响下,语文课堂策略选择的异同。

2. 利用有经验教师的教学与反思作个案分析,提炼"普教中"的有效课堂策略。

3. 探究 PMI 教学的特点和可以提升教学效果的空间,分析"普教中"的师资培训重点。

(四) 研究问题

1. 教师在运用不同的教学媒介语时,中文科的课堂策略是否有相应的调整?

2. 教师在用普通话和广州话教中文时,如何转化、糅合不同的教师知识体系发展有效的课堂策略?

3. "普教中"在职师资培训课程的着力点是什么?

(五) 研究限制

1. 研究取样:本研究为质化导向的研究,即以个案形式比较分析一位教师在不同教学媒介语的课堂中课堂策略的选择,研究对象数量有限,未必能完全推论至其他教学情境。

2. 非研究因素的干扰:教授对象是两班截然不同的学生,研究员须根据专业的观察及判断去比较二者在不同课堂的策略选择,其中难免有主观成分。

---

① 随机抽样方式各班选择 12 位学生作访谈对象,检视他们在朗读、内容理解、词语及句式运用的表现。

三、研究结果及讨论

课堂策略的选择可从教师教学重点的选择和活动的安排、教学内容的深度和广度、分组和合作策略的运用、体态语的运用等方面分析。

(一) 教学重点的选择和活动的安排

教师处理PMI及CMI班时的教学重点和目标基本上没分别,差异主要体现在释词环节和朗读活动的安排上。

1. 词语教学

字词教学涉及形、音、义三方面,王老师选教的词语不同,处理的重点也有差异。(表四)

表四　教师在PMI班及CMI班词语教学重点比较

词语		重　点	
		PMI	CMI
守株待兔	守	音(翘舌音)、义	/
	株	音、义	
	休息、兔子、这么、那么	音(轻声)	/
	辛勤、熊熊的、烈火	音、义	义
	草丛、撞到、烤	音	/
乌鸦喝水	喝、渴	形、音、义	形、义
	鸦、牙、呀	音(轻声)	音
	低、底	音	
	团团转	音、义	义
	到处	音、义	
	水位、瓶口	义	

在PMI班的字词处理突显普通话读音特点,“守”强调翘舌音,“休息”、“兔子”、“这么”、“那么”的重点在轻声,“喝”(he1)和“渴”(ke3)除了词义外,详细引导学生辨析两字的读音差异,其他词语“草丛”、“撞到”、“烤”等纯粹处理读音,在CMI班则不作处理。

教师按字词特点及学习需要选择重点,并能针对字词本身的特质去处理,把握适当的机会教授普通话知识,体现了教师教学内容规划的严整,这是PMI班和CMI班的主要差异。教师的教学体现了学习“普通话”和用“普通话”学习两种概念的和谐结合,说明教师对语文学科知识和课程知识有充分的认识。教师解释其教学构思的形成,在面对用普通话教学的新语境下,她需广泛搜集资料:

未有PMI前,纯粹看课本。任教PMI班之后,如果内地有相同的课文,我一定会看内地的教案。如果没有,则会看类近的课文比较,课本里也有教学参考,我会比较一下,尽量取长补短。看完后,再思考教学。(前访)

教师参考中国内地的教学和设计,拓宽了教学的参照系和视野,增加了可运用的教学资源。校方也因为“普教中”而邀请内地教师驻校支援,引入拼音写作课程,让学生熟习拼音,并提高写作能力。

2. 朗读教学

“朗读”活动是王老师课堂的重要教学策略,出现次数很多。朗读形式和组织方式有变化,包括教师朗读、学生自由读、学生个别读、学生小组读和全班读5种模式,CMI班没有学生小组读,PMI班朗读次数较CMI班为多。(表五A、B)

表五 A　教师朗读组织方式及次数安排

	教师范读		学生自由读		个别学生读		小组读		全班读	
	PMI	CMI	PMI	CMI	PMI	CMI	PMI	CMI	PMI	CMI
字词	18	2	0	0	15	8	5	0	42	14
句子	5	0	3	5	8	8	1	0	10	7
段落	0	0	0	1	3	2	1	0	0	0
全文	2	0	3	2	0	0	0	0	0	0
标题	3	0	0	0	0	0	0	0	5	3
分项总数	28	2	6	8	26	18	7	0	57	24
师/生总数	28	2							96	50
朗读总数									124	52

表五 B　教师朗读次数百分比

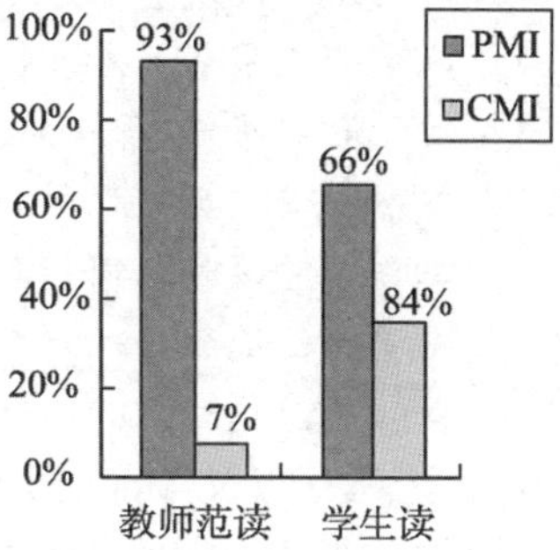

PMI 班的朗读活动次数有 124 次，CMI 班有 52 次，PMI 班采用的朗读活动明显较 CMI 班为高；教师范读在 PMI 班为 93%，主要是字词朗读的示范；学生朗读占 66%，也是以字词朗读为主。

教师设置的朗读活动的作用，可分为呈现材料、课文理解学习、语音学习、示范、练习和检视等 6 类，而朗读时的指导和示范焦点主要有字音和语调情感两方面。（表六）

表六

项目		教师范读		学生自由读		个别学生读		小组读		全班读		总数	
		PMI	CMI	PMI	CMI	PMI	CMI	PMI	CMI	PMI	CMI	PMI	CMI
朗读作用	呈现材料	7	1		1	3	3	2		6	2	18	7
	学习：理解	1		3	2	3	4	1		16	1	24	7
	学习：语音			1	3	10	6				5	11	14
	示范	20	1		3	9						29	4
	练习			4	4	3	2	5		18	2	30	8
	检视					5	4			19	17	24	21
朗读焦点	字音	22	2		4	17	1	5		42	13	86（90%）	20（71%）
	语感（语音、语调）			3	2	6	4			1	2	10（10%）	8（29%）

PMI 班朗读的最大作用在示范和练习，其次是通过朗读去理解课文及学习检视两项。CMI 班的朗读活动次数最多的作用在检视，其次是语音学习，教师极少范读，整个单元教师只范读了两次字词的字音。PMI 和 CMI 两班朗读活动的焦点大部分都在指导学生的有关字音方面，PMI 班占 90%，CMI 班占 71%，而有关语感的指导 PMI 班极少，只有 10%，CMI 班则为 29%。教师解释有关朗读的安排为：

"普教中"我觉得需要较多，因为"广教中"用他们的母语，我觉得没有那么困难，但"普教中"始终有些和广东话不同，或者他们受到粤语的影响，我觉得是要多提。（后访 2）

教师据学习者特质的知识选择课堂策略，也反映了本科教学知识及内容教学知识的应用。朗读时，因为每个字、词和句都要先解决声母、韵母、声调，用普通话朗读更要处理字词句的轻重格式、儿化、音变等问题，这正是训练学生掌握语音和语感的适切途径。在不同教学环节中,教师安排大量朗读,可让学生在朗读实践中掌握和巩固普通话语音、语流,培养语感。教师在访谈中提及可通过朗读达到不同的学习目的:

能感受文章多一点。(后访1)

对于他们写作、用标点等都有帮助。譬如感叹号带强烈感情,表示很开心或很着急,或很不开心,或很生气。(后访1)

写作或考试时运用标点部分真的好一点。(后访1、2)

课堂的气氛会好一点,感受到他们参与多了。(后访1)

教师意识到朗读的功能包括文章的理解、语感的培养、语文知识的学习、写作能力的提升、营造课堂气氛、提高学习兴趣等多种功能,这是教师对语文科内容教学知识的认知。然而在课堂上朗读的目标和作用较为集中,未能全面发挥朗读的多层面学习效能。朗读在语文教学中应可产生不同的效用,它有利于深入体味文字作品、提高语言表现力、发挥语言的感染力、达到语言规范化的途径。① 有老师论及在PMI班的朗读可培养学生的普通话语感(语音、语调),充分的朗读及适当的背诵有助于输入规范语式、积累词汇,充实语言库;并可利用普通话语感形式好的教材,述中感悟,通过自读、评读、品读等形式,理解体会作品的思想内容、情感寓意,在熟读后,可以表达语调、语势,让普通话语言能力得以内化。②

在课堂上,王老师给予学生朗读练习的机会,虽然数量已不少,但性质较为单一,建议增加用以培养学生高层次理解能力和表达能力为目的的朗读。另一方面,教师在学生朗读后,主要用"好"来回应学生的表现,虽已对学生显示了接受和欣赏,但评估较为抽象空泛。教师若对学生的回馈较为具体、清晰和明确,要求学生朗读时读出语言的层次感、主次感、对比感,并表达出语言的形象、逻辑和丰富性等特征,学生才能通过教师的评估和回馈促进学习,提升朗读的学习效能,也就更能全面发挥朗读在语文教学上的作用。在教学后访谈中,教师经反思后自觉"可能没充分回馈,该告诉他们能做到甚么,做不到什么。"(后访1)这正是Shulman所强调的理念,教师须通过对教学内容和策略的反思去重组教学意念,从而获得对教学的新理解,以提升日后的教学。

原本我之前两年教书,不太重视读书(朗读),上年有个内地教师来支持,他不懂听广东话,只看PMI,他观课后觉得我读得不够,学生也读得不够,他说要加强朗读。现在两班都加强了朗读,PMI读的时间会再多一点,因为要克服字音问题,要读准字音,要多运用拼音。(前访)

教师指出朗读安排受内地驻校教师教学理念影响,重视朗读培养学生的语感。(后访1)教师借助内地老师的支持,较轻易地解决了急需解决的媒介语转变的问题。她主要采用了朗读的策略帮助学生建构一个普通话学习的语言环境,让整个学与教的过程都在普通话的氛围中,学生在潜移默化中掌握普通话的语音和语流,这样比较容易提升普通话的听说能力。通过形成一个普通话语言环境,让学生不知不觉培养说普通话的能力,使普通话逐步从第二语言的性质过渡到第一语言,并渐渐成为学生的思维语言。③

王老师的教学反思,反映了她通过教学交流,参考了前辈教师的经验,掌握了语文教学的有效途径,可见教学观摩可让教师的知识提升,也可以看到课堂教学策略的正迁移。在PMI班中应用了朗读策略,教师在CMI班也重视朗读,这正是教学媒介语转变对语文教学发生正

① 张颂.朗读学[M].长沙:湖南教育出版社,1983:36-49.
② 张励妍.中文科的普通话元素[J].香港普通话报,2008.2(81):11-12.
③ 张励妍.中文科的普通话元素[J].香港普通话报,2008.2(81):10.

面影响的又一例子,PMI 的出现成为一个重新调整、思考语文教学的契机。

未开始普教中前,教授中文我不着重读,不过可能是我观念的问题,词语会读,将所教的词语贴在黑板上,教授后会读一次。“普教中”让我知道朗读也很重要,一来可以厘清字音,二来可以让学生更深入感受文章的感情或者加强训练学生的语感。(后访 2)

从教师对朗读的具体安排来看,教师引用了内地教师的经验,按驻校教师的建议去模仿学习,没有形成系统、完整的概念,故只能有其形而缺其神,未能让学生真切领会朗读的声入心通,未能充分善用朗读的学习效果,也没有全面的课程规划。至于朗读和默读的关系,王老师表示:“没想过这件事情,没想过它们有冲突,没想过两件事情放在同一堂课里。”(后访 1)她只重视解决课堂实践时出现的实际困境,解决学生需及早适应“普教中”的新情境,把朗读作为重要的教学重点及策略,但对于朗读在阅读教学范畴的目的和功能则没有作全面思考和分析,对于朗读怎样跟默读配合也无明确的概念,学生阅读能力的训练没有层序的规划。(后访 1)可见个别经验的引入,只能解决局部操作的问题,却欠缺长远的和整体的语文教学及课程概念。教师的内容教学知识虽增添了新元素,但未能融会贯通,尚有改善的空间。

教师在要求学生读出文句的情感时,会用语言作如下提示:表示乌鸦心情非常着急,它很想喝水。好,同学,我们一起用着急的心情读一读这一句。

教师会反复用这类理论提示学生朗读出怎样的情感,却没有具体的朗读示范。

3. 活动的安排和调适

无论是 PMI 和 CMI 班,教师均有固定和相似的教学流程和模式,但对教材处理的焦点却不同。比如在解题时,PMI 班处理题目的含义外,还重视题目字词的读音,如“守株待兔”,既引导学生猜测“株”字的含义,也要求学生读准“株”的翘舌音。CMI 班着重题目的意思,如“聪明的乌鸦”这一题目,教师要求学生注意的是乌鸦的形象。两班都增加了不少说和朗读的活动,采用了内地语文教学模式,安排“学生自由朗读”,强调从声闻入,以培养学生的语感。PMI 班有分组词语拼读,直接让学生熟习汉语拼音这套学习工具,并有拼音写作活动,目的在巩固拼音和提升学生的写作能力。

(两班)学习内容上,其实学校或我自己都尽量趋向平衡,虽然他们学了拼音,但 PMI 给时间他们拼读,可能要多花时间在拼音方面;广教中班可以给他们多练习词语、造句,运用词语之类。初读课文时,PMI 班会多花时间在拼读或读准字音上,CMI 班可能不需要用太多时间,会在理解课文、词语多下功夫。(前访)

PMI 班用较多时间处理读音问题及朗读活动,教师坚持两班的进度统一,于是 CMI 班会增设信息科技多媒体教学活动,如安排播放《守株待兔》动画,并提供较多机会让学生口头造句,并有同类型同学写作分享及修订句子活动。

王老师对活动的安排,反映了她对课程知识的概念,她明了语文科和普通话科的课程目标、重点和教学取向的差别。明确辨别了用普通话教中文科的焦点是教语文科,而不是教普通话科后,教师就不会把教学时间全花在语音指导而忽略了语文科的其他教学重点。在访谈中,教师指出“普教中”课不仅教字词的普通话读音,更需要处理语文科课程的其他内容,包括语文能力、语文知识。教师明确指出语文学习较语言学习的认知要求为高,学习的内容较深较广。

(二)教学内容的深度和广度

PMI 班因为在课文内容理解和释词教学环节需用时间处理普通话语音问题,故词语教学往往只解决字词的基本形、音、义,词义停留在理解层面,如“辛勤”一词,PMI 班只处理字音和基本词义,而在 CMI 班除引导学生理解词义外,还要求学生口头造句,学习的层面就由理解至运用了。

学到词语,除了会读、理解外,很多时候学生不懂在作文里运用。叫他们多说两次,印象深刻一些,到写作时提醒他们,学过的词语、学过的句式可以用,习以为常后,他们会记得这些知识,学过的词语不单是读文章时认识,还可以在写作时运用。(后访 1)

教师深知词语和句式学习对学生书面表达的意义,但因为 PMI 班需花时间拼读词语,课堂上只得删去口头造句部分,从而导致学生学习的层次受限制。在教前访谈中,王老师提及她极重视学生的造句能力,故会要求学生在课堂以外做造句练习,以补足课上失去的口头造句机会。

在句式教学的安排方面,PMI 和 CMI 两班基本构思相同。下表是教师引导学生认识和运用“……得……。”句式的情境:

表七:“……得……。”句式教学的例子

PMI	CMI
● 考到好成绩,我高兴得…… ● 我伤心得…… ● 紧张的时候,…… ● 小强在学校等妈妈,但是妈妈还没到接他,他感到怎么样呢? ● 原来很晚了,姐姐还没回家,妈妈觉得怎么样? ● 小美即将要表演了,那么她的心情怎么样呢? ● 妈妈或者老师送礼物给你的时候,你会有什么心情呢?	● 开心个时你会有咩反应架? ● 好伤心既时候会有啲咩反应架? ● 紧张的时候,…… ● 考到好成绩,我高兴得…… ● 小明系门口等妈妈,但系妈妈迟迟都未到,小明急得…… ● 妈妈等紧自己个女返嚟,但系个女好夜都未返,佢既心情系点啊? ● 小美即将要唱歌,要表演,佢既心情系点啊? ● * 突然宣布你要即刻上台,你既心情会怎样啊? …… ● * 文老师派默书簿,你拿到一百一十分,…… ● 妈妈俾咗啲咩你啊……

教师在两班中用以激活学生运用句式的情境基本相同,如两班都用“……开心得……”、“……紧张的时候……”,CMI 班多增加更为具体和生活化的“默书考到一百一十分”、“突然被要求上台”等提示情境,而要求学生口头造句的次数也较 PMI 班多。

教师在课堂重点上处理的深度和广度虽有局部不同,但学生在课堂教学的成果相近。(图-A、B)

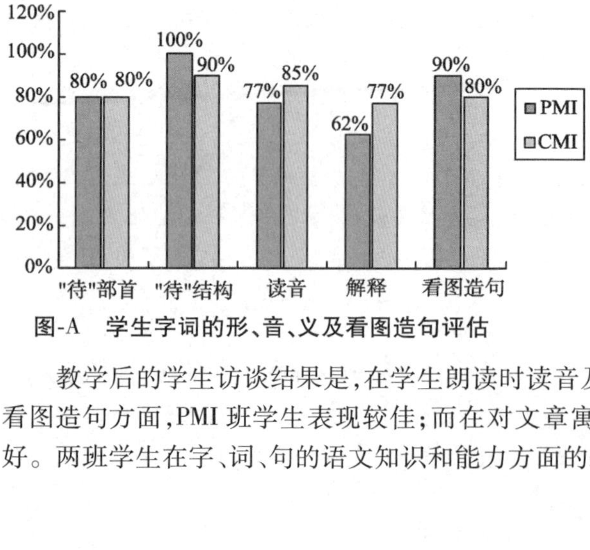

图-A　学生字词的形、音、义及看图造句评估

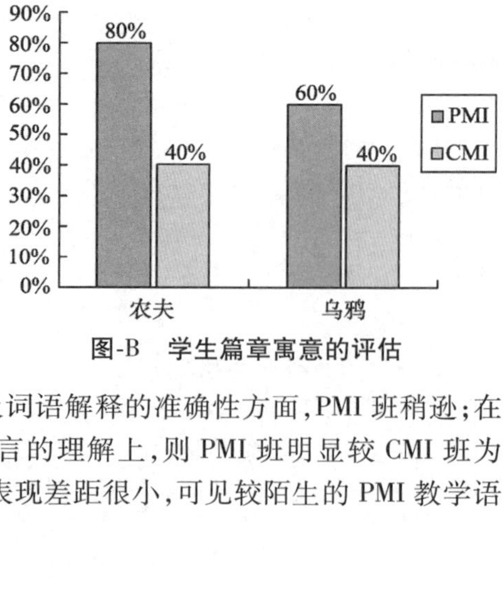

图-B　学生篇章寓意的评估

教学后的学生访谈结果是,在学生朗读时读音及词语解释的准确性方面,PMI 班稍逊;在看图造句方面,PMI 班学生表现较佳;而在对文章寓言的理解上,则 PMI 班明显较 CMI 班为好。两班学生在字、词、句的语文知识和能力方面的表现差距很小,可见较陌生的 PMI 教学语

言没有影响教学的成效。

学生的普通话是通过学习而来的第二语言,音准上较母语广州话为差是可以理解的情况。教师处理词义时,CMI 班较为详细深入,用来解释的例子也多,而且让学生运用,这自然能让学生对词义有更明确和深刻的理解。在看图造句时,PMI 班学生的句子表达较完整,这可能跟教师的提示语言有关:

当我遇到恶犬的时候,我害怕得怎么样呢?(PMI 班)

一条好大既恶犬喎,好凶恶既狗,佢吠你喎,追住你喎。(CMI 班)

PMI 班的学生可直接用教师的普通话提示造句子,在 CMI 班教师解说和提示所用的广州话,虽较生活化、生动、丰富,且提示性强,但学生不能直接运用到口头造句上,需经由广州口语转为书面语的编码过程才能说出来,故每每造句上 PMI 班较 CMI 班佳。课后的看图造句检视结果显示,PMI 班学生较能用完整句子描述图片内容,这跟教师经常要求学生说完整句子有关。教师在访谈中指出,CMI 班的学生就像她平常说话般随想随说,不会刻意组织通顺的句子。而 PMI 班学生用普通话讲就像用书面语说出来,较为通顺。(前访)比较教师在 PMI 和 CMI 班的教学用语,广州话较多语言杂质,普通话的杂质较少。①(表七)

表七 教师语言杂质

性质	PMI		CMI	
	次频	例子	次频	例子
无意义	186	好	274	好、好啦、系呀
语首助词	25	唔、哎	184	唔、咦、阿、啊、哪、哎、哦、唉、跟住啦
语末助词	0		11	啊、哎

广州话是教师的母语,随想随说,较具感情色彩,表达时也较随意。普通话并非教师习得的母语,而是学习而来的"第二语言"②,教师提及因为普通话不是她的母语,课堂运用时仍有一定的障碍,"我感到学生差一点点,我自己也有阻滞"。(前访)特别是对于某些日常用语不知如何表达,在备课时要详细查字典,并常要强记,故往往在教学时也学了该词语。(后访 2)教学观摩时,会把示范教师的指示语言记下,以便课堂运用。(后访 1)因此,教师运用普通话时,需刻意准备指示语和讲述语,说话时自我监控情况也较强,故在表述时较简洁、明确。这对学生的语境提供了正面的支持,学生能实时模仿学习。

(三)分组和合作学习策略的运用

教师的 PMI 和 CMI 班都安排了很多分组活动,大量运用小组动力。

表八 分组安排

学习重点	2 人组		4 人组	
	PMI	CMI	PMI	CMI
课文内容理解	1	3	2	
认识及运用字词	1	1	1	
运用"……得……。"	2	1		

---

① 把教师的杂质按性质及出现位置分为三类,"无意义"是指在句中表达时没有任何实质及语气作用,只是一个音节,在句中产生语气作用的则按出现的位置划分为"语首助词"和"语末助词"。

② 香港基础教育中的中国语文科教学语言主要是广州话(香港人的母语),另有独立的普通话科课程,且并不视为母语教学,给判别为第二语言或介于第一二语言间的语言教学。参考黎欧阳汝颖. 为香港的普通话科教学定位[A]."集思广益 迈向二十一世纪的普通话科课程"[C]. 香港:香港教育署课程发展处中文组,1997:5-12.

续表

学习重点	2 人组		4 人组	
	PMI	CMI	PMI	CMI
课文内容理解	2	4	1	
认识及运用字词		1	1	
运用“……从……到……。”	2	2		
总　数	8	12	5	0

CMI 班只用 2 人小组方式，平均 1 课节数次，如朗读课文、分享想法、造句、交换工作纸、写作等。有时是组长领引工作，有时是单双编号对话。PMI 班分组模式变化较多，按活动需要分 2 人小组及 4 人小组。

一来学生政策规定，首先要推行合作学习，分组也是为这目的，要配合学校。二来有些环节让学生互动，我觉得会好些。譬如拼读，每一组都有强的学生，我们的安排是强中中弱，尽量这样安排，一个强，两个中程度，一个弱。分组拼读，希望能力强的一起拼读，如有同学不对，可以由强的同学带动他。因为老师只有一个，听不到全部，只能尽量巡视，希望能力强的学生有带动作用。（后访 1）

2 人一组则没有（能力差异的考虑），纯粹由我指定学号大或学号小的去做。其实只是说一个句子，但他站起来回答，可能口里没说一次，说的时候不流畅，跟隔邻的同学说了一次，站起来回答会多些信心。有时候，隔邻的同学又听了一次，如果有机会，能力较高的同学会帮他修正一下，2 人一组的安排可以使他们又多些时间互动。（后访 1）

教师根据学习活动的性质不同对学生有不同的小组分工，通过小组的课堂组织策略，让学生得以充分学习，不但能多练习，且增加同学间的互动，形成一个社交小团体，这是有利语言学习的环境。在 PMI 班较多采用异质分组，使不同能力的学生互相支持，以强扶弱，照顾个别差异，也多方面发展了学生的沟通、协作能力，并能增强学生说话的信心。PMI 班设有“小老师”，在拼读时，每个词语轮流找不同学生带读，能力高的学生协助学习能力稍逊的学生。

教师分组学习的理念主要是配合校方的政策，但也有明确的差异照顾意识，借助合作学习让学生能相互支持，正确面对用普通话学中文的问题。教学媒介语的改变增加了教师对学生特质和需要的敏感度，使得他们或者提高学习要求，或者对学生提供较多帮助，从而明显地糅合了教学法知识和学生特质知识去构思教学。

（四）体态语的运用①

早期“普教中”研究显示，教师因为语言的适应疑难，体调性和适应性的态势语特多。本研究中的王老师在 PMI 班中的体调性和适应性的态势语反而较 CMI 班少。下表是王老师某一个教节的态势语运用情况。（表九）

① 体态语言是指人在交际过程中，用来传递信息、表达感情、表示态度的非言语的特定身体态势。（注意，这里的“交际”是广义的交际，它包括交流、沟通、传播等多种含义）这种特定的身体态势既可以支持、修饰或者否定言语行为；又可以部分地代替言语行为，发挥独立的表达功能；同时又能表达言语行为难以表达的感情和态度。可分：象征性：指具明确含义、标志性的行为，能够代替语言表达，大多由手势及头部动作构成，也涉及身体上半部的运动。一个动作独立表达一个完整意思。说明性：用于解释、说明、描述某些内容与事物的身体动作，与语言一起出现。另外，并没有标志性，动作随语言内容而变化。表露性：指用来传递有关心的心理或感情方面信息的态势，集中在面部，较少表露在身体其他部分。体调性：与教学内容无关的动作，含意模糊，多在尴尬、紧张的情况下出现。适应性：指教师下意识习惯的行为，令教师感到比较舒适。这种行为大多表现为一种静止状态，没有很强的动作性。参考庄锦英．李振村．教师体态语言艺术［M］．山东：山东教育出版社，1993。

表九　教师体态语的运用比较

体态语性质	聪明的乌鸦(第2教节)	
	PMI	CMI
象征性	20 (45.45%)	9 (20%)
说明性	9 (20.45%)	7 (15.56%)
表露性	1 (2.27%)	1 (2.22%)
体调性	14 (31.82%)	24 (53.33%)
适应性	0 (0%)	4 (8.89%)
总　　数	44	45

教师象征性和说明性态势语在PMI课堂较CMI班多,这主要表现在分组拼读时教师多用手势展示声调,利用体态语帮助学生强固语音的学习,表露性态势语在两班中都较少。郭思豪就PMI课堂观察,针对教师的语言表现,探讨了语言表现与教学效能的联系,发现"成功的PMI教学,教师的语言表现呈现强烈的一致性,同时由此引起学生的学习行为反应(包括情意和语言反应),也异常相似"①。他总结了多位有效教师的教学,认为他们都善用能理解的"教导者语言",还大幅度运用"副语言",即多运用情态、动作和音调等话语内容以外的元素,用接近父母语态的"照顾者语言"去表达,是简单、清楚、重复、速度慢、充满了感情、伴随着丰富的态势语,有具体的语言环境等特征。② 然而在王老师的个案中,却呈现出并不一样的结果。教师运用清晰的"教导者语言"为主,极少"照顾者语言",但学生的学习态度是积极和投入的,可见教师不同的语言风格都可以营造成功的PMI课堂。王老师主要是以有结构的教学模式、明快的节奏、多元化的活动及课堂组织模式,让学生不断地参与活动。另一方面,王老师了解到学生聆听和运用普通话表达,可能有一定困难,故为鼓励他们多说和不怕表达,采取宽容态度,往往延缓语音用词的修订,因为她认为学生"能表达自己想说的,字音准确我觉得不是最重要"(前访)。教师能了解学生的语言特征,并不在语音上要求学生做得好,故能让学生乐于学习,从而实现有效的教学。

四、结论及建议

本研究主要通过观察和比较一位有经验的教师运用普通话和广州话任教两班同级和同内容的教学,分析教师的教学表现及追踪其教学思考,以探究"普教中"的课堂策略及在职师资培训的着力点。

王老师是优秀教师,就课堂观察来看,她能让学生投入学习。在不同媒介语下,熟练的广州话和较陌生的普通话学习,两者并未表现出显著的差异。面对PMI和CMI不同教学媒介语时,语文课堂策略有相应的调整,主要表现在教学重点的选择和活动的安排、教学内容的深度和广度、分组和合作学习策略的运用、体态语的运用方面。PMI和CMI班相比较,PMI的有效课堂策略更多元化。

教师坚守语文科教学而非普通话科教学的观念是正确的,而强调教学媒介语转变,两者的教学重点、进度等尽量维持平衡,这个有关课程的理念,使语文教学内容不会向言语教学倾斜。另一方面,教师在PMI和CMI班的课堂策略调整,顺应了教学媒介语转变,实际上也影响

① 郭思豪.关于教学语言效能的两点思考——以PMI课堂教学为例[A]."第八届世界华语文教学研讨会"论文集[C].第3册.台北:世界华语文教育学会,2006:141-142.

② 郭思豪.关于教学语言效能的两点思考——以PMI课堂教学为例[A]."第八届世界华语文教学研讨会"论文集[C].第3册.台北:世界华语文教育学会,2006:130.

了语文教与学一连串的转变,这其中包括教师、学生、教材、学校、考核体系、家长、大环境等①。因此教师在抓紧中文科课堂和目标的同时,能根据教学媒介语转变在各方面形成的差异作适当的调整。

"普教中"的最关键点是解除普通话对教师及学生的束缚,回归语文科的学习。有效 PMI 课堂策略宜根据教学语言的特点调节,掌握普通话元素,在教学焦点的拟定上有选择和偏重。要考虑学生的心理和学习需要,善用学生的知识和能力,多用小组互动策略,让学生通过同学间的互助去解决部分语音的困难;为学生提供听和说话的机会,并增强他们学习和运用普通话的信心。这种种调整都对教师的调动课堂能力和专业知识体系提出了较高要求,它们涉及学科知识、一般教学专业知识、课程知识、内容教学知识、学习者特质知识等。

"普教中"既然是新兴的学科与教学,它应该同时存在外显和内隐的知识,前者指的是学科知识和相应的教学法,后者则是教师个人教学时的特定体悟与启发;学科知识(外显的,在"普教中"来说指的是课程的设计、教学法的选取等)与技术知识(内隐的,在"普教中"来说指的是教师在课堂上边做边学——learning by doing 得来的)有互补作用。研究亦指出不管在任何领域,知识都能因移转、转化和新的组合而进步。②

随着"普教中"的施行,教师必须在不断实践中前行,被迫在短时间内成熟,面对新教学语言的适应,教师培训很重要。本研究既整理了教师对不同知识体系的转化和应用的实务,也反映了教师的局限,它对"普教中"师资在职培训的着力点有下列启示:

1. 及早培训"普教中"的教学意识,让教师有足够的知识和心理准备接受"普教中"的语境,这一点十分重要。王老师"普教中"的经验只有两年,却能有效地协助学生跨越语文学习的障碍,这主要是因为她在入职前已有充分的知识及心理准备,拥有正确的课程及教学策略观念,面对新环境能易于接受和适应,并及早把握了具体教学操作技巧。

2. 教师宜对语文课程有全面认识,使教学的安排更合理和具弹性,而不是仅仅借鉴个别的教学经验。

3. 教师除具备一般的普通话教学能力外,更需要有高素质的教室语言运用能力,不但能用理论指导学生,更需有优秀的朗读、演说、论辩等不同性质的语言艺术的示范能力。

4. 教师有关教学实务的反思对优化教学很重要,故应鼓励教师参与不同的研究活动,使之发展为研究型教师。王老师多次参与过大学的研究项目,并被邀分享经验。在重整教学经验时,因为需仔细参考课程文件,因此对课程的认识更清晰。(后访)参与研究使教师有机会结合理论和实践去教学反思,从而在反复循环的螺旋式印证中提升教学的层次。

5. 扩充参考体系和发展教学资源网络。"普教中"是新发展的教学情境,为借鉴及提高教学效能,教师必须有透彻的备课。引进同类的外地经验和资源也很重要,应增加中国大陆、香港、澳门和台湾各地区之间的交流,以激活教师各方面的教学知识体系。

作者单位:香港教育学院中文学系

① 余京辉. PMI 只是教学媒介的转变吗?[J]. 香港中文大学普通话研究及发展中心教研通讯,香港:2006,12(18):5-7。

② 黎少铭. "普教中"的研究方向及架构分析[J]. 教育学报,香港:2010,(38)2:111.

普通高校中文专业《写作》课教学的反思

王国巍

我国普通高校中文系专业的《写作》课程是最具有实践性的一门课程,学生的语言文化知识、写作能力都将在这里得到体现,它与中文专业的"语言学"、"文学批评"等课程不同,它不是一门单纯的知识性、学理性的课程,而是一门带有一定"技术性"的课程。作为技术性的《写作》课的教学活动,其最大特性是"训练性"。从《写作》课内容自身的层次特征来看,《写作》课不是"补课",而是提高与深化。大学《写作》理论和实践的深度和要求都应该高于中学"作文"课。在中学,只学习记叙文、说明文、议论文和一些简单的应用文写作,学生不必知道写作基本原理、文章结构原理、写作美学、写作心理、写作思维、作文和写作教学的原理等这些高深的知识、理论,也不必具有很高的文学创作才能,因为那些是大学《写作》课的任务。普通高校《写作》课程教学的目的是为了建构起各专业的写作主体,使之形成较高的写作人格、个性、智慧的创作才能。

然而,通过对我国普通高校《写作》课的教学经验分析和全面研究,笔者认为我国当代普通高校的《写作》课教学存在很明显的缺陷和不足,这主要表现在以下几个方面:

首先,《写作》课及其他中文课程的教学体系存在严重问题。当代大学《写作》课的知识体系多定位在以中学的作文知识体系为参照,而中学作文知识体系是一种表层的东西,大学写作知识应该是深层的,具有创新性。很多教师仍在从事一种演示性的教学。鉴于文体写作教学是一种实践性、训练性很强的《写作》学课程,因而,教师在进行教学设计时,很多是对不同文体《写作》思维技术的反复演示,以及对文章写作思维、写作文化、写作策略的理论分析。似乎只要教师把《写作》这门课上完,学生学完,大多数学生就一定能写出好的文章。真正的现实却相反。据笔者不完全统计,普通高校中文系近30年毕业的学生中,至今专门从事创作的作家不足4%,以教师、记者、编辑、文秘为职业的占毕业人数的76%。更令人奇怪的是,当代中国作家中80%并非中文或新闻专业毕业。这一事实证明,我国高校中文系以《写作》课为代表的教学体系存在严重问题。

第二,高等院校中的《写作》课教学在实际教学过程中,过多地注重写作理论的讲解。大多数的高校,中文本科《写作》课程有90%的时间是教师在课堂上对学生讲解写作概念、文体类型、思维特点、写作技巧等抽象的知识,很少具体对学生进行真实有效的写作指导,大多数学生仅仅把课堂学习当做期末考试顺利过关的一环,这种流于形式的教学简直是对学生青春的浪费。据了解我国23所院校的《写作》教学计划基本上是这样制定的:

一、《写作》导论(4学时)

1. 什么是写作; 2.《写作》主体性;
3.《写作》的思维特点; 4. 文学创作和应用文写作。

二、散文的写作(6学时)

1. 散文的概念和类型; 2. 散文的文体特点;

3. 散文立意;
4. 散文的行文技巧;
5. 散文立意和行文布局法;
6. 散文写作训练。

三、诗歌的写作(6学时)

1. 诗歌的概念和类型;
2. 诗歌的文体意识;
3. 诗歌灵感分析;
4. 诗歌写作技巧;
5. 诗歌立意和行文关系;
6. 诗歌写作训练。

四、小说的写作(8学时)

1. 小说的概念和类型;
2. 小说的文体意识;
3. 小说立意分析;
4. 小说的写作技巧。

五、应用文概论(4学时)

1. 应用文的概念、特征、类型;
2. 应用文的性质、功能;
3. 应用文写作的注意事项;
4. 应用文写作技巧。

六、新闻写作(6学时)

1. 新闻的基本含义;
2. 新闻的主题和语言规范;
3. 新闻写作的主体性;
4. 新闻写作的方法和技巧。
5. 新闻采访。
6. 新闻报道。

七、消息写作(6学时)

1. 消息的概念、类型、功能;
2. 消息的文体特征;
3. 消息的思维特征;
4. 消息写作的方法和技巧;
5. 消息写作的评改;
6. 消息写作训练。

八、通讯的写作(4学时)

1. 通讯的概念、类型、功能;
2. 通讯的文体规范;
3. 通讯写作技巧;
4. 通讯写作的注意事项。

九、报告文学的写作(8学时)

1. 报告文学的概念、类型、功能;
2. 报告文学的文体规范;
3. 报告文学的文体写作特点;
4. 报告文学写作的方法和技巧;
5. 报告文学写作的评改细则;
6. 报告文学写作训练。

十、其他应用文的写作(22学时)

1. 新闻评论;
2. 文学评论;
3. 学术论文;
4. 社会实践调查报告;
5. 计划和总结;
6. 工作报告;
7. 法律诉讼书;
8. 解说词;
9. 电影剧本;
10. 说明书;
11. 合同。

十一、总结(2学时)

使用说明:

(1) 理解各种文体的概念、特征,区别文学创作与应用文的差异。(2) 理解各种文体的审美特征:内容的针对性、以评为主,结构严谨,语言准确、精练、犀利。(3) 掌握不同文体的写作技巧。(4) 理解写作的文体写作思维特征:深入的分析能力和准确的评价判断力。(5) 理解新闻、消息、通讯、报告等的写作方法,站在时代前沿,有深刻的人文关怀,有政治和社会的敏感嗅觉,在题材内容上反映时代的人文精神和价值取向,消解现实时空背景的种种干扰和障碍,在叙述语言的形式上反映时代特征。(6) 结合其他作家、记者、导演等的成功案例进行分析和讲解。(7) 对学生的习作进行修改、评价。(8) 各章节末尾附有名词解释和复习思考题。

这里的教学计划是笔者根据 23 所普通高校中文系的《写作》课 23 位主讲教师所提供的《教学进度表》或《写作课教学大纲》汇总而成的。从中不难看出,我国高校《写作》课程教学实际仍是教师单纯的讲解理论为主的陈旧模式,各个学校虽有很多的校级、省级甚至国家级“写作精品课程”,但项目仅停留在拿科研经费和招生宣传上,实际效果却很小。

第三,一些教师在“精品课程”的大力鼓舞下,课程过分依赖网络资源和多媒体课件,完全遗忘了传统写作教学中的背诵基本功。各个高校申报的各级“写作精品课程”其实主要就是视频、电子课件、网络资源、背景音乐等的罗列,形式初看很丰富,内容却大同小异,从而使课堂倾向于娱乐化。广东湛江师范学院刘海涛教授认为,各省的“大学写作”课程建设出现的新变化是教育部“质量工程之一”——精品课程建设给写作课程带来的,目前全国已有国家级精品课程 3 门,省级精品课程 6 门,校级精品课程几十门。精品课程的建设与推广使得写作课程的形态发生了很大的变化。刘教授是比较赞赏现代教育技术的,认为它是改变课程形态和课程理念的主要动力,多媒体和网络技术以及这二者结合产生的博客可以很好地为《写作》课服务。但是,很多教师的《写作》课程多媒体课件,简直像放映电影似地刺激着学生的视听觉;教师的备课不是对写作本身的理论与经验总结,而是从网上下载图片和文字资料;教师忙于写博客,在平台上和学生交流,而忘记了自己本身的写作理论和实践水平,似乎把自己当成了真理的化身。本来这些新技术有它的可取性,但是,我个人认为肤浅的形式即使华丽绚烂,终是虚假的徒劳!因为,背诵是每一个写作者对语言词汇、修辞句式、篇章结构等的模仿与强化,只有做到一定量的经典背诵之后,写作者才有可能模仿这些经典进行写作,并在一定量的写作实践过程中,结合生活体验不断提高,从而写出自己的作品。

第四,写作教师队伍建设被忽略。据笔者不完全统计,我国 26 所普通高校负责《写作》课程的教师中竟有 76% 的教师不会写文章!45% 的从事《写作》教学的教师竟是其所在院系领导和学生最不喜欢的教师!这实在令我们感到尴尬!普通高校和教育管理部门对文学创作的否定、对作家的漠视,在职称评定中表现得十分粗暴。这无疑是对《写作》课程的嘲讽,普通高校教师中既是作家或诗人的比例仅占高校教师总数的 4%,而且这 4% 的教师中又只有一半的教师在中文系担任《写作》课程的教学和研究。这就让我们不得不对《写作》课的教师队伍本身进行反思了:一个教师仅仅依据从图书馆借阅的一大堆参考书籍,不断转引他人的写作理论,来反复强调所谓的写作技巧和方法,这些写作理论值得信任吗?就算这样的写作理论是真理,但它的感染力又有多少呢?这样的《写作》课程能够为国家和社会培养出优秀的作家吗?

第五,高强度的作文实践训练使学生害怕写作、畏惧《写作》课。据笔者对我国 26 所普通高校《写作》课程的不完全统计,有 5 所高校在《写作》课中专门列出了“写作训练”,其中 1 所高校是上 1 个学期,2 所高校是上两个学期,2 所高校是上 4 个学期。在“写作训练”中,教师主要引导或指定学生课堂在进行具体的写作练习,再据学生反馈的信息作分析。这种高强度的作文实践训练,效果并不是很好,大多数学生反而产生了对写作的畏惧心理,写作水平较低的学生并未通过这种高强度的训练得到提高。当然,真实的写作能力和写作水平的提高,一方面需要有科学的写作原理为指导,另一方面,也必须通过具体的写作实践才能实现,没有作文数量的保障,写作质量是无法保障的,但是课堂练习过于频繁,似乎又容易走向它的反面。这个练习强度的把握需要我们教育工作者不断调试才行。

针对目前我国普通高校《写作》课程教学中存在的以上诸多问题,笔者结合个人的数年教学经验,在借鉴前人研究成果的基础上提出如下几点建议:

第一,《写作》课程的设置应与整个中文专业其他课程的设置相互促进和补充。确立《写作》课程改革的培养目标,在坚持党的教育方针的前提下,全面推进素质教育,体现时代和社会的要求。打破过去以单一《写作》的课程为中心而忽视或不顾其他课程的教学情况。哲学、历史、文化、艺术、体育、心理学、法学等都是《写作》必须关注和对之产生渗透影响的课程,因为,写作本身是一个人综合文化的体现,离开了其他学科知识的支撑,是不可能写出优秀的作品的。在课程评价方面,从知识与技能、过程与方法、情感态度与价值观等进行综合考核,建立写作多元化的评价体系,形成学校、教师、学生、社会共同参与的多元主题评价队伍。

第二,建立切实可行的写作训练程式。要改变纯粹的写作理论讲解的模式,根据学生情况建立切实可行的训练程式。所谓"写作训练",就是把写作理论、知识变成写作能力的实践过程。训练作为一个体系,它由训练目标、训练方法、训练者三个子系统构成。训练目标就是某种写作修养、能力、技术。训练者就是作为训练主导者的教师和作为训练主体的学生,训者指教师,练者指学生。但是在理想的训练中,教师不仅要"训"还要"示",即:写作理论的讲授与分析和写作经验的示范与演示,向学生展示一些重要的写作思维的方法和过程,真正做到"以教师为主导"。作为被训练的主体——学生的行为就是理解、模仿操练、技能迁移,最后走向创作,这就是"以学生为主体"。这才是全部《写作》课程教学活动的关键所在。但是,我们又要注意,太多的没有针对性的写作练习对大多数学生来说是不科学的,学生需要在不断学习各门知识的基础上、需要不断从生活中发现自己感到有意义的事例,才能使自己有可写的素材供写作时使用,写作技巧才能有所依附和体现,否则,学生会越写越糟糕,越写越厌倦,越写越不敢动笔。当然,在具体教学中,教师应注重基础写作和应用写作相辅相成,有意识地加强基础写作能力的训练,在基础写作能力不断提高的大背景下,促进应用写作水平的提高;防止脱离基础写作能力单纯强调应用写作模式的倾向。

第三,注重教师中作家的培养,加快《写作》课的教师队伍建设。《写作》课的教师最好既是作家又是教育家,这样才可以真正引导和指导广大学生的写作,这就要学校首先对已有的作家予以充分的尊重,而不是现阶段的空谈写作理论者占据《写作》课的领导职务。教师的创作应当在具体的教学评估和评职称中得到公平对待,而不是现阶段这种评论别人作品的人可以成为教授,而具体写出诗歌、小说者却在评职称时被完全否定。新型《写作》课的教师在教学过程中要努力实现教学、科研、创作三位一体的转型,因为《写作》课教师的核心能力是教学、科研、创作能力的综合。有条件的高校应该经常邀请社会知名作家到学校对学生进行写作经验指导和交流,从而使学生有一定的感性认识,在自己的写作道路上树立一个模范和理想目标。

第四,绝对不能丢弃传统写作教学中的阅读、背诵、体悟经典作品的教学法,对多媒体和网络的运用要适度和恰当。现代社会是网络时代,《写作》课的教师当然要学会利用与教学有关的信息和知识来指导学生的写作,注意加强多媒体教学,以生动直观的教学手段和形式,以丰富的教学信息来大力提高教学水平和质量,在教学中采取课堂讲授与讨论相结合,与论文写作、专题报告相结合,使教学大纲、教案、经典作品、参考文献、网络课件、讲课录像等均能上网,做到网上适时交互式教学,在教师个人的博客主页上也可发表学生的优秀文章等,以上这些都是有利于《写作》教学的形式。但学生怎样才能真正创作出好的作品,这是一个有待检验的课题,我们绝对不能使学生老是陈词滥调地写作、庸俗浅显地表述,停留于口头语言的直接转写,要有个人风格,要有语言艺术的审美的表现,要有新意、有真情实感,形象鲜明,这才是文学艺术中写作的中心。多媒体和网络的不足就在于忽视了接受者——学生的写作水平的提高,它多关注的是教师讲课时操作的技术性。相反,中国古代传统的阅读、背诵、体悟经典作品的写作教学法,自从"五四运动"以来就被我们抛弃了,这是我们今天不敢公开提出来却又切实可行的成功的教学法。笔者结合个人的创作经验,研究了鲁迅、郭沫若、茅盾等作家的学习历程,坚信此为写作的基本功,应该被我们真正重视和加以实践。

参考文献

曹日昌.心理学[M].北京:人民教育出版社,1979.

金长民.写作学应以"写"为研究中心[J].写作,1983,(5).

周德仓.《写作》素质训练教程[M].上海:上海东方出版中心,1998.

马正平.高等写作思维训练教程[M].北京:中国人民大学出版社,2002.

王景科.大学应用文写作[M].济南:山东人民出版社,2007.

作者单位:西华大学人文学院中文系

新理念　新设计

——电影教学配套设计与教学

洪瑞春　吴美莲　黄龙翔

一、概述

华文在新加坡是第二语文,当前学生渐失华文学习与应用的大小环境,导致词汇贫乏、理解能力不足、口语表达和交际能力差等问题。我们的教学对象是高中生,他们虽然已具备基本的华语会话能力,但是在进行话题讨论与表达个人意见时,也常出现口语与书写上的困难。我们希望通过应用建构主义学习理念设计电影教学配套,结合适当的教学策略与评估方式加强学生的学习效益。我们选择电影是因为电影是人类精神文化的浓缩,具有强大的艺术感染力和社会影响力。电影教学能为学生营造多感官刺激的输入环境,激发学生的学习兴趣和学习动机,同时活跃课堂气氛和调节学生的学习情绪。因此,为了激发学生的学习兴趣,教师应该选择贴近学生生活的影片作为辅助教学工具,紧抓学生的注意力,让学生沉浸在电影的故事和情节中,通过情境、形象、直观和语言等激发学生的学习热情,让课堂教学更加充实、活泼。

可惜,传统的电影教学设计常是"灌输"或"单向"的教学模式,老师是主导,学生往往只是听众或观众。老师通常先让学生观看影片,然后讲述或评论影片的内容、主题、拍摄手法等;偶尔只让学生回答问题,或谈个人的看法、感受。课后,学生的主要任务常是按规定写观后感或作文,鲜少有交流、讨论或探索。传统的教学方式对加强学生的语文应用能力、促进学生自我语文能力的形成助益不大,更遑论配合"个性化"教育、发展学生的潜能和促进思维能力发展与协助学生掌握21世纪所需要的技能。建构主义认为:"学习包括意义建构的社会化过程和个性化过程。"①因此,我们以新理念、新设计尝试设计电影教学配套,引导学生赏析影片,并让学生在我们提供的设计平台上进行交流、探索与建构,从而促进语言交际能力与语文能力的培养。

二、电影教学配套设计理念与框架

设计理念

20世纪60年代初,瑞士儿童心理学家皮亚杰在吸收了维果斯基的历史文化心理学理论、奥斯贝尔的意义学习理论以及布鲁纳的发现学习理论等基础上提出了建构主义理论,对传统的教学观提出了一个挑战。皮亚杰认为:"学生会积极地建构他们自己的知识;教师不能只是把知识传递给学生。个体学生会把学校期望他们学习的内容与他们自己的经验联系起来,而且会有意识地参与知识的文化建构。他们会为自己创建个人意义,会在同伴小组中讨论社会意义,会在班上与其他学生选定分享意义,然后与教师一起考虑他们的思维活动和学习的同

① George W. 等著,宋玲译. Constructivist Learning Design,建构主义学习设计[M]. 北京:中国轻工业出版社,2008:3.

时,反思标准的意义。”①“建构主义学习理论认为,学习是获取知识的过程。知识不是通过教师传授的,而是学习者在一定的经济社会文化背景下,借助其他人的帮助,利用必要的学习资料,通过意义建构的方式获得。获得知识的多少取决于学习者根据自身经验去构建有关知识的意义的能力,而不取决于学习者记忆和背诵教师讲授内容的能力。”②可见,建构主义认为学习是一个发生在个体心里的内在的过程,必不可少的学习过程是当一个人的思维受到挑战时所发生的认知冲突和反映。因此,“教师通过创设刺激学生去满足他们学习需要的真实语言情境,而成为学习的促进者”。

建构主义学习理论强调四大要素:(1) 以学生为中心,学生是信息加工的主体和知识意义的主动建构者,教师只是学生主动建构意义的帮助者与促进者。(2)“情境”在学生构建意义的过程中起着重要作用,建构主义学习理论尤其强调真实情景的必要性,认为学习者只有在真实的社会文化背景下,借助于社会性交互作用,利用必要的学习资源,才能积极有效地建构知识,重组原有知识结构。(3)“协作学习”,它对知识意义的建构起着关键性的作用,强调学生之间、师生之间的协作交流及学生和教学内容与教学媒体之间的相互作用。(4) 学习环境设计。认为在学习过程中,教师要为学习者提供各种资源,鼓励学习者主动探索并完成意义建构,以达到自己的学习目标。因此,我们根据建构主义学习理论强调的四大要素——“情境”、“协商”、“会话”和“意义建构”设计我们的教学配套与教学策略,让老师成为课堂教学的设计者与引导者,让学生在师生与生生互动过程中建构自己的意义,促进学生自我语文能力与相关技能的培养。

设计框架

我们的设计框架从整体概念到个别情境共分成以下 3 个进阶过程:

1) 电影赏析的基本知识与技能培养

在传统教学中,教师通常是直接选择观看影片和讲解影片,通常不会预先有系统的传授赏析影片的相关知识与技能,以致学生无法应用先备知识加强对影片的理解与赏析。这类教学方式导致学生只有个别影片的认知或赏析概念,不会有从体系、根本或理据赏析影片的概念,以致“见树不见林”或以为“见树即见林”。因此,在进行电影教学前,我们认为应该先就电影语言、修辞手法、镜头运用、叙事方式、情境构建等几方面进行简要而又有系统的介绍;然后引导学生进行探索,让学生掌握基本的电影赏析知识与技能。具体操作过程以电影语言教学为例,见图一:

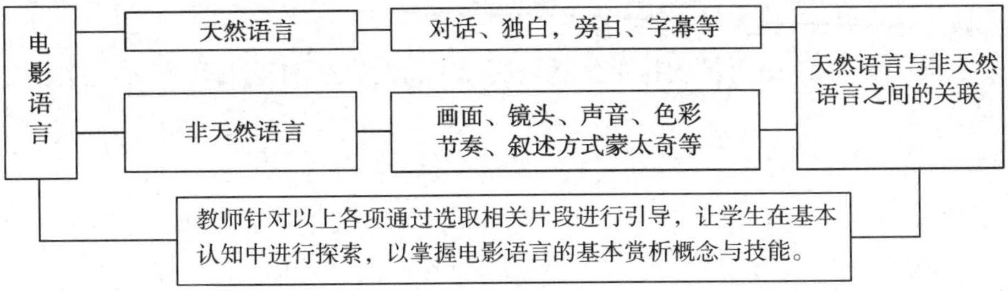

图一

*图一设计的框架的内容参考自周斌《论电影语言与电影修辞》

① George W. 等著,宋玲译. Constructivist Learning Design,建构主义学习设计[M]. 北京:中国轻工业出版社,2008:X.

② 周斌. 论电影语言与电影修释[J],修辞学习,2004,(1)(总第 122 期):14.

2）影片赏析基本框架

在学生掌握基本的影片赏析概念与技能后,我们可以选择一部学生较能理解、较有兴趣的影片,进行第二阶段的教学设计,目的是让学生对一部影片的整体构建有一个完整的认识;同时又能应用先前学习的知识与技能去理解与赏析影片。具体设计请看图二:

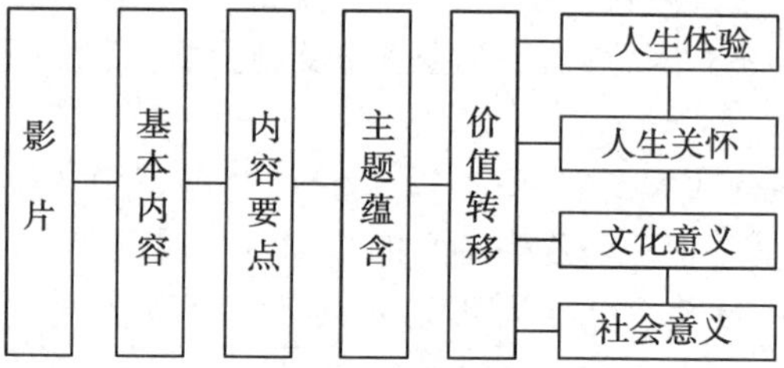

图二　影片的基本整体架构

为了让学生对影片有整体的概念,在学生观看影片后,教师可以按以上过程通过提问、小组讨论等互动活动,引导学生表达自己对个别项目的理解。这个阶段的教学设计,也可以借用科拉霍尔(D. R. Krathwohl)等人开拓自布鲁姆教授(B. S. Bloom)的"认知分类层次发展理论"(A Taxonomy for Learning)引导学生从表层的理解深化到分析、评价与创造。协助学生逐步从影片的基本内容到人生体验与社会意义等建构意义,形成赏析的整体概念,即"见树见林"或"拥树不离林"的概念。学生基本掌握了整体概念后,可以进行这个阶段的下一个层次,即引入先前学习的电影语言、修辞手法、镜头运用、叙事方式、情境构建等,让学生进一步进行学习转移。比如,选择从拍摄手法、音乐、色彩应用、电脑特效、语言或叙事方式等去解读内容要点、主题蕴含、人物刻画或社会意义等。

3）"情境"设计

建构主义强调:"教师不再是教学活动中惟一的主角,甚而转型成辅助者、教学环境的设计者、教学气氛的维持者、教材的提供者。"①完成以上两个步骤的教学后,往后的电影教学为了配合课时、学习目标、学生的能力与兴趣等,可以选择"情境"设计策略进行"针对性"或"个性化"的教学。在进行"情境"设计时,必须注意以下三个关键问题②:1）目的:您为什么要让学生参与这个学习情节?2）主题:您想让学生学习的中心内容是什么?3）评估:您会怎样评估学生的学习?

现以影片《阿凡达》为例,针对"情境"教学设计分享几个概念。

1.《阿凡达》的"潘朵拉"意识探讨

为学生提供样板,通过引导或让学生通过协商丰富对"潘朵拉"的具体认识,如图三:

① 李引萍.试论语文教学的建构主义理论与实践[D].上海:上海师范大学硕士学位论文,2003:9.

② George W.等著,宋玲译.Conustivist Learning Design,建构主义学习设计[M].北京:中国轻工业出版社,2008:28.

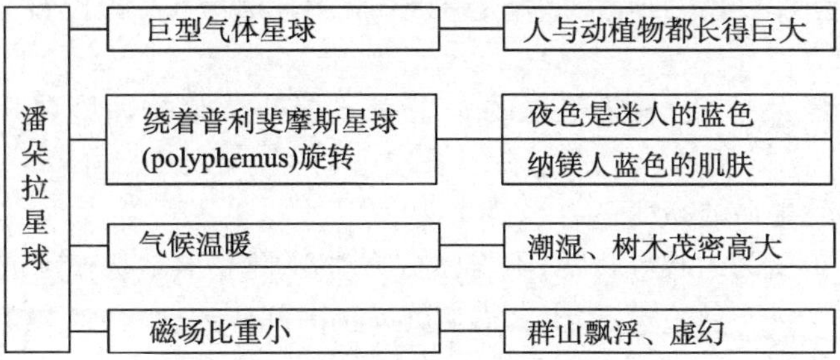

图三 “潘朵拉”的特征与具体内容

2. 针对“对比”手法的应用设计情境

在《阿凡达》影片中,对比手法的应用是最为普遍的,可以通过以下设计让学生进行意义建构。

2.1 生存空间的对比:

先提供两个相对的片段,如:

片段一:影片开头,人类在太空舱局促、封闭的情境	对比	片段二:潘朵拉星球自然广阔、开放的环境

要求学生:

——针对以上情境进行解读,建构意义

——要求学生针对“生存空间的对比”进一步讨论,探讨是否还有其他相关的镜头或片段

——探讨对这一组片段的体验或感受建构

——需要时,教师可以给予暗示或引导,如:

封闭情境的例子有:

人类处在太空舱中,铜墙铁壁,防备严密,长期困在拥挤、高科技仪器密集的室内。

室内狭窄的人行过道、用水杯模拟的高尔夫球道。

人的精神与灵魂困顿在狭窄的空间与私欲中。

广阔情境的例子有:

潘朵拉外星球恍若仙境,有透明的蒲公英、水母一样的精灵树;有水晶般晶莹剔透的灵魂树;有迷人的瀑布、像含羞草一样开合自如的花朵、高耸入云的大树和悬在半空的山石。

杰克用头发上的神经驾驭着像翼龙一样的巨大飞鸟在空中自由自在地飞翔,带领我们观看潘朵拉迷人的景观。

2.2 对待生命价值的对比:

先提供两个相对的片段,如:

片段一:人类践踏生命的轻蔑态度	对比	片段二:纳镁人尊重热爱生命的态度

要求学生:

——活动设计与教学过程同2.1

——需要时,教师可以给予暗示或引导,如:

人类践踏生命的轻蔑态度的例子有:

杰克的哥哥汤米因被误解而遭射杀,尸体被草草火化。

对于汤米的死,相关人员不但没有哀惋的神情,甚至还认为他是一个没有价值的科研人

员;他们在火化炉旁兴致勃勃地和杰克谈论接任工作和酬劳,一副漠视生命,冷漠、可怕的嘴脸。

将军下令轰炸潘朵拉,以无坚不摧的军事武器摧残潘朵拉仙境和残杀纳镁人的可怕情境。

纳镁人尊重热爱生命的态度:

纳镁(NA' VI)美女为了找寻食物,不得已猎杀动物,她伤心地抚摸刚被射杀的猎物,口中不断念着安抚猎物灵魂安息的咒语,祈求猎物的灵魂回到守护神"伊娃"(Eywa)身边,表现出她对生命与灵魂的敬重。

杰克受到纳镁美女的感染,捕杀猎物后也为猎物念安息咒语,感受了敬重生命与生存的意义。

在潘朵拉星球上,为了拯救危在旦夕的女科学家,纳镁人在祭祀师的带领下,用辫子与他们的女神"伊娃"沟通,进行举行盛大的祈祷。

2.3　在《阿》影片中,可以应用"对比"进行设计的还有:环境色彩,沉郁的黯淡色调对比绚丽的奇异光彩;活动范畴,局促的寸步难行对比自由的快速奔腾;价值取向,狭隘的功利主义对比豁达无私的精神;两性对立,男性的强权霸道对比女性的宽仁豁达;等等。

3. 象征

"象征",即把特定的意义寄托在所描写的事物上,表达了某种特定的情感,增强了影片的表现力。在《阿》影片中,我们也可以应用以上的设计概念针对"象征"的应用设计情境,让学生进行意义建构。

《阿》的象征手法主要体现在以下几方面,需要时教师可以提供暗示或引导。

——繁衍之树(Home tree),这是棵令人震撼的参天古树,在纳镁人心中是神圣不可侵犯的圣树,是精神与灵魂的象征;树的底部正好是令地球人垂涎的珍贵的 Unobtnium 矿床,因此这棵圣树就成了地球人为了开采矿产必须摧毁的障碍,古树也因此象征了精神信仰与私欲贪婪冲突的象征。

——灵魂树,是纳镁人精神与灵魂的归属和向往和谐、安乐的象征。

——"阿凡达"源自双腿残疾的海军陆战队员,象征肢体的残疾远不如精神的残疾来得可怕。

——虚构的"潘朵拉"的环境与纳镁人的生活信念象征地球人精神世界与美好价值观的丧失。

——纳镁人与阿凡达骑着飞龙快乐、自由的翱翔,象征精神与灵魂的释放以及对和谐世界的向往。

4. 比喻

"比喻",即形象生动、简洁凝练地描绘事物,借此讲解道理。在《阿》中,我们也可以应用以上的设计概念设计情境,让学生针对"比喻"进行意义建构。

《阿》的比喻手法主要体现在以下几个方面,需要时可以提供暗示或引导。

——巨大无比的树木:影片有意识地以很夸张的手法描绘树木,让树木巨大得令人震撼不已,其实这是编导想借巨大无比的树木制造"震撼"效果,借此比喻自然的伟大、壮观;并借自然的伟大、壮观对比人类的渺小。暗喻人类怎么能为了小小私欲肆意摧残伟大、壮观的自然?

——战机发炮摧残潘朵拉环境的可怕情境,表面上展示的是强大、无坚不摧的军事力量,其实是编导借此比喻人性贪婪的可怕,军事行动只是人心、人性的表征。

三、应用电影教学配套的教学策略

“教师的作用在于发展一个适合于每个学生检验观念方式的模型,创设挑战学生思维方式的情境,并帮助学生检查他们当前思维方式的一致性。”①教学的目的是:“将学习重点从正确地复制教师所说的话和所做的动作,转移到学生通过自己的经验成功地组织知识。”②因此,教学策略应该遵循建构主义强调的“协商和会话”、教学目标与学生的程度等作灵活调整。教学策略应用举例说明如下:

策略一 采用建构主义学习设计(CLD-Constructivist Learning Design)策略

CLD 的框架以三个关键问题为基础:

您的学生想学什么?

您的学生目前在他们的学习中处于什么样的位置?

学生将如何了解人们期待他们学会什么?

CLD 架构学习包括以下六大元素:

1. 创设情景:为学生学习描述相应的目的,确定一个学习主题,并选择相应的评估体系。

2. 组织小组:将学生、资料和设备系统化,促进意义的生成。

3. 建立联系:通过描述学生的发展水平、社会经济环境和文化背景,在学生的已有知识与他们期待学习的知识之间搭建一座桥梁,揭示它们的前概念,并建立与实际生活的联系。

4. 精心构思一项任务:让学生在参与任务的同时,解决那些他们自己预先提出的疑问,并仔细考虑、预测学生对这些问题的回答,确保他们会持续思考。此外,在构思任务期间,还要通过设定社会意义来描述学生是如何展开学习的。

5. 筹备一次展示会,让学生展示与介绍成果,以及说明他们如何确定与建构社会意义。

6. 鼓励反思:鼓励学生通过情感体验等反思他们在学习情节中的思考过程。

为此,CLD 提供了以下学习样板:

水平: 学科: 标题: 设计者:	
情境	
小组	
桥梁	
任务	
展示	
反思	

我们可以采用或参考 CLD 的框架,让缺乏整体思考习惯或不具备具体思考技能的学生按此样板培养习惯与能力。比如让学生针对影片选择自己想学的、明白自己所处的位置作为出发点,然后提升至“人们期待他们学会什么”,以丰富和增进学习效益。

策略二 结合差异教学理念

可以考虑应用差异学习理念,根据学生的能力与兴趣因材施教。比如对慢生而言,先让学生专注于电影的内容;程度较好的则专注于主题、蕴含或个别修辞手法的探讨;程度最好

①② Margaret E. Gredler 著,张奇等译. Learning and Instruction-Theory into Practice (Fifth Edition),学习与教学——从理论到实践(第五版)[M]. 北京:中国轻工业出版社,2007:73.

的,要求进行自然语言与非自然语言等相关联的意义建构。此策略的采用,是为了实践建构主义的教师在不同观念水平上为学生创设个性化意义的情境与让学生在课堂活动中建构自己的意义。

策略三　结合合作学习理念

20 世纪 70 年代,美国兴起的新教学理论“合作学习”(Cooperative learning)认为通过“合作学习”可以满足学生的心理需求,促进学生的情感发展,让有不同特点的学生相互帮助,更能调动慢生的学习积极性,促进全体学生共同发展①。杰克布斯(George M. Jacobs)认为:“合作学习是帮助学生最有效地协同努力的原理和方法。”约翰逊(Johnson)认为:“合作学习是在教学中采用小组的方式以使学生之间能协同努力,充分发挥自身及其同伴的学习优势。”我们可以应用以上的设计框架,通过指定学习目标或让学生自由选项,结合合作学习概念促进学习效益。

策略四　为特定群体设定学习目标

当今,许多高中生的口语表达能力不足,尤其是对指定话题,常难以表达和进行有效的交流。如果问题是出在语言的组织与表达上,可以考虑选择让学生观看外语影片,如英语配音的《阿》,先确定学生理解影片的内容要点,然后根据选项设计样本让学生应用先备知识进行转码;必要时,甚至可以提供基本句型让学生参考。由于学生已经通过自己熟悉的语言观看了影片,在讨论过程中,他们较容易理解协商活动过程中的讨论内容,也比较有信心表达自己的立场,相信这有助于加强学生的语言应用与培养学生的自我表达能力。这就是“儿童在参与对话的同时,也正在逐步建立起一套完整完整的词汇和短语系统,这种建构将一直持续到他们可以用句子表达”②。

如果学生的听力能力较差,则应该选择语音标准、清晰,语速适当,话语内容是学生的知识、生活经验能明白的片段进行教学设计,以加强学生听的能力,然后要求学生在聆听后根据提供的样板进行协商、会话,建构自己或团队的意义。

如果是为了加强学生的书写能力,则应该选择能加强学生感悟的片段进行设计,让学生通过协商,将结果通过样板记录下来,然后进行改写与扩写等。

如果是为了训练学生的分析与评价能力,可以考虑提供对比、象征、比喻等片段,让学生通过协商进行脑力激荡、整合与呈现建构成果。

为了促进学习效益,我们可以为特定群体的学习目标提供样板,如图四:

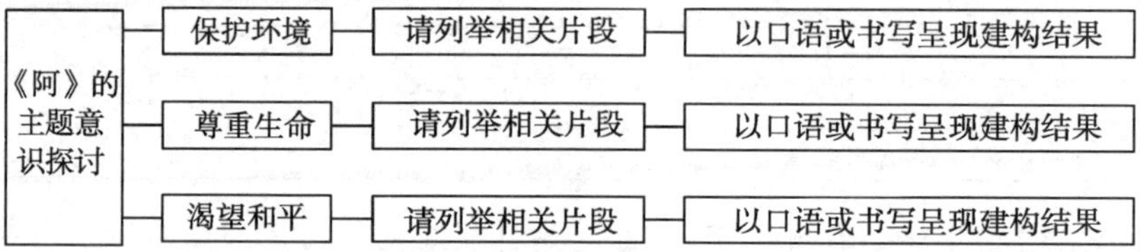

图四

无论应用以上的哪项策略,在学生建构意义的过程中,教师都必须遵循建构主义课堂强调的五项原则:

1. 教师征求并重视学生的意见,即学生的观点是教师设计课程的依据。

① 马兰. 合作学习[M]. 北京:高等教育出版社,2005.

② George W. 著,宋玲译. Constructivist Learning Design,建构主义学习设计[M]. 北京:中国轻工业出版社,2008:3.

2. 课堂活动挑战学生的假设,即富有意义的课堂活动通过证实或观念的转变,来支持或反驳学生的假设。

3. 教师提出不断出现的相关题目,即关联与意义需要学习者自己去发现,让学生以学习者为中心,组织那些能促进个人意义创造的课堂活动。

4. 教师围绕主要原理和重要观点来建构课程,即把缺乏关联的局部整合起来,为学生提供挑战,让学生尽力解答重要问题,并通过自己的调查辨明观点。

5. 教师在日常教学活动中评价学生的学习情况,即将评价与常规活动直接联系起来。

这五个基本原则,为教学提供了基本参考框架,让学生在预设的情境中通过参与活动、合作、互动、激荡、反思、建构等辨识和批判原有信息,甚至提出新观点等。因此,教师必须允许学生为自己的看法进行解说,让学生为自己的看法进行解释和辩护,同时提醒学生细心聆听他人的意见、尽力理解与尊重他人的看法,不论能否接受他人的看法或接受他人的批判,都应能说明理由,并表示尊重。

建构主义强调由于重视学生自己的主动建构,所以学生成为教学过程的主角,学生有责任就自己的经验加以诠释并依据自己对经验赋予的意义进行主动建构。因此,教学过程里学生应主动、积极地参与,并就相关经验看法与同学或教师讨论,从而深入反省思索自己原先的知识并建构出新的更恰当的知识。同时,由于肯定同学间互动及师生互动的重要,所以同学的合作学习方式被高度的肯定,教学时学生常被要求分成小组来学习,在各小组内学生各自讨论、发表意见、相互检视及论辩,最后达成一些共识,协议是不可免的也是合作学习的重要特质。在合作学习时学生有义务提出自己的观点并与同学进行合理的沟通,所以民主的素养成了保障沟通进行的重要条件。

相信实践以上策略,可以使学习者在获取知识的过程中不只是记忆教师提供的信息,而是在建构他们自己对知识的理解。

小结:谨引李引萍论文中的一段话做小结:“建构主义作为一种新的学习理论,对学习和教学提出了一系列新的解释,它强调知识并不是对现实世界的绝对正确的表征,不是放之各种情境皆准的教条;学习者不是空着脑袋走进教室的,在以往的生活、学习和交往活动中,他们逐步形成了自己对各种现象的理解和看法,而且,他们具有利用现有知识经验进行推论的智力潜能;相应地,学习不简单是知识由外到内的转移和传递,而是学习者主动地建构自己的知识经验的过程,即通过新经验与原有知识经验的相互作用,来充实、丰富和改造自己的知识经验。”

四、评估方式

采用建构主义的“协商方式”或“合作学习”理念设计教学时,不能采用或依赖传统的评量方式,因为在协商与合作过程中,许多有意义的学习或观察无法以传统的问答试卷结果或分数作说明,比如学生的学习动机、合作意识、交流方式、交际能力、沟通技巧、质疑、提问能力等。更何况,合作学习追求的是不仅会给自己带来好处,同时也会使小组其他成员有所受益。可见,协商过程中,组员的态度与贡献等也应该是评估或评价的部分。因此,约翰逊等人针对课堂合作学习的评价提出了五条必须遵循的规则,即:全面评估,全面评价;及时评估;评估包括对学生的直接指导;所有评估评价均使用标准参照方式;运用多样化的评估方式(马,2005,p120)。

现以“过程”评估为例说明,教师应当设计一个学生可以据此对学习过程进行评估的程序,就如爱德华·戴明(W. Edward Deming)指出的“教师在评估中应该关注学生学习的过程而不是只关注其学习的结果”。过程量表的设计例子如表一:

表一　过程观察记录与评估

项目	谁在组织、引导、发言	教师评价或小组自我评价
1. 小组如何进行协商或组织学习过程		
2. 发言次数		
3. 能针对话题作有意义的发言		
4. 参与态度		
5. 语言表达能力		
6. 个人贡献		
7. 引导小组能力		
8. 材料收集、准备		
9. 时间分配		
10. 情绪控制		
11. 观点整合能力		
12. 意义建构能力		
13. 团队合作精神		

进行过程评量时由于时间少，要观察的学生与事项多，因此不可能在同一堂课进行所有项目的评估与评价，建议在进行过程评估时可以参照图五做以下选择：

——每回只选择观察其中的2至3个小项，选项的标准按各小组的学习目标而定。

——在同一小组，教师可以有针对性地告诉个别学生他要观察或评估的是什么，最好限制在1至2项。比如，有学生因口语能力差不善交际，可以清楚地告诉他，在协商过程中，你将观察他的语言表达能力和参与态度，然后给予评估和评价，余者类推。

——在小组中，教师也可以指定小组组员负担任务，针对某个学生的某个项目作客观的观察与记录，然后进行讨论、引导思考、反思、发现，进行公开、公正的评估与评价，以营造和谐、积极的学习氛围。

小结：谨引李引萍在论文中的一段话做小结："随着人们对认知的理解，评量方式转向重视实作及其它可以证明内在认知变化的证据，所谓第四代的评量应运而生。它的基本特点是评量者与被评量者及评量的有关者之间进行协商，并就评量活动的重点、程序及行动的解释与主张以讨论方式决定，因此评量者并非评量的控制者而是协同合作者，换言之评量者与被评量者处于平等的合作关系而不是以往的考核者与被考核者的关系。除了纸笔测验外，学生日志、档案、观察与讨论记录、实作结果都是评量可采用的方式。"

五、小结

为了符合教育实际的需求，我们根据"建构主义"理念设计电影教学配套，希望通过此配套改变以教师为中心单纯传授语言知识和技能的教学方式，也希望能突出建构主义强调的以学生为中心，在教师的设计、组织、引导、帮助和促进下，使学生能利用框架或通过提供的情境进行协作以建构意义。我们认为通过"创设情境—组织协商和会话—完成意义建构"的设计模式和氛围营造，将有助于充分调动学生的自主性、积极性和创造性，使之完成对当前所学知识的意义建构的理念。在完成意义建构的过程中，学生综合了听、说、读、写四种基本技能的训练，不仅建构了内容，也会增强语言交际能力的培养和语文能力的提高。

参考文献

Jacqueline Grennon Brooks, Martin G. Brooks 著，范玮译.《建构主义课堂教学案例》[M]. 中国轻工

业出版社,2005.
Margaret E. Gredler 著,张奇等译. Learning and Instruction-Theory into Practice (Fifth Edition). 学习与教学——从理论到实践(第五版)[M]. 北京:中国轻工业出版社,2007.
George W. 等著,宋玲译. Constructivist Learning Design. 建构主义学习设计[M]. 北京:中国轻工业出版社,2008.
姜丽萍. 对外汉语教学论[M]. 北京:北京语言大学出版社,2008.
何克抗,建构主义——革新传统教学的理论基础,教育传播与技术,1998,见自周艳阳. 建构主义理论指导下的语文教学设计[D]. 河北师范大学,硕士学位论文,2005.
李引萍. 试论语文教学的建构主义理论与实践[D]. 上海:上海师范大学硕士学位论文,2003.
周斌. 论电影语言与电影修辞[J]. 修辞学习,2004,(1)(总第122期).
马兰. 合作学习[M]. 北京:高等教育出版社,2005.

作者单位:南洋理工大学新加坡华文教研中心
新加坡南洋初级学院
南洋理工大学新加坡国立教育学院

新加坡中学生语言交际能力提升对策初探

龚 成 陈之权 郑文佩

一、研究背景

新加坡自建国以来,为了便于各族沟通,决定以中立的英语为行政用语。在推行以英文为用的国策前提下,新加坡很早就在教育上推行双语教育。到了 1978 年,根据《吴庆瑞报告书》的教育分流精神,官方确立了"英语为主、母语为辅"的双语教育政策。在双语教育政策下,所有新加坡主流学校的学生都以英语为主要科目的学习语言,同时通过修读所属族群的母语课程,学习亚洲文化与传统价值观,以保留亚洲社会的特质。

"英语为主、母语为辅"的双语教育政策推行之后,华文不再是学校的主要教学语言,在学校课程中属于单科教学,教学时间有限。因此,除少数天资聪颖的学生外,大部分的华族学生修读的是第二语言水平的华文课程。在新加坡双语教育政策下,华文是所有华族学生在初中会考和高中会考中必须通过的考试科目,否则会影响升学,因而在历年全国统一的初中和高中会考中,华族学生的华文科考试成绩也非常耀眼。然而,耀眼的考试成绩并不意味着学生的华文能力也一样的突出。通过"应试教育"培养出来的学生,即使考试分数非常耀眼,他们的实际语言能力也不一定能应付未来职场的交际要求。目前华族学生虽然听和说的能力尚可,但是读和写的能力却始终偏弱,实行多年的华英双语教育政策,始终达不到培养足够数量双语同等优异的人才目标。陈之权于 2005 年做过一项小规模的调查,这份名为《国民华文能力公众意见面谈问卷》的调查数据显示,接受面谈的公众认为,年轻国人的华文能力只能够应付本地讲华语社群的交际任务,却不能胜任和中华文化地区交际的任务,他们的华文能力亟待提高。

国家教育就是为了培养社会需要的国民。评量教育的有效性,除了看有量可循的考试成绩以外,学校所教的知识是否能满足国民在未来职场所需、学生在学校所获得的技能是否能顺应社会的需要,都是值得认真考虑的因素。

如何结合实际生活的学习经验,提高学生在实际生活中运用华文的能力,是本文尝试讨论的课题。我们提出了一套"从用中学"的探究式学习方案,相信这一探究式的学习方式能够让学生完成若干项真实性任务,从而促进学生的华文学习,提高他们的华文水平。

二、文献探讨

(一) 改变"坐中学"为"从做中学"

实用主义教育家约翰 · 杜威(John Dewey)教育思想中的一个核心内容是"从做中学"(learning by doing),也就是从活动中学、从经验中学,使学校知识的获得与真实的生活联系起来。杜威认为教育过程的基本要素是未成熟的、没有发展的人,和在成人的成熟的经验中体现出来的某些社会的目的、意义和价值。教育的过程就是这些因素应有的相互作用。因此,他主张通过引导学生进行探究活动,紧密联系实际生活以激发学生的兴趣,促进学生学习的主动性与创造性。杜威认为,儿童是教育的中心,教育的各项措施应围绕着儿童组织,儿童本身具备自主学习的能力,因为在他们的经验中,已经包含着“组织到系统化学科中去的一类事实与真理,以及进行教材学习的态度、动机和兴趣”,因此,儿童应当从两方面的经验中去学习,即主动去尝试、被动地承受尝试的后果。教学应把握住学生从尝试到承受后果的经验,引导学生进行思维活动,找出其中的联系与价值,从经验中学到一些东西。好的教学不应该是直截了当地注入知识,而是诱导学生在活动中得到经验和知识,这就是“从做中学”的基本思想。任务型教学主张学生在真实情景中用目标语言进行思维与交际,是改“坐中学”为“从做中学”的最佳途径,能够较好地将以教师为中心的课堂活动转向以学生为中心。在第二语言的学习中,则可通过设置各项实际可行的任务,促使学生应用语言,在做中使用语言,因而亦可称之为“从用中学”。

(二) 任务型教学的理论框架及其特点

任务型教学始于20世纪80年代,由印度语言学家勃雷泊(Prabhu) 从教学的角度创立,是指基于完成任务的一种教学方法。任务型教学的理论基础很广泛,下面简列其中的核心理论。

1. 语言习得理论中的输入假说

输入假说(Input hypothesis)强调没有大量的可理解的输入,习得就没有可能。理解是输入内化的前提,当学习者所接触的语言形式略高于其现有水平时(i+1),该语言形式就能被理解从而内化产生习得。任务型教学反对局限于教材,倡导学生通过互动方式加大可理解的输入量。

2. 语言习得理论中的输出假说

Swain 的输出假说提出,二语学习者的语言习得不仅需要可理解的输入,更需要“可理解的输出”。输出可以使学习者注意到自己想说的和能说的之间的差距,从而意识到自己中介语系统中的问题。输出可以给学习者提供检验假设的机会从而帮助其建构语言系统。以这一假说为基础的任务型教学非常重视输出,因此对口语教学很有帮助。

3. 认知心理学理论中的互动假说

Long 提出的互动假说认为,当沟通交谈发生困难时,交谈双方进行的语义协商导致语言输入变得可理解从而促进习得。在意义协商的过程中,一方的输出会得到他人的反馈,这也是促进学习的重要因素。同时,学习者在协商过程中也会注意到其他学习者使用的语言形式,从而达到既注意到意义,也关注了形式。

4. 认知心理学理论中的建构主义理论

建构主义理论是支持任务型教学的重要理论基础,建构主义理论的主要代表人物有皮亚杰和维果斯基。该理论认为知识是由学习者自己建构的,而不是由他人传授的;知识是经验的重组与建构,是一种不断的心理建构过程。学习者应该成为教学的核心,他们应该以对自身来说有意义的方式来学习。教师的作用是给学生提供一个可进行探究的环境,让学生的内在知识系统容易被激活。

5. 任务型教学的特点

在执行任务的过程中,学生在教师的指导下以合作学习的方式展开各种语言活动,在实际运用中学习语言,从而学会运用语言。学生通过课堂任务活动产生出目的语言,注意力集中在表达意义而非语言形式,这样就能提高学生的学习兴趣、减低学习压力。因此,任务型教学反对以语言形式为中心的学习观点,要求学生在执行任务的过程中内化语法、词汇及结构等语言形式,逐渐掌握各种丰富的语言形式以提高语言能力。总结起来,任务型教学有如下特点:

教师在教学中提供学生真实的语言环境,让学生能够在轻松自然的环境下使用目标语言,有效地将生活的真实语言引入教学中。

教师设计活动及任务让学生参与,把课堂语言学习和课外生活相联系,让学生获得在真实情境下使用目标语言解决问题的经验。

任务型教学是双边或多边的交互式活动,目标语言成为执行任务时的交际工具,其价值能充分得到体现,有利于激发学生的学习动机。

学生在参与、执行任务时须将旧有知识和新学的语言点结合使用,并需要用到与个人生活相关的经验。因此,学生不可能单独使用一种技能或一项语言知识,这有助于学生语言综合能力的培养。

(三)任务型教学的模式

虽然每个阶段的具体教学环节设计可能或多或少存在着一定差异,大部分任务型教学的倡导者将任务型教学分成任务前、任务中和任务后3个阶段。Jane Willis从课堂结构的角度,将任务型教学分为3个步骤:

环　　节	任务形式
前任务	教师引入任务,把与学习主题和任务相关的知识介绍给学生。
任务环	1)任务:教师布置任务,如做什么?如何做?结对活动、小组活动还是大组活动? 2)计划/策划:学生准备对任务的结果进行处理,并向全班汇报任务完成情况。 3)汇报:学生汇报任务完成情况。
后任务	1)分析:师生共同分析各组完成任务的情况。 2)操练:针对学生在完成任务或汇报过程中出现的语言问题进行归纳总结,并按实际情况及需要进行操练或练习。

由此观之,任务型教学能有效地引导学生充分了解语言的表达及使用,将教学及生活紧密结合,提高学生在现实生活中的语言使用能力,任务形式让学生"从做中学",以便能够在真实环境中使用语言,学习语言。采用任务型教学法不代表排斥已有的其他教学法。教师在采用任务型教学法时,也可将之与传统的教学法模式结合起来,从而弱化其以教师为中心、单纯传授书本知识和过于重视语言知识的讲解的特点。

下面,我们将具体介绍"从做中学"的可行性探究式学习方案。

三、可行性方案构想介绍

传统教学中,我们通常是根据听、说、读、写4项语言技能分开考查语言学习者的语言能力。传统二语教学大纲中4技能的分项表述是"对语言技能的系统描述",但不能"说明语言生活中发生的交际过程"。实际上,通过检测学习者在真实的语言行为中表现出的综合技能会比检测单一的语言四技能更加真实地反映出学习者的语言运用能力,因为在语言行为中,这四项技能是综合呈现的。因此,我们所说的语言运用能力,除了关于语言形式系统的知识,除了对语言形式系统的操作技能外,还必须包括在语境和情景的制约下创造性地运用语言的能力。对于语言运用能力的评估,更应该从学习者在具体的语言行为中的交际能力来衡量,而这种交际能力的培养包括3种模式的语言技能。这三种模式在美国国家外语课程标准《21世纪外语学习标准》中被定义为:理解诠释模式、人际交流模式和表达演说模式。它们基本模拟了真实的语言交际生活。

我们设计的"探究式学习方案"就是以任务型学习为框架,将3种模式融合到整个任务中。方案分为三个阶段:能力培训、MiniQuest和WebQuest。全部完成大致需要3个学期。

MiniQuest 和 WebQuest 都是由老师设计的在线学习模块,可以翻译成"网络探究"。它们都是以探究(quest)为取向的学习活动,学习者使用的多数信息来自于互联网。网络探究为学习者完成任务提供框架,该框架引导学生带着特定的目的和身份,通过专门的网络资源回答问题、解决问题,从而提升学习者的能力。WebQuest 由 6 个模块组成:导言、任务、过程、资源、评价和结论。MiniQuest 是 WebQuest 的课堂运用和简化形式,分为情景、任务和成果 3 大模块。每个网络探究的活动都经过了精心的设计,赋予学习者以明确的方向。无论是 3 大模块还是 6 大模块,其功能都是给学习者提供足够的鹰架(scaffolding)。导言、情景等模块为学生提供了解决问题所需要的具体可信的情景,这些情景非常典型地安排学生担任一个真实的角色;任务模块让学生了解在角色的身份下他们所要完成的一个有趣且可行的任务;过程、资源等模块则提供学生完成这一任务所需要进行的步骤和可以协助他们完成任务的各种资源;评价模块告诉学生对于他们在活动中的表现的评价方式,指导他们有意识地根据评价的标准提升自己的表现。

(一)设计本方案的基本理念:

我们首先让学生接受完成任务所必需的能力培训,然后通过难度较低的任务为最后进阶到难度较高的任务打基础。期间通过提供足够量的鹰架,帮助学生了解任务、实施步骤以及完成任务。学生逐渐从模拟真实环境走入真实的生活中解决问题,提高他们的语言使用技能。根据选定的活动话题,研究员和教师自主编写学生所要学习的篇章,而篇章中一定包含完成活动所必须使用的词汇和句型,并保证一定的复现率。篇章—习题—活动的循环,保证了活动设计中实现将课内知识延伸到课外的构想。

网络探究学习方案的设计,在任务型学习中融合了语言交际能力培养的 3 个模式:理解诠释、人际交流和表达演说。学生首先必须学习为他们编写的教材,理解篇章的内容并且诠释篇章延伸的主题意旨;学生外出采访,就是在真实生活中与人交流,过程中也必然涉及理解诠释和整合被访者反馈的信息以及做出合适的互动;最后,学生必须在全班同学面前进行口头呈现,并在问与答时段对同学、老师或研究员所提出的问题作出即兴回答,这就是表达演说的能力表现。

(二)方案流程

1. 第一阶段——基本能力培训:通过几个小课题的学习和亲手实践,学生了解如何设计问卷、进行访谈、收集与呈现资料。由于中一华文课程大纲中还未让学生接触到相关知识,老师们于是通过布置小专题,让学生学习探究性学习必需的基本能力,如问卷的设计、访谈的设计等,为后面阶段的网络探究任务打好基础。这些准备也能降低学生面对任务时的焦虑感,提升学习的积极性。

中一下学期	基本能力训练	● 如何进行问卷调查? ● 如何进行访谈?	● 如何查找资料? ● 如何呈现资料?

2. 第二阶段——MiniQuest:这一阶段的活动高度组织化,每一轮的 MiniQuest 为 2 至 3 个课时。本阶段所布置给学生的任务比较简单易行,学生在课堂里或者在校园内就可以完成。MiniQuest 的教学模块分为情景、任务和成果 3 大模块。课前,研究员设计在线教学模块和活动流程表,分别供学生和教师更好地熟悉活动流程和所承担的角色任务。课中,学生完

成知识建构和成果展示，为了帮助学生更快地适应真实环境下的探究式学习，在每一次的活动中，我们都提供一个模拟真实的环境，让学生在其中完成任务。学生必须通过沟通合作才能达到知识的建构。比如说，学生要访谈的“专家”有5位，那么组内的成员每人都需要访谈其中1位专家。采访结束后，各组成员回到自己的小组，向小组成员报告自己从该名专家处所收集到的信息。这样一来，每位同学虽然只采访了1位受访者，但是却要综合处理来自小组其他成员的信息才能达到知识的完整建构。因为肩负有收集和报告信息的任务，学生锻炼了他们聆听和陈述的能力。

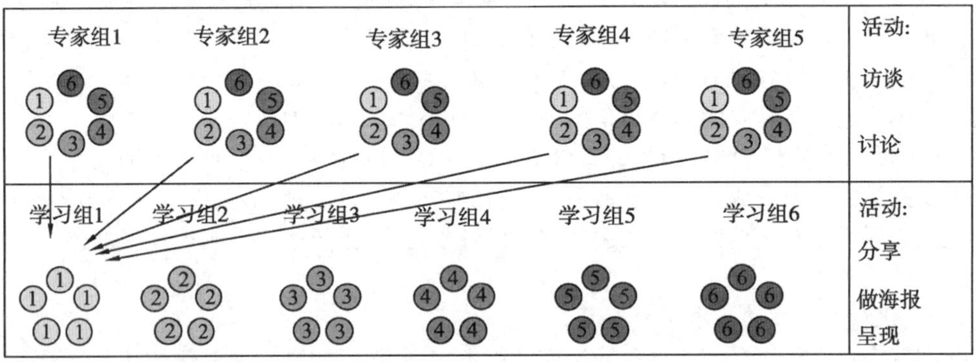

3. 第三阶段——WebQuest：这一阶段所布置的任务较为复杂，学生需要走出校园，走进真实生活与陌生人面对面互动才能完成任务。在信息的收集与使用方面，WebQuest关注的是学生如何利用收集到的信息进行“分析、综合和评价”的高阶思考。WebQuest的教学模块分为导言、任务、过程、资源、评价和结论6大模块，教师提供的鹰架因为在线学习模块的增加也相对丰富很多。学生通过教学模块中提供的很多成果样例和超链接等，得到完成活动所需要的足够鹰架。如果说第二阶段属于“扶”的话，这一阶段就可以称作相对的“放”了。这一阶段的活动需要比较长的时间，但基本上不占用课堂时间。除了1个小时的全班呈现，其他活动的时间全部由学生自行安排。

阶段	任　　务
课前	研究员：编写校本教材、准备材料、设计情境、交代任务、设计网页 教师、学生：熟悉活动流程、进行相关课文与实用技能的教学
课外	小组讨论设计方案、真实生活中的人际交流
课中	成果展示 ：学习组口头呈现活动成果 自评互评 ：引发学生对如何做出好的呈现的意识
课后	作文，书面表达能力训练

四、教学实例分享

下面选取WebQuest的活动之一进行分享，详细解说探究式学习的活动方案如何实现任务型教学并将课内知识延伸到课外。探究式学习的方案为综合了3种交际模式的教学设计提供了一个理想的方案。具体情况来看案例（网络模块样例地址 http://www.projectsccl.sg/webquest1-1/index1-4.htm）。

主题活动的总体说明如下：

学生的身份是新加坡地铁公司（SMRT）的司法委员会成员，他们的任务是要制订出公众认可的新的地铁条规，从而对乘客的行为进行明确的规范。新规章的制订不能仅在办公室内闭门造车,而需得到公众的认可,“委员们”就必须了解公众的看法。学生首先学习一篇关于公众礼仪的文章,之后上网了解此次活动的任务,然后分成小组设计外出访问路人和乘客时所需要采用的方案。接着,他们以小组为单位外出,到地铁站访问路人,收集他们对于目前地铁条规的看法以及对新条规的建议。活动的最终成果是学生制订出一套完整的《地铁守则》,并向全班同学及老师呈现。课后,学生需要完成一篇作文,作为反省此次活动的书面报告。

在这次的活动中,3 个模式下的活动是这样安排的:

模式	活　　动
理解诠释模式	学生理解相关篇章;学生理解网站提供的信息和鹰架;学生理解同伴的意见和信息;学生理解受访者反馈的信息。
互动交际模式	学生与小组成员进行商议讨论;学生采访受访者并作出适当反馈。
表达演说模式	学生展示制定的《地铁守则》,并陈述制定规则的原因;学生即兴回答同学、老师和研究员的提问。

具体的课堂活动安排如下:

步骤	活动安排
第一步	教师指导学生阅读和学习为配合“公众礼仪”话题而编写的课文并完成课后习题。教师把需要学生在探究式活动中使用的词汇和句型自然地镶嵌在课文中,并设计问题协助学生理解内容。[理解诠释]
第二步	学生利用课余时间进行小组讨论,设计外出采访时需要使用的方案。比方说,是采用问卷调查还是访谈,还是二者结合;采访时需要得到哪些信息,通过什么方式得到等。[理解诠释] + [互动交际]
第三步	老师和研究员带领学生到地铁站访问路人,收集信息。每一小组均由一名研究员跟随(保持一段距离,确保不影响学生的自然表现),观察学生在活动中的表现。[理解诠释] + [互动交际]
第四步	学生以小组为单位,利用课余时间讨论访问结果,制订《地铁守则》。[理解诠释] + [互动交际]
第五步	学生以小组为单位,向全班口头呈现制作的《地铁守则》,并说明制订或更改条规的原因。其间,他们必须即兴回答同学、老师和研究员提出的问题。[理解诠释] + [互动交际] + [表达演说]
第六步	课后,学生完成书面报告。[表达演说]

整个活动的设计强调理解诠释、互动交际和表达演说 3 个交际模式的融合,每次活动由学生接受外界新信息开始,以学生产出口语和书面语的表达结束,保证输入和输出的畅通。

五、中期成果报告

我们运用上述 3 阶段 3 模式结合的探究式学习方案,在新加坡一所邻里中学开展了一个为期 2 至 3 年的研究项目。此研究试图通过结合教学内容开展课外探究式学习的对比研究,检验真实性探究式学习在提高学生语言应用能力上的效果。此研究采用独立样本跨组比较的采样方法,将连续 3 年中一学生的独立样本视作一个时间系列里面的同一组同质样本。

此一校本研究项目将进行 3 轮 3 阶段的研究。从 2009 年 8 月至 2010 年 10 月的 3 个学期里,我们在 2009 级中一两个快捷班学生中进行了第一轮的 3 阶段研究。两个班的学生在活动开始前进行口语和作文前测,经过能力培训、MiniQuest 和 WebQuest3 个阶段后,再接受同样形式的后测。数据结果表明,通过在真实环境中使用目的语自我探究并完成任务的实验班

学生的口试和作文成绩,都较控制班有明显的进步。下表为这一研究项目的中期数据:

口试(总分 40)	实验班前测	实验班后测	控制班前测	控制班后测
平均分(mean)	22.69	26.47(↑16.7%)	24.37	26.66(↑9.4%)
标准方差(SD)	5.62	2.91(↓)	3.56	2.01
作文(总分 100)	实验班前测	实验班后测	控制班前测	控制班后测
平均分(mean)	56.21	64.42(↑14.6%)	58.39	58.02(→)
标准方差(SD)	10.92	5.94(↓)	6.39	7.67

表中数据显示,实验班口试后测成绩,平均分较前测相比提高了 16.7%,标准方差也有明显下降。这说明后测时学生口试成绩不仅有了总体提升,学生水平之间的差距也大大缩小。控制班学生口试成绩后测较前测增长了 9.4%,标准方差也有一定降低。这说明经过 1 年的学习,两班学生口语成绩都有一定提升,但实验班学生提升的幅度明显大于控制班的学生。

前测时,我们将实验班学生的口语成绩和控制班成绩进行 t-test 对比,发现有显著差异,控制班成绩优于实验班。后测时,两个班的成绩基本持平,实验班的成绩甚至赶超控制班,这初步说明探究式学习方案提高了实验班的口语成绩。

在作文方面,实验班前后成绩 t-test 对比,P 值(0.000058)小于 0.025,证实实验班作文成绩进步显著。该班作文成绩平均分后测较前测相比提高了 14.6%,标准方差也有明显下降。这说明后测时学生作文成绩不仅有了总体提升,学生水平之间的差距也大大缩小。而控制班学生作文 t-test 对比 P 值(0.73)大于 0.025,证明变化不显著。学生成绩也如表中显示,呈现相对持平的状态。

我们也对学生进行了聚焦访谈。实验班同学普遍反映经过两个阶段的探究式学习,他们和他人交谈以及做口头呈现时的自信心提高了,对华文学习的兴趣也增加了。这说明活动让学生提升了自信心和成就感,帮助塑造他们的性格。我们相信,他们亲身经历的经验和在探究式学习中获得的成就感会促使他们逐渐改变对待华文的态度。

量化数据比对和访谈结果都证明探究式学习的活动方案对于提高学生的语言能力和塑造学生性格有着积极的作用。这一方案要求学生通过在类似真实性生活环境中解决问题、完成任务的学习经验,将课内和课外的知识有机地结合起来,从而自然地提升语言能力。

六、结语

传统的语言教学往往使用以教师为中心的模式,由于过分强调语言形式的学习和语言四项技能的分项培养,因而忽视了语言学习的最终目的是为了实际生活的交际需要。《21 世纪外语学习标准》虽然是美国二语教学的新标准,不一定适合新加坡的华文教学模式,但 3 个交际模式的综合语言技能培养方法是值得我们借鉴的。

本篇文章中,我们所推荐的探究式学习教学设计方案中的主题教学活动,都是模拟真实目的语的使用环境,以 3 种交际模式结合的综合语言交际任务为线索而设计。这种教学设计的出发点就是模拟生活中的真实语言交际,其目的也是要帮助学生提高他们在真实语言交际中的语言技能。这种探究式学习的教学方案可以自然地把听、说、读、写训练统一在真实性的任务型教学中,因此不仅能帮助塑造学生性格,也能实实在在地训练学生的实际语言使用技能。3 阶段模式的训练框架,在为学生搭建足够鹰架指导的基础上,能够保证活动以学生为中心,从而让他们得到更多讨论、表达和语义协商的机会。教师和研究员作为鹰架的设计者和活动的指导者,自然而又适宜地退到了幕后。

本文所推荐的3个交际模式结合的学习方案,符合“教育是为了培养社会需要的国民”这一最终目标,值得教师们借鉴和使用。需要提到的是,鉴于语言测试对教学所产生的反拨效应(Washback Effect),这种学习方案如果需要大面积推广的话,语言课程的教材和评估模式也必须进行相应调整。只有这样,才能发挥测试对教学的正反拨效应(Positive Washback),更好地让学生的课内学习延伸到课外生活,把语言学习与学生的生活紧密联系起来,实现我们所期待的“从用中学”的教学理念。如此,当能提高学生学习华文的兴趣,促进学生口语能力和书面语能力的平衡发展,并使他们从学习的经验中直接感受到华文是活的语言、有用的语言,进而激发他们把华文学得更好。

参考文献

陈之权,龚成.从用中学:新加坡中学快捷华文课程真实性探究式学习的策略与进行方式[C].台北:2009年台湾华语文教学年会暨研讨会,2009.

约翰·杜威著,王承绪译.民主主义与教育[M].北京:人民教育出版社,1990.

约翰·杜威著,赵祥麟、任钟印、吴志宏译.学校与社会·明日之学校[M].北京:人民教育出版社,2005.

王道俊,郭文安主编.教育学[M].北京:人民教育出版社,2009.

Swain,M. Communicative competence:Some roles of comprehensible input and comprehensible output in its development, In S. Gass and C. Madden(eds.),Input in second language Acquisition[M]. Rowley,MA:Newbury House.

Krashen,S. Principles and Practice in Second Language Acquisition [M]. New York: Pergamon Press,1982.

Hughes,A. Testing for language teachers[M]. Cambridge: Cambridge University Press,1989.

李艳羽.任务型语言教学模式在对外汉语口语课上的应用研究[D].北京:北京语言大学,2009.

严嘉.变“坐中学”为“做中学”——从杜威教育思想到任务型教学途径[J].楚雄:楚雄师范学院学报,2009,24(5):73-78.

潘洁.任务型语言教学的意义及实施途径[J].信阳农业高等专科学校学报,2008,18(4):159-160.

Long. M. Native speaker/non native speaker conversation and the negotiation of comprehensible input. Applied linguistics [J]. 1983,(4):126-141.

张梦.二语习得研究与任务型教学[J].河南社会科学,2005,13(4):118-119.

薛筌月.任务型语言教学与传统教学的对比[J].外语教学,2007,(13):177.

王春岩.任务型学习有效性的影响因素分析[J].教育理论与实践,2009,29(12):52-54.

陈伟星.任务型教学是培养学生综合语言运用能力的有效途径[J].丽水师范专科学校学报,2004,26(4):83-84.

傅瑞屏.谈任务型教学中的学习任务[J].广东教育学院学报,2005,25(1):96-99.

杨丽娇.美国外语教学语言交际能力培养标准的分析和思考[J].语言文字应用,2006:51-58.

National Standards in Foreign Language Education Project: Standards for foreign Language Learning in the 21st Century《21世纪外语学习标准》retrieved at 22,Oct,2010.

吴庆瑞报告书.新加坡文献馆.

作者单位:南洋理工大学新加坡华文教研中心

互动教学模式下的教师提问与反馈策略初探

——以新加坡传统英校小二华文口语课堂为例

刘增娇　杨斯林　周红霞

积极的课堂互动可以为学习者提供更多的语言输入和使用目的语的机会。教师话语是教师和学生互动交流的媒介,也是课堂中学生语言输入的主要来源,其中提问和反馈占据了相当大的比例,是重要的话语策略。Vygotsky“中介”学习理论中的近端发展区与支架式帮助概念,阐明了教师在课堂教学实践中通过不同的话语形式帮助学生参与课堂互动的重要性,如向学生提问、根据学生课堂互动中表现出来的理解水平提供及时、恰当的反馈等。

本文以一所新加坡传统英校的小二华文口语课堂为研究对象,选取学生最感兴趣的话题设计口语课堂教学,让教师了解不同类型的提问和反馈模式及其功能,注重利用有效的提问与反馈策略建构互动型的口语课堂,帮助学生进行有意义的语言输出。

一、研究背景

英语是当今新加坡最重要的行政语言和主要的教育媒介语言,华语与马来语、淡米尔语一样只被列为学校教育中的课程之一。近年来,新加坡社会出现了越来越多“不同特性的讲英语的新人”,在家说英语者数量增加,华语使用人数持续下降。尤其是在一些传统英校,学生多以英语为母语,使用华语的场合极为有限,令华文教学面临着极大的挑战。

在新加坡传统英校的华文口语教学中,教师为配合口语考试往往更注重对朗读、语音语调的训练,而较为忽视对学生口语对话和交际能力的培养;由于担心学生程度不足,往往在课堂话语中掺杂大量英语而减少了目的语的输入;在课堂言语交际中,主要以教师提问的方式控制话题,单向输入较多,教师与学生之间、学生与学生之间的交流甚少;在提问方式上,教师常常是“明知故问”,展示性问题和封闭型问题明显多于参考性问题和开放型问题;此外,针对学生应答,教师多就其语言形式给出肯定、否定或纠错等评价性的反馈,而较少运用促进话题互动继续进行的提示、重述、延展等话语性反馈策略。正如赵守辉等的调查显示,在新加坡小学华语课堂中,教学多“以教师为中心、教材为基础、课文内容为导向,课堂上很少有师生之间的互动与意义协商”。

二、研究方法与实验设计

(一) 研究目的

本研究试图通过对实验前后的教师话语进行定性和定量分析,探询教师采用有效提问与反馈策略对互动型口语课堂产生的效用,着重分析如下几个方面:

1) 教师话语中目的语的输入情况;2) 教师提问与互动调整策略;教师反馈策略。

(二) 研究对象

研究对象为新加坡一所传统英校小学二年级导入班的华文教师及其学生。该班学习者共10人,全部来自讲英语家庭,华文程度低。实验者为该班华文教师,担任口语课的教学。

此后,学生共接受 8 个星期的教学实验,周学时为 2 课时(共 60 分钟)。

(三)数据收集与分析

为了能系统、真实地捕捉师生话语互动的过程和特点,本研究使用了两种研究手段:

1. 课堂录像/录音。采用现场录像和录音的方式完整地录制了教师在正式研究开始前所进行的 1 次口语课(60 分钟)及整个实验过程的全部 8 次课(每次课 60 分钟)。在教学全部完成后,研究者分别对每节课进行回顾,选取研究前的那节课及正式研究阶段的第一、第五和最后一节课,借助转写软件(Transcriber v. 4.0)按照转写规范将这些语言材料全部转写成文字,对于转写后的言材语料,选取每一课时中师生互动的部分,就教师与学生话语的基本情况、教师提问与反馈的各项类别进行人工标注。

2. 教师访谈。本研究在实验前后分别进行了一次教师访谈,采用录音的方式录制了实验前后教师访谈的全过程,并进行整理。在进行数据分析时,将课堂录音的统计结果与教师访谈的内容相参照,以便更准确地描述教师话语,增加研究结果的信度。

(四)实验过程

为引起学生的学习兴趣,研究者首先通过学生小组聚焦访谈的方式调查了学生最喜爱的话题和活动,参考新加坡小学华文教材中具有代表性的语言形式和词汇,确定了教学主题、设置教学内容和活动。实验过程共选取 5 个教学主题(分别为:我的小书包、喜欢/不喜欢的动物、我的玩具、麦当劳、足球),配合图片/真实教具,部分材料以多媒体形式呈现。

针对正式研究开始前教师在提问与反馈策略运用上的不足,研究者在实验前进行了一次教师培训,让教师注重利用有效的提问与反馈策略、总结经验,建构互动型口语课堂。

三、实验结果与讨论

(一)实验结果与分析

1. 教师话语与学生话语

a)师生互动过程中教师话语和学生话语的基本情况

有利于促进语言习得的课堂应该尽可能多地为学生提供用目的语表达见解、进行交流的机会,有意识地让学生在运用语言的过程中习得语言。在本项研究正式进行前的口语课中,教师自始至终在课堂中处于强势地位,学生说话的机会较少,产出有限。且教师使用英文的频率偏高,往往先用华语陈述或提问再立即转用英语进行翻译,很多时候甚至直接用英语解释,目的语输入不足,随之学生也多用英语进行回答。比如:

(I) T:Ok,我问你们啊。长大后,when you grow up。有没有人要做消防员?Anyone of you, when you grow up you want to be a fireman. 你看。这边有一些工作,a few jobs。

S:I do'not want to be a fireman.

T:啊,你不要做消防员。Ok,那些不要做消防员的同学,你看前面,there's a few jobs that I can recommend you. You see is there a job that you like. Ok,好不好?

S:好。

表一 师生互动过程中教师话语和学生话语的基本情况

数据 阶段	教师话语(词量)					学生话语(词量)					学生话语占总话语的比例
	华语词量	百分比	英语词量	百分比	总计	华语词量	百分比	英语词量	百分比	总计	
实验前	905	48.32%	968	51.68%	1873	89	35.32%	163	64.68%	252	11.86%
Lesson 1	1201	69.46%	528	30.54%	1729	276	51.02%	265	48.98%	541	23.83%
Lesson 5	1488	72.12%	575	27.87%	2063	359	54.81%	296	45.19%	655	24.10%
Lesson 8	1261	78.18%	352	21.82%	1613	447	65.35%	237	34.65%	684	29.78%

表一显示,在实验前进行的口语课中,教师话语中华语占 48.32%,学生话语中华语占 64.68%,教师话语是学生话语的 7.43 倍之多,教师在课堂中处于主导地位。而正式研究开始后,教师话语中使用华语的比例在第 1 次课时即由 48.32% 上升至 69.46%,之后则由第 5 次课的 72.12% 上升至第 8 次课的 78.18%;学生话语中使用华语的比例也由实验前的 35.32%,显著上升至第 8 次课的 65.35%;学生话语占总话语的比例,由 11.86% 上升至第 8 次课的 29.78%。可见,课堂教学权利分配不均的情况有所改善,目的语——华语的输入量和学生的产出量都有明显增加。

b) 师生互动过程中教师问题、学生回答与教师反馈的基本情况

表二 教师问题

数据 阶段	出现频数	平均长度(词量)	词量				
			华语词量	百分比	英语词量	百分比	总计
实验前	89	8.56	428	56.17%	334	43.83%	762
Lesson 1	80	7.83	495	79.07%	131	20.93%	626
Lesson 5	115	9.28	887	83.13%	180	16.87%	1067
Lesson 8	92	9.13	745	88.69%	95	11.31%	840

表三 教师反馈

数据 阶段	出现频数	平均长度(词量)	词量				
			华语词量	百分比	英语词量	百分比	总计
实验前	76	9.62	340	46.51%	391	53.49%	731
Lesson 1	78	9.02	413	58.75%	290	41.25%	703
Lesson 5	107	9.69	659	63.55%	378	36.45%	1037
Lesson 8	97	10.06	770	78.89%	206	21.11%	976

表二和表三显示了师生互动中教师提问和反馈的用语情况。在实验前进行的口语课中,教师共问了 89 个问题,其中华语词量占 56.17%,英语词量占 43.83%。而在实验过程中,教师使用华语提问的比例由第 1 次课的 79.07% 上升至第 5 次课的 83.13%,至第 8 次课时则达到 88.69%。由表三可看出,教师在实验前的口语课中针对学生回答给出的反馈,仅有 45.51% 使用华语,平均长度为 9.62 词。经过教师培训,第一次课的教师反馈中华语的使用情况有所好转,上升至 58.75%,之后上升至第 5 次课的 63.55% 和第 8 次课的 78.89%,反馈的平均长度也稍有增加,由平均 9.62 词增至 10.06 词。这说明教师在提问和反馈时有意识地减少了英语辅助,只有在学生实在听不懂或表示不理解时,才适当予以提示和帮助。比如:

T: 我们可以去足球场,去哪里的足球场踢足球?

S: South Africa.

T: 不要,不要,没有钱坐飞机去南非。

S：学校的 stadium。

T：学校的哪里？Stadium 是什么场？

S：学校的足球场。

表四　学生回答

数据 / 阶段	出现频数	平均长度（词量）	词量				
			华语词量	百分比	英语词量	百分比	总计
实验前	54	4.85	107	40.05%	155	59.16%	262
Lesson 1	69	4.56	171	54.29%	144	45.71%	315
Lesson 5	102	5.01	316	61.84%	195	38.16%	511
Lesson 8	88	5.18	283	62.06%	173	37.94%	456

表四的数据显示，学生在实验前的口语课上多倾向于用英语回答问题，使用华语的只占40.05%，回答问题的平均长度为4.85词。但由于正式实验开始后，教师有意识地加大了华语的可懂输入量，鼓励学生用华语回答问题，若学生用英语则立即予以纠正，因此学生使用华语的比例明显提高至第8次课时的62.05%，回答问题的平均长度提高至5.18词。

表五　学生回答占师生互动的比例

数据 / 阶段	教师提问		学生回答		教师反馈		学生回答占师生互动的比例（出现频数）	学生回答占师生互动的比例（词量）
	出现频数	词量（总计）	出现频数	词量（总计）	出现频数	词量（总计）		
实验前	89	762	54	262	76	731	32.72%	17.55%
Lesson 1	80	626	69	315	78	703	56.96%	23.70%
Lesson 5	115	1067	102	511	107	1037	45.95%	24.29%
Lesson 8	92	840	88	456	97	976	58.56%	25.11%

表五展示了学生应答占师生互动的比例。数据显示，实验前只有32.72%的教师提问或反馈得到了学生的回应，词量占师生互动话语总量的17.55%。第8次实验时，则有58.56%的教师提问/反馈得到学生的回答，词量占25.11%。这说明实验后学生参与课堂互动的程度增加了，而教师一言堂的情况得到了改善。

2. 教师提问与互动调整策略

a）提问类型

表六　教师提问的类型

数据 / 阶段	问题总数	展示性问题		参考性问题		封闭型问题		开放型问题	
		频数	百分比	频数	百分比	频数	百分比	频数	百分比
实验前	89	59	66.29%	30	33.71%	67	75.28%	22	24.72%
Lesson 1	80	39	48.75%	41	51.25%	50	62.50%	30	37.50%
Lesson 5	115	49	42.61%	66	57.39%	60	52.17%	55	47.83%
Lesson 8	92	54	58.70%	38	41.30%	57	61.96%	35	38.04%

Long & Sato 根据教师是否预先知道答案将课堂提问分为展示性问题和参考性问题。Barn 则根据所要求回答的内容把课堂提问分为非限答式问题和限答式问题。在实验前进行的口语课中，教师较多地使用"明知故问"的展示性问题，而较少地使用寻求未知信息的参考性问题；较多地使用答案被限定的封闭型问题，而较少地使用没有固定答案的开放型问题。例如：

(Ⅲ) T:Ok,这是谁? 他是谁? Who is he?(展示 ppt 图片)
S:Postman.
T:啊,a postman。你们说,邮差。
S:邮差。
T:Ok,邮差是什么?
S:Postman.

例(Ⅲ)中教师提出了两个展示性问题,其目的是引起注意,进行语言操练或考察学生对知识的掌握。这类问题通常多为封闭型问题,教师往往不会针对已被限定的答案进行追问或扩展,学生难以继续参与到课堂讨论中,无法伴随以有意义的语言输出。因此,本项实验鼓励教师以更具有启发性和话语生发潜力的问题来启动话题,即多提未预设答案、需要学生结合自身经验作答的参考性问题,多提允许数种答案出现的开放型问题,帮助学生积极回应问题,增强其学习兴趣。表六的数据显示,实验前教师提问中只有三分之一的问题是参考性的,而实验中除第 8 节课教师由于需要处理较多生词而问出了较多的展示性问题外,第 1 和第 5 次课中参考性问题的比例都超过了 50% 。开放型问题的比例也上升了近 1 倍,由实验前的 24.72% 分别上升至第 1 次课的 37.50% 、第 5 次课的 48.91% 和第 8 次课的 38.04% 。例如:

(Ⅳ) T:如果你们要踢足球,需要有几个人?
S:十一个人……。
T:十一个。如果只有两个人会怎么样啊? 好玩吗?
S1:可以玩!
S2:两个人玩 so boring!
S3:不可以,守门员不能出来! 守门员……
T:啊,两个人可以玩,但那不是真正的足球比赛啊。

此外,实验前所进行的口语课中,教师所提出的展示性或参考性问题全部属于选择性问题和事实性问题,即要求学生从教师所提供的答案范围中选择一个答案或仅需给出事实性信息,没有解释性或论证性的提问。例如:

(Ⅴ) T:有没有人要做清洁工人? Anyone of you want to be a cleaner?
S:No.
T:没有人啊? Ok,我换别的工作给你们啊。

例(Ⅴ)是一个参考性问题,但它只需要学生给出一个选择性或事实性的答案,教师在得到否定的回答之后旋即进入下一个话题,未继续激发学生更深一层的参与课堂活动。在正式实验进行的过程中,教师则尝试对类似问题提出解释性的提问或追问,鼓励和引导学生有效地参与课堂的互动讨论。例如在第 5 次课中:

(Ⅵ) T:永杰,你喜欢去麦当劳吗?
S:我喜欢。
T:你为什么喜欢去麦当劳?
S:因为很好……因为很好吃。
T:啊,那里的东西很好吃! 那里的什么东西很好吃?
S:薯条很好吃。

b) 教师提问的互动调整策略

表七 互动调整策略

	理解核实		确认核实		澄清请求		问题总数
	频数	百分比	频数	百分比	频数	百分比	
实验前	5	5.62%	1	1.12%	0	0.00%	89
Lesson 1	2	2.50%	2	2.50%	5	3.75%	80
Lesson 5	0	0.00%	3	2.61%	3	2.61%	115
Lesson 8	1	1.09%	4	4.35%	3	3.26%	92

Long 认为,当双方的交流出现障碍时,教师通常通过理解核实、确认核实和澄清请求这三种互动调整策略来询问对方是否听懂了自己的话、核实自己是否理解了对方的意思,并要求对方提供更多信息澄清自己的观点。例如:

(Ⅶ) T:啊,杰乐长大后想做 Scientist。Scientist 是什么? Scientist 是科学家。
S:科学家。
T:Scientist 就是科学家,你们明白吗?
S:明白。

(Ⅷ) T:俊伟,你的文具盒在哪里?
S:我没有……。
T:噢,你没有文具盒?
S:不是,我没有带……。
T:你没有带文具盒来学校啊?
S:是的。

(Ⅸ) T:谁喜欢吃辣啊?
S:老师,我 even drink curry。
T:啊? 你什么?
S:喝 curry。Curry 不辣。
T:哦,你会喝 curry 啊? 辣,你喜欢吃辣啊?
S:喝 curry。Curry 不辣。

在例(Ⅶ)中,教师使用理解核实来确认学生是否理解了"科学家"一词的意义;例(Ⅷ)中教师用 2 个问句来核实自己是否正确理解了学生的意思;例(Ⅸ)中教师则要求学生澄清自己的信息。表七对以上 3 种互动调整策略出现的频数及所占比例分别进行了统计,显示在实验前所进行的口语课中,理解核实出现的频数最多,占问题总数的 5.62%,确认核实和澄清请求分别只出现了 1 次和 0 次。而在正式实验开始后的第 1 次课中教师 2 次使用了确认核实、5 次使用了澄清请求,在第 5 次和第 8 次课中,也多次使用了确认核实和澄清请求,理解核实的使用次数则明显减少。这说明教师开始有意识地运用确认核实及澄清请求策略为学生提供线索,促使学生自觉地进行话语修正并调整师生互动地进行。

3. 教师反馈策略

Cullen 根据话语的功能将在语言教学过程中的教师反馈分为评价性反馈和话语性反馈。评价性反馈指的是教师针对学生回答的语言形式(词汇或语法)给出肯定或否定的评价,或者直接纠正学生的错误;话语性反馈则是教师针对学生回答的语言内容进行反馈,目的是引起学生的注意,以便将学生纳入课堂话语的流程,引发持续互动。相比于评价性反馈,话语性反馈能够更加有效地促进和协调课堂互动。表八统计了实验前后教师在师生互动过程中针对学生回答所给出的各种类型的反馈:

表八　不同类型的教师反馈

	评价性反馈						话语性反馈								
	肯定		否定		纠错		重述		提示		延展		其它		总数
	频数	百分比	频数	百分比	频数	百分比	频数	百分比	频数	百分比	频数	百分比	频数	百分比	
实验前	37	48.68%	3	3.95%	8	10.53%	9	11.84%	2	2.63%	5	6.58%	14	7.89%	76
Lesson 1	13	16.67%	3	3.85%	12	15.38%	21	26.92%	13	16.67%	5	6.41%	11	3.85%	78
Lesson 5	24	22.43%	4	3.74%	20	18.69%	18	16.82%	13	12.15%	12	11.21%	16	1.87%	107
Lesson 8	21	21.65%	1	1.03%	18	18.56%	16	16.49%	12	12.37%	11	11.34%	18	3.09%	97

表八的数据显示,本次研究所考察的4次口语课中教师所采用的评价性反馈分别为48次、28次、48次和40次,分别占反馈总数的63.16%、35.90%、44.86%、41.23%。其中,教师对学生的应答表示赞扬或接受的肯定反馈从实验前的48.68%降低至第1/5/8次课的16.67%、22.43%和21.65%。对于学生错误或不准确度的回答,教师在实验前后均较少直接给出否定回答,但实验后明显更加倾向于使用直接纠错的方法来解决。这可能是由于实验前教师对学生的华文程度不自信,担心常常指出学生错误会影响学生学习华文的信心,因而尽管学生多用英语回答问题也很少去纠正。但实验开始后,教师更倾向于对学生应答中出现的不正确语言形式予以强调和纠正,及时为学生澄清错误。例如在第5次课中:

(X) T: 如果你们去麦当劳的时候,还可以喝什么?

S: Coke。

T: Coke,可乐。还可以喝可乐。

S: 可乐。

表八也对不同类别的话语性反馈进行了统计,显示本次研究所考察的四次口语课中教师所采用的话语性反馈分别为28次、50次、59次和57次,分别占反馈总数的36.84%、64.10%、55.14%、58.76%。这表示实验开始后教师能够更加宽容地对待学生的应答,运用话语性反馈策略对学生的应答进行鼓励、提示或延展,帮助其自我修正、参与互动。比如:

(XI) T: 什么是chilli?

S: 唔,辣椒。You know,有一次我吃了两个chilli…

T: 对,吃了两个辣椒啊。

S: 然后我不觉得辣,then I…

T: 不觉得辣!(做出惊讶的表情)

S: 然后我又吃了4个辣椒…

T: 不辣!

S: 然后……然后,很辣!!

(XII) T: 什么是苦?

S: 唔…

T: 啊,什么是苦的?你们生病的时候会吃什么?

S: 我生病的时候会吃药。

T: 吃药很什么?(做出吃药的痛苦状)

S: Bitter. Bitter gourd…

T: 药苦不苦?

S: 苦。

在例(XI)中教师主要采用了重述的办法配合夸张的表情,鼓励学生继续进行语言输出,令学生为了表达清楚自己的观点而积极思考,产生迫切交谈的愿望,帮助课堂互动继续进行;在例(Ⅻ)中教师针对学生没办法回答的情况,除了给出答案,还运用提示反馈和延展反馈对于“苦”这个词给以形象的解释,将问题有意识地延伸开去并予以适当提示,以每个学生都有的吃药经历来帮助他们理解这个词的含义。

(二)教师访谈结果及分析

表九 实验前后教师访谈结果

	实验前	实验后
学生的华文口语程度如何?	学生全部来自讲英语家庭,华语程度差,平时全部用英语进行交谈。	经过实验,学生的华文口语能力有进步,说华语时英语少了。
上课时是否会使用英文。为什么?	经常使用英文进行翻译或解释。 学生华文程度太差,教师得进行翻译,不然学生不明白,反之学生则很快就可以听得懂。	只有特别难以理解的词语和活动指示语才会使用英语。 如果全部用英语翻译,华语输入量不够,同时会减少学生运用华语思考、回答问题和表达看法的机会。
上课时如何提问?是否尝试多提开放性和真实性的问题?如果学生不会回答,会怎么做?	没有特别注意提问的方式。	现在问的问题多是开放性的,答案是从学生那里来的,这种问题可以激发学生说话的欲望。 比较多提真实性的问题,蛮能激发学生的,可以看到他们在参与活动。 学生不会回答时,会请别的同学回答,让他听别人的答案,领悟老师的问题,或者降低问题难度。
学生作答后,您是否给出反馈?如果有,如何反馈?	大部分问题都会给出反馈意见。 以鼓励为主,很少给出否定或批评的反馈,或者立即指出他们的错误。	会给出反馈。通常是表扬他们,但当学生用英语回答或回答不正确时,会进行纠正。 尝试在学生的答案上进行追问,使话题延续下去。既然学生肯讲,我也要很有兴趣引导他们讲下去。
学生上口语课时有兴趣吗?	学生认为说华语很难,学习华语兴趣不高。	学生的反应有改变。上口语课参与度高,表现很积极,很有兴趣。

表九调查了本项研究完成前后,教师就学生的华文口语学习能力和兴趣、教师课堂用语以及提问和反馈策略等方面的看法,并给出了非常正面的评价。教师认为,实验前过于担心学生程度差、听不懂,因此几乎每句话都用英语翻译,而在学生用英语作答时也因为害怕打击学生学习的积极性和自信心而不予指出,此外,教师的提问往往都是“明知故问”,学生不仅较少发言,也没有机会联系自己的生活经验来表达看法。但是在实验进行过程中,教师总结了经验,尝试使用各种有利于互动的提问、反馈策略,加大课堂上目的语的输入量,增加互动机会鼓励和引导学生使用华语回答问题,结果大大加强了学生的参与程度,说华语时掺杂英语的情况也明显减少了。

三、结语

本研究运用量化和质化相结合的研究方法,以真实课堂教学中的教师和学生话语为切入点,分析课堂师生互动的话语交流语段,旨在探询教师的哪些课堂话语策略有利于建构以提高学生华文交际能力为目标的互动式口语课堂教学模式。

经过实验分析可以看出:作为课堂互动话语结构的推动项,教师用语是目的语输入的主要来源且很大程度上决定了学生的语言输出,尽可能多地增加目的语输入的剂量,可以帮助和鼓励学生在运用中习得语言;在语言教学过程中,教师以更启发性和话语生发潜力的参考性问题和开放式问题启动话题,能够有效地促使学生积极参与课堂讨论,增加学生有意义的话语输出;当师生交流出现障碍时,通过互动调整策略(尤其是确认核实和澄清请求策略)进行意义协商,能够及时调整师生互动的过程、提醒学生进行话语修正;针对学生的应答,相较于直接提供肯定、否定或纠错的评价性反馈,运用复述、提示或延展等话语性反馈方法能够更有效地延伸对话,引导学生进行自我修正,鼓励他们更多地关注和参与课堂互动。

参考文献

Cullen, R. Supportive teacher talk: The importance of the F move [J]. ELT Journal, 2002,56(2).

Ellis, R. The Study of Second Language Acquisition [M]. Oxford: Oxford University Press, 1994.

Lantolf, J. Introducing Sociocultural Theory [A]. In J. Lantolf (ed.). Sociocultural Theory and Second Language Learning [C]. Oxford: Oxford University Press, 2000.

Long, M. H. Native speaker / non-native speaker conversation and the negotiation of comprehensible input [J]. Applied Linguistics, 1983. (4).

Long, M. H. & C. J. Sato. Classroom Foreigner Talk Discourse: Forms and Functions of Teachers' Questions [A]. In H. Selinger and M. Long (eds.). Classroom Oriented Research in Second Language Acquisition [C]. Rowley, Mass: Newbury House, 1983.

Nunan D. Language Teaching Methodology [M]. New York: Prentice Hall, 1991.

Richard J & Lockhart C. Reflective Teaching in Second Language Classrooms [M]. Cambridge: Cambridge University Press, 1996.

Wertsch, J. V. Voices of the Mind: A Sociocultural Approach to Mediated Action [M]. Cambridge, MA: Harvard University Press, 1991.

李光耀. 李光耀40年政论选. 新加坡: 新加坡报业控股华文报集团, 1993.

张东波,赵守辉,刘永兵. 新加坡华文课堂的教师提问与师生互动. 语言教学与研究, 2008,(3).

作者单位: 南洋理工大学新加坡华文教研中心

中国古代文学教学与大学生人文素质培养①

江秀玲

高等学校是思想、文化、科技资源的聚集地,承担着培养人才的重大使命。在大学的人才培养方案中,如何发挥中国传统文化优势,真正担负起培养学生人文素养的历史重任,是大学教学中需要不断改进完善的重大课题。

一、当代大学生的人文素质现状

(一)人文素质的内涵

"人文"一词最早见于中国古代典籍《易经》,指的是对人类实践能力、方式及成果的总概括,既体现在物质方面,也体现在制度和精神方面。人文素质是指人应具备的内在品质和人生的定位,在学识上的积累,获取和应用知识的能力等,包括人的理智、能力、情感和意志这几个内在因素。人文素质包括了人文知识修养和人文精神两大层面。其中人文精神是指通过文、史、哲和艺术等人文学科知识的吸收而形成的价值观、道德和思维品质,它是一种普遍的人类自我关怀,表现为对人的尊严、价值、命运的维护、追求和关切,以及对一种全面发展的理想人格的肯定和塑造。人文素质的培养是指将人类优秀的文化成果通过知识传授、环境熏陶以及自身实践,转化为个人的思想、道德、品质、价值观、人生观等的过程,也就是引导人们求善、求真、求美的教育过程。人文素质的培养强调人的知识、情感和意识等的全面健康发展,同时为生存竞争提供强大的精神动力。人文素质是后天形成的,它一方面依赖于受教育者对知识、情感、思想的接受和理解程度,以及内化为自己的品质的程度;另一方面则主要依赖于后天的培养,即教育者有意识地渗透、提醒或根据教学实际有计划实施教育,而中国传统文化,尤其是中国古代文学在培养学生的人文素质方面有着得天独厚的学科优势。

(二)当代大学生人文素质的现状

近年来,我国高等教育在人才培养模式上实施了一系列创新性举措,取得了较显著的成效。但是,由于我们的社会目前正处于转型期,人们的思维模式、价值观念、是非标准、生活方式所发生的重大变化,对处于青春期、社会阅历浅的大学生心理产生了很大影响。伴随着科学技术的迅猛发展,信息量迅速增大,知识更新的速度加快,大学生的心理压力也随之越来越大,因心理问题走上极端的大学生呈上升趋势。这说明大学生心理承受能力较弱,经不住外部社会激烈竞争和深刻变革的冲击。当实利成为多数人认可的价值准则时,教育已经不可避免地受到了实利原则的侵蚀,人们对经济利益的渴望使功利成为人们追求的首要目标,而人文精神则受到了忽视和冷落。这种功利化的教育思维对大学生的影响是令人担忧的。

1. 在知识层面上,表现为人文知识缺失,结构失衡。

高等教育是我国国民教育中的重要组成部分,在现代化建设中居于重要的战略地位。高等教育的任务就是要培养高素质创新型人才,使学生学会怎样读书、怎样做事、怎样与人相

---

① 本文系陕西省社科联项目(2010C022)和陕西省教育厅科研项目(09JK031)。

处、怎样做人。但目前在市场经济的影响下,大学教育的指导思想,存在着较为严重的“工具性”和狭隘的功利教育观念;在教育的内容上,表现为重科技轻人文、重专业轻教养、重知识轻能力的单纯职业化倾向;在教育的效果上,出现了受教育者人文知识的欠缺和知识结构的失衡。天文地理文史哲等大学生应该具有的人文素养差得让人难以置信,一些学生民族意识淡化,对中国文明史缺乏了解,对传统文化没兴趣,很多学生没有完整地读过四大名著。这些学生很少读课外书,即使读书也只是看那些武侠小说式的“快餐文学”、“地摊文学”。不要说哲学伦理学等抽象理论性的著作,即使是经典的文学名著、历史传记,不少人一部也没有认真读过,偶尔涉猎也觉得“不刺激”、“太过时”或看不懂。特别是大学教育大众化后的部分院校高年级学生,他们当中有相当一部分人对课程学习没有兴趣,尤其是对提高人文素养的课程,如古典文化导读、文学欣赏等,更是不愿学习,对人文知识的厌学成为一种普遍现象。学校因受办学规模影响,对人文素质缺失学生的管理缺乏应有的力度,传授人文课程的教师往往迁就于学生,此举实属无奈。目前的大学校园存在这样一种现象:学生极其崇尚洋节日,对西方圣诞节、情人节、愚人节、万圣节等的认同与参与程度远远胜过中国的节日。高校教育缺乏对学生进行文化启蒙,使他们能有文化自觉的过程,也就是不能使他们对中西方传统优秀文化有理性的认识,有文化选择能力,有文化承担精神,有文化传承、创造的责任。长此以往,将直接影响我国高等教育人才培养的质量和我国现代化建设的进程。

2. 在精神层面上表现为人文精神的失落,心理素质欠缺。

高等教育工作的重点是提高质量,而提高质量的关键是全面推进素质教育。大学阶段,在一个人的生命中,恰好处在特有的灵魂发育期,即精神成人的重要阶段,但人文知识的结构性缺失却导致了当今很多大学生精神不充实、不丰富、不优雅,反过来加剧了物质化实用化的泛滥,斤斤计较,锱铢必较,缺乏风度、气度和大度,为评奖学金、评先进同学之间反目等现象在校园里屡见不鲜。许多学生成了只想着自己那点小利益的没理想、浑浑噩噩过日子的小市民甚至市井之徒,缺乏人文精神、人文素养。大学生人文精神的这种欠缺,导致很多大学生心理承受能力太差,没有形成健全的人格、养成良好的意志品质和坚定克服困难的信心,发展后劲不足,难以成为高素质的人才,也很难担负起对自己及对国家的责任。

以上诸多现象是大学生人文素质教育缺失的表现,令人担忧。当然,在校大学生还很年轻,还有较大发展打造空间。作为一名古代文学教师,笔者认为古代文学教学承载着诸多的人文因素,在古代文学教学中可以利用和挖掘其中的人文精神,这是培养学生的人文素养的最佳途径。

二、古代文学培养学生人文素质的学科优势

在目前大学中文教学中,古代文学有着得天独厚的条件。古代文学包含着历代文人的宇宙人生观、价值观、道德观、人格理想以及对人类命运、人类社会的思考和探索,具有无穷无尽的知识、思想、艺术内涵,是我们取之不尽的教育源泉。

(一)古代文学教学能增强学生的理想信念,增强民族自豪感

理想信念是超越现实,对未来美好远景和远大价值目标的自觉追求;是超越自我,塑造自我,发展自我,面向未来,努力实现更高价值的自我意识。理想信念对人们的思想言行具有决定性的影响,是一种最重要的价值观念,是思想政治建设的核心,是人文素质教育的重要主题,而古代文学正是其重要的文化阵地。

中国古代文学是中华民族几千年优秀文化的结晶,是历代作家人生信念、人文情怀的艺术外化,古代文学教师可以在文学作品的鉴赏中带领学生去触摸我们民族的伟大灵魂。“路

漫漫其修远兮，吾将上下而求索”①，体现的是屈原为实现“明君”、“贤臣”、“修明法度”的美政理想而九死未悔的执着精神；“富贵不能淫，贫贱不能移，威武不能屈”②激荡着孟子的浩然正气，“故天将降大任于斯人也，必先苦其心志，劳其筋骨，饿其体肤，空乏其身”告诫人们要担负国家民族的重任，成就大业，必先磨炼意志，锻炼心境。古代文学作品中有李白“天生我材必有用”、“吾辈岂是蓬蒿人”的奔放豪迈的青春歌唱和“长风破浪会有时，直挂云帆济沧海”的强大信心表白，也有杜甫“安得广厦千万间，大庇天下寒士俱欢颜，风雨不动安如山！”的忧天悯人的情怀，更有曹操“老骥伏枥，志在千里，烈士暮年，壮心不已”的雄心壮志，文天祥那“人生自古谁无死，留取丹心照汗青”的民族气节也会使学生得到心灵的涤荡和升华。这些优秀的作家是我们民族精神的化身，是激励青年坚定理想信念的楷模，他们的作品具有无穷无尽的感染力量。

（二）古代文学教学是完善人格的理想家园

古代文学作品是古人思想感情、社会生活、人生体验的缩影，无论社会怎样进步、科学如何发达，人生的哲理亘古不变，人生的处境也不外乎顺境、逆境、绝境，古人和今人都在探寻一种有意义的人生。古代文学的人文性特点决定着其对学生健全人格的培养有着深远的影响，因此在教学中应该充分挖掘这些人文因素，以文布道，因道释文。汉代史学家司马迁因性格刚直被卷入李陵事件，遭遇宫刑之辱，但却以顽强的意志坚持完成了《史记》的创作。受宫刑是比死刑还要残酷的刑罚，对司马迁来说，是一种无法忍受的侮辱，是对司马迁精神和肉体无以复加的摧残。“是以肠一日而九回，剧则忽忽若有所亡，出则不知所如往。每念斯耻，汗未尝不发背沾衣也。”③在这种艰难的处境中，司马迁遭受腐刑后的悲愤心情和为完成一项伟大事业而忍辱含垢、发愤图强的人格魅力无不震撼着学生的心灵。

《史记》中的西楚霸王项羽与越王勾践也都曾面对过两难的选择，不同的是，前者的选择以悲剧告终，而后者的选择不仅给人物本身一个起死回生的机会，还留给后世极大的鼓舞。这也从另一个方面告诉人们如何在逆境中求得生存。

北宋文学家苏轼一生身处逆境却独创豪放词派，历尽坎坷却笑对人生。苏轼思想自由、品格坚贞、坦荡、旷达，给后人创造了取之不尽的精神财富。苏轼以“外儒内佛”的形式统一了佛、儒、道三家的思想精华，儒家的入世精神与佛道化解人生苦难的虚幻意识互补，使他保持了做人的气节，成就了他虚静高洁的心灵和淡泊超逸的人格。“人有悲欢离合，月有阴晴圆缺，此事古难全。但愿人长久，千里共婵娟”，表现了一个士大夫身处逆境时疏放与洒脱的人生境界。

人生总会逢挫折、碰“钉子”，绝不会永远一帆风顺。但是，身处逆境，不要怕失败。任何理想目标在实现过程中总会遭到这样那样的挫折，或者因为时机不当，或者因为条件变化，或者因为合作者设置重重阻碍，甚或谗言陷害，总之天、地、人等种种条件变化，都会造成事业的挫折和暂时的失败。古代文学作品中这些遭逆境而百折不挠、最终成功、名传千古的人物，正是对学生进行人格教育的良好素材。譬如，笔者在研究司马迁的《史记》之余撰写《理想　信念　毅力——论司马迁笔下的悲剧人物》④，为全院学生做了“与挫折一起奋飞——《史记》悲剧人物论”的学术报告，在学生中引起了强烈的共鸣，有许多理科学生也参与进来一起探寻人

① 王锡荣. 楚辞·离骚［M］. 长春：吉林文史出版社，2007.

② 孟子. 滕文公·下. 诸子集成［M］. 北京：中华书局，2006.

③ 班固. 汉书·司马迁传［M］. 北京：中华书局，1999.

④ 江秀玲. 理想 信念 毅力——论司马迁笔下的悲剧人物［J］. 陕西教育学院学报，2000，(3).

生的价值，可见古代文学教育能够对学生的人文素质教育起到很好的作用。当作家的情操和作品的精神以一种无法抗拒的力量渗入学生的灵魂深处时，他们也就能建立起健康的道德感与审美感，树立起高尚的人格。

（三）古代文学教学是进行审美教育的有效途径

美感，是指人对客观事物美的一种感受，是人在辨别客观事物美与丑、真与假、善与恶的同时，对美的事物产生的兴趣和感情上的激动、精神上的满足等心理活动。所谓审美教育就是美感教育，是借助于美的形象的手段给学生以情感的熏陶，培养学生的审美能力，使他们树立正确的审美观，增强辨别美丑的能力，从而使他们具有高尚的道德情操和精神境界，同时也提高他们的艺术欣赏水平。具有人生审美意识就是要确证和实现自身意义及个性的最高生命追求，懂得艺术地、精致地生活。文学即人学，古代文学作品固然是客观的审美对象，但更包含着丰富的人文精神，是先贤们的人格写照，是他们对生命意蕴的思索和体悟。从这个角度入手，凝固的历史会鲜活起来，先民绚烂的精神世界、崇高的生命活力、不懈的思索追求、博大的胸襟理想才能真正渗入学生的生命，古代文学教学也就赋予了学生一双慧眼，使他们能真正用审美的眼光看世界、生活和人生，感受到人生的丰富和美好，这也正是古代文学教学的重要目标之所在。在文学史上，许多进步的作家既是文学家，又是杰出的思想家、政治家、爱国者。比如儒家学派的创始人孔子，他倡导仁、礼学说，聚徒讲学，不辞劳苦，奔走游说；在教学上，提倡有教无类、诲人不倦。在他身上体现了刚健有为、自强不息的民族精神和“以天下为己任”的崇高思想境界，他堪称“万世师表”。继孔子之后的孟子提出了“民贵君轻”的民本思想，注重“我善养吾浩然之气”的道德修养和人格培养，要求达到“富贵不能淫，贫贱不能移，威武不能屈”的人生境界。还有爱国诗人屈原，爱国志士文天祥、岳飞、于谦、夏完淳、郑成功等，他们都和自己的祖国命运休戚与共，坚持节操，有着强烈的热爱祖国、热爱人民的思想感情。学生们在欣赏古代伟大作家作品的同时，心灵世界得以净化，生命活力得以激发，文学的趣味得以提升，审美教育也就取得了“随风潜入夜，润物细无声”的艺术效果。

从先秦时期的诗经、楚辞、诸子散文、历史散文，汉代的赋、乐府、史记、汉书，到魏晋南北朝的诗、赋、散文，以及一代文学之盛的唐诗、宋词、元曲、明清小说，许多优秀的作品凝聚了我国丰富的民族文化，蕴含着中华民族的智慧美德，体现着我们民族高尚的民族精神和审美情趣。这些作品具有美的内容和美的形式，为对学生进行审美教育提供了丰富的内容和材料。因而在教学过程中给学生传授知识的同时，要注意运用古代文学中美的形象对学生进行美感教育，给学生以情感的熏陶，提高学生的鉴赏能力。

三、古代文学教学方法优化

高等学校中国古代文学课程的教学，必须注重培养学生创新能力，教师须锐意改革传统的教学方法，自觉贯彻创新教育的精神，只有这样才能为培养大批创新型人才作出应有的贡献。中国古代文学发展史本身就是一部不断创新的历史，中国古代文学创作的辉煌成就正是历代作家在批判继承传统的基础上不断创新的结果。从先秦到近代几千年的文学长河中，名家风起云涌，名作层出不穷，这恰好是中国古代文学创新品格的有力见证。因此，中国古代文学无疑是一部实施创新教育的好教材。

（一）以“史”为纲，以“作品”为本，强化原典教学

中国古代文学课程的教学改革应该加强原典教学①，把经典作品的讲析与导读作为主体内容，而把文学史的提要与点拨作为讲授的基本线索，使学生通过对文学史的认知与把握，能

① 邵炳军.文学“元典”教学在古代文学课程中应给予更有力的关注[J].中国大学教学，2007，(2).

够更好地解读与鉴赏经典文学作品。随着新时期市场对人才综合技能要求的提高以及课程结构的重新整合、教学大纲的不断更新,古代文学课时有一定缩减。教师在古代文学教学中,为了追求课程结构的系统性,往往拉通讲解文学史,而忽视了具体作品的解读,仅以少量作品举例式地穿插其中。其实这种教学方法得不偿失,应该予以改变,如果将文学史与作品选大致按3∶7的比例设置,则可以突出作品选的主体地位。笔者在教学过程中积极引导学生认真研读历代文学名家名作,给学生列出必读书目,复印并张贴在教室;同时,规定基本的阅读量,要求熟读诗经15首、楚辞5篇、汉赋5篇、乐府10首、唐诗100首、宋词100首、元曲50首、古文50篇、四大古典名著,以及其他经典诗歌、散文、小说、戏剧等,其中背诵作品力求达到300篇以上,并采取相应措施进行考评。这样,学生便能够通过对作品的诵读与领会来加深对文学史的认知,强化对作品思想内容的理解,乃至借鉴古人在做人处事中的方式方法。例如在讲授《李斯谏逐客书》一文时,让学生思考李斯为什么能令一代帝王改变初衷,分析李斯在上书中始终紧扣秦王欲统一天下这一宏图大略,巧妙地运用比喻、排偶、对比诸多修辞手法,有的放矢地向秦王施以攻心之术,使秦王废除了逐客令,恢复了李斯的官职,最终辅佐秦始皇灭六国,统一天下。通过提问"如果李斯将秦王的所作所为全盘否定,激怒秦王,将会产生怎样的结果?"让学生充分体会和感悟李斯上书中的策略和语言技巧,使学生在潜移默化中提高语言技巧,提高与人交往的能力。这样长时间的积累,不仅提高了学生解读古文原典的水平,而且有利于优化学生与人沟通的方法技巧。

(二)构建新型教学模式,提高学生人文素养

古代文学是一门历史悠久的传统课程,其教学方法在目前还显得比较陈旧,有待努力加以革新。提倡运用"启发式"、"探讨式"教学法,彻底摒弃"注入式"、"填鸭式",乃是本课程教学改革的当务之急。在课前预习中,教师应针对作家作品及文学史提出一些富于启发性的问题,鼓励学生带着疑问去阅读课本和参考书,独立思考,大胆钻研。这样启发提问,确实能够激励学生课前预习并主动探寻答案,逐步养成勤学多思的良好习惯。

在课堂教学中,教师必须改变过去单一传授知识的讲课方式,切实贯彻实行启发与探讨式教学原则,具体可以采用古今贯通法、纵横比较法、正反对照法、巧设悬念法、质疑问答法、辩难讨论法、兴趣导引法、"授人以渔"法等,以加深学生对所学知识的理解与吸收,夯实他们的学科专业基础。比如讲授《论语》后,笔者结合现今大学生人文教育欠缺的实际,召开"怎样做人"的主题研讨会,每位发言者都结合自己的实际,探讨了在新时期应该怎样做人、怎样完善自己的人格,收到了很好的效果。再如在讲授《齐桓晋文之事章》时,让学生体会孟子欲使齐王采纳他"行仁政"以"王天下"的政治主张,先从齐王欲"君临天下"的心理特点切入,引起齐王对"王"感兴趣这一思路,然后用排比提问题、类推的方法令齐王情绪高涨,趁机摆出自己一整套"王天下"的治国韬略,为齐国勾画出一幅太平盛世的宏伟蓝图,终于使齐王欣然采纳,其语言智慧的发挥达到了绝佳的境地。这种启发与探讨式教学,有利于调动学生的学习积极性与主动性,增强学生的能力。

在课后自学指导中,从巩固与深化课堂教学出发,需要给学生布置一些具有启发和研讨价值的思考题及实践技能训练任务,鼓励学生独立思考,大胆探索,相互切磋,集思广益。如对《孔雀东南飞》这首叙事长诗,笔者要求学生根据人物和情节,按照各自对诗歌的理解,把它改写成现代话剧,然后选择较好的剧本,让大家集体修改,进一步完善,并进行演出。同学对这种教学方法非常认可,参与热情极高,演出很成功。趁着这股热情,笔者又让同学写了观后感。这种教学方法,使学生深入领会了诗歌内容,在创作中提高了文字表述能力,在演出中强化了团队意识。这种方法有利于综合能力的提高,深受学生欢迎。

（三）逐步完善教学手段，切实提高教学实效

中国古代文学课程多年来沿用“一块黑板、一支粉笔”的教学手段，远远不能满足现代教育的需要。为了适应教育现代化的发展形势，现今的大学教学手段应当是多媒体、网络和传统教学三者相结合的整合模式。在传统教学的基础上，适当借助于影像、录音、电脑课件等现代多媒体手段的优势，丰富与拓展教学内容，使讲解与播放相结合，图文并茂、声情互动，以形象直观的画面与文字来感染学生，启发其想象，有效增强学生的学习主动性和积极性。在讲授文学史有关基本知识、介绍作家生平思想与文学成就时，可用信息容量大的多媒体课件来充分展示；而讲授古代文学作品时，也可用多媒体课件来提示教学要点。特别是诗词教学，可将讲读篇目演示在屏幕上，再配以音乐、画面、朗读以及前人的相关评论，教师因势利导，加以疏通评析，启迪学生从多层次、多角度去品赏领会。这种生动活泼的诗词欣赏课，给人一种高雅的精神享受，必将激发学生的想象与联想，增强他们的文学感悟能力。比如笔者在讲授司马迁的《史记》时，首先结合司马迁的生平介绍，将他一生中与写作《史记》有关系的三件大事通过幻灯演示出来，给学生留下直观而深刻的印象。然后着重评述李陵之祸对司马迁创作《史记》的影响，配上内容精要的课件向学生逐一展示，以收到提纲挈领、以简驭繁的教学效果。继后重点讲授《史记》中的人物传记，尤其是悲剧人物的传记。所讲的每位人物都尽可能用多媒体，并附录历代名家的经典评论；同时配合提要、评点式的讲解，营造出一种活跃思维、开启心智的教学氛围，使学生赏心悦目，兴趣盎然，由此起到潜移默化的作用。与此同时，还应充分利用丰富的教学资源，诸如“国学”网，南京师范大学网《全唐宋金元词文库及赏析》数据库、中国期刊网期刊数据库、中国社科院“中国文学”网、首都师范大学“中国诗歌”网等，引导学生通过网络打开一个学习与探索古代文学的新天地，汲取知识甘泉，吸收成才养料，借鉴新的科学方法，培养自己的创新能力；优化学习方法，提高学习水平，增强实践能力，从而成为符合时代要求的创新型人才。

古代文学教学承载着培养大学生人文素质的艰巨任务，它是一个矿山掘宝、沙里淘金的过程，也是一个潜移默化、润物细无声的过程。教育工作者应切记动机的重要性和自觉的驱动力这一特点和规律，不可急功近利，惟有如此，方可得到实效。

作者单位：陕西教育学院中文系

新加坡受训教师对于应用“坐针毡”进行公民与道德教育教学的看法

陈月慧 周小玉

一、引言

“说教”是一般人对于公民与道德教育教学的刻板印象。在20世纪90年代之前,新加坡小学公民与道德教育的普遍教学法是“直接灌输正确的价值观”,也就是“说教”。公民与道德教育缺乏有理论根据的、适用于新加坡的教学模式,教师缺乏相关知识和技能的培训,这是好几个关于道德教育的调查报告指出的问题。从1989年开始,配合《好公民》(修订版)的实施,小学公民与道德教育课程推介4种教学法(teaching approaches),即“文化传递法”、“设身处地考虑法”、“价值澄清法”以及“道德认知发展法”。2007年的《小学公民与道德课程标准》增添了两种教学法:“叙述法”和“行动学习法”。提倡这些教学法的目的在于改变“说教”的传统,鼓励学生进行道德思考、作出正确的道德判断,并把道德价值观付诸实践。

上述教学法实施至今已逾20年了。2009年,中国的台湾代表团来新加坡考察时,新加坡教育部官员反映:“新加坡的公民与道德教育课程是由母语教师教导,不过,学生都觉得像在说教。有些学校在竞争压力下,挪用公民道德课。”可见传统的“说教”教学法还是根深蒂固的。相较于其他考试科目,学校对于公民与道德教育这个非考试科目的教学缺乏动力和鼓励,不愿意投入太多时间和资源,也是不争的事实。

到目前为止,有关新加坡公民与道德教育的研究大多属于宏观的,关于课堂教学法的研究文献仍然欠缺。小学公民与道德教育科是以母语为教学媒介语,因此,要了解小学公民与道德教育的课堂教学,或许可从华文的课堂教学窥见一斑。根据刘永兵和张东波的课堂观察,在华文课堂教学中,教师主导的活动段(包括教师讲授/独白、全班提问和讨论以及核对性问答)占据超过一半的时间。就学生课堂的语言产出而言,刘、张认为在课堂上教师几乎或根本就不重视学生连续性语言产出,因此在连贯表达自己观点时便会遇到困难。教师也不给学生机会表达个人观点或有创造性地使用语言。如果说在上华文课时学生缺乏表达个人观点的机会,在上公民与道德教育课的情况或许也不至于相差太远。基于这种课堂教学的现况,我们在教师培训课程中引入“坐针毡”(hotseating)这种源于戏剧习式的教学策略,希望为小学公民与道德教育教师多提供一种“说”与“教”的选择。

二、“坐针毡”应用于公民与道德教育课堂教学的尝试

现行新加坡小学公民与道德教育是在Thomas Lickona的理论框架上建构的,道德认知、道德情感和道德行动三方面并重;除了注重学生品格的形成和发展,也注重社交和情绪管理。新加坡从20世纪90年代开始在公民与道德教育课程推行“价值澄清法”和“道德认知发展法”这两种教学模式,这两种模式近年来受到不少批评,原因之一是它们都过于注重抽象和理性的认知,忽略了道德价值观形成过程中的感性的和心理的因素。为了弥补这方面的不足,说故事这种历久不衰的传统重新获得重视。不少学者提出说故事所使用的叙述性思维

(narrative thinking)的心理学根据。与逻辑思维不同的是,叙述性思维涉及具体的事件和人际关系,聚焦于整体的“人”而不是抽离生活的抽象思考。叙述性思维所牵引的想象、情绪等,比逻辑思维更有助于学童了解人的道德思考和道德行为。当然,在儿童品格形成的过程中,理性的认知思维和感性的叙述性思维两者是可以、也应该相辅相成的;“坐针毡”这种结合了角色扮演的戏剧教学技巧和提问的方式,正是结合了这两者的一种教学策略。

“坐针毡”(hotseating,或译为“焦点人物”)是源于演员训练的戏剧习式(drama convention)。被“盘问”的演员坐在一张为他准备的椅子上,“如坐针毡”地回答剧中其他角色所提出的各种问题。这一番“盘问”有助于演员深入了解角色,进入角色。“坐针毡”这种策略用于教学时,通常是由教师入戏,扮演故事中面临两难或需要做出抉择的角色,学生则以自己的身份“盘问”教师或提出解决难题的方法。

在新加坡国立教育学院为修读大学毕业教育专业文凭课程(小学)受训教师所开设的公民与道德教育教学法课程中,“坐针毡”被作为一种提问策略编入课程,结合公民与道德教育的教学模式,帮助学生深入思考,进行价值澄清,做出道德判断,并提高道德认知的层次。教师首先要设计一个适合学生年龄与生活经验的道德两难情境,帮助学生确定这个两难困境所涉及的“不能两全的道德原则”,然后自己扮演处于道德两难困境的角色,引导学生为自己想出解决的办法,让学生建议:在无法两全的情况下,当事人应该怎么解决这个难题?为什么当事人应该这么做?以学员在研讨课所设计的一个情境为例:有一天小英迟到了,他看到当天负责记录迟到学生的学长(prefect)是他的好朋友小华,觉得很庆幸。小英要求小华看在好朋友的份上放他一马。小华应不应该放过小英呢?

如果不用“坐针毡”的提问策略,一般教师通常会以“展示性”问题向学生提问。教师可能这么问:“你们认为小华应不应该放过小英,不记他的名呢?”学生通常会为了符合老师所预设的答案而作出“正确”的回应。如果学生根据教师预设的答案来回应,那并不是学生真正的声音,而是教师的权威话语。这种表面上看起来像是师生问答或交流的话语,仍是独白(monologue),而不是真正意义的对话(dialogue)。

使用“坐针毡”时,教师以角色的身份引导讨论,扮演那名处于两难困境的学长小华。教师可以问:“你们说我应该怎么做?”学生可以自由回应,除了记名和不记名,他们也可以提出其他解决途径,或他们认为“两全其美”的办法。当然,为了引导学生进行道德思考,教师必须要求学生在提出解决办法时兼说明理由,以了解他们做出这个决定背后的动机。教师在引导学生提出解决方法时,一方面需判断学生所提出的建议是处在柯尔伯的道德认知发展阶段的哪一个阶段①,另一方面需要根据学生所在的道德认知层次回应学生的建议,或演“反派人物”挑战学生的观点,或转由其他学生提出批评,以提升学生的道德认知层次。以上述情境为例,不论是“记名”或“不记名”,都可能处在道德认知的同一阶段或不同阶段。例如,主张“记名”的学生,可能是基于避免惩罚的动机:“如果不记名,老师就不让你做学长了。”这个回应显示该名学生处于“前习俗水平第一阶段:惩罚和服从取向”。如果学生回应:“你是学长,不能徇私”,则显示该名学生重视“角色期望”,这是“习俗水平第三阶段:人际关系和谐取

① 科尔伯Lawrence Kohlberg将道德认知发展阶段分为3个水平,每个水平再分为2个阶段,共6个阶段:1)前习俗水平(Pre-Conventional Level):第一阶段:以惩罚与服从为价值取向,第二阶段:以个人的利益与交换为价值取向;2)习俗水平(Conventional Level):第三阶段:以协调人际关系为价值取向,第四阶段:以维护社会秩序和履行个人义务为价值取向;3)后习俗水平(Post-Conventional Level):第五阶段:以社会契约为价值取向,第六阶段:以普遍道德原则为价值取向。Kohlberg, Lawrence. Moral stages and moralization: The cognitive-developmental approach. In. Lickona, T. ed. Moral Development and Behavior[C]. NewYork: Rinehart and Winston,1976.

向”。如果学生说“这是校规,每个人都必须遵守”,那么他显然处于“习俗水平第四阶段:维护社会秩序和法律取向”。主张“不记名”的,教师也可根据他提出的理由判断他的道德认知处于哪一个层次。此外,教师必须在适当的时候跳出“坐针毡”的角色,回复教师的身份,帮助学生反思刚才的情境。因为教师“坐针毡”只是一种教学手段。

使用“坐针毡”来引导提问,改变了教师“传道、解惑”的传统形象。它的最大特点是师生角色互换,由学生“教”教师如何解决困难,因此,学生“说”的机会大大增加了。师生双方在对话的过程中,既讨论如何解决实际生活可能遇到的问题,也做出道德判断和道德决定,确立价值观。从这个角度来看,教师才是当然的“解惑者”。这个思考、判断和做决定的过程,是具体的、实际的,牵涉到人际关系和情感,既包含理性的、认知的思考,也包含叙述性思维。教师在不必说教的情况下,对学生“动之以情,晓之以理”,兼顾“道德认知”和“道德情感”。从课堂交流的形态来看,由于话语权让与学生,学生可以自由表达,扩大了思考和话语的空间,课堂交流展现活泼的、真实的对话。当然,这个教学法对教师——尤其是新教师是具有相当大的挑战性的。

三、研究背景与资料

本研究以在新加坡国立教育学院接受职前训练的106名小学华文教师为研究对象。这批教师多数为非中文系毕业,他们修读为期1年的大学毕业教育专业文凭课程(小学),毕业后将成为小学的华文和公民与道德教育教师。他们多半没有实际的教学经验,只有一部分曾当过“合约教师”,在学校观察体验过教师生活。

本研究的目的在于了解职前受训教师对于“坐针毡”这种教学法的看法并探讨他们在教学实习时使用的情况。本论文探讨此项研究的第一部分,即通过问卷调查,探讨教师对于利用“坐针毡”引导学生进行道德思考的看法以及他们到学校应用该教学法所关注的问题。

这批受训教师在上过两堂各1个小时的“角色扮演”和“坐针毡”的模拟教学研讨课后回答一份网上调查问卷。调查工具是国立教育学院的网络平台,收集的答卷是匿名的。调查问卷共有15道题:除了第1题是为了了解受训教师是否曾经在学校中使用过‘坐针毡’的教学技巧而设的是非题外,从第2到第10道题要求受训教师根据量表1到6表示对于应用“坐针毡”进行道德教学的看法的同意程度:“1”表示完全不同意,“6”表示完全同意;后5道题是开放式问题,让学员自由回答,以便更深入地了解他们的看法。

四、研究资料的分析与讨论

调查的答卷统计显示:106名受训教师全数上网完成这份调查问卷的每一道问题。以下根据选择题与简答题归纳为3个项目分析和讨论,这三个主要项目是:受训教师对“坐针毡”的经验和认识;受训教师对于在公民与道德教育教学使用“坐针毡”的接受度;受训教师认为他们在课堂上使用“坐针毡”时可能面对的问题,以及使用这个教学法所需要具备的知识和技能。在说明时,选择题的分析根据系统所计算的百分比,简答题的分析以括号表示,如(10)表示该用语出现的次数,用R加号码表示问卷回答中该段文字出现的序号,如(R12)表示那是该问题列号12的回答。兹逐项分析如下:

(一)受训教师对“坐针毡”的经验和认识

调查问卷用选择题1和简答题11来取得受训教师对“坐针毡”这种教学法的先备知识的背景资料。

1. 受训教师对“坐针毡”的经验

选择题1“我曾经在学校中使用过‘坐针毡’的教学技巧来引导讨论”,只要求回答“是”与“否”。结果显示只有2.8%的回答是“是”,97.2%回答“否”。受训教师多半没有实际的学校教学经验,所以不曾使用过“坐针毡”是可以理解的。在简答题中也有相应的回答。

2. 受训教师对“坐针毡”的认识

受训教师大多缺乏“坐针毡”先备知识,这在简答题 11“我对‘坐针毡’教学技巧的认识和了解”的回答中,有 11 名受训教师明确地表示是在上了公民与道德教育教学法的课后才初步了解“坐针毡”这种教学法,有的在这之前甚至闻所未闻。以下是部分学员的回答:

我对“坐针毡”教学技巧的认识和了解是在上完老师的道德与公民课程后才有所认识的。在上此课以前是一概不知,也没听过此“专有名词”。(R12)

从陈老师的课上我才第一次学到了“坐针毡”教学技巧。(R22)

对于“坐针毡”的教学法的认识是从这门课才开始的。(R33)

我是第一次接触到“坐针毡”这一教学技巧。(R46)

“坐针毡”教学技巧对我来讲是一个全新的概念,通过老师课堂上的演示和同学的练习,我感觉到这种教学方法很适合公民与道德教育课程。(R50)

至于那些对“坐针毡”略有所闻的受训教师,也是在上过课之后才对“坐针毡”有比较全面的认识,主要反映在“由谁坐针毡”方面。以下是一些学员的回答:

我是上了这门课后才对“坐针毡”教学法有所认识。之前只知道可以通过这方法来“访问”案件扮演的主角。(R16)

……来到教育学院后,我才真正看到这个教学技巧的“魔力”。我的初步了解是它只能让学生使用,形式有点儿像角色扮演。但经过陈老师的教导,我才明白由老师来当‘主角’引导学生对某个议题来发问,才能有效地发挥这个教学技巧的真正用意。(R48)

有些回答比较由学生坐针毡和由教师坐针毡的不同效果:

“坐针毡”的最好是教师自己,因为学生通常会由于同辈的压力而“坐不住”针毡,或在意别人对自己的看法而不敢讲出自己真正的想法。(R20)

受训教师大多能说出“坐针毡”教学法的特点,包括:这是一种源于戏剧的教学法(7)、是一种提问策略(29)、应用归纳法的提问技巧(6)、引导(70)全班讨论、作道德推理(10)、思考(46)和道德判断(21)。以下的回答反映受训教师对“坐针毡”已有清晰的概念:

“坐针毡”教学是个互动性活动,它通过归纳的提问技巧引导学生去思考、思索和推理。在“坐针毡”教学中,老师会根据自己所设定的故事或情境,扮演故事中的主人公…并通过提问方式带动学生积极参与讨论。通过老师的角色扮演,学生能更了解人物的问题、心情和感受,并站在他人的角度为他人设想,从中激发学生的同理心。(R13)

“坐针毡”需要老师非常明确的目标——要引导孩子理解什么。之后,老师需要冷静应对所有变化,沉着地将可能发生的“离题”等情形“拉回”到课题上……“坐针毡”时,老师可说是引导孩子进行思考、反思的一个辅助。(R27)

(二) 受训教师对于在公民与道德教育课堂教学应用“坐针毡”的接受度

选择题 2、3、4、5 和 10 是从“教”的角度收集受训教师对“坐针毡”这种教学法的接受度;选择题 6、7、8 和 9 从“学”的角度收集受训教师对“坐针毡”这种教学法的接受度;简答题 12 和 14 则收集受训教师对“坐针毡”教学法的具体意见。兹分述如下:

1. 从“教”的观点论析受训教师对应用“坐针毡”于公民与道德教育的课堂教学

受训教师对选择题2、4、5和10的回答如下表所示①:

数	同意程度	完全不同意……					……完全同意
	量表	1	2	3	4	5	6
2	我认为“坐针毡”的教学技巧适用于公民与道德教育的课堂教学。	0	0	2.8%	12.3%	46.2%	38.7%
4	我认为“坐针毡”的教学技巧能提高公民与道德教育课堂教学的互动性。	0	0	0	5.7%	43.4%	50.9%
5	我认为“坐针毡”的教学技巧能帮助我在课堂上展开公民与道德教育议题(moral issues)的讨论。	0	0	0	16.0%	53.8%	30.2%
10	使用“坐针毡”进行教学不会影响课堂纪律	0	6.6%	28.3%	40.6%	21.7%	2.8%

问卷调查结果显示:受训教师对上述4个问题表示同意的(4—6)明显地比不同意的(1—3)多,而且同意度高。有97.2%同意“坐针毡”的教学技巧适用于公民与道德教育的课堂教学(问题2),其中84.9%表示高度同意(5和6),只有2.8%选择3,表示轻微程度的不同意。他们一致认为(100%)“坐针毡”能提高公民与道德教育课堂教学的互动性(问题4),而且能帮助他们在课堂上展开公民与道德教育议题的讨论(问题5)。问题4选择高度同意(5和6)的达94.3%;问题5选择5和6的达84%。

受训教师对“坐针毡”的顾虑,主要在于课堂纪律。从第10题的回答中可以看出,有34.9%认为使用“坐针毡”进行教学会影响课堂纪律;有大约65.1%认为不会影响课堂纪律,表示高同意度的(5和6)只有24.5%,明显比其他问题的同意度来得低。

2. 从“学”的观点论析受训教师对应用“坐针毡”于公民与道德教育的课堂教学

受训教师对选择题6、7、8和9的回应如下表所示:

数	同意程度	完全不同意……					……完全同意
	量表	1	2	3	4	5	6
6	我认为“坐针毡”的教学技巧能帮助学生了解公民与道德教育的议题。	0	0	0	23.6%	55.6%	20.8%
7	我认为“坐针毡”的教学技巧能提高学生同理的能力。	0	0	1.9%	14.2%	57.5%	26.4%
8	我认为“坐针毡”的教学技巧能提高学生道德推理的能力。	0	0	1.9%	32.1%	41.5%	24.5%
9	我认为“坐针毡”的教学技巧有助于提高学生的道德认知发展阶段。	0	0.9%	0.9%	30.2%	47.2%	20.8%

问卷调查结果显示:受训教师几乎一致同意“坐针毡”对于道德教育学习者能起正面作用。100%同意“坐针毡”的教学技巧能帮助学生了解公民与道德教育的议题中,有76.4%表示高度同意(5和6)。有超过98%的同意“坐针毡”的教学技巧能提高学生同理的能力,其中

① 第3道选择题为:“我认为‘坐针毡’的教学技巧适用于公民与道德教育的文化传递法、叙述法、设身处地考虑法、价值澄清法、道德认知发展法等五个教学模式”。由于技术故障,只显现在极少数学员的问卷中,故不作分析。设计这道题是为了使第2题的内容更明确,以检测学员回应的稳定性,所以不影响调查结果的分析。

84% 选择5和6,表示轻微不同意(3)的只有1.9%。有超过98%同意“坐针毡”的教学技巧能提高学生道德推理的能力,选择5和6的占66%,只有1.9%表示轻微不同意(3)。认为“提高道德推理能力”的比率比“提高同理能力”稍低,也许一般认为“道德推理”要比“同理”的难度高一些。第9题:“我认为‘坐针毡’的教学技巧有助于提高学生的道德认知发展阶段”,也有超过98%表示同意,其中高同意度(5和6)占67.9%,表示不同意、选择2和3的各为0.9%。

3. 受训教师对“坐针毡”的教育价值的看法

从受训教师对简答题12“我认为‘坐针毡’教学技巧适合用在公民与道德教育课堂教学的原因”所收集到的回答来看,“坐针毡”最大的特点是它摆脱了教师直接说教或“灌输”正确价值观的窠臼。不少受训教师指出了这一点,以下是部分回答:

……如果老师直接说出对错,那么学生不见得会听进去。通过坐针毡,老师扮演价值观不清楚的角色,引发学生的兴趣,从问答辩论思考判断思绪挣扎当中更清楚对的方向,非常有利于道德教育的教学。(R13)

“坐针毡”的教学技巧说教的成分很低,比较容易被学生接受。学生们可以自由地提出他们的观点和建议。(R37)

“坐针毡”教学技巧很适合公民与道德教育课堂教学。因为在传统的道德教育课上都是老师一味的说教……(坐针毡)让学生自己扮演“好人”角色,让他们自己通过自己的道德推理和认识,来尝试说服老师。这不仅提高了他们的积极性,而且让他们主动地发自自己内心地来建构一个道德观念,这比传统教学更有效。(R39)

“坐针毡”不但可以让学生对某件事情进行进一步的思考,也可以让他们明白不同观点,学生更容易进行价值澄清。同时,这种方法也少了说教的口气,学生也跟(更)容易接受。(R17)

上述回答都提到:教师不说教,学生反而容易接受。这说明了道德教育不能单凭抽象的说理,必须让学生在情感上“接受”的道理。学生之所以愿意接受,是因为这些建议是他们自己想出来的,或者说是自己建构的。此外,师生易位,角色互换,不仅增强课堂交流和互动性,让学生有自由表达的机会,而且能学习从不同角度看问题,体会别人的感受,作出道德判断。以下是部分回答:

用“坐针毡”教学技巧,老师和学生的角色互换,老师在唱反调,挑战学生,让学生来解决问题,这样的话,师生互动增强了,学生为了说服老师,小脑袋也动得更勤快了,学到的知识在脑海中的印象就更深刻了。(R47)

我认为“坐针毡”……培养学生站在当事人的立场去思考问题,去了解当事人的道德价值观和感受,然后提出自己的理由和正确的解决方法。此外也可帮助学生厘清自己的道德判断是否正确或是提升到更高层次的认知,让学生认清自己的立场和(进行)道德反思。(R49)

……当他们在现实生活中碰到各种道德相关的问题时,“坐针毡”能帮助孩子们进行类似的思维。同时,“坐针毡”还能让这类思维成为孩子们日常生活中的一种习惯。(R85)

“坐针毡”的教学方式让学生融入到教学活动中,通过参与讨论及辩论来厘清所面对的道德两难情境中各个方面的联系和冲突,并可以通过老师的引导来把学生的道德认知提升到更高的层次,是一种非常适合道德教育的课堂教学技巧。(R104)

受训教师大多认为“坐针毡”有助于公民与道德教育的教学。最大好处是它改变了课堂话语交流的传统模式,老师从一本正经的“说教”者变成故事中的人物,让学生觉得有新鲜感。学生从被动地接受转变为对教师循循善诱的“指导者”、“出主意者”,获得更大的话语权。由于教师与学生的角色互换,学生可以更自由地发言,如 Ian Kirby 利用“坐针毡”进行公民教育的教学,指出这种方法让学生在接触到敏感问题时感到自在。在回答中出现高频率的是:“别于说教”(33)、培养同理心(26)、能让学生积极投入学习(15)、有助于道德思考或深层思考(49)、提升道德认知层次(42)。

简答题 14“我认为使用‘坐针毡’的教学技巧来进行公民与道德教育的教学有下面的好处”,所得到的回答与简答题 12 大致相应,说明这份问卷的回应是稳定可靠的。不过,他们比较倾向于概括性的叙述,多数以列要点的方式回答。其中,74 个回答表示这个方法的最大好处是互动性强,全班能参与,51 个表示学生会更积极,课堂更有趣。26 个表示课堂以讨论的方式教学,有别于“传统”的说教、灌输方式。其他高频率的用语包括:思考(41)、不说教(15)、道德认知(36)。以下是一些例子:

1. 深化学生对道德价值的认知。2. 教学方式:互动性高,提高学生的学习兴趣。3. 改变一般的公民与道德教育课的方式,是很有效率的教学。(R63)

1. “坐针毡”的教学是一种很有效的手段,让所有学生都积极参与学习过程,是一个最能“engage”学生的教学方式。2. 同时,这个教学法也能很直接地目睹到效果,容易评估。3. “坐针毡”的教学能促进老师与学生的关系,也拉近彼此的距离,学生们能更有效地学习。(R71)

“坐针毡”的活动可以激发学生思考、做抉择、发表自己的看法和建议。学生的参与率很高。学生们也可以听到其他同学的看法,扩展他们的视野,挑战自己的思维,对于自己原本的看法进行再思考。这种活动的互动性很强,活泼有趣,能激发学生学习的兴趣。(R100)

(三)受训教师认为他们在课堂上使用“坐针毡”时可能面对的问题,以及使用这个教学法所需具备的知识和技能

调查问卷用简答题 15 来收集受训教师“使用‘坐针毡’的教学技巧进行公民与道德教育的教学时可能面对的问题”,用简答题 13 来收集他们所提出的“使用‘坐针毡’所需具备的知识和技能”。

从对简答题 15 的回答中可知,受训教师最关注的问题是“纪律”(22),也有的用“课堂管理”(24)作答。有 13 名受训教师担心这种教学法会引起学生的过度兴奋而产生混乱(13)甚至失控(6)。这个数据和选择题 10 的回答是相应的。另一个令受训教师也担心的是自己无法有效地引导(49),无法引导的原因之一是无法判断学生的道德认知发展处于哪一个阶段或层次(29)。另外,学生反应过热或反应冷淡,自己反应不够快,也是受训教师的担心。下面这名受训教师的回答集中地概括了他们可能面对的问题:

“坐针毡”的教学方法需要学生有很强的参与性,一开始操作的时候学生可能不是那么容易进入状态,不知道该怎么做,可能会出现冷场。而一旦学生进入状态后,又有可能出现学生意见太多,教师疲于应对的现象。且这个活动要求教师有非常高的思维能力、应变能力和引导能力,学生给出答案后,教师不但需要迅速分析出学生所处的道德认知发展阶段,还要想办法引导他们向高层次的阶段发展,挑战性很高。(R35)

当然,用“坐针毡”来提问对没有教学经验的教师而言是颇有挑战性的。前文提到:教师必须同时兼顾多个方面,尤其当他们对公民与道德教育的教学法还不熟悉,在无法判断道德认知的层次时,还得专心聆听学生的回答。学生的回答未必符合教师预设的答案,不免担心自己的临场反应。再者,当他们自己以角色的身份用符合角色的语码引导学生讨论时,又不适宜用教师的语码进行课堂管理,可以想见其中的难处。因此,受训教师的这些顾虑是可以理解的。

针对简答题13“我认为要有效地利用‘坐针毡’的教学技巧来进行公民与道德教育教学，我需要具备的知识和技能是……”，有21名受训教师认为是课堂管理的技能，多数回答者提到需要设置适当的道德两难的情境(29)，要做好课前准备(23)，能判断学生道德认知发展的阶段(57)，以及应变、应对的方法(16)。提出需要掌握角色扮演的戏剧技巧的只有7个，原因也许是他们在上课时已被告知无论是否受过戏剧训练皆可进行“坐针毡”。上述意见和第15题的回答大体相应。

五、结语

这份调查问卷的回答是令人鼓舞的。从以上的分析和讨论可知，这106名受训教师对于在公民与道德教育课上应用“坐针毡”教学法基本上是肯定的，尽管存在一些担忧。在了解受训教师的顾虑以及他们在知识和技能方面所需要的支援后，我们才能根据学员的需求对师资培训课程作出相应的调整。

在完成网上调查之后，这批受训教师将到学校进行教学实习。在实习期间，他们必须应用“坐针毡”的技巧进行一堂公民与道德教育课的教学，并撰写一份自我评估的报告。这份调查问卷的分析毕竟只反映受训教师对“坐针毡”这种提问策略的看法，至于他们在实习时遇到什么无法预见的困难，实习后是否还保留上述乐观的看法，这些问题尚有待撰文探讨。

参考文献

刘永兵，吴福焕，张东波. 新加坡华语课堂教学初探[J]. 世界汉语教学，2006，(1)：97－105.

新加坡教育部课程规划与发展司. 公民与道德教育课程标准2007[M]. 新加坡教育部，2007.

吴启综. 品德教育融入课程星官员取经[N/OL]. 台北市教育e周报，393，http://enews.tp.edu.tw/paper_show.aspx? EDM = EPS20090409131114AC1，原载国语日报，2009.4.9.

Chew, J. O. A. Civic and Moral Education in Singapore: lessons for citizenship education[J]. Journal of Moral Education, 1998, 27(4):505－524.

Eng, S. P. Moral education for Singapore: in search of a model [R]. Singapore: Institute of Education, 1984.

Eng, S. P. Moral education in Singapore: dilemmas & dimensions[R]. paper presented at the CCU－ICP International Conference on Moral Values and Moral Reasoning in Chinese Societies, Taipei, 25－27 May, 1989, 12－17.

Kirby, I. The Use of Drama in Citizenship Education[A/OL], citizED Commissioned Research Article, Spring 2006. http://www.citized.info/pdf/commarticles/Ian_Kirby.pdf

Lickona, T. Educating for Character: How Our Schools Can Teach Respect and Responsibility[M], New York: Bantam, 1991.

Vitz, Paul C. The Use of Stories in Moral Development: New Psychological Reasons for an Old Education Method[J], The American Psychologist, June 1990, 45(6):709－720.

作者单位：新加坡国立教育学院 亚洲语言文化学部中文系
南洋理工大学新加坡华文教研中心

学生的思维能力
与合作技能培养模式设计与探究

黄映红　郭文亮　季　闻　洪瑞春

一、研究的背景

思维技能与合作学习在21世纪的技能培养中是很重要的。21世纪的教育不再是让学生被动地收集或背诵资讯的教育;学生必须掌握所需的技能,能够通过分析与批判来辨析资讯的真伪,进而创新知识。除了智商,情商也同等重要,只有懂得发挥团队精神,能够有效地与人沟通,才能增进竞争能力。教育部目标明确规定高中语文必须重视思维技能训练,但实际上一般来说,课堂教学普遍存在随性随机现象,没有依循任何理论框架、系统地进行思维能力训练,也缺乏设置情境让学生通过合作学习活动促进思维的发展与合作意识的培养。比如高中课程规定的10篇必教H1华文课文,老师授课时一般只把重点放在内容与课文要点的讲解上。

思维能力不是天生的,应该通过系统性的学习逐步提升。有鉴于此,研制一套依据教学理论框架、有系统的思维技能训练方法,并融入合作技能的培养是有必要的。

开展研究之前,我们设计问卷,对参与研究的实验班进行了调查,结果如下:

题数	问题	非常同意	同意	不同意	非常不同意
Q5	我平时只用英语跟家人和朋友/同学沟通。	9	14	6	1
Q8	我的华语讲得不流利,所以不敢多讲。	2	15	12	1
Q9	我的同学都不讲华语,所以我没有机会多讲。	5	18	6	1
Q11	我平时没有阅读华文报章的习惯。	11	15	2	2
Q25	以下的上课形式能够引起我学习华文的兴趣:				
	1.1　观看电影片段	10	17	3	0
	1.2　小组合作	4	19	3	3
	1.3　辩论会	4	10	14	2
	1.4　网络搜索	2	12	13	3
Q26	我懂得如何全面地分析故事中人物的性格。	2	19	9	0
Q27	我能够针对问题提出我的看法并加以论证。	2	22	6	0
Q28	我能够根据篇章的上下文去推测词语或句子的意思。	2	21	6	1
Q29	我经常反思我的学习方法,并向他人讨教。	2	15	12	1
Q30	我能够找出篇章的重点,并加以缩短。	3	16	8	3

调查结果显示,76.7%的学生的家庭用语是英语,他们在学校很少讲华语。86.7%的学

生平日不阅读华文报章。学生喜欢灵活的教学方式,尤其喜欢通过观看电影片段(90%)和小组合作(76.7%)学习。约7成以上学生自认掌握了某些思维技能,但事实是否如此呢?

二、研究目的和意义

H1华文阅读理解教学一般沿用传统教学方式,即:老师介绍作者生平、讲解生字生词、逐段解释内容,然后让学生完成按会考要求设计的理解练习题;过后,教师通过批改、评分、课堂讲评、提供参考答案等使学生把握课文内容。这类教学模式不但忽略了学习者的主动性和能动性,而且也无法有效地协助学生掌握相关的思维技能。采用这种满堂灌的教学方式,教师灌得辛苦,学生在被动学习中也觉得乏味,很多时候更是知其然而不知其所以然。久而久之,语文课便显得枯燥乏味。我们希望依据H1华文课堂教学设计一套结合思维与合作技能培养的教学模式,让学生通过合作学习,在互动中完成任务,并借此提升思维技能。我们的研究题目是:通过互动与合作学习是否能提升学生的思维技能?

三、文献评介及理论框架

在合作学习方面,为了让学生积极参与课堂的学习,我们采用互动性教学策略。陈之权博士就提出,教师应积极构建互动教学的情景,给学生提供机会进行语言交流,使学生能够实践语言的基本技能。王晓钧博士也要求教师根据学生的综合能力设置情景,通过师生之间、学生之间的互动和交流来完成教学任务。"对新加坡的华文学生来说,这一教学策略显得十分必要,其原因是新加坡学生的语言和文化背景差异大,要求来自不同语言文化背景的学生在同一课堂完成相同的教学任务,很显然的,没有教学上的互动是不行的"。陈之权博士根据教育专家罗宾·弗卡蒂(Robin Fogarty)总结的互动性教学策略和我国华文科教学内容对该策略的实施步骤提出了评述:

1. 教师讲授与间歇提问(Teacher Talk)
2. 表示意见(Surveying)
3. 让我告诉你……(Turn to Your Partner and……TTYPA)
4. 表述想法(Think aloud)
5. 思索、配对、分享(Think-Pair-Share)
6. 观察员反馈(Observer Feedback)
7. 叙述-复述(Tell/Retell:2-4-8)
8. 小组协作(Groups)
9. 找朋友(People Search)
10. 串讲(Wraparound)
11. 人标(Human Graph)
12. 拼凑法(Jigsaw)

在教学过程中,教师扮演语言情境设置者的角色,让学生通过互动性的活动和实质的教学材料进行学习,并在活动完成后立即进行教学考查,以评判教学效果。教学情境的设计应从低层次的互动形式开始,然后逐渐提高互动程度,这样才能让这一教学理念逐步发挥出教学效果。

互动性教学策略是以建构主义学习理论(Constructivist Learning Theory)为基础而发展来的。建构主义学习理论强调,教学是以合作学习作为主要策略,教学不应该是教师个人单向的信息传递,而应该是师生之间、同学之间的双向交流与多向交流活动。所以,知识是学习者在一定的社会文化背景下,借助他人的帮助,即通过互相协作、集体讨论等活动,利用必要的学习材料,在自己已有的知识基础上,通过意义建构的方式获得的。因此,学习必须有实质性的内容,以便开展协同学习活动;学习的内容也必须围绕着学生的兴趣与文化经验,以利互动交流;学习过程必须以变化多端的学习活动为主导,以利语言四技的综合使用。

维果斯基(Vygotsky)认为社会互动是学习及认知发展的必要条件。在互动学习活动中,教师或其他学习者可以为学习伙伴提供“脚手架”,以帮助学习伙伴完成自己无法完成的学习任务。这种“脚手架”式的帮助自然也包括了教师在课堂上针对不同的情况,通过提问给予学生适当而有效的引导。好的课堂提问具有激发学习动机的作用。它使学生定向思考,促使学生注意教材的重点和难点,能引导学生发现问题、分析问题、解决问题,培养学生的思维能力和完善学生的智能结构。一个强而有力的问题能够激发学习者的好奇心,刺激反思型的交流,启发学习者的思考,突显基本的假设,带来创意和新的可能性,产生活力和推动力,引起学习者的注意并集中询问,潜入讨论问题的深层含义,引发更多思考性的问题。强而有力的问题设计可以参考以下的提问金字塔。金字塔的顶端是最强而有力的问题,力度没有那么强的问题则处于金字塔的下端。教师的课堂提问不应该停留在金字塔的下端,应根据教学情况适时提出强而有力的问题,以激发学生的思考能力。

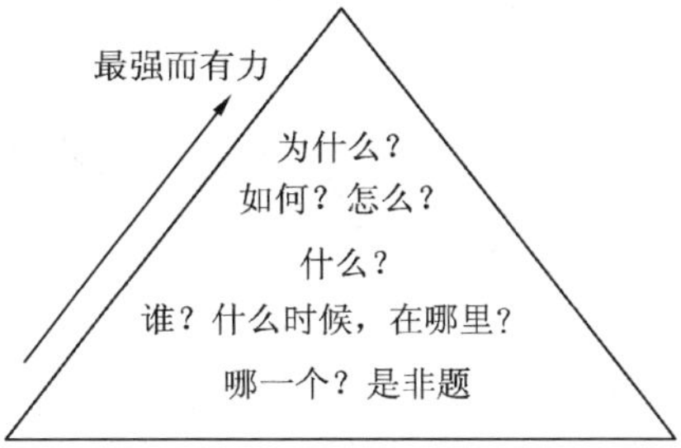

图一 提问的金字塔

在与研究专家进行讨论时,我们也认识了在课堂应用“三话轮”的重要性。三话轮的应用包含了提问、追问和补问,在教学的过程中能够促进师生的互动,使学生在课堂中更有效地参加有意义的协商和讨论。

在培养学生的思维能力方面,我们使用了安德逊(L. Anderson)与科拉霍尔(D. R. Krathwohl)继承布鲁姆(Benjamin. S. Bloom)教授所创造的“认知分类层次发展理论”,并于2001年发表了修订版。根据修订版,认知能力可分成6个层次:记忆、了解、应用、分析、评价和创造。我们依照这6个层次在篇章教学中使用互动性教学策略来设计课堂活动。这6个认知层次的介绍如下表:

层次	定义	认知活动
1. 记忆 (remember)	指从长期记忆中提取相关的知识。	辨认(recognizing)、回忆(recalling)
2. 了解 (understand)	指从口述、书写和图像沟通形式的教学资讯中建构意义。	诠释(interpreting)、示范(exemplifying) 分类(classifying)、摘要(summarizing) 推断(inferring)、比较(comparing) 解释(explaining)
3. 应用 (apply)	面对某情境时,使用一个程序来执行有关作业或解决问题。	执行(executing)、实行(implementing)
4. 分析 (analyze)	分解整体为许多部分,并决定各部分彼此和与整体结构之间的关系。	辨别(differentiating)、组织(organizing)、归因(attributing)

续表

层次	定义	认知活动
5. 评价（evaluate）	根据原则或标准作出判断。	检验（checking）、批评（critiquing）
6. 创造（create）	集合各个要素以组成一个具协调性或功能性的整体，重组要素使成为一个新的模型或结构。	（生成）generating （规划）planning （制作）producing

四、教学实验设计：研究对象、时间、工具、方法、过程

（一）研究对象

圣安德烈初级学院的60名高一选修H1华文的学生。学生的华文水平属于中上，皆在2010年中四会考中的华文科目取得A1－A2的成绩，有少部分是B3的学生。分成实验班和控制班各30名学生。

（二）研究时间

研究进行的时间是2010年2月9日至5月14日。选用的3篇H1华文课文是：《孩子，我为什么打你》（以下简称《孩》）、《最后的牛车水》（以下简称《最》）和《丑石》（以下简称《丑》）。《孩》让学生体会到父母对孩子深切的爱和殷切的期盼、《最》让学生了解新加坡的过去，而《丑》则是对生活价值观的探索。选择这3篇课文是因为其内容跟学生有切身的关系，涵盖了个人、家庭以至国家等3个层面。

（三）研究工具

3.1 调查问卷：

问卷共设计有30道问题，主要是为了解学生的日常生活用语、上课形式的偏好以及思维技能的掌握等。

3.2 前测与后测

我们选定了一个阅读理解篇章作为测试篇章，并按照“认知分类层次发展理论”的6个层次设计问题。学生完成前测后，我们将试卷收回，学生不再接触同一篇章与问题。实验教学结束后，我们再发同样的阅读理解篇章作为后测。负责批改的老师将前、后测试卷掺杂在一起批改。选择同一篇章和同样问题是为了在进行前后对比时减少误差。

3.3 学生面谈

实验结束后，我们针对实验班学生的成绩，选了成绩有进步和没有进步的学生各4名进行访谈。访谈内容针对进行合作学习和思维技能时的得失。

（四）研究的方法与过程

本研究主要采取先设计、后观察、再修正的研究方式。

4.1 研究过程

4.1.1 这项研究理念始于2009年11月的国际会议，参与研究的老师在聆听了新加坡华文教研中心讲师洪瑞春的主题分享《多维视角观察中学生思维能力培养》后受到启发，于是，构想通过H1华文课文教学培养学生的思维能力。参与研究的老师先透彻了解科拉霍尔等修订的“认知分类层次发展理论”，并以此理论框架设计课文教学方案。

4.1.2 找出《孩》《最》和《丑》3篇课文中的重点和难点，然后根据“认知分类层次发展理论”拟定教学目标与设计题目。

4.1.3 教学策略：我们设计通过参与、互动、合作、交流、探究等活动激发学生的学习兴趣；教师是情境设置者，扮演从主导者转为促进学习者的角色。教学情境的设计从低层次的

互动逐渐提高,让老师能更有效地把握互动性教学策略。

4.1.4 在课文教学后都设置了一项活动。例如教学《孩》后,学生分组针对“打孩子是爱的表现”进行辩论;教学《最》后,学生以小组方式到牛车水实地访问早期在牛车水街边摆摊的摊主等。学生在活动中必须完成指定的任务,以完成预设的学习目标。在活动中,学生必须发挥群体合作精神、进行脑力激荡、集思广益,以掌握相关的思维技能。

4.1.5 2011 年 1 月,在完成教学方案的设计以后,我们邀请华文教研中心的洪瑞春讲师成为我们的合作伙伴,为我们提供专业的咨询。第一次的专业咨询让我们了解到有效的课堂提问能够激发学生的思考能力,促进师生之间的互动。于是我们对教学方案作了适当的调整,尝试通过有效的提问、情境的设置来促进师生的互动以及学生之间的互动。教学模式设计请参见图二“思维技能与合作能力的培养模式”。

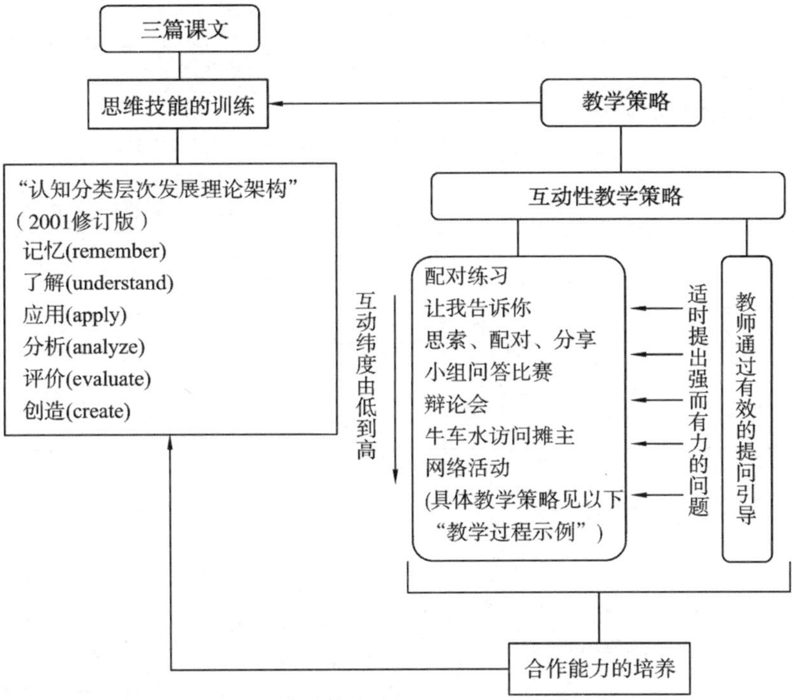

图二 思维技能与合作能力的培养模式

4.2 教学过程

4.2.1 以《孩子,我为什么打你》教学过程为例说明

教学总目标:

(一)学生能够了解文章的内容,并体会父母对孩子的用心。	(1)复述课文内容,并说出作者不曾打/决定打/不再打的原因 (2)从文中的信息建构意义,并加以解释 (3)分析概念或句子,并给予评价 (4)写出妈妈打孩子时的内心感受
(二)学生能够理解及使用比喻修辞手法来写作。	(1)找出文中“比喻”的句子。 (2)写一篇作文“妈妈,我再也不____你”,并在文中使用比喻的修辞手法。

第一堂课

教学步骤	语言技能/ 思维技能/ 教学策略	教具
1. 激发学习动机:教师播放电影《小孩不笨一》,激发学生的学习动机,联想自己小时被打的经历,并以口头叙述分享经历。	提问法、说话 记忆—回忆	电影片段 PPT
2. 教师播放录音,让学生掌握内容要点。	听	课文录音
3. 教师分发课文结构图表,要求学生划分课文内容的结构。教师口头考查,并要求学生说出作者不曾打/决定打/不再打的原因。	读、说 应用—执行 了解—分类	附录一
4. 教师通过提问,要学生复述课文内容。	说 记忆—回忆 提问法	
5. 教师考查学生对课文内容的理解,学生以“思索—配对—分享 Think-Pair-Share”的形式完成 15 道是非题。学生先独立完成,然后与配对伙伴比较答案,并针对对立的答案交换意见,以达成共识。	写、说 记忆—回忆 了解—解释 思索—配对—分享	
6. 小组问答比赛——考查学生对内容的理解(比赛以小组进行,分成两个回合——轮流作答和抢答)。	读、说 记忆—回忆 了解—解释	

第二堂课

教学步骤	语言技能/ 思维技能/ 教学策略	教具
1. 教师简述这篇文章的写作手法—内心独白、比喻修辞法,要求学生把文章的比喻句子给找出来。	读/说 记忆—识辨 教师讲授与间歇提问	PPT
2. 教师播放歌曲《我想更懂你》,借此说明内心独白的写作手法。	听	歌曲 《我想更懂你》
3. 教师要学生联想自己过去的经验,如是否曾经对妈妈不满、嫌弃妈妈、讨厌妈妈、顶撞妈妈等。教师请学生分享经验。	说 记忆—回忆 教师讲授与间歇提问	
4. 教师复习文章的结构“承认打、不曾打、决定打、打很累、不再打”,并要求学生依循这样一个框架去写一篇作文,题为“妈妈,我再也不____你了”。要求学生在文中使用内心独白和比喻的修辞手法。	写 应用—执行 创造—生成 教师讲授与间歇提问	

第三堂课

教学步骤	语言技能/ 思维技能/ 教学策略	教具
1. 引起动机：教师播放电影《小孩不笨二》片段，帮助学生想象爸爸打孩子的情境。教师要学生想象孩子被打时的心情，引导学生说出孩子被打时的感受，并说明理由。	说 记忆 教师提问	《小孩不笨二》 电影片段
2. 描述感受：教师要学生配对成双，向对方描述影片中爸爸打孩子时的感受，每个同学必须轮流说出3个描写感受的词语和3个说明感受的句子。	听/说 分析—分辨 创造—生成 “让我告诉你”	
3. 后续活动：教师要学生根据双方的描述，进行学习正转移，写一段毕淑敏在《孩子，我为什么打你》中妈妈打孩子时的内心感受，字数在50字左右。	写 分析—分辨 创造—生成	

第四堂课

教学步骤	语言技能/ 思维技能/ 教学策略	教具
1. 引起动机：引用课文的最后一句“打与不打都是爱”，教师提问：“打孩子到底是不是爱的表现?”教师停顿，让学生思考问题。 2. 教师引导学生谈谈看法。 3. 学生互相补充看法。 4. 教师设置情境让学生进行辩论，辩题是：“打孩子是爱的表现”。规定正、反双方各选出4位学生代表进行辩论。 5. 规定其他学生当观众，在辩论会进行时记录论点，并向辩论员提问。 6. 要求学生在辩论会结束后完成一篇以“打孩子是爱的表现，你同意吗?”为题的论说文。 7. 教师指导学生如何分析辩题、如何论证等。学生在第五堂课进行辩论。	说/写 分析 评价 辩论会	附录二

4.2.2 辩论会

在设置辩论会情境时，我们将实验班的30名学生分为两个组，各组选派5位同学参与辩论（其中两位是候补），其余的同学是观众。辩论会进行时，非辩论员需先填写老师所发的图表（见附录二）。参与辩论的双方代表分别由任课老师指导，指导的范围包括：如何把握辩题的题眼“打孩子”、“爱的表现”，如何寻找例子来支持自己的论点等。至于观众，则要他们预先设问或临场捕捉问题。辩论会结束后，学生必须完成一篇以“‘打孩子是爱的表现’你赞同吗?”为题的论说文。教师指导写作框架，并鼓励学生引用辩论员的论点来写作。

在活动进行之前，教师给予针对性的引导、点拨等很重要，这是活动前的铺垫，能够确保活动不流于形式化或活动内容停留在肤浅的表层。辩论会结束后，让学生自由评价自己的表现，反思自己的学习策略，老师适时提出问题以促进反思，能够增加学生的元认知知识，以使整个活动更有意义。

五、教据收集与分析

在进行研究前,我们让实验班和控制班的学生完成前测。然后我们对实验班的学生进行网上的调查。实验班和控制班的学生都完成了3篇课文的教学。实验班的教学依照本实验的教学模式进行,控制班的教学则是依据传统教学法进行。

我们尝试从两方面分析所收集的数据。其一为比较实验班的前测、后测;其二为比较实验班和控制班的后测。

1. 实验班前测和后测结果的比较分析如下:

学生	前测	后测	增减值	后测学生情况类别
1	24	25	1	A
2	23	20	-3	A
3	17	20	3	A
4	23	20	-3	B
5	18	26	8	A
6	15	16	1	A
7	22	27	5	A
8	21	15	-6	B
9	17	20	3	A
10	23	20	-3	B
11	24	22	-2	A
12	23	16	-7	B
13	19	18	-1	B
14	21	23	2	A
15	19	19	0	A
16	19	26	7	A
17	20	27	7	A
18	16	23	7	A
19	27	35	8	A
20	18	23	5	A
21	17	27	10	A
22	23	25	2	A
23	26	25	-1	A
24	25	22	-3	B
25	23	24	1	A
26	19	24	5	A
27	26	25	-1	B
28	18	26	8	A
29	13	23	10	A
30	18	21	3	A

(A组为按程序完成项目, B组为不按程序完成项目)

后测的进行是在六月假期的第一个星期,有 7 名学生因缺席而延误到开学的七月中才进行后测。那时学生课业繁重,再加上后测对他们的升留级没有影响便敷衍了事,对于需要做较深入和全面思考的评价题和创造题不愿意认真作答,因此我们决定删除这 7 名学生的成绩。

为了检验本研究的教学策略是否能提升学生的思维能力,我们也对实验班前后测的成绩进行配对样本 t 检测。统计数据显示后测的平均值(23.78)比前测的平均值(20.30)高,t = 3.78,我们有大于 99.99% 的把握本文的教学策略会使学生的成绩得到提升。T - 检测的 p 值远小于 0.05,这意味着学生的进步在统计学上有显著的区别意义。

配对样本 t 检测(Paired Sample Statistics)

	前测	后测
Mean 平均值	20.30	23.78
Variance 方差	15.58	14.36
Observations 学生人数	23	23
Degree of Freedom 自由度	22	
t Stat t 检测	3.78	
t Critical one - tail	1.72	
P(T <= t) two - tail	0.00	
t Critical two - tail	2.07	

2. 从实验班和控制班后测结果进行比较分析

组别	人数	后测平均值	标准误差
实验班	23	23.78	3.789417
控制班	30	15.73	4.135076

实验班后测的平均成绩(23.78)比控制班的平均成绩(15.73)多出 8.05。但是,这毕竟仅是一个样本调查,为了确定样本结果能够代表总体,我们决定通过统计学中的双样本 t 检测法来确定。结果,t = 7.28,P 值非常小,也就是说,我们有近 100% 的把握确定本研究的教学策略能够提升学生的思维技能。

双样本 t 检测(Two Sample Independent Test)

	实验班	控制班
Mean 平均值	23.78	15.73
Variance 方差	14.36	17.10
Observations 学生人数	23	30
Degree of freedom 自由度	51	
t Stat t 检测	7.28	
t Critical one-tail	2.68	
P(T <= t) two-tail	0.00	
t Critical two-tail	2.93	

现在,让我们来看看实验班和控制班前测、后测两组数据的对比:

实验班与控制班前测对比

	低阶思维			高阶思维			
题数	Q1	Q2	Q3	Q4	Q5	Q6	总分
实验班	3.74	2.17	3.39	3.57	2.87	4.22	20.3
控制班	3.52	1.64	3.52	2.48	1.58	2.41	14.97
差距	0.22	0.53	-0.13	1.09	1.29	1.81	5.33
实验班低、高阶思维总分	9.3			10.66			
控制班低、高阶思维总分	8.68			6.47			
差距	0.62			4.19			

实验班与控制班前测对比

	低阶思维			高阶思维			
题数	Q1	Q2	Q3	Q4	Q5	Q6	总分
实验班	4	2.78	5.26	4.52	3.22	4	23.78
控制班	3.73	1.53	3.8	2.63	2.03	2	15.73
差距	0.27	1.25	1.46	1.89	1.19	2	8.05
实验班低、高阶思维总分	12.04			11.74			
控制班低、高阶思维总分	9.06			6.66			
差距	2.98			5.08			

注：

Q1 - Q6 按"认知分类层次发展理论出题"。Q1 记忆题，Q2 了解题，Q3 应用题，Q4 分析题，Q5 评价题，Q6 创造题。Q1 - Q3 为低阶思维，Q4 - Q6 为高阶思维。Q1 -（4 分），Q2 -（6 分），Q3 - Q6 每题 10 分，总共 50 分。

从以上的数据我们发现：

1. 实验班和控制班前测总分的差距从 5.33 分增加到 8.05 分。

2. 实验班和控制班的前后测高、低阶思维分数的差距也分别从 4.19 增加到 5.08 和从 0.62 增加到 2.98。

3. 虽然前测、后测成绩显示实验班和控制班学生都有进步，但是实验班学生的进步较明显（3.48），相对于控制班学生的进步幅度只有 0.76。

4. T - 检测的 P 值都远小于 0.05，这意味着学生的进步在统计学上有显著的区别意义。

根据上述数据的比较与假说测试可以确定，我们采用的策略与活动设计对学生的思维技能培养有一定的效益。

六、研究结果

本研究的主要目的是希望通过互动与合作学习来提升学生的思维技能。以下，我们将通过与学生面谈、教师的反思和前后测数据来分析研究结果。

1. *通过合作学习、互动活动的设计是否能提高学生学习华文的兴趣？*

教师通过面谈发现，学生认为课堂上的互动是有趣的，他们尤其喜欢活动中所使用的教材如《小孩不笨》电影片段，教师通过图片让学生叙述课文内容等都能够引起学生的学习兴趣。只有少部分学生不喜欢辩论会，这和他们平时不讲华语，觉得使用华语辩论与提问很别扭有关。

我们发现，合作学习带动了课堂学习气氛；教学活动也从过去的以教师为中心的教学模式转换为互动式的教学模式，学生发挥了能动性和创造性。

2. 互动性的教学策略结合教师有效的提问是否能培养学生的合作能力？

面谈发现，学生认为以两个或更多的成员组成的合作小组不但增加了学习的乐趣，同时还可以共享学习资料。例如《丑石》的活动设计，学生到网上搜索人物资料，然后回到小组分享自己对"美"与"丑"的看法，最后小组通过协商取得共识，从而促进了组员间的合作和交流。此外，安排学生到牛车水进行实地采访，我们发现有学生因担心记录不来而携带录像/录音器材，录制后还放到"脸谱"网站上与组员共享资料。

3. 通过互动活动的设计和有效的提问是否能培养学生的思维技能？

虽然数据充分显示研究策略有助于提升学生的思维能力，但是策略仍有不足之处，比如老师的提问技巧欠纯熟，这可以从学生回应思维能力题时的"说"方面体现出来。实验班有近8成的学生日常沟通语言是英语，因此在互动时无法有条理和有层次地说出想法，这在辩论活动中尤其明显。学生勇于提问，但站起来后才发现无法把所思说出口。我们忽略了给予具体的说话过程指导，虽然给学生制造机会说话，却没有提供思维导图协助学生进行陈述。学生的思维能力虽然有进步，但是教师必须具备灵活应变能力才能有效促进知识的建构和生成。

七、小结

本研究让我们坚信系统化、循序渐进的思维技能训练是有必要的。21世纪的语文教学重视的不再仅是语文能力的培养，更重要的是思维技能的掌握，只有做到这一点才有助于学生应对日后学习或工作上的难题。课堂教学中，教师应该设置情境，从旁引导促进学习，加强生生互动，让学生集思广益，完成有意义的学习任务。

虽然老师们在教案设计和策略构想等方面都有详细的制定，但是还是碰到了一些无法掌控的问题。例如，实验进行到中途时，其中一位任课老师被调任，虽然替代的老师也参与研究，但却需要时间与学生构建关系，学生也需要时间适应；师资的调动使得互动性教学受到阻力。由此可见，教育行政单位对行动研究的支持是很重要的。另外，在进行第二和第三个篇章的教学期间，适逢全国体育竞赛，偶尔有学生因参加比赛而缺课，结果影响了思维技能的掌握。

最后，如何让缺乏讲华语背景的学生把所思落实成华语语言文字，需要一定的过程设计，才能促进转换。在新加坡，英语是强势语言，大多数学生是在缺乏华语环境的情况下学习华语，因此华语口头表达能力不强，即使对讨论的内容有一定的评价，也无法有条不紊地说出来。对这些学生，老师应该通过更具体的指导策略引导学生，如提供句型、说话方式或说话过程指导等，这需要在往后的研究中作进一步探讨。

参考文献：

洛林. W. 安德森(Lorin W. Anderson)等编著，蒋小平等译.《布卢姆教育目标分类学》修订版.北京：外语教学与研究出版社，2009.

Aly Amer. Reflections on Bloom's Revised Taxonomy. Electronic Journal of Research in Educational Psychology, v4 n1 Apr 2006：213－230.

Peter W. Airasian; Helena Miranda. The Role of Assessment in the Revised Taxonomy, Theory into Practice, Volume 41, Issue 4, 2002:249 - 254.

www. kurwongbss. eq. edu. au/ thinking/ Bloom/ bloomspres. ppt

洪瑞春. 多维视角观察中学生思维能力培养. 第一届"华文作为第二语文教与学"国际研讨会讲题内容,2009.

王晓钧. 从学习者的交际需要和习得特点看华文教材的编写内容和方法. 华文学刊,2004,(1):34 - 38.

陈之权. 互动性教学策略在华文教学上的应用. 华文学刊,2003,(1):93 - 115.

雷岚. 互动性教学策略与课堂活动的设计. 中国电子科技大学外国语学院,2008.

洪瑞春、王丽娟、黄伊美. 透过课堂提问技巧提高学生阅读理解思维层次,世界华语文学会《第九届世界华语文教学研讨会论文集第四册,教学研究(2)》,2009:222 - 240.

Eric E. Vogt, Juanita Brown, and David Issacs. The Art of Powerful Questions. Whole Systems Associates,2003.

陈之权. 新加坡"少教多学"教育理念的目的、内容与实践——以华文阅读教学为例.《华文学刊》(总第十一期),2008:11 - 24.

刘永兵新加坡华语课堂师生互动研究: 个案分析,新加坡华文研究会编. 新加坡华文教学论文五集,2008:227 - 249.

陈之权. 学校为本教育行动研究实践(二稿). 圣安德烈初级学院华文老师专业发展培训讲义,2006.

洪孟珠. 21 世纪的华文教学,新加坡华文研究会编. 新加坡华文教学论文二集. 2001:26 - 37.

胡月宝,行动研究与"反思型华文老师"的培养——论行动研究阶段中的几个问题,陈之权,张连航主编. 理论、实践与反思——新加坡华文教学论文 13 篇. 2007:124 - 139,新加坡南洋理工大学国立教育学院中文系.

新加坡教育部课程规划与发展署. 大学先修班课程标准华文及华文与文学. 2006:13.

附录一

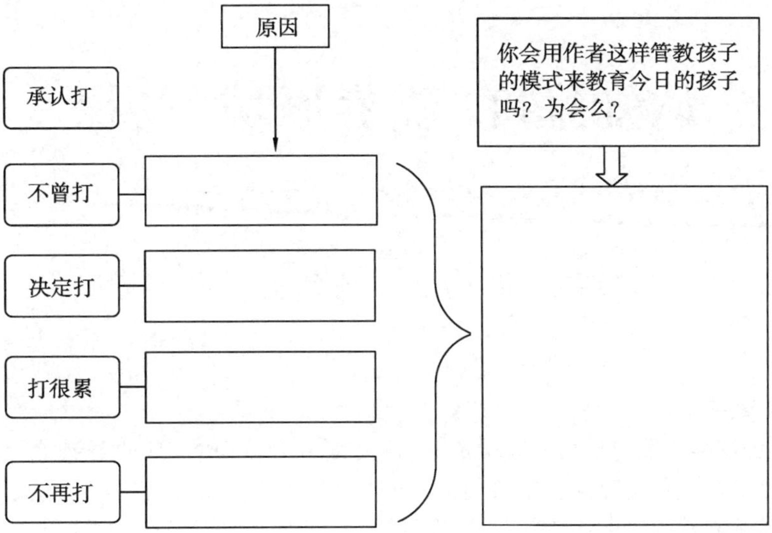

附录二

辩题:《打孩子是爱的表现》

请仔细聆听辩论员的论点和论据,然后把重点列下来。

	正方：打孩子是爱的表现	反方：打孩子不是爱的表现
第一辩论员		
表明立场：论点		
第二辩论员论证		
第三辩论员		
第四辩论员		
其他		

作业(非辩论员需完成)：

看了这场辩论,你的立场是什么？你可以引用以上的论点、论据建立自己的立场。书写字数至少250字。题目：“打孩子是爱的表现,你同意吗?”

作者单位：新加坡圣安德烈初级学院
南洋理工大学新加坡华文教研中心

认知维度“临界区域”初探

——思维教学的一个反思与探索

毛朝晖　洪瑞春　黄伊美　郝　睿

一、研究背景

2007 年，美国学者詹尼斯(Janis Houston)提出了 6 个方面的“21 世纪技能”，随后，美国国家研究理事会(NRC)在研究报告中将他提出的 6 个方面的技能合并为 5 个方面；2010 年，新加坡教育部也提出了“21 世纪技能”的教育目标①。此外，不同国家的专家和团队在各自调研的基础上还提出了各种对于“21 世纪技能”的不同表述。尽管各国对“21 世纪技能”的表述互有出入，但对于思维能力都明确予以强调。可见，注重思维能力是 21 世纪全球教育的共同趋势，也是各国学生都应该积极培养的一项终身技能。

对于阅读教学目标的规定，小学与中学颇有不同。新加坡教育部在《小学华文课程目标2007》中规定，小学高年级生(小五、小六)应“在教师的引导下，能理解段落、文章的隐含信息”；《中学华文课程标标准 2002》则规定，中学生应“能找出话语中的主要内容”、“隐含的信息”、“能推断不熟悉词语的意思”、“事件的结果”、“人物性格”、“能区分主要的与辅助的情节”。显而易见，在阅读教学中，中学阶段对于思维能力的要求明显比小学阶段多而且高。

总之，无论是从全球教育的发展趋势来看，还是从中学阶段教学目标的转变来考量，要想协助中学生适应新的挑战，在阅读教学中加强思维能力的培养是当前华文教学和研究工作的一个重要课题。

二、理论框架及教学策略

本研究主要依据布鲁姆(B. S. Bloom)等提出的“认知过程”理论，该理论后来经过安德森(L. W. Anderson)与科拉斯霍尔等的开拓，重新斟定认知过程为六个类别或维度②如下表所示：

表一　安德森、科拉斯霍尔等斟定的六个认知思维的类别或维度

认知的类别/维度	定义	细目
1. 记忆/回忆 (Remember)	从长时忆中提取相关的知识。	1.1 识别/辨认
		1.2 回忆/提取

① Singapore Ministry of Education, Nurturing Our Young for the Future, http: // www. moe. gov. sg/ committee-of-supply-debate/ files/ nurturing-our-young. pdf.

② 安德森、科拉斯霍尔等斟定的六个认知思维的类别或维度。

续表

认知的类别/维度	定义	细目
2. 理解 (Understand)	从口头、书面和图像等交流形式的教学信息中构建意义。	2.1 解释
		2.2 举例
		2.3 分类
		2.4 总结
		2.5 推断
		2.6 比较
		2.7 说明
3. 应用 (Apply)	在给定的情景中执行或使用程序。	3.1 执行/实行
		3.2 实施/运用
4. 分析 (Analyze)	将材料分解为它的组成部分,确定部分之间的相互关系,以及各部分与总体结构或总目的之间的关系。	4.1 区别
		4.2 组织
		4.3 归因/解构
5. 评价 (Evaluate)	基于准则和标准作出判断。	5.1 检查
		5.2 评论/判断
6. 创造 (Create)	将要素组成内在一致的整体或功能性整体;将要素重新组织成新的模型或结构。	6.1 产生/假设
		6.2 计划/设计
		6.3 生成/建构

在本研究中,我们尝试将"认知过程"理论与"话轮转换"(Turn-taking)理论结合起来。"话轮转换"理论最初可以追溯到 Sacks 等提出的"最简系统"——会话话轮转换系统。该理论指出,在每段会话中都存在"话轮转换",每一个话轮都是由具有一定的语法、词汇、语用特征的话语构建单位(Turn-constructional units)构建而成。Verschuren 提出,话轮的发动有"自择 self-selection"和"他择 other-selection"两种类型,会话的发动者是在互动的进程中决定的。在会话的互动进程中,对下一话轮的分析往往能看出会话者对上一话轮是否理解或如何理解,而且可以看出前一话轮的目标和意义。一般上,完整的话论转换所具有的内部结构可以用"三话轮"来进行描述:

表二 "三话轮"的结构

话轮	特征	目标/意义
话轮 1	现时说话人可以发起并主动作自我修正,该话轮应含有要修正的类项。	第 1 次机会
	话轮 1 与话轮 2 之间的过渡空间(transition space):现时说话人可以发起并作自我修正。	第 2 次机会
话轮 2	谈话对方作修正,或谈话对方发起并促使现时说话人在话轮 3 作自我修正。	第 3 次机会
话论 3	可针对在话轮 2 中对方发起的修正作对方发起自我修正。	第 4 次机会

在实际教学中,把"三话轮"与提问法相互结合起来,这就成为"三话轮"提问策略。其操作流程参见下图。

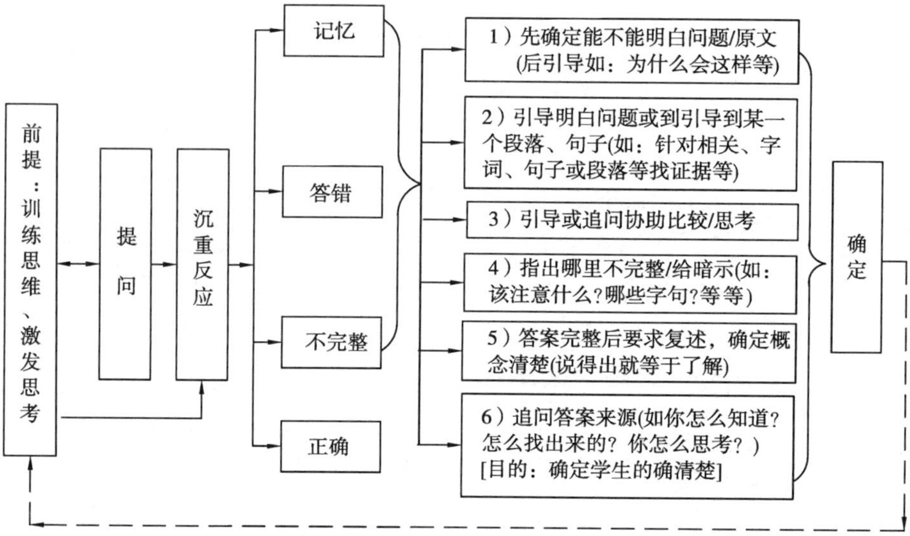

图一　洪瑞春先生摸索出的“三话轮”提问策略操作流程

具体来讲,在话轮1中,老师可以发起提问或进行自我修正;在话轮2中,学生尝试进行回答或提出疑问;在话轮3中,老师进行追问或补问。所谓追问,即要求对话方就其提供的答案或问题进行确认、说明、分析或证实;所谓补问,即要求对话方就其提供的答案或问题改换角度或形式进行确认、应用、分析或创造。运用“三话轮”提问策略,精心设计提问、追问和补问,能够有效拓展对话的深度和广度,“使学生在课堂中更有效地参加有意义的协商和进行新知识建构”从而提升学生的思维能力。

尽管“三话轮”提问策略能够有效拓宽、加深意义协商和知识建构,但是,在教学实践中,由于该策略往往由老师主导进行,学生在课堂上只是被动地参与思维活动,不大能够主动进行思维能力的迁移。为此,我们在“三话轮”策略的基础上,结合了合作学习策略,旨在促进生生互动,增加学生尝试思维能力迁移的机会。合作学习的基本精神包括五个方面,图示如下:

图二　合作学习关键因素示意图

三、研究问题及意义

在新加坡,已有学者应用“认知过程”理论分析教学目标与教学内容,或就该理论的教学效果进行实验,但迄今为止还罕有实证研究就认知思维六个维度的内在关联展开探讨。

本文提出的研究问题是:(1)认知思维的六个维度之间是否具有严格的层次关系?(2)如果有,各层之间的关联程度是否一致?在正式展开下文的论析之前,我们首先界定“临界区域”一词的涵义。如果相邻两个层次的关联十分紧密,则从前一层次过渡到后一层次所需跨越的中间区域就越小,这样我们就称这两个层次的“临界区域”很小;反之,如果相邻两个层次的关联十分薄弱,则从前一层次过渡到后一层次所需跨越的中间区域就越大,这样我们就称这两个层次的“临界区域”很大。不难看出,“临界区域”可以较好地用来表征相邻两个层次关联程度的高低。

目前,学术界对于六个维度内在关联的观点主要有两种。第一种观点是以布鲁姆等为代表提出的“旧六维度说”,他们指出:“我们是按层次将不同的目标加以这样排列的。”他们“设想将教育行为按简单到复杂这样一个次序排列,其依据的观点是:某种简单的行为可以与其他同等简单的行为组合起来,从而形成一种比较复杂的行为。”遵照该观点,后一认知维度之所以比前一认知维度层次高,不单因为后一层次比前一层次“复杂”,而且后一维度是由之前各“简单”层次组合而成,即内蕴了之前各维度的教育行为,六个维度是层层包含的关系,可以用下图表示:

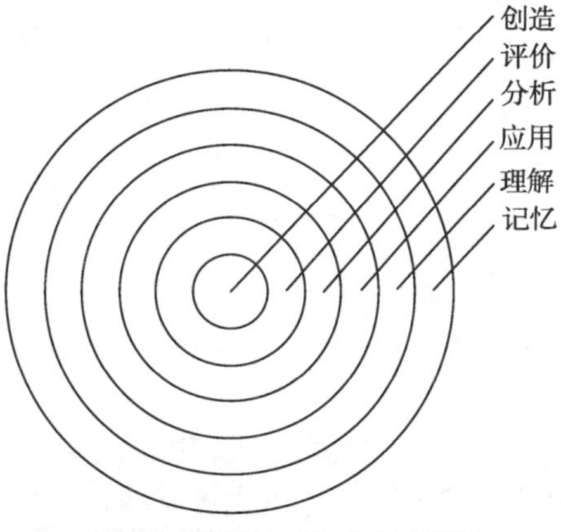

图三　累积性层级关系示意图

第二种观点是以安德森等为代表提出的“新六维度说”。该观点对布鲁姆等的上述观点提出了质疑。他们指出:“认知过程维度的六大类别被假定是按照复杂程度递增的顺序排列的,在这种意义上,本修订版分类框架具有层级结构。然而,原版框架声称其类别构成一个累积性层级结构。这意味着,掌握较复杂的类别要求事先掌握该类别以下的所有复杂程度较低的类别——这是一个极为严格的标准。随后进行的一些研究为它的三个中间类别——‘领会’、‘应用’和‘分析’——的累积性层级结构提供了实证证据,但是,实证证据不足以支持最后两个类别的排列顺序。”安德森等与布鲁姆一样,也主张各层次是按照由简单到复杂的次序排列的,但是,他不赞同布鲁姆的“累积性层级结构”的观点,也就是说,他不认为后面的层次层层包含并内蕴了之前所有的层次。

安德森等的质疑很有见地,而且有实证研究作为支撑。沿着他们指出的疑点,确实有必要继续进行更多的实证研究,重新检视布鲁姆等提出的“累积性层级结构”。然而,安氏的质疑并不彻底,其实他已经提到,“认知过程维度的六大类别被假定是按照复杂程度递增的顺序排列的”，既然是“被假定”的，那么，我们仍有必要进一步验证认知思维的六个维度是否真的具有严格的层级结构。其实，布鲁姆自己早已就此表示过怀疑，他说：“我们对这方面的证据并不感到十分满意”。更何况，即便六个层次具有严格的层层递进关系，层与层之间关联的紧密程度即相邻两层的“临界区域”还完全没有开展研究。

本文的研究在理论方面的价值略如上述，在教学实践中也具有广泛的应用前景。首先，如果能够比较准确地厘清六个维度的层次关系，我们就能把握各层次的逻辑关系：谁是本？谁是末？谁是主？谁是从？我们就能精确判断，从而结合学生的实际情况，制定思维教学的重点。其次，如果能够辨别相邻两层“临界区域”的大小，就能准确掌握从前一层次提升到后一层次的难易程度：哪一个层次要趁火打热？哪一个层次要慢火细熬？从而帮助老师进行课时安排，乃至调控教学节奏。

四、实验设计：研究对象、教材、方法、过程

（一）研究对象

1. 新加坡文殊中学：两个中二快捷班，其中 1 个实验班，1 个控制班。

2. 新加坡圣婴女中（大芭窑分校）：两个中二快捷班，其中 1 个实验班，1 个控制班；1 个中一高级华文班（以下简称“高华班”）。

表三　研究全过程人数统计

班级/人数	目前总数	中途插班	中途退出	有效人数	前后测不完整试卷	前后测无效试卷①	前后测有效试卷
文殊实验班	31	1	1	30	0	0	30
文殊控制班	31	0	0	27	4	1	26
圣婴实验班	39	0	0	27	12	4	23
圣婴控制班	42	7	2	30	4	5	25
圣婴高华班	32	4	0	27	1	0	27

（二）教材与课时

根据主题一贯的原则，我们从新加坡中二快捷华文课本中选定《说声对不起》《开关之间》《另一个生命的开始》《醉人的春夜》《父亲的脚步声》和《陌生的童声》6 个实验篇章；从新加坡中一高级华文课本中选定了《白菜汤》《父亲》《永生的眼睛》《一件小事》《母与女》和《父亲的野孩子》6 个实验篇章。每篇课文 4 堂课，每堂课 45 分钟。

（三）研究方法

本文主要应用定量研究法探析认知思维六维度的内部关联。研究工具主要是前后测，至于教案、活动纸、作业、录像、录音、电子简报与阶段性教学反思等，它们虽在本研究范围之内，但不是本文讨论的重点。

（四）研究过程

整个研究分为 3 个阶段。具体流程如下图所示：

① 不完整试卷，指没有完整完成前测、后测的学生试卷。无效试卷指：1）无法辨认作答人姓名的试卷；或 2）同一道题，前测能作答而后测空白者，亦被视为无效试卷。

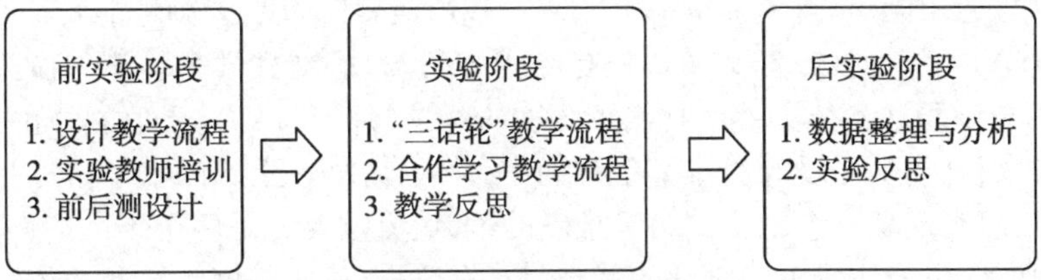

图四　研究流程示意图

在实验教师培训的环节，我们进行了3项工作：(1)协助老师们理解安德森等提出的认知思维的六个维度以及如何根据六个维度进行设题。(2)协助老师们掌握"三话轮"提问策略和合作学习策略。(3)商讨实验篇章的选取、处理篇章的方式、教学过程与课时安排等。

为了测定学生思维能力，我们选择难度适中的文章设置由低到高6个层次的问题，通过阅读理解的形式来测试学生各维度思维能力的表现。根据谢泽文等的研究，"完形填空"(Cloze Test)理论能够比较客观地检定阅读篇章的难易程度。依据该理论，我们选定了前测、后测篇章①，并按照"认知过程"理论的六个维度设计问题，从"记忆"到"创造"各1题，每题10分，满分60分。

现有实验证实，运用"认知过程"理论对于提升学生的高阶思维能力效果显著，但是，这并不意味着认知思维六个维度的提升是自然或必然的。正如洪瑞春先生的实验所显示的，各认知维度的提升程度并不相同，甚至有个别维度不升反降②。基于该现象，我们在本研究设计中着重关注各维度之间的关联和过渡。为此，我们制定了以下教学流程：

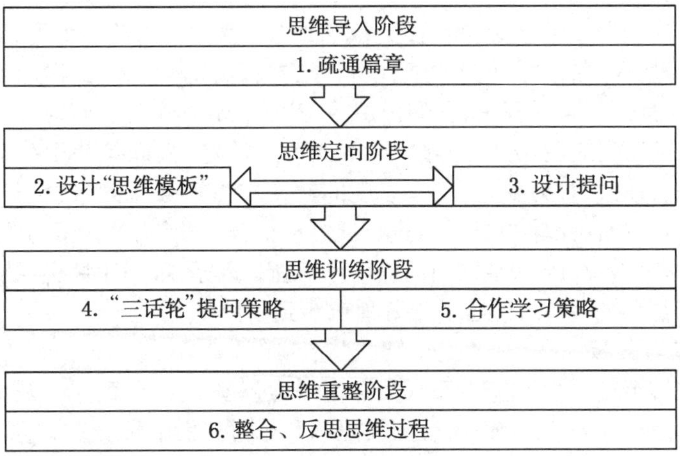

图五　思维教学流程图

① 根据该检测原则，将一篇文章中每七个字抽掉一个，如果学生的填对率低于40%，则属于"受挫性阅读"，学生没有能力理解篇章内容；填对率如介于40% －60%，篇章难度适中，学生可在老师的指导下理解篇章内容；填对率如超过60%，则篇章的难度在学生的阅读能力以下，学生能自行阅读而无需老师指导。由于我们的目的是要选择一篇学生能够读懂的文章来进行思维教学，至于文章是否偏易则并不重要，理由是：即使学生能够轻易读懂文章，但这并不表示他们能够就此文的内容进行高阶思维。也就是说，经"完形填空"理论检测，只要高于40%就可以用于思维能力测验了。基于同样的理由，即使学生读过某篇文章，并不意味着他能够更好地就这篇文章的内容进行高阶思维。换言之，就思维能力的检测目标而言，选择同一篇文章进行前后测是没有影响的，更何况前测与后测相距8个月之久。基于以上认识，我们选定同一篇文章作为前后测篇章。

② 例如，该实验数据显示，实验班在"理解"维度的表现比对照班高出1.07分，而在后测中则只高出0.44分。

需要说明的是,由于学生华文水平不同,在“疏通篇章”阶段,老师可能要耗费半节课到两节课不等的时间讲解字词,疏释文义。只有夯实了基础,思维教学才能深入展开。由于依照“思维过程”理论设题并不能必然实现六个维度的跨越与提升,两个维度之间也并非自然或必然地实现过渡,因此老师在设计思维训练课时,必须明确每一堂课的教学目标是集中在哪一个维度,以及如何实现从一个维度到另一维度的过渡,更重要的是两个维度的衔接必须紧密,即前一维度的训练应当构成下一维度的基础。只有这样,认知维度的跨越才能具有明确的目标和清晰的结构。要把这些目标和结构落实在教学实践中,我们认为“思维模板”是一种行之有效的方法。所谓“思维模板”,是指针对预定的教学目标,用思维导图的形式把认知维度的过渡结构化的一种呈现方式。请看下面的例子:

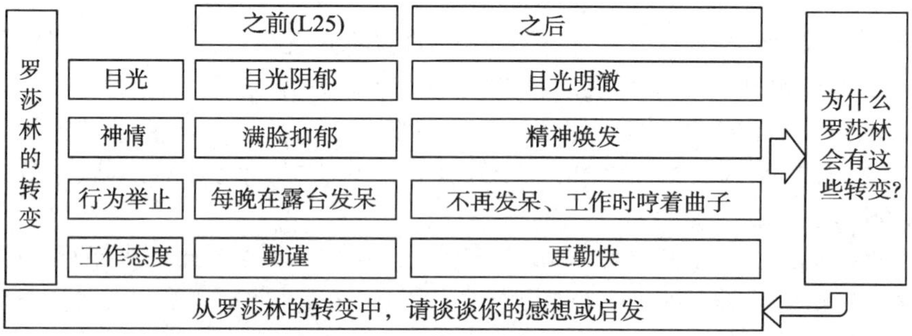

图六　“思维模板”示例

上图是研究团队设计的《陌生的童声》中的一张“思维模板”。在这一模板中,我们先把教学目标锁定在“应用”维度,然后推展至分析和评价。为了达到目标,我们选择从故事主人公罗莎林的转变为切入点,以时间为线索,以目光、神情、行为举止、工作态度为节点,组织文中相关的信息。在具体教学过程中,我们运用“三话轮”提问法反复调动学生记忆、理解维度的思维能力,逐层过渡到应用、分析与评价维度;当“三话轮”提问策略引导到一定阶段,老师会以罗莎林的目光、神情、行为举止、工作态度的转变作为思维任务布置给不同的小组,最后老师会运用“三话轮”提问策略引导学生进行反思和整合。这样,合作学习策略被不着形迹地融入到“三话轮”提问策略中,并共同指向同一个思维教学目标,中间反复结合记忆、理解、应用维度的提问,而维度之间的过渡也被很好地照顾到了。

五、数据收集与分析

我们依据“完形填空”理论选定篇章,按照“认知过程”理论设置问题及参考答案,然后同步在两所学校进行前测、后测。前测、后测相隔约 8 个月,使用同一份试卷。收回答卷后,我们先去掉不完整试卷和无效试卷,先密封答卷上的学生姓名,然后混杂试卷并分别指定两位研究员各批改 3 题。批改前,我们先统一评分标准和制定批改流程,如批完全部的第一题后才能批下一题;最后进行数据统计与分析。针对本文的研究问题,我们只就 3 个进行思维教学实验的班级前后测六个认知维度思题题得分的差额进行分析,旨在揭示六个维度的内在关联。

下面是文殊中学实验班、圣婴女中实验班以及高华班的前测数据(中间一条线)、后测数据(上面一条线)、前后测分数差额(下面一条线):

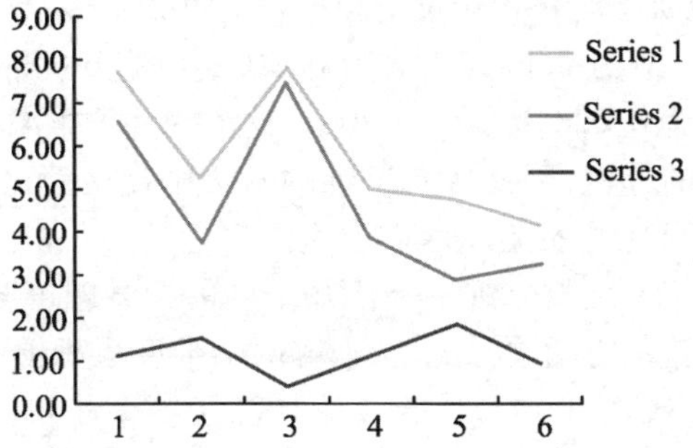

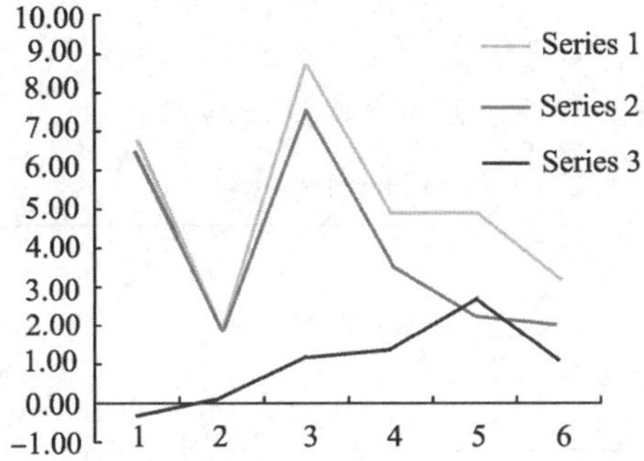

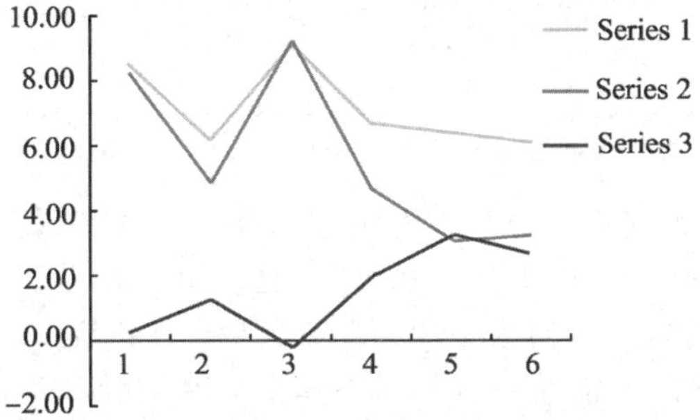

针对本文设定的研究目标，首先，我们采用 Pearson 相关系数分析高阶思维题提升幅度与低阶思维题提升幅度之间的联系。我们得出文殊实验班的高阶思维题提升幅度与低阶思维题提升幅度的 R 值为 0.133，P 值为 0.544；圣婴实验班的 R 值为 0.167，P 值为 0.406；圣婴高华班的 R 值为 0.011，P 值为 0.956。各班的 R 值 P 值都大于 0，说明低阶思维的提升对高阶思维的提升具有促进作用；但 P 值都大于 0.05，这说明低阶思维的提升不能必然导致高阶思维的提升。

其次，我们用 Pearson 相关系数分析相邻的两个维度提升幅度之间的联系。文殊实验班记忆题提升幅度与理解题提升幅度的 R 值为 -0.015，P 值为 0.939；圣婴实验班的 R 值为 -0.161，P 值为 0.462；圣婴高华班的 R 值为 3.30，P 值为 0.093。这说明记忆维度的提升与理解维度的提升没有必然联系。文殊实验班理解题提升幅度与应用题提升幅度的 R 值为 0.126，P 值为 0.506；圣婴实验班的 R 值为 0.011，P 值为 0.962；圣婴高华班 R 值为 -0.091，P 值为 0.653。这说明理解维度的提升与应用维度的提升没有必然联系。文殊实验班应用题提升幅度与分析题提升幅度的 R 值为 0.287，P 值为 0.124；圣婴实验班的 R 值为 -0.113，P 值为 0.608；圣婴高华班的 R 值为 -0.181，P 值为 0.367。这说明应用维度的提升与分析维度的提升没有必然联系。文殊实验班分析题提升幅度与评价题提升幅度的 R 值为 0.010，P 值为 0.969；圣婴实验班的 R 值为 -0.033，P 值为 0.882；圣婴高华班的 R 值为 0.205，P 值为

0.305。这说明分析维度的提升与评价维度的提升没有必然联系。文殊实验班评价题提升幅度与创造题提升幅度的 R 值为 0.023,P 值为 0.905;圣婴实验班的 R 值为 0.270,P 值为 0.213;圣婴高华班的 R 值为 0.076,P 值为 0.706。这说明评价维度的提升与创造维度的提升没有必然联系。综合以上的分析,可见认知思维的六个维度两两之间不存在必然联系,前一维度的提升不能决定下一维度思维能力的提升。

再次,我们用 Pearson 相关系数分析一个认知维度的提升幅度与它之前各维度累积提升幅度之间的联系。文殊实验班应用题与记忆、理解两个维度累积提升幅度的 R 值为 0.027,P 值为 0.887;圣婴实验班的 R 值 0.147,P 值为 0.502;圣婴高华班的 R 值为 -0.239,P 值为 0.230。R 值都小于 0.5,P 值都大于 0.05,这说明应用维度的提升与记忆、理解的累积提升没有必然联系。文殊实验班分析维度的提升幅度与记忆、理解、应用三个维度累积提升幅度的 R 值为 0.019,P 值为 0.923;圣婴实验班的 P 检测数据如下:

Correlations

		Q3	Q4
SUM3	Pearson Correlation Sig. (2 - tailed) N	1 23	0.447 * 0.033 23
Q4	Pearson Correlation Sig. (2 - tailed) N	0.447 * 0.033 23	1 23

*. Correlation is significant at the 0.05 level (2 - tailed).

如图所示,该班的 R 值为 0.447,P 值为 0.033,Pearson 相关系数分析显示结果为联系明显。圣婴高华班的 R 值为 -0.117,P 值为 0.561。这说明分析维度的提升与记忆、理解、应用三个维度的累积提升具有较显著的相关性。文殊实验班评价维度的提升幅度与记忆、理解、应用、分析四个维度累积提升幅度的 R 值为 -0.071,P 值为 0.710;圣婴实验班的 R 值为 -0.059,P 值为 0.790;圣婴高华班的 R 值为 0.176,P 值为 0.380。各班 R 值都小于 0.5,P 值都大于 0.05,这说明评价维度的提升与记忆、理解、应用、分析四个维度的累积提升不具有明显的联系。文殊实验班创造维度的提升幅度与记忆、理解、应用、分析、评价五个维度累积提升幅度的 P 检测数据如下:

Correlations

		Q3	Q4
SUM5	Pearson Correlation Sig. (2 - tailed) N	1 30	0.970 * * 0.000 30
Q6	Pearson Correlation Sig. (2 - tailed) N	0.970 * * 0.000 30	1 30

* *. Correlation is significant at the 0.01 level (2 - tailed).

如图所示,该班的 R 值为 0.970,P 值为 0.000,Pearson 相关系数分析显示结果为联系明显。圣婴实验班的 R 值为 -0.018,P 值为 0.935。圣婴高华班的 R 值为 0.244,P 值为 0.219。这说明创造维度的提升与记忆、理解、应用、分析、评价五个维度的累积提升具有较明显的联系。

最后,需要说明 Pearson 相关分析数据与"临界区域"的关系:(1)P 值越小,表示两组数据越具有线性相关;R 值越大,表示两组数据线性相关的程度越强。如果 R>0,表示两组数据是正相关;R<0,表示两组数据是负相关。(2)如果 P 值越小,R 值越大,且 R>0,则表明两个维度关联紧密,一个维度的提升能够极大地促进另一维度的提升,换言之,二者的"临界区域"越小,即从一个维度跨越到另一维度的中间区域越小。(3)如果 P 值不是很小,R 值较大,且 R>0,则表明两个维度关联比较紧密,但一个维度的提升不必然促进另一维度的提升。换言之,二者的关联不及情形 2)紧密,"临界区域"较大。(4)如果 R 接近 0,则表明两个维度完全不具有线性相关,即一个维度的提升与另一维度的提升完全不具有确定的促进关系。

总结

本文采用定量研究法,集中探讨认知思维六个层次的内在关联。我们获得的主要结论如下:(1) 低阶思维的提升对高阶思维的提升具有促进作用,但低阶思维的提升不能显著决定高阶思维的提升。(2) 认知思维的六个维度两两之间不存在显著的相关性,前一维度思维能力的提升不能自然或必然导致下一维度思维能力的提升。(3) 在某些情形下,分析维度和创造维度与它们前面各维度的累积提升体现出较显著的相关性。(4) 分析维度与应用维度的"临界区域"、评价维度与创造维度的"临界区域"较小,其他维度之间的"临界区域"则较大。落到实际教学中,要想通过提高理解能力来提升学生的应用能力,乃至跨越任何其他"临界区域"较大的两个维度,一般都颇为费力;至于跨越"临界区域"较小的两个维度,只要对前一维度稍加引导,对后一维度的提升一般都能收到立竿见影的效果。

回应安德森等对于布鲁姆的质疑,根据本文的研究,我们认为:第一,安德森等人的质疑是对的,各维度之间并不存在"累积性层级现象"。第二,安德森等指出实验证明,"领会"(即"理解")、"应用"、"分析"三个层次存在"累积性层级现象",本研究也不完全支持他的这一论断。我们只能证实分析、创造两个维度存在"累积性层级现象",而且还不是所有班级的数据都支持这一点。第三,认知思维的六个维度是基本各自独立的思维范畴,不存在严格意义的层层递进关系,因为它们彼此之间不存在明显的必然联系。

最后,我们必须申明:首先,本文基于 Pearson 相关系数分析而获得的上述结论只是一个现象的描述。例如,上文结论(3)指出分析维度与它前面各维度的累积提升体现出较显著的相关性。这最多只能表明,记忆、理解、应用能力的提升与分析能力的提升具有较密切的关联,而不足以说明记忆、理解、应用能力的提升能决定分析能力的提升。其次,我们目前只收集到 5 个班的数据,其中参与思维教学实验的只有 3 个班,每个班只收集到约 30 份有效数据。我们能够用来分析并支持上述论点的样本是较小的。再次,数据的精确性还涉及试卷设题、测试过程、评量过程等各种人为因素。这些都是本研究在现阶段存在的局限性。然而,我们仍然真诚希望,本文提出的认知思维六维度内在关联问题以及有关"临界区域"的思考,能够引起教育工作者的注意;也希望本文尝试的用 Pearson 相关系数分析认知维度关联的方法能够启发更进一步的实验和探索。

参考文献

B. S. Bloom 等著、罗黎辉,丁证霖,石伟平、顾建明译. 教育目标分类学 第一分册 认知领域. 上海:华东师范大学出版社,1986.

谢泽文. 填字测验在语文教学上的功用.《语文半年刊》,1978,(5).

David W. Johnson, Roger T. Johnson. Learning Together and Alone, Needham Height, MA. Allyn & Bacon, Incorporated,1994.

Jef Verschueren. Understanding Pragmatics. 北京: 外语教学与研究出版社,2000.

钟艳.关键技能: 21 世纪对人才的要求,《外国中小学教育》9,2004:10。

杨瑜.加强教学目标管理 提高教学效果——布卢姆教育目标分类学在文检课教学中的应用.《情报杂志》6,2004:125 - 129。

马兰.《合作学习》.北京: 高等教育出版社,2005.

陈之权.采用科拉斯霍尔的二维度认知框架检视新加坡《中学华文课程标准》,《华文学刊》2,2006: 1 - 21.

张凯.语文测试理论及汉语测试研究.北京: 商务印书馆,2006.

刘永兵,赵守辉,张东波.新加坡华语课堂师生互动研究: 个案分析.语言教学与研究,2008.3.

刘育峰.部分国家和地区近年来职业教学改革新动向.《中国职业技术教育》29,2008:5 - 11。

L. W. Anderson 等著、蒋小平,张琴美,罗晶晶译.布卢姆教育目标分类: 分类学视野下的学与教及其评测.北京: 外语教学与研究出版社,2009.

洪瑞春,王丽娟,黄伊美.通过课堂提问技巧提高学生阅读理解思维层次.台北: 剑潭出版社,2009.

Singapore Ministry of Education, Nurturing Our Young for the Future, http:// www. moe. gov. sg/ committee-of-supply-debate/ files/ nurturing-our-young. pdf

作者单位: 新加坡华文教研中心
新加坡圣婴女中(大巴窑分校)

结合儿童文学和时事新闻素材的批判性思考教学

张寿洪

一、引言

根据香港课程发展议会在2004年颁布的《中国语文课程指引(小一至小六)》(以下简称《指引》),小学语文教学的内容包括9个学习范畴,即阅读、写作、聆听、说话、文学、中华文化、品德情意、思维和语文自学等,可见文学已成为传统语文技能"读写听说"以外最重要的语文教学元素。香港基础教育的主要目标是通过中央课程的不同学习领域,来培养学生的基本能力——共通能力;在阐释语文教学的成果和"共通能力"的关系时,《指引》强调语文学科的一项重要工作是"透过发展思维培养学生的创造、批判性思考、解决问题的能力"。① 由此可见,在新世纪的香港小学语文课程中,儿童文学和批判性思考教学得到了前所未有的重视。

思维是语文的基础。在语言理解和语言表达的过程中,思维是必要的成分,所以语文能力的培养必须结合思维训练来进行,以收互相促进之效。②另一方面,思维教学的主要目的在于提升学生分析问题和解决问题等实际运用的能力,所以适宜结合生活,在教学上多运用生活素材和语料为学习媒介。③ 本研究尝试结合儿童文学和时事新闻素材,进行批判思维教学;研究目的是探究以儿童文学作品为主要学习材料的思考教学模式,并探索新闻材料在促进学生思考发展方面的功能和作用。

二、文献综述及课程设计理念

(一) 语文教学与批判性思维和儿童文学教学

一直以来,语文教学都强调语言能力训练应与思维训练结合。叶圣陶指出语言与思维两者不可分拆:语言要说得正确,有条有理,先决条件是头脑里想得正确,有条有理。因此,语言训练与思维训练要同时进行。④ 学生要学好语文,必须同时掌握思考的方法和技巧。

语文是思想和文化的载体,所以语文教学须体现人文性,即要兼顾学生情意、态度和品德的培育。恩尼斯(Ennis)认为,批判性思考是指通过对言论、主张和行为的理性评估,应用合理的法则进行分析,从而判断何者可信和何者应为;换言之,批判性思考不仅是一种能力,也是一个解决问题的过程。⑤由此可见,在小学语文科进行批判性思考教学,既训练学生的思维能力,同时还有助于学生的品格发展,所以,批判性思考教学充分彰显语文教学重视人文性的特质。

考虑到小学生的年龄,在小学进行文学教学,所用的教材基本上都是儿童文学作品。儿

①② 中华人民共和国香港特别行政区政府课程发展议会.中国语文教育学习领域·中国语文课程指引(小一至小六)[S].香港:中华人民共和国香港特别行政区政府教育统筹局,2004:9.10.

③ 《指引》建议教师可从报章、杂志、电台和电视节目等不同媒体选取教学材料。(页26)

④⑤ 转引自司徒秀薇.中学语文加强批判思维训练的理论与实践——以香港一、二年级语文教学为研究对象[D].北京:北京师范大学,2006:44.

童文学是指特别为儿童而写的文学作品,这些作品应具有儿童性、教育性、游戏性和文学性的特质。① 文学教学的目标,除了通过优美的文字提升学生的学习兴趣外,还可以跟学生分享作品中独特而共通的思想和感情,增强人与人之间的沟通、同感和同情,发展人格,美化个性,引起学生对生活和生命的体悟。② 因此儿童文学作品是进行批判性思考的上佳素材。

(二)在批判思考教学中融合时事新闻素材

在语文科中施行思维教学,目的在培养学生良好的思维素质,使他们具备独立的分析和判断能力。针对批判性思考的性质,良好的思维素质应具备深入、灵活和明辨等特点。③ 深入是指学生能从多角度和多方向理解和分析问题,思考具有逻辑性并充分考虑不同的因素;灵活是指学生能把知识转化为能力,举一反三,并合理地处理和应用数据;明辨是指思考时能全面、严谨地审视事物,并作出合理的评价。

顺应语文学科批判性思考教学的要求,思维学习作用的素材不应局限于日常的语文教材,教师宜从学生日常经常接触的媒体如报章、杂志、电台和电视中搜集语料,引导学生参与讨论,从而提升学生的分析能力。④ 本地时事新闻是发生在学生身边的事情,若教师能选用一些跟学生关系较密切的新闻,引导他们分析和讨论,便容易引发共鸣,让学生懂得设身处地去考虑问题和决定对策,归纳出合适的见解和跟进方案。事实上,不少批判思维教学专家均强调,使用课外阅读材料是有效的批判思维教学策略。⑤

三、教学单元设计、施教和修订的历程

本单元的设计,由从事师资培训工作的研究员运用"结合儿童文学和批判思考教学"的理念设计单元初稿,然后向两位试教教师解说批判思考教学的原则、本单元的理念和施教时须注意的地方,并请教师从课堂实践的角度提供意见。研究员根据教师的建议订定单元修订稿后,交试教教师进行教学实践。本单元试教时,研究员定期前往教室观课,并在课后跟两位教师一起讨论、检讨教学和优化教学的方法。⑥

单元教学完成后,研究员观看两位教师的课堂录像,然后邀请她们作试教后访问。访问采用"半结构问卷面谈"形式,重点在探讨教师对儿童文学、批判思考教学的看法,对本单元设计的意见和学与教的成效。研究员根据教师的意见修订单元设计,然后把修订稿交给本计划的三位专家和经验教师评审,最后根据评审专家的回馈,反复修订,完成单元订稿。

四、教学设计内容

本节简单交代用于试教的单元设计稿的内容:

(一)单元名称:朋友之道

(二)适用年级:小学四年级/ 五年级

(三)单元说明:

通过阅读玛丹娜的《英伦玫瑰》和《英伦玫瑰2:白马王子来了》两书,引导学生思考与同学交往、相处的正确态度,并学习情绪管理和解难的方法。通过两则校园故事,让学生反思、评论妒忌心态和排挤行为的负面影响,理解同学间应互让互谅,并明白有需要时该向师长和

---

① 林文宝.儿童文学[M].台北:五南图书公司,1996:2.3.

② 中华人民共和国香港特别行政区政府课程发展议会.中国语文教育学习领域·中国语文课程指引(小一至小六)[S].香港:教育统筹局,2004:9.10.

③ 林文宝.儿童文学[M].台北:五南图书公司,1996:2.3.

④ 林文宝.儿童文学[M].台北:五南图书公司,1996:2.3.

⑤ 张玉成.思考技巧与教学[M].台北:心理出版社,1996:262.300.

⑥ 本单元在一所小学的两班四年级进行试教。由于迁就学校进度关系,阅读教学只集中在《英伦玫瑰》一书。

父母求助的道理。

图画书阅读完成后，本单元安排学生阅览两则因交朋友遇到困难而走上自杀之路的校园新闻。学生阅览剪报后，可就与同学相处的正确态度、语言伤害等同使用暴力和如何接受自己的外表作分组讨论。为了深化学生的思考和扩大思考的空间，教师会先请学生写信给书中主角娜娜，分享与朋友相处的经验，然后再写一封信给报上新闻中寻死不遂的女孩，安慰她并跟她谈谈交友的方法。讨论和写作活动能促进学生批判性思考能力的进一步发展。

（四）教学目标：

1. 阅读和理解《英伦玫瑰》和《英伦玫瑰 2：白马王子来了》的故事内容；

2. 阅读两则跟校园交友有关的新闻和相关报导，思考妒忌心态和排挤行为的负面影响，从而建立正确的观念；

3. 培养评价人物思想和行为的能力；

4. 通过讨论和报告培养思考、讨论和说话能力；

5. 通过创作活动进一步培养分析、思考和解难能力。

（五）教学材料：

1. 玛丹娜著，蔡依林译. 英伦玫瑰[M]. 台北：格林文化事业股份有限公司，2003.

2. 玛丹娜著，蔡依林译. 英伦玫瑰 2：白马王子来了[M]. 台北：格林文化事业股份有限公司，2006.

3. 被嘲貌丑无朋友 女生跳海[N]. 明报，2009.3.3(1).

4. 遭同学排挤 失踪五日女童跳楼[N]. 明报，2009.3.14(1).

《英伦玫瑰》是国际知名歌星玛丹娜(Madonna)的首本儿童绘本，书中通过几位小女孩的成长经验，点出了爱与包容的永恒主题。《英伦玫瑰》很受欢迎，创出第一版第一次印刷超过40万册的纪录，并荣登纽约时报儿童绘本畅销排行榜第一名。《英伦玫瑰 2：白马王子来了》是《英伦玫瑰》的续集。此外，这次采用的两则新闻和相关特写，主题与《英伦玫瑰》有很密切的联系。

（六）工作纸和辅助材料：

1.《工作纸一：日记》

2.《工作纸二：给娜娜的信》

3.《工作纸三：给张姓女孩的信》

4.《讨论卡一：梦想可成真》

（七）教学流程：

本单元的教学时间为 10 节，在实践上划分为 5 个环节，主要的教学活动包括教师讲解、图书阅览、新闻阅览、教师提问、小组讨论、工作纸和书信创作等。下文简介各环节的教学大纲和讨论重点：

1. 从朋友到敌人(上)(第 1、2 节)

本部分的教学主要涉及《英伦玫瑰》第 1 至 19 页的内容。

教师首先引导学生利用书本的封面和封底猜测故事的内容，然后与学生一起阅读故事，教师注意运用提问引导学生掌握故事的重点。

到了第 17 页，教师会利用下列内容引导学生进行讨论和思考：

① 为什么英伦玫瑰“知道娜娜很寂寞，也很想对她好。但她们就是做不到”？

② 英伦玫瑰认为，所有优点都长在娜娜一人身上，你认为她们的判断正确吗？为什么？

③ 英伦玫瑰心想：“如果我们碰到她，就假装没看见！”“干脆把她推到湖里就好了！”

(i) 你认为英伦玫瑰的想法对不对?为什么?

(ii) 当你妒忌别人时,你也曾有过这样的想法吗?请把经验说出来。

讨论完成后,教师会派发纸张,请同学把跟第③(ii)题有关的经验写出来。教师在阅览同学的习作后再作跟进。

2. 从敌人到朋友(下)(第3、4节)

本部分处理《英伦玫瑰》第20页至全书结束。

学生阅览第41–45页后,教师引导学生思考和讨论下列问题:

① 当英伦玫瑰知道了娜娜的处境后,她们对娜娜的态度有甚么改变?

② 为什么英伦玫瑰前后的表现有这样明显的差异?

③ 你会单凭外表判断别人的个性、品格吗?

通过上述活动,教师引导学生自行思索对别人应有的态度,明白不能单凭外表判断别人的个性、品格,要认识一个人,需要彼此相处一段时间后才能深入了解。

3. 发现(第5、6节)

本环节处理《英伦玫瑰2:白马王子来了》第1至33页。

跟阅览《英伦玫瑰》时的安排相同,教师首先引导学生利用书本的封面和封底,猜测故事的内容,然后运用提问引导学生掌握故事的重点。

因为白马王子对娜娜有好感,妮可、夏洛蒂、葛瑞丝和爱咪对娜娜才有妒忌之心。学生阅读第22页后,教师会跟学生仔细讨论下列问题:

① 为什么其他英伦玫瑰会"心中便感到一阵抽搐"、"被愤怒拉扯着"和"有种刺痛的感觉"?

② "每当娜娜开心地笑着,其他英伦玫瑰……心中有种刺痛的感觉",娜娜要为其他英伦玫瑰的感觉负责吗?为什么?

同时,教师也会引导学生了解娜娜怎样找爸爸和老师帮忙解决心中的疑难,并安排分组讨论下列命题:娜娜先把自己的问题告诉爸爸,再根据爸爸的意见把问题告诉老师。你同意她的处事方法吗?为什么?请仔细说说你的理由。

4. 珍惜(第7、8节)

本环节处理《英伦玫瑰2:白马王子来了》第35页至全书结束。

本部分的教学重点在通过故事情节引导学生掌握夏洛蒂的反思,费老师教导英伦玫瑰要懂得"珍惜"和娜娜怎样珍惜朋友。

阅览第45、52页和全书后,教师引导学生思考和讨论下列各题:

① 夏洛蒂为什么忽然发现英伦玫瑰对娜娜很不公平?

② 夏洛蒂反省到什么事情?

③ 费老师在舞会完毕后,提醒英伦玫瑰什么?

④ 你认为怎样才是珍惜?

⑤ 费老师建议英伦玫瑰怎样面对妒忌之心?你有没有其他建议?

⑥ 故事中娜娜最后发现"不能够只在好朋友对你好的时候爱她们,因为那很容易做到。当她们做傻事的时候,你也应该去爱她们。因为迟早,她们会了解自己做了什么傻事"。你同意她的看法吗?

为了让学生掌握故事中"珍惜"的意义,教师除了通过具体事例讲解外,还请学生在小组内分享个人因不懂得珍惜而后悔的经历。

5. 时事新闻素材阅读及评论(第9、10节)

本部分主要通过阅读两段取自香港《明报》的学童自杀的新闻①,引导学生分析和归纳两名学童自杀的原因,谁该对两人自杀负责,以及从事件中理解语言伤害的杀伤力和推论学童应建立一套怎样的价值观。

以《被嘲貌丑无朋友 女生跳海》一段新闻为例,学生略读新闻后,教师会跟他们讨论下列问题:

① 张姓女童为什么要跳海寻死?②

② 张姓女童寻死前有什么异常的行为?

③ 你赞成张姓女童家人的做法吗? 为什么?

④ 如果你是张姓女童的好友,你会怎样安慰她和鼓励她?

为了提升思考的广度和深度,这部分备有一张简单的工作纸,请同学在讨论完成后,再综合个人和组员的意见和分析,回答两道问题:

① 试从不同角度推断张姓女童自杀的原因;

② 在张姓女童寻死一事上,你认为谁要负上责任? 请简述原因。

《明报》在张姓女童自杀的报道旁,设置了两段题为《语言伤害甚于刀割》和《杨峥:自信才是美》的特写。学生分组阅读两段资料,同时讨论下列问题(新闻提要和特写文字稿见附录一):

① 说话为什么可能伤害别人?

② 以说话伤害别人,可能带来什么后果?

③ 你有没有用语言伤害过他人? 你后悔吗?

④ 你认为一个人的外表重要吗? 为什么?

⑤ 有美丽的外表的人,一定会快乐吗?

⑦ 怎样可以提升自己的自信?

讨论和总结完成后,本部分安排“写信”活动,请学生写信给“自杀不遂的张姓女孩”,安慰她并给她一些跟朋友交往的建议。

五、教学及学习成果

本节主要根据“教学录像”、“教学后教师跟进访问”和“学生习作样本”等资料,分析本单元的教学和学习成效。

从教学录像来看,两位教师均按照教学设计进行课堂教学,教学十分顺畅③,而学生对图书和报章材料都很有兴趣,很投入课堂的阅读活动和讨论活动。教师在事后得悉,有学生知道互联网上有《英伦玫瑰》网站,在最初的两节课后,即到互联网去把故事读毕。

本单元试教完成后,研究员曾跟两位试教教师进行访问,访问内容主要包括:

(一) 单元教学目标的达成度;

(二) 教学内容的分量和恰当程度;

(三) 教学指引的可操作性;

(四) 儿童文学和思考教学两者是否适宜结合。④

① 根据香港中文大学在1997、2001、2006、2009和2010年进行的调查,《明报》是香港最具公信力的中文报章。详见2011年1月10日《明报》。

② 为了保护该名自杀不遂的女孩,报章没有提供她的全名,只称她为“张姓女孩”。

③ 由于两班的上课时间不同,两位教师进行了“同事观课”,并根据课后讨论调整课堂教学安排。

④ 访问问题详见附录二。

受访教师同意本单元的教学目标，认为它在教学后能充分地实现，教材的分量恰当。①教师十分认同把图书阅读和新闻素材阅读结合在一起的设计，一位教师回应说：

如果只是拿着一本图书，学生的感受不会太深，因他们始终也觉得这是个故事，自己不认识书中的人物，不会有太大感受。以一则新闻来辅助较好，新闻是学生身边的事情。用新闻配合故事，学生的共鸣较强，课堂也会充实一点。所以我觉得这是个不错的配搭。

在教学设计的可操作性方面，教师认为研究员先跟她们讲解设计的理念，然后根据她们的意见进行修订，这样安排于有助教学理论和课堂操作的相互结合，提升单元的实践意义。教师同时强调研究员一直表示教学设计只是“教学建议”，教师可按照校本需要修改，因此教师能通过同事备课和同事观课调整具体教学安排；教师认为本教学设计既能提供参考，也能提供空间，完全没有限制教师的发挥。

至于儿童文学教学和思考教学两者是否适宜结合，受访教师表示，如果从本单元设计分析，把两者结合是有利于学与教两方面，对批判思考教学的帮助尤为明显。因为儿童文学作品一般故事性强，故事内容能提供具体的背景、情节和人物，构建思考的基础。学生根据具体的情境进行思考，自然分析得比较深入，归纳得比较恰当，推论得合情合理。

在优化教学设计的建议方面，一位教师认为设计内有些思考问题跳跃得较快，有些学生可能需要教师指导和带引，所以教师得不时调整，以引导学生的思考紧跟设计的步伐。

对于学生的学习成果，受访教师表示满意。从下列的几个例子可以看到学习重点是可以具体地达成的。例如教师跟学生完成阅读《英伦玫瑰》（第 17 页）后，通过提问“当你妒忌别人时，你也曾有过这样的想法吗？请把经验说出来。”请学生反思个人的妒忌经验。为了掌握个别学生的思考内容，本设计请教师指导学生在讨论活动后把个人的想法写下来。学生都坦诚地记述个人的经历，并认识到妒忌会影响个人的情绪，对自己其实没有好处。

阅览“学童自杀”新闻后，教师请学生分组评论“在张姓女童寻死一事上，谁要负上责任？并简述原因”。学生都能指出取笑女孩的同学和张姓女孩都要负上责任，原因是各有过错。可见学生能从不同的角度思考和作出判断。

在《工作纸三：给张姓女孩的信》，不少学生能借用《杨峥：自信才是美》一文的观点，跟张姓女孩分享“内在美”和“外在美”的概念，鼓励女孩努力充实自己。有学生更能向女孩提出，可以通过写日记来排解因受别人排挤而衍生的负面思想感情和控制个人的不安情绪。

受访教师又表示，学校社工曾通知她，有学生在念完《英伦玫瑰》和相关新闻后，明白了语言暴力的负面作用，感觉自己平日在班上排挤和讥笑同学的行为是严重的过错，因此特意找社工表白，表示今后一定要改正过失。由此可见，本单元教学能引导学生反思，对学生的情意发展有正面的影响。

六、单元设计定稿

研究员根据试教教师的意见修订单元设计试验稿，交三位专家评审，然后按照专家的意见来修订，最后形成设计定稿。

三位专家的意见可归纳为两方面：(1) 批判思考教学的性质是引导学生学习分析问题，并懂得根据合理的标准，分辨正确和错误，从而作出正确的判断。为了让学生掌握高层次的思考方式，在教学上须一步一步地引导学生思考，讨论设计应避免过分跳跃。(2) 第二项新闻材料《遭同学排挤 失踪五日女童跳楼》的主角最终自杀身亡，悲惨的结局可能对学生的情绪产生极负面的影响，同时惨剧发生在青少年问题较严重的天水围区，该区的教师会对本设

① 试教教师曾根据可用教学时间调整教材的分量。

计存有戒心。

专家的第一点意见跟受访教师的看法相近,因此研究员在修订时再加斟酌,加强对学生的引导。例如对于《英伦玫瑰》(第17页)的几道讨论问题,现修订如下:

1)为什么英伦玫瑰"知道娜娜很寂寞,也很想对她好。但她们就是做不到"?

2)英伦玫瑰觉得"不公平",为什么?

3)英伦玫瑰认为,所有优点都长在娜娜一人身上。你认为世上有完美的人吗?英伦玫瑰四人有没有娜娜所没有的优点?为什么她们自己不察觉呢?

4)英伦玫瑰心想:"如果我们碰到她,就假装没看见!""干脆把她推到湖里就好了!"试从这两句话分析英伦玫瑰对娜娜的看法和态度。

5)为什么英伦玫瑰有这样的想法?

6)你认为英伦玫瑰的想法对不对?为什么?

7)当你妒忌别人时,你也曾有过这样的想法吗?请把经历说出来。

至于专家的第二项意见,研究员考虑试验稿的内容颇多,让教师集中施教一项材料可能更有利,因此把第二项新闻材料删去。

七、小结:对结合儿童文学和时事素材的批判性思考教学的启示

"朋友之道"单元尝试以儿童文学素材为学习材料,应用校园新闻为辅助教材,引导学生思考妒忌心态和排挤行为的负面影响,进而培养学生的批判思考能力。从本单元的设计、施教和修订历程中,课程设计者和施教者可以得到下列启示:

(一)应选取生活化、容易引发共鸣的教材

批判性思考是个人对事物关系和价值从事判断的历程,属于高层认知能力。① 学生在学习的过程中,必须经历思考的过程,积累相关经验。因此,教师应选取学生熟悉和容易理解的语言材料,为学生构建思考的平台,鼓励学生积极地、自觉地从不同角度分析问题。本单元选用了一个以校园生活为背景的同学交往故事,同时以学童因交友遇到困难而轻生的新闻为辅助教材,两项素材都是学生生活中经常接触的材料,故能培养他们的同理心,引发共鸣,进而通过讨论建立个人的立场,评论故事中人物的处事方式。

(二)宜多使用讨论教学法

不少心理学者认为,思考是社会化的结果,换言之学生必须懂得向别人表达个人的想法,才能内化思考能力。② 讨论教学法最能让师生在课堂中产生社会化的互动,使学生有机会接触不同的意见,开拓个人的视野,促进价值判断能力的全面发展。在施行讨论法进行批判思维教学时,教师可以通过提问引导讨论,例如以"事实性问题"作引起动机,然后集中以"解释性问题"和"评鉴性问题"帮助学生表达个人的看法和判断。以本单元第1、2节的讨论问题为例,"试简单描述英伦玫瑰的特点"是事实性问题,"为什么英伦玫瑰有这样的想法"是解释性问题,而"你认为英伦玫瑰的想法对不对"是评鉴性问题。这三道问题首先引导学生掌握英伦玫瑰的个性,然后发掘她们内心深处的想法,最后对有关的想法和行为进行判断。

(三)多元化教学活动

批判性思考不仅是一项能力,它还表现在具体的严谨思考过程和积极的思考态度上。③

---

① 张玉成.思考技巧与教学[M].台北:心理出版社,1996:262.300.

② Sternberg & Spear - Swerling 著,李弘善译.思考教学.台北:远流出版事业股份有限公司,2000:100.

③ 转引自司徒秀薇.中学语文加强批判思维训练的理论与实践——以香港一、二年级语文教学为研究对象[D].北京:北京师范大学出版社,2006:44.

所以，批判思考教学涉及能力的训练、态度的培养和在过程中的参与。针对能力、态度的训练和对学习历程的重视，教师得使用多元化的教学活动。教师讲授、集体讨论、分组讨论、合作学习、角色扮演、戏剧活动、口头写作、集体创作和情境讨论等，都能培养学生主动学习、自主学习的习惯，进而提升批判思考能力。除了使用大班和小组施教的安排外，教师也得注意个别学生思考能力的发展，以便及时发现问题，提供个别辅导。如本单元在第1、2节安排学生把个人的妒忌经历写下来，既提供机会给学生作自我反思，也让教师了解个别学生的思考水平和态度，掌握个别学生的学习进程和发展概况。

（四）宜结合创意思考教学

从性质上看，批判性思考属于聚敛性思考，创意思考属于发散性思考。不少学者认为两者的性质表面上很不同，但却有相辅相成的作用；有的还认为批判思考包括探询、沉思、鉴赏和建构等历程，所以它还兼容创意思考。① 无论如何，批判思考和创意思考的关系十分密切，并有互相促进的作用，乃是不争的事实。因此，在批判思考的教学设计上，可针对上述的特点，渗入创意思考的活动，以收互相完善之效。本单元的分组讨论活动（使用《讨论卡一：梦想可成真》）和《工作纸三：给张姓女孩的信》，均要求学生运用想象力，运用已有资料构想出新的意念。

（五）结合语文能力和语文知识教学

读写听说能力和思考能力的关系密切，因此，在语文教学的教学历程中，思考教学跟语文能力训练和语文知识教学宜结合进行，让学生的语文能力和思考能力互相促进，以收相得益彰之效。比如教师可要求学生理解某媒体对某一事情的立场，比较不同报章对某事情的看法，找出当中的不同之处，并判断不同信息的可信程度。本单元通过《工作纸一：日记》、《工作纸二：给娜娜的信》和《工作纸三：给张姓女孩的信》，一方面引导学生发展批判思考能力，另一方面让学生掌握日记和书信的结构、用语和写作方法。此外，本单元也在学生阅览《英伦玫瑰》前，根据书本的封面和封底猜测故事的内容和情节发展，同步培养学生的思考能力和阅读策略运用能力。

（六）贯彻校本精神

批判思维教学对香港语文教师而言，在某种程度上仍是新鲜事物，教师仍在摸索实践的策略和方法。此外，不同学生的批判思维学习经验有别，个体差异可能特别明显。从课程设计角度而言，批判思维教学必须配合学与教的客观环境和条件。以本单元为例，研究员虽在试教前根据教师的意见修订设计初稿，但仍向教师强调可按照校本原则，在教学过程中再作调整。而两位试教教师自觉这方面的经验有限，决定采用共同备课形式，一起构想教学实践安排。在施教的过程中，两位教师不仅不时交换意见，还进行同事观课，互相观摩学习。两位教师在访问中均表示，在同事观课中得益良多；观课后的意见交流更能解决个人心中的疑问。群策群力，互相促进，实在是成功推行教育新措施的不二法门。

参考文献

林文宝. 儿童文学[M]. 台北：五南图书公司，1996.

玛丹娜著，蔡依林译. 英伦玫瑰[M]. 台北：格林文化事业股份有限公司，2003.

玛丹娜著，蔡依林译. 英伦玫瑰2：白马王子来了[M]. 台北：格林文化事业股份有限公司，2006.

司徒秀薇. 中学语文加强批判思维训练的理论与实践——以香港一、二年级语文教学为研究对象

① 张玉成. 思考技巧与教学[M]. 台北：心理出版社，1996：262. 300.

[D].北京:北京师范大学,2006.
中华人民共和国香港特别行政区政府课程发展议会.中国语文教育学习领域·中国语文课程指引(小一至小六)[S].香港:教育统筹局,2004.
张玉成.思考技巧与教学[M].台北:心理出版社,1996.
周汉光.有效的中文科教学法[M].香港:香港中文大学,2000.
被嘲貌丑无朋友 女生跳海[N].明报,2009.3.3(1).
遭同学排挤 失踪五日女童跳楼[N].明报,2009.3.14(1).
Sternberg & Spear - Swerling 著,李弘善译.思考教学.台北:远流出版事业股份有限公司,2000.
Tishman, Perkins & Jay 著,梁云霞译.思考的教室——策略与应用.台北:远流出版事业股份有限公司,2002.

附录一:《明报》(2009 年 3 月 3 日)有关张姓女孩自杀的新闻提要和相关特写

新闻提要:

【明报专讯】一名身穿校服的 13 岁女生,昨晨在长洲大贵湾跳海寻死,幸及时被一名南亚裔工人救起,送院后情况稳定。事件揭发该名在家人眼中活泼开朗的 13 岁长洲少女,去年升中后遭同学嘲笑"又丑又蠢",在校内无法结交朋友,自尊心被带刺语言完全摧毁,变成不爱上学的沉默女生。家人曾向校方反映问题,事主亦交由社工辅导,惟语言暴力未息,事主情绪跌至低点,昨日离家后直奔石滩,欲投怒海作出控诉,幸终捡回一命。

特写一:《语言伤害甚于刀割》

【专家之言】"丑、蠢、臭……"一个个负面词语直插耳窝,身体发肤虽分毫无损,但心灵却如刀割重伤。学友社学生辅导中心总干事列豪章坦言:"言语暴力会令人的心理及精神受损,伤害较表面损伤更严重。"他说,若有人经常负面言语攻击,自尊心会很低落,更加不敢与人交往,形成恶性循环。

列豪章指出,学校要训诫其他学生,令他们明白被攻击的滋味,并养成为他人着想的习惯。而被同学排斥的学童,需详细了解才知道问题何在,故建议学童暂时离开被攻击的场所,有需要时可转向校助于临床心理学家,重新检讨做人处世的技巧。事主曾向家人透露"无朋友",可见心底里还是渴望友情,而事件亦可能与其家庭背景有关,她与家人的相处模式,未必能有效融入新圈子,故亦需要检讨。

特写二:《杨峥:自信才是美》

青春期的少年人特别在意打扮,昨晨却有 13 岁少女因被嘲貌丑而跳海,著名模特儿杨峥获悉事件,即时关心追问:"她没事吧?"闻悉少女无碍,才松一口气。杨峥奉劝市民不要看重外表:"真正的美丽是来自自信,外表的漂亮是肤浅而短暂,不能令目光真正停留。"

杨峥认为,一个"叻人"才能散发恒久魅力,而"叻",可藉由后天努力而达到。她以个人经验作例子,她在香港成长,后来到外国生活了几年,因为保持好奇的心,不断学习才能说好英语,最重要的是有令人生活得更丰富的想法。而所谓内在美,不单是心地善良和有爱心,而是要令自己变"叻",那才是靓,每个人都可以做到。她又举例说,歌星陈慧琳能得到世界十大杰出青年殊荣,不是因为她的外表,而是因为她对社会有贡献。

附录二:试教教师访问问题

一、教学设计的教学目标是否恰当?(注:按教学目标逐一跟受访教师讨论)

二、本计划提供的教学建议,能否达成教学目标(尤其是有关的思考训练)?为什么?

三、教学设计的选材恰当吗?何以见得?

四、教学内容的分量恰当吗?

五、选材是否生活化?若选材与学生的生活有一定的距离,学生能否理解?(或教学设计能否促进学生理解?)

六、根据贵校的教学情况而言,本计划提供的教学建议的容易操作吗?请列举例子说明。

七、教学建议中常常引导学生运用阅读策略进行阅读,你认为这一设计可行吗?

八、教学建议中常常运用"提问"引导学生阅读,你认为这一设计可行吗?

九、教学建议有哪些优点?

十、教学建议哪些方面仍可进一步优化?你建议计划小组应如何跟进?

十一、你认为儿童文学和思考教学两者能够结合吗?

十二、经过这次试教活动,你对思考教学的看法有没有改变?

十三、其他意见。

作者单位:香港教育学院中文学系

香港中学中国语文教学中修辞教学的反思[①]

姚素珍

一、引言

中学中国语文教学的主要任务是培养学生实际使用语言文字的能力。教师在读文学习和写作教学上都极需要运用修辞知识和理论,但并不是要把“修辞格”的理论知识生吞活剥地向学生讲解,而是要使学生在读文教学中,在表达自我的情思意念时,能就文辞意义的理解,去体会修辞手法在语文运用上的功能,让学生建立起修辞的基本观念。也就是说,语文教师应该把自己的修辞知识融入教学中,读文教学不只是照字面意思去讲解文意,还要对作者的行文篇章结构、句子修辞的表现手法作透彻分析,以此引导学生鉴赏作品文辞的优美和意境的高雅;教师在批改学生作文时,不单要改正学生的语误,还要使学生了解如何改变词句的结构方式去增强表达能力,将自己的情思意念加以渲染夸张,使之表现得更加精警动人,引起别人的共鸣。近年来,台湾在中学国文科中增加了修辞教学,在高中国文科的教师手册中,还特别编写了《文法与修辞》的专册②,这都反映出修辞教学在中学中国语文教学中越来越受到重视③。

二、修辞是中学语文教学的误区

香港从小学到中学的中国语文教材、练习都只着重“修辞格”的教学和练习,却忽略了其他方面的积极广泛的修辞教学。例如,在香港教育署中文组发表的《中学中国语文学习单元设计示例(初中)》④中,首章《中一至中三级学习单元架构示例》提出《中一至中三级学习单元学习重点分布》,列出了16种修辞格,它分布在写作范畴和语文基础知识中(参见表一),作为出版社编写中国语文教科书和校本学习单元设计的参考。而一般的中学教科书也只是将修辞格安排在单元中的语文学习基础知识中,有的教科书会配合讲读、导读的课文来举例,如:

“认识修辞格比喻、比拟和双关的特点”:讲读三　张晓风《相思树》⑤

● 每次坐在树下望天,那些刀形的小叶忽然在微风里活跃起来,像一些熙熙攘攘的船,航在青天的大海里,不用桨也不用楫,只是那样无所谓地漂浮着。

● 有时走到密密的相思林里,太阳的光屑细细地筛了下来,在看不见的枝桠间,有一只淘气的鸟儿在叫着。

---

① 本论文之有关研究乃由香港公开大学 Sino-British Fellowship Trust 拨款支持,特此鸣谢。

② “国立”编译馆.文法与修辞(全二册)〔S〕.台北:“国立”编译馆,1986.

③ 黄丽贞.修辞在中学国文教学中的应用[A].“国立”台湾师范大学国文学系,中等教育辅导委员会.两岸暨港新中小学国语文教学国际研讨会论文集[C].台北:“国立”台湾师范大学国文学系,中等教育辅导委员会,1994:81.94.

④ 香港教育署中文组.中学中国语文学习单元设计示例(初中)[S].香港:香港教育署,2001:1.11.

⑤ 翁港成,古越农,黄采纯,刘遵礼,杨汉群.新世纪中国语文2上[S].香港:龄记出版有限公司,2009:23.28.

● 并且猜测醒来的时候,阳光会堆积得多厚。

● 化作焦炭也相思。

"认识修辞:迭字迭词、排比":导读课文　茅盾《黄昏》①

● 而这些海的跳跃着的金眼睛重重迭迭一排接一排,一排怒似一排,一排比一排浓溢着血色的赤,连到天边,成为绀金色的一抹。

● 明天,从海的那一头,我将威武地升起来,给你们光明,给你们温暖,给你们快乐!

那么,怎样把修辞教学融入中国语文教学呢?当教师在语文课堂上为学生分析鉴赏阅读材料时,不但要向学生说明作者在遣词造句上运用了什么修辞手法、创造了什么优美文词,还要进一步引导学生去体会作者在谋篇布局上的精心策划以及营造了怎样高雅脱俗的意境和氛围。下面试从修辞的含义和分类两方面探究分析中国语文教学中修辞教学的方向。

三、修辞的含义和分类

什么是修辞呢?修辞是人们根据特定的言语目的和环境,运用修辞手段有效地进行双向交流,以追求最佳交际效果的一种言语交际活动。在书面语交际中,修辞手段包括词语声音的运用与配合、句式的选用与调整、修辞格的运用与调整、篇章的组织与布局、语体的确定与运用、风格的选择与运用等。在口语交际中,还包括声音语调的快慢、高低、轻重、停顿连接等副语言手段。② 而言语交际活动是复杂多变的,影响和制约交际效果的因素又是多种多样的,达到最佳效果的途径也是千方百计的,在有多种选择的可能性中,并没有绝对的唯一的形式。③ 既然,修辞的作用是要达到良好的言语交际效果,就应该包括表达效果和接受效果两方面。过去谈到修辞,往往只从表达者一方面考虑,现在很多学者都认为,修辞活动是表达者和接受者共同参与的,应从表达和理解两个方面来看。表达包括口头表达和书面表达,相对应的,理解也有对口头表达的理解和对书面表达的理解,简单地说就是语文学习的四个方面:说、写、听、读。所以,教师不但要提高学生的表达能力,也要提高学生的理解能力,这样才能体现学生全面运用语言的艺术,才能使学生具有较高的语言修养,达致修辞教学的目的。④

沈谦在他的《修辞学》自序中说:"追寻语言文辞之美,大概有四个阶段。第一阶段是'拙'的层次。初习说话作文,往往词不达意,表现拙劣。……第二阶段是'通'的层次。说话清晰达意,头绪分明;文章写得通顺妥贴,条理清楚;让听者、读者容易了解,乐意接受。……第三阶段是'巧'的层次。在文词清通,流利畅达之余,再求文词灵动巧妙,有情有趣,耐人寻味。这就必须讲究修辞技巧,……第四阶段是'朴'的层次。……'朴质真醇,自然高妙'。以最寻常的题材,最平淡的字句,最熟稔的意象,表达最深刻的情理。……因此,一般人追寻语言文词之美,主要在第二层'通'与第三层'巧'两方面下功夫……。这也是修辞学的由来。"⑤

至于修辞手法,虽然各家说法不同,但都大致同意陈望道在1932年出版的《修辞学发凡》中的说法,把修辞分成消极修辞和积极修辞两大范畴,而且以此来区分修辞现象,并贯彻始终。消极修辞的表达方式是抽象的、概念的、理智的,目的是明白易懂,涉及语言使用的整个领域,无所不在,因此是最基本的修辞法;消极修辞的原则,以内容来说是明确通顺,以形式来

① 现代教育研究社编辑委员会,陈宝龄.现代初中中国语文中二上教师用书[S].香港:现代教育研究社有限公司,2009:U1.27.28.

② 刘静敏.实用汉语修辞[M].合肥:安徽教育出版社,2003:3.4.

③ 王希杰.修辞学导论[M].浙江:浙江教育出版社,2000:47.

④ 田小琳.中国现代修辞学单元一 修辞和修辞学[M].香港:香港公开大学,2005:10.11.

⑤ 沈谦.修辞学(上册)[M].台北:"国立"空中大学,1991:2.5.

说是平均稳密①。此即沈谦提出的“追寻语言文辞之美”的第二层“通”。积极修辞的表达方式是具体的、体验的、感情的，目的是生动感人，因此往往形成超越常规的新的表现形式，包括辞格和辞趣，辞格又可总结为四大类、三十八格，辞趣包括辞的意味、音调、形貌三种。② 积极修辞的原则是要切合题旨，适应情境的需要；积极利用汉语的特点——语音、词汇、语法的语言表达形式。③此即沈谦提出的“追寻语言文辞之美”的第三层“巧”。

一直以来，香港中、小学的语文课程只注重修辞格，因为它是修辞学中最传统的组成部分，是积极修辞的核心和重点，它对本民族语言的语音、语义及语法结构进行了特殊组合的语言表达形式，能够取得形象化、鲜明和突出的表达效果。它有明确的定义和特定的组织结构，不同的修辞格要依不同的组织格式、一定的词语标志和要求，这些格式和标志都是从大量语言现象中总结归纳出来的。因此，语文教师也多偏重教导积极修辞，而忽略了消极修辞。其实，消极修辞才是最常见、最基本的修辞，是积极修辞的基础；积极修辞要以消极修辞为基础，才能进一步发挥修辞艺术。

四、消极修辞的重要性

其实，消极修辞并不消极。那么，什么是消极修辞呢？我们可以从以下两方面来理解：

（一）善于遣词造句

古代文人主张写文章要斟酌字句、反复琢磨，看看所用词语是否妥当，把文章修改得更好。所以，自古就有许多和写作有关的成语流传下来，如一字千金、推敲等。汉语言文字极为丰富，中学语文教学应把斟酌词语的重点放在动词的准确运用上。托尔斯泰曾说：“在艺术语言中最重要的是动词。”动词若能用得好，用于叙事就能简洁准确；用于刻画人物，就能展示他丰富的内心世界，栩栩如生；用于状物抒情，就能创造意境，情境交融，耐人寻味；用于议论说理就能揭示事物的发展规律及本质。当然把动词列为教学重点，并不是要排斥其他词语，应因文而异，择善而教，凡是用得好的词语，同样要认真引导学生欣赏。③

而现代作家也很善用词语，尤其是对动词的选用，因为动词在句中往往具有生动传神的作用，人物的情态、神态、动作以及外部特征和心理活动都要依赖动词表达。就连美联社也要求记者：“要牢记，一个句子中至少应有一个实体动词，而这个动词应当是句子中最重要的词。”例如：

● 祥子不知怎么是好，低着头，拉着车，慢腾腾地往前走，没有主意，没有目的，身上挂着一层粘汗，发着馊臭的味儿。（老舍《骆驼祥子》）

● 满把是银是铜的，在柜上一扔。（鲁迅《阿Q正传》）

除了善用动词之外，汉语里词性活用的情况很多，可以使表达的意思形象化、生动逼真，加强表达效果。例如：

● 民国十二年八月的一晚，我和平伯同游秦淮河；平伯是初泛，我是重来了。我们雇了一只“七板子”，在夕阳已去，皎月方来的时候，便下了船。于是桨声汩——汩，我们开始领略那晃荡着蔷薇色的历史的秦淮河的滋味了。（朱自清《桨声灯影里的秦淮河》）④

---

① 沈谦．修辞学（上册）［M］．台北：“国立”空中大学，1991：2．5．54 – 70．

②③ 陈望道．修辞学发凡．［M］．上海：上海世纪出版集团，上海教育出版社，2001：72．247．

③ 郭国音．中学修辞教学杂谈［A］．中国修辞学会全国文学语言研究会，陆稼祥．文学语言论文集第二、三合辑［C］．重庆：重庆出版社，1997：424．

④ 黄丽贞．修辞在中学国文教学中的应用［A］．“国立”台湾师范大学国文学系，中等教育辅导委员会．两岸暨港新中小学国语文教学国际研讨会论文集［C］．台湾：“国立”台湾师范大学国文学系，中等教育辅导委员会，1994：83．

还有，同义词、反义词的使用，也能使语意表达细致入微、对比分明，例如：

● 秦孝公据崤函之固，拥雍州之地，君臣固守，以窥周室，有席卷天下，包举宇内，囊括四海之意，并吞八荒之心。（贾谊《过秦论》）

● 他站住了，脸上现出欢喜和凄凉的神情，动着嘴唇，却没有作声。（鲁迅《故乡》）

再说善于选用句子，汉语不像印欧语言，没有形态变化。语序和虚词是汉语语法内部结构的特点，如何利用语序的变化来恰当地表情达意，就反映出修辞的问题。例如，“屡战屡败”和“屡败屡战”的语序不同，语义重点不同，修辞效果也截然相反。例如：

定语后置的例子：

● 她（祥林嫂）一手提着竹篮，内中一个破碗，空的。（鲁迅《祝福》）

状语前置或后置的例子：

● 轻轻的我走了，
正如我轻轻的来；
……（徐志摩《再别康桥》）

● 如果我能够，我要写下我的悔恨和悲哀，为子君，为自己。（鲁迅《伤逝》）

改变复句中分句的语序：

● 没有月光的晚上，这路上阴森森的，有些怕人。今晚却很好，虽然月光还是淡淡的。（朱自清《荷塘月色》）

（二）善于组织篇章

善于组织篇章也是修辞功夫。通常写一篇文章，无论是记叙性的、说明性的，还是议论性的，要先立意，确定文章的主题，再考虑分几层来写，先写什么，后写什么，如何分段，如何开头、结尾，中间如何过渡，前后如何照应，如何围绕文章的主题组织文章的结构。在写作的过程中，必须斟酌字词，逐句、逐段地修改润色，确定增删，才能写成好文章。文章的篇章结构，就是古代传统辞章学称的“章法”，历代文人读书、写文章都十分注重章法。传统上说的章法，常用“起、承、转、合”来概括，总结语言表达的逻辑顺序。这也有一些基本要求，就是说一篇文章，句子与句子、段落与段落之间应该要有连贯性、互相照应；所有句子、句群、各层意思都要围绕主题来发挥，以至于语言风格、行文笔调都是一致的，全文从内容到形式都完整统一；还有要具有艺术性，这是指组织篇章结构的技巧，文章的表达效果与篇章结构的艺术性高低密切相关。例如，写记叙文一般都是顺叙的，有时也可以采用倒叙和插叙。①

五、修辞学在语文教学上的运用

张寿康在《修辞通鉴》的序言中说：“修辞的领域不仅是微观的，也同时应该是宏观的，不仅要研究辞格表达，语句推敲，而且要研究语段、语篇的建构，讲究话语、文篇的总体表达效果。但是，长时间以来，我们修辞学界的注意力却多偏重于微观方面的研究，而且主要偏重于修辞格方面的研究。”他认为，修辞研究应该超越这个局限，不但要作微观方面的研究，包括语音修辞、词语修辞、句法修辞、修辞格，还要在宏观方面，特别是篇章、文体修辞方面进行探索，主要包括篇章修辞、语体修辞、文体修辞和语言风格。②

“篇章修辞”是指以提高整体修辞效果为出发点，进行布局谋篇、表情达意、叙事说理的基本方式和方法。这也就是说，对于“章法”和“技法”，文章学要研究，修辞学也要研究，但着眼点各不相同。文章学侧重内容安排方面的探讨，修辞学侧重语言运用方面的探讨。“章法”是

① 田小琳. 中国现代修辞学单元二 修辞的两大分类[M]. 香港：香港公开大学，2005：21.31.

② 成伟钧，唐仲扬，向宏业. 修辞通鉴[M]. 北京：中国青年出版社，1991：序言.

指将语言材料进行最佳组合、连缀句群、组段成篇的方法，亦即布局谋篇的方法。具体说来，它主要包括文章的线索脉络、结构方式、层次段落、开头结尾、过渡照应等。① 就拿“结尾”举例来说，具体有：

总结式结尾：

有喜有忧，有笑有泪，有花有实，有香有色，既须劳动，又长见识，这就是养花的乐趣。（老舍《养花》）

抒情式结尾：

小燕子在海面上斜掠着，浮憩着。它们果是我们故乡的小燕子么？

啊，乡愁呀，如轻烟似的乡愁呀！（郑振铎《海燕》）

揣测式结尾：

现在不知他唯一的女儿景况如何？倘在上学，中学已该毕业了罢。（鲁迅《范爱农》）

比喻式结尾：

母亲呵！你是荷叶，我是红莲。心中的雨点来了，除了你，谁是我在无遮拦天空下的荫蔽？（冰心《往事》）

提问式结尾：

你聪明的，告诉我，我们的日子为什么一去不复返呢？（朱自清《匆匆》）②

“技法”是运用语言表情达意、叙事说理以求提高篇章或结构段落话语表达效果的技巧和方法。它强调直接的表达效果，要求写人论事具体生动，状物绘景形象鲜明，议论抒情深刻真切，说明事理准确清楚，使用语言妥贴恰当。技法包括叙述、白描、工笔、对白、独白、传情、指点、铺垫、暗示、抑扬、衬托、烘托、渲染、虚实、幽默、讽刺、先声夺人、比兴、比拟、对比、象征、点睛、含蓄、锤炼、意识流、生活流等。③ 例如：吴敬梓《儒林外史》中的《王冕画荷》一文采用了“衬托”的手法，先写雨过天晴，以湖边上的青、紫、绿为大背景，衬托被冲出云层的日光照得通红的湖面。再写这湖面上有十来枝荷花，着重描述“苞子上清水滴滴，荷叶上水珠滚来滚去”，形成对十来枝荷花的层层衬托。最后，再写王冕对荷花的独特感受，从“人在画图中”而想到学画，立志画荷。这“十来枝荷花”也就形成对王冕的衬托。这种多层次的衬托，都是相关衬托，多种事物交相辉映，构成了和谐的对衬。④

“语体”就是指“语言功能风格”，是由于言语对象、内容、目的和环境的不同，所形成的一系列不同用语特点的综合体系；它是词汇、语法、辞格、语音手段及章法等语言材料、表现方法特点的综合。在写作教学中，有必要运用“语体”的概念以指导学生写好各种体裁的文章。例如，指导学生用科学语体写普通说明文、用文艺语体和科学语体写文艺说明文、用政论语体写议论文、用文艺语体写抒情和记叙散文、用应用语体写应用文。⑤

“文体”是文章的体裁样式和类别，主要是从篇章构成和文章的总体功能方面说的，包括作者的写作意图、题材内容、结构形式、语言表达方式及其社会功能等。而语体只是一种语言表达体系，是由于言语环境的不同而产生的言语功能的变体。语体和文体不同，但有着密不

---

① 成伟钧，唐仲扬，向宏业. 修辞通鉴[M]. 北京：中国青年出版社，1991. 序言：680－681.

② 成伟钧，唐仲扬，向宏业. 修辞通鉴[M]. 北京：中国青年出版社，1991. 序言：732－737.

③ 成伟钧，唐仲扬，向宏业. 修辞通鉴[M]. 北京：中国青年出版社，1991. 序言：772.

④ 成伟钧，唐仲扬，向宏业. 修辞通鉴[M]. 北京：中国青年出版社，1991. 序言：814.817－818.

⑤ 王尊政. 修辞学与中学语文教学[A]. 河北省修辞学会. 修辞学论文集[C]. 河北：河北教育出版社，1996：281.286.

可分的关系。有的语体只能适用于一种文体，如科技语体只能适用于科技文体；有的语体却可适用于多种文体，如文艺语体中的散言体，可同时适用于小说、散文、杂文乃至于某些科技文体等。

"语言风格"是言语的个人特点在具体作品中的充分表现。它反映在文体当中，是适应不同文体的要求所表现出的不同修辞方式而形成的一种鲜明、独特的语言风貌和格调。它包括对语言材料选用的方式，如对语音的调配、词汇的选取、句式的组合、修辞手段的使用等，也包括言语者个人独有的生活经历、社会地位、个性特点，还包括历史时代、文化背景和民族习俗的影响等。语言风格不同于语体，但有着紧密联系。语体是产生语言风格的基础；语言风格体现语体功能的某些特点。① 例如通过了解小说家在雅俗之间的选择，往往能见出作家与时代文化之间的复杂关系。从雅俗化角度分，现代小说包括纯粹雅化类型（如鲁迅的小说）、化俗为雅类型（如郁达夫等作家的小说）、脱俗求雅类型（如施蛰存的小说）、以俗写雅类型（如张爱玲的小说）、雅俗合一类型（如赵树理小说）等。②

六、对中学语文教学中修辞教学的建议

张寿康先生曾说："要建立语法在语文教学中无处不在的观点。"这句话同样也适用于修辞教学，它对教师提出了一个很高的要求，那就是要在语文课中教修辞而又不着痕迹。因为只有这样，修辞教学才能发挥出它真正的效用。以下对修辞教学提出几点建议：

（一）在阅读教学中讲修辞

语文教学中，阅读教材大多是选名家名篇，也有许多现代白话文的代表作，里面就有很多修辞技巧值得讲。例如讲句子的语序，鲁迅散文中有很多典型的好例子。通过课文教修辞，向学生展示汉语句型的丰富多变和语法组合手段的灵活，学生学了就能举一反三。

（二）密切修辞与语音、词汇、语法和逻辑的关系

语音、词汇、语法是形成修辞的三要素，三者关系密切。修辞和语法、逻辑又是密不可分的，汉语没有严格意义的形态变化，修辞和语法、逻辑的关系就更近了。修辞是运用语言的艺术，语言运用得好还是不好，往往是同义词和同义语法形式的变换。如果把修辞和语音、词汇、语法和逻辑结合起来讲语言形式的表达，效果会更好。

（三）在作文评改中讲修辞

吕叔湘曾强调："以结合作文评改示范讲为主。作文评改示范最有用。"这句话对我们很有启发性。作文是学生对汉语的实际运用，组词造句、联结句子为句群、段落、篇章，运用汉语的规律是否正确，表达手法是否有效果，艺术技巧的运用是否恰当，都能影响作文的水平。作文评改示范讲解是受学生欢迎的，在这种课上讲修辞是有的放矢的，在改错的同时，也要举出学生好的用例作示范，正反比较，这样容易引起学生的兴趣，加深记忆，消除修辞教学的枯燥感。

（四）在听说训练中讲修辞

以上三项说的是读写训练，听说训练一样可以讲修辞。要训练学生出口成章，就要让他明白句子如何围绕一个意思衔接连贯成为一个句群，不会出现语无伦次的情况，还要教学生如何能将一个意思表达得更贴切生动。③

---

① 成伟钧，唐仲扬，向宏业. 修辞通鉴[M]. 北京：中国青年出版社，1991：874. 875.

② 吴秀亮. 化俗为雅的艺术魅力——以郁达夫、茅盾、及巴金小说为例[J]. 文学研究，2010，(5)：172.

③ 田小琳. 教学语法和语文教学[A]. 李学铭，何国祥. 语文与语文内容语文教育学院第八届国际研讨会论文集[C]. 香港：中华人民共和国香港特别行政区政府教育署，1993：98. 99. 沈谦. 修辞学（上册）[M]. 台北："国立"空中大学，1991：2. 5.

（五）针对学生的认识规律，结合例句，讲清楚修辞格概念

中学生形象思维比逻辑思维发达，在认知时，对具体形象的知识易接受，对概念性知识较难理解。修辞教学应遵循学生的认识规律，让学生从具体例句中悟出各修辞格的内涵。这样，就算换了一种语言环境，学生也能运用已知修辞格的概念去分析、鉴赏各种修辞现象。这对培养学生运用修辞格知识的能力具有重要作用。①

（六）结合思维训练进行修辞教学

随着学生对客观事物的认识不断深化，语言越来越丰富，思维也越来越严密。从修辞的角度来说，词语对于思维和思想的表述有高下、优劣、雅俗之分，因此，把修辞教学和思维训练紧密结合，相辅相成，可以促进学生对于各种修辞格的理解和运用。达到这一目标的办法很多，例如在讲朱自清《荷塘月色》利用比喻、拟人、通感的修辞手法来状物时，就可以引导学生去发挥联想力、想象力，使学生有亲临其境、闻到荷花幽香的感觉，从而受到美的熏陶，加强学习效果。②

表一　中一至中三级学习单元学习重点分布（与修辞有关的）

中一级	中二级	中三级
● 修辞——句子修辞（认识长句和短句） ● 词汇——词语（认识同义词、近义词、反义词） ● 词汇——词语（认识口语和书面语词汇的不同）；常用熟语（认识成语的特点） ● 语法——句子（认识复句，如并列和承接） ● 修辞——句子修辞（认识肯定句和否定句） ● 修辞——辞格修辞（认识常见修辞格，如反复、对比、排比和层递的特点）	● 词汇——常用熟语（认识惯用语和歇后语的特点） ● 修辞——辞格修辞（认识常见修辞格，如比喻、比拟和双关的特点） ● 词汇——词语（认识词语的感情色彩，如褒贬义、比喻义） ● 修辞——语汇修辞（认识用字遣词在表达上的效果）；辞格修辞（认识常见修辞格，如复迭和夸饰的特点） ● 词汇——词语（认识多义词） ● 修辞——辞格修辞（认识常见修辞格，如对偶、双声和迭韵的特点）	● 修辞——辞格修辞（认识常见修辞格，如反问和设问的特点） ● 修辞——辞格修辞（认识常见修辞格，如衬托和象征的特点）

注：本表内容根据2002年课程发展议会编订、香港特别行政区教育署建议学校采用的《中国语文教育学习领域课程指引（小一至中三）》84－92页和示例1《中一至中三级学习单元学习重点分布》的内容摘录列写。

参考文献

“国立”编译馆. 文法与修辞（全二册）[S]. 台北：“国立”编译馆，1986.

成伟钧，唐仲扬，向宏业. 修辞通鉴[M]. 北京：中国青年出版社，1991.

沈谦. 修辞学（上册）[M]. 台北：“国立”空中大学，1991：2.5.

田小琳. 教学语法和语文教学[A]. 李学铭，何国祥. 语文与语文内容语文教育学院第八届国际研讨会论文集[C]. 香港：香港教育署，1993.

黄丽贞. 修辞在中学国文教学中的应用[A]. “国立”台湾师范大学国文学系，中等教育辅导委员

① 陈望道. 修辞学发凡.[M]. 上海：上海世纪出版集团，上海教育出版社，2001：72.247.

② 郭国音. 中学修辞教学杂谈[A]. 中国修辞学会全国文学语言研究会，陆稼祥. 文学语言论文集第二、三合辑.[C]. 重庆：重庆出版社，1997：425.427.

会.两岸暨港新中小学国语文教学国际研讨会论文集[C]. 台北:“国立”台湾师范大学国文学系,中等教育辅导委员会,1994.

王尊政.修辞学与中学语文教学[A].河北省修辞学会.修辞学论文集[C].石家庄:河北教育出版社,1996:281.286.

郭国音.中学修辞教学杂谈[A].中国修辞学会全国文学语言研究会,陆稼祥.文学语言论文集第二、三合辑.[C]. 重庆:重庆出版社,1997:425.427.

王希杰.修辞学导论[M].杭州:浙江教育出版社,2000:47.

陈望道.修辞学发凡.[M].上海:上海世纪出版集团,上海教育出版社,2001. 72.247.

中华人民共和国香港特别行政区政府教育署中文组.中学中国语文学习单元设计示例(初中)[S].香港:政府教育署,2001.

中华人民共和国香港特别行政区政府课程发展议会与教育署联合编订.中国语文教育学习领域·中国语文课程及评估指引(小一至中三)[S].香港:教育署,2002:84.92.

刘静敏.实用汉语修辞[M].合肥:安徽教育出版社,2003.

田小琳.中国现代修辞学单元一 修辞和修辞学[M].香港:香港公开大学,2005.

田小琳.中国现代修辞学单元二 修辞的两大分类[M].香港:香港公开大学,2005: 21.31.

中华人民共和国香港特别行政区政府课程发展议会.中学中国语文建议学习重点(试用)[S].香港:政府物流服务署,2007.

翁港成,古越农,黄采纯,刘遵礼,杨汉群.新世纪中国语文 2 上[S].香港:龄记出版有限公司,2009:23.28.

现代教育研究社编辑委员会,陈宝龄.现代初中中国语文中二 上 教师用书[S].香港:现代教育研究社有限公司,2009:U1.27.28.

吴秀亮.化俗为雅的艺术魅力——以郁达夫、茅盾及巴金小说为例[J].文学研究,2010,(5):172.

作者单位:香港公开大学教育及语文学院

对外汉语教学初级阶段教学语言分析

杨丽丽　陆湘怀

研究对外汉语教学初级阶段的教学语言,源于对“语言教学中语言既是教学内容又是教学媒介,初级阶段对外汉语教学课堂上教学语言更应该注意些什么”的关注。在初级阶段,教师的课堂教学语言起着双重作用:它既是教师组织教学的重要工具,又是学生习得语言的重要来源。在组织教学中,教师恰当地使用教学语言可以激发学生的学习兴趣,增进学生学习目标语的信心。同时,教师用目标语向学习者提供语言输入可以培养学习者良好的语言习惯和语言运用能力。Hakanson 认为教师课堂语言的数量和质量会影响甚至决定课堂教学的成败。① 因此,理解和研究对外汉语教师课堂教学语言尤其是初级阶段的课堂语言有着重要的现实意义。那么,目前对外汉语初级阶段教师课堂教学语言是否存在问题,如果存在,又该如何改进呢?

一、对外汉语教师课堂教学语言的概念与类型

(一) 对外汉语教师课堂教学语言的概念

教学语言在对外汉语教学中占有特别重要的地位。朗文语言教学及应用语言学辞典给教师语言下的定义是:指教师在教学过程中采用的一种语言。为了达到与海外学生交际的目的,教师往往把语言简化,使它带有许多外国话或其他简化语言的特征。语言教师通过教师话语来传授语言知识,组织课堂活动,进行师生交流等。在对外汉语初级阶段教学课堂上,汉语既是学生学习的目的,又是教师教学的媒介。初级阶段的学生一般是指从零开始到学习一年左右这一阶段的学生,所掌握的词汇和语言知识还很少。教师课堂语言一方面具有目的语使用的示范作用,另一方面也是学生语言输入的重要途径②。在这一阶段,语言是手段也是目的。

(二) 对外汉语教师课堂教学语言的类型

彭利贞认为对外汉语教学语言包括课堂用语、教学内容语言、教学内容讲解语言。③ 荣继华认为对外汉语教学语言包括课堂用语、讲授用语、师生交流用语 3 个部分。④ 孙荻芬根据教师语言的内容及其功用,将其分为导语、提问语、讲述语、应变语和结语等 5 种类型,并就导语、讲述语、结语这三种类型进行了探讨,提出了 3 种语言的结构艺术要求。⑤ 贺海珍对语文教师课堂教学语言的分类较为细致,首先将其分为组织类、阐释类、问题类 3 种类型;其次又将组织类分为导入语、过渡语、总结语,将阐释类分为叙述语、分析语、抒情语,将问题类分为

---

① 周星,周韵. 大学英语课堂教师话语的调查与分析[J]. 外语教学与研究,2002,(1).

② Nunan, D. Language Teaching Methodology: A Textbook for Teachers[M]. Englewood Cliffs, NJ: Prentice Hall Inc. 1991.

③ 彭利贞. 试论对外汉语教学语言[J]. 北京大学学报(哲学社会科学版),1999,(6).

④ 荣继华. 谈对外汉语初级阶段教学语言[J]. 汉语研究与应用.

⑤ 孙荻芬. 课堂教学语言的种类和结构艺术要求[J]. 语言文字应用,1995,(3).

提问语、引导语、小结语。① 她对每种语言类型的要求及目前语文教师课堂教学中存在的问题也进行了分析。

我们认为对外汉语教师课堂语言可为两大类：组织教学语言和传授教学内容语言。

1. 组织教学语言是指教师在教学过程中组织、管理、指导课堂活动所使用的语言。这类语言一般包括导入语、课堂提问语、过渡语、反馈语和总结概括语。

导入语，又叫导语、开讲语，俗称开场白。它是教师围绕教学目标，为组织教学而精心设计的，在上课伊始，以激励、感染、启发、诱导为目的的简练的语言形式。导入语是将学生由非学习状态转入本堂课学习状态的准备性语言，是教师教学能力和教学机智在课堂教学中的具体体现。理想的课堂导入语具有营造情境、激发兴趣、温故知新、指引教学等功能。

课堂提问语。提问在教学中起着十分重要的作用，教师通过提问让学生动脑积极思考，并通过回答问题参与交流，还可以通过提问了解学生对知识的掌握程度，从而调整自己的教学进度。

过渡语。起衔接过渡作用的话语。

反馈语。教师对学生的表达或回答作出的反应，或作出评论并进行纠错等。反馈可分为积极反馈和消极反馈。积极反馈比消极反馈更有助于改进学习者的行为，因为大部分学生都希望自己的表现得到肯定，所以它能使学生知道自己正确地完成了任务，从而增强自信心与激发学习动机，更愿意参与课堂活动。

总结概括语。它包括教师对教学的进展、学生取得的进步、课堂活动的开展进行概括，提出自己的看法以征求学生的意见或提出新的要求等。教师不时地总结成绩，表扬先进，提出问题，既能促进学生进一步搞好学习，又可以使学生从中学到许多需要的表达方法，这是两个方面结合的信息，是语言输入必须注意的一个重要方法②。

2. 传授教学内容语言：既包括语音、汉字、语法、词汇知识的讲授，也包括针对不同技能训练的其他内容。学生能通过这种教学语言正确理解所要学习的内容，让这些内容成为自己语言知识的一部分，并进一步化为语言交际技能。教师教学内容话语是学生语言输入的重要来源。要促进语言习得，就要使学习者尽可能多地接受可理解的输入。因此，关注对外汉语课堂教学中的教师语言作为语言输入的质与量具有特别重要的意义。

二、对外汉语初级阶段教师课堂教学语言的特点

与其他阶段的语言教学相比，初级阶段语言的特殊性表现在以下几个方面：

1）针对性。所谓针对性，是指在设计导入语和提问语时，根据初级阶段学生的特点和问题的内容并结合初级阶段的教学目标采用合适得体的语言，以更好地符合初级阶段留学生的性格特点和学习要求，激发学生的学习兴趣。

2）可接受性。根据 Krashen 的“可理解输入假说”，语言习得过程是不断理解语言输入的过程，而要让输入能被理解，就需对其作简化调整，保证其在结构上仅略高出习得者的现有语言水平，相当于“输入 +1”，以便他们能按自然顺序去习得下一个结构。换言之，简化输入有利于理解从而可促进语言习得。

3）独特的形式特征。从语言学的角度看，在传授教学内容时，教师的语言有以下几个特征：首先，在语音方面，教师经常使用夸张的发音，或延长停顿、或放慢速度、或扬声扩音，发元音时较为清晰，而辅音连缀现象则较少见。其次，在词汇方面，尽量多地使用基本词汇，尽

① 贺海珍. 语文教师课堂教学语言研究[D]. 华东师范大学，2006.

② 赵晓红. 大学英语阅读课教师话语的调查与分析[J]. 外语界，1998，(2).

量少地使用口语体、不定代词、缩合式、中性风格词等。再次，使用的句式比较简单，以适应接受者的接受能力。

4）示范性。在对外汉语教学中，教师的课堂语言同时又是学生要学习的目的语，其示范作用不言而喻。无论是组织教学、课堂指令，还是讲解、提问、朗读、对话、答疑，也就是说，教师在课堂上说的每一句话，都是学生目的语输入的来源，都具有学习和模仿的意义，都对学生学习汉语起着示范和引导作用。课堂语言还要注意汉语独特的语气、语调、句调、重音、节奏、停顿等特点，要尽可能把真实、规范的汉语展示给学生，把汉语抑扬顿挫、悦耳动听的语调色彩准确地传递给学生，从而引起学生对汉语的兴趣，这对培养学生的汉语语感会产生潜移默化的影响。

5）科学性。教学语言的示范性决定了教学语言必须科学、准确和规范，语音方面要准确发音，讲普通话；词汇运用上要考虑学生的词汇量，尽量使用常用词汇和口语词汇，不用太多书面语词语和专业术语；语法上要求规范，句型简单，以点练为主，用浅显直白的话语作为认知点拨，以练的方式实现对语法点的理解掌握，教学时充分利用学习者看得见摸得到的东西，以利于学生的接受理解。

6）激励性。初级阶段学生的求知欲强，同时心理上也担心受挫，因此在教学过程中，教师语言应该表现出对学生的尊重，循循善诱，亲切自然，以激发学生学习汉语的积极性。

三、对外汉语教师课堂教学语言的现状及对策分析

目前，教师课堂语言还存在一些不尽如人意的地方。主要体现在以下几个方面：

1. 教师导入语形式化。在导入语的设计中，可以通过“寒暄”缩短师生之间的距离，建立和谐的关系，为课堂互动打下良好的基础，对培养学习者良好的礼貌习惯也有积极的作用。然而，在教学实践中，不少教师对“寒暄”行为所具有的以上功能缺乏认识，经常收不到预期的言后行为结果。比如，有些教师一脸严肃地“问候”，破坏了和谐交际的气氛，拉大了师生之间的距离；有些教师例行公事般地“寒暄”，忽视了师生情感交流对课堂教学可能产生的意义，无法通过“寒暄”建立师生之间的互动纽带；还有一些教师“寒暄”的形式千篇一律，不注意利用语境、情境进行教学。因此在设计导入语时应考虑使所设计的导入语达到营造情境、激发兴趣、温故知新、指引教学等功能，使导入语真正发挥营造情境、激发留学生学习汉语的兴趣、温故知新、指引汉语教学等功能。

2. 课堂提问方式处理不够灵活。“提问”的组织功能表现在激起学生的注意力、诱发他们的参与热情、提出学习要求、提供活动线索、练习机会等。“提问”还具有调查的功能，具体表现为：通过提问，教师可以检测学生的学习情况，及时发现问题、调整教学行为。课堂提问所涉及的问题可分为两种类型：参考性问题和展示性问题。参考性问题指的是无确定答案，学生在回答时可以各抒己见、自由发挥的问题。而展示性问题指的是那些答案确定、提问者要求回答者将既定答案说出来的那类问题①。参考性问题可以增加学习者在课堂上的语言输出，从而促进语言习得。因此，在设计提问语的时候教师要适当增加参考性问题，引导学生积极用汉语思维。

3. 教师话语占用的课堂时间太多，教师语言的质量急需提高，教师对语言简化程度的把握不够合理。语言是一种交流媒介，学生是交际中的一方，在有限的课堂上，教师应该给学生更多表达交流的机会。教师的教学语言应贴近学生，使他们感到有交流的空间，对老师引发的话题有话可说、有话想说，且能自信、自如地说，自然地走入课堂和进入学习状态。

---

① 胡学文. 教师话语的特征与功能[J]. 山东外语教学. 2003，(3).

通过上文的分析可以看出，教师语言在组织课堂教学和学习者的语言习得过程中都起着至关重要的作用，所以，恰当地运用教师语言是所有对外汉语教师共同关注的问题。教师应该对教师语言的类型及特征有较全面的理解。在课堂教学中，教学语言要标准、精练、易懂，要改变固有观念，适当控制教师话语的数量，给学生提供更多语言练习的机会。同时注意提高教师话语的质量，注重交际气氛的培养；把握语言输入的难易度，使之既具有挑战性，又为学生所理解和接受。此外，还要注意提问的灵活性，兼顾不同水平的学生，给所有学生提供用汉语进行双向交际的机会；把握好教学语言的准中介语特点，逐步向自然语言过渡，慎用学生母语教学，营造良好的语言学习环境。教学语言应该大方得体，多用鼓励性语言。改进教师话语是每个语言教师的职责，因为它直接影响到课堂教学的成败。

初级阶段的汉语教学应当善于使用语言策略。针对初级阶段语言教学特点，要注意使课堂语言一方面尽量做到通俗易懂，另一方面又要保证遣词造句及表达的准确性。教师在具体教学活动中应自觉使用语言策略。比如教学中采用回避和迂回的策略，“绕着弯把话说明白”，可以使教学内容简单好懂。把握学生学习过程是一个温故知新的过程，要在教学过程中恰当使用重复策略，使学生更好地掌握汉语。初级阶段的汉语教学还应注意给学生提供语境，使教学语言贴近学生，让他们感到有交流的空间，对引发的话题有话可说、有话想说，激发学生的表达欲望。

近年来，对外汉语教师课堂教学语言这一问题逐渐被学者及对外汉语教师所关注。本文从对对外汉语教师课堂教学语言的概念、类型及特征、现状及对策分析几个层面逐一归纳总结，虽然能力有限，选取文献资料有限，分析也有失偏颇，但仍然期望能在理论与实践方面对一线对外汉语教师及学者有所帮助。可以预见，对外汉语教师改善课堂教学语言，对其本人语言能力的提升、对留学生汉语水平的提升将产生不可忽视的影响。

作者单位：苏州大学文学院

浅议对外汉语中的近义词教学

张军会

前人以及他人对现代汉语中近义词的确定标准、性质和范围等问题已有很深入的研究，对近义词的有些模糊认识也经过多重审视，并在一定程度上给予了澄清，有关近义词的研究已取得了丰硕成果。但随着语言学理论的不断发展和信息网络技术领域的不断拓展以及对外交流的不断加深，从语言学习和语言应用传播角度看，怎样把相关理论及标准应用到教学实践中，使汉语学习者能真正地理解、掌握并熟练运用近义词是摆在我们面前的又一课题。笔者认为，从语言研究，尤其是从语言应用角度来说，研究近义词教学中的实际问题是有其理论和实践意义的。

近义词教学是对外汉语教学的重要组成部分，对近义词教学的研究有利于顺利进行对外汉语教学，这其实就给我们提出了一个重要的课题：要发展对外汉语教学，必须加强对近义词教学的研究，不断积累教学经验，找出近义词教学规律，针对外国学生学习汉语的特点，总结出一套行之有效的课堂教学方法。实践证明这种研究是非常必要的，也是很有意义的。本文将从对外汉语中的近义词教学这一角度出发，客观分析近义词在教学实践中出现的问题，在明确其原因的基础上提出一些教学建议，以探讨开展进一步研究的空间。

一、近义词误用及其原因分析

近义词教学作为词汇教学中的重头戏，其学习绝不仅仅是记忆近义词的问题，应包括掌握近义词的语义、句法功能、搭配关系等，还包括掌握近义词中涉及的文化内涵和其在不同情境和功能中附加色彩的变化，从而获得在不同情境和功能中对近义词的限制和选择能力，以及在语言交际中更好地理解别人和表达自己的词汇能力。① 但是在对外汉语教学研究中，由于长期受结构主义语言学理论的影响，我们目前对词语辨析的研究还处于初级阶段，许多研究还不够透彻，这种情况严重影响和阻碍了对外汉语词汇教学水平的提高。

对外汉语中近义词教学问题的直接表现就是汉语学习者对近义词的误用。通常汉语学习者在进入中级学习阶段后开始频繁接触一些近义词。近义词问题往往成为困扰他们学习的一个难点，许多学习者也是因此而打退堂鼓的。而在教学过程中，许多汉语学习者所提出的问题我们不能给予明确的答复，也没有统一的执行标准，往往是按照自己对词语的理解简单地从词义方面进行解答。故解决这个问题对我们进一步解决汉语教学问题有重大意义。

在对外汉语教学实践中，通过查找相关文献和了解一部分留学生学习汉语近义词时常碰到的问题，我们认为汉语学习者对近义词误用的原因主要有以下几点：

第一，汉语的外语注释不准确。汉语中近义词的外语对应词只有一个，不同的汉语词会用同一个英文词作注释，给学生留下了两词相同的印象，学生在使用时就常常会不加区分。如："低—矮"(low)、"或者—还是"(or)等。留学生通过母语对这些词的认识就会趋同，难以

① 刘珣. 对外汉语教学概论[M]. 北京：北京语言大学出版社，2000：72－76，360－365.

辨别它们的差异,使用时便会混淆。如:

* 我的汉语水平很矮,请多多关照。(低)

* 我每个假期旅游还是休息。(或者)

第二,大部分近义词都有相同的语素,在学生看来其形、义都很类似,在使用时会因为不辨词义任意选用。如:

* 李莲英干吗化妆?(化装)

* 出租车公司怎么和乘客“勾通”?(沟通)

第三,汉语中的常用词,大多是一词多义,因此汉语中有一系列的近义词,构成了复杂的词义交叉现象,给学生使用近义词带来了一定的混乱。例如:“很—非常”、“时间—时期”、“肥—胖”等。又如鲁迅在小说《伤逝》中描写子君的神情时先后用了 3 个词:凄然、凄苦、凄惨,三者都有“凄凉、悲伤”的概念意义,但是程度上轻重有别,由轻到重,准确细腻,而外国留学生对这些近义词的细微差别是很难体会的。

第四,学生词汇量有限,找不出最恰当的词来表达思想,便从自己仅有的词汇储存中找出一个简单的、词义接近的词来,勉强表达自己的意思,从而造成用错词或用词不当。如:

* 我们十月去南方游山玩水。(旅游)

第五,汉语中一些近义词基本意义相同,但附带的感情色彩、语体风格的附属意义不同,学生由于不熟悉中国人的文化心理和表达习惯,在词语选用上会出错。① 如:

* 去年毕业的学长找工作,有的后果好,有的不太好。(结果)

* 由于老师讲解得太耐心,班上所有的同学都弄懂了这道题目。(很)

二、近义词教学策略分析

要做好近义词教学的研究分析,单了解近义词误用的原因是不够的,我们首先要了解一下近义词的类属情况。对这个问题学术界有一定的争论,本文采用黄伯荣、廖序东的同义词分类观点②,即认为近义词属于同义词的一种,既是同义词的主体,又是同义词的次类。然而,同义词并不等同于近义词,它包含两种情况,一种是意义完全相同可以随意替换的等义词。如,盘尼西林—青霉素,西红柿—番茄,维他命—维生素,电脑——计算机。另一种是意义不完全相同、不能随意替换的近义词。如,参观—访问,结果—后果,发明—发现,肥—胖。

在同义词中,等义词的基本意义完全相同,可以随时替换使用,所以掌握起来比较容易,强化记忆即可。但近义词由于同中有异,给外国人学习汉语造成了一定程度上的困扰。这就需要我们对近义词进行分析,找出其中的差异,以更好地服务于教学。当前学界在现代汉语近义词辨析研究中提出了不少的方法,如替换法、义素分析法、同形结合法等③。但这些抽象的方法并不适合在第二语教学课堂上使用,只能用在专业的语言学研究当中。那么对于外国留学生我们应该采取哪些方法进行近义词的教学呢?梅立崇先生认为:“辨别同义词应该包括两方面工作:‘求其同’、‘辨其义’④。”一般来说,近义词的辨析是从词语的词汇意义、语法意义、感情色彩几方面来进行分析的,但考虑到外国留学生和我们有不同的文化背景,因此在近义词分析过程中文化因素的讲解也是必不可少的。

---

① 艾合买提江·买买提,孙宝,卡哈尔阿里木. 浅谈汉语教学中同义词的辨析[J]. 教学研究, 2007, (3): 39-42.

② 黄伯荣、廖序东. 现代汉语[M]. 北京: 高等教育出版社, 2002: 287-292.

③ 曹 炜. 现代汉语词汇研究[M]. 北京: 北京大学出版社, 2004: 262-264.

④ 胡亮节. 论对外汉语教学中的近义词辨析[J]. 云南师范大学学报, 2006, 4(6): 23-27.

（一）词义方面的深入讲解

词语的内涵主要是通过自身的词义来表现，因此我们首先要从词的意义方面来探讨近义词的辨析问题。只有这样，才能引导学生从本质上认清近义词的异同。对于这一方面的差异，我们应着重从基本意义、感情色彩、语体意义这三个角度进行分析。

1. 基本意义角度

基本意义是人们对所指对象的区别性特征的概括认识，它反映所指对象的共同特征以及与其他事物现象的区别，不涉及任何感情色彩。例如：

1）安静—清静。两者词性相同并且都有“静”的意思，但词义侧重、适用范围都有不同。“安静”侧重于没声音、无吵闹，强调听觉的舒适；“清静”侧重于不嘈杂、无干扰，强调整个身心的感受①。请看偏误示例：

＊ 你不在家看孩子，倒跑这儿躲安静来了。

＊ 教室是个清静的场所，不许大声喧哗。

第一个例句从整个内容看，这绝不是为了追求“无声”，而是要摆脱繁琐的劳作和精神的困扰；第二个例句，单从场所来看，两者都可用，但联系后面的“喧哗”，正与“安静”相对。如果教师在教学中能注意到这些语义上的不同，则可避免类似偏误。

2）发明—发现。两者都可以作名词和动词，都具有寻求并得到以前不知道的事物的意思，但是“发现”所指的不知道的事物或规律原本是存在的；“发明”所指的不知道的事物则原本是不存在的，人们通过创造活动，使原本不存在的事物、方法出现了②。请看偏误用例：

＊ 人们在长期的生产和劳动中，发明了气候变化的规律和农作物生长的规律。

＊ 造纸的方法相传是由东汉蔡伦发现的。

对这种具有细微意义差别的词的讲解是十分重要的，因为它们有相同的语素③，在外观上就十分容易混淆，这是值得注意的。

2. 感情色彩角度

感情色彩是词语所反映出来的说话人对所指对象的肯定或否定的感情态度。例如：

1）习惯—习气。“习惯”“习气”都是名词，都有“长期形成的行为或作风”的意思，但感情色彩不同。“习惯”是中性词，主要用于中性或褒义的事物；“习气”是贬义词，表示的都是不好的行为或不当作风。所以和“习气”搭配的基本上都不是好字眼。请看偏误用例：

＊ 饭前洗手，这是讲卫生的好习气。

＊ 在社会上工作时间不长，就染上了一身痞子习惯。

第一个例句中，对于“讲卫生”是持一种肯定态度的，故应该选用“习惯”才正确；第二个例句中，“染上痞子气”带有非常明确的贬义色彩，所以此处应该用“习气”。

2）爱好—嗜好。两者均有动词、名词的用法，在作动词时，都表示“对某事物喜爱”的意思，但词义的轻重程度、感情色彩和适用范围都有不同。“爱好”是一种正常的“喜爱”；“嗜好”是一种特殊的“喜好”，以至带有偏执的程度。因此，前者词义较轻，偏于褒义；后者词义较重，常带有贬义。请看偏误用例：

＊ 他很嗜好文学，我们应该支持他。

＊ 不良的爱好常常会影响正常的生活习惯。

---

① 刘乃叔，敖桂华. 近义词使用区别［M］. 北京：北京语言大学出版社，2003：8－9.

② 卢福波. 对外汉语常用词语对比例释［M］. 北京：北京语言大学出版社，2000：201－202.

③ 张博. 同义词、近义词、易混淆词：从汉语到中介语的视角转移［J］. 世界汉语教学，2007，（3）：98－107.

第一个例句中“他”对文学的喜爱是健康的、有积极意义的，因此应该用“爱好”；第二个例句，前面的形容词“不良”说明此处应该用“嗜好”。

这种从感情色彩上区分词义的方法，对于中国人来讲是非常容易的，但是外国人有时却不能理解，所以这一点也不能忽略掉。

3. 语体意义的角度

语体意义是某些词语由于常常用于某种特定的语体而形成的某种风格色彩，两者一般基本意义相同，但适用场合有很大的不同。

1）回答—答复。“答复”可以是口头的或书面的，“回答”则常常是“当面锣对面鼓”。“答复”往往用于比较正式、严肃的场合，而“回答”则主要用于日常生活、工作、学习中的谈话和交流。请看偏误用例：

* 老师说他答复得不正确，他的脸一下子就红了，站在桌前不知所措。

* 关于扩招的事是否可行，我们研究之后再回答你。

例句一是在学习中与老师直接的对话和交流，应用“回答”；例句二中的“扩招”是比较严肃和正式的问题，必须通过研究之后才能给出答案，应用“答复”。

2）妈妈—母亲。两者使用的场合不同，前者为口语词，后者书面色彩较浓。“母”是古代汉语中的词，在现代汉语中已不能作为一个词独立运用，只能作为构词语素或在成语中存在，许多留学生正是因为不了解这一点，在作文中经常将“妈”写成“母”①。请看偏误用例：

* 失败是成功之妈。

* 母告诉我，要好好学习。

例句一中应该用“母”，因为“失败是成功之母”是一个成语，是长期以来约定俗成的，故这样的成语应该记住，不能依据字面意义擅自换用意义相近的字词；第二个例句中，应该将“母”换成“妈妈”，因为在现代汉语中“母”已不能单独使用了，只能作为成词语素来使用，如“母亲”。

这些词语大多有相同的词义，但适用场合和范围各有不同，这也是极易混淆的原因。

（二）语法方面的正确运用

词义的差别是表象，区分词义的不同只能解决有限的两个或三个词的词义辨析，而对每对近义词语法差别的掌握则可以使留学生灵活自如地使用分析过的词语，进行新的搭配和造句。至于语法上的区分，我们从以下角度进行分析。

1. 词性角度

在我们用来对比的词语中，大部分词性是相同的，但也有些近义词词性不同或不完全相同。这种不同，正是我们在教学中需要留意的。例如：

1）合适—适合。“合适”和“适合”，都有“符合某种情况或要求”的意思，但词性和语法功能不同。“合适”，形容词，可以作定语，也可以作谓语，并且不能带宾语；“适合”是动词，只能作谓语，但必须带宾语。请看偏误用例：

* 这种衣服合适你穿。

* 这双鞋你穿很适合。

第一个例句中应用“适合”，因为“合适”后不能带宾语；第二个例句中，“适合”只能作谓语，所以此处应该用“合适”作定语。

2）冲突—矛盾。“冲突”、“矛盾”都可作名词或动词，都有“相互对立、互不相容”的意

① 卢英顺. 现代汉语词汇学[M]. 上海：复旦大学出版社，2007：86－88.

思。但是“矛盾”还有形容词的用法,表示一种对立状态。请看偏误用例:

* 会议上出现的言语矛盾,实际上反映的是长期以来两种办学思想上的斗争。

* 他的内心冲突极了。

例一中应用“冲突”,因为“冲突”的主体是外在的,而“矛盾”则偏向于内在。例二中应用“矛盾”,因为此处是表示内心的感受,而且此处“矛盾”用作形容词,表示相互对立的状态。

2. 搭配对象的角度

和我们学习英语有固定搭配词组一样,汉语学习也有这方面的规律可循。例如:

1) 措施—办法。“措施”和“办法”都是名词,有“处理事情的方法”的意思,但他们的搭配对象可大不一样。请看偏误用例:

* 这步棋走得太臭了,能不能替我想措施挽回局面?

* 粮食收成问题一定要拿出有力的办法来解决。

例一说的是玩棋的小事,靠“措施”来解决,是大词小用,应该换成“想办法”;例二说的是“粮食收成”问题,是重要的问题,而且前面加了“有力”一词,因此应该用“措施”。

2) 充实—充足。两者都有“丰足”的意思,但在搭配上却有着不同的地方。例如:

* 这篇文章内容充足。

* 这间房子的最大优点是阳光充实。

例一中应用“充实”来修饰前面的内容;例二中,阳光应与“充足”搭配才正确。不同的词有不同的搭配对象,应通过精讲多练达到效果。

在教学过程中,根据词语不同的语法特性进行辨析指导,并适时地给学生提供一些带有一定使用规律的词语组合,不仅有助于提高辨析教学的效率,更有助于学生建立近义词语搭配网络,从而全面提高学生运用近义词进行语言交际的能力。

3. 造句能力的角度

对于造句能力的准确把握,也十分有助于汉语学习者辨析近义词。例如:

1) 不料—竟然。“不料”和“竟然”都有“没想到”、“出乎意料”的意思,但是,用“竟然”的句子可以有主语;用“不料”的句子就不能有主语。请看偏误用例:

* 他不料出国留学了。

* 原本晴朗的天气,竟然下起了大雨。

例一中,“不料”前不能加主语,应换成“竟然”;例二中,“竟然”和“不料”都可以用。

2) 听说—据说。“听说”和“据说”是口语中常用的两个词,都表示“听别人说”的意思。但在是否能与主语搭配方面却有着不同。“听说”前可以加主语;“据说”前不可以加主语。请看偏误用例:

* 我据说他到上海去了。

* 听说,明天的股票价格会大幅度上涨。

例一中“据说”前不能加主语,应改为“听说”;例二中应改为“据说”,因为股票大涨必须有确切的根据,“听说”虽前面也可不加主语,但用在此处则不太可信,因此选“据说”更好。

(三) 文化方面的细致把握

汉语的学习说到底是一种对于文化的选择①。汉语学习者只有更多地了解、把握其中深层的文化涵义,才能更好地理解近义词。对此,我们可以从身份特点和语音特点两方面来进

① 刘波.浅谈中西文化比较在对外汉语教学中的应用[J].广东工业大学学报(社会科学版),2008,(8):18–21.

行把握：

1. 角色转换特点

中国是礼仪之邦，是讲究礼俗的文明古国。比如，当晚辈跟长辈交谈时，要讲究言语的礼节和谦逊；下级向上级汇报工作时，要注意措辞的严肃性和应有的礼节性；同辈、亲友之间交谈，言辞应以亲切、自然为宜：也就是说，人们的身份不同语言也不同。例如：

1）你—您。“你”和“您”都是第三称谓，它们的不同主要是中国的传统文化习惯造成的。汉语中对与自己年龄相仿、社会地位相同的人一般称“你”；对比自己年长、地位高、特别尊重的人一般称“您”。这些表现了中国文化“长幼有序”、“尊卑有别”的等级观念。请看偏误用例：

＊ 大娘，你今年高寿了？

对比自己年长的人，应该使用“您”表示对长者的尊重，这与“尊老爱幼”的中华传统美德是密不可分的。

2）期望—希望。两个词都表示想达到某种目的或出现很愿意看到的情况，但是，期望更强调有所期待，带有郑重的色彩。请看偏误用例：

＊ 父母对我有很高的希望。

＊ 李强期望能成为一名科学家。

例一应选用“期望”，表达长辈对于晚辈的希望；而例二中对自己的愿望则应选用“希望”。汉语中有这种特殊文化意义的词语不在少数，需要老师和学生多多总结，多多运用。

2. 语音特点

汉语语音中由于元音占优势，因此有许多充满音乐感和节奏感的词，这种词往往带给人们轻松、愉悦、亲切的感觉。如：

爸—爸爸。“爸”与“爸爸”在汉语词义上没有太大差别，但使用“爸爸”要比“爸”来得更为亲切一些。对于这个问题，只能从文化方面进行分析：汉语中有许多充满音乐感和节奏感的词，这种词往往带给人们轻松、愉悦、亲切的效果。这种独特的文学形式，经常可以传达出极为丰富的情感。请看偏误用例：

＊ 亲爱的爸，我十分思念你和妈。

这个例句中，应将“爸”和“妈”分别改为“爸爸”和“妈妈”，首先，在“亲爱的”后面加亲戚的称呼时应该用爸爸、妈妈等充满节奏感的双声叠韵词，这个固定的搭配应该记住；其次，从汉语音韵学文化角度上来讲，运用双声叠韵词会让人感到彼此的关系很亲密。

汉语作为第二语言很难掌握，很大程度上是因为词汇的问题，特别是近义词没有掌握好。近义词掌握的好坏，在某种程度上可以看做衡量汉语水平高低的一个标准，因此词汇的教学在语言教学中应占有很重要的地位，而且我们对它的研究应该深入下去。为了更为直观地解释问题，本文着重从语义、语法、文化三个方面对近义词的辨析进行了一些分析，但在实际教学过程中是不能如此分开进行教授的，因为近义词之间的差异不是孤立存在的，往往是几种差异并存。所以，我们要全方位、多角度地给同学进行讲解。与此同时，我们在日常的词汇教学中，应针对近义词的问题为同学们作具体深入的分析和讲解，并贯彻“精讲多练”的原则，结合形式多样的教学法进行教授，使同学们摆脱词汇学习的枯燥感，走出一知半解的状态。

作者单位：苏州大学文学院

“三拼连读法”对解决香港学生学习介音困难的成效研究

刘德仙

一、导言

学习普通话是从学习拼音开始。学习汉语拼音,可以使学生掌握声母、韵母、声调等各个拼音部件的认读符号和发音,然后将这些部件拼合在一起,读出一个音节,也就是一个汉字的发音。学习汉语拼音,既能使学生充分运用汉语的注音工具,发好每一个音节,也能使学生拥有自我正音的自学能力。在拼音教学中,使用什么样的拼音教学法是要根据学生的实际情况来定的。本文的研究对象是香港的一批一年级大学生。他们在学习汉语拼音的过程中,在拼读有介音音节时,往往漏读介音。这种现象的出现,既与他们的语言背景有关,也与教授拼音的方法有关。

二、研究背景

在拼音教学中,首先是要学生掌握拼音各个部件的发音,如声母、韵母、声调等,然后将这些部件拼读成一个音节。在拼读过程中,学生往往在拼读带有介音的韵母的音节时丢失介音,从而造成错读和误读。在拼音教学中,我们通常使用的拼读方法有双拼法、三拼连读法、声介合母法、直读法等,在这些拼读教学法中,哪一种方法能使学生在读有介音的韵母时,避免漏读介音的情况呢?这正是本文要探讨和研究的问题。普通话的组成音节分成声母+韵母,有的音节分为声母+介音(韵头)+主要元音(韵腹)+韵尾,有的音节没有声母,或没有介音(韵头),或没有尾音,但主要元音部分是不可缺的。所谓介音,故明忠认为是甲、乙两者建立关系的第三者,是位于主要元音之前的元音,这些元音必须是i、u、ü担当的,位于主要元音ɑ、o、e之前。

三、研究目的

学习汉语拼音,在练习拼读时究竟使用哪一种教学法,要根据学生的实际情况来定。在拼读汉语音节时,有下面两种方法:

1. 双拼法:这是传统的拼读方法,即将声母和韵母相拼组合成音节,声母+韵母,将一个音节分成声母和韵母两个部分,声母和韵母相拼,加上声调拼合成一个音节。如:hǎo 好。

三拼连读法:即将有介音的音节分拆成几个部分拼读,其方法是声母跟介母相拼,再和韵母相拼,加上声调拼合成一个音节,即声母+介音+ 韵母,如:k - u - ɑi,声母k和介音u相拼,再和ɑi相拼。

要使用什么样的拼读方法才能使学生在拼读时比较容易掌握拼读有介音韵母的音节呢?本文通过采用双拼法和三拼连读法两种拼读方法来进行教学作为比较,看哪一种拼读方法能使学生在拼读介音音节时避免丢失介音,从而比较双拼法和三拼连读法哪一种更加有效。

在粤语语音系统里,没有一个含有介音的韵母,粤语里的音节是由声母直拉跳到主要元音,两者之间没有介音作为桥梁,由于粤语和普通话的语音系统有一定的差异,因此粤方言区的人在学习普通话时,通常会把普通话里带有介音的音节丢掉介音,如把“谢谢”(xiè xiè)念成了 zè zè ;把“江”(jiāng)念作 zāng,把“广”(guǎng)念成了 gǎng 等。通过以上对介音的分析,找出了香港学生在学习拼音时的难点,在教授拼读时使用三连拼读法有可能解决以上的难题。

四、理论基础

在林建平教授所著的《普通话拼音教学法述评》一文中提到了怎样利用汉语拼音学习普通话,以及怎样发挥汉语拼音在教学中的作用,从而推动普通话教学的改革等问题。文章谈到了用三拼连读法可以防止介音丢失问题。

在程祥徽、田小琳所著的《现代汉语》一书中,在论及有关拼音方法时讲到,汉语拼音教授的方法有多种,其中提及到了“三拼连读法”(声介合母法)。声母与介音相拼成“声介合母”,再以声介合母拼韵母的主要成分,这种拼法称为声介合母法,其公式为声母 + 介音再和韵母相拼。例如,春的拼法为 chu + en。三拼连读法的好处是能有效地帮助学生克服介音丢失的问题,能克服把 “光”字念作“刚”这种无介音 u 的现象。

在唐秀玲等编著的《怎样教好普通话》一书中提到学生在学习拼读有介音的音节时,采用三拼连读法可以在拼音时带出介音,这样,韵母的数目就可以减少,同时也可以防止介音漏读的现象。

施仲谋等编著的《普通话教学理论与实践》一书也谈到“三拼连读法”这种拼音方法的特点是先念声母,后念介音,再念韵母,快速连读,拼成音节。拼音要领是“声轻介快韵母亮,三音连读很顺畅”。这种方法可以省学用介音开头的 12 个复鼻韵母,是一种比较简便的拼音方法,而且还可以防止介音遗读的现象。

综合以上所述,三拼连读法在拼音教学中有很大的作用。本文将在拼音教学中比较双拼法和三拼连读法,看哪一种教授方法在拼读带有介音韵元音节时,教学效果更加明显。

五、研究方法

本次研究采用对比研究法,也就是用双拼法与三拼连读法在教学中进行对比研究,对比它们的教学成效。首先采用随机抽样的调查方法,在 60 位同学中抽出发音比较弱的同学,抽样的方法为选 20 个含介音的常用字给他们朗读。如:

jiā 家	xiā 虾	jiān 尖	jiāng 江	qióng 穷	qüán 全	tuán 团
xiàn 线	chuǎi 揣	diǎn 点	ruò 弱	huā 花	huǎng 恍	kuài 块
kuǎn 款	yuàn 愿	xiāng 香	guǎng 广	diàn 店	shuāng 双	

结果显示,读音正确在 16 个以上的占 16% ,读对 12 个以上的为 41% ,读错 10 个以上的为 43% 。根据以上调查结果,将读错 10 个以上的同学共 24 人分成两组,每组为 12 人,分别用双拼法和三拼连读法来教学生拼读含有介音的字。经过一段时间的练习,现给一组含有介音的字让他们朗读,测读结果如下:

两种拼读方法测试结果

含介音的字	双拼法	三拼连读法
	学生 12 人读对比率%	学生 12 人读对比率%
shuāng 双	66%	83%
chuáng 床	58%	75%

续表

含介音的字	双拼法	三拼连读法
	学生 12 人读对比率%	学生 12 人读对比率%
chuàn 串	83%	83%
xiāng 箱	50%	75%
shuā 刷	50%	66%
jià 架	58%	75%
guǎng 广	50%	83%
jiāng 江	83%	91%
yuàn 愿	75%	75%
chuǎi 揣	41%	66%

六、研究结果分析

从上表中学生朗读的结果来看,用三拼连读教学法的学生失音率比双拼法教学法的学生要少。这一现象说明,在教学中使用“三拼连读法”可以减少误读和遗读介音的现象。在教授香港地区学生时,使用“三拼连读法”的好处有以下几点:

1. 将声母和介母拼读,再和韵母拼读,可以将难点分散,化繁为易。
2. 三拼连读法的发音清晰,可减少介音丢失现象。
3. 它采用了从音节入手来教授汉语拼音的方法。
4. 三拼连读法使学生从浅入深地学习汉语拼音,学生容易掌握。
5. 对于粤方言区的人来说,他们在采用三拼连读法学习普通话时,可以减少错读、漏读介音的情况,从而避免表达意义上的错误给工作和学习带来的不便。

七、结束语

研究结果证明,在教授普通话汉语拼音时,须根据实际情况,对不同地区、不同方言的学生采用不同的教授方法,这样才能把学习和教学的成效提升到最大的程度。

参考文献

黄锦华,曾子凡等. 普通话教学资料精选[M]. 香港:生活·新知·读书香港普通话研习社,1995.

曾子凡. 广州话、普通话口语词对译手册[M]. 香港:生活·新知·读书三联书店(香港)有限公司,1982.

叶蜚声,徐通锵. 语言学纲要[M]. 北京大学出版社,1985.

高然,陈佩瑜,张燕翔. 对粤港澳普通话教程[M]. 北京大学出版社,1998.

唐秀玲,莫淑仪,张寿洪,卢兴趣. 怎样教好普通话[M]. 商务印书馆,2000.

程祥徽,田小琳. 现代汉语[M]. 香港:生活·新知·读书三联书店香港有限公司,1989.

曾子凡. 香港人学说普通话[M]. 香港:生活·新知·读书三联书店香港有限公司,1991.

香港中文教育学会. 语文教学面面观[M]. 香港文化教育出版社有限公司,1994.

何国祥,张本楠等. 香港普通话科教学理论与实践[M]. 香港:香港联合书刊物流有限公司,2005.

作者工作单位:香港教育学院语文教育中心

评　　估

促进学生多读：主题阅读活动的组织与评估

祝新华

推行广泛阅读、促进学习的评估是当今阅读教学中的重要理念，因为它们是学生提升阅读水平的有效方式。然而，由于集中于精读的阅读考试是实际教学中非常倚重甚至是唯一的评估形式，因此，这些重要阅读及评估理念尚未在实践中全面落实。为此，在新加坡支援圣婴女子小学、养正小学、大众小学、武吉知马小学、国专长老会小学实践①，在中国内地研究小学阅读评估标准②；中国国家社科基金“十一五”规划2006年度国家课题“中小学生学科学业评价标准的研究与开发”子课题的基础上，我们在2009/2010教学年度于香港6所小学的小二、小四和小六年级各6个班级开展了“提升小学生中文阅读能力：有效的学习、教学与评估策略研究”，其中一项实验即为主题阅读活动③。本文即结合该项实验讨论主题阅读活动的组织及其评估中的几个重要问题。

一、主题阅读活动概述

主题阅读活动是以特定主题为中心开展的阅读活动。自20世纪末期开始，它越来越多地被应用于阅读教材设计与阅读教学中，如香港的中文单元教学法就有这一性质④。近年来，它被逐渐用于指导学生的课外阅读。

（一）主题阅读概念

阅读“主题”是对“标题”（Title）、“话题”（Topic）、“概念”（Concept）、“事件”（Issue）或问题（Problem）的总称⑤。主题的名称与内容均可不拘一格，常见的话题有家庭、生存、保护地球、宠物、某个地区（如南美洲）或某种文体、某个作者等。有学者认为，在实施主题阅读时应设置一些抽象性的话题，如“我们怎样才能让这个世界变得更美”；而不是设置一些简单的主

---

① 新加坡教育部课程规划与发展司. 策略、实践、反思[R]. 新加坡：教育出版社，2009：104－240.

② 祝新华等. 小学阅读评价标准研究（研究中期报告）[R]. 北京：全国教育科学规划“十一五”国家课题“中小学生学科学业评价标准的研究与开发”的子课题，2009.

③ 祝新华等. 提升小学生中文阅读能力研究：有效的学习、教学与评估策略研究（研究报告）[R]. 香港：香港理工大学中文及双语学系内部资料，2010.

④ 祝新华，容向红. 推行新修订的中文课程，进一步提高中文教师的素质——以发展单元教学为主要事例[C]. 载香港：教育署课程发展处中文组. 涓涓江河——面向中学中国语文课程新世纪，2002：411－422.

⑤ Clarke, J. H. & Agne, R. M. Interdisciplinary High School Teaching—Strategies for Integrated Learning [M]. Boston, 1997.

题,如熊、猫、龙、叶子等①②。

主题阅读是围绕某个既定的主题组织一系列不同领域的阅读材料所进行的阅读③。它最大的特点是,根据学生的兴趣,将某个内容或类型的阅读材料互相联系起来,让学生以主题带动阅读。以下是关于主题阅读的一些重要认识:

1. 目的:激发学生广泛地参与阅读,尤其是课外阅读;应用相关的阅读策略,灵活运用阅读技巧;提升学生阅读兴趣、阅读数量与阅读能力;开拓视野,学到许多有关该主题的知识。

2. 主题:可以是特定的话题,如成功人物、旅行、体育运动等;也可以是文体范围,如童话、寓言故事等。既可以是与学生的生活有关的、具体的主题,也可以是抽象的主题。

3. 时间:学生的阅读主体在课外,但也有一定的课内时间用于教师的引导、同学间分享、活动的评价等。教师应注意阅读方法的指导并组织交流活动,同时也可随时做出评价等。

4. 活动:以"主题"为阅读活动的基础,学生阅读相关话题或类型的书籍,并以多样的活动分享自己的阅读体验及收获。学生在阅读过程中,通常都要完成一定的任务,如讨论阅读的材料,写下文学日志(Literature log),一边阅读一边将书中的部分内容演成戏剧,几个学生一起创作一个与所读图书主题有关的故事等④。

5. 评估:主题阅读活动本身就是一种评估手段,学生通过活动展示自己的能力。评价内容"主要集中在语文阅读能力测验无法进行考察的语文阅读素质方面"⑤。学生的阅读数量、阅读范围、阅读活动中的兴趣、态度表现,应是教师考察的重点。

(二) 开展主题阅读的必要性

提高阅读能力最好的做法是学生真正地参与阅读⑥。要求学生课外阅读是当前要求学生多读的主要做法,不过很多学生可能因缺少一定的自制力,更多是在上网聊天或是看电视,而不是进行阅读。

1. 阅读材料:为了激发学生更为积极地投入阅读,应该有足够的阅读自由空间,让学生阅读他们感兴趣的书籍。显然,教师如果只是简单地要求学生课余时间看书,或是要求学生看自己随意推荐的书,可能就无法很好地鼓励学生阅读。

2. 阅读问题:学生在阅读过程中会出现一些问题或困难,比如不能运用恰当的阅读方法,不重视与其他同学的沟通等,为此,教师要积极地给予必要的辅导。然而,这对教师而言,又是一件相当困难的事。由于学生有兴趣、爱好的差异,教师几乎不可能照顾到所有学生的阅读需要,比如部分学生可能并没有太多兴趣阅读教师所推荐的书籍,教师的辅导成效因而会受到影响⑦。另外,有教师问卷表明,给予学生指导通常是教师感到较为困难的地方,主要

---

① Shanahan, T., Robinson, B. & Schneider, M. Avoiding some of the pitfalls of thematic units[J]. The Reading Teacher,1995,(48):718-719.

② Barton, K. C. & Smith, L. A. Themes or motifs? Aiming for coherence through interdisciplinary outlines[J]. The Reading Teacher,2000, 54(1): 54-63.

③ Lederman, N. G. & Niess, M. l. Integrated, interdisciplinary, or thematic instruction? Is this a question or is it questionable semantics? [J]. School Science and Mathematics, 1997,(97): 57-58.

④ Roe, B. D., Smith, S. H. & Burns, P. C. Teaching Reading in Today's Elementary Schools(9th ed.)[M]. Boston: Houghton Mifflin,2005.

⑤ 莫雷主编.小学生语文阅读能力评价——教师指导手册[C]. 北京:朝华出版社,2004:37-38.

⑥ Lee-Daniels, S., & Murray, B. DEAR me: What does it take to get children reading? [J]. The Reading Teacher. 2000,(54):154-155.

⑦ Kohn, A. Choices for children: Why and how to let students decide[J]. Phi Delta Kappan,1993,(75): 8-20.

表现为教师不懂得怎样在事前预计学生可能出现的阅读困难①。

3. 阅读活动：当学生对某种事物不感兴趣时，可以通过改变事物的某些条件创设出“情境兴趣”来吸引学生参与②。它对开展课外阅读的启示在于，可以设计一些有趣的阅读活动，要求阅读一定数量的书籍。

4. 阅读评估：主题阅读活动可作为广泛阅读重要的形成性评价方式，可用来检验学生的发展性阅读成效。

二、阅读主题的选择

阅读主题可从教科书的某些篇章出发寻找，也可另找主题，但要特别重视学生的兴趣。

（一）基本要求

1. 兴趣导向：选取学生感兴趣的主题，避免过分重视从积累词汇、丰富知识的角度来设计主题，阅读主题应体现阅读要求与学生阅读兴趣相结合的特点。无论从什么角度选择主题，用于指导学生阅读的主题应符合学生的阅读兴趣③④。

2. 灵活制定：可从配合语文教材单元发展主题，也可独立于教科书设定主题。可由教师先按照学生的意向推荐好一个主题，或设计若干主题供学生选择，也可以由学生自己独立提出。此外，Norton⑤ 指出可以首先为全班确定一个主题，然后教师与学生一起围绕该主题设置一些次级主题，这些主题就成为各学生小组的项目（Subject）。在不同年级层面，主题可依年级高低有所区别，不同年级也可共享一个主题。每个主题持续的时间短可为数星期，长则可达一整个学年⑥。

3. 数量不定：可以全班都用同一主题，也可以分成小组采用不同主题。一般来说，为了方便指导，在同一时间，全班阅读主题以 1 至 3 个为宜。相对地讲，低年级宜少些。

4. 文体多样：不论哪一类书刊，只要内容是以文字为主，小说、散文、诗歌都可选择。

（二）主题的类别

主题是一个较为宽泛的概念，这里主要有两种类型：

1. 话题类。以阅读材料的内容为主轴，确定阅读主题。以下是这类主题的示例：

生活情境类主题：少年的梦、难忘的友情、成长、在困难面前、来之不易的成功、读书之乐、聪明的人、从书本里找朋友、探险。

自然与社会类主题：自然现象、体育精彩、四季之美、我的新发现、音乐散步、中华艺术、历史典故、科技世界。

深度话题类主题：美与丑、谁是英雄。

2. 文体类。成语小故事、古诗、神话、传记、童话故事、侦探小说等。在阅读教学中，我们

---

① Roe, B. D., Smith, S. H. & Burns, P. C. Teaching Reading in Today's Elementary Schools (9th ed.) [M]. Boston: Houghton Mifflin, 2005.

② Hidi, S. & Anderson, V. Situational interest and its impact on reading and expository writing [A]. In K. A. Renninger, S. Hidi, & A. Krapp (Eds.) [C], The Role of Interest in Learning and Development. Hillsdale, NJ: Lawrence Erlbaum. Associates, Inc, 1992: 215 – 238.

③ Adams, J. & Bushman, J. Thematic solutions using young adult literature to increase reading comprehension [J]. Middle School Journal, 2006, 37(4): 25 – 29.

④ Lamb, A. Theory to Practice: Thematic Learning Environments [EB/OL]. Literature Learning Ladders: Encouraging Active Reading Through Book-technology Connections, 2007. www.eduscapes.com/ladders/themes/thematic.htm

⑤ Norton, D. E. Webbing and historical fiction [J]. Reading Teacher, 1993, 46(5): 432 – 36.

⑥ Roach, K. Art themes found in children's literature [DB/OL], 1996. http://www.eric.ed.gov/PDFS/ED406264.pdf.

可以根据班级实际情况,选择符合自己需要的主题类别。比如香港一些学校在开展广泛阅读时,在借鉴教育局推荐书目的基础上,结合本校的实际情况确定了以体裁为主的阅读主题。

在祝新华等①开展的主题阅读活动实验研究中,各实验班级所确定的主题主要有如下类别:

1) 特定文体类:聚焦在某种特点的文体上,如童话、寓言、小说等。具体如“童话故事”、“侦探小说”等。

2) 科学自然类:与科学或自然有关的主题,包括动物、科学等。具体如“可爱的动物”、“奇妙的科学”等。

3) 人物故事类:古今中外人物的故事。具体如“可敬的名人”、“成功人物”等。

4) 生活相关类:小学生成长、品德、节日或生活故事等方面。如“有趣的节日”、“良好的品格”等。

5) 历史地理类:古今历史或某处地理位置等。具体如“世界各国”、“书本里的香港”等。

6) 抽象思考类:主题本身并没有明确规定读什么类型的书,需要学生自己进一步具体化。具体如“跳出框框”、“报告,我有新发现”等。

7) 多元主题类:包括两种以上不同类别的主题,学生可以选择其一进行阅读。具体如“科学天地/童话世界/小说乐园”、“名人故事/成语故事”等。

该实验研究发现,小学不同年级的学生选择主题存在一定的差异,具体表现在以下两方面:

1. 主题类别随年级而逐渐增多。这反映出随着年级的增加,可供学生阅读的主题范围不断扩大,内容也渐趋丰富。低年级基本上属于“统一主题”(即全部学生阅读同一主题的书籍),多集中在“特定文体—童话”及“科学自然”这两类,因为这些阅读主题正符合低年级学生喜欢想象、好奇心强的特点。小四及小六会有更为多样的主题。

2. 主题的抽象性逐级增强。低年级学生以具体话题居多,如喜欢阅读童话、寓言及有关动物等大自然的书籍,但到了小六学生,由于学生具有一定的阅读能力,开始出现一些较为抽象的主题,如“小脑袋,大空间”等。这些抽象的主题,有助于学生进一步发展复杂的思维能力②③。

三、主题阅读活动过程

在活动的过程中,教师需要对学生的问题提供具体的帮助,并及时给予鼓励。虽然主题阅读还没有发展成为统一的教学模式,但已包含一些基本的元素。我们的“主题阅读活动”实验课堂分为三个部分④:

(一) 阅读前介绍

教师介绍主题,解释阅读计划及阅读安排。决定主题/介绍主题、内容、方向;说明阅读计划及阅读安排;分组,小组制订阅读计划与目标(如读书量、分工等);讨论工具,如创建档案

---

① 祝新华等.提升小学生中文阅读能力研究:有效的学习、教学与评估策略研究(研究报告)[R].香港:香港理工大学中文及双语学系内部资料,2010.

② Shanahan, T., Robinson, B. & Schneider, M. Avoiding some of the pitfalls of thematic units[J]. The Reading Teacher,1995,(48):718 – 719.

③ Barton, K. C. & Smith, L. A. Themes or motifs? Aiming for coherence through interdisciplinary outlines[J]. The Reading Teacher,2000, 54(1): 54 – 63.

④ 祝新华等.提升小学生中文阅读能力研究:有效的学习、教学与评估策略研究(研究报告)[R].香港:香港理工大学中文及双语学系内部资料,2010.

袋、反思表等（选用）。同时，讨论怎样选择图书、明确阅读的视角与主题等。

（二）学生正式阅读及教师相间指导

教师在此过程中提供一系列的指导，它在主题阅读活动中起着十分重要的作用，而这又是传统的广泛阅读计划所忽视的。这些指导可分为如下几种类型①：

1. 提供书籍或指导选书。图书馆主任参与指导学生借阅图书、听取学生的阅读困难并提供建议等。对低年级学生可直接提供书籍。

2. 引导掌握阅读方法技巧。如概览、引入阅读策略、建立阅读档案等，确保学生的阅读真正取得成效。

3. 与学生共同准备交流活动。从拟定汇报题目到具体准备，教师要协助学生决定适合的题目和重点，提出不同的交流形式，帮助学生筹备交流活动。

4. 协调解决意外困难。意外的困难主要有学生不愿意合作、准备时间紧迫等，这方面需要教师加以协调，学生提供支持。

5. 为交流活动积累材料。学生可以做好相关记录，如录像、照片等，一方面可留作进一步分享，另一方面也可作为评价学生平时表现的依据。教师要多给激励性、正面的反馈。

（三）阅读后期展示与交流

每个主题阅读活动之后，学生需创造性地与其他同学分享阅读情况或新发现，如需要展示或交流阅读成果。形式有图书角、黑板报、墙报、学习园地、班报、手抄报、广播站、简报、演讲、讲故事、朗诵、课堂短剧、精彩片断赏析、档案袋展示、笔记展览等。此外，教师还可以将音乐、艺术等活动整合进来，使学生的汇报活动丰富多彩②。

四、主题阅读活动过程中的评估

作为阅读评估手段之一，主题阅读活动是通过活动的形式对学生的阅读行为与成果作出评价的。然而，目前人们较重视阅读活动内容、教师指导等方面，而较少关注如何开展成效评价。在活动过程中要通过评估活动不断地激励、引导学生。比如学生最初对阅读某些主题的图书感兴趣，但碰到某些困难之后兴趣可能减弱甚至放弃阅读，教师应通过提供方法指导、言语激励等方式鼓励学生继续前进。就评估内容而言，要特别注意关注学生的活动进度、阅读困难和阅读兴趣。通过评估，肯定学生的阅读表现，增强学生阅读信心，激发和维持学生阅读兴趣，并且引导学生调整阅读要求与方法等。

（一）发展评估目标、任务与工具

不管阅读活动的内容与形式如何，活动的评价目的必须明确，评价内容必须具体，评价手段必须有效③。

1. 明确目标：一方面让学生明白应该怎样参与活动和进行阅读，另一方面应该十分清楚“我做成什么样子才是好的”。学生明确阅读目标，从而产生完成任务、提升自我的良好愿望。

2. 评估任务：第一种形式可由学生自定，如排演一个短剧、做一个演讲等。第二种形式是，教师提供一些任务，学生选择其中自己感兴趣的任务。

3. 评估工具：在活动之前就应编成评价量表，让学生明确评价的具体要求。在评定指标方面，尽可能选择客观的、可观察的、易于量化的外显行为。

---

① 祝新华等. 提升小学生中文阅读能力研究：有效的学习、教学与评估策略研究（研究报告）[R]. 香港：香港理工大学中文及双语学系内部资料，2010.

② Lapp, D. & Flood, J. Teaching Reading to Every Child[M]. New York: Macmillan Publishing Company, 2006.

③ 莫雷主编. 小学生语文阅读能力评价——教师指导手册[C]. 北京：朝华出版社，2004：37 – 38.

（二）选用适用于评估的交流形式

主题阅读活动允许学生采用自己喜爱的方式汇报自己的阅读成果，如看了什么书、自己喜欢的情节是什么等。这种汇报较为开放、自由，学生可运用丰富多彩的汇报交流形式。交流课主要有如下形式：

1. 口头汇报：学生向全班同学汇报收获。具体内容有：（1）介绍图书：向班上同学推荐书籍，介绍书籍的内容。例如某班的"奇妙的科学"主题，老师要求同学介绍图书的书名、内容、说明手法及感想。（2）叙述情节：同学介绍自己感兴趣的片段。例如某班的"小脑袋，大空间"主题，同学在报告何巧婵的《孙悟空游香港迪斯尼》图书时，先介绍故事的背景，然后代入角色、叙述其中一段有趣的对话。（3）报告心得：汇报自己阅读之后的感受以及对主题的理解等。如某班的"让香港儿童文学家伴我成长"主题，报告《丰子恺故事集》时，组员简介小组认为最难忘的故事、最骇人的故事等，并自设问题引起同学思考，最后每人选择一个故事报告自己的读后感和阅读心得。（4）评论：点评书籍的写作风格、语言特色等；如某班的"侦探小说"主题，所有小组皆以"读书报告"的形式进行汇报，其中有不少是分析图书的作者及写作风格的，如"克莉丝蒂的写作特色"、"亚森罗苹与赫丘勒·白罗两名主角形象"等。

2. 戏剧表演：包括根据书籍的部分内容排演小话剧以及形式稍为简单的角色扮演。小话剧，如某班开展"童话的世界"主题活动时，演出了"糖果屋"、"神奇画箱"、"青蛙王子"、"丑小鸭"、"小红帽"、"三只小猪"等话剧。角色扮演活动，如某班的"童话故事"主题，同学扮成童话故事中主角的模样，让其他同学猜猜他/她是谁。

3. 手工操作：学生通过一些手工制作的方式来展现阅读的成效，如绘制书籍封面、制作书签等；也可让学生实际动手操作，如某班在阅读"动物世界"类主题时，让学生自己在课后养一只小昆虫，并拿到班级进行汇报。

4. 互动交流：学生将自己阅读的成果融入一些互动性的活动中，如师生问答、学生相互问答（或学生报告之后其他同学再提问）、辩论、猜谜等。例如某班的"历史故事"主题，第5组同学就"秦始皇是否是一个伟大的皇帝"这个题目进行辩论。

5. 多元汇报：采用两种以上的形式，以增强汇报的趣味性。学生可能会结合视频等手段辅助汇报。如某班"书本里的香港"主题，第4组同学的主题是"今昔香港——货币"，在他们话剧表演后提问其他同学，大家作互动交流。

祝新华等研究①发现，不同年级学生的交流形式亦有差异：

1. 高低年级选择交流形式偏好不同。三个年级比较，小二和小四学生选择的交流形式较多样，而小六同学的选择则相对集中，口头汇报成为最受欢迎的汇报形式。

2. 交流形式多元化。在小学实验中发现，"口头汇报"形式最多，其次是"戏剧表演"和"多元汇报"。教师在教学反思中认为，这些多样化的汇报交流形式，"令交流课能够愉快地进行"，有利于"维持学生的兴趣，且令课堂更见活泼"。

（三）采用灵活的组织形式

主题阅读活动的组织形式多彩多样，以下是一些可资参考使用的形式：

1. 竞赛性活动与参与性活动：通过竞赛激发起学生的积极性，让学生积极参与。比如"成语接力赛"、"古诗文背诵比赛"、"读书知识竞赛"、"读书征文比赛"、"读书演讲比赛"、对

---

① 祝新华等. 提升小学生中文阅读能力研究：有效的学习、教学与评估策略研究（研究报告）［R］. 香港：香港理工大学中文及双语学系内部资料，2010.

联、小报竞赛等，可以激发学生的阅读兴趣①。在活动过程中，也可以评选出“书香之星”、“小书虫”等，起到激励后进，表彰先进的作用②。

主题性的阅读活动也可以是参与性活动，如“课前三分钟演讲”可让学生简短地报告最近读的书籍，而“师生共读”和“亲子共读”等活动则会让学生受到更多来自长辈的指导，从而更明确阅读的方向③。此外，可召开故事会、朗诵会、图书介绍会等。

2. 个人活动与小组织活动：“主题阅读活动”可以学生个人的形式进行，也可以小组的形式进行。从学生参与的角度来讲，既可以是学生个人自读自悟，即每个学生课后自己进行阅读，也可组成小组阅读，合作学习④。分组方式有多种，如按兴趣编组或能力水平编组。

（四）建立积极互评的多元评估体系

教师应组织一定的评估活动。评估内容可包括学生的阅读量、参与合作的积极性、汇报交流的表现等方面。实际评估活动主要有以下方式：

1. 学生自我评估。学生在主题阅读活动中有很大的自主性，要让学生意识到应对自己的学习负责，方法之一是要求学生进行自我评估。

2. 学生互评。学生互评在评价学生小组合作参与、汇报交流课堂表现等方面较有帮助。学生互评的好处是能提高他们的评论能力，让台上台下的同学皆有所得，在相互检讨中取长补短，以增强课堂效果。主要形式有：1）根据标准评价。如某班主题“书本里的香港”在进行汇报交流时，教师引导学生从“表达清晰”、“内容丰富”、“小组合作”以及“其他”等四个方面进行评价。2）评选最佳同学。为了使学生互评吸引学生参与，某班的老师在“童话故事”主题活动中还发动学生进行“投票”，请学生根据以下指标判断表现最好的同学。评选指标包括：表达清晰；内容丰富；画图、服饰精美；能深入了解书本内容；可改善的地方。3）评选单项奖。某班的“良好的品格”主题设立各种奖项，让学生投票选出表现最好的组别，并进行颁奖。奖项有：最佳教学奖、最精美教材奖、最具创意奖、最具合作精神奖等。另一个班级，为了鼓励在准备交流课上有良好表现的学生，在进行“良好的品格”交流课时，便设计了“最积极投入奖”、“最具领导才能奖”两个奖项，颁给表现出色的同学。4）先赞赏后建议。即指出好表现以及可改进之处。例如某班的“童话的世界”，当每一名同学上台报告他的脑中设想之后，老师都会引导其他同学进行评价，重点是指出表现好的地方以及需要改善的地方。

3. 教师评估。教师评估在主题阅读活动中是十分重要的。其主要形式有：1）根据标准评价。老师在课堂开展时，先列出评估的项目，然后根据这些项目评价学生表现。某班“奇妙的大自然”便是如此开展课堂的。老师先在黑板列出评价的项目及占分（阅读 20 分、汇报 10 分、合作 10 分），然后在每一组报告后根据这 3 个方面评价表现，并打分数。2）实时口头回馈。学生汇报后，老师分析同学的表现，并作出具体而有针对性的评价。例如某班“侦探小说”主题，老师便针对一组学生的表现进行评点，除了对报告内容外，还可对如何改善报告的内容和方法、如何做剪报等作适当的建议，相信对学生会很有帮助。

（五）给予学生鼓励

对于一些能力欠佳的学生，教师的鼓励能够激发更多的参与热情。某教师开展“童话的世界”主题阅读，教师点评学生初步绘制的一些脑中设想，并总结同学汇报的优点及有待改善

① 敖颖. 对学生课外阅读评价的探索与实践. 载高长梅，苟萍主编. 教育科研专题研究与指导[C]. 北京：华龄出版社，2006：435.

② 李桂芳. 对课外阅读评价的探索[J]. 云南教育·小学教师，2008，(11)：16－17.

③ 孟纪军. 课外阅读——贮蓄人文素养的源头活水[J]. 江苏教育研究，2006，(7)：48－50.

④ 张建. 小学语文课外阅读实践活动组织形式的探索与思考[J]. 四川教育学院学报，2003，(4)：52－53.

之处。例如第一名报告的同学,便赞赏她汇报得很流畅,节奏把握得很好,只是没有与台下眼神交流这一点需要改善。这让部分能力稍逊的学生也跃跃欲试。

五、主题阅读活动的简评

从已有的研究看,主题阅读活动有着一系列的优势:

1. *学生有较大的自主性*。阅读活动能否成功,首先要看学生是否真正参与进来了。为此,在主题选择、读物确定等多方面要给学生一些自主的空间,根据学生的兴趣、倾向开展活动。通过提供学生感兴趣的主题,使阅读活动成为一个有意义的情境(Context)。主题阅读活动给了学生阅读的选择权(自由选书、自定汇报形式),能够让学生产生学习的自我控制感,激发他们选择创意丰富、富有挑战性的学习任务①。

2. *学生有较多的互动交流活动*。如果阅读活动侧重学生的认知能力训练(Ability-based practices),学生往往没有太多兴趣②。这种活动正好打破了过去的"读完写读后感"、"完成书面作业"的模式,采用"戏剧表演"等互动交流评估活动,使学生产生高度的参与热情,呈现出丰富的创意。它可整合一系列的活动,使整个的主题阅读生动活泼有趣③。Sanacore④ 也发现应用主题单元进行教学时,学生能够始终保持热情,且能更具批判性地阅读、比较与质疑篇章情节、角色演变及其他所读信息。

3. *学生较易找到合适的读物*。由于主题明确,老师便于寻找适合的阅读材料给学生,或引导学生自行寻找相关材料来阅读。Post⑤ 认为除了图书之外,可以将多媒体材料、互联网、报纸、杂志等内容整合进主题式阅读当中。所整合的这些资源比起教科书来说都更为有趣、真实。当学生进行主题式阅读时,每读一本书都可以获得有关该主题的一点认识。选择同一主题的学生阅读不同书籍并进行讨论,其本人能够获得更为丰富的看法⑥。

4. *教师可积极地加以指导*。如果没有教师的指导,就难以显著地提高学生的阅读表现。引导学生广泛阅读时,教师过去经常忽略给予学生必要的指导。在主题阅读活动中,由于主题明确,教师能把握阅读的主题线索组织阅读计划,这样就能将教师指导与学生自由阅读较好地结合起来。

5. *有助于师生开展进展性评估*。明确的阅读主题和相应的活动便于教师观察学生的表现、评估学生的记录。

综上所述,主题阅读能培养学生的阅读兴趣,应用所学到的阅读策略发展阅读技能,改善阅读态度,从而提升学生的阅读素养。从总体上讲,开展主题阅读活动目前已积累了一些经验,然而,以下几点值得我们加以进一步关注:

---

① Clark, C. & Foster, A. Children's and Young People's Reading Habits and Preferences: The Who, What, Why, Where and When[M]. London: National Literacy Trust,2005.

② Pintrich, P. R. & Schrauben, B. Students' motivational beliefs and their cognitive engagement in classroom academic tasks. In D. H. Schunk & J. L. Meece (Eds.). Student Perceptions in the Classroom. Hillsdale[C]. NJ: Lawrence Erlbaum Associates,1992:149 – 184.

③ Lamb, A. Theory to Practice: Thematic Learning Environments[EB/OL]. Literature Learning Ladders: Encouraging Active Reading Through Book-technology Connections,2007. www.eduscapes.com/ladders/themes/thematic.htm。

④ Sanacore, J. Supporting a literature-based approach across the curriculum[J]. Journal of Reading, 1993,37(3), 240 – 244.

⑤ Post, T. R., Ellis, A. K., Humphreys, A. H. & Buggey, L. J. Interdisciplinary Approaches to Curriculum: Themes For Teaching[M]. USA: Prentice Hall Inc,1997.

⑥ Mason, J. M. & Au, K. Reading Instruction for Today(2nd ed.)[M]. Glenview, IL: National Council of Teachers of English,1990.

1. 重视活动实效。主题阅读活动的内容应该是多样化的，在开展之前，最好有明确的规划，部署若干重点。当前有些学生仅是泛泛而读，了解了故事便罢，或是读过即忘，还没有很好地展开概括、评赏等认知活动。多元化交流形式是好现象，不过依然需要更多反思：(1) 如何发挥不同交流形式的最大效能，使学生更多受益？(2) 学生一般不喜欢用常规的书面作业形式，但我们不能矫枉过正，完全抛弃书面汇报的形式。如学生愿意书面表达，仍然可取。(3) 作一些具体的指导。如部分小学生口头汇报时声音偏小，需要教师提醒改善。

2. 初始阶段开展简短活动。在初始阶段，可设计一个用时短、阅读量少的阅读活动，使学生了解整个活动过程。为了提高学生参与的积极性，可渗入竞赛元素。

3. 在校内考试、公开考试中占有一定的分数。在学生毕业、升学考试中应把阅读活动作为评核内容，并占有一定的分数。香港中文会考于 2007 年引入校本评核（占全科总分的 15%），学校须在中四及中五就“阅读活动”（占全科 5%）、“日常课业及其他语文活动”（占全科 10%）对学生进行评定，形成其校本评核的分数。

作者单位：香港理工大学中文及双语学系

华文网上阅读计划的学习效能评估

文英玲

一、引言

阅读,能够培育个人的知识、智能及人生态度。个人的阅读能力也是衡量个人学习能力的一个指标。阅读也具有社会性,大量具备阅读能力的社群,可以推动社会进步,提升社会素质。因此,个人和社群的阅读能力,都是值得关注的课题。随着电子网络的高速发展,网上阅读计划应运而生,有些华文网上阅读计划更深受教师及家长们的欢迎。有关华文网上阅读计划的评估,学术界的研究不多。本文试图填补这个空白,探讨在香港和澳门风行的华文网上阅读计划与阅读能力成效的关系,冀能为这种语文学习的模式进行检视。

二、研究背景

(一) 网上语文学习计划的发展

网上阅读计划是“计算机辅助语言教学”的一种模式。“计算机辅助语言教学”,即 Computer Assisted Language Learning,英语简称“CALL”。在过去30年间,CALL 的学习模式备受关注,有不少学者对这种学习模式的概念加以界说。Levy 将之定义为“把计算机应用于语文学与教的领域”①;Beatty 则定义为“在任何过程中学习者为了改进语文而使用了计算机”②。当然,今天所见“计算机辅助语言教学”已不限于一台台的计算机,还包括计算机背后的网络和相关的电子设备;在“改进语文”方面,包含了学习效能(learning efficiency)、学习效率(learning effectiveness)、易于接近(access)、方便(convenience)、动机(motivation)和制度效能(institutional efficiency)6 种导向③。其中的学习效能,就是本文所研究的焦点。

随着计算机的普及,计算机成了常用的教育工具。20 世纪 80 年代,当互联网络还未广泛流行时,计算机光盘可以储存数码录音,包括故事、生活处境独白或对话等,也可以存放数码录像,如纪录短片、动画故事、课本影音材料等,这些都是教室里常见的“计算机辅助语言教学”教材。

到了 20 世纪 90 年代,互联网络迅速伸延,不同的教材可以上载至网络供学习者使用。网上的语文教室也应运而生,其中有商业机构营运的,也有公共机构营运的;有收费的,也有免费的。“计算机辅助语言教学”的内容和形式渐趋成熟和多样化。

Warschauer 归纳了自 20 世纪 70 年代至本世纪初“计算机辅助语言教学”的发展特色,并

① Levy, Michael. Computer-assisted language learning: Context and conceptualization[M]. Oxford: Clarendon Press, 1997:1.

② Beatty, K. Teaching and researching computer assisted language learning[M]. New York: Longman, 2003:7.

③ Hubbard, Philip. (ed.) Computer assisted language learning: Critical concepts in linguistics, *I*[M]. Abingdon, Oxon: Routledge, 2009:2.7.7.

将之划分为3个阶段①(见表一)。

表一 计算机辅助语言教学 的3个阶段(Kern & Warschauer)

阶段	1970s—1980s	1980s—1990s	21世纪起
名称	结构性的CALL	沟通性的CALL	综合性的CALL
科技	大型计算机	个人计算机	多媒体与互联网
语言教学的范式	文法/翻译和听说教育功能	沟通性的语文教学	内容脉络为主
语文观点	结构性(正规结构系统)	认知性(心智建构系统)	社会认知性(发展社会互动关系)
主要使用原则	操练和应用	沟通性练习	真实性话语应用
主要目标	准确性	准确性与流畅性	准确性、流畅性和中介性

从1970年代至今,仅仅40余年,“计算机辅助语言教学”的发展已演化了3个阶段。本文所探究的网上阅读计划的酝酿和准备期,正值上表中的第二阶段,而此阶段的特色,也呈现于网上阅读计划中。

(二)“计算机辅助语言教学”与阅读培训

在语文教室里,语文技能的学习多是相互关联的,如阅读、写作、聆听和说话,都可以融合起来,成为教室学习的目标。不过,对语文技能进行单项训练也十分常见。同样,以计算机辅助语言教学也有相类似的情况。

“计算机辅助语言教学”开展的阅读活动早已存在,在1990年代,支持阅读学习的计算机项目流行以下三种帮助参加者发展阅读能力的方法:(1)以控制读者阅读的材料和阅读的时间来提升阅读策略与自主性;(2)以提供理解及其他练习来提升阅读策略与自主性;(3)以显示注释及其他理解辅助来提升阅读策略与自主性。②

至90年代后期,随着互联网渐趋普及,华文“计算机辅助语言教学”已从光盘拓展至网上计划,同时也从教室延伸至课后时间。换言之,学生可以在课后自行登录参与网上阅读计划。香港中文大学何万贯教授筹备一个名为“每日一篇”的网上学习平台,规划了一个大型的阅读计划,供香港小中学生使用。2001年,“每日一篇”正式面世,以学校为单位付款参加,有些学校向参加者收费,有些学校则由校方支付费用。

据计划创办人何万贯③所述,“每日一篇”网上阅读计划的特点如下:

1)每天在网上刊登6个等级的文章各10篇,各等级的文章篇幅不同。

2)学生可从中选取适合自己阅读水平的文章阅读,并在阅读后进行测试。测试后,学生可立即知道成绩。

3)每天凌晨零时更新各等级文章。

4)所阅读文章的字数,就是学生所获的分数。分数会逐天累积。

---

① Kern, Richard and Warschauer, Mark. Theory and practice of network-based language teaching. In Warschauer, Mark and Kern, Richard. (eds.) Network-based language teaching: Concepts and practice[M]. Cambrigde: Cambridge University Press, 2000.

② Hubbard, Philip. (ed.) Computer assisted language learning: Critical concepts in linguistics, *I*[M]. Abingdon, Oxon: Routledge, 2009:2.7.7.

③ 何万贯.养成阅读习惯的因素[J].教育学报,2003,(31):1.

5）计算机自动记录学生每次上网阅读的时间，让学生、家长及老师了解学生的学习情况。

简言之，“每日一篇”为学生提供中文阅读理解教材，学生每天可在网上阅读深浅程度不同的文章。网站除每日更新篇章外，还设有测验题目检测学生的阅读能力，而教师和家长也可进入网站了解和监察学生的学习状况。由此可知，“每日一篇”具备“计算机辅助语文教学”第二阶段的特征：首先，它重视沟通，学生阅读文章后须回答问题，并实时获得回馈，以了解自己的表现。其次，通过不同年级由浅入深的文章，学生取得丰富的阅读经验，并通过实时回馈增强阅读自信。这合乎语文乃心智建构系统的观点，强调沟通性的练习，目的是求得阅读的准确理解及纯熟流畅。其三，从测验问题来说，题目全是多项选择题，没有开放性的题目，仅属沟通性的练习。最后，从教材设计来说，“每日一篇”为学生每天更新一篇完整的文章，似乎没有连载的长篇文章。也许这是顺应学生的中文水平高低程度及练习时间的结果。因此，文章都经过设计，并非真实的日常阅读材料，同时也没有强调语文的社会认知性与发展社会互动的关系，可见它还未发展至第三阶段。

据“每日一篇”委托的网上机构称①，该计划的目的是帮助学生养成阅读的习惯、掌握阅读的策略、提高阅读的速度以及增广见闻。从2004年1月至5月期间，“每日一篇”网页每天浏览量达550万人次，每天阅读和测验及格者约13万人。时至2009年，按“每日一篇”网页记录显示，浏览人次虽已不如前，但数字仍然可观，如2009年3月16日录得71992人次，2010年3月7日录得50254人次（见“每日一篇”公告版）。可见“每日一篇”在21世纪第一个10年的确十分风行。

（三）网上阅读计划的学习效能评估

为免埋没“计算机辅助语文教学”这项强大工具的潜能，学者早就呼吁，教育界必须进行实证性的研究，以了解不同教材的设想、策略及应用②。在阅读方面，1990年代人们开始关心屏幕阅读的效能，以及从网上计划学到的阅读技能能否转移到纸上阅读③。除了学术上的考虑外，从经济观点看来，网上阅读计划在软件和硬件的开拓、发展、维修与更新方面耗费不菲，因此它能否改进学童的表现与技能更值得关注④，特别是对于收费的阅读计划部分，消费者都希望对其学习效能有所了解⑤。

有关“每日一篇”的成效，何万贯⑥曾委托网上问卷公司通过网上问卷形式进行调查。从收回的3万多份问卷中取得数据并深入分析。结果显示，在网站操作、教材素质、学习动机、阅读习惯的养成和总体评价五方面，皆有90%以上的学生表示满意，何万贯称之为“成效显

---

① 新领域教育研究有限公司网页.“每日一篇」公告版[EB/OL]. http://www.hk-123.com/summer/index_rainbow.html.

② Pederson, K. M. Research on Call. In W. f. Smith. (ed.) Modern media in Foreign language education: Theory and implementation[M]. Lincolnwood, IL: National Textbook Co., 1987.

③ Hubbard, Philip. (ed.) Computer assisted language learning: Critical concepts in linguistics, *I*[M]. Abingdon, Oxon: Routledge, 2009:2.7.7.

④ Dunkel, Patricia. The effectiveness research on computer-assisted instruction and computer-assisted language learning. In Dunkel, P. (ed.) Computer-assisted language learning and testing: Research issues and practice[M]. New York: Newbury House, 1991:5.

⑤ Chapelle, Carol & Jamieson, Joan. Internal and external validity issues in research on CALL effectiveness. In Dunkel, P. (ed.) Computer-assisted language learning and testing: Research issues and practice[M]. New York: Newbury House, 1991:49.

⑥ 何万贯. 推展网上阅读计划成效显著的因素[J]. 教育研究学报, 2004, (19):1.

著”。然而,除了主办者委托的问卷调查外,似乎未有其他独立研究显示“每日一篇”的学习成效。正如前述 Pederson① 所说,实证研究是必需的;同时,网上阅读计划能否帮助学生转移至纸上阅读,也值得探讨。

三、研究目的

“每日一篇”网上阅读计划已推行近 10 年,它是很多香港学生使用的网上学习平台。由于关于这项计划效果的独立研究尚未出现,本研究期望填补这方面的空白,并为网上学习媒体的发展给予一点启示。本研究集中评估“每日一篇”网上阅读计划对参与学生的阅读能力的成效。

四、研究架构

(一) 阅读能力的定义

从心理学角度而言,阅读能力是一种特殊的认知能力,是在阅读实践中形成和发展起来的复杂心理特征和有关的知识、技能的总和②。从教育功能而言,阅读能力就是指学生能理解及运用语言的能力,可从各类文章中建构意义。学生能通过阅读学习,参与社会活动及享受阅读的乐趣③;同时,阅读能力也包括反思阅读材料的能力,利用这种能力可以达成个人与社会的目标④。阅读能力也可以解说为对书面材料的理解、运用及反映能力,它有助于达成个人目标,发展个人知识、潜能及参与社会的能力⑤。

(二) 阅读能力的层次与发展阶段

阅读能力可分为复述、阐述、组织、伸展、评价及创意这 6 个层次⑥,而题型则细分为 18 种⑦。

人一生的阅读能力发展具有阶段性⑧。约 9 岁以前是儿童发展阅读能力的第一阶段,在这一阶段儿童开始学会阅读;9 岁之后是儿童发展阅读能力的第二阶段,在这一阶段儿童从阅读中学习;13 岁以上的青少年则以功能性阅读为主,会根据不同需要阅读不同类型的文章⑨。

(三) 阅读能力的测试工具

由于莫雷⑩制定的《小学六年级语文阅读水平量表》《初中三年级语文阅读水平量表》及《高中三年级语文阅读水平量表》测试时间很长,难以施行,因此,本研究采用香港考试及评核局的“全港性系统评估”中国语文科的阅读评估测卷,评估对象为小三、小六及中三级学生。

---

① Pederson, K. M. Research on Call. In W. f. Smith. (ed.) Modern media in Foreign language education: Theory and implementation[M]. Lincolnwood, IL: National Textbook Co., 1987.

② 武永明.阅读能力结构初探[J].语文教学通讯,1990:9.

③ Campbell, J. R., Kelly, D. L., Mullis I. V. S., Martin, M. O. & Sainbury, M. Framework and specifications for PIRLS assessments 2001(2nd ed.)[M]. Chestnut Hill, MA: Boston College, 2001:3.

④ 谢锡金,林伟业,林裕康,罗嘉怡.儿童阅读能力进展:香港与国际比较[M].香港:香港大学出版社,2005:11.14.

⑤ Kirsch, Irwin, de Jong, John, Dominique LaFontaine, Joy McQueen, Juliette Mendelovits, and Christian Monseur. Reading for change: Performance and engagement across countries. Results from PISA 2000[M]. Paris: France Organization for Economic Co-operation and Development, 2002:14.

⑥ 祝新华.以阅读认知理论为基础探讨理解能力的层次[J].中国语文测试,2003:4.

⑦ 祝新华.体现多个认知层次阅读测试的题型系统[J].中国语文测试,2004:5.

⑧ Chall, Jeanne S. Stages of reading development[M]. New York: McGraw-Hill Book Company, 1983:34.

⑨ 谢锡金,林伟业,林裕康,罗嘉怡.儿童阅读能力进展:香港与国际比较[M].香港:香港大学出版社,2005:11.14.

⑩ 莫雷.中小学生语文阅读能力研究[M].广州:广东高等教育出版社,1993.

阅读评估采用纸笔测试，分篇章及实用文两部分，题型包括选择、排序、填充、短答等。评估考卷乃根据阅读能力层次及题型理论设计，测试则由香港考试及评核局安排。

五、研究对象与方法

(一) 研究对象

澳门地区于2006年开始在中小学试行“每日一篇”网上阅读计划，以提升学生的阅读能力并养成他们的阅读习惯。参与计划的学校共有5所，学生约有5000人。一年后，澳门特别行政区政府教育暨青年局为了了解计划的成效，委托本研究组进行评估研究，以作为考虑继续或扩大推行该计划的参考依据之一。

本研究采用实验对照方法，先把研究对象分为已参加计划的“实验组”和没有参加计划的“控制组”两类，然后将两组在阅读能力测试和阅读习惯问卷调查两方面的表现加以比较，藉以判断计划的成效。

“实验组”研究取样方面，据教育暨青年局提供的数据显示，试行计划的小三、小六及中三级学生共有1600人，并利用随机取样方式抽出指定数量的学生作为研究样本，“实验组”方面，小三级选取158人（即占该组总数的28.2%），小六级选取160人（即占该组总数的28.6%），中三级242人（即占该组总数的43.2%），每组男女生各半，合共560人。“控制组”方面，则按“实验组”分组样本的数量，选取学校背景及家庭条件相近的学童，进行测试及调查。合计起来，这次研究计划的研究对象共1120名学生。详情如下表：

表二　研究样本分布表

级别	实验组	控制组	总数
小三	79(男)79(女)	79(男)79(女)	316
小六	80(男)80(女)	80(男)80(女)	320
中三	121(男)121(女)	121(男)121(女)	484

(二) 研究工具

1. 考卷

本研究得到香港考试及评核局的同意，借用全港性系统评估的中国语文科阅读能力评估试卷作为这次评估试卷的蓝本。在正式测试前先进行预试，以确保测卷效度、测试流程及分析系统正常。正式测试时，每级设一份评估试卷。各级评估试卷的评估重点如下：

表三　各级阅读评估——基本能力/评估重点

	级　别		
	小三	小六	中三
题目总数	24	25	19
分数	25	32	23
题型	选择、排序、填充、短答	选择、填充、短答	选择、问答
各项阅读能力评估			
能理解所学词语	✓	✓	

续表

	级　别		
	小三	小六	中三
能理解叙述性文字的段意及段落关系	✓	✓	
能概略理解章中简浅的顺叙/倒叙事件	✓		
能理解章中具体事件的寓意		✓	
能理解简单/常见的实用文	✓	✓	✓
能理解章中例证的作用		✓	
能理解篇章中大部分词句的含义			✓
能归纳篇章的内容要点			✓
能判别篇章的一般写作方法			✓
能理解浅易文言作品			✓
能分析作者观点			✓
理解作者概括出来的事理	✓	✓	
按文章内容,对人物作出评价	✓		
综合全篇文章内容,找出主题	✓		

* "✓"代表每个级别的试卷所包括的各项阅读能力评估题目

表四　阅读能力与题型关系表

阅读理解层次	各项阅读能力评估
(1) 复述	能概略理解篇章中简浅的顺叙/倒叙事件
(1) 复述/ (2) 阐述	能理解浅易文言作品
(2) 阐述	能理解所学词语
	能理解简单/常见的实用文
(3) 组织	能理解叙述性文字的段意及段落关系
	能理解篇章中例证的作用
	能理解篇章中大部分词句的含义
	能归纳篇章的内容要点
	能判别篇章的一般写作方法
(4) 伸展	能理解篇章中具体事件的寓意
	能分析作者观点
	理解作者概括出来的事理
	综合全篇文章内容,找出主题
(5) 评价	按文章内容,对人物作出评价

2. 调查问卷

为深入了解研究对象应用“每日一篇”的情况，本研究设计了一份学生阅读习惯调查问卷。问卷设计参考了“香港中文广泛阅读研究”①、“儿童及青少年中文课外阅读研究”②及“Children’s and Young People’s Reading Habits and Preferences: The Who, What, Why, Where and When”③中的问卷。问卷制订后，由研究人员进行预试，以改善问卷内容及调查流程。正式问卷共有题目35条，题目类型以多项选择题为主，内容大致针对“图书阅读”和“网上阅读”两种阅读方式作出提问。

3. 数据分析工具

研究人员用SPSS软件对考卷及问卷取得的数据进行分析及整理。

（三）研究问题

参加“每日一篇”网上阅读计划的学生与非参加者在阅读理解能力上的表现有甚么差异？

（四）研究限制

1. 研究取样数量的限制

本研究的测试及调查对象有限，故研究结果不能反映所有试行“每日一篇”计划参加者的实际表现和情况。控制组虽则取与实验组相等数量，但学校背景及家庭条件相近的学童，按教育暨青年局提供的选样，其中可能出现误差。

2. 研究样本分级的限制

本研究的测试及调查对象为小三、小六及中三级学生，未兼顾其他参加“每日一篇”计划的级别，因此研究结果仅能反映三个阅读发展重要时期的现象，未足以推论至澳门地区各级学生的情况。

3. 研究对象的局限

本研究的测试对象局限于学生，未访问其他教育身份者，如学校行政、教师、家长及“每日一篇”计划负责人，因此研究未能取得学校推行“每日一篇”的实际措施及有关的监控方法、教师对阅读教学的态度及行动资料、家长对学生阅读的态度及行为资料、“每日一篇”计划的学校阅读记录等，故本研究未能全面了解学生阅读情况。

4. 研究工具的局限

本研究主要以阅读测试作为工具，辅以问卷调查，因此，它是以测试成效表现来推论“每日一篇”参加者与非参加者的差别，故此只能提供一个主要变项，而有关“每日一篇”文章的具体内容和测验问题、学生个别的特点及他们使用“每日一篇”的详尽情况，本研究都未作考查。

六、研究结果与分析

以下是实验组和控制组的阅读能力测试成绩比较，目的是着重揭示实验组和控制组的阅读能力差异。

（一）小三级

1. 总成绩

在小三级的阅读能力评估测试结果中，控制组的总成绩平均分是14.41分（满分为25

---

① 香港教育学院. 在中小学各级推中文及英文广泛阅读可行性研究：研究报告[R]. 1997（未出版）.

② 香港小童群益会，香港教育专业人员协会，香港阅读学会，青田教育中心. 儿童及青少年中文课外阅读研究：研究报告[R]. 香港：香港小童群益会，香港教育专业人员协会，香港阅读学会，青田教育中心，1999.

③ Clark, Christina and Amelia Foster. Children’s and young people’s habits and preferences: The who, what, why, where and when[M]. England: National Literacy Trust, 2005.

分),实验组则是15.54,实验组所得的分数比控制组高出1.13分。同时,T检定结果也反映了有显著差异($p = 0.039 < 0.05$ 表五)。

表五　小三级阅读能力测试总成绩T检定分析表

	M平均数	SD标准差	t值	df自由度	p值(显著性)
实验组—控制组	1.13	0.32	2.071	314	0.039* ①

2. 分项成绩

在各个阅读能力评核项目里,除"按文章内容,对人物作出评价"一项外,其余的评核项目即"能理解所学词语"、"能理解简单浅显叙述性文字的段意及段落关系"、"能概略理解章中简单浅显的顺叙/倒叙事件"、"能理解简单的实用文"、"能理解作者概括出来的事理"和"综合全篇文章内容,找出主题"等数项,实验组都取得了较高的成绩。

各题之中,以"能概略理解章中简浅的顺叙/倒叙事件"、"能理解简单的实用文"和"综合全篇文章内容,找出主题"数项测试最能突显实验组的优势。T检定测试结果都反映了实验组在这几方面有较好表现,而且有显著差异($p = 0.011 < 0.05$、$p = 0.016 < 0.05$ 和 $p = 0.007 < 0.01$ 表六)。

表六　评核小三级学生"实验组减控制组表现"的T检验分析表

分项	M平均数	SD标准差	t值	df自由度	p值(显著性)
能理解所学词语	0.014	0.014	0.406	314	0.685
能理解简单浅显叙述性文字的段意及段落关系	0.031	0.026	1.125	310.616	0.262
能概略理解章中简单浅显的顺叙/倒叙事件	0.104	-0.01	2.544	314	0.011*
能理解简单的实用文	0.085	-0.02	2.431	314	0.016*
能理解作者概括出来的事理	0.03	0.006	0.681	314	0.496
按文章内容,对人物作出评价	0.00	0.007	-0.167	314	0.868
综合全篇文章内容,找出主题	0.12	-0.102	2.713	292.542	0.007**

注:**代表P值<0.01;*代表p值<0.05.

综观小三级的阅读能力评估测试结果,实验组的平均成绩明显比控制组高。

(二)小六级

1. 总成绩

在小六级的阅读能力评估测试结果中,控制组的总成绩平均分是22.41分(满分为32分),实验组为22.46分。实验组所得的分数比控制组高出0.05分,虽然实验组的整体阅读能力稍微高于控制组,但T检定测试反映出的差异并不显著($p = 0.919 > 0.05$ 表七)。

① **代表P值<0.01;*代表p值<0.05。

表七　小六级阅读能力测试总成绩 T 检定分析表

	M 平均数	SD 标准差	t 值	df 自由度	p 值(显著性)
实验组—控制组	0.05	-0.462	0.102	318	0.919

2. 各项能力测量

在 6 个评核学生阅读能力项目的测试里,实验组和控制组各自在 3 个不同的项目中取得了较高的成绩。实验组在"能理解所学词语"、"能理解章中具体事件的寓意"和"能理解篇章中例证的作用"3 个项目上取得了较高的成绩。可是,T 检定结果反映差异并不显著($p = 0.229 > 0.05$、$p = 0.177 > 0.05$ 和 $p = 0.362 > 0.05$ 表八)。控制组则在"能理解叙述性和说明性文字的段意及段落关系"、"能理解作者概括出来的事理"和"能理解简单实用文"3 个项目中取得较高的成绩。同样的,T 检定结果也反映其差异并不显著。

表八　评核小六级学生"能理解叙述性和说明性文字的段意及段落关系"的 T 检定分析表

	M 平均数	SD 标准差	t 值	df 自由度	p 值(显著性)
能理解所学词语	0.0343	-0.059	1.205	302.497	0.229
能理解叙述性和说明性文字的段意及段落关系	-0.0188	0.014	-0.547	318	0.585
能理解章中具体事件的寓意	0.05	-0.057	1.352	308.820	0.177
能理解作者概括出来的事理	-0.0156	0.01	-0.582	318	0.561
能理解篇章中例证的作用	0.0343	0.017	0.913	318	0.362
能理解简单的实用文	-0.0288	0.013	-1.135	318	0.257

综观小六级的阅读能力评估测试结果,实验组和控制组的表现没有显著差异。

(三) 中三级

1. 总成绩

在中三级的阅读能力评估测试结果中,控制组的总成绩平均分是 15.67 分(满分为 23 分),实验组是 17.02 分。实验组所得的分数比控制组高出 1.35 分,而且 T 检定测试结果也反映出差异十分显著($p = 0.000 < 0.01$ 表九)。

表九　中三级阅读能力测试总成绩 T 检定分析表

	M 平均数	SD 标准差	t 值	df 自由度	p 值(显著性)
实验组—控制组	1.35	-0.05	3.744	482	0.000**

2. 各项能力测量

在表十中各个评核学生阅读能力的项目里,实验组都能取得较高成绩。当中"能归纳篇章的内容要点"、"能判别篇章的一般写作方法"和"能概略理解常见的实用文"3 项的 T 检定更反映出差异十分显著($p = 0.002 < 0.01$、$p = 0.004 < 0.01$ 和 $p = 0.000 < 0.01$ 表十)。

表十 评核中三级学生"能理解篇章中大部分词句的含义"的 T 检定分析表

	M 平均数	SD 标准差	t 值	df 自由度	p 值(显著性)
能理解篇章中大部分词句的含义	0.03	-0.015	0.879	482	0.380
能归纳篇章的内容要点	0.0762	-0.001	3.065	482	0.002**
能判别篇章的一般写作方法	0.13	-0.023	2.882	480.900	0.004**
能概略理解浅易文言作品	0.0331	-0.023	1.179	479.410	0.239
能概略理解常见的实用文	0.0923	-0.032	3.619	482	0.000**
能辨析作者的观点	0.05	-0.033	1.310	478.974	0.191

综观中三级的阅读能力评估测试结果,实验组的平均成绩都明显高于控制组。

各级的阅读能力测试总成绩及各项能力成绩比较结果显示,不同级别的实验组和控制组都有着不同的差异。在小三、小六和中三级的阅读能力测试中,实验组学生有较高成绩,但其显著度不同。小三级的 T 检定结果有显著差异,而中三级的 T 检定结果更有十分显著的差异。然而,小六级实验组的成绩虽稍高,但 T 检定反映出差异并不显著。

七、讨论

从研究结果所见,不同级别的"每日一篇"计划参加者与非参加者的阅读能力有不同程度的差异,对于阅读的分项能力也有显著差异,现就以下三项进行讨论:

(一)"每日一篇"在小三级及中三级学习成效显著

阅读能力评估结果显示,小三级和中三级的实验组表现明显较好。

根据实验组和控制组的比较,"每日一篇"在小三级有显著成效,因为实验组的总成绩平均都较控制组高,而且有显著差异。另外,在 7 个考核小三级学生不同的阅读能力项目里,实验组在其中 6 项上取得了较高成绩,当中"能概略理解章中简浅的顺叙/倒叙事件"和"能理解简单的实用文"两项,更有显著差异。

对于中三级来说,根据实验组和控制组的比较,"每日一篇"亦有十分显著的成效,因为实验组学生所获得的总成绩和各项能力成绩都较控制组高,而且有显著差异。其中"能归纳篇章的内容要点"、"能判别篇章的一般写作方法"和"能概略理解常见的实用文"3 个项目更有十分显著的差异。

由此推论,"每日一篇"计划能有效地提升小三级和中三级学生的阅读能力。

(二)"每日一篇"在小六级学习成效不显著

小六级能力测试满分为 32 分,实验组和控制组的总成绩平均分皆达 22 分以上,这代表两个组别学生的阅读能力都不俗。阅读能力评估结果显示,实验组和控制组表现没有显著差异。

虽然实验组的总成绩平均都略高于控制组,但是差异并不显著。在不同的阅读能力项目里,实验组和控制组分别有 3 项取得较高成绩,但却全都没有显著差异。由此推论,"每日一篇"计划没有在小六级实验组中发挥独特的功效。

此外,上述评估结果亦可能归因于在部分控制组学校已实行了一个持续的图书阅读计划并拥有一个有效的评估阅读方法。因此,虽然控制组没有参与"每日一篇"网上阅读计划,但学校的图书计划却有助于提升学生的阅读能力。

在后来跟进的阅读习惯问卷调查中,我们曾向研究对象作如下提问:"如果学校有举行图书阅读计划,你有没有参加这个计划?”(Q26.1b)调查结果(表十一)显示,小六级控制组有69.6%的学生参加,而小六级实验组仅有42.2%学生参加,T检定结果反映有十分显著的差异。由此可以推论,小六级控制组学生主要是通过参与学校图书阅读计划提升阅读能力;实验组学生则主要通过参与网上阅读计划提升阅读能力。

表十一:Q26.1b“你有没有参加这个计划?(学校有图书阅读计划)”各选项分布表

选项	实验组		控制组		p值(显著性)
	人数	百分比	人数	百分比	
1 有	49	42.2%	94	69.6%	0.000**
2 没有	67	57.8%	41	30.4%	
总数	116	100%	135	100%	

还有,就阅读习惯问卷调查所得的数据,我们比较了小三、小六、中三级实验组每天平均花在网上阅读时间的差异(见表12)。从One-Way ANOVA分析三个级别学生的选项分布,可见小六和中三级差异十分显著($p=0.005<0.01$ 见表13)。另外,数据亦显示出“小三级和小六级”与“小三级和中三级”之间并没有显著差异。小三级实验组有29.8%的学生平均每天花10至30分钟和30分钟至1小时;小六级实验组为22.5%;中三级实验组为43.4%。按理,实验组花在网上阅读的时间应按年级递增,然而结果显示,小六级实验组平均网上阅读的时间偏少。这可能是导致小六级实验组在阅读评估表现上未能超越控制组的原因之一。

表十二 Q8“你每天平均花多少时间在网上阅读?”各选项分布表

类别	实验组(百分比)		
	小三	小六	中三
1 没有	7.0%	7.5%	12.0%
2 十分钟以下	60.1%	66.3%	38.0%
3 十至三十分钟	24.1%	18.1%	34.3%
4 三十分钟至一小时	5.7%	4.4%	9.1%
5 一小时以上	3.1%	3.7%	6.6%
总和	100%	100%	100%

表十三 Q8“你每天平均花多少时间在网上阅读?”的
One-Way ANOVA多重比较Bonferroni法比较数据表

各项能力及总成绩	组1	组2	平均数差异(组1-组2)	p值(显著性)
Q8 你每天平均花多少时间在网上阅读?	小三	小六	0.073	1.000
		中三	-0.224	0.053
	小六	小三	-0.073	1.000
		中三	-0.297	0.005
	中三	小三	0.224	0.053
		小六	0.297	0.005

由上推论，由于参加“每日一篇”的小六级学生花在网上阅读的时间比小三和中三级学生少，故未能表现出“每日一篇”在提升阅读能力上的成效。同时，小六控制组参与学校的图书阅读计划，也许是有效提升学生阅读能力的主要因素。因此，小六实验组和控制组的阅读能力可以说是不相伯仲。

（三）“组织”阅读能力的学习成效较明显

就各级阅读能力层次考虑结果所见，“组织”层次的学习成效较为明显。在这一层次考虑中，实验组优于控制组并有十分显著差异的，包括中三级的“能归纳篇章的内容要点”和“能判别篇章的一般写作方法”；实验组优于控制组但没有显著差异的，包括小三级的“能理解叙述性文字的段意及段落关系”、小六级的“能理解章中例证的作用”和中三级的“能理解篇章中大部分词句的含义”。

其次，在“伸展”阅读能力层次，实验组略优于控制组。小三级的“综合全篇文章内容，找出主题”分项，实验组成绩高于控制组，并有十分显著的差异；小三级的“理解作者概括出来的事理”、小六级的“能理解章中具体事件的寓意”和中三级的“能分析作者观点”，实验组优于控制组，但差异不显著。

在“复述”阅读能力层次，小三级的“能概略理解章中简浅的顺叙/倒叙事件”，实验组优于控制组，且有显著差异；中三级的“能理解浅易文言作品”，实验组优于控制组，但没有显著差异。

在“阐述”阅读能力层次，“能理解简单/常见的实用文”分项，中三级的实验组优于控制组，且有十分显著差异；小三级的实验组优于控制组，且有显著差异。此外，小三和小六级的“能理解所学词语”分项，实验组优于控制组，但没有显著差异。

至于“评价”阅读能力层次，因为考虑只集中小三级，加上成绩是“实验组与控制组表现相同”，因此，未有发现明显的分别。

就小六级来说，在“阐述”、“组织”和“伸展”三种阅读能力层次，虽然差异不显著，但出现了控制组优于实验组的情况；就是有实验组优于控制组的项目，差异也不显著。由此可见，“每日一篇”对于小六级的阅读能力未有显著的促进成效。

表十四　各级阅读能力层次考虑结果

阅读能力层次	题目类型分项	小三级结果	小六级结果	中三级结果
（1）复述	能概略理解章中简浅的顺叙/倒叙事件	Ⅱ		
（1）复述/（2）阐述	能理解浅易文言作品			Ⅲ
（2）阐述	能理解所学词语	Ⅲ	Ⅲ	
	能理解简单/常见的实用文	Ⅱ	Ⅳ	Ⅰ
（3）组织	能理解叙述性文字的段意及段落关系	Ⅲ	Ⅳ	
	能理解章中例证的作用		Ⅲ	
	能理解篇章中大部分词句的含义			Ⅲ
	能归纳篇章的内容要点			Ⅰ
	能判别篇章的一般写作方法			Ⅰ

续表

阅读能力层次	题目类型分项	小三级结果	小六级结果	中三级结果
(4) 伸展	能理解章中具体事件的寓意		Ⅲ	
	综合全篇文章内容,找出主题	Ⅰ		
	能分析作者观点			Ⅲ
	理解作者概括出来的事理	Ⅲ	Ⅳ	
(5) 评价	按文章内容,对人物作出评价	Ⅴ		

考查结果分类说明:

Ⅰ　实验组优于控制组,有十分显著的差异　　Ⅱ　实验组优于控制组,有显著差异

Ⅲ　实验组优于控掉组,没有显著差异　　Ⅳ　控制组优于实验组,没有显著差异

Ⅴ　实验组与控掉组表现相同

由此可以推论,“每日一篇”所提供的文章及篇后测验,有助于学生发展“组织”阅读能力层次,但并非全面;其他如“伸展”、“复述”与“阐述”三个层次虽有差异,但效果不很显著。由于考卷未有关于“创意”阅读能力层次的测试,故本研究未能显示“每日一篇”对此的学习成效。此外,“每日一篇”对于小六级学生来说,成效更不明显。这也许与前述的小六级参加者花在网上阅读时间较少,小六控制组参与了学校的图书阅读计划等因素有关。

八、结语

上述测试结果显示,“每日一篇”网上阅读计划对学童阅读能力的提升确有成效,包括小三和中三级的参加者整体成绩都优于非参加者,并有显著或十分显著的差异;而在小六级来说,参加者成绩略高于非参加者,但没有显著差异。

通过调查问卷,可以探究“每日一篇”未能对小六级学生显出其成效大抵有两个原因:首先,小六级参加者使用“每日一篇”时间较少;其次,非参加者在校内参与图书阅读计划,直接补足了阅读上的培养。由此可见,网上阅读计划的实施还需学习者多花时间;同时,学校的图书阅读计划也可以发挥重大的作用。

此外,值得关注的是,“每日一篇”对于提升学童“组织”阅读能力的成效较为显著,其他层次阅读能力的提升虽有差异,但不很明显。如要探究个中原因,则须深入地分析“每日一篇”网上阅读计划所提供的篇章与篇后的测验问题了。

作者单位:香港教育学院中文学系

中外作文考试及命题比较研究

周小蓬　王　萍

作文是各国语文大考试卷的重头戏。本文着重从分析各国语文大考作文题入手，比较和反思中国作文考试存在的问题，并提出改进的建议，以推进中国作文教学的有效发展。

一、中外作文考试差异比较研究

（一）作文考试方式差异比较

1. 考试题目选择性的差异

从题目选择性上看，中国作文考试几乎没有选择性。即使是一个省出一道作文题，也是几十万人做一道作文题，学生的自由选择度很小，发挥的空间难免受到挤压。西方一些国家的作文考试，不但分专业给出不同的作文题，而且报考同一专业的学生还有多个题目可以选作，学生可以根据个人的兴趣或专长在提供的多个作文题目中选择适合自己的作文题目来写。学生选题的空间和展示自己写作水平、写作能力的空间就较大。例如，法国的高考（指法国的高中毕业会考，大学录取是依据高中毕业考试成绩），高三分文、理、经济科，作文考试各科均给出3题，选做1题：

文科

1. “我是谁？”这个问题能否以一个确切的答案来回答？

2. 能否说：“所有的权力都伴随以暴力”？

3. 试分析休谟论“结伴欲望和孤独”一文的哲学价值。“‘结伴’是人类最强烈的愿望，而孤独可能是最使人痛苦的惩罚。”

经济科

1. 什么是公众舆论能承受的真理？

2. “给予的目的在于获得”，这是否是一切交流的原则？

3. 试分析尼采论“罪行与犯罪”一文的哲学意义。作者在文中提出问题：舆论在了解了犯罪动机和作案具体情况后，即能遗忘错误，这种现象是否有悖伦理原则？

理科

1. 能否将自由视为一种拒绝的权力？

2. 我们对现实的认识是否受科学知识的局限？

3. 试分析卢梭论“人类的幸福、不幸和社交性”一文的哲学含义。卢梭说：“我们对同类的感情，更多产生于他们的不幸而不是他们的欢乐。为共同利益联系在一起的基础是利益，因共处逆境团结在一起的基础是感情。”

资料来源：法国高考作文重学能测验 文科试题考“我是谁？”，中国教育报，2007年03月14日

法国这样出考题背后的一个基本理念就是要使题目和学生选的专业方向相关，并给考生多个角度的题目供他们充分发挥和展示自己的水平。

2. 考试方式和成绩评定的差异

中国的考试基本是一次定终身，国外一些国家则采取多次考查的方式，并且在考试时给予学生宽松的写作时间和空间。比如德国的中考成绩中除考卷成绩占有相当比重之外，平时的课堂表现、课后作业、阶段测试的成绩也占有一定份额。他们规定：学生在中学期间要完成6篇作文，毕业考试的作文只是其中的最后一篇，这篇作文所占分数比例是其他5篇作文的两倍。英国等级证书考试中平日的听说能力成绩占总分的20%；作业中的新闻记者实践成绩占10%，大考成绩占30%；平时的写作占10%，大考占30%，加起来才是最终成绩。日本语文高考作为大学入学的资格考，在通过之后，需参加所报大学的复试，大部分理工科院校免复试国语，而文科大学可以针对专业需求考写作、文言文阅读或媒体等。这样的考试和评定成绩的方式，即把学生平时的学习和最后的终结性评价联系起来，有效地促使教师和学生重视平时的作文教学，这是注重作文过程性评价的一种评价方式。作文考试给出4个小时的时间也有利于学生更好地展示写作能力和水平。中国高考和中考由于采用一次性考试的方式，学生的过程性学习没有得到重视，教师和学生都容易把注意力集中到最后的考试上，应试教育就难以改变；而过程学习被严重忽视，必然影响学生写作水平的有效提高。再则，中国的高考作文写作时间不到1个小时，学生来不及思考就得下笔，这就很难真正地反映出学生的写作水平。现在很多人热衷于快速作文的训练，有的教师还为学生设计了据说可以应对各种题目的写作套路，叫做以不变应万变，结果，新八股出现了，学生独立写作能力降低了，难怪高考作文出不了多少好文章。

（二）作文考试命题差异比较

下面是一组国内外的高考作文题（表一和表二），可从中看出命题存在的差异。

表一　美国、法国部分高考作文题

美国西北大学作文题
1. 谁是你们这一代的代言人？他/她传达了什么信息？你同意吗？为什么？ 2. 有种理论认为：伟大的领袖人物都是由他们所处的时代创造产生的。照你的看法，伟大人物的产生，是由于所处的环境，还是由于个人的特质？试举出一位人物来支持你的观点。 3. 在愚蠢的错误和聪明的失误之间总是存在着重大的不同。请说一说你的一个聪明的失误，并且解释一下它怎么给你或他人带来益处。 4. 罗马教皇八世 Boniface 要求艺术家 Giotto 放手去画一个完美的圆来证实自己的艺术技巧。哪种看似简单的行为能表现你的才能和技巧？怎么去表现？
美国芝加哥大学作文题
1. 想象你是某两个著名人物的后代，谁是你的父母呢？他们将什么样的素质传给了你？ 2. 假如一个平常的日子被加上4小时35分钟，你将会做哪些不同的事？ 3. 开车进芝加哥市区，从肯尼迪高速公路上能看到一个表现著名的芝加哥特征的建筑壁饰。如果你可以在这座建筑物的墙上画任何东西，你将画什么？为什么？ 4. 为一个电视节目撰写计划书，其中要提及德国的歌剧、费米的私人教师、凡·高那只被割下的耳朵。
美国普林斯顿大学作文题
1. 你认为什么思想、发明、发现或创造到目前为止对你的人生产生了最大的影响？请简要说明。 2. 什么是你曾经不得不作出的最困难的决定？你是怎么作出的？ 3. 直至你目前的生活，你的什么具体的成功给了你最大的满足？
美国宾夕法尼亚大学作文题
你刚完成了300页的自我介绍，请交出第217页。

续表

美国霍普金斯大学作文题
要求写一篇利用铁丝、汽车贴纸、蛋糕盒、木工工具来解决问题的文章。
法国高考作文题
文科 1. 感知能力是否可以来自教育? 2. 对于活体的科学认知是否可能? 3. 评述萨特《伦理学笔记》中的一段文字。 理科 1. 艺术是否改变我们的现实意识? 2. 演示是不是确认现实的唯一手段? 3. 评论叔本华《意志与表象的世界》中的一段文字。 经济社会科 1. 人们是否可以不受磨难而满足欲望? 2. 认识他人是否比认识自己更容易? 3. 评述托克维尔《论美国的民主》中的一段文字。

资料来源:百度文库 http://wenku. baidu. com/view/7200b5284b73f242336c5f78. html

表二 2010 年中国各地高考作文题(部分)

2010 年浙江	高考作文题:角色转换之间
2010 年山东	高考作文题:人生的光影变化
2010 年宁夏	高考作文题:成才是有规律的
2010 天津	高考作文题:《我生活的世界》
2010 年北京	高考作文题:仰望星空与脚踏实地
2010 江西	高考作文题:命题作文《找回童年》
2010 年高考辽宁	作文题:材料作文 大与小的选择
2010 年四川	高考作文题:人生的几何体
2010 年湖南卷	高考作文题:“早”
2010 年陕西	高考作文题:材料作文 自主命题
2010 年广东	高考作文题:与你为邻
2010 年上海	高考作文题:材料作文 丹麦人钓鱼
2010 重庆	高考作文题:“难题”
2010 年江苏	高考作文题:倡导绿色生活
……	……

资料来源:中国教育 http://www. eol. cn/html/g/gkzw/

对照上面作文题可以看出,国外作文题目长、字符多,内容富于挑战性,命题导向明显是要考查学生有没有思想、有没有富于个性的独立思考力;常用可能有异议的题目,但“写什么”是清晰明确的,学生看了题目不容易会产生歧义、误解;学生容易发表自己不同的意见和看法,而且这些看法没有明显的对错之分,也没有条条框框的限制;行文的形式明显要为被表达的思想服务。

相比之下,中国作文命题存在的问题是:

一是限制思想。作文命题普遍不能有力地引导学生表达自己的见解、判断和独特的思想。很多作文题本身就是一个肯定的判断句,如"成才是有规律的"、"倡导绿色生活",它们本身就是预定的观点。因此,学生无论是记叙还是议论,都只能是一种迎合或帮助论证,否则就偏离了话题所限定的主旨。国外的命题思路是:"有人说成才是有规律的,有人说是无规律的,你怎么看?""绿色生活与人的生活感受"。显然后面的题目可以给学生提供更广阔的思想空间和纬度。另外,我们常常在题目之下还有引导语,出发点是引导学生的写作思路,实际上这恰恰限制了学生的写作思路。如,2008 年湖南以"草色遥看近却无"为题,本来思维的空间是比较开阔的,可是命题者似乎不准备让考生有太大的自由,紧接着就来了严酷的规定:"诗句的意境是美的,隐含的哲理也很丰富。它使我们领悟到:置身太近,有时反而感觉不到实际存在的东西;要把握某一事物,有时需要跳出这一事物;人对事物的看法与对美的感受同距离是有关系的……"用这样的语言把主题加以限定,不但有极大的片面性和遮蔽性,而且降低了对考生抽象理性能力的考查。① 所以与国外的作文考题相比,我们更多的是考查学生论证一个已设定的论点的能力,考查学生作文技术层面的东西,对学生的独立思维、思辨能力、想象能力的考查则明显薄弱。结果,学生个人的独立见解就难以发挥,所以有见解、有思想的好作文就很少。

二是限制表达的人称。话题作文一般不必对表达的人称加以限制,基本上是全方位向考生开放,由考生灵活选择。但我们的考题往往或明或暗地加以人称限定,如"我生活的世界","找回童年"、"与你为邻"等,其实就已经暗示了必须以第一人称"我"来切入。命题人还常常提醒考生:如果写记叙文,必须记叙自己的经历;如果写议论文,必须结合自己的经历表达出自己的感想。这同样是对作文人称的限定。人称限定的结果是作文形式单一,缺少创造性、独特性。如果有的学生忽视了这一点,去编述别人的故事,就难以获得好成绩。

(三)作文考试命题素材比较

一个好的作文命题本身的选材并不是一件容易的事。国外提供的作文命题素材有很高的现实迫近程度。所谓迫近程度,首先是指与社会现实的接近水平——是否源于生活实际又为"真实交际"服务;其次是指材料与考生的思想、生活的交涉距离——是否被学生所关注并贴近他们的活动范畴。例如德国卷考题的年龄特征非常明显,关于"16 岁选举"和"班级参观活动利弊"的讨论,都是学生平日所关注的。而英国 GCSE 中直接提供最真实的社会材料,比如杂志选页、广告、小册子、报纸文章等,甚至不做形式上的更替。同时,学生被要求完成的任务也是真实的,像前文提到的"设计广告形式"和"给教育大臣写信争取权益"等。这种真实的交际形式在考试中出现对学生的益处是不言而喻的。平日的生活境况和思考结果都会自然地流于笔端,真正做到有感而发,避免了矫情与做作。同时,阅读和写作作为获得与传达信息的关键手段,也是学生完成个人社会化的最佳途径。学生通过阅读和写作了解社会、增长阅历、尝试交往,由一个"自然人"向"社会人"转化。取材、陈述、讨论、质疑、争辩、说服等社会技巧在现实迫近程度很高的大考试题中得到了全面的检阅。

相对而言,中国高考试卷与真实交际的情形之间相距较远,更多体现出文以载道的教化思想。以 1999 年上海考卷为例,阅读题中除 2 篇文言文外,其余 3 篇都是带有哲学意味的人

① 孙绍振.从 2008 高考作文题看我国与欧美作文命题的差距(2008.11.26)[2010.09.03][EB/OL]. http://3hj.cn/forum.php? mod = viewthread&tid = 141278.

生随笔。再如1998年全国统考小作文《妈妈只洗了一只鞋》与《战胜脆弱》也是道德意义重于交际价值、思想境界重于言语技巧。客观而言,某些人生感悟对于这个年龄的学生而言还是较为间接和生涩的。①

（四）作文考查内容差异比较

国外作文考试偏重对学生想象及思考能力的考查,其命题考查的内容与目的都非常具体而且也很明确:题目所提供的是关于社会或者人生的现实问题;考查的是学生对生活事件及历史事件的评价和运用语文处理现实问题的智慧与能力。例如,英国对于全面写作及写作现实重要性的重视可以从考纲中“写作要求纲目”里窥斑见豹。考纲要求要为被试者提供不拘于形式与种类的写作机会,以便于他们展示不同的写作能力,如探究、想象、表现;散布、解释、描写;争论、劝说、建议;分析、回顾、总结;等等。考生必须证明他们有能力:针对各类目的和听众以书面形式清晰交流;为特殊目的和效果选择特别的书写方法;在句子、段落和篇章中组织思想;准确地拼写并标点,清楚整洁地誊写,使用标准英语的语法结构和广泛的词汇量明晰精确地表达。这里所涉及的能力在现实生活中几乎无处不用,而对受众与目的的针对性的强调也突显了写作实效性的意义。② 又如,美国作文命题注重引导学生关心人类命运方面的世界性问题,同时注重引导学生展现自我意识、想象力及生存技能。比如《当你乘坐的轮船沉了,漂流到一个荒岛上,你将怎样生活》《评论想象中的一场音乐会》等,因为大家都没有经历过,所以可以充分发挥想象,海阔天空,很容易激发起学生的作文兴趣。美国作文考题还要求学生在搜集整理大量资料的基础上形成自己的观点。如《中国的昨天和今天》《你认为纳粹德国失败的原因是什么》《你认为今天避免战争的最好办法是什么》,这些作文从观点上说没有定论,目的是鼓励学生谈出自己个性化的认识、观点、见解;写法上也没有规定,关键是要言之有序,言之成理。

相比之下,中国作文考试则侧重考查学生对人、事、景、物的描述及道德问题的评判,注重考查学生的写作技巧和文字表达能力。例如,《我了解的某个人》《我的故乡》等,更多的要求学生将自己所经历的人或事如实地记录下来,主次分明,条理清楚而且要尊重事实,结果是缺乏丰富多彩的想象。我们的作文命题注重将道德判断放在重要位置,非常重视文章的立意,注重情感态度价值观的导向。例如,2006年“天使”、2007年“传递”、2008年“不要轻易说‘不’”,形式虽然不同,但是考查的目的基本相同,“重在引导考生发掘人性之美”。这种“人性之美”现代人身边不是没有,但仿佛古代的更被广泛认同,于是,学生总是取古代的素材,导致年年写“司马迁遭遇宫刑”、“屈原放逐跳江”等。过分强调文章的道德价值,将作文教学等同于思想政治教育,抑制了学生的想象力和学习热情。复旦文科基地班有一年招生的作文题目是“我们最缺少的是——”。应考的都是重点中学出类拔萃的文科生,许多专家、学者都认为应该能涌现一些好文章,然而结果令人失望:绝大多数学生都是写诸如《最缺少的是精神文明》《最缺少的是道德水准》之类的陈词,只有一篇《最缺少的是睡眠》反映了学生的真实生活。这说明现在的作文教学流行一种“揣摩作文”的风气,学生小小年纪就已经在考虑怎样迎合老师、社会和公众,投其所好。我们过分强调文章的道德教化作用,注重主题先行,将作文教学等同于思想政治课,偏离了作文教学的根本。③ 在我国,文章的立意是文章成败的关键。但过分追求社会认同的某种立意的结果,导致了学生无谓地拔高,空话连篇。而美国作文如

①② 李明洁.德英日美语文大考命题思路比较研究(2006.06.26)[2010.09.03][EB/OL]. http://chinese.cersp.com/sKcjc/200606/2062_4.html

③ 刘中黎.从美国的语文教育看我国作文教学的误区[J].语文建设,2005,(9):36-37.

“你认为今天避免战争的最好办法是什么”这个话题是没有定论的,目的主要是鼓励学生谈出自己个性化的认识,写法上也没有定格,关键是要言之有理,持之有故。

二、国外作文考试及命题特点对我国语文作文教学评价的启示

从以上分析可知,中外作文考题在命题形式、命题限制、命题素材、考查内容等方面存在一定的差异。这些差异给我们带来的启示是:

（一）应借鉴国外的经验逐步改进中国作文考试方式

国外命题形式灵活,作为选拔性考试的作文题目,其效度很高,能测出学生真实的语言能力,但信度可能会降低。因为给学生发挥空间越大,评判标准的制定就越有难度,更何况中国的高考考生如此之多,如果照搬国外的作文考试模式,显然实现的可能性不大,但国外的命题模式至少可以给我们的高考作文提供一种可参考的命题方式。

由于高水平的写作能力不能在短时期内形成,国外采取多次考查作文的方式,这些做法客观上都减小了大考语文成绩对考生最终结果影响的比重,从而部分避免了“一考定终生”问题的出现。这有助于学生全面促进自身母语的日常修养和均衡发展,也能拓展语文考试的覆盖面并延长核查的有效时间,进而提高最后成绩的信度与说服力。

此外,国外有些作文考试给予学生 4 个小时完成。由于时间充分,学生在作文前至少有一个粗略的文章线索或者计划,并做好随着写作和思想的发展改变线索的准备。学生作文时,可以不用过早地整理草稿,还可把运用技巧、措辞和标点的推敲推迟到对自己的文章内容满意的时候去做。

总之,高考作文题目既应具备满足测试的信度和效度的规定性,又应具备满足所有考生已有水平发挥的涵盖性和开放性。

（二）中国作文命题要尽量减少对学生思维的束缚

作文考试的目的是考查学生的写作能力,即文字的组织和表现力,要想达到这个目的,题目应尽量减少对学生思维的限制。然而,我国有些高考作文题的政治、伦理色彩太浓。某些作文题若认真研究,即使是资深伦理学教授也讲不清楚,而若只进行一般化的浅论,又早已有了公认的社会定论,无论是论点、论据还是写作结构都没有多少选择、变化的余地,即使是文字能力强的学生也很难写出灵气和个性来。另外,限于既定的政治观念、道德标准,学生们将不得不说一些言不由衷的假话、空话、套话,从而无形中鼓励了一种很坏的文风。中国孩子不爱写作文的直接原因是作文题目缺乏趣味性和知识含量,学生在作文时只能进行文字的排列组合,而不能进行知识、经验、兴趣、爱好的排列组合。中国多年来各级学校的作文讲评、作文题目设置以及作文考试的评分标准,也都未摆脱八股文的影响。作文考试模式化的评分标准使学生失去了自由发挥、标新立异的可能,这与历史上八股文对考生的思想束缚如出一辙。

国外作文考题考出了学生的创新思维和创造性思维。中国题目大概有结论、基本点,强调中心突出、思维和语言,更偏重形式。同时,中国作文题中或明或暗的提示不利于学生创造性思维的发展。中国的作文教学过分追求社会认同的某种立意,结果导致了学生无谓地拔高,空话连篇。而国外作文教学的目的主要是鼓励学生谈出自己个性化的认识,写法上也没有定式,关键是要言之有理,持之有故。国外的作文命题更易使学生表达出自己的独特见解,进而引导学生关注社会,积极思考。中国的高考作文偏重考察学生对文字的运用能力,更关注考生文章的内容及形式。当然文学写作是重要的,但也会使学生仅仅停留在对表象的描述上,而无法做到更深层次的思考。这样的题目,最起码可以充分落实我们的新课程如今还大都仍然存在于口头层面的诸如“关注社会”、“关注人生”的理念,也可以借助这样的题目引导培养学生的“素质”或者“创造力”。

总之,我们应把作文命题的视野拓向各个层面,不仅关注现实生活,学生身边的人、事、物、景,还应描绘和畅想未来生活;不仅记叙学校生活,还应反映社会生活;不仅关注国内热点问题,还应涉足国际问题的探讨……积极倡导个性化作文教学,“鼓励学生自由表达和有创意的表达”。“能不拘形式地写下见闻,感受和想象”。只有当学生能够真正“自由表达”时,才可能出现“有创意的表达”。

综上所述,我们清楚地看到,作文作为母语能力测试的首选标尺在各国教育中都占有举足轻重的地位,每份试卷中作文考题所传达的精神价值、社会需求、观念指向都源自不同民族和文化对于传统和现实的自我理解。虽然国外作文考题的命题形式、命题限制、命题素材和考查内容与我国的国情不尽相同,然而其中所体现的“母语能力是人生第一素质”的思想都是相通的。那些有价值的命题思路都值得我们仔细研究体会,认真借鉴。

作者单位:华南师范大学文学院

通过提问测试小学生沟通能力之初探

高月华　张慧梅　李静欣

一、小学口语测试

语言是人与人之间交流、互通信息的重要渠道。概括而言,语言可以分为语言形式及语言功能两方面。语言形式主要是指词汇与句法,语言功能则是指在具体的语境中准确运用语言知识的能力。在社会、文化、经济交往日益全球化的今天,能够在不同的场合进行恰当的沟通显得更为重要。新加坡的小学教学内容,以听、说、读、写四大块为主。长期以来,读写是教学的重点,对学生的测试则主要检测词汇、语法和作文。近几年来,小学测试增加口试和阅读理解的比重,与作文一起成为测试的三大部分。

小学一年级的口试以看图说话测试学生的口语表达能力,以短文朗读测试学生的语音、语调和朗读的流利度。笔者认为这样的测试方式已经不能完全检测学生的口语能力并帮助老师提升学生的口语能力,培养符合现代社会发展需求的人才。因此小学老师应训练学生各种沟通技巧,测试他们的沟通能力。

二、文献综述

语言大师乔姆斯基认为,语言是句子的集合,当中又包含了字母、单词等元素。① 他着重语言自身的结构和特征,即语言形式的表现。海姆斯则认为乔姆斯基没有考虑到语言在特定语言环境中的合适使用这一因素。他首次提出了交际能力理论(Communicative Competence),认为人的语言能力,不仅仅在于能够掌握正确的语法,更重要的是能够在一定的语境中正确地使用语言,例如在某时、某地、面对某人时,会使用某种恰当语言的能力。这跟社会文化因素以及交际能力的培养是分不开的。②

在海姆斯与其他学者的理论基础上,Canale 和 Swain 对交际能力进行了更全面与透彻的解释。他们认为交际能力包含三项:

1. 语法能力(grammatical competence):这一项包括对各词项(lexical items)的理解,以及对词法(morphology)、语法(syntax)、句法语义(sentence-grammar semantics)、音韵学(phonology)等方面知识的认识。这是语言学习者进行语言表达必须具备的基本条件。

2. 社会语言学能力(sociolinguistic competence):这一项可分为社会文化规则(socio-cultural rules of use)以及话语规则(rules of discourse)。这些规则在理解话语的社会意义时,起着重要作用。不同的社会文化语境包含了各种情景因素[如话题(topic)、参与者(participants)、应该持有的态度(appropriate attitude)等]。社会文化规则关注各种沟通技能在各个语境中是否适用。话语规则关注话语的衔接程度(cohesion)与连贯程度(coherence)。

---

① Chomsky, N. Syntactic Structures [M]. The Hague: Mouton, 1957:13

② Hymes, D. On communicative Competence. Alessandro Duranti (Ed.), Linguistic Anthropology: A Reader. Malden , Mass: Blackwell Publishers, 2001:53. 73.

3. 策略能力(strategic competence):这一项包括各个言语(verbal)与非言语(non-verbal)交际策略,当沟通因各种变量或语言能力的不足而出现问题时,可用这些策略来让沟通变得更加顺利。这些策略大致可分为两类:与语法能力相关[如迂回表达(paraphrase)]以及与社会语言能力相关(如对陌生人该如何称呼)。比起课堂练习,这些策略更容易在日常沟通中掌握。①

之后,Canale 更详细地讨论了上述三项能力,并把话语能力(Discourse competence)与社会语言能力分开,成为独立存在的一项。②

Canale 和 Swain 以及 Canale 也深入地讨论了沟通式教学的实际应用与各个注意项。他们认为比起基于语法的沟通式教学,基于功能的沟通式教学更能推动学习者学习,主要是沟通式教学强调二语的实用性,目标明确,同时不会让学生因意识到自己能力不足而感到焦虑。③他们认为课堂活动设计必须与学生日常生活中可能面对的沟通情境相联系。这些活动必须有意义,并依照其难度包含实际沟通中的各个成分,如社交(social interaction)、无预测性对话(unpredictability of utterances)等。他们也认为老师在二语教室中所扮演的角色也须改变——在正常教学流程中,必须加入能让学生积极展示沟通技能的情境;为了有效达到这一点,老师应具备较强的二语交际能力。④

在测试方面,他们认为除了必须测试学生二语知识的掌握运用(communicative competence-oriented tests),也必须测试学生在有意义的实际交际活动中能将这种知识运用到什么程度(performance tests)。因为后者近似于真实语言使用情况——语言使用者必须综合使用所学到的知识,因此不会有太多的时间思考语言输入与输出。⑤ Canale 还进一步解释了交际能力的理论框架如何应用于二语教学与测试。他认为知识导向和技能导向的活动(knowledge-oriented and skill-oriented activities)是相辅相成的,同时他也针对交际教学法提出了一系列指导原则:

1. 能力范围(coverage of competence areas):交际能力至少包括语法能力、社会语言学能力、话语能力与策略能力,交际教学法应综合训练这些能力,取得平衡发展。

2. 交际需求(communication needs):交际教学法必须以学习者(不断改变的)交际需求与兴趣、学习者在真实交际活动中会接触到的语言以及母语者对于二语学习者的语言能力所抱有的基本要求为基础。这些要求必须根据第一点所提到的四种能力作出明确归类。

3. 有意义与真实的互动(meaningful and realistic interaction):二语学习者必须有机会与语言能力较强的母语者进行有意义的交际互动,对真实交际需求与兴趣作出反应。不仅课堂活动应该如此,测试也一样。传统的测试无法让学习者在真实的交际情况中测试自己的交际能力,因此也无法像实际有意义的交际互动那样对学习者产生同样的心理与教学影响。

---

① Canale, M. & Swain, M. Theoretical bases of communicative approaches to second language teaching and testing [J], Applied Linguistics. 1980, (1):28. 31.

② Canale, M. From communicative competence to communicative language pedagogy In Jack C. Richards & Richard W. Schmidt (Eds.) Language and Communication- Applied Linguistics and language study[M]. New York: Longman, 1983: 5. 14.

③ Canale, M. & Swain, M. Theoretical bases of communicative approaches to second language teaching and testing [J]. Applied Linguistics, 1980, (1):32. 33.

④ Canale, M. & Swain, M. Theoretical bases of communicative approaches to second language teaching and testing [J]. Applied Linguistics, 1980, (1):33.

⑤ Canale, M. & Swain, M. Theoretical bases of communicative approaches to second language teaching and testing [J]. Applied Linguistics, 1980, (1):34. 35.

4. 学习者的母语技能(the learner's native language skills):学习者通过使用母语而得到交际技能,必须善加利用于学习者在学习二语的初期。此外,二语教学必须从较通用的语言方面着手练习。

5. 课程的广泛度(curriculum-wide approach):以交际为导向的二语课程必须提供学习者知识(information)、操练(practice)以及经验(experience),让他们能够满足二语交际需求。此外,课程也必须包括二语文化方面的知识。①

综上所述,口语测试包含了语言形式的测试和沟通能力的测试。新加坡目前小学口语测试考察学生的朗读和口语表达及一小部分的对话能力是不全面的,它忽略了社会语言学能力中各种沟通技能在各个语境中是否适用的能力的测试和策略能力(语言和非语言交际策略)的测试。我们认为新加坡小学口语测试除了检测学生的语法能力,也应检测学生的沟通能力(社会语言学能力和策略能力)。由于范围太广,本文只探讨学生沟通能力测试这一方面,对象是小学一年级的学生。

既然日常生活脱离不了交际,我们认为小一学生应该拥有与人沟通的能力。在研究过程中,我们通过各种提问技巧去测试学生的沟通能力。研究证明,小一生确实有沟通的能力。如何通过有效的提问来测试这方面的能力是本文的重点,将一一分享。

针对提问,很多学者已经提出他们的观点,下面我们会略举一二。中国春秋战国时代的孔子、印度公元前六百多年的佛陀乔达摩乃至古希腊的哲学家兼教育家苏格拉底就有问题教学法。这些伟大的导师通过提问让学生澄清自己的观点、进一步解释自己的看法从而辨析观点是否正确、厘清原先持有的理由是否合理。20世纪50年代开始,美国教育学家布鲁姆从认知目标的角度提出六大不同类型的问题,即知识、理解、应用、分析、综合及评价,其中知识和理解为低层次的认知,应用和分析是中等层次的认知,综合及评价是高层次的认知。布鲁姆认为认知目标提问的层次越高,学生的思考空间也就越大。到了70年代,许多学者纷纷针对"发问技巧、策略"等有所探讨。杭金斯(Hunkins)在《发问技巧与策略》一书中提出发问有四大主要功能的看法,即提示重点、扩增、分布与秩序的功能。② 海门(Hyman)③、卡林和桑德(Carin—Sund)④和Wilen⑤ 在各自的"发问"领域探讨中也提出发问有10多种功能。综合上述提及各家的说法,发问教学基本上有引起学习动机、提供机会让学生讨论、诊断与评价、回馈并启发学生思考的功能。⑥

由此可见,提问与思考有密切的关系。笔者认为,提问也应该有测试的功能,除了测试学生的思考能力,也能测试学生的沟通和表达能力。本文借鉴苏格拉底的提问方式,结合布鲁姆的认知目标提问进一步说明如何通过提问测试学生的沟通能力。

教育家苏格拉底的提问方式以讨论问题为主,即与人交谈,引导别人说出自己的想法,从而指出问题所在,逐步引导人得出正确的结论。苏格拉底所提倡的教学方法,不是直接向学

---

① Canale, M. From communicative competence to communicative language pedagogy. 17. 19.

② Hunkins, F. P. Questioning. (1972). Strategies and techniques. 转引自张玉成. 教师发问技巧[M]. 台北:心理出版社股份有限公司,1999:7.

③ Hyman, R. T. (1979). Strategic questioning. 转引自张玉成. 教师发问技巧[M],台北:心理出版社股份有限公司,1999:7.

④ Carin, Arthur A & Sund, Robert B. (1971). Developing questioning techniques. 1971. 转引自张玉成. 教师发问技巧[M]. 台北:心理出版社股份有限公司,1999:7.

⑤ Wilen. (1991). 转引自张玉成. 教师发问技巧[M]. 台北:心理出版社股份有限公司,1999:8.

⑥ 张玉成. 教师发问技巧[M]. 台北:心理出版社股份有限公司,1999:7. 8.

生讲解各种道理或传授各种知识,而是在与学生谈话中扮演提问者向他们提出问题,让他们在回答中解释、分析、辨析,使问题变得更清楚,更易于理解。发问的目的不同,对方的回答也会不同。因此提问者必须确定问题的出发点、目的性和方向,并通过简明扼要的提问,让对方将自己的想法、感受、困难、问题、观点等说出来。① 有效的提问需要使问题保持一定的开放性,也就是说提问者应该只通过提问,把回答的任务交给对方,让对方自由回答,临场发挥,表达各种不同观点。当对方开始阐述时,提问者的责任就由提问转换为倾听,并提供及时的反馈。②

笔者认同苏格拉底的提问教学方式,同时认为若能将布鲁姆的提问类型融合,会有进一步的发展空间,可将这种提问变成口语能力测试的手段。测试中的提问可以提供学生机会澄清、解释、比较、拒绝、确认、描述、阐述自己的观点等,展示自己的沟通能力。整个过程是开放式的,以学生为主,让学生说话,展示他的沟通能力。提问者要抓住对话中可发挥的要点,进一步追问。

在下文中,笔者将着重探讨在测试学生沟通功能为主要目的的前提下,访问者如何运用各种提问技巧,对学生进行全面及较准确的测试。

三、提问技巧与沟通能力的测试

沟通能力是上文所提及的语言功能的主要部分,也是我们口语测试的重点。沟通能力除了简单回应外,还包括澄清、提问、比较、拒绝、说明解释、表达意见感受、反驳及正确运用礼貌用语与祝语等能力。结合各种提问技巧,能更好地测试沟通能力的各方面,下面将一一叙述。

(一) 测试简单回应能力

测试回应能力着重测试学生针对别人的提问作出反应以及回答问题的能力。简单的回应可以是以身体语言如点头、摇头作回应,或以词、短语、短句等回答。

要测试小学生的简单回应能力,我们可以运用布鲁姆低层次认知提问类型结合六何中的三何即"谁"、"哪里"、"什么"向学生提问。例如,"你叫什么名字?""你几岁?""家里有几个人?""你家里有谁?""你住哪里?"等。根据能力的不同,学生可能会用短语、短句、长句等回答。

(二) 测试澄清能力

测试澄清能力着重测试学生在自身理解不清或他人误解时,如何运用语言厘清误解,达到互通的能力。

在测试澄清能力时,访问者可以采取提供混淆信息、怀疑性反问、疑惑式语气等提问技巧,引发学生的澄清能力。例如在学生给出姓名之后,测试者故意写错,给学生澄清名字的机会。如果学生给出错误日期时,访问者可以借鉴苏格拉底的提问方式,故意用反问的语气询问"二月八日,是二月八日吗?",引导学生自我澄清,测试学生是否有自我澄清的能力。实际上,这也同时考察学生是否有能力抓到反问语气中的隐含信息(质疑答案是否正确)。

除此之外,访问者也可以模糊要求,要学生从一堆物品中拿一个东西给他,但不明确指出是何种东西,如"你可以拿那个东西给我吗?",以便考察学生是否会通过提问让访问者进行澄清,厘清双方的误解,达到共同的目的。

---

① 张倩.苏格拉底问答法对现代课堂教学的启示[J].河南职业技术师范学院学报(职业教育版),2009,(6):98.99.

② 刘秀英.课堂教学中有效提问的艺术[J].教学方法研究,2010,(10):62.

（三）测试提问能力

测试提问能力着重测试学生是否具有通过提出问题而寻求正确答案的能力。

在测试提问能力时，访问者可以通过模糊指示、设置情境的提问技巧，引导学生提问。例如访问者可以告诉学生“我想要吃桌子上的一种水果，你可以拿给我吗?”这样，学生就有机会通过询问水果的颜色、形状、味道等，获知访问者想要的是哪一种水果。访问者也可以告诉学生有一个朋友不见了，然后请学生从一堆玩偶中找出丢失的玩偶。如此一来，学生就必须通过提问获取明确信息，从而完成预设任务。

此外，访问者可以特别注意学生是否会主动提出要求，比如要求玩某个玩具，或要求多拿一份小礼物，这些是学生最真实的语言应用。

（四）测试比较能力

测试比较能力着重测试学生是否会比较两种物体的异同的能力。学生如果能作进一步解释、说明，就表示拥有较强的比较能力。

在测试“比较”能力时，访问者可以结合布鲁姆的中等层次认知之应用与分析，列举两种物体、两个节日、两个人如父母等，问学生“比较喜欢哪一种?”及“为什么?”例如，“爸爸妈妈谁煮的饭比较好吃，为什么?”又如“你比较喜欢圣诞节还是新年，为什么?”此外，我们也可以单刀直入询问学生两者有什么不同，从哪里可以看出。例如“大象和小猫有什么不同?”又如给学生看一幅有关房间的图画，问学生“你的房间跟这个(图画的房间)一样吗? 有什么地方不一样?”上述问题都为学生提供了比较的机会，让他们展示比较的能力。

（五）测试拒绝能力

测试拒绝能力着重测试学生是否会运用适当得体的语言婉拒他人的请求或要求的能力。

在测试拒绝能力时，访问者可以采用请求式提问或设置情境的提问技巧向学生提出要求，观察学生的反应。比如访问者可以先进行铺垫，询问学生“住在哪里?”“怎样从学校回家?”之后再进一步询问“我是否可以跟你回家?”访问者也可以让学生设想他正在认真做功课，而此时有一位朋友邀请他出外游玩，他应该如何回应。通过这一技巧提问，可以测试学生是否会拒绝他人的要求；拒绝时是直接拒绝还是婉转拒绝。

（六）测试说明解释能力

测试说明解释能力着重测试学生能否进一步说明某种行为、决定、选择等原因理由，对自己提出的观点、看法等加以解释，使对方有更好的了解的能力。

在测试说明解释能力时，访问者可以利用布鲁姆低认知层次的“什么”、“谁”、“哪里”和高认知层次的“你认为”、“你觉得”的提问先做铺垫，然后运用“为什么”和“怎么”的提问让学生进一步说明和解释。例如访问者问学生“你最喜欢吃什么?”如果学生说最喜欢吃鸡饭，访问者可以接着问学生“为什么你喜欢吃鸡饭?”又如访问者先问学生“你住哪里?”然后接着问“放学后你怎么回家?”如果学生回答是家人或女佣带她回家，访问者可以继续问“你怎么从学校走回家?”再如访问者问学生“你认为这间房间(图画)怎样?”等学生说出看法后就问“为什么你会这么说?”这些问题可以让学生有机会发挥和展示解释说明的能力。

（七）测试表达意见、感受能力

测试表达意见、感受能力着重测试学生能否通过语言表达自己的想法、观点、感受，或通过表情、神态猜测他人的感受的能力。

在测试表达意见、感受能力时，访问者可以结合布鲁姆最高认知层次的“评价”，直接询问学生对某事物、事件、人物等的看法和感受。例如：“休息时可以跟同学玩，感觉怎样?”访问者也可以拿出一个生气的小孩的图片，然后问学生“你觉得这个小男孩的感受如何?”另一种提问技巧是结合苏格拉底的提问方式,先提供别人的观点,再进一步询问学生的观点,如“其他小朋友觉得男孩子不能穿粉红色的衣服,你觉得呢?”当然,访问者也可以直接问学生“你觉得这件衣服怎样?”让学生说出自己的看法。上述问题都给予学生表达意见和感受的机会。

(八)测试反驳能力

测试反驳能力着重测试学生是否会坚持自己的看法及运用语言驳斥他人的看法的能力。通过学生的反应,我们也可看出学生是否有信心及勇气坚持自己的看法,与访问者持相反的意见。

在测试反驳能力时,访问者可以故意针对明显的事实表示相反看法,如把一个很有趣的游戏讲成不有趣,或者把一件很漂亮的衣服讲成不漂亮,测试学生是否能够表达自己的观点,反驳访问者的看法。

访问者也可以批评学生的意见,如当学生表示很喜欢某个游戏的人物时,访问者就批评该人物,并表示自己喜欢的是另一个人物,观察学生如何反应。访问者应尽可能从学生感兴趣的话题着手,这样学生或许会有更激烈的反应,发表更多意见支持自己的看法。

(九)测试礼貌用语与祝语

测试礼貌用语与祝语着重测试学生是否能在不同场合、不同时段使用适当的礼貌用语和祝语。

在对话过程中,访问者比较难提供机会测试学生能否正确使用礼貌用语,所以只能构建学生熟悉的情境,询问学生在不同场合、面对不同对象时会使用何种礼貌用语。例如笔者访问时期正好临近华人新年,就询问学生“过两天是一个节日,你知道是什么吗?”当学生给出正确答案“新年”时,就会进一步追问“那新年的时候你要对别人说什么?”为了测试学生能否在不同场合面对不同的人用不同的适当用语,笔者也会询问“新年的时候你会对奶奶说什么?”“你会对朋友说什么?”接着再问“你跟这两个人说的会有不同吗?”

另外,访问者还可以询问诸如“你早上见到老师时会说什么?”“晚上睡觉前会跟爸爸、妈妈说什么?”“吃饭前你会跟爸爸、妈妈说什么?”这类问题,以便测试学生是否有适当使用礼貌用语的能力。

由于有关语言功能测试很难在对话过程中自然带出一个情境,因此在给学生描述一个特定情境时,要尽量用学生曾经经历或日常熟悉的情境。这一情境要尽可能真实,否则学生可能从已获得的语言知识给出所谓的“标准答案”,而不代表他在日常生活中遇到这样的情境时就真的会运用这一语言知识。比如学生可能学过过年时要说“新年快乐!”这一语言知识,也可以给访问者一个正确的答案,但不代表他在新年遇到别人时就真的会说“新年快乐!”因此,在提问时要问的问题应该是“过新年的时候,你会对别人说什么?”而不应该是“你知道过新年的时候要说什么吗?”

在访问结束时,访问者也可以给学生一个小礼物,考察学生是否会自发地使用礼貌用语“谢谢”。

(十)测试察言观色能力

测试察言观色能力着重测试学生能否从访问者的语调、表情等方面察觉出怀疑,从而进行自我纠正或自我肯定的能力。正所谓察“言”观“色”,测试这项能力的方法可分为“言语”和“神色”两方面。

在“言语”部分,访问者可通过声调、语气的强弱及一些语言表达方式带出某些观点和态度,然后注意学生能否察觉这些隐藏的含义。因为测试对象是年龄较小的学生,不适合用太含蓄的说法,所以访问者可以利用较夸张的语气和说法来暗示学生某些观点。比如,当访问者用怀疑的语气问"你肯定是这样吗?"或"你真的这么做?",即暗示访问者不认同或质疑学生的看法。

在"观色"部分,访问者可以通过丰富的面部表情与肢体语言来表达一些意见和态度。因此,访问者可以在适当的时候露出一些较夸张的表情,如惊讶地瞪大眼、疑惑地皱眉头等。不过,若访问的是比较害羞或容易害怕的学生,就不必刻意使用太夸张的表情或质疑学生的言语,以免学生感到紧张而说的话更少。相反的,访问者可以通过鼓励性的笑容、柔和的语气等方式让学生放松并多说话。

此外,访问者也可从一些自然的情况中看出学生是否会察"言"观色。比如当访问者在访问时,旁边的学生在吵闹,访问者可能会不经意地往旁边看或皱眉头,这时较会察"言"观色的学生或许就会立刻反应,安抚访问者或指责那些学生。又如当学生用错了语言,访问者忍不住笑了,这时有的学生或许会意识到自己说错了,立刻自我纠正。这些自然的沟通中都可以看出学生察"言"观色的能力,访问者应该多注意并记下。

因为有些学生会过于在意访问者的言语,因此访问者可故意混淆学生,以确认学生是否只是盲目地附和访问者。例如当学生说了一个日期时,访问者可以提高声调询问"真的是二月八日吗?"如果学生的答案是错的,他可能会再思考,然后自我纠正。若学生的答案是正确的,访问者可以注意他是否立刻更改答案,或是坚定地再一次确定自己的答案。

四、各种提问技巧的结合

综上所述,在对话过程中,访问者可以运用各种提问技巧测试学生的各种沟通能力。不过,各种提问技巧不是孤立的,而是可以相互结合,在对话过程中自然推进,达到水到渠成的效果。

例如,访问者可以告诉学生"我的袋子里面有一只动物玩具,你可以问我问题,然后猜它是什么动物"。这时,访问者可以考察学生是否具有提问能力。当学生给出正确答案"大象"后,可以进一步追问"为什么你知道是大象?"让学生进行解释和说明。之后,还可以让学生比较大象和猫有什么不同。这样一来,访问者可以在一段对话中测试学生几种沟通能力。

角色扮演是另一个可结合各种提问技巧的方式,让学生以较自然的方式进行交际,引起学生的兴趣,并测试学生是否能在创建的情境中使用正确的对话方式。比如说,访问者可以拿一系列人形玩偶让学生选择最喜欢的,然后访问者也选一个玩偶。接着访问者可以以"你好"开始,让学生开始说话,然后以角色的身份问学生扮演的角色"你叫什么名字?"、"我肚子饿了"、"我的朋友不见了"这些话语测试学生是否能主动反问"你叫什么名字?"、"你想吃什么?"、"你的朋友是谁?"。此外,访问者也可以抓住玩偶的特征,随时即兴地测试学生的反应。比如学生拿了长胡子的玩偶,访问者可以问"你为什么长胡子?"这类问题来观察学生的反应。从学生是否会主动进行对话、是否能回应访问者所扮演的角色的话、是否能进入状态如以玩偶的口吻说话等方面,都可看出学生对自己语文能力的信心以及自然交际表现的强弱。

若在过程中学生没反应,访问者可以用"你不想知道我的名字吗?"、"我想吃不酸的东西"、"我的朋友是没有戴帽子的"来提示学生发问。如果之前访问者没有测试某方面的沟通能力或想进一步测试学生的能力,则可以趁机利用玩偶问学生一系列问题来测试学生比较、反驳、表达意见的能力,如"这两个人(玩偶)有什么不同?"、"你为什么喜欢他?"、"你为什么不要和她做朋友,她不是很可爱吗?"、"他在笑,你觉得她为什么这么开心?"值得注意的是,角色扮演能让某些较害羞或过于好动的学生放松心情,即使之前不开口或比较不专心的学生都有可能在游戏中较积极地发言。因此,访问者可以自由发挥,尽量利用玩偶设计不同情境抓住学生的兴趣,让他们主动说话,也可以在其他方面利用玩偶测试,如测试学生礼貌用语,往往效果较佳。

五、提问过程中的自我调整

由于学生的语言能力是不同的,因此即使使用各种提问技巧引导学生回答,学生也不一定能够给出访问者所设想的答案。这就需要访问者在对话过程中观察学生的能力,适时地进行自我调整,改变访问策略,以让学生达到最有效的输出。

语言能力较低的学生往往只能通过一问一答的形式,回答"人物、地点、什么"这类与日常生活较为相关的问题。有些时候,学生甚至连最简单的答案都无法产出。这时,访问者就要善于在对话中抓住学生最熟悉或最可能产生的话题,沿着这一方向提问,而不是死板地依据原来设计好的话题进行提问,如"你家里有几个人,有谁?""平常谁煮饭给你吃?""你最喜欢吃什么?"等问题。在某些时候,访问者应允许对话掺杂英文,以协助能力弱的学生产生话题。

语言能力高的学生在遇到某个感兴趣的话题时会滔滔不绝地自我阐述。这时,访问者就不需要再遵循问与答的形式,无需介入,让学生自由发挥。当学生阐述结束后,再通过对学生话题表示疑惑、否定或提出要求等技巧,测试学生的澄清、解释、反驳、婉拒等能力。

六、借助辅助道具提问

最后,在访问过程中,访问者可以借助一些道具如玩具食物、玩偶、图片等给学生形象的体会及熟悉的场景,配合提问。利用图片进入话题,让学生慢慢进入状态,是相当有效的方法。比如访问者想问学生关于看医生的话题,如果一开始就问学生"你有没有看过医生?"学生可能思绪上较难转过来,也可能没有印象。若给学生看一张小孩子害怕地看医生的图片,先请学生形容图片的内容,再问学生"你有没有跟他(图中人物)一样看过医生?"或"你看医生的时候,你是不是也像他一样?"学生便能自然地进入主题。在此,图片成了勾起学生回忆的工具。若学生很热衷于该话题,也可以尝试进行角色扮演,请学生扮医生,然后模拟看病的情景,测试学生是否理解在该情境中需如何回应。

上文主要是从访问者的角度介绍如何运用各种提问技巧来测试学生的一些沟通能力,学生对这些提问作出的相应回答反映其沟通能力的掌握程度。但是,访问者必须清楚地认识到,那些在测试过程中没有表现出某些沟通能力的学生,不一定就表示他们不具备这种能力,有可能是学生没有机会发挥。同样的,语言能力低或高的学生都有可能在对话过程中不遵循访问者事先计划的策略作出回应。因此访问者必须在访问过程中适当地自我调整,尽可能让学生充分显示其语言能力。

七、总结

综上所述,笔者认为在实际的沟通测试中应涵盖海姆斯、Canale 和 Swain 所提出的交际能力的各种因素,同时充分利用布鲁姆、苏格拉底所提供的提问策略,以更能全面测试小学生的口语沟通能力。

此外,对小学生进行口语测试需要创造一种语境,调动学生与访问者之间的互动,测试学生面对不同情境时的语言能力。提问在测试学生沟通能力这一环是不可或缺的重要策略。小学生的口语表达能力往往呈现不同的层面,而提问的方式在某种程度上又影响了学生的发挥及产出。不同的提问策略能提供学生一个展示个人沟通能力的平台,并且有效、准确地测试学生的沟通能力。

本文所作的只是初步探讨,希望能起到抛砖引玉的作用,并在今后作更深入的研究,以便对实践作出最有力的指导。

参考文献

刘秀英.课堂教学中有效提问的艺术.教学方法研究,2010,(10):62.

张倩.苏格拉底问答法对现代课堂教学的启示.河南职业技术师范学院学报(职业教育版),2009,(6):98-99。

张玉成.教师发问技巧[M].台北:心理出版社股份有限公司,1999.

Chomsky, N. Syntactic Structures. The Hague: Mouton,1957.

Hymes, D. On communicative Competence. In Alessandro Duranti (Ed.), Linguistic Anthropology: A Reader. Malden , Mass: Blackwell Publishers,2001:53-73.

Canale, M. & Swain, M. Theoretical bases of communicative approaches to second language teaching and testing. Applied Linguistics,1980,(1):28-31.

Canale, M. From communicative competence to communicative language pedagogy. In Jack C. Richards & Richard W. Schmidt (Eds.), Language and Communication-Applied Linguistics and language study. New York: Longman,1983:5-14.

作者单位:南洋理工大学新加坡华文教研中心

香港小学生口语表达能力评析

梁佩云

口语表达是人们交际最基本的形式,所以口语表达能力的培养和训练应该是语言教学的首要任务①。香港特别行政区政府于2004年、2005年及2006年分别在小三、小六及中三级推行"全港性系统评估"(TSA),其后按年施行。评估包括中文、英文、数学三科,所搜集的资料是检讨教育政策及为学校提供支援的重要根据②。

全港统一执行的TSA,主要以纸笔形式进行,而中文、英文两科则另设说话评估,可见当局对口语表达的训练也越来越重视。中文是香港学生的母语,无论在哪一个学习阶段,中文科的说话评估总会包括个人发言和小组谈话两部分。小学阶段的个人发言是看图说故事,区别只在于小三看的是四格连环图画,而小六则集中观察一幅单独图画。思维是人的大脑对现实的抽象反映活动,必须以词和句子等语言形式进行,这也是语言与思维互相依存的表现③。在没有文字凭借的情况下,看图说故事应能反映学生的思维组织和表达能力,而有效的口头表达是学生中文基本能力的重要指标,在教学过程中尤其值得重视。

一、研究方法

老师提升学生的口语表达能力的方法虽然因人而异,但任何教学设计都必须针对学生的起点和学习需要。为此,本文的研究对象是2009—2010年度香港地区8所小学四年级的96名学生,报告内容是一项"以评估促进学习"研究中的部分成果。

2009年中,8所接受邀请参与"以评估促进学习"计划的小学先确定了四年级共两个班的学生为研究对象。9月份,8所学校共16个班所有学生(共512人)都参加了一次中、英、数科以纸笔进行的前测,其中中文、英文科的说话评估则以抽样形式举行,每班按学生在纸笔前测中的成绩,选出高、中、低代表各2人,16个班共96人,构成本文分析的样本。

由于前测的内容借鉴TSA的模式,学生的语文基本能力还可以通过其他考卷的成绩反映,说话评估只采用了TSA中的个人部分,要求学生用3分钟准备,细心观察,然后用1分钟收集齐依照四格连环图画内容说出一个完整的故事。评估由原校老师主持,各个学生的表现都拍成录像,供研究员分析。收集齐说话评估的数据后,共有3位研究员观看录像评卷,然后协商评定最终成绩,评卷标准参考TSA公布的准则④,正式评卷前评卷员都经过反复试改,力求调准给分尺度。完成评卷后,虽然学生的表现可根据TSA的基本能力等级描述概括,但笔者认为这些概括的表现其实可进一步以实证支持,让评估结果更立体,提高对教学的参考价

① 胡维尧.口语能力的训练方法——"看图说话"[J],岭南大学中文系系刊,1996,3:53.57.

② 中华人民共和国香港特别行政区政府考试及评核局.全港性系统评估简介[EB/OL]. http://www.bca.hkeaa.edu.hk/web/TSA/zh/Introduction.html

③ 林公翔.现代儿童心理语言学[M].石家庄:河北教育出版社,1993:187.

④ 中华人民共和国香港特别行政区政府考试及评核局.全港性系统评估小学评估试卷及评卷参考[EB/OL]. http://www.bca.hkeaa.edu.hk/web/TSA/zh/PriPaperSchema.html.

值。于是,笔者逐字誊写所有学生的说话内容,然后按4幅图画对照学生的说话,以检查学生的思想内容和语篇组织特色。

二、研究发现

这次选用的四幅连环图画都标上数字1至4号,而且由上而下排列,引导学生联想图画提供的信息,然后顺序铺排事情发生的经过。要言之,四幅图画构成一个典型的路不拾遗故事:图1显示几名小孩在公园溜滑梯,远处有人打太极,而滑梯附近则坐着一个正在看报的长者,裤子的口袋中还露出了半个移动电话;图2中长者转身离开座椅,忙着看手表,口袋中的移动电话却不慎掉在地上,让其中一名溜滑梯的小孩看见了;图3的小孩捡起电话,额头冒汗,显得不知所措,在旁的一名同伴示意他小声说话,另一人则摆动双手,似乎示意他不要物归原主;图4可见,小孩拿着电话追上失主,显然要把失物归还,无论是失主或小孩的同伴都神色错愕。由于是四格连环图画,很自然让人联想到故事的起、承、转、合结构,以下也根据此来分析学生口头表达的语篇组织。

根据香港教育局公布的TSA评估准则,看图说故事的要求包括能清楚讲述儿童故事、能顺序讲述事件的大概、能运用日常生活的词语表情达意、能掌握所学字词的发音及说话声音响亮等5项,前三项分五等评级,而后两项则分三等,以一等为最低。

(一)小学生的口语基本能力

1. 内容、组织及用语

整体而言,本研究的评估结果与当局公布的评核报告基本一致,“大部分学生能根据四幅图画提供的信息,组织一个完整的故事”,且“吐字大致清晰,说话音量适中”①,过半数的学生都能于各项评分中取得及格(2.5)以上成绩。然而,由“表一”可见,即使说话内容、组织及用语的最佳表现均可获五级评分,研究对象这次的表现也未见特别理想。值得留意的是,受试的已经是四年级学生,在小三下学期才参加过同类的测试,对测试的形式应该不会完全陌生。仔细对照各个等级的人数分布,不难发现大多数学生的表现介乎二至三等之间(细分半等即0.5,只为研究需要);虽然能否“清楚”讲述是相对而言,评为三等的学生仅占29.2%,但论到能否“顺序”讲述,达三等的学生则占37.5%,反映学生对事情的先后关系掌握较佳,至于“清楚”与“顺序”讲述之间的差异,就必须对照具体的故事内容,才能有明确的定论。如果前面两项表现有限,学生在词语运用方面也未取得令人鼓舞的成绩,只有43.8%达三等水平。

表一　香港初小学生看图说故事的内容评级

等级	能清楚讲述儿童故事人数(%)	能顺序讲述事件的大概人数(百分比)	能运用生活词语表情达意人数(百分比)
1	5(5.2)	7(7.3)	6 (6.3)
1.5	9 (9.4)	5 (5.2)	5 (5.2)
2	21 (21.9)	24 (25)	23 (24)
2.5	21 (21.9)	15 (15.6)	14 (14.6)
3	28 (29.2)	36 (37.5)	42 (43.8)

① 中华人民共和国香港特别行政区政府考试及评核局.2008年全港性系统评估第一至第三学习阶段中国语文科学生基本能力报告[R]. http://www.bca.hkeaa.edu.hk/web/TSA/zh/2008tsaReport/priSubject_report_chi.html.

续表

等级	能清楚讲述儿童故事人数（%）	能顺序讲述事件的大概人数（百分比）	能运用生活词语表情达意人数（百分比）
3.5	5 (5.2)	5 (5.2)	2 (2.1)
4	7 (7.3)	4 (4.2)	4 (4.2)
5	0 (0.0)	0 (0.0)	0 (0.0)
合计	96 (100.0)	96 (100.0)	96 (100.0)

2. 发音及声量

研究发现，小四学生普遍对口头表达似乎并不抗拒，以三等为最高，近六成（59.4%）学生能放声说话（见表二），个别学生声量较小，可能是信心不足或性格内向的表现。值得一提的是，评估由原校老师主持，有时老师善意的诱导或许会构成干扰，反而打断学生思路或平添不必要的压力。再者，由于学生水平参差，原来要求以1分钟说故事，大部分老师也没有严格执行，有时是避免打断学生滔滔不绝的说话兴致，有时却是耐心地鼓励不善辞令的学生发言，结果平均发言时间约1分半钟。此外，这次说话评估以粤语进行，学生发音的毛病主要是懒音，如“朋友”说成“贫友”之类前后鼻韵收音不分，并不至于影响语义或整体的表达内容。

表二　香港初小学生看图说故事的发音评级

等级	能掌握字词发音人数（%）	说话声音响亮人数（%）
1	9 (9.4)	10 (10.4)
1.5	2 (2.1)	3 (3.1)
2	27 (28.1)	18 (18.8)
2.5	7 (7.3)	8 (8.3)
3	51 (53.1)	57 (59.4)
总数（%）	96 (100.0)	96 (100.0)

（二）口语表达能力的深层分析

1. 小学生的思想内容特征

为进一步分析学生看图说故事的能力，笔者根据逐字誊写的内容，按题目中四幅连环图的顺序，对照学生的话语，整理出学生发言与图画的关系（见表三）。论发言篇幅，总字数（音节）由最少的6个字至最多334字不等。学生表现参差，当中可能有不同成因，但同级学生的差距越明显，样本的代表性应该越全面。如表三所示，除非学生不理解说话要求或未能边想边说，来不及在指定时间内逐一描述各幅图画的内容，否则普遍对题中图3的描述都最详尽。在各种对图3的描述中，最鲜明的倒是“贪玩”的意念。在8所受试的学校中，3所学校都有学生提到拿了失物可以“玩一下”或“整蛊”（作弄）失主，甚至变卖了失物买玩具去。这到底是现代社会对小孩子思想荼毒的恶果，还是小孩子天生淘气，虽然并非本文深究的范围，但教师也不妨进一步了解。毕竟，受试学生不过是9至10岁的儿童，太现实的思想可能会蚕食他们宝贵的童真。相反，必须说明的是，个别有严重表达困难的学生，主要是来港不久的外籍移民，所以未能以流利的中文说话。

表三　香港初小学生看图说故事的发音评级

字数	图 1 人数(%)	图 2 人数(%)	图 3 人数(%)	图 4 人数(%)
151 – 180	0 (0.0)	0 (0.0)	1 (1.0)	0 (0.0)
121 – 150	0 (0.0)	0 (0.0)	2 (2.1)	1 (1.0)
91 – 120	3 (3.1)	2 (2.1)	9 (9.4)	3 (3.2)
61 – 90	31 (32.3)	9 (9.4)	21 (21.9)	7 (7.3)
31 – 60	54 (56.3)	33 (34.3)	38 (39.6)	43 (44.7)
0 – 30	8 (8.3)	52 (54.2)	25 (26.0)	42 (43.8)
总数(%)	96 (100.0)	96 (100.0)	96 (100.0)	96 (100.0)

由表三的分析可见,普遍学生发挥的重点在测试题图 3 表示的故事情节,这也是故事发展的高潮和内容能否引人入胜的关键。以下是一则以香港粤语说出的典型故事,后续的是改写成现代汉语的内容(以下示例的处理办法相同):

[图①] 一日嘅早上,小文同啲朋友一齐到公园里玩。[图②] 跟住佢爬紧楼梯嗰阵时,一个伯伯嘚裤袋嗰度跌咗部手提电话,佢一见到佢就想执起佢。[图③] 跟住小文就谂住同佢啲朋友话:"我应唔应该畀返佢呀?"跟住嗰个小强就话喇:"唔应该畀返佢呀,依部手机咁新款。"之后小文就话:"唔得呀,手机唔系属于自己嘅野,唔可以摞架。"[图④] 跟住小文就还返畀个伯伯。

语译:[图①] 一天早上,小文和朋友们一起到公园里玩。[图②] 接着在他爬楼梯的时候,一个伯伯的移动电话从裤子的口袋里掉了出来,他一看见就想把它捡起来。[图③] 接着小文就想跟他的朋友说:"我应不应该还给他呢?"接着那个小强就说了:"不应该还给他啊,这部手机这么新款。"之后小文就说:"不行啊,手机不是属于自己的东西,不可以拿的。"[图④] 接着小文就把电话还给那个伯伯。

说出这个故事的学生,口语表达能力已属于中上水平。该故事的优点/特点包括:能交代故事背景(图 1:时、地、人)和结局(图 4:主角把失物归还原主),首尾完整;能交代故事情节(图 2:主角发现老伯遗失电话);能看图发挥,以人物对话带出应否物归原主的正反两面观点(虽是新款电话,但不是自己的东西不应该据为已有),言之成理,丰富故事内容(图 3)。

虽然只是约 150 字的故事,完成小三的学生如能在 1 分钟左右有以上的表现,相信大部分香港语文教师也会感到满意,因为较之逊色的表现,确实让人忧虑,更需要关注。本来,评估前学生有 3 分钟看图,"细心观察"后才说出自行组织的故事。最令人失望的,正是学生的观察和思想似乎都不够用心,然后就草草了事或哑口无言。换言之,大部分学生对"说故事"的概念仍然模糊,也没有思考故事可能带出的道德观念或深层意义①。能说出"拾遗不报"是"违法"行为或"路不拾遗是好事"的学生一个也没有;说出不应该把别人的东西"据为已有"或"不太好"也十分难得;最普遍的说法是当事人"不理别人"或"唔知点解"(不知怎样)就把失物归还失主,故事发展莫名其妙。

另一种吃力不讨好的表现是离题,不具体描述摆在眼前的图画,而把故事扯到九霄云外,如说到归还失物后,还要加上"回家告诉妈妈我是一个诚实的孩子",再一轮问答,重复事情的经过和妈妈称赞的说话,故事内容与图画提供的信息完全脱节。

① 吴鼎. 儿童文学研究[M]. 台北:远流出版公司,1980:157.

此外，未能在时限内完成故事的学生，往往倾向引言过长或过分斟酌细节，以致时间分配不均，如自我介绍后，再说出要向大家讲故事的意图，然后逐一描述图一和图二的人物和景物。又如以下的示例，讲述时加插了不少代入角色的独白；这样投入本来精神可嘉，可惜时间有限，学生既达不到评估要求，说出来的故事也并不完整：

［图②］嗰个公公望一望只表，够钟喇，佢就要起身走喇，点知佢跌咗个电话。我同小美同埋啲朋友玩得好开心，我突然令（转）个头过去，咦，个伯伯跌咗个电话喎。

语译：［图②］那个伯伯看了看表，时间到了，他就要动身走了，谁知他丢了电话。我跟小美和朋友们玩得很开心，我突然转过头去，咦，那个伯伯丢了电话啊。

凡此种种，都反映学生需要更有系统的观察指导和思维训练，习惯成自然，才能边想边说，充实说话的内容，提高表达效果。

2. 小学生的语篇组织特征

语篇分析①旨在探索在特定语境中语言的内部连贯结构，以指导人们该如何应用语言，达成交际功能②。针对不同的情境和表达需要，语篇有不同组织。同理，学生说故事的语篇组织，正好反映了学生的思路。如前文言，在这次看图说故事的指引中，每幅图画都刻意标上1至4的数字，而且顺序由上至下排列，确保学生不会因误解而颠倒故事的先后情节。换言之，本故事的基本语篇组织应该是按先后时序说明事情。对照文章的起、承、转、合③结构，四幅连环图画可以看成是给学生的适当引导和提示，又或是对学生组织说话内容的潜在要求。归纳这次的研究数据，“图一”勾勒出96名受试学生述说每幅图画的字数对照。由“图一”可见，剖象左端的学生只能就第一幅图发言，表现最弱的几名学生1分多钟内只说出不到50字。虽然如此，越向右发展的剖象，却只反映学生说话的语速和数量较强，并不代表故事的内容或语篇组织必然比字数少者优秀。

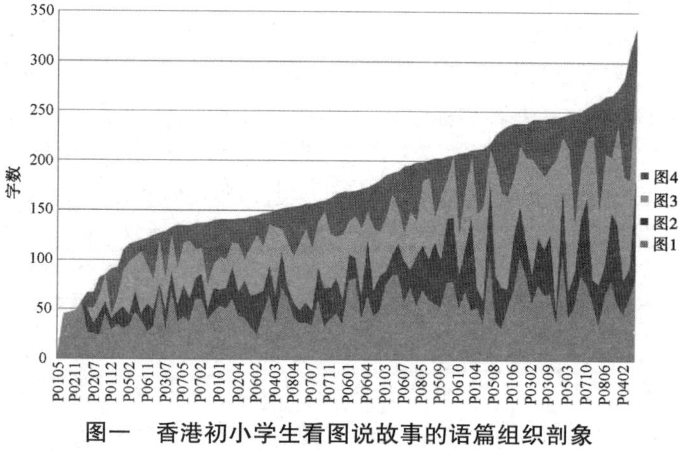

图一　香港初小学生看图说故事的语篇组织剖象

正因如此，本研究更要深入分析学生讲故事的语篇组织。如前言，大部分学生都能按图画的信息顺序述说，明显的时序标记如“跟住”（接着）、“然后”、“之后”等均经常出现，而能力较高的学生则能以关键人物（如发现失物者和失主）为组织故事的轴心，令故事的结构较严

① 刘辰诞. 教学篇章语言学［M］. 上海：上海外语教育出版社，1999：6.

② 胡壮麟，朱永生，张德禄. 系统功能语法概论［M］. 长沙：湖南教育出版社，1989：29.

③ 张会恩，曾祥芹. 文章学教程［M］. 上海：上海教育出版社，1995：77. 80.

谨。余下的问题是,学生对层次、连贯、统一、变化等文章结构一般要求①有多少认识,发言时的连贯意识有多强。如剖象所示,大部分学生都能就图1交代故事的背景,但由图2起的发言比例就悬殊,部分学生每幅图画只说了一到两句,还有时间也不交代事情发展变化的因由就戛然而止,例如:

[图①]今日小明同佢班朋友喺公园度玩,佢哋玩咗好耐。[图②]见到一个伯伯跌咗部电话。[图③]小明上去执咗,佢嘅朋友叫佢唔好畀返个伯伯。佢谂咗好耐,佢想上去畀返个伯伯,但系惊佢哋朋友唔同意,佢哋又继续玩。[图④]不过佢哋玩完之后,佢就畀返部电话个伯伯。

语译:[图①]今天小明跟他的朋友们在公园里玩,他们玩了很久。[图②]看见一个伯伯丢了个电话。[图③]小明上前把它捡起,他的朋友叫他不要把它还给那个伯伯。他想了很久,他想上前还给那个伯伯,但怕他的朋友不同意,他们又继续玩。[图④]不过他们玩完之后,他就把电话还给那个伯伯了。

类似这名学生的表现,不少学生虽然描述四幅图画的比例看似合理,但限于内容浮泛,评级并不理想。由"图二"可见,与其他同档次的表现对照,这名学生所述故事的语篇组织尚算合适,如能深化思考,故事应该有更加深刻的内容情节。

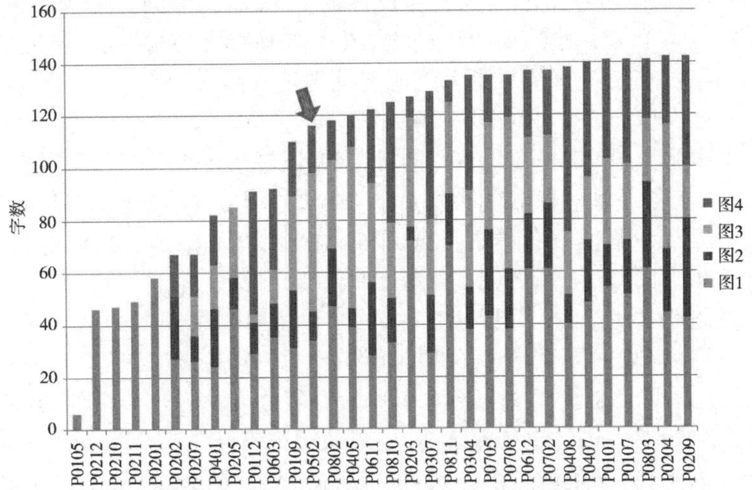

图二　香港初小学生看图说故事的个别语篇组织分析

另一方面,由于是看图说故事,受试学生说的故事大致体现儿童故事常见的语篇组织,以对话法(包括人物的直接对话或叙述对话)直接表达故事内容②。然而,要在时限内说出"完整的故事",故事人物必须扼要鲜明,否则只顾纠缠于人物之间的话语,就会来不及推进故事的情节发展。例如:

[图③]小明就同小康同小丽一齐,同佢地商量,小明就话喇:"公公跌咗个电话,不如我哋畀返佢啦。"小康同小丽就话喇:"嗯,但系不如唔好畀返佢,不如我地据为己有啦。"但系小明觉得咁样好唔好意思,所以小明就即刻拎住个电话同小康同小丽讲喇:"都系畀返公公好啲。"

语译:[图③]小明就跟小康和小丽一起,跟他们商量,小明就说话了:"伯伯丢掉了电

① 张会恩,曾祥芹. 文章学教程[M]. 上海:上海教育出版社,1995:77.64.

② 吴鼎. 儿童文学研究[M]. 台北:远流出版公司,1980:167.

话，不如我们把它还给他吧。”小康和小丽就说了：“嗯，但是不如不要还给他，不如我们据为己有吧。”但是小明觉得这样做很不好意思，所以小明就立刻拿着那个电话跟小康和小丽说了：“还是把它还给伯伯好一些。”（学生 P0302）

由以上的摘录片段可见，为了兼顾各个人物之间的对答，学生费了不少唇舌，却不能深化故事的内容。要突出故事的主题思想——路不拾遗的良好品德，小朋友之间的商量过程必须简化，而“小明”觉得“咁样好唔好意思”（这样很不好意思）的内涵却要更清楚地说明；所谓不好意思是“难为情”（尴尬/害羞）还是“不对”（不道德/违法），完全是不同概念，学生应该深思，并小心分辨。

三、研究启示

姑勿论以看图说故事评估小学生的说话能力是否是最有效的方式，“作文就是说话”①，说话流利反过来对作文也必会有所裨益。无论是为写作准备或训练学生敏捷的思维，说话训练应该是语文教学不可或缺的项目，应该更有系统地规划和实施。总结上文的分析结果，连如何引导学生着眼观察，教师都不能想当然，而且应该及早训练，以免为时已晚，追悔恨迟②。一分钟的说话时间虽然短促，但如能持之以恒，应不失为一种便捷的课堂训练模式，而限时说话，也有助于训练学生灵活敏捷地思考和流利表达。

这次受试的学生绝大部分都曾按每一幅图画的信息发言，可见四幅连环图画确能有效引导学生构思故事，尤其适合初小或能力稍逊的学生。既然如此，总结这项研究的经验，笔者认为参考以下阶段循序渐进，应该能较有系统地训练学生看图说故事：(1) 要求学生就四幅图画中的每一幅图说出 1 个句子，四格下来就有基本的 4 句，奠定一个完整故事的大纲。(2) 要求学生在四幅图画当中确定一幅最重要的，按该幅图画的内容，多说起码两句，使故事更活泼生动。(3) 归纳学生经过一段时间训练后的表现，分析故事/叙事的一般组织——时、地、人、事。(4) 引导学生认识前三者属于背景资料，根据时间和语速，可详可略，但故事是否动听，在乎“事”的变化发展。因此，四幅图画提示的信息重要性并不相同，学生必须分清主次，抓重点发挥，与主题无关的事物，不要先说。(5) 当学生熟习说故事的基本形式后，就可以进而要求学生说明事情变化的因果，思考故事可能带出的思想主题，构思意义更深刻的故事。

针对初小学生看图说故事的参差表现，教师宜在规划至少一个学期的说话教学时考虑和施行以上建议。当然，要促进学生有效表达，还要兼顾很多教学细节③，诸如故事能否围绕中心人物、枝节会否太多、组织条理是否分明等。在理清故事的头绪后，学生还要反复练习，口头表达才会通畅自然，看图说故事边想边说的快速构思和主次分明的组织技巧也才会熟练。

小学生的知识水平有限，思想未成熟，表达不够清晰可谓理所当然。本文通过深入分析学生看图说故事的表现，揭示学生在说话内容和语篇组织方面的不足，目的是方便教师对症下药，为学生提供系统分步的训练。看似简单直接的看图说故事蕴含着思维、情意、说话等多方面的语文学习元素，是一举多得的教学活动。以上建议的教学策略，希望能引导小学生逐步丰富构思，并潜移默化，掌握故事的组织轨迹，训练逻辑思维，提升口语表达能力。

作者单位：香港教育学院中文学系

---

① 王家伦. 作文就是说话[M]. 西宁：青海人民出版社，2004.

② 系统评估：学生越大 成绩越差[N]. 大公报，2010.10.30(A07).

③ 廖佩莉. 析论香港小学中国语文科教师为学生准备“全港性系统评估”(TSA)的策略 [J]，教育研究与发展期刊，2009，5(4)：109.128.

能力型的普通话聆听测试初探

刘宇丹

对香港人来说，普通话既非第一语言，又非第二语言，它介乎两者之间，有学者称之为第一个半语言。粤方言区的人，即使学了些普通话，在聆听的过程中也经常是一知半解或疑惑不解。这跟香港长期形成的历史、社会、教学和传媒等因素有关，如香港社会流通的是粤语，而政府的工作语言、学校的教学语言又以英语为主。因此，香港人接触普通话的机会并不多，听说水平相对较低。

一、评核能力型的普通话聆听的现实需要

能力，是一个人驾驭知识和技能，并能顺利完成某种任务或活动所需的内在条件的综合。语言交际中的聆听能力，既是一种综合的能力，又是一种接受的能力。

在普通话的实际交际过程中，除了要求能够听辨一般的语音知识，还要能够根据不同的语境、场合、讲者态度等进行分析判断、逻辑推理、探究创意等思维活动。针对此，我们提出了能力型的普通话聆听测试。

（一）现实中需要多种普通话聆听能力

Hymes 提出了交际能力的概念，他指出一个人不仅要掌握语法规则、词汇等，知道如何利用它们来生成句子和篇章，同时还要了解社会交际的规则，能够根据环境、目的等运用相应的交际策略，做到这一点才算具备了交际能力。

目前，对香港学生母语聆听能力的考核已比较注重高层次思考和理解能力，普通话考核重点则以交际能力为主。卢兴翘指出，孤立地操练语音、词语或者句子，是培养言语交际能力的第一步。

听得清语句或明白表面意思不等于听得懂。蒋严分析指出，句子的组合语义（字面义或本义）只是语句意义的一种，除此之外，还有可能包含额外意义（语境意义）。在实际的语言交际过程中，很多都不是以语句直接的本义或字面义来传递信息的，而是包含了更加深层的意思。因此，要获取真实的信息，就得具备理解、推理的能力。

香港是一个信息高度发达的社会，加上现在与内地的联系越来越频繁，人们对普通话聆听能力的要求也越来越高。想要用普通话进行快速、有效的沟通，没有一定的聆听基础是很难做到的。

（二）学生的聆听能力较弱

以往香港的普通话测试主要集中在语音辨别、记忆、复述、填空、配对等题型上面，很少涉及分析、判断、推理等能力层次，更不用说创意能力，很多人都认为那是阅读理解的专利。因此，也就很少在高层次上训练学生，这也是导致他们普通话聆听能力不高的主要原因之一。

何国祥、张励妍分别归纳了普通话学习过程中的常见问题及粤方言区学生常犯的语音错误，请参见表一。

表一　普通话学习的常见问题

	何国祥	张励妍
1. 声母	(1) n、l 不分 (2) h、k 发音混淆 (3) zh、ch、sh 发音不准 (4) z、c、s 发音不准	(1) h 和 k 不分 (2) n 和 l 不分
2. 韵母	(1) e 发音不准 (2) er 发音不准 (3) 前后鼻音易念混 (4) 介音丢失	(1) 前后鼻音混淆 (2) 介音音节不正确 (3) 复韵母动程不够
3. 声调	(1) 第三声发不准 (2) 第四声降不到位 (3) 四个声调掌握不到位	(1) 第二声和第三声区别模糊 (2) 舌尖音和舌尖后音及舌面音三组错误明显 (3) 其他音变均难掌握
4. 其他	无	(1) 元音发音不到位 (2) 字音类推错误普遍存在 (3) 轻声常被忽略

从表一可以看出,虽然经过了 6 年的努力,但粤方言区学生的普通话语音知识进步并不是很大。这值得我们反思,应该找出更加有效的教学、评估方法,以便帮助学生克服这些困难。

(三) 教学中欠重视聆听能力培养

语文教学一直都偏重读写训练,而忽略听说能力的培养,仅少部分人认为聆听能力也是可以独立评估和训练的。周汉光指出,香港中学课程虽不断进步,但仍存在重读写、轻听说的现象。原本就抽象的聆听、说话能力若还不受重视的话,相对较直观、具体的阅读、写作能力就更难把握了。

总之,随着香港中文科与普通话科逐渐合并,越发凸显聆听能力是中国语文教学的重要一环,更是交际能力的重要组成部分。所以不论从语文综合能力的全面发展考虑,还是从实际交际的客观需求考虑,抑或是从学生目前的表现及教学现状等方面考虑,我们都有必要加强普通话聆听能力的培养。

二、普通话聆听教学和评估中的能力要求

普通话聆听能力教学和评估的目的,都是为了使学生能够更好地进行日常交际,为他们将来的工作、生活、学习等提供帮助,降低语言沟通的障碍。这也是为了检测学生是否具备了一些语言学的能力,是否拥有一定的交际能力。因此,考核内容也应该与之相关,并随社会的发展方向作出相应调整。

(一) 学者的观点

李筱菊指出,语言测试应把知识和技能质变为能力,教学与考试以能力培养为主。施仲谋认为,可以通过测试学生掌握普通话的语音、词句结构的能力及使用普通话的交际能力,来评定他们的普通话水平。

Wiggins 是美国评估培训学会(Assessment Training Institute,简称 ATI)的一名专家,他于 1989 年首次提出了"真实性评估"(authentic assessment)这一概念。Wiggins 认为学生应该运用已学的知识和技能解决生活中或与现实情境类似的真实任务,通过创造性活动来培养、展现和证明自己的能力。依据真实性评估理念,我们认为普通话考试也应把考查的重点放在实际情境中的应用能力上,聆听等综合考试部分要相应地降低知识型评核所占的比例,尽量避免考核孤立、静态的知识,而要注重考查学生在新情境中运用已有知识完成任务的能力,着眼于考查学生应用、综合和评价的能力。

普通话的交际能力主要包括语言要素(语音、词汇、语法)和技能。林建平指出,普通话科的听说训练是以传意沟通为目的的,应包括层次较高的思 维能力,如分析辨别、联想猜测、概括总结等能力。唐秀玲认为,在聆听过程中处理不同的信息,需要运用不同的思考技巧,如分析、比较异同、排序、探究因果、总结归纳、推论、预测、联想、重组等。蒋严指出,语境意义在交际过程中是不可避免的,其中包含预设和寓意,前者由听者逆向推理得出,后者由听者顺向推理得出。陈瑞端等亦指出,若要听懂有上下文或语境的话语,必须具备推理、明白隐含及深层意义的能力,仅培养记忆能力已是不够的了。

根据以上观点,不难看出培养普通话聆听能力已不可再局限于记忆、辨音等基本能力上,而要从更高、更多的能力层次去引导和教育学生,如培养学生的思维能力、思考技巧等。

(二)普通话课程的聆听能力要求:香港小一至中五普通话科聆听能力各阶段学习重点

香港课程发展议会将普通话科的聆听能力范畴分为4个学习阶段。为方便读者阅读,本文从第二阶段开始,仅列出相对前一阶段新增加的内容或重点,参见表二。

表二　各学习阶段的聆听能力(香港课程发展议会,1997)

第一阶段(小一至小三)
1. 听懂个人、家庭、学校方面的常用词,并了解其基本用法 2. 听懂简单的指示、提问 3. 听懂简短的对话、故事(童话、生活故事、自然故事、寓言)
第二阶段(小四至小六)
1. 听懂社会方面的常用词 2. 听出语气变化所表达的不同意思 3. 听懂指示、较复杂的提问 4. 听出对方讲话的先后次序 5. 听懂故事(成语、历史、民间故事),并能把握中心思想
第三阶段(中一至中三)
1. 听出句子声调变化所表达的不同意思 2. 听懂对话中的内容 3. 听懂别人的叙述,听清楚所说的人和事
第四阶段(中四至中五)
1. 听懂国际方面的常用词 2. 听出句子结构转变所表达的不同意思 3. 辨别话语中的错误(语法错误、用词不当、语音失误等) 4. 听懂对话中别人的言外之意、别人的说明(抓住被说明事物的特征) 5. 听懂议论性讲话,听出作者的观点和理由

从表二中我们可以看出,随着年级的提高,对聆听能力的要求也逐渐增高。比如,常用词的掌握从个人生活扩大到国际范围,话语的聆听从听懂、听清话语提高到听出言外之意、听出观点等。

(三)现有普通话公开考试中的能力要求

香港考试及评核局主办的"香港考评局普通话水平测试"主要考核普通话的以下聆听能力:

(1)语音辨析,找出指定词语;(2)词义理解,分辨句中词语的意思;(3)语法判断,判断出合乎普通话规范的词句;(4)理解判断,阅读长篇故事或文章,回答问题。

香港理工大学举办的"普通话水平考试"(Putonghua Shuiping Kaoshi,简称 PSK)中的聆听能力,主要考核考生能否听懂不同的语速、情境以及句式的话语能力,是否具备较快、较准确的听辨、理解普通话词语、句子、语气、语调的能力。具体包括以下内容:

(1)听取重点内容、重要细节;(2)快速搜寻、重点检索;(3)猜测词义、跳跃障碍;(4)推理判断、归纳总括;(5)信息转换、逆向思维;(6)理解隐性信息、感知国情文化。

从上述现有考试来看,PSK 等普通话考试已开始注重理解、分析、推理等高层次能力的考核,但除此之外的测试则较重视基础知识、技能的测试,后者这种状况以后将得到有效调整。

三、能力型的普通话聆听评估的能力类别

目前,考核普通话聆听能力的编题指引并不十分明确,更没有形成一个体系。这不利于把握编制试题的难易程度,不利于客观评价,也不容易提高学生普通话的综合能力。根据前面第二大点所引的学者观点和普通话教学及评估的要求,我们将能力型的普通话聆听评估的能力类别分为以下 7 个方面:

(一)语音识别能力

分辨普通话的声母、韵母、声调,排除母语干扰。听辨词语属普通话聆听基本能力的考核,要求学生熟练掌握普通话词语的声、韵、调,以减少他们在日常交际过程中的障碍。

1. 辨别声母能力

对照粤语和普通话的声母,测试的重点应在粤语中没有的声母(如"j、q、x;z、c、s;zh、ch、sh;r",见表三)及不易分清的声母(如"b、p";"d、t"等,见表四)。

表三 声母辨识——粤语没有的

j、q、x	例1:A. 教学 B. 巧学 C. 小学	答案:(B)
z、c、s	例2:A. 自破 B. 刺破 C. 撕破	答案:(B)
zh、ch、sh	例3:A. 沾水 B. 掺水 C. 山水	答案:(A)
r	例4:A. 柔软 B. 柔弱 C. 柔韧	答案:(B)

表四 声母辨识——不易分清的

b、p	例5:A. 棒冰 B. 乒乓 C. 拼盘	答案:(C)
d、t	例6:A. 等同 B. 疼痛 C. 同等	答案:(C)
n、l	例7:A. 男女 B. 蓝绿 C. 拦路	答案:(B)
g、k	例8:A. 巩固 B. 控股 C. 空壶	答案:(A)
h、f	例9:A. 花费 B. 发挥 C. 花卉	答案:(C)
k、h	例10:A. 夸奖 B. 花匠 C. 发夹	答案:(B)

2. 辨别韵母能力

陈瑞端等将韵母的难点、考核点作了以下分类,见表五。

表五　韵母考核划分

粤、普互相干扰大，易混淆的（ei、ai；ou、ao、u；uan、üan）	ei、ai	例 11：A. 赔本　B. 排版　C. 陪伴	答案：（B）
	ou、ao	例 12：A. 投诉　B. 陶塑　C. 投书	答案：（A）
普通话带介音（i、u、ü），粤语不带的	ian、an	例 13：A. 案件　B. 安检　C. 看见	答案：（B）
	uang、ang	例 14：A. 开荒　B. 开放　C. 开关	答案：（A）
	ün、en	例 15：A. 功勋　B. 公分　C. 空军	答案：（C）
易混淆的前后鼻音（en、eng；in、ing；an、ang）	en、eng	例 16：A. 沉寂　B. 成绩　C. 层级	答案：（B）

3. 辨别声调能力

在声调的对比中，粤语有九声（阴平、阳平、阴上、阳上、阴去、阳去、阴入、中入、阳入），而普通话只有四声（阴平、阳平、上声、去声）。这对于香港人学习普通话的声调造成了一定的困难，香港人容易将普通话的去声发成第二声或第三声，如那么、这边等。

在语言测试中，听、读测试的目的是评估考生能否在此过程中取得正确的信息，因而，试题的设计就要有定量（语言功能）和变量（语境），以采用现实生活中常见的事例评测语言功能的实际运用为原则。

（二）记忆内容能力

这是指能记住细节，如时间、地点、人物、事件等，并掌握重组、排序等的能力。我们以为加强培养记忆这些细节内容的能力，可以起到锻炼学生速记和简单排序能力的作用。

例 17：

男：林珊，你们的旅行路线是怎么安排的？

女：我们会途经峨眉山、黄山，去武夷山是在游玩天山之后，最后到桂林。

男：哦，真是太棒了。

问：到桂林的前一旅行地点是？

A. 峨眉山　B. 武夷山　C. 天山　答案：（B）

（三）理解表意能力

明白字、词、句的表面意义，即不需要经过推断，从字词的本意就可以知道想要表达的意思。

例 18：

男：小红，小提琴的最高一级你通过了吗？

女：别提了，临时抱佛脚有什么用。

问：小红通过了没有？

A. 通过了　B. 没有通过　C. 不知道　答案：（B）

（四）综合归纳能力

总结讲者的观点、看法，抓住内容重点，得出话语、内容的主题，掌握个别的或整体的思路等。

例 19：

有人说商务谈判人员取得成功的秘诀就是掌握谈判技巧，因为谈判也属于对话，只有这样才能掌握主动权；也有人认为谈判过程中要善于表达、多听少说及巧妙应答，方能取得成功；还有人认为，谈判人员的形象比什么都重要。

问：这段话在讨论什么？

A. 谈判人员　B. 形象设计　C. 谈判技巧　答案：（C）

（五）逻辑推理能力

全面准确地理解话语的意思,作出合理推断,听出隐含信息或言外之意,或者推出未知的信息,并具备顺向和逆向的逻辑思维能力。

1. 推理判断

对讲者的立场、观点、意图等适当作出判断,推出未知的信息。

例20:

男:小张,你知道行政办公室在哪一层吗?

女:在一楼的,直接从这里下一层就到了。

问:他们在第几层谈话?

A. 第一层　B. 第二层　C. 第三层　答案:(B)

2. 深层推理

可将信息准确转换,并具备逻辑思维能力,包括顺向的和逆向的推理。

例21:

山东人爱吃味道浓烈的大葱和大蒜,吃面条、包子、饺子时都少不了葱蒜。小明是广东人,不爱吃大葱和大蒜。不过他有个好同学叫小刚,是山东人。因为经常去小刚家玩,所以小明也会经常吃到小刚家包的饺子,慢慢地也就习惯了葱蒜的味道。但是,小明还是喜欢他自己家煲的老火汤和三鲜炒年糕。看来,这长江南北的饮食习惯还真是不同啊!

问:这段话中小明家和小刚家都没有说到做哪种食物?(逆向思维能力)

A. 年糕　B. 包子　C. 饺子　答案:(B)

（六）评价实事能力

学生对于聆听材料的内容、表达方法或言辞优劣等方面进行评价,并能阐述适当理由的能力。

（七）探究创意能力

根据聆听材料,联系相关内容,探究话语意思,进而产生新的意念、观点,或提出新的问题和建议。虽然是创意题,但不能天马行空,要根据短文已有的信息、观点,同时结合自身的感受进行创新,否则会失去聆听的意义。

下面是一篇短文,为方便设题等要求,在保留原意的前提下,对原文进行了适当的删减、修改。短文较适合出一些聆听主观题,以便考察学生评价事实、探究创意的能力。

截至今年,我国实施《国务院办公厅关于限制生产销售使用塑料购物袋的通知》(简称"限塑令")已经有三年。不少商家用无纺布袋、纸袋等环保产品代替了原先的塑料袋。

随着环保袋发放量越来越大,不少消费者不再重复使用这些环保产品,而是把它们变为了一次性消费品。环保袋发放量越大,在消费者手中的重复使用率越低,环保效益就越差。

另外,也有一些消费者认为,环保袋不会污染环境。事实上,环保袋的降解也是有条件的,如果将其作为一次性产品使用,仍可能对环境造成影响。据专家介绍,现在市面上部分环保袋是用丙纶制作的,丙纶其实是一种不容易降解的聚丙烯纤维,如遇高温会释放出有害物质。事实上,环保袋的真正环保意义在于它被消费者反复使用。如果不加节制地印发,市场上流通的环保袋会变成一次性产品,那么环保袋的环保价值很可能将会为零。

因此,我们希望建立一种流通机制,让绿色的环保袋在千家万户循环起来,比如租赁等。同时,还可以借鉴国外经验,比如韩国,如果客人没有自备袋子,就要花一百韩元购买纸袋或环保塑料袋,商店会原价收回这些袋子,顾客也可以拿用过的旧袋子到商店或超市换新袋子。

例22:

问:你赞同"环保袋发放量越大,消费者重复使用率越低,环保效益就越差"的观点吗?

根据文意,简略说明。(评价事实能力)

例23:

问:作为消费者的你,如何让环保袋更环保?根据文意,请简单举例说明。(探究创意能力)

四、能力型普通话聆听的编题要则

要提高聆听能力,必须先了解听力理解的准则,掌握聆听的技巧,然后根据语境和聆听的目的,选择适当的聆听策略,同时也要结合普通话的教学目标,突出重点。我们从聆听词语、对话、篇章三个方面来讨论能力型普通话聆听的编题要则。

(一) 聆听词语

聆听词语,有学者也称之为对比听音刺激法。虽然它属基本能力考核,但不能因此不重视而草率出题。对于在有限的考试时间里如何考核更加全面的知识点或难点,我们提出以下几点建议:

1. 字词选取

应该选取常用字进行考查。试卷中,避免出现生僻的字词,可参考国家语言文字工作委员会和国家教育委员会制定的《现代汉语常用字表》。

2. 比例安排

考察字词的声、韵、调比例应均衡。考点不应集中在某一知识点上,如只考核或大部分考核"j、q、x"等某一类,这样不够全面。当然,亦可根据考生的实际情况进行比例调整。

3. 选项相近

选入同一考题的字词,以近音或同调为佳。倘若题目中出现的字词语音相差很远,考核学生辨音能力的效果就会降低;反之,则测出的能力较为准确。

例24:A. 枣子　B. 嫂子　C. 草籽　答案:(B)

4. 同音干扰

选取适当比例的普通话发音与粤语发音相近或相同的字词,以示干扰。

例25:A. 花生　B. 发生　C. 化身　答案:(A)

5. 综合设题

即把声、韵、调相互组合,编制成综合题型,而不是考核某一组单纯的声母区别,如"zh、ch、sh"或"h、f"等。

例26:A. 花痕　B. 刮痕　C. 法航　答案:(B)

(二) 聆听对话

对话是语言交际中最常见的一种形式,若通过对话试题来培养学生聆听对话的能力,应注意以下要则:

1. 偏重口语

对话的内容不要太书面化,应该尽量采用口语形式。

2. 已学内容

聆听试题应由学生学过的词语和句式组成,内容须切合学生的背景知识和认知水平,语调应有显著变化,必要时可用提示语来帮助考生掌握内容,还要避免出现常识性、知识性、时事性的内容。

3. 日常用语

对话内容要贴近生活,如选择工作环境、家庭生活、社会实践等。应避免太过专业的用语或简称,如“防腐剂”避免用专业名词“苯甲酸钠”代替,“消费者协会”避免简称为“消协”等。

4. 试题简明

题目、选项尽量简洁,字数不宜太多,选项之间要具有明显的干扰作用,表意不能重复。选项尽量与对话内容相关,要避免模糊不清、是非难定的提问或选项。

5. 考点丰富

考点多元化,不可侧重某一种或几种。可从记忆内容、表层意思、理解语义、综合归纳、逻辑推理等不同角度编题,也可将这些考点综合出题。

(三) 聆听段落、短文的编题要则

在日常言语交际中,仅出现孤立句子的情况并不是很多,而且除了对话的形式,还有不少是以非对话形式即时向公众发出的,如广告、报道、时事、说明等,因而我们理解该类信息必须快速、准确。唐秀玲指出,聆听母语和非母语的专心程度、反应速度及理解语义、识别句子的能力是不同的,但是高水平的非母语聆听者则能主动推想内容大意或者把注意力转移到个别的词语、句子、语调、语气等,并听清楚每个细节要点。在此,我们编题时要注意以下几点:

1. 偏书面语

对话的聆听能力考核应该更倾向口语化,因为要考虑到交际时的不确定、随意和实时等因素。但是,现实中的段落或短文却更偏向书面语一些,因为这些通常是以广告、新闻、报道、公告或说明文的形式出现的,编题时应注意避免。

2. 贴近生活

选材的范围虽广,但仍应贴近现实生活、工作场景,避免太专业、生僻的题材。

3. 字数安排

篇幅不宜太长,以段落的字数少于 200 字、短篇的字数少于 500 字为佳。可对所选的文章作适当删减或补充。

4. 考核层次不宜太低

可以涉及少量记忆类题目,但量不宜过多。由于篇幅长、无重复等原因,学生聆听时要从考核材料中记住一些细节,甚至为了应对题目而只关注某些数字或事件,这样会影响对整体的把握,不利于高层次能力的考核。

5. 主观题设置

主观题应侧重分析判断、综合归纳、深层推理等能力,设一至两道的开放性题目,以考核学生评价、创意的能力。虽然设置了开放型的题目,但这并非写作能力评估,不需要对学生的行文功底有过高的要求,而应关注学生根据聆听内容提出的个人观点和建议。

综上所述,普通话聆听能力测试既不能只注重语言知识的考核,忽视培养学生的综合聆听能力;也不能专搞高层次的技能训练,忽视学生对基本知识的掌握。我们只有兼顾多个能力类别,即多元化的能力考核,才能更好地促进学生普通话交际能力的全面发展。

参考文献

Hymes, D. On Communicative Competence[A]. In Pride, J. B. & Holmes, J. (Eds.), Sociolinguistics [C]. Harmondsworth: Penguin, 1972: 269 - 293.

Ridge, A. A perspective of listening skills[A]. In A. D. Wolvin & C. G. Coakley (Eds.), Perspectives on listening[C]. Norwood, NJ: Ablex Publishing Corporation, 1993: 4 -14.

Wiggins, G. A. True Test: Toward More Authentic and Equitable Assessment[M]. The Phi Delta Kappan,1989,70 (9):703 -713.
冯吴淑莹. 小学中国语文课教师对说话聆听教学的观点和态度的探讨[A]. 何国祥等. 中文教育论文集第三辑(九五年国际语文教育研讨会论文集)[C]. 香港:中华书局(香港)有限公司,1995,85 -92.
唐秀玲. 聆听理解教学[A]. 唐秀玲,莫淑仪,张寿洪,卢兴翘. 普通话教学法——新世纪的思考和实践[C]. 香港:香港教育图书公司,2006:55 -91.
田小琳. 语文和语文教学[M]. 济南:山东教育出版社,1993:316 -319.
黎欧阳汝颖. 为普通话的香港科教学定位[A]. 香港教育署课程发展处中文组编. 集思广益: 迈向二十一世纪的普通话科课程[C]. 香港:香港教育署,1997:1 -4.
李鸿瑶. 环保袋不可成为一次消费品[J/OL]. http://www.cenews.com.cn/xwzx/gd/qt/201011/t20101123_689602.html.
李筱菊. 语言测试科学与艺术[M]. 长沙:湖南教育出版社,1997:6 -13.
梁慧霞,汤浩坚. 听记及听辨能力的训练和评估[A]. 周汉光主编. 语文教育新动向[C]. 香港:国际语文教育研讨会筹备委员会,1999:287 -294.
卢兴翘. 香港中小学普通话教学总论[A]. 唐秀玲,莫淑仪,张寿洪,卢兴翘. 普通话教学法——新世纪的思考和实践[C]. 香港:香港教育图书公司,2006:1 -53.
何国祥. 香港世纪之交的普通话教育[M]. 香港:香港教育学院,2001:1 -41.
何文胜. 两岸三地初中语文教科书编选体系的承传与创新研究[M]. 香港:文思出版社,2007:25.
蒋严. 译者前言: 关联理论及其创新因素[A]. 丹·斯珀伯,迪埃珏·威尔逊著,蒋严译. 关联: 交际与认知[C]. 北京:中国社会科学出版社,2008:1.
香港理工大学. 普通话水平考试大纲及试题样本[M]. 香港:香港理工大学中文及双语学系,2009:8 -10.
香港课程发展议会. 小学课程纲要:普通话科(小一至小六)[M]. 香港:香港特别行政区政府印务局,1997:37.
香港考试及评核局. 普通话水平测试——测试纲要及能力等级说明[M]. 香港:香港考试及评核局,2006:1.
周汉光. 香港中学中国语文新课程的理念与内涵[A]. 教育署课程发展处中文组. 涓涓江河: 面向中学中国语文课程新世纪[C]. 香港:教育署课程发展处,2002:3 -21.
陈瑞端等. 小学普通话水平考试研究[M]. 香港:商务印书馆(香港)有限公司,2010:41. 63.
张励妍. 从普通话的出路说起[J]. 香港普通话报(香港普通话研习社),2007,(80):2.
张寿洪. 学与教的评估[A]. 唐秀玲,莫淑仪,张寿洪,卢兴翘. 普通话教学法——新世纪的思考和实践[C]. 香港:香港教育图书公司, 2006:255 -277.
郑崇楷. 第一学习阶段普通话科声调及听说教学[A]. 中华人民共和国香港特别行政区政府教育署中文组. 集思广益(二辑)开展新世纪的普通话教学[C]. 香港:中华人民共和国香港特别行政区政府教育署,2000:5 -10.
施仲谋. 普通话测试内容初探[A]. 李学铭主编. 语文测试的理论和实践[C]. 香港:商务印书馆(香港)有限公司, 2001:496 -505.
吴伟平. 关于汉语口语水平测试的思考[A]. 李学铭主编. 语文测试的理论和实践[C]. 香港:商务印书馆(香港)有限公司,2001:419 -434.
王小珊. 普通话听力训练的认知基础和实践[A]. 中华人民共和国香港特别行政区政府教育署中文组. 集思广益(二辑)开展新世纪的普通话教学[C]. 香港:中华人民共和国香港特别行政区政府教育署,2000:81 -92.

作者单位: 香港专业教育学院

教师教育

当代语文教师教学设计技能之培养

龚孟伟

语文教师教学设计技能的培养必须有理论之花才能结实践之果。语文教学设计理论与教学设计实践的脱节常常导致语文教师教学设计技能的匮乏，因此，从理论上明确语文教师教学设计技能的内涵和语文教学设计的类型，从实践上探究语文教师教学设计技能的培养要点和策略就成为语文教师教学专业发展的核心问题。

一、语文教师教学设计技能的内涵与教学设计类型

古人云："凡事预则立，不预则废。"事先设计与规划教学可以避免出现盲目施教而造成的断章取义或南橘北枳的现象。当代教学设计大师加涅指出，教学设计是一个系统化规划教学系统的过程。我国教学设计研究专家盛群力教授认为："教学设计实质上是对教师课堂教学行为的一种事先筹划，是对学生达成教学目标、表现出学业进步的条件和情境做出的精心安排。"①从语文学科的视角来看，"语文教学设计是以哲学、教育学、心理学、课程论、教学论等作为理论基础，从教学设计的一般原理出发，结合语文学科特点，按照语文课程的教学目标和要求，根据教学内容的实际和学生认知规律的实际，结合教师自身特点和优势，对教学过程的安排和教学方法的运用所作出的一种策划"②。语文教学设计的技能是指在"为学习而设计"的思想指导下，为实现语文课程标准所规定的总目标或达成单元教学目标、单篇课文教学目标而进行语文教学系统设计的技术与能力，它包括语文教学需求预测的技能、教学目标分析技能、教学策略开发技能、教学媒体选择技能、教学效果检测技能。培养语文教师的教学设计技能应明确语文教学设计的基本类型，为此，笔者从语文教学设计整体与局部的关系和语文教学设计的范畴作出了如下分类：

（一）基于整体与局部关系的语文教学设计

1. 自上而下的总分式语文教学设计

"自上而下"的教学设计思路是建构主义教学理论的基本主张之一，它符合人类认知的规律，我们认识事物总是先整体后局部，即先整体感知课文的思想内容、情感基调、文体风格、重点难点等，然后才能逐层深入地剖析课文的局部，可见这种"自上"的整体感知是全局性、轮廓性地对课文的把握，虽然这种整体认知还是模糊的，但它是必不可少的。在语文教学设计中，这种整体性感知课文的环节相当重要，没有它，对课文的掌握就会零碎，往往造成一知半解，

---

① 盛群力等. 教学设计[M]. 北京：高等教育出版社. 2005：4. 14.

② 张彬福. 语文教学设计的理论与实践探索[J]. 中学语文教学，2005，(9)：59.

"见一叶而不见森林"的局面。在整体把握课文全局的基础上再把握脉络、分段探究、突出重点、质疑问难,就能做到精微剖析、点面结合。"自上而下"的语文教学设计走的是总览—分析—总结的教学设计模式,有其内在的合法性与合理性。

2. 自下而上的分总式语文教学设计

"自下而上"的教学设计思路是根据美国教育心理学家布鲁姆的教育目标分类思想而产生的分总式语文教学设计类型。布鲁姆和他的同事们以学生的外显行为作为分类的标准,将教学目标分为"认知领域"、"情感领域"、"动作技能领域"3 个部分。按照这一教学目标分类思想进行语文教学设计,往往是导入课文以后进行课文分段,然后紧扣文章线索逐一分段研读、探究,在精讲了各段之后,辅之以练习巩固,最后对课文进行总结。这种"自下而上"的语文教学设计走的是分析—综合的语文教学设计模式,它"由于目标分类过细,层次繁多,往往导致教师对细小目标的过度追求,而影响对目标的整体把握"①。

(二) 基于语文教学设计范畴的分类

1. 语文课程教学设计

语文课程教学设计是指按照语文课程标准的要求,对语文课程的教学做出的整体性规划,它包括语文课程的总体教学目标、教学内容、教学进度、教学的基本情况分析等,是对语文教学设计基本原理的运用,能使语文教学设计的理论渗透到语文课程教学实施的具体环节,因此,掌握语文课程教学计划的整体设计成为语文教师必备的基本技能。

2. 语文教学单元设计

语文教学单元设计是以单元为教学块,通盘考虑识字与写字、阅读与写作、口语交际、语文综合性实践活动等各方面教学内容,对整个单元的教学工作做出的全面安排。无论是教学方式方法的选择,还是具体教学环节的实施都应该立足于单元教学的整体训练效应。语文教学单元设计的结构包括课题名称、教学要求、教学目标、课型和教学方法、课时安排等。如饶杰腾、王向渔在《中学语文教师教学基本功讲座》中有以下的语文单元教学设计示例:

语文单元教学设计示例②

教学目标:1. …… 2. …… 3. …… 4. ……
教学进程(或步骤):共 10 课时 起领课 1 课时,内容要点:…… 教读课 3 课时,内容要点:…… 自读课 2 课时,内容要点:…… 比读课 1 课时,内容要点:…… 写作课 2 课时,内容要点:…… 总结课 1 课时,内容要点:……
课时安排: 第一课时:内容要点…… 基本课型…… 基本教法…… ↓ 第十课时:内容要点…… 基本课型…… 基本教法……

3. 语文课堂教学设计

语文课堂教学设计主要是针对语文阅读教学过程而言,是对语文课堂教学过程进行的精

① 胡淑珍等. 教学技能[M]. 长沙: 湖南师范大学出版社,2000: 24.

② 饶杰腾,王向渔. 中学语文教师教学基本功讲座[M]. 北京: 北京师范学院出版社,1991: 248.

心设计,其实质就是"对教学环节和教学阶段的划分和安排以及对教学环节和教学阶段之间的衔接的组织。教学过程的组织最终体现为教学的纵向结构,对教学结构规律性的总结就形成一定的教学模式,这就是教学过程、教学结构和教学模式之间的关系"①。语文课堂教学设计的主要内容包括教学目标的确定、教学过程的安排、教学策略的运用、教学评价的组织和教学方案的编制五个方面。语文课堂教学过程设计包括一个教学单元的教学过程设计、一篇课文的教学过程设计和一个课时的教学过程设计。语文单元课堂教学模式可设计为整体把握—教读示范—自读迁移—单元总结—反馈补偿;单篇课文的课堂教学可设计为阅读准备—整体感知—具体理解—总体把握—欣赏评价—反馈调控;一个课时的课堂教学过程可设计为导入新课—目标定向—朗读课文—正音释词—提问讨论—分析归纳—练习活动—总结收束。②语文课堂教学设计应根据具体的课堂教学情境、教学目标和学生的学习需求灵活调控,使语文课堂教学设计做到预设与生成的有机统一。

4. 语文教学媒体设计

语文教学媒体包括传统教学媒体、现代教学媒体和当代教学媒体。传统教学媒体包括板书、挂图、简笔画、卡片、模型、实物教具等,主要用于增强语文教学的直观性,可使语文教学的内容变得具体、形象、生动。但对语文教学结构的影响不大。现代教学媒体包括幻灯、录音、电影、电视和程序教学机器等,它们增加了信息刺激的强度,优化了语文信息的传播过程,改变了语文教学结构、密度和强度。当代教学媒体包括 DVD、计算机、多媒体、语文教学网站、语文学习软件等,它有利于学生多感官整体认知课文,全面发展学生的创造力,提高教学效率,训练学生思维,实现学习方式的多样化。语文教学媒体的设计应该根据语文教学的客观环境、条件、语文教学内容、教师的教育技术、学生的学习方式等加以确定,各种语文教学媒体的选择并没有绝对的优劣之分,应结合实际巧妙运用。

二、语文教师教学设计技能的培养要点

(一) 整体研读,教学设计思路清晰

语文教学设计技能的培养应顺应语文教师专业发展的新理论,坚持语文学科的基本理念,在正确把握语文教育特点的基础上,整体研读教材,正确认识编者的意图和课文在教材中的作用与地位,整体掌握单篇课文的教学要求、教学目的、教学目标、教学内容等,预测学情,预测可实施的教学方法,预设教学过程和教学评价。与此同时,教师也要了解自身的教学风格和可开发的教学资源。教学设计要做到思路清晰、严谨,教学结构有序,但不呆板,具有弹性,切忌教学设计思路不清,教学结构混乱,因为教学设计的思路直接关系到教师课堂教学的思路和程序,能够自上而下地整体设计教学是实现语文有效教学的根本保证。

(二) 主题突出,教学目标科学合理

语文教学设计过程中要注重培养提炼教学主题的技能。所谓教学主题是围绕一个教学目标而组织的整体教学结构中的一个小单元,它是以一个教学重点问题为中心,选择相应的教学内容,采用合适的教学方法构成的教学单元。一节课的教学不可能面面俱到,总是由两三个教学主题构成,因此,一节课的教学重点一定要突出教学主题。语文教学目标的确定和表述要科学合理,既要符合语文课程标准的总目标和阶段目标的要求,又要考虑学生的实际情况、单元目标和课文所承担的任务,编制教学目标要做到明确性、整体性和弹性兼顾,表述教学目标要做到科学、准确、有条理。

---

①② 李山林. 语文课程与教学论案例教程[M]. 长沙: 湖南师范大学出版社,2006: 229. 229 - 233.

（三）方法得当，教学过程灵活紧凑

语文教学设计必须根据教学内容的需要和教师的个人特点选择合适的教学方法，新课程倡导反思性教学、探究性教学、对话性教学、建构主义教学等，相应地也主张学生采用自主、合作、探究的学习方式，教师在教学设计中应制定最优的教学策略和教学方法，以促进师生之间积极地交流互动，教学相长。语文教学设计还要根据教材内容、学生的问题和需要设计教学过程。教学过程既要严密紧凑，以便能够循序渐进、有条不紊地施教；又要灵活而有弹性，以便根据教学实施的具体情况，预留调整的空间。只有这样的语文教学设计才能使课堂教学达到预设和生成的辩证统一。

（四）满足需求，教学资源开放多元

“解决学生问题、满足学生需求是‘以人为本’理念的体现，也是教学设计的出发点和归宿。……要根据学生的求知需求、情感需求和发展需求设立教学目标、安排内容，把学生的发展作为教学追求的根本目标。”①而要满足学生的需求，教学资源的开发是不可或缺的要素，因此，语文教学设计中教师开发教学资源的技能成为教师专业发展的重要方面。信息时代，语文教学资源丰富多样，不仅包括图书馆、博物馆、社区、超媒体的网络语文资源等，还包括人的因素，教师、学生、家长、亲友等学生身边的人、事、物均可成为语文教育的资源，课堂上教师与学生以及学生之间的交流碰撞产生的思想灵感、情感态度等都可以将教学引向深入，从而提高教学质量，可见语文教学设计过程中提高开发教学资源的技能是至关重要的。

三、语文教师教学设计技能的培养策略

培养语文教师教学设计技能，需要不断革新教学设计的理念，勇于躬身实践，并加强对教学设计的反思行动，构建科学合理的教学设计技能评价体系。

（一）革新语文教师教学设计理念

语文教师教学设计技能的发展在一定程度上取决于教学设计理念的革新。培养语文教师教学设计技能首先应该改变传统教学设计的学生观、学习观、教学观和评价观，变“以教为主”为“以学为主”，同时，不能忽视教师作为平等中的首席和教学生态圈的管理员角色。教师应该接受教学设计理论家梅耶的观点——“为意义建构学习设计教学”；“教必须围绕着学而展开，以学习者为焦点，为学习者服务，以教导学，以教促学。”当前尤其应该积极践履减负增效、整体设计、循序操作、以教促学、加速成长的语文教学设计新理念，使语文教学设计规范化、合理化、有序化和技术化。

（二）注重语文教师教学设计实践

教学设计的本质属性是实践性，只有在实践中才能增长才干、锻炼技艺。培养语文教师教学设计技能，必须注重语文教学设计实践，只有通过教学设计实践，才能使语文教学设计从潜在状态经过教学设计的实践状态到达教学设计的目标状态。当前，在语文教师的教学设计技能培养中恰恰“实践乏力”，教学理论工作者授予语文教师许多教学设计的理论，对语文教学设计的实践却缺乏针对性的指导，以至造成语文教学设计的理论与实践的整合力匮乏，语文教学设计理论脱离实践的现象比比皆是。为解决这些问题，笔者认为应首先通过语文教学设计的微观教学实践对语文教师教学设计进行方法指导，反复观摩修订教师的教学设计，提高语文教师的教学设计的综合技能；其次，建构语文教师教学设计共同体，在集体备课中发挥教师共同体的集体智慧，改进和完善语文教学设计技能；再次，对设计好的语文教学设计方案进行试教，在实践中发现问题，并根据教学的真实情境进行修订，使之臻于完善。

① 苏立康.中学语文教学研究[M].北京：中央广播电视大学出版社，2003：73.

(三) 加强语文教师教学设计反思

语文教师对教学设计的反思是提高语文教学设计能力的重要策略。它是一种基于教学设计思维、指向教学设计能力的实践活动。它可以促进语文教师在教学前甄别、筛选教学设计方案;在教学中审视、调整教学设计,分析课堂情况,仔细考虑各种可能的教学策略,选择最佳的行动方案,达到预设和生成的统一;教学后及时地反观教学设计,评价教学效果,弥补教学设计的缺陷,总结教学设计的经验,这样做有利于提升语文教师教学设计智慧和教学设计能力,增强教学设计的自信。语文教师要学会反思自己教学设计的得失成败,反思学生对教学设计实施的反馈,反思教学设计目标的实现程度,反思教学设计中的教学内容、教学手段、教学程序、教学原则、教学评价、教学策略与方法等,唯有如此,才能实现语文教学设计理论与教学设计实践有效整合,语文教学才能教得实,教得巧,教得美,教得妙,教得有深度。

(四) 构建语文教师教学设计技能的评价体系

语文教师教学设计技能多元复杂,呈现出整体性和综合性的特征,在培养语文教师教学设计技能时,需要一个完善的评价体系来考量教师教学设计技能的水平。对语文教学设计技能评价体系应该进行精细的筹划,将整体的教学设计技能分解为单项的技能逐一评价。结合语文学科特点,我们可以将其分解为语文教学目标设计技能、语文教学过程设计技能、语文教学方法设计技能、语文课堂调控技能等,其中每一方面又可以划分出更具体的教学设计技能,以便进行科学合理的量化考查。语文教师教学技能的评价体系在运用时必须灵活处理,做到量化评价和质性描述的有机结合。

总之,语文教学设计技能的培养既要掌握培养要点,又要熟练地运用各种策略,系统思维,走专业化和多元化路线,做到科学与艺术统一、理性与创造性兼容,为语文教师教学专业的发展开辟蹊径。

作者单位:安徽淮南师范学院中文与传媒系

面对PMI与CMI的教师思考：语文教师个案研究

谢雪梅

一、引言

由于历史因素，香港地区的中文教学一直以广州话作为教学媒介，1997年回归后语文课程进行改革，要求学校以校本形式逐步实现以普通话教中文的长远目标。中小学自2000年开始试行"普教中"以来，推行的学校渐多，据统计，现时全港超过三分之一的学校正以不同规模或形式逐步实行。

过去10年，先导学校和教师面对全新的教学情境，在实践中不断寻求改进方法。他们在中文、普通话科课程的整合、配应教材的编选以至教学语言的过渡策略等方面，已积累了不少经验；不过，进入持续发展阶段，不少前线教师仍存困惑："普教中"（即用普通话教中文，英文为Putonghua as a Medium of Instruction，以下称PMI）除了转换授课语言，是否还有一套不同于"广教中"（即用广州话教中文，英文为Cantonese as a Medium of Instruction，以下称CMI）的语文教学策略？哪些才是"普教中"的有效教学策略？

"普教中"并非简单的教学语言转换，而是学科课程的整体改革，牵涉到语文教学的方方面面，教师的参与和课堂实践更是改革成败的关键。教学能否成功取决于教师是否掌握对应新情境的教学知识，后者是教师的教育信念、学科知识、教学法知识与其他学生特质知识、教学情境知识等融合而成的实践智慧。为解开教师的疑团，探寻"普教中"的教学策略，我们尝试从另一层面切入，通过比较教师不同授课语言的课堂决策与思考，审视教师专业知识体系的重构与演变，探寻需要修正和增补的空间，指出语文教师专业发展的方向。

二、文献探讨

有关"普教中"课堂或教师教学效能研究，过去探讨不多。唐秀玲等曾到一所小学进行"普教中"课堂研究，通过对比同一教师"广"、"普"课堂的师生表现及教学调适，展现了PMI试行初期教学语言改变为语文教学带来的冲击和困境。研究发现，PMI课上师生的言语表达和思维活动明显受限，教师变得拘谨，学生反应被动；课堂教学活动倾向简省，教学策略走向低层次化①。余婉儿以一位教学表现优异的小学PMI教师为研究对象，试图从成功的实践经验中提取有效的教学策略，又对教师的知识体系进行初步审视，发现它们在新情境下渐生变化②。郭思豪从教师的教学语言效能切入，通过分析5位小学PMI教师的课堂话语与学生表现，揭示教师教学语言的特质与教学成效的关系。结果发现，优秀PMI教师往往兼具照顾者

---

① 唐秀玲，司徒秀薇，莫淑仪，邝锐强，张寿洪. 在传统改变以前的思考——用普通话教中文[J]. 语文教学（双月刊）. 香港：培生教育出版中国有限公司，2001，(11)：40－44.

② 余婉儿. 小学中文科教师"内容教学知识"的内涵：教学媒介语转变后的个案研究[A]. "第八届世界华语文教学研讨会"论文集[C]. 第5册. 台北：世界华语文教育学会，2006：301－309.

(caretaker)及教导者(teacher)的语言特征，并能有效调动学生积极投入学习者（learner)和运用者（user)的角色①。

本文在上述研究的基础上，尝试展开教师思考的微观课堂研究，观察一位有经验教师以广、普授课时教学策略的异同，分析背后的决策思考，探讨 PMI 教师教学知识体系的重构与更新过程，查找需要增补的场域。

三、理论架构与研究方法

(一) 理论架构

Shulman 把教师知识分为学科知识、一般教学法知识、课程知识、学科教学法知识、学习者及其特质知识、教学情境知识、教育目的与价值知识等 7 类，并特别重视提炼教师实务知识，保留优秀的实例个案②。Calderhead 指出，教学实务知识是教师在复杂的教学工作脉络中，配合其专业训练及生活经验，经过各种反省和思考，融合而成的知识体系③。朱晓民则从课程教材知识、教学方法知识、教学表征知识 3 个层次，阐析语文教师教学知识的结构与内涵④。

(二) 研究方法

1. 研究对象

教师	个人资料	梁姓，女教师
	教学经验	任教小学中文科 20 年，普通话科 15 年；两年“普教中”经验。
	学术资历	教育学士，即将完成普通话教育文学硕士课程。 普通话水平测试成绩“二甲”，曾修读“普通话教学法”证书课程。
	教学表现	师资培训人员评为优秀。
学生	学校及班级背景	学业水平中等的小学，PMI 实验初期。一年级设普教中及广教中班，仍设普通话课，但只要求学生认识韵母及声调，未学全套汉语拼音。每班中普两科由同一教师任教。
	学生特质	入读 PMI 班的学生须通过普通话面试，成绩表现比 CMI 班略佳。

2. 研究设计

本研究主要采取质化导向(qualitative approaches)的个案比较方法，以同时任教小一“普教中”及“广教中”班的资深语文教师为对象，通过观课及访谈，比较以不同媒介语教授相同课题时教师教学策略的差异和调适取向，检视影响决策的因素，探讨教师知识体系在新情境中的重构和更新情况。

1）课堂分析：研究员到校摄录、观课，搜集有关教学计划、学生习作等资料。取样包括 PMI 及 CMI 两班各 6 节课堂，每节 35 分钟，共 12 节。

---

① 郭思豪. PMI 课堂的语言效能分析[J]. 基础教育学报. 香港：2007，(16)2：21－40. 及郭思豪. 关于教学语言效能的两点思考——以 PMI 课堂教学为例[A]. “第八届世界华语文教学研讨会”论文集[C]. 第 3 册. 台北：世界华语文教育学会，2006：125－142.

② L. Shulman 认为教师的专业知识体系包含学科知识(content knowledge)、一般教学法知识(general pedagogical knowledge)、课程知识(curriculum knowledge)、学科教学法知识(pedagogical content knowledge)、学习者及其特质知识(knowledge of learners and their characteristics)、教学情境知识(knowledge of educational contexts)和教育目的、价值及其哲学、历史背景知识(knowledge of educational ends, purposes, values, philosophical and historical grounds)。实务的智慧是教师知识的重要来源，收集案例，整理、提炼教师的实务知识有助于提高教师的教学效能。

③ 转引自林进材. 教师教学思考：理论，研究与应用[M]. 高雄：高雄复文图书出版社，1997：183.

④ 朱晓民. 语文教师教学知识发展研究[M]. 北京：教育科学出版社，2010：53－55.

2）教师访谈：教学前后安排3次半结构式晤谈，每次60至90分钟。教前访谈主要了解教师的教学理念，对学科课程、教材及学生的理解，教学设计原则、学习历程及教学经验等。教后访谈通过刺激回想，了解教师反思的内容。

3）学生访谈及问卷：教学后以随机抽样方式进行学生访谈，检视学生的学习成效。

课堂录像及访谈誊写为文字记录后，根据 Shulman 等有关教师教学专业知识理论架构，分析和判断研究对象的教学表现、教学计划、反思、推理及综合的内容，藉此检视教师知识体系在 PMI 情境下的重构和发展情况。

（三）研究目标

1. 比较分析小学语文教师在 PMI 和 CMI 的不同情境下课堂教学策略的异同。

2. 利用经验教师的教学与反思进行个案研究，探讨影响教师决策的因素及教师知识。

3. 探讨教师知识结构对应 PMI 的不足与缺失场域，分析"普教中"教师专业培训的方向。

（四）研究局限

1. 教学对象是两班不同学生，语言水平、学习能力及性向都有差别，研究员须以专业的观察和判断，比较两者的课堂策略与效能，其间难免掺杂主观成分。

2. 本研究属质化导向研究，以个案形式比较一位教师在不同教学语言环境中的课堂决策和思考，检视教师的知识体系及应用情况，取样数量有限，研究结果未必能完全推论至其他教学情境。

四、研究发现

教师的教学决策包括计划决策、过程中的互动决策和评价决策①，三者呈现一个动态序列过程，反映教师施教前后的不同层次的思考。

（一）同一教学大纲与重点

教学单元是图书教学——《勇敢的小红马》，教学大纲由级任教师共同拟订，不论授课语言，全级共享；具体的教学方案则由各班教师自行调适，见表一。

表一 单元教学大纲《勇敢的小红马》

教节	学习范畴	教学重点
一	阅读	阅读策略：引领思维阅读法
二、三	阅读	1. 理解情节 2. 字词
四	阅读	1. 量词 2. 话语的标点（冒号、引号）
五	阅读	比喻句式①"……像……""……又……又……，像……"
六	说话	说明图意——黑夜的联想
六	聆听	聆听理解——《大头儿子》
六	品德情意	鼓励克服恐惧心理

梁老师主要采取内心式教学计划②，大纲表内附列工作纸及教具，展示教学进程的实务性脉络，但未载明教学步骤与活动安排。教师虽一再重申两班的学习重点、教学策略及流程

① 宋德云，李森. 教师的教学决策：内涵、构成及意义[J]. 课程—教材—教法，2008，28(12)：22－23.

② 一般教师习惯在教学前心中拟定计划（心智计划 mental planning）. 计划不很正式，实务性脉络却非常明确. 执行时呈现较多再试验、精确、与扩充先前的决策. 见邱忆惠. 教师之推理与行动——以一位国小级任教师为例[J]. 南京师范大学学报，2003，37(1)：42.

基本一致，但从实际课堂观察，部分环节呈现的学习内容或教学策略存在或多或少的差异。

（二）预设的不同教学策略

理解教学主要在第二、三节进行，课堂以朗读贯穿。梁老师以师问生答方式，引导学生理解故事情节、学习字词，并选取部分“对话”进行语气语调的训练。两班朗读都以范读、跟读、全班读、分组读和个别读等形式进行，但针对方言区学生掌握普通话字音的难点，教师在 PMI 班特别着重字词读音指导，教师示范、正音和学生练习都较 CMI 班为多。详见表二 A。

表二 A　林老师朗读组织方式及次数(《勇敢的小红马》)

	教师范读		个别学生读		小组读		全班读	
	PMI	CMI	PMI	CMI	PMI	CMI	PMI	CMI
字 词	24	7	19	8	0	0	32	14
句 子	18	19	5	1	0	0	10	27
段落	16	3	1	0	0	16	5	3
全文	0	0	0	0	0	0	2	0
分项总数	58	29	25	9	0	16	49	44
师/生总数	58	29					74	69
朗读总数							132	98

表二 B：林老师朗读次数百分比

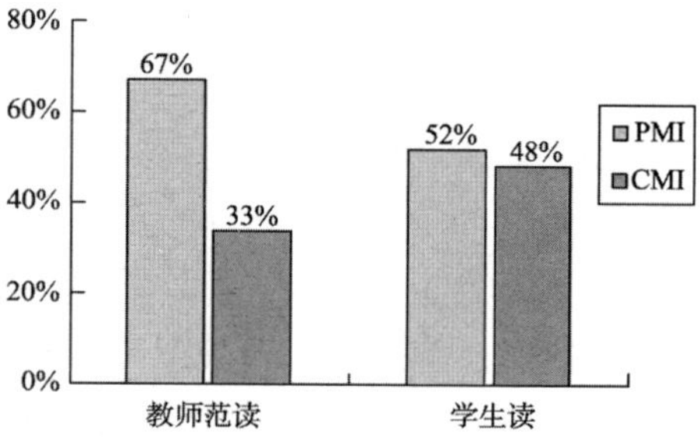

两班前 3 个课节中呈现课文朗读时机共 230 次，其中 PMI 班 132 次（57%），CMI 班 98 次（43%）。教师范读 PMI 班 67%，倍于 CMI 班的 33%；学生朗读 PMI 班 52%，CMI 班 48%。无论是教师读或学生读，都以 PMI 班较多。详见表二 B。

表三　朗读的教学策略与焦点(梁老师《勇敢的小红马》课文朗读部分)

项目		教师范读		个别学生读		小组读		全班读		总数	
		PMI	CMI	PMI	CMI	PMI	CMI	PMI	CMI	PMI	CMI
朗读教学策略	呈现材料	36	22	2	1			21	36	59	59
	学习：理解			1				2	7	3	7
	学习：语音			6				17	8	23	8
	示范	22	7							22	7
	练习							4	1	4	1
	检视	1		16	8		16	11	3	28	22
朗读焦点	字音	20	7	16	8		16	26	5	62(78%)	27(87%)
	语调情感	10	2	4				3	2	17(22%)	4(13%)

两班朗读焦点都集中在字词读音，PMI 班处理语音的频次又远较 CMI 班高（62∶27）（表三），PMI 班的朗读从指导、演练到正音，教学需时较 CMI 班长，环节占用课时更多，这都在教师计划之中：

设计 PMI 课堂，朗读的比重、时间分配、重点方面有所不同，但大体上架构、学习重点一样。（前访）

朗读时，CMI 班面对的困难少些，……在 PMI 班，字词对他们来说难一点，教的时候会先示范一次，或在他们读得不好后，再教他们。（后访 1）

PMI 朗读的指导会多些……时间会长些，譬如在 CMI 用 5 分钟，PMI 可能用 8 分钟，会多用几分钟，给他们多些机会读，或者错了帮他们正音。（前访）

两班同以师生轮流朗读方式呈现学习材料，展开理解及字词教学。PMI 班教师读与学生读的次数相若(58 : 53),CMI 班则教师读得少,学生读得较多(29 : 52)。为评估掌握和加强学生对难点的注意,PMI 班检查阶段多倾向于用个别朗读方式:

PMI 班个别读会较多,……有时某几个(词语)全班读完要再强调,找一两个同学读某几个特别难的字音,强调某些字音容易错的……确保他们掌握到难点。(后访 1)

两班选教的词语相同,教学主要处理字词音、义,因时间所限,字形不作展开(后访 1)。

据课上观察,两班部分释词的深广度亦有不同,例如:

表四 词语解释例子

	PMI	CMI
"威风"	● 略作解说。 ● 请学生举例,并说出原因 ● 提问警察是否威风	● 以"好神气"解释,再举学校童军、交通安全队为例 ● 请学生举例,并说出原因 ● 以"好精神"、"挺直条腰啦,唔会孪弓虾米咁"补充
"认识"	● 说明本义(认识朋友)	● 说明本义(认识朋友) ● 结合生活情境扩大应用范围: 学校—认识同学、老师;字、新事物、新知识
"漆黑"	● 说明本义	● 说明本义 ● 分享早前旅游美国大峡谷面对"漆黑"的经验,又结合生活情境引导学生想象,城里灯火通明,森林却无路灯

PMI 班解词比较简单,是教师备课时的预设(后访 1),主要考虑学生的普通话水平,怕深入阐发或再加补充会造成理解困难。这种教学内容的简省或浅化,PMI 班课上颇为普遍:

CMI 班举的例子可以长些,丰富些,但 PMI 班可能点到即止。(后访 2)

因为要解释,觉得他们较难明白。如说大峡谷,他们可能不明白是什么,会困难一点,与其这样,不如少说点,让他们集中理解需要认识的内容,简短一点。(后访 1)

即使不是这节课,其他课堂也都是这样。CMI 班老师可以畅所欲言,到 PMI 班,因为不想说太多额外的内容,PMI 班真的发觉是少些,没那么深入。(后访 1)

为减低学生以普通话学习的难度,教师对 PMI 班的课时分配、教学策略和内容详略都有调适,并能清晰说明其中的思考。这些调整能配合学生的能力和需要,也造成了两班学习内容和深度的差异。

(三) 因应进度和学生表现的临场调度

教学过程中不少程序或执行方式的差异,都是教师因应教学进度或学生的反应表现而临场调度,反思时也能明确说出判断和理由。如:

例一:量词学习——回取已有知识的分量不同

PMI 全班朗诵已习儿歌两首——《数青蛙》《吃晚饭》

CMI 全班只朗诵《吃晚饭》

我看 PMI 班时间不够,到 CMI 班就删除了。单刀直入,节省时间进行活动比较好,便略去已有知识的重提。(后访 1)

例二:说话训练——活动进行方式不尽相同

PMI 请几名学生说明所绘图意(黑夜的联想)

CMI 请几名学生说明图意,并让其他同学到台前发问,同学间互动

应该都让他们出来讲,……不够时间,……聆听部分 PMI 班,理解方面,花了些时间帮助他们。CMI 班顺畅一些。另外,画图部分想给他们经历,画黑夜的联想。CMI 班画得快些,PMI 班画得慢些。(后访 1)

例三:师生轮读——轮接安排的随机调整

PMI 学生遇上不会读的字词,教师便接上范读,再指导学生局部跟读

当 CMI 全体学生读得热烈投入,意欲长驱直下,教师便暂缓叫停,让学生顺势多读

因应情况,有些字词较深的,那段会带读,对话就叫他们读。……到 PMI 班发现不行,很多字词不会。中途我要调整,可能我带读的地方较多。CMI 班很想自己读,在老师读时,很想争着读,所以老师较多让他们读。(后访 1)

例四:朗读重点——不同深度的要求

PMI 读准,尤其轻声词;语调(取笑)

CMI 读准;语调(取笑)、语气(表现人物的老成、病弱)

PMI 班要求没那么多,CMI 层次深些。PMI 班停留在朗读字音方面,CMI 班已经会读,于是想在语调方面要求。PMI 班也想,但这么短的时间,又要读字词;其实曾要求他们有感情地读,但可能效果不太好,我也没再强调这方面。(后访 1)

例一、例二是考虑教学环节的推展,例三、例四则因应学生的表现和反应,临场调节教学活动和进程。梁老师凭藉丰富的教学经验和实务知识,洞察调整教程配合学习的需要,课上灵活修订计划的内容和策略,使教学任务能顺利完成。

(四)出于直觉的判断与调衡

研究又发现,梁老师对 PMI 与 CMI 课上一些活动安排和教学行为取向的差异,往往未必自觉,反思时也未提出明确的动机,其中包括教师提问、反馈的取向,学生参与活动的方式和练习机会等。

1. 教师提问的详略、要求及反馈取向有别

表五 理解及字词教学例子(第二节)

PMI	CMI
● 梅花鹿去找他,请他去哪儿?(森林) ● 去森林做甚么?(交朋友) ● 小红马有没有去?(没有) ● 为什么他不去?(因为他没有胆去) ● 为什么他没有胆量? 森林在哪?(很远的地方) ● 后来,一只大雁来找他,请他去哪儿?(天湖) ● 那小红马有没有去?(没有) ● 为什么又不去啊?(觉得好高) ● 哪里好高?(天湖) ● 天湖很高,容易去吗?(不容易) ● 所以他也不敢去了	● 有边个人请过佢去玩啊?(梅花鹿) ● 梅花鹿请佢去边度玩啊? 咁佢去唔去呢? 讲清楚啲。(去森林玩;但系佢唔去) ● 点解会唔去啊? 佢惊乜嘢啊?(因为森林好远) ● 跟住又有另一只动物请小红马玩喎,边只啊?(大雁) ● 佢揾小红马去边啊? 你将呢个过程讲俾我哋听。(佢话要带个只马去天湖) ● 去做乜嘢啊(玩,去学啲鸭仔游水) ● 咁小红马有无去啊?(无去) ● 点解呢?(因为好远)

教师提问情节,让学生回溯故事大要。CMI 班提问比较细致,如问谁曾邀约小红马,再问约到哪里去,去做什么;PMI 班只直问长颈鹿、大雁请小红马去哪里。过程中教师不断因应学生表现重整问题,PMI 班答案较简单,CMI 班较多追问,又提出“说出过程”的整合要求。教师 PMI 班的反馈着重提示语言形式,重整答案,并经常提醒大声作答;CMI 班较多强调“说详细点”,教师随机阐发,要求学生说出所知所感也较多。

2. 学生参与学习活动的方式与机率不同

例一,提出答案方式:“引领思维阅读策略”据图书封面猜测书名

PMI 学生举手表示所选答案(3 个选项)

CMI 学生举手表示所选答案,并请几名学生说明理由

例二,小老师活动:辨别形近字——说出字组音义差别、配词(如:难、滩;坡、波;易,踢;候、猴)

PMI 教师提问,学生全体或指名个别作答,没有安排“小老师”

CMI 请几名学生扮演“小老师”,到台前拿指挥棒,向全班说明字组音义的区别

教师未能想起只让 CMI 班解说选择答案的原因。“小老师”则“因时制宜”,非刻意设计,觉得时机合适便进行,推想可能是当日 PMI 班前段处理读音费时,故没安排。(后访 1)可见,教师对部分课堂策略的执行或调整未有明确的意识。

不少研究结果表明,有经验的教师面临非预期情境时,往往能借助从经验中积累的教学实务知识调整原订计划,从容应付。因教学语言转变,教师必须照顾学生的语言能力和学习需要,PMI 班字词和朗读须投放较多时间,浓缩、简省其他环节或内容,自是势所难免,也是教师在实践中摸索而掌握的均衡。学生以普通话学习,聆听理解和表达都有障碍,教师的教学内容、提问和反馈出现相应的减省或浅化,学生的参与及发表见解的机会降低,也造成 PMI 与 CMI 班学习重点广度和深度的局部差异。两班不同的课堂策略部分出于预设,部分属临场应变的调整,也有出于教师不大自觉的调衡。

(五) 以教学语言搭建学习的桥梁

教学语言的障碍无疑加大了教学难度。学生听解能力的限制造成教师的顾虑,以普通话教学也是教师的负担。梁老师坦承,平日备课必须充分准备,遇上要临场反应或拓展的时候,也不完全能畅所欲言。不过,教师的课堂语言却能让学生顺利过渡,并且鲜明体现了优秀 PMI 教师的共同特征。梁老师个性温婉,又有多年任教初小经验。普通话虽非母语,却表达流畅自然,教学语言既能发挥教导者(teacher)的功能,更充分体现了照顾者(caretaker)的特质。详见表六。

表六 第二、三节教师语言功能

	管理、权威		鼓励、奖赏		重复 (教师提问)		重复 (学生答案)						示范		情意交流	
	PMI	CMI	PMI	CMI	PMI	CMI	PMI 原意	PMI 修正	PMI 增润	CMI 原意	CMI 修正	CMI 增润	PMI	CMI	PMI	CMI
个别	19	16	20	9	7	9	11	1	7	10	2	5	3	3	/	/
组别	3	1	2	2	/	/							/	/	/	/
全班	12	19	6	7	2	3	2	0	2	4	0	9	/	/	5	7
							13	1	9	14	2	14				
总数	34	36	28	18	9	12	23			30			3	3	5	7

教师的讲解、提问及反馈都以学习者为中心,用语简单、重复,符合低幼儿童的语言特性。无论 CMI 或 PMI 班上,都能运用语言有效管理及奖励学生,经常重复问题,重述、补充或修正学生答案,帮助学生理解,有效支持学习。在课上见,梁老师总面带笑容,说话时速度放慢,语气舒缓,伴随丰富的态势语,并常带家长语态,叮咛嘱咐,充满感情①。梁老师在 CMI 班更多

① 郭思豪. 关于教学语言效能的两点思考——以 PMI 课堂教学为例[A]. “第八届世界华语文教学研讨会”论文集[C]. 第 3 册. 台北:世界华语文教育学会,2006:130.

运用重复的策略，与学生的互动交流较多，照顾者的风格与优势展露又更明显。

两班课堂学习气氛相若，但母语环境能让师生更易投入，CMI 班上师生情意交流较多。例如带学生练习取笑小红马胆小的语气，教师不期然做出"指点"手势，学生也跟着边读边做手势，声情分外投入；全班读到"小绵羊摇摇头说：'……'"，教师问何以没有摇头，学生便使劲摇头再读，即时哄笑一堂。第二节开始，梁老师问 CMI 学生自己的打扮是否漂亮，又打趣说大家该多看几眼。这些自然流露或随机的生活感受分享，使师生情意充分交流，课堂气氛也更轻松愉快。

与 CMI 相比，教师在 PMI 班语言比较规范，自我监控意识较强。加上身为班主任，对"活跃、乐于发表"（前访）的小一学生，先管后教的信念异常坚定，而且特别重视课堂常规和教室管理。为免学生听不明白而分心或失控，教师用语大多简洁直接，但主导课堂的意味较强，教态也较严肃。教师颇能利用赞赏的增强作用，表扬 PMI 班学生的频次较高（28∶18）；师生的情意交流在 PMI 班则较少见（5∶11）。

善用态势语是梁老师课堂语言的一大特色。她的态势语极为丰富，能有效支持、修饰或部分替代教师语言，减轻学生听解的负担。两班课上教师运用象征性和说明性态势语最多，适应性的最少。详见表七。

表七　教师态势语运用情况

体态语类别①	勇敢的小红马（第 2 教节）	
	PMI	CMI
象征性	84（54%）	61（36%）
说明性	45（29%）	60（35%）
表露性	12（7.6%）	19（11%）
体调性	12（7.6%）	23（13.4%）
适应性	3（1.8%）	8（4.6%）
总数	156	171

象征性体态语有独立表达功能，梁老师在 PMI 班上用得特别多，像以手势邀请学生起来答问，竖起食指轻放嘴前示意安静等。对 PMI 班学生，教师大量运用标志性动作，无需语言，便能明确传递信息，支持学习。说明性体态语是教学活动中临时设计的动作，像说到山坡时梁老师便伸手比画山峦起伏的线条，说到大雁便模仿鸟儿拍翼，借助具象的动作，使学生能更清楚地掌握解释、说明或描述的内容。表露性体态语能表达情感倾向，像微笑点头表示认可或赞赏。说明性和表露性体态语两班都见多用，但以 CMI 班更多，或许跟师生的语言交流顺畅，故表达内容与辅助动作相对丰富有关。PMI 推行初期，教师因语言未能畅达而多用体调和适应性态势语的情况，在梁老师课上并未出现；托眼镜、拨头发、背手等习惯性的适应或体调动作，反而 CMI 班较多，大概是教师在班上更感从容自在的反映。

教师在应对教学语言转变的过程中，以丰富的实务知识在课上调适应变，逐步积累 PMI 的教学知识，并以出色的课堂语言风格协助学生有效学习。两班学习重点的处理虽有深度、

① 庄锦英等把教师体态语分为象征性、说明性、表露性、适应性、体调性五类，其特质与功能说明参见庄锦英，李振村. 教师体态语言艺术[M]. 济南：山东教育出版社，1993：56，59－61，111－113，161－163，231－233，242.

广度的不同,但教学成果相若。详见图-A、B。

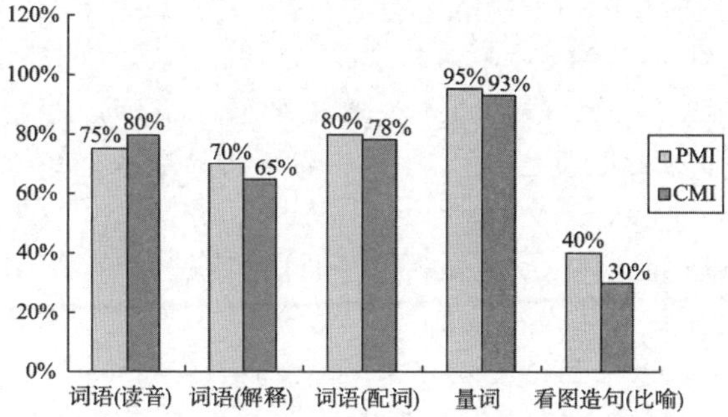

图-A 学生字词的形、音、义及看图造句评估

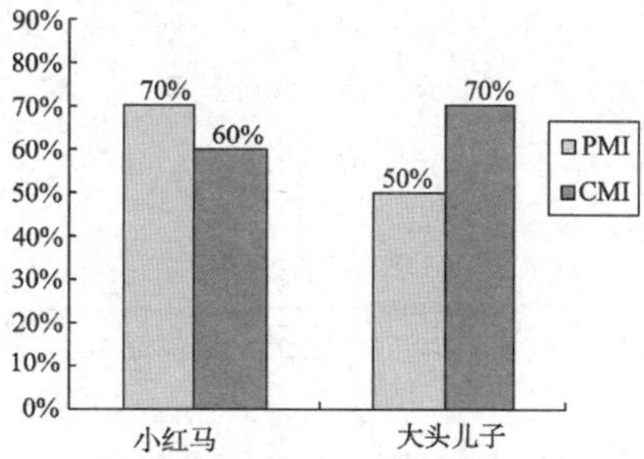

图-B 学生篇章寓意的评估

据教后学生访谈,PMI 班学生除词语读音稍逊,释词、配词及量词的掌握都比 CMI 略佳;看图造句可能掌握还未牢固,两班表现都欠理想,在运用能力及句子完整方面仍以 PMI 班较好;对故事寓意的理解,两班表现各有参差。两班学生在字、词、句的语文知识和理解能力的表现差距不大,原来水平稍佳的 PMI 班表现略胜,可见比较陌生的普通话教学语言对教学成效并无明显影响。

五、讨论

本文综合专家观点,从学生知识、课程教材知识、教学方法知识和教学表征知识四个向度,检视教师在实践过程中教学设置、调度的决策基础及教师知识的运用。

(一) 学生知识

教师反思时最多关注和引用“学生知识”。梁老师近年一直任教一年级,对低幼学生的能力、水平和特质了解较为深入,既能清楚概括两班的学习风格与特性,又能具体描述个别学生的能力表现。

PMI 班很活泼,很喜欢说话。CMI 班比较安静,学习上,PMI 班小朋友比较精灵,CMI 班比较平实,没那么调皮。(前访)

E 班(CMI 班)的学习差异比较大,能力最高与最低的距离比较远。PMI 班较均衡一点。(后访 1)从计划到施教,教师都以学生的已有知识、能力和学习需要为主要考虑。例如教学重点与教学策略的选取:

(拟订学习重点)视乎课程里面,须掌握什么知识、什么学习重点,然后再根据他们的已有知识及能力厘定。(前访)

有效的教学策略,就是学生有所学,学到教学目的。设计要符合学生能力,步骤清晰。(前访)

对低幼语文学习的重点与难点,也因长期的实践而积累有一定的体验:

他们有时写句子常常不懂写字,或不懂表达。(前访)

说话跟写作都比较弱。说话比较单一,不会用复杂句子;写作不能运用丰富的词汇。(前访)教师对学生水平、性格和习性虽有了解,但学生的认知能力却因教学语言改换而出现空白场域。由于缺乏相关体验,对 PMI 学生的已有知识、能力和难点难以准确预估,只能沿用 CMI 知识解决问题,课上临场调适的需要增加。这些即时的调整决策只在瞬间思辨,或出于直觉,往往只能让课堂得以畅行,未必能发挥最好的教学效用。

(二) 课程教材知识

课程教材知识是教师教学最直接的理性支点,教师在课程与教学本质的理解基础上形成语文性质观,并以此指导教学。梁老师有多年语文(CMI)及普通话教学经验,教 PMI 才第二年。对新世纪香港语文课程的学科任务、不同阶段的目标重点都有所掌握:

中文科应该教读写听说。语文的知识,譬如低年级对字词的认识、运用;除此以外,还有文化方面,对中国文化的认同,欣赏、品德情意,……文学都要,……思维都要。(前访)

一年级最重要的是语文能力。书面、口头表达同等重要。……字词运用的掌握,积累词汇很重要。(前访)

教师明确指出,PMI 是中文科,以语文教学为主体。无论是用“普通话”或是用“广州话”授课,本质相同,并由此认定两班教学内容和重点应尽量一致:

PMI 不单教语音知识或普通话听说能力,还教他们语文能力或文学素养。(后访 2)

PMI 和 CMI 真的不觉得有很大分别,主要是教好语文。(后访 2)

语文课程改革提出“以普通话教中文”或适当加入“普通话元素”作为发展方向,除教学语言的转变,实际还带动语文课程架构的重整,对于原本分立的中、普两科如何融合,政府相关部门一直没有明确指引,前线教师只能凭空摸索。梁老师对 PMI 与 CMI 的语文学科本质虽有明确观念,但对课程的重新配置却茫无头绪:

初时我看不到转变的最大分别是什么,除了语言外,还有没有其他,如整体课程设计,需不需要配合拼音和教学之类,对课程的架构转变比较疑惑。(后访 2)

PMI 我没受过很正规的训练,学校也没什么支持给我们,让我们知道该怎样做,靠自己摸索。(前访)

我当做和 CMI 班一样教,只不过是将语言转变,在适当时候加入一些普通话元素。(后访 2)

教师 PMI 的语文科定位非常清晰,课堂教学重心不会旁落到正音或普通话元素的学习去。但对中普课程的整合、普通话学习元素的处理、汉语拼音的施教时机等,只有原则性的认知,未有可供操作的概念:

主要靠个人感觉,如果这里有什么普通话元素可以渗透,我就会加进去。(前访)

(学生)始终以普通话学习,能掌握拼音工具,便能够帮助他,无论在听、说方面。(前访)

二年级才开始学拼音,一年级还在学声调。……给 PMI 班的小朋友多走一步,通过儿歌,让他们认识声母、韵母。(前访)

教师平日教学一般依据教科书内容设计,间有补充材料。现行教材是学校推行 PMI 前选定,“有一些港式词语”和“不太规范的语文”(前访),素质未符理想。教师虽提议更改用书,但校方基于行政考虑,暂时未能落实。教师与团队因平日工作繁忙,较少对教材内容进行选择、加工或重组,即使语料存在问题,也只好暂时将就:

后来和校长谈,知道不能改教科书,要和 CMI 一样,我觉得自己能做到的很有限,不可以更改课程和加一些额外的东西。(后访 2)

教师在校本 PMI 课程的自主性有限,“课程知识”也有不足;对语文新课程的质变显然还未完全掌握,重整课程的理念亦未清晰,对提前教学汉语拼音,让学生掌握学好语文有效工具的需要未充分体认。教师认为语文能力重要,但更多强调语文知识“最重要”(后访 2),“优次”偏重语文知识的教学观念,在课堂设计中也有体现。梁老师坚持广、普两班学习重点、内容尽量齐一,本是合理公平的考虑,但在教学内容与策略方面执意求同却易忽略 PMI 课程的异质部分。

黎少铭参考 Cummins 的两个语言类型设计——BICS 和 CALP,把“普教中”的课程理念界定为“先学习普通话(BICS),然后以普通话学习(CALP)”,即学生先要掌握社会语言能力

BICS(basic interpersonal communication skills 基础人际互动沟通能力),才能进一步发展所需的语言认知能力 CALP (cognitive academic language proficiency 学科的认知语言能力)①。教师要能发展校本普教中课程,有效教学,宜尽早深化课程认识,廓清理念,分析教学媒介语的本质和影响,因应学生的特性,逐步重整中普的课程,并结合各种语言教学理论和班级的纵向延展,设置与学生学习能力和需要相适应的校本课程。

(三) 教学方法知识

教师虽意识到 PMI 教师应具备相应学科教学法知识,但未经专门训练,对 PMI 教学策略仍在不断摸索,初期能够引用的只有与中文(CMI)、普通话教学相关的知识。

(教师)需要汉语拼音的知识……亦需有一些广、普词汇语法对比的知识。……教时也是用对比的方式。(前访)

说实话,我教 PMI 和 CMI,没什么不同,只是转台,其实用的方法、策略基本相同,只是因应学生的反应有所调适。(前访)

我教这两班前没预设用什么方式。也是教到某部分,觉得哪个适合就用哪个。(后访 1)

教师以过去 CMI 的经验知识为基础,逐渐建构新的教学知识体系,在不同教学范畴,发展出一套相应教学策略。由于缺乏 PMI 的完整系统训练,教师调动旧知识应付新情境时,策略思考难免不够细致,教学语言对学生学习造成的影响也未充分掌握。例如朗读,教师针对 PMI 班难点,加强范读、练读及字音指导,但语调语气的训练却因学生未及掌握而没有坚持,目标意识不够明确。明白培养 PMI 朗读语感的重要,但教学时两班"朗读的方式大致相同"(前访),PMI 的针对策略只是"多读几次和练习轻声"(后访 2);教师课上因担心学生掌握不来而多作范读,学生朗读机会反而减少。核对聆听练习时,让 CMI 班说出答案,教师检查"听出重点"目的明确,但"不知为什么到了 PMI,我就会叫他们读(答案)"(后访 1),焦点变得模糊,教学概念似未清晰。可见过渡阶段教师的学科教学法知识正在不断酝酿和转化,但策略的掌握和发展还未深入全面。对于利用朗读深化理解、加强感悟,或以读结合说、写范畴促进语文教学成效等策略,还有不少开发和拓展空间。

说话同样是方言区学生较难适应的范畴,教师对两个班学生的说话表现都颇留心,对 PMI 班的口语能力更充满信心:

PMI 班是 5 个班里挑选 1 个班普通话能力好的。……不觉得用普通话很困难,……因为他们经过筛选,语言能力强些。(前访)

PMI 班真的很喜欢说话。每次讨论都很热烈。但有时不用普通话,这方面老师要提醒。但大部分学生都可以用普通话说,老师亦不会阻碍他们。(前访)

CMI 班较安静,加上他们需要语码转换,反而说话能力不太强。(前访)

教师对学生能力或难点有一定体会,但两班听说重点与教学策略基本一致,对学生广、普两种语言的不同积累和铺垫需要未及深入思考;较陌生的 PMI 教学语言对学生学习表现的影响也未清晰体会:

发觉好像 CMI 班所想象到的内容比较丰富……但平常的创意、说话能力,是 C 班(PMI 班)较好。(后访 1)

CMI 班回答(句子)比较完整,……很多时候他们(PMI 班)都忘了,要再提醒。(后访 1)

PMI 班课上以普通话答问、讨论,因语言积蓄有限,表达受到一定限制。说话前没有充分的输入或练习,没有足够词汇或语言模式可用,学生便难在情境中自由表达。解说图意要联

① 黎少铭."普教中"的研究方向及架构分析[J].教育学报,香港:2010,(38)2:109.

系日常生活经验,PMI 班由于可用语料不多,表述只能围绕有限意念,未能畅所欲言,内容自然不及 CMI 丰富。PMI 学生答题句子不够完整,跟学生未有熟习的语言形式可供提取有关,教师只归因于"忘记"要求,对教学语言的影响未充分体察。

为帮助学生克服授课语言的障碍,教师因应 PMI 的难点加强指导,把部分教学内容与重点减省、浅化,调衡合理,调节自然,没有出现早期 PMI 教师被迫删除深究环节或随意压缩教学内容的情况。不过,由于 PMI 学生知识的缺场,教师只有套用 CMI 设计作概略的调适部署,计划不太仔细,教学策略针对 PMI 的意识不够鲜明。为迁就 PMI 班的普通话能力,教师的提问和回应比 CMI 班简括,这种囿于学生能力不足的设想,牵制了 PMI 的师生互动和学生参与,使教学活动未能发挥更好的效果。

听说训练能有效进行,学生便能学好普通话,进而以普通话学习。梁老师有多年教学普通话的经验,但未贯通中、普语言学习的本质,把普通话第二语言教学理论迁移活用,为 PMI 听说教学作更有效的部署。"先输入后输出"、"输入多于输出"的语言学习原理不但能指导言语教学,使 PMI 、CMI 的训练重点或能力要求可因应调整,对读与听、说与写的语言技能迁移与教学也有不少启发。消极迁就学生的语言水平并非有效教学策略,PMI 教师应融通语言教学理念,主动拓展学生的能力,优化语文学习效能。

教师把 CMI 教学知识用到 PMI 课堂,通过试验、感悟、探究、反思,把经历纳入原有经验结构中,朝着 PMI 教师应备的知识体系进化。面对教学过程中未可预测的事件,教师不断反应及调整,但学生知识局部缺场,课程和教学知识未尽合理,决策往往未经有效思辨,只依循教学实务默会知识指引,或仅由直觉判断。多年教学经验又使教师对课堂活动的顺序、教学进程的组织和安排非常熟练,甚至到了自动化阶段。因为驾轻就熟,教师临场应变调度都能解决眼前问题,对学习却未必真能有效;因为"习以为常",教学环节容易出现流水作业式态势,设计沿用旧思路,调整更多依赖经验和直觉,课上也不易察觉问题,教师反思和检讨的警觉性偏低。在这种情况下,教学方法知识的提炼未必迅速有效,有经验的教师学科教学法知识的更新和积累需时可能较长。

(四) 教学表征知识①

梁老师的课堂大多以提问、讲述及集体讨论方式进行,并以朗读贯穿。教师的提问以回忆、理解和运用性问题居多,分析综合评价等高层次提问较少,对文本的理解和探究未算深入。教师的课堂语言能有效发挥教导者与照顾者的功能,态势语丰富,充分展现了优秀 PMI 教师的语言风格。6 节课堂材料丰富,以教学简报展开。课上课下设计多种练习工作纸,以调动学生个人或小组的学习、巩固,并检查掌握情况。教师在 CMI 班曾运用小老师;分组活动则两班都有安排。详见表八。

表八　分组活动安排

活动	学习内容	PMI	CMI
小组活动	配词	2 人组	2 人组
	量词	4 人组	3 人组
	量词(配对游戏—找朋友)	两大组	两大组
	比喻句	4 人组	3 人组

① 教学表征方式指教师组织、调整和呈现教学内容的方式,包括语言表达、教学活动、教学辅助手段(教具及信息)及教师体势语的运用。见朱晓民. 语文教师教学知识发展研究[M]. 北京:教育科学出版社,2010:40-42.

因为学校提倡“合作学习”，教师近年多用了分组模式，希望发挥以强带弱作用，照顾学习差异（后访2）。两班第3至5节各有4次分组活动，其中3次合作完成工作纸。虽然分组布置较少变化，但学生都能在组内互相支持，有效完成任务。小老师只在CMI班出现，教师运用比较随机，作用主要是“给他们成功感”。教师利用不同的学习模式，以起到激发兴趣或发展学生沟通协作能力的作用，但分组的学习目的并不明确，组织策略也未充分发挥合作学习效能。对于配应PMI的小组教学策略，如以异质分组减低难度、分担压力，通过同类互动提供更多练习和运用语言的时机等，则仍然有待开发。

六、结论及建议

本研究通过比较教师的PMI与CMI课堂策略，探析影响教师决策的思考，检视PMI教师知识体系的转化和更新过程，参照其中的局限与不足，为在职语文教师培训课程的重点设置提供实证参考。

梁老师从教20年，教学表现优秀，对教学充满热忱。课上能以直接有效的教学策略、亲切易感的教师语言，调动学生投入学习；并因应PMI班以普通话学习的需要，调适课堂策略，使学生无论是以广州话还是以较陌生的普通话学习，都能有效掌握，学习成果并无显著差异。

梁老师语文教学经验丰富，但PMI的年资甚浅。课上以坚实的CMI教学实务知识作为应变资源，灵活调整，应付一切突发状况。因对PMI教学体悟未深，对应教学策略还未充分发展，针对PMI的教学意识还待加强。教师在实践中修正旧经验，不断汲取新知识，逐渐形成新的知识结构。更新中的知识结构未充分成熟，使教师的反思限于个别课节检讨，并停留于经验层面，未能从整体教学情境、教学效能、学生学习需要等做更全面审视，层次不够深入；经验总结亦限于个人，暂时无法实现转移和积累。

“普教中”既然是新兴的学科与教学，它应该同时存在外显和内隐的知识，前者指的是学科知识和相应的教学法，后者则是教师个人教学时的特定体悟与启发；学科知识（外显的，在“普教中”来说指的是课程的设计、教学法的选取等）与技术知识（内隐的，在“普教中”来说指的是教师在课堂上边做边学——learning by doing得来的）有互补作用。①

普教中要有效推行，教师必须建构相应的知识，师资培训的配合极其重要。本研究呈现了有经验教师知识结构的转化更新过程，也展露了对应PMI的缺失场域，可以为语文教师在职培训课程的重点设置提供有力的参证。

1. 加强教师对课程和学科教学法知识的掌握。梁老师早年受训，在对新课程的认知和准备方面不及年轻新任教师。在摸索前进的过程中，梁老师不断进修，又参与研讨、座谈、观课等交流活动，并与驻校内地教师协作，从中获得经验启发，也掌握一些观念和实务策略，但始终欠缺系统训练，对课程“该怎样做”仍感“疑惑”。培训必须加强教师的课程和学科教学法知识，从学科本质、中普课程整合、校本汉语拼音教程建设，以至教材编选，理念和操作能力等都要同时掌握。其次，应结合理论与实践，让教师“边做边学”、“边学边做”，发展普教中的课堂教学策略。教师必须掌握语言教学原理，有效调度语文能力的训练模式，并能熟练运用多元化的教学表征方式，如善用课堂语言，利用小组动力，协助克服陌生感和畏难心理，积极开发及提升学生的能力。

2. 培养教师的反思与研究能力。教师必须通过反思提炼实务经验，才能掌握内隐的PMI教学技术知识。培养教师的行动研究能力，鼓励参与不同的研究活动，可以提升教师的反思和教学评鉴能力，有助于把个体实践性知识转化为理性知识，成为自我的知识补充，促进专业

① 黎少铭.“普教中”的研究方向及架构分析[J].教育学报，香港：2010，(38)2：111.

能力的发展,有效提升教学的层次。

3. 发展同行观课文化,拓宽参考资源。前线教师每多孤军作战,缺乏提升的环境和支持,知识转化速度较慢。倡导 PMI 教师多作同行观课研讨,从团队实践中获得合作反思知识,提炼实践经验, 有助于提高"教学实务知识"的质量。引进其他地区的课程与教学经验,参考不同平台的教学资源,展现更多元的情境与开阔视野,将能加强教师实务智慧, 加快教师的专业成长。

参考文献

陈美玉. 教师专业——教学法的省思与突破[M]. 高雄:丽文文化事业股份有限公司, 1998.

郭思豪. PMI 课堂的语言效能分析[J]. 基础教育学报,香港:2007,(16)2:21 - 40.

郭思豪. 关于教学语言效能的两点思考——以 PMI 课堂教学为例[A]. "第八届世界华语文教学研讨会"论文集[C]. 第 3 册.

台北:世界华语文教育学会,2006:125 - 142.

郭友等编. 教师教学技能[M]. 北京: 首都师范大学出版社, 1993.

郭玉霞. 教师的实务知识[M]. 高雄: 高雄复文图书出版社, 1997.

何伟杰,林建平. 用普通话教中文——回顾与前瞻[J]. 小学中文教师,2001,(8):14 - 19.

何国祥(主编). 用普通话教中文的问与答[C]. 香港: 香港教育学院中文系,2002.

何国祥. 香港世纪之交的普通话教育[M]. 香港: 香港教育学院中文系,2001.

黎少铭. "普教中"的研究方向及架构分析[J]. 教育学报,香港: 2010,(38)2:105 - 128.

林进材. 教师教学思考:理论, 研究与应用[M]. 高雄: 高雄复文图书出版社, 1997.

刘筱玲. 普通话教授中国语文课堂的实验与研究[M]. 香港: 小学中国语文研究学会,2005.

邱忆惠. 教师之推理与行动——以一位国小级任教师为例[J]. 南京师范大学学报, 2003, 37(1): 39 - 54.

唐松林. 教师行为研究[M]. 长沙: 湖南师范大学出版社,2002.

唐秀玲,司徒秀薇,莫淑仪,邝锐强,张寿洪. 在传统改变以前的思考——用普通话教中文[J]. 语文教学(双月刊). 香港: 培生教育出版中国有限公司,2001,(11):40 - 44.

余京辉. PMI 只是教学媒介的转变吗?. [J]香港中文大学普通话研究及发展中心教研通讯,2006, 12(18): 5 - 7。

余婉儿. 小学中文科教师"内容教学知识"的内涵:教学媒介语转变后的个案研究[A]. "第八届世界华语文教学研讨会"论文集[C]. 第 5 册. 台北:世界华语文教育学会,2006:301 - 309.

张励妍. 中文科的普通话元素[J]. 香港普通话报,2008,2(81):10 - 12.

朱晓民. 语文教师教学知识发展研究[M]. 北京: 教育科学出版社, 2010.

庄锦英. 李振村. 教师体态语言艺术[M]. 济南:山东教育出版社,1993.

D. John McIntyre, Mary John O'Hair 著,丁怡等译. 教师角色[M] . 北京:中国轻工业出版社,2002.

Shulman, Lee S. Those Who Understand: Knowledge Growth in Teaching. Educational Researcher,1986, (15):2, 4 - 14.

Shulman, Lee S. Knowledge and Teaching:Foundations of the New Reform. Harvard Educational Review, 1987,(57):1,1 - 22.

作者单位: 香港教育学院中文学系

海外汉语教学中的教师角色转型之浅见

范英豪

有文化差异就有交流，有文化交流就有自发的相互语言学习。当对外汉语教学成为自觉自主的学科后，各种教学理论也会相继产生。目前，随着汉语在国际上的地位越来越高，海外对汉语学习的需求也越来越旺，对外汉语教学也从以前的“送上门来”发展到现在的“送出门去”。而对于“送出门去”的汉语教学，在具体操作和对教师的要求上，也会有所不同。本文拟从教师的宏观定位和微观策略两方面来对笔者的教学作一体验式总结，以期抛砖引玉，相互学习。

一、教师的角色定位

语言、学生、教师永远是语言教学中的三个端点，教师使用相关的教学法进行的教学活动，使三者贯穿成为一有机整体。不同的教学理论会产生不同的教学方法，因而会产生不同的中心。

（一）以语言为中心的教学

以语言为中心似乎是最合理的。因为目标语言在教学环节中其地位是不言而喻的。在汉语教学中的语言可分为狭义和广义两类。狭义的语言可理解中在课堂上所使用的文本，包括书面和音响的教材以及教师所使用的课堂语言；广义的语言应该是正在使用中的、日新月异的、活生生的汉语。

就狭义的目标语言来说，教材是最主要的语言文本。但教材永远是从现实的语言中采集出来的一小部分。我们不能针对每个学生制定一本教材，只能让大量的学生去适应有限的教材。所以，从理论上说，没有完美的教材，把教材作为中心的教学必然是呆板的、不受欢迎的。

也有人认为，语言环境可以自然而然地促进语言的学习，只要把学生送到相应的语言环境中，学生就能说一口流利的汉语；并以目前的国内英语教学为例，在课堂里学了一二十年的英语，还是哑巴英语，而在国外呆了两三年的学生，即使没有多少积累，回来后也能说较流利的英语。

目前对外汉语教学大多是在国内进行的，对在中国的各国留学生来说，他们已经获得了汉语语言环境，但语言环境的作用是有限的。从中国回去的一些汉语学习者，由于没有受过系统的汉语教学，他们除了在听力和口头表述方面较有优势外，在阅读和写作方面几乎没有任何成就，除非是那些处于语言自然习得阶段的学龄前的孩子。这说明仅仅把汉语学习者暴露在大量的目标语言下，是不够的，因而也是不负责任的。把汉语送出国门的我们，失去了大语言环境的优势，带来的是更大的挑战，但这并不意味着学生学不好汉语就是理所当然的了。

（二）以方法论为中心的教学

我国的对外汉语教学大致可以分为两个阶段：第一阶段是从 20 世纪 50 年代至 70 年代后期；第二阶段为 70 年代末至今。对外汉语教学从 50 年代照搬苏联的翻译法、60 年代的相对直接法、70 年代的句型教学法以及 80 年代以后的“交际—功能”法，一直处于借鉴和引用外来教学法阶段。

传统对外汉语教学法包括理论基础、教学原则或教学路子以及主要教学方法这三层次架构体系。这一构建体系虽然简单明了，但所反映的依然是一种“由上而下”的体系模式，在教学环境真空中形成的教学理论对教学方法实践的预设指导，反映了语言教学理论与教学实践相互脱节、方法体系模式机械僵硬的痼疾。

加拿大著名语言学家 W. F. 麦基（William Francis Mackey）教授把现在仍然在世界的不同地区以这种或那种形式使用的教学法归纳为“直接教学法”、“自然教学法”、“心理教学法”、“语音教学法”、“语法教学法”等 15 种。

方法的传统概念以及在其基础上生成的一套理论原则和课堂教学技巧有其认识上的狭隘性和应用上的局限性。程棠先生在《对外汉语教学目的、原则、方法》一书中把对外汉语教学法的特点归纳为灵活性和综合性。灵活性指：“（1）语言教学有法而无定法；（2）教学法的运用具有鲜明的使用主体的个性特点。”综合性指：“在语言教学活动中，很少有只使用单一的教学法的情况，往往是几种教学法同时并用，或者是以一种教学法为主，其他方法为辅。”他的依据是“从不同的技能训练来看，听、说、读、写的训练，很少拘泥于某一派教学法。听力课、口语课、阅读课、汉字课、写作课等，各有自己的教学要求和教学特点；而每一种课程的教学法，只要教师认为是合理的、有效的，都可以用，没有统一的模式”。程棠先生的“法无定法”在目前我国对外汉语界颇有代表性，居主流地位。

（三）以学生为中心的教学

传统语言教学长期在教学主张、内容安排上局限于形式和功能两个方面，在教学上呈现出“以语言为中心”和“以学生为中心”两种主要倾向，在不同的时期摆向不同的一极。

在传统的语言教学中，教师是一定教学理念和方法的执行者。在这种“由上至下”的教学中，似乎处于课堂中心的教师，其实只负责在具体教学中理解、运用某些抽象理论。这些理论往往被理想化地运用到了同样被理想化的教学实践中。而事实上，任何课堂都会因教师的认知、学生的个体差异、需求和文化背景等的不同而千差万别。教师在追求具体化、规范化和模式化的教学方法时，必然会带来僵化和教条的教学手段。在以教师为中心的课堂里，教师的中心地位反而限制了教师作为教学主体在教学方法和技巧上的能动性，教师的作用被实质地边缘化。这也是传统课堂中教师令人生厌的原因。

以教师为中心的课堂教学呈现出的弊病，必然会过渡到以学生为中心的教学。“有效教学”始终是各传统教学法流派追求的终极目标。但传统教学法流派所持的核心价值与教学实践之间的矛盾同样也体现在以学生为中心的教学中。甚而，带着不同需求而来的学生群体所呈现出来的个体差异更大。如果继续以传统的教学理念来形成以学生为中心的教学方法，依然是一个悖论。

但在功能领先的教学观念下，以学生为中心的教学是必然趋势。

（四）以教师为主导的教学

想要真正达到“有效教学”，需要打破的可能不是传统的束缚，而是如何调整教师在课堂中的角色和作用，因为这对学生的成功起着至关重要的作用。

教师和学生在课堂教学中是教学的主体和创造者，要满足和服务学生的学习需求，帮助他们提升学习效果，离不开教学过程中教师与学生的互动。要实现这一教学目标，教师的个人教学理念和教学素质决定了他们是否能有计划、有目的地协调其他各种教学原则，依据具体的教学环境，确立正确的教学目标，实施科学的组织，协调融洽的师生关系，采用合适的教学材料，运用有效的教学方法和手段，以实现“为学生学习而教”的教学核心理念。

在第二语言教学课堂中，教师地位的调整关键在于突破一种固有的二元论思想。如果不突破中心与边缘、上和下等相对概念，对外汉语教学就会永远在以教师为中心和以学生为中心之间来回摇摆，教学方法永远只会由上而下或由下而上。而事实上，依据不同的教学环境发挥不同教学方法的最佳效果，显然关乎教学原则灵活性的根本。

从上世纪90年代迄今，一种批判性的反思开始在第二语言教学法领域弥漫，这昭示着一个认识第二语言教学的更广阔视域的出现。这种语言教学理论倡导在最大程度上关注教师在教学方法运用和支配上的自主性及创造性，主张由教学实践第一线的教师根据自身的教学理解及所具备的教学理念、风格和经验，构建一个适应具体教学场景、立足课堂教学的教学实践者自身的教学理论体系；帮助教师释放自主教学理论的开发意识，从而自主有效地支配不同教学方法，服务特殊教学需求。

二、教师角色转型中的几点启示

立足于以人为本的教学思想，一个以教师自主教学为原则、富有个性化的且灵活的对外汉语教学法体系，对教师提出了很高的要求。教师必须根据具体的教学环境和目标，制定个性化的教学计划和方案，采用不同的教学方法，以适应某一课堂的具体需要。

（一）以个性化教学为原则

在国内，笔者从事的现代汉语教学其目标人群是大学本科一年级艺术专业的学生。由于艺术专业的学生在初高中时文化课程相对薄弱，校方为提升他们口头和书面的表达能力，规范他们对现代汉语的运用，开设了这门课。与孔子学院的教学相比，有不同之处，也有可共享的经验。

学生的背景和需求不同，由此带来教学体系的不同。国内本科生都具有汉语作为母语的背景和当下的汉语语言环境，听和说都没有问题。汉语教学对于他们主要是建立完整的知识体系，纠正平时不注意的不规范使用语言的毛病，提升汉语使用水平，理解汉语的历史和规律。总体上来说，国内的汉语教学是严谨的、建构性的。

海外孔子学院的学生来自不同的民族，具有各不相同的母语背景，但都以英语为日常语言。对他们来说，汉语教学的第一要务就是解决其听和说的问题。完整的汉语体系如语音、文字、语汇、语法等，都只能融合于生动的课堂学习中。对于不标准的发音，也只能挑重要的错误加以纠正，鼓励他们使用汉语，而不能每错必纠。总体上说，海外的汉语课堂是生动活泼、输入与实践并重的。

在两种不同的汉语教学中，笔者也获得了一些可广泛适用的启示，在这里与大家探讨：

1. 将实践整合于课堂

语言是活生生地运用于人们的口头和笔尖的，因此汉语教学也要服务于使用。即使在国内严肃的课堂教学中，也应以实践来加强理论的学习所得。比如，学文字历史的时候，布置作业让大家查找各字体的字各1个，或去博物馆读历史碑刻；学习文字的规范化问题时，可以要求学生上街去找10个以上的错别字并归类，分析其形成原因。经过这些训练后，学生对自己的语言使用会养成一种自觉，而不再是自发状态的母语使用者。

对于第二语言的学习者来说，实践显得尤为重要。特别是在非汉语语境中，课堂所提供的实践机会不仅是教学手段，还体现出语言的吸引力，以及语言和相关文化的关系。比如说冷冰冰的数字一直是初学者识记和使用的难题，但如果这些数字与自身产生关联，就会变得有意义。在不断地重复刺激和变化后，数字可以变得非常容易记住。笔者设计的学习活动有：请学生选1个数字作为自己的幸运数字，以此了解从1到10的文化内涵；请学生猜各种物件的人民币价格，看谁猜得最接近；等等。

2. 有针对性的教学

个性化的教学原则要求我们对不同的学生群体进行有针对性的教学。国内大学的学生来自不同的方言区，半数以上的同学都带有方音。不同的方言对普通话的影响是不同的。比如，吴方言区的同学可能会 n\ng 不分、平翘舌不分；北方方言作为普通话的语音基础，与普通话非常接近，北方方言区的同学对本身的方音不能识别；湘方言区的同学 h/f 不分；粤方言区的同学带有合口韵尾；等等。在经过概述性的课堂教学后，针对不同方言区的同学所存在的语音问题，要有针对性地进行方音辨正。

同样，对于海外的学生，教师除了用英语进行英汉比照外，还要注意到以日语为母语的学生对文字的识记和书写很占优势，可以将文字作为他们学习汉语的有效辅助手段；有些学生会说广东话，广东话的句序对汉语的学习也会有所帮助。

3. 对教师素质的要求

对于汉语初学者来说，并不需要很多汉语的系统知识和语言学知识。但作为教师来说，必须不断丰富自己的语言与文化修养，尽可能地储备知识。传统教学方法服务教学实际的效用依然明显，它们曾经极大地丰富了第二语言教学的理论和实践，在第二语言教学中它们还将提供持久的教学思想和方法借鉴。教师只有储备了足够的知识、理论、方法，才有可能跟随课堂的要求，随机应变，作出个性化的教学反应。而教师的师德，虽然由于文化差距而有所不同，但热爱教学、以学生的学习为出发点和目标点的原则不会变。

因此，一名合格的对外汉语教师应不断提高自身素质，树立很强的学习研究意识和自尊自重的意识，需要接受长期的专业知识培训，在教学实践过程中注重加强教师之间的经验交流和教学观摩。传统教学法流派必要的理论和方法指导将有助于我们形成规范的教学思路和模式。但是，教学方法在运用上从必然迈向自由，始终是一名合格的对外汉语教师在教育发展过程中的重要追求。

（二）面对海外课堂中的各种冲突的小策略

发挥教师的主导作用，以个性化教学为原则，落实在真实的海外课堂中，会碰到各种冲突，需要教师具有很好的应变能力，适时、机智、恰当地作出反应。

1. 语言与思维的冲突

语言是思维的工具，学习一种新的语言，必然会面临新的思维方式。以英语为参照的汉语教学会遇到很多尴尬。比如：英语是以词为单位的，而汉语是以字为单位的；英语作为拼音文字作用于听觉而生意，而汉语作为表音表意文字，从原初意义上来说，是作用于视觉而生意的；虽然现代汉语的语法体系受印欧语系的影响很大，但其本身所固有的语法特征，却不是英语的语法所能解释的。在课堂上，有些学生不理解汉语中字和词的区别，有时会要求将单个的字翻译成英语的词；很多学生畏难于汉字，而一直徘徊于拼音的阶段，甚至将拼音看成是一种与英语相似的文字；一直会有学生要求将“就”、“的”之类的虚词翻译成英语，而汉语独特的量词也是困扰学生的一大难题。

因此，我们不能总是在西方语言学理论和语言教学理论的框架内思考问题，而应对汉语的特点具备足够的认识。如目前有人提出了“字本位教学法”，它区别于字源教学法所要解决的汉字的教学问题和所携带的文化传播问题，以“字”为起点，按照“字—词—句—文”的教学思路逐步展开；从汉字出发，逐渐让学生熟悉汉语社团的思维模式，培养学生自主学习汉语的能力，让汉字真正成为汉语学习的工具。

2. 意识形态和文化的冲突

时政中重要事件的政治倾向性很明显,比如,金融危机中的美国国债问题、中国制造问题等。对于毛泽东的认识、中国的计划生育政策等,都是海外学生关心的热门话题。在文化上,他们喜欢牛郎织女的故事,却不喜欢《红楼梦》中女性化的贾宝玉和矫揉造作的林黛玉。上述这些都不是三言两语就能解释明白的。

汉语老师是学生了解中国文化的直接窗口,教师本人不仅要对传统文化具有基本的知识(比如关于老子、孔子等的认知,关于中国人的信仰,关于文化中的处世原则,民俗中的礼仪等),还需要对本国文化具有感情,能够恰如其分地表述和呈现中国文化,做到谨言慎行,有礼有节,引导文化认同。做到不亢不卑,既不曲意奉承,也不激化矛盾。用孔子的话说,就是"以德报德,以直报怨"。要处理好突发性冲突,还要求教师关心时事,并有充足的文化知识储备,热爱祖国和人民,以正确的态度应对这些冲突。

大多数学习汉语的学生对中国文化都有着一定的好奇,这是他们学习语言的动力之一。中国文化不仅是理解语言的要素,也是语言学习的目的,教师可以很好地引导这种相互促进的动力,为汉语教学服务。

综上所述,海外国际汉语的教学,需要教师由单纯的学术型或教学输出型向主导型转变,以个性化教学为原则,注重各方面知识和素养的积累,只有这样才能应对教学中的各种冲突和挑战。

参考文献

麦基(Mackey,W.F.).语言教学分析[M].北京:北京语言学院出版社,1990:6.

程棠.对外汉语教学目的、原则、方法(第2版)[M].北京:北京语言文化大学出版社,2008:07.01.

王骏."字本位"理论和对外汉语教学[J].云南师范大学学报(对外汉语教学与研究版),2005,(1).

作者单位:苏州大学艺术学院